Heinrich Breitenstein

21 Jahre in Indien

Aus dem Tagebuche eines Militärarztes

Heinrich Breitenstein

21 Jahre in Indien
Aus dem Tagebuche eines Militärarztes

ISBN/EAN: 9783744656689

Hergestellt in Europa, USA, Kanada, Australien, Japan

Cover: Foto ©ninafisch / pixelio.de

Weitere Bücher finden Sie auf **www.hansebooks.com**

Häusliche Idylle einer malayischen Familie.

21 Jahre in Indien.

Aus dem Tagebuche eines Militärarztes.

Zweiter Theil: Java.

Von

Dr. H. Breitenstein.

Mit 1 Titelbild und 29 Abbildungen.

Leipzig.
Th. Grieben's Verlag (L. Fernau).
1900.

Vorwort.

Der erste Theil dieses Werkes „Borneo" hat sehr viele Freunde gefunden; nur von wenigen wurde es getadelt, einige haben es gepriesen, und von sehr vielen wurde es gelobt.

„Theuer ist mir der Freund, doch auch den Feind kann ich nützen,
Zeigt mir der Freund, was ich kann, lehrt mich der Feind, was ich soll."

Der Tadel galt hauptsächlich der Form, und ich bemühte mich im Geiste dieser goldenen Worte Schillers, dem zweiten Theile eine gefällige Form zu geben. Ich wählte bessere Abbildungen und mied so viel als möglich die Hollandismen im Satzbau.

Die zahlreichen Freunde des ersten Theiles bitte ich inständigst, mit gleicher Nachsicht und gleichem Wohlwollen auch an die Lectüre des zweiten Theiles heranzutreten. Ich stand ja vor einer schwierigen Aufgabe. Die Arbeit wuchs mir mit jedem Tage unter den Händen; die Fülle des Interessanten, das ich erlebt, gesehen und beobachtet habe, musste ich in den engen Rahmen eines Buches zwängen. Ich war von dem Wunsche geleitet, nur das Interessanteste zu bringen. Möge ich bei der Wahl, die ich deshalb zu treffen genöthigt war, auch glücklich gewesen sein!

Vor einigen Monaten erhielt ich von dem Kriegsministerium der Vereinigten Staaten von Amerika zu Puerto-Rico das Ausuchen, das Wichtigste über die Organisation des ärztlichen Dienstes für die Eingeborenen auf Java mitzutheilen. So ehrend dieses Ausuchen für mich persönlich war, so erfreulich war mir dieser Brief von einem andern allgemeinern Gesichtspunkte aus. Er war mir Bürgschaft, dass Amerika den Bewohnern seiner neuen Colonien das Schicksal der Rothhäute ersparen wolle. Es will ihnen die Wohlthaten der Civilisation geben und erholt sich dazu Rath bei den erfahrenen Holländern. Diesen ist es ja gelungen, aus den halbwilden Urbewohnern Javas friedliche und gesittete Bürger zu schaffen. Heilig ist auf Java das Eigenthum; das Gesetz schützt den kleinen Mann; in hundert Jahren ist die Bevölkerung von 3 auf 23 Millionen gewachsen: das Land ernährt seine Kinder, und der Reichthum seines Bodens lockt tausende Jünger Mercurs aus dem fernen Europa in seine schönen Gefilde; Eintracht herrscht unter seinen Fürsten, und Friede und Lebenslust kennt der Bauer.

Slamat tânah Djawa!
Heil dir, du liebliches Java!

Karlsbad, im April 1900.   **Dr. H. Breitenstein.**

Inhaltsverzeichniss.

Corrigenda.

Seite 59, 7. Zeile von unten: für Daendel   lies: Daendels.
„ 91, 6. „ „ „ „ „ Labuan   „ Laban.
„ 92, 8. „ „ „ „ Naturaltugend „ Nationaltugend.
„ 104, 12. „ „ oben: „ Jacobs   „ s. Jacob.'
„ 105, 9. „ „ unten: „ welches   „ welcher.
„ 123, 10. „ „ oben: „ Last   „ Beschwerden.
„ 126, Note: „ Berelot „ Bernelot.
„ 128, 6. „ „ unten: „ Njawi „ Ngawie.
„ 140, 2. „ „ „ „ Pasagrahan „ Pesanggrahan.
„ 146, Note: „ Nordwest „ Nord, West.
„ 148, 5. „ oben: „ Bagelen „ Bageléen.
„ 157, Note: „ Vett „ Veth.
„ 160, 9. „ „ „ „ Armauer, Hansen lies: Armauer Hansen.
„ 162, 11. Zeile von unten: für der burgerlyken civil lies: de burgerlyke civiel.
„ 162, 12. „ „ oben: „ Stipendien lies: Subsidien.
„ 163, 14. „ „ „ „ Sonntag   lies: Samstag.
„ 164, 4. „ „ „ „ Brandy, Soda, „ Brandy-Soda.
„ 165, 3. „ „ unten: „ Garebek lies: Gárebeg (so heissen die drei
grossen Festtage, welche den 12. Mulud, den 30. Puwása und den
10. Besár gefeiert werden).
„ 175, Note: Der Buchstabe à des mittleren und östlichen Javas wird ungefähr wie das deutsche o ausgesprochen.
„ 177, 10. Zeile von oben: für Gundiks   lies: Gundiks = Beiweiber.
„ 187, 15. „ „ unten: „ Semelink „ Semmelink.
„ 199, Note: „ Aehren lies: Reis noch in der Hülse.
„ 200, 10. „ „ unten: „ djajong   lies: Djagong.
„ 202, 18. „ „ „ „ Djioruk „ Djerug.
„ 202, 18. „ „ „ „ Lanjksat „ Langsat.
„ 213, 15. „ „ oben: „ Marbabu „ Merbabu.
„ 215, 15. „ „ unten: „ Zaunspfahl „ Zaunpfahl.
„ 215, 4 „ „ oben: „ Bavean „ Baven.
„ 218, 3. „ „ „ „ Rechenkamer „ Rekenkamer.
„ 219, 11. „ „ unten: „ Prairiebrände „ grosse Lauffeuer selten.
„ 221, 19. „ „ oben: „ Pagelén „ Pageléen.
„ 225, 3. „ „ unten: „ Officiersclub „ Club.
„ 225, 3. „ „ „ „ Insel Nussa „ Nussa (= Insel).

Seite 226, 8. Zeile von oben: lies: Along Along   lies: Alang álang.

  „   230, 6.   „   „   „   „   Tragen Civilkleider   „   Tragen von Civilkleidern.

  „   263, 10.   „   „   „   „   Landgericht   „   Landesgericht.

  „   264, 8.   „   „   unten: „   Alan Alan   „   Alang álang.

  „   265, 3.   „   „   „   „   Cäsarinen-Grotten   ;   Cäsarinen, Grotten.

  „   265.   Note. Gegenwärtig ist neben der europäischen Zeitrechnung auch noch
die arabische, und in Mitteljava manchmal auch die mohamedanisch-javanische (= Saka) Zeitrechnung in Gebrauch. Die letztere
beginnt am 8. Juli 1633 mit dem Jahre 1555.

  „   278, 19. Zeile von oben: für pássar   lies: pásar.

  „   293, 9.   „   „   „   „   zu vergleichen   „   verglichen.

  „   305, 19.   „   „   „   „   Java-Chinese   „   Halbchinese.

  „   310, 10.   „   „   „   „   keinen Arm   „   nicht den Arm.

  „   322, 17.   „   „   unten: „   Sabbathisten   „   Sabbatarier.

  „   324, 3.   „   „   unten: „   Pesanggrahan   „   Pesanggráhan.

  „   327.   Ein interessanter Aberglaube ist die Sage von dem Wehrtieger =
Matjan gadungan.

Verzeichniss der Abbildungen.

Legenda.

J = Javanisch.

M = Malayisch.

S = Sundanesisch.

1. Capitel.

Meine erste Seereise — Meeresleuchten — Seekrankheit — Amor auf dem Schiffe — Gepäcktag — Serenade auf dem Schiffe — Deckpassagiere — Die „tausend Inseln" — Ankunft im alten Batavia — „Mutter" Spandermann — Indische Hôtels.

Am 27. September 1876 schiffte ich mich als Oberarzt der holländisch-indischen Armee in Rotterdam ein. Gegenüber dem Yachtclub, in welchem sich heute das kleine, aber interessante coloniale Museum befindet, lag die ›Friesland‹,[1]) welche mir, der echten Landratte, die vorher noch niemals das Meer gesehen hatte, durch ihre Grösse und als ›Ostindienfahrer‹ gewaltig imponirte. Vor der Abfahrt wollte ein betrunkener Matrose nicht zu Schiff; als aber die Dampfpfeife ihren schrillen Ton pfiff, eilte er auf die Brücke, welche den Dampfer mit dem Lande verband. Aus hundert Kehlen der an Bord befindlichen Soldaten drang ein lautes Hurrah in die Lüfte, das letzte Tau fiel, und mit ihm fielen alle Hoffnungen, welche mich bis nun an Europa geknüpft hatten.

Eine gemischtere Gesellschaft als diejenige auf einem grossen Dampfer findet man am Continent gewiss selten oder niemals beisammen. Ein Oberlieutenant mit seiner jungen Frau (einer Berlinerin), 2 Ungarn, 1 Oesterreicher, 10 echte und ebensoviel unechte Malayinnen, Holländer, Franzosen, Engländer, 100 Soldaten aus aller Herren Ländern, ein Mädchen mit chinesischem Typus, ein hoher Beamter, dessen Frau eine echte Dajakerin (aus Borneo) war, waren die einzelnen Steine des kaleidoskopischen, ethnographischen Bildes auf der ›Friesland‹; und als ich mich den andern Tag an einen der Officiere mit der

---

[1]) Zwei Jahre später ist dieses Schiff an der spanischen Küste mit Mann und Maus untergegangen; wie mir ein jetziger Patient, der Eigenthümer des Rotterdamer Lloyd, erzählte, war es auf einen Felsen aufgefahren und wurde in zwei Stücke zerrissen.

Bitte um eine Ordonnanz wandte. frug er mich: »Was wollen Sie? Einen Holländer, Franzosen. Italiener, Deutschen, Türken, Afrikaner oder Aegypter?«

Um 9½ Uhr Abends verliessen wir die Mündung der Maas und kamen in die Nordsee; das Schiff schaukelte so. dass wir mit ausgespreizten Füssen stehen mussten, und beim Gehen schwankte ich wie ein Trunkener: die Stösse des Schiffes fühlte ich manchmal wie einen directen Stoss auf den Magen, und das Schreckbild der Seekrankheit stand, vorläufig nur in der Phantasie. in seiner ganzen Grösse vor mir: ich flüchtete in die Cajüte und warf mich in die Arme Morpheus, um am andern Morgen frisch und munter aufzustehen und mit gesundem Appetit das Frühstück, bestehend aus Eiern, Fleisch, Butterbrot und Kaffee, zu mir zu nehmen. Zum ersten Mal sah ich das Meeresleuchten, jenen hellblauen, glänzenden Krystall, der, umsäumt von einem klaren, silbernen und kreideweissen Saume. in einer Länge von vielleicht 2000—3000 Metern dem Hintertheile des Schiffes sich anschloss.

Bald erhob sich jedoch ein Wind, graue Wolken zogen immer schneller und schneller vom Horizont zum Zenith, geschäftig eilten die Matrosen auf dem Deck hin und her; im Raume brachten die Kellner alles Zerbrechliche in Sicherheit. Das Schiff »rollte« von rechts nach links. dann »stampfte« es wiederum. indem das Vordertheil von einer Welle erhoben und dann wieder in die Tiefe des Wellenthals gezogen wurde: dann stampfte und rollte es wieder zu gleicher Zeit. und schwankend vom Steuer zum Backbord erhob es seinen Kopf über den nächsten Wellenberg. um sich im nächsten Moment, getrieben vom Sturm und Dampf, in das Wellenthal zu stürzen. Ich selbst sass mit den übrigen Reisegefährten im Speisesalon und hörte theilnahmslos das Gespräch über das Entstehen der Seekrankheit an: dass dies Schaukeln eine Blutleere im Gehirn erzeuge. wodurch das Erbrechen entstehe: dass, wie ein Anderer behauptete, das Zerren des Magens durch die darin befindlichen rollenden Speisereste die Nerven reize und dadurch im Gehirn Kleinmuth und trostlose Stimmung erzeuge. und es daher unrichtig sei. den Magen gefüllt zu erhalten, und viel besser. ihn durch ein Gläschen Cognac zu beruhigen: ein Dritter wiederum verwarf den Alcohol. weil er die Nerven noch mehr reize. als es ohnehin schon durch das Stampfen und Rollen des Schiffes geschehe; ein Vierter rieth mir. bei den ersten Erscheinungen der Seekrankheit zu Bett zu gehen und das Kopfpolster wegzuwerfen, weil bei der horizontalen Lage das Blut in reichlichem Maasse das

Gehirn durchströmen und die Anämie (Blutarmuth) beseitigen könne. Meine Theilnahmslosigkeit steigerte sich während und nach diesem Gespräche noch mehr; »Sie werden ja fürchterlich blass!« rief mir die Berlinerin zu; zugleich fühlte ich einen kalten Schweiss auf der Stirn, der Magen zog sich krampfhaft zusammen — der Schnitt eines Messers konnte nicht schmerzhafter sein —, ich eilte zur Thür und brachte dem Neptun mein erstes Opfer; ich stieg hinauf aufs Zwischendeck, setzte mich in der Nähe der Maschine auf einen Stuhl und starrte willenlos über den Bord des Schiffes in die graue, schwarze, schäumende See und fluchte dem Schicksal, welches mich unter fremde Menschen in die weite fremde Welt warf, die theilnahmslos mit dem Fremdling den Kampf ums Dasein theilt, da tönte es plötzlich wie himmlische Musik aus dem Munde der Berlinerin zu meinen Ohren: »Bitte, nehmen Sie doch ein Glas Wasser.« Keine barmherzige Schwester hat jemals einen innigeren Dank erhalten, als diese junge Frau, welche mit dem Glas Wasser in der Hand das erste herzliche und theilnahmsvolle Wort in dieser kleinmüthigen und gedrückten Stimmung zu mir sprach. Als ich in den Salon zurückkam, stürmten die Rathschläge der erfahrenen Reisenden in Unzahl auf mich ein: der Eine rieth mir ein Stück Zwieback in Brandy, der Andere in Cognac getaucht zu nehmen, der Dritte empfahl mir ein Gläschen Advocaat (d. i. Brandy, Eier und Zucker), ein Anderer bot mir ein Gläschen Portwein an u. s. w. Der Wille aller dieser hilfsbereiten Menschen war gut; aber mit dem ersten Opfer stellte sich Neptunus nicht zufrieden, und jede Wiederholung war um so schmerzhafter, je leerer der Magen war, so dass ich unwillkürlich, und ohne den wohlgemeinten Rath meiner Reisegenossen abzuwarten, Speisen zu mir nahm, um diesen Theil der Seekrankheit weniger schmerzhaft zu machen.

Ich hatte zwar genug Leidensgenossen, aber ich dachte nicht einmal daran, Beobachtungen an ihnen zu machen, z. B. über den Zustand des Herzens, des Pulses, der Athmung, des Urinirens u. s. w., denn ich war zu krank, zu indolent, zu gleichgiltig und zu apathisch, um für irgend etwas Interesse zu haben. Frauen, Männer, Knaben und Mädchen — nur nicht Säuglinge, sind zeitweilig das Opfer der Seekrankheit. Weil Säuglinge davon befreit sind und Erwachsene auch bei intensivem Schaukeln dieselben Krankheitserscheinungen zeigen, kann die Seekrankheit mit mehr oder weniger Recht unter die acuten Psychosen, wie der Schwindel oder Rausch, gerechnet werden, und zwar als »Folge von mangelndem Orientirungsvermögen im Raume« (Eichhorst). Dieses würde auch die Thatsache erklären, dass selbst vom Wetter und Sturm abgehärtete Seeleute hin und wieder seekrank werden und andrerseits zarte Frauen davon verschont bleiben.

Die Berlinerin, meine barmherzige Schwester, blieb während des Sturmes, den wir damals hatten, von der Seekrankheit verschont, und während der ganzen Reise, die damals 42 Tage dauerte, war sie keinen einzigen Tag unwohl, und wie sie mir nach Jahren später erzählte, hatte sie vielleicht zehn grosse oder kleine Seereisen gemacht, ohne auch nur einen einzigen Augenblick von diesem unheimlichen Gaste heimgesucht zu werden. Andrerseits habe ich Damen gekannt, welche in der Furcht, seekrank zu werden, beim Anfang der Seereise sich niederlegten und die ganze Reise hindurch das Bett nicht verliessen. Aber auch dieses blieb ohne Erfolg; bei ruhiger See erfreuten sie sich einer ziemlichen Gesundheit, um jedoch bei einigermaassen hohem Wellenschlag um so mehr dem tückischen Neptunus opfern zu müssen.

Das Abhärtungssystem hat die besten Erfolge: mit jeder weiteren Seefahrt war ich weniger diesen Unbilden ausgesetzt, und auf meiner letzten Seereise schmeckte mir (bis auf einen einzigen Tag) immer die Cigarre. Jede medicamentöse Behandlung dieser Krankheit hat bis jetzt im Stich gelassen. Morphium, Cocain, Antipyrin und Phenacetin sind ebenso unwirksam als Chloral u. s. w. Die von dieser Krankheit Heimgesuchten befinden sich am besten in der Mitte des Schiffes, und zwar womöglich zu Bett. Zur Erleichterung des Vomirens müssen sie die Appetitlosigkeit überwinden und etwas zu sich nehmen, und wäre es nur ein Stückchen Biscuit, eine Limonade oder ein Gläschen Advocaat. Das einzige wirksame Mittel bleibt — das feste Land. Gegenwärtig wird diesem Factor Rechnung getragen. Während auf meiner ersten Seereise, von Rotterdam bis Port Said, das Schiff in keinem Hafen landete, und wir von Aden bis Padang (Sumatra) nichts als Himmel und Wasser sahen, ist die jetzige Reise auch diesbezüglich viel günstiger. Der atlantische Ocean wird nur ausnahmsweise zur Reise von und nach Holland benutzt; man schifft sich in Genua oder Marseille ein oder verlässt in einer dieser Hafenstädte das Schiff. Auf meiner letzten Reise von Samarang (Java) nach Europa benutzte ich einen Dampfer der Messageries maritimes und machte in Batavia, Singapore, Colombo, Djibuti, Port Said und Marseille Halt, so dass wir niemals länger als 6 Tage ununterbrochen auf dem Schiffe blieben, und jedes Mal beim Landen in einem Hafen die unglücklichen seekranken Schiffsgenossen Zeit hatten, sich vollkommen von ihren Leiden zu erholen. Leider giebt es einzelne Fälle, in welchen nicht einmal diese radicale Cur einen Erfolg hat. Im Jahre 1883 fuhr ich öfters mit einer kleinen Dampfbarcasse längs der Ostküste Sumatras, und sehr oft geschah es, dass ich noch auf dem Lande schwindlig war und es Stunden lang blieb; dies ist jedoch eine Ausnahme. Die Regel ist, dass beim Einlaufen in den Hafen die Seekrankheit ein Ende nimmt, und dass ein kurzer Aufenthalt auf dem Lande hinreichend ist, dem Seekranken vollkommene Euphorie (Wohlbefinden) zu bringen.

Den 29. September erreichten wir Southampton und fuhren sofort nach London, um am 30. Abends um 9 Uhr uns wieder einzuschiffen. Es war das erste Mal, dass ich dieses moderne Babylon gesehen habe; der Aufenthalt dauerte nur 1¹/₂ Tag, so dass ich nur einen oberflächlichen und zugleich ungünstigen Eindruck von diesem Labyrinth von Strassen erhielt.

Der Morgen des 1. October war heiter und hell; ich befand mich wohl, ich wagte es sogar, eine Cigarre anzuzünden; doch schon um 8 Uhr umwölkte sich der Himmel, ein starker Wind schaukelte das Schiff; im Schiffsraum war die Luft drückend schwül, und so setzte ich mich mit meinem gut geschlossenen Winterrock im Zwischendeck in der Nähe der Maschine nieder und ergab mich wieder dem ganzen Trübsinn, die Heimath verlassen zu haben, um einer ungewissen, unruhigen und gefahrdrohenden Zukunft entgegenzugehen. Wenn auch der Rücken durch die Nähe des Dampfkessels erwärmt ward, so fröstelte es mich doch, und ängstlich prüfte ich meinen Puls, ob er die Nähe des Fiebers, des Typhus oder ähnlicher Unbilden schon verrathe. So ging es bis zum 4. October, als in der Nähe Oportos Jupiter pluvius uns verliess und heller Sonnenschein alle Passagiere auf das Oberdeck rief, welches mit einem Zelte uns vor Sonnenschein und vor Regen hinreichenden Schutz gewährte. An diesem Tage war es das erste Mal, dass ich in vollen Zügen den Reiz einer Seereise genoss. Während ich früher mich vergebens bemühte, die ganze Zeit des Diners und Soupers am Tisch zu bleiben und in der Regel schon nach dem zweiten Gange hinauf aufs Deck eilen musste, um nicht in dem Speisesalon die stürmischen und schmerzhaften Bewegungen meines Magens zu demonstriren, konnte ich mich an diesem Tage ungehindert dem vollen Genuss der Tafelfreuden hingeben: dem bunten Leben und Treiben einer Schiffsgesellschaft konnte ich mich ungestört widmen und mit voller Brust in den Chor der Officiere einstimmen, welche mit Vorliebe deutsche Studentenlieder sangen. Auch Amor, der kleine Schalk, schlüpfte hin und wieder zwischen die jungen Damen und Herren, ohne dass es ihm jedoch gelungen wäre, ein festes und dauerndes Band zwischen zwei jungen Leuten zu knüpfen. Er hatte zwar tüchtige Bundesgenossen, einige junge Frauen, welche bekanntlich die eifrigsten Ehevermittler sind; aber diesmal, d. h. auf dieser Seereise, hatte Amor nicht einen einzigen Erfolg aufzuweisen. Es war z. B. auf dem Schiffe das Fräulein X., welches zu ihrem Schwager, einem bekannten Arzte auf Java, reiste. Bald hatten die jungen Frauen herausgefunden, dass ich sobald als möglich heiraten müsste, weil ein lediger Arzt in Indien niemals eine Privatpraxis erlangen könne, und weil das Leben eines unverheirateten Mannes in Indien »ein Hundeleben« sei und Fräulein X. alle Tugenden in sich vereinige, welche jemals ein weibliches Geschöpf gehabt habe u. s. w. Damit begnügten sich jedoch diese eifrigen Heiratsvermittler nicht. So viel als möglich musste ich dieser jungen Dame Gesellschaft leisten, und als auch dadurch mein Herz verschlossen blieb und die Eiskruste nicht aufthauen wollte, erzählten sie mir, welche Bewunderung diese junge Dame meinem Stande, meinem Geiste und allem bot, was mir gehörte. Ich will nur noch kurz mittheilen, dass auf der Rhede von Batavia alle Passagiere sich gegenseitig Glück wünschten, die grosse Seereise glücklich überstanden zu haben, und dass mir bei dieser Gelegenheit Fräulein X. mit spottendem Tone eine glückliche Zukunft als alter Junggeselle wünschte.

Am 5. October passirten wir Cap St. Vincent: spanischer Himmel wölbte sich über uns, die Sonne sandte heisse Strahlen auf uns, das Meer war glatt, und ruhig glitt der Dampfer über dessen sanfte Wellen. Zu unserer Linken ragen hohe Felsen bis in die Wolken und eine grosse Festung zwischen den Bäumen hervor. In demselben Augenblicke gehen auf unserm Schiff einzelne Flaggen in die Höhe, ein Wachthaus am Ufer antwortet in gleicher Weise, und eine halbe Stunde später weiss der Rotterdamer Lloyd, dass sein Dampfer »Friesland« Cap St. Vincent glücklich passirt habe und »alles wohl an Bord« sei.

Hier hatten wir den ersten Bagagetag, d. h. zum ersten Male durften wir im Schiffsraume nach unseren Koffern sehen, um etwa nothwendig gewordene Ergänzung unserer Wäsche vornehmen zu können; die französische Schifffahrtsgesellschaft ist in dieser Hinsicht freigebiger; ein Theil des Schiffsraumes war für das grosse Gepäck der Reisenden reservirt, und jeden Tag konnte man zu seinen Koffern gelangen; diese waren nämlich auf Schragen schön geordnet, und immerwährend stand ein Matrose bereit, unsere Koffer aus der Unzahl der übrigen herauszusuchen; auf den holländischen Dampfern kann dieses nur jede Woche einmal geschehen. Als ich zum ersten Male meine Koffer revidirte, erschrak ich über die Verheerung, welche das See-wasser angerichtet hatte. Beim Reinigen des Schiffes war das See-wasser in diese Räume und in die Koffer gedrungen; eine Dame weinte und schluchzte, als sie sah, dass in den Seidenkleidern, welche in einem grossen Korbe sich befanden, das Wasser grosse schmutzig-gelbe Flecke zurückgelassen hatte; späterhin, d. h. bei meiner späteren See-reise, waren die Koffer, welche Bücher, Kleider und Instrumente enthielten, mit Zinkblech inwendig bekleidet und nur die Wäsche blieb unbeschützt; der Koffer wird ja durch solche Bekleidung zu schwer und erfordert bei den Fahrten auf der Eisenbahn oder beim Transport durch Kuli zu hohe Fracht.

Der Mond schuf an diesem Tage auf den Wogen des Meeres so herrliche Krystalle, so silberglänzende Streifen zogen hinter dem Schiffe zum fernen Horizont, dass ich stillvergnügt in die plätschernden Wellen und träumend nach dem bestirnten Himmel blickte. Da erklangen heimathliche Klänge aus kräftigen Kehlen zu meinen Ohren: »Zu Mantua in Banden der treue Hofer war«; ich entriss mich dem Zauber der Nymphen, welche mir aus der Tiefe des Meeres so man-ches süsse Wort des Trostes und der Hoffnung zugeflüstert hatten — die Seekrankheit war ja vorüber — und ich eilte auf das Vor-derdeck. Da waren deutsche und holländische Soldaten, welche deutsche Volkslieder sangen, während abwechselnd ihre französischen und bel-gischen Kameraden ihr »Adieu ma belle France« mit ihrem »Allons, enfants de la patrie« dem Zephyrwinde anvertrauten, welcher sie der Heimath bringen und dort berichten sollte, dass sie auch in weiter Ferne treue Söhne ihres Vaterlandes bleiben würden. Wie viele von ihnen weilen heute noch unter den Lebenden? Wie viele von meinen Reisegenossen der 1. Klasse schlummern schon unter den Palmen ihren ewigen Schlaf, und wie wenigen war das Schicksal ebenso günstig als mir, ebenso hold als mir, nach 23 Jahren jenen eine Thräne der Er-innerung weihen zu können?

Unterdessen erhob sich am westlichen Horizont ein Wolke und stieg immer höher und höher, bis sie als ein dichter Schleier den Mond verhüllte und das silberweisse Glänzen und Leuchten des »Saug-wassers« erlöschen und in das dunkelblau (coeruleus) der anderen Wellen übergehen liess.

Der Gesang der Soldaten verstummte, ein lauter Applaus der Um-
stehenden belohnte sie für diese Serenade auf hoher See, und wir
stiegen hinab in das Zwischendeck, um unsere Cajüten aufzusuchen.

Bei den Reisen mit Segelschiffen galt es als eine Empfehlung für
den Segler, eine milchgebende Kuh und einen diplomirten Doctor
an Bord zu haben, und der holländische Volkswitz veränderte es in
einen »milchgebenden Doctor und diplomirte Kuh«. Auf der »Friesland« erfreuten wir uns des Besitzes von drei milchgebenden Kühen
und von fünf diplomirten Aerzten: der Schiffsarzt war ein College vom
alten Schlage, dem die moderne Untersuchungsmethode noch nicht
geläufig war, und der daher seinen ersten Patienten mit Lungenentzündung für einen rheumatisch Erkrankten erklärte; der Patient
starb, und weinend folgte der Arzt dem Leichenzuge und klagte mir sein
Leid, dass es in seiner langen Praxis der erste Fall sei, dass er auf
hoher See einen Patienten verloren habe, der nur an Rheumatismus
der Brustmuskeln gelitten hätte.

Interessanter und viel romantischer war das Vorderdeck, welches für
die Passagiere der 2. und 3. Klasse und für das Schlachtvieh bestimmt
war. Im Zwischendeck befanden sich drei grosse Milchkühe, ein
Dutzend Schweine, zwei Dutzend Gänse, die Rettungsboote waren mit
Fleisch von Rindern, Kälbern und Hammeln gefüllt, und eine grosse
Zahl Hühner und Enten füllten die langen Käfige auf beiden Seiten
des Zwischendeckes: heute haben die grossen Indienfahrer grosse
Kühlräume für alle Sorten von Fleisch, Gemüse u. s. w. und führen
lebendes Vieh nur so weit mit, als die Bequemlichkeit der Deckpassagiere darunter nicht leidet; damals jedoch bargen sich zwischen
den festgebundenen Rindern und den Gänseställen die Soldaten; dort
hatte ein Schuhmacher seinen Dreifuss aufgestellt, hier übte ein
französischer Korporal sein altes Metier und rasirte gegen eine Entschädigung nicht nur seine Kameraden, sondern auch die Passagiere
der 1. Klasse; malayische Bediente und javanische Babu's, welche zur
Begleitung und Aufsicht europäischer Kinder nach Europa gegangen
waren und auf der Rückreise nach der Heimath dieselben Dienste
leisteten, suchten mit Vorliebe den vorderen Theil des Schiffes auf, um
vielleicht einen oder den anderen der Unterofficiere oder der Soldaten
in's Joch der Ehe zu spannen, und nur zu oft hörten wir die klagenden,
schmelzenden Töne eines malayischen Liebesliedes, welches den Orang-
Baru an die braune, plattnasige Schöne fesseln sollte.

Am 6. October kamen wir in das mittelländische Meer, und am 13. October 2 Uhr Nachts fuhren wir in den Hafen von Port Said. Die ganze Fahrt durch dieses grosse Wasserbecken war vom schönsten Wetter begünstigt gewesen. Schwacher Wellenschlag, manchmal kaum fühlbares Schaukeln des Schiffes, hellblauer Himmel über unserem Haupte und sanfte Temperatur bei Tage wechselten mit kühlen Abenden; und wenn der Himmel mit seinen Millionen Sternen in seiner ganzen Pracht über uns sich wölbte, wenn die Mondesstrahlen in den Fluthen sich spiegelten, das Schiff ruhig über die See glitt, und funkensprühende Wellen, mit hellblauem, krystallgleichem Schweife, bis an den Horizont rollten, dann war alles Weh und Leid vergessen, und in der Wahl zwischen Schiff und Schienenweg — giebt es keine Wahl.

Dennoch begrüssten wir den schönen Leuchtthurm von Damiette als den Vorboten von Port Said; wir sollten ja bald wieder festen Boden unter unsere Füsse bekommen.

Ich bin viermal in Port Said gewesen, und jedesmal ergötzte ich mich an dem bunten Bilde des Orientes, und es kostet mich Mühe, jene Blätter meines Tagebuches zu überschlagen, welche sich mit meinem damaligen Aufenthalte in Port Said und Ismailia, mit Kairo und Alexandrien, welche ich im Jahre 1884 besuchte, und mit Suez, Djibuti und Aden beschäftigen, denn alle bieten in ihrer Art dem Europäer viel Interessantes und Sehenswerthes.

Indien ist ja aber das Ziel meiner Arbeit.

Am 6. November liefen wir in den Hafen von Padang (Westküste von Sumatra) ein, nachdem wir lange vierzehn Tage nur Wasser und Himmel gesehen hatten, fuhren durch die Sundastrasse und liessen die Insel Krakatau zu unserer Linken, die nichts anderes als ein dichtbewaldeter Vulcan von einigen hundert Fuss Höhe war, der 160 Jahre sich ruhig verhalten hatte, bis er im Jahre 1883 durch seinen Ausbruch die Westküste Javas und die Südküste Sumatras so schwer heimsuchte, dass mehr als 20 000 Menschen ihr Leben einbüssten.

Am 8. November, Nachmittags um $5^{1}/_{2}$ Uhr, also nach einer Reise von 42 Tagen fuhren wir durch die „tausend Inseln"[1]) in den Hafen des alten Batavia ein. Von diesen zahlreichen Inseln führen viele den Namen holländischer Städte, als: Leiden, Amsterdam, Hoorn, Enkhuizen, Edam, Alkmaar, Rotterdam, Schiedam, Haarlem, Monniken-

---

[1]) Sie haben eine Grösse von $8._{393}$ Quadrat-Meilen, während Java $2281._{433}$ Quadrat-Meilen gross ist.

dam u. s. w., welche die Eingeborenen nicht acceptirt haben, und von
welchen diese noch immer die ursprüngliche Benennung gebrauchen. So
heisst Leiden Pulu njamuk (Mosquitos-Insel), Amsterdam = P. ontong
djawa gegenüber dem gleichnamigen Vorgebirge (Javas Glücks-Insel),
Hoorn = P. ajer = Wasserinsel, Rotterdam heisst P. obi besar =
Insel der grossen Knollen u. s. w.

Die Sonne war noch nicht untergegangen, als der Anker im Hafen
in die Tiefe des Meeres fiel. Es war jedoch nicht zu erwarten, dass
vor Einbruch der Nacht alle Passagiere und ihr Gepäck ausgeschifft
sein konnten; der Capitän beschloss also, nur die Briefe an den Wall
zu senden und den Passagieren die Wahl zu lassen, nur mit ihrem
Handgepäck das Schiff zu verlassen und am andern Morgen das grosse
Gepäck abholen zu lassen, oder noch diese eine Nacht seine Gäste zu
bleiben und den andern Morgen mit dem grossen und kleinen Gepäck
nach Batavia zu fahren. Ich entschloss mich zu Ersterem; eine kleine
Dampfbarcasse nahm die Postsäcke auf und gestattete mir und einigen Reisegenossen, die Fahrt durch den Canal noch diesen Abend
anzutreten.

Eine grosse Fläche lag vor uns; zu unserer Rechten waren Sümpfe,
in welchen mein Reisegenosse, Baron Holzschuh, ein Krokodil zu sehen
glaubte. Dieser Mann, mit dem ich acht Jahre später wieder die Reise
nach Europa machte, war s. Z. der Begleiter unserer Landsmännin
Ida Pfeifer und hatte mir so manche interessante Details über das
Leben dieser muthigen Frau mitgetheilt. Der Hafen-Canal hat seit
Vollendung des neuen Hafens Tanjong Priok seine frühere Bedeutung
verloren. Langsam fuhren wir durch diesen schmalen Canal, auf welchem bequem zwei Nachen nebeneinander fahren konnten, bis wir an
den „kleinen Boom" = die Douane kamen. Die Zollbeamten begnügten sich mit meiner Mittheilung, dass ich keinen Revolver oder eine
andere Schusswaffe zu verzollen hatte, und weiter ging die Reise. Unterdessen hatten die malayischen Langfinger meinen Militärmantel annec-
tirt. Ich habe zwar späterhin oft Jahre lang kein Bedürfniss nach
demselben gefühlt, aber im ersten Augenblicke dieser Entdeckung gab
ich natürlich meinem Aerger durch die auf dem Schiffe üblichen Schelt-
worte: „malayisches Diebsgesindel" u. s. w. Ausdruck. Hier standen
auch zahlreiche Wagen mit einem oder zwei Pferden, um uns in die
Stadt zu bringen. Es waren alte, schmutzige, von Europäern abgedankte Equipagen, welche je von zwei kleinen alten und schmutzigen
Pferden gezogen wurden. Lange überlegten es sich diese zwei Pferde,

welche nicht höher als 115 Centimeter waren, ob sie überhaupt verpflichtet wären, den grossen Wagen mit den zwei Insassen zu ziehen. Der Kutscher, mit seinem farbigen Hemd, ohne Schuhe und Strümpfe, aber mit einem Strohhut auf dem Kopfe, der die Form einer kleinen Futterschwinge hatte, schnalzte mit der Zunge, stiess einen undefinirbaren Laut aus, sprang vom Bock, schwang die Peitsche über ihre Rücken, die kleinen Pferdchen blieben aber ruhig stehen und drehten manchmal ihren Kopf nach uns, offenbar mit der Frage auf den Lippen, was wir denn von ihnen wollten.

Als aber endlich zwei Kameraden des Kutschers zu Hilfe eilten, d. h. je ein Pferd bei der Stange fassten und zogen, und ein Dritter hinten den Wagen vorwärts stiess, da endlich erwachte in ihnen das Bewusstsein ihrer Pflicht; sie zogen an, und im rasenden Galopp ging es vorwärts, wobei der Kutscher ihnen mit der langen Peitsche eine fürchterliche Züchtigung gab. Wir waren im alten Batavia, zu welcher Stadt im Jahre 1614 vom General-Gouverneur Pieter Both der erste Grundstein mit dem Namen »Fort Nassau« gelegt wurde; es ist eine alte Stadt mit ein- bis zweistöckigen Häusern und zahlreichen Canälen, welche heute nur mehr die diversen Comptoirs und Bureaux der Europäer enthält, während ihre Wohnungen und Detailgeschäfte in dem südlich gelegenen Weltevreden sich befinden; dreiviertel Stunden fuhr ich durch die mit Gas erleuchteten Strassen; ein herrlicher Duft erfüllte die Luft, mit Wohlbehagen sog ich sie in grossen Zügen ein, und um 7¹/₂ Uhr kamen wir in das Hôtel »Java«, wo uns »Mutter Spandermann« leutselig empfing und sofort zur Table d'hôte führte. Diese gute Frau führte mit Recht den Namen »Mutter«, denn mit mütterlicher Fürsorge nahm sie sich jedes »Orang baru« (Neuling) an und führte ihn in die Geheimnisse des täglichen Lebens in Java ein und sparte niemals ihre Ermahnungen, wenn man z. B. des Vormittags eine Frucht ass oder zu früh sein Schiffsbad nahm. Es hat auch lange gedauert, bis nach ihrem Tode das Hôtel unter der Leitung der Brüder Giarreau sein altes Renommé wieder erhielt.

Nach dem Nachtmahl machte ich eine kleine Spazierfahrt durch die Stadt und kehrte zurück, um mein Bett aufzusuchen. Das Zimmer war sehr primitiv eingerichtet, wie im Allgemeinen in Indien die Hôtels sehr wenig Sorgfalt auf die Möbel verwenden. Mein Zimmer hatte kein Fenster, sondern über der Thür nur ein grosses Luftloch mit eisernen Stäben; der Boden bestand aus Ziegeln, auf welchen vor dem Bette eine kleine Matte lag, ein einfacher Kasten, ein Waschtisch

und ein kleiner viereckiger Tisch, auf welchem ich den Inhalt meiner
Tasche deponirte, standen in dem Zimmer; an den weissen Wänden
hingen nebstdem zwei alte, vom Wetter gebräunte und vom Alter
gelb gewordene Kupferstiche, und zur Beleuchtung diente — eine
kleine Oellampe, welche die ganze Nacht brannte. Der Totaleindruck war der einer Zelle eines Gefängnisses, weil es nebst den
ordinären Möbeln durch Mangel an Raum sich auszeichnete. Die erste
Nacht, welche ich auf Java verbrachte, war geradezu unangenehm.
Ein Gekko hatte sich über der Thür am Luftloche niedergelassen;
beinahe jede halbe Stunde ertönte sein lautes Gek—ko, Gekko 6—7 mal
hintereinander, und klang in das laute Brummen einer zersprungenen
Basssaite aus. Grillen und Frösche accompagnirten den Gekko, und
unglücklicher Weise hatte ich das Mosquitonetz nicht gut geschlossen,
als ich mich zu Bette legte. Das Summen und Brummen der Mosquitos nahm kein Ende, und hin und wieder tönte dazwischen das Heulen
eines Gladakkers, jener herrenlosen Hunde, welche Abends in die Hôtels
kommen, um Abfälle der Tafel zu suchen. Bei dem matten Schein
des mit Oel gefüllten Lämpchens sah ich zahlreiche Eidechsen auf den
Mauern auf die Mosquitos und Larongs Jagd machen, hin und wieder
steckte der Gekko seinen grossen Kopf in's Zimmer hinein, als ob er
mit seinen schönen schwarzen Augen den Fremdling erforschen wollte;
dazu kam eine fürchterliche Transpiration; die Nacht war warm und
die Luft in meinem Zimmer von der feuchten Mauer dumpf und be-
engend, und bald lag ich gebadet in meinem Schweisse. Endlich stieg
ich aus dem Bette und ging hinaus in die schmale Veranda; hier
stand neben der Thür ein ordinäres Tischchen und ein grosser Lehnstuhl, von dessen beiden Seiten »Füsse« hinaus und nach vorn geschoben werden konnten; obwohl auf dem Tischchen eine Lampe stand,
machte ich doch keinen Gebrauch von derselben; der tropische Himmel
und Vollmond erleuchteten hinreichend den kleinen Hofraum vor mir, und
zum ersten Male ergötzte ich mich — nicht an der Pracht des südlichen Kreuzes und der so herrlich scheinenden Venus — an nichts
dachte ich, nichts sah ich, nichts fühlte ich — ich ergötzte mich am
»Klimaschiessen«. Ein wohlthuendes Gefühl ist es, die Füsse nicht
herabhängen, sondern auf den Füssen des Lehnstuhles ungefähr 10 bis
15 cm über dem Niveau des Beckens ruhen zu lassen. Spiegel erklärt
das wohlthuende Gefühl dieser Lage dadurch, dass die Füsse ½ Meter
der Erdelectricität, welche unterm Aequator eine sehr hohe Spannung
hätte, entrückt seien. Ich halte jedoch diese Erklärung für eine gesuchte

und möchte auf Grund so mancher Beobachtungen und Erfahrungen
die Ursache in mir selbst suchen: das Blut der Venen geht nämlich
in der horizontalen Lage leichter zum Herzen zurück, und das der
Arterien leichter zur Peripherie des Körpers, weil das Gewicht der
doppelten Blutsäule ausfällt; denn auch in Europa ist die horizontale
Lage eine angenehmere, als das Stehen oder Sitzen.

Ein sanftes Zephyrwehen liess den Schweiss des Körpers verdampfen, und so sass ich in dem tiefen Lehnstuhle, entrückt allen
bösen Gedanken, und die Mosquitos umschwirrten mich und brummten
und summten unerbittlich ihr leises Lied in meine Ohren; glücklicher
Weise verschonten sie mich mit ihren Stichen, und als ich mir eine
Manilla-Cigarre anzündete, blies ich mit den Rauchwolken diese lästigen
Gäste von mir weg. Endlich forderte die Natur ihr Recht; die Augen
wurden schwer, es fröstelte mich, und schliesslich entschloss ich mich
wieder, zu Bett zu gehen. Schon glaubte ich einschlafen zu können,
als ein Angstgefühl sich meiner bemächtigte, ein kalter Angstschweiss
auf meine Stirne trat und mich aus dem Bette jagte; ich eilte zur kleinen
Nachtlampe, sah meine Nägel blau, und Krämpfe der Därme erpressten
mir den Angstschrei: die Cholera. Doch auch dieses Gespenst meiner
erregten Phantasie ging vorüber, und ein gesunder Schlaf beendigte die
erste Nacht meines Aufenthaltes in Indien.

2. Capitel.

Weltevreden — Empfang beim Armee-Commandanten — Ein
Corso auf dem Waterlooplatze — Gigerl und Modedame in
Weltevreden — Der grösste Platz der Welt (?) — Malayisches
Winken — Ein Handkuss — Ein Abenteuer auf hoher See —
Dos à dos und Deeleman — Altstadt — Kunst und Wissen-
schaft in Indien — Wissenschaftliche Vereine in Batavia —
Indische Hausirer — Jagd auf Rhinocerosse — Indische
Masseuse.

In Indien steht man um sechs Uhr auf, rief mir »Mutter Spandermann« ins Zimmer. Schlafmütze, stehen Sie auf, es ist schon
sieben Uhr. Ich öffnete die Thüre, und eine frische, reine und duft-
reiche Luft erfüllte das Zimmer. Ein sonderbarer Anblick bot sich
mir dar: auf beiden Seiten des Hofraumes befand sich eine Reihe von
Zimmern, und zwischen je zwei Thüren stand ein Tischchen mit einem
Arm- und einem Schaukelstuhle, auf denen die Gäste in ihrer Haustoilette sassen; zwischen je zwei Pfählen der Galerie war ein Strick gespannt, auf welchem die Leibwäsche zum Trocknen hing, selbst die ge-
heimsten Toilettestücke der Damen waren hier ausgestellt. Der Bediente brachte mir ungefragt eine Schale Kaffee, welcher ziemlich schlecht
war und doch ein angenehmes Gefühl der Wärme im Magen verursachte. Die meisten Herren gingen in ihrer Haustoilette[1] und mit
der Cigarre im Munde auf und ab. Wie ich später hörte und sah,
ist dieses eine allgemeine Gewohnheit als vorbereitende Maassregel,
um »den Schlafkameraden weg zu bringen«. Zwischen 7½ bis
8 Uhr gingen die Herren angekleidet und die Damen in ihrer Haustoilette (Sarong und Kabaya) zur Frühstückstafel; ich wurde nur gefragt, ob ich beim Frühstück Thee oder wieder Kaffee gebrauchen

---

[1] „Nachthose" (Hose aus buntem Kattun) und Kabaya (weisses Leibchen).

wollte; neben meinem Teller standen zwei halbweich gekochte Eier.
der Bediente brachte mir hintereinander Butterbrot, Beefsteak, Cer-
velatwurst und Käse, und ich folgte dem guten (?) Beispiele meines
Nachbarn, von allen diesen Speisen ein bis zwei Stücke zu nehmen;
der Magen ist ja ein elastischer Strumpf, er nahm ohne Widerstreben
alles Dargebotene an. Zu meiner Rechten sass der Herr X., welcher zum Schluss noch einen halben Teller Nassi Koreng nahm, d. h. Reis
gemischt mit klein geschnittenem Fleisch, Zwiebeln und Lombok.[1] Ich
bekam einen gewaltigen Respect vor diesem Manne — es war ein
Creole, d. h. ein Indier von europäischen Eltern geboren —, als er
beifügte, dass dieses Frühstück keine Mahlzeit zu nennen sei und nur gewissermaassen den Magen für die Hauptmahlzeit vorbereiten müsse, welche
er um 12½ Uhr einnehme; in Indien, fügte er hinzu, müsse (??) man
sich kräftig nähren, um den Einfluss der erschlaffenden Wärme zu
neutralisiren, und wenn er, was übrigens selten geschehe, Magenbe-
schwerden bekäme, lasse er sich einige Pisangs (Bananen) in dem Oel
von Djarakblättern[2] backen; er könne mir dieses Laxans aus eigener
Erfahrung wärmstens empfehlen, weil das Wunderöl dadurch seinen
unangenehmen Geschmack und Geruch verliere.

Nach dem Frühstück ging ich in mein Zimmer mit der Absicht,
die Eindrücke des ersten Tages aufzuschreiben. Mutter Spandermann
jedoch erlaubte es nicht: »Jetzt ziehen Sie Ihre Uniform mit der Feld-
binde an, nehmen eine Equipage, fahren zum Sanitätschef und melden
sich, wie es sich für jeden Officier geziemt; die Equipage, welche ich
Ihnen geben werde, behalten Sie bis zur »Reistafel«, und dann werden
Sie Ihr Mittagsschläfchen halten. Dies thun alle Leute »in de Oost«,
und Sie müssen es auch thun, sonst liegen Sie binnen Jahresfrist unter
dem Klapperbaume (Palme) begraben.« Dieser kategorisch ausgesprochenen Marschordre wagte ich natürlich nicht zu widersprechen.
Ich stieg also in den sofort herbeigerufenen Wagen, welcher um nichts
besser als das Vehikel war, welches mich den vorigen Abend aus der
alten Stadt in's Hôtel gebracht hatte.

Zunächst kam ich auf die »Sluisbrücke« und sah zu meiner
Rechten die alte Citadelle »Prinz Frederik«, welche jetzt nur zum
Magazine benutzt wird, und kam sodann zu dem Bureau des Landes-

---

[1] Capsicum annuum.

[2] Ricinus communis oder R. rugosus oder R. ruber oder R. spectabilis,
welche alle zu der Klasse der Euphorbiaceen gehören. Die Chinesen Javas bereiten ihr häufig gebrauchtes Laxans aus Ricinus ruber.

Commandirenden,[1]) zu dem Reichs-Arznei-Magazin, zu der katholischen
Kirche und hatte zu meiner Linken den Waterlooplatz mit der unvermeidlichen Waterloosäule, und zu meiner Rechten das Bureau des
Platz-Commandanten. Hier revidirte der Adjutant meine Marschordre
und stellte mich seinem Chef vor. Von hier aus ging es weiter längs
einiger hübscher Häuser in alt-griechischem Stile, welche von Stabsofficieren bewohnt waren, in den Spitalweg, in welchem sich das Arsenal,
das grosse Militärhospital, das Seminar für die Doctor-djawa-Schule,
einige Officierswohnungen und das »hohe Haus« für den Sanitätschef
befinden, welcher den Rang eines Colonels[2]) bekleidet. Im Militärhospital stellte ich mich dem Landessanitätschef der 1. Militär-Abtheilung
und im »hohen Hause« dem Sanitätschef vor, welcher mir versprach,
in einigen Tagen mir meinen ersten Standplatz mittheilen zu lassen.
Wie der Empfang bei allen diesen Herren gewesen sei, berichten meine
Reisebriefe mit keinem einzigen Wort; desto ausführlicher jedoch ist
die Schilderung der Vorstellung beim Armee-Commandanten. In der
Herzogs-Allee (Hertogslaan), welche die zwei grossen Plätze, Waterloo-
und Königsplatz, verbindet, steht sein Bureau und sein »Haus«. —
Im Stile unterscheidet es sich von den üblichen Wohnungen der
Officiere nicht im mindesten; es ist nur grösser und hat im Innern
grosse Empfangssäle. Am 11. November bekam ich vom Platz-
Commandanten Befehl, den andern Tag in »Marsch tenue« um 9 Uhr
in seinem Bureau mich einzufinden, um dem Armee-Commandanten
vorgestellt zu werden; natürlich wurde nur den Neulingen diese Ehre
zu Theil; die anderen Officiere, welche von ihrem Urlaub in Europa
zurückgekehrt waren, nahmen an diesem Empfang nicht Theil.

Die »Vorgalerie« war eine schmucklose Säulenhalle, welche, wie
mir erzählt wurde, nur bei grossen Empfangsabenden von den zahlreichen Gästen benutzt wurde, um »frische Luft zu schöpfen«, wenn die
Temperatur im grossen Empfangssaal zu warm wurde; wir wurden in
einen kleinen Saal geführt und nach Rang und nach der Folgereihe
der Liste, welche der Platzcommandant dem Adjutanten von Z. E.[3])
überreichen sollte, aufgestellt. Da wir eine Viertelstunde warten mussten, hatte ich Zeit genug, um das Empfangszimmer etwas genauer zu
besichtigen. Eine glatte weisse Wand, grosse Spiegel, einige »Wiener«

---

[1]) Java wird militärisch in drei Abtheilungen eingetheilt, welche in Weltevreden, Samarang und Surabaya ihren Sitz haben.

[2]) Nur Dr. Wassklewitz hatte als Sanitätschef den Rang eines Generals.

[3]) Nur der General-Gouverneur und der Armee-Commandant sind Excellenzen.

Fig. 2. Zwei sundanesische Frauen bei der Bearbeitung der Cacaofrüchte.

Fig. 1.   Ein malayisches Mädchen in seiner
Haustoilette.   (Dieses silberne Feigenblatt wird
gegenwärtig nur selten von den Malayen auf
Java, aber häufig auf den übrigen Inseln getragen.)

(Thonet'sche) Stühle und Divans und ein polirter Tisch in der Mitte
— das war alles.

Seit diesen 23 Jahren hat die europäische Mode die alte Einfachheit der indischen Wohnung verdrängt: gepolsterte Möbel, schwere
Tapeten. Phantasiestühle und schwere Vorhänge herrschen in den
Privatwohnungen der reichen Europäer ebenso wie in Holland. Ich
habe seitdem das Innere dieses Hauses nicht mehr gesehen; ich weiss also
nicht, ob auch der Armee-Commandant für sein kleines Empfangszimmer sich dieser Mode unterworfen hat. Damals jedoch imponirte es
mir durch seine Einfachheit und noch mehr durch seine kalte, düstere,
saubere Ausstattung; ebenso kalt und gemessen war die Begrüssung durch
den Armee-Commandanten van Neve. Nachdem ich auf diese Weise
mich meiner »dienstlichen« Verpflichtungen entledigt hatte, fuhr ich in
der Stadt herum, um einen Totaleindruck von ihr zu bekommen.

Zunächst fuhr ich zurück zum Waterlooplatz mit der Waterloosäule und dem Monumente von J. P. Koen (oe = u), welchem (als
viertem General-Gouverneur) die Gründung Batavias[1]) unrichtiger Weise
zugeschrieben wird. Es ist ein grosser viereckiger Platz, welcher von
drei Seiten mit Häusern umgeben ist: hier werden die Militär-Paraden
abgehalten, und die Stabsmusik hält hier jeden Sonntag Nachmittag
ein Concert im Freien. Diese Concerte waren damals das Rendez-vous
der Haute volée, der jeunesse dorée und aller Babu's mit ihren schutzbefohlenen Kindern. Ich hatte späterhin oft Gelegenheit, solchen
Militär-Concerten unter freiem Himmel beiwohnen zu können. Es ist
ein buntes Gewimmel und könnte, auf eine Bühne gebracht, ein schönes,
farbenreiches Ballet darstellen. Zunächst erscheinen die diversen Babu's
mit europäischen, javanischen, chinesischen und malayischen (Fig. 1[2])
Kindern; sie selbst haben eine lange, bunte Kabaya, einen bunten Sarong,
der mit einem gelben oder blauen, seidenen Bande oder einem silbernen
oder vergoldeten Gürtel über den Hüften befestigt ist; sie sind braun
in allen Schattirungen, haben dunkelschwarzes Haar, welches in einen
Knoten am Scheitel geknüpft ist, mit einer langen, silbernen Nadel
darin, das Ohrläppchen hat ein Loch, beinahe so gross wie ein Zehn-
Hellerstück, die Augen sind schwarz, die Lippen hin und wieder von
dem Sirihsaft roth gefärbt, die Zähne sind schwarz und abgefeilt, oder
nach europäischer Mode weiss. Die Büste ist voll und der Gang etwas

---

[1]) Vide Schulze, Führer auf Java S. 147.

[2]) In dieser Haustoilette sieht man die malayischen Mädchen nicht mehr
auf Java, sondern nur auf den übrigen Inseln auf der Strasse herumgehen.

kokett, die Füsse sind klein, wohlgeformt und ohne Bekleidung, und die zierlichen, mit Ringen versehenen Hände schwingen wie das Pendel einer Uhr auf und ab.

Die jungen Marssöhne gesellen sich selten zu ihnen, es sei denn, dass sie geradezu Heiratspläne haben; denn die Staffage der Küche durch einen Soldaten ist nicht üblich. Der eingeborene Soldat, leicht an seiner Hautfarbe und blossen Füssen erkennbar, denkt gar nicht an das Flirten; er lauscht der Musik und steckt seine Cigarette an (aus den Blättern der Nipahpalme konisch zugedreht) und wirft hin und wieder einen Blick jener Schönen zu, welche sein Herz erobert hat, ohne vorläufig seiner Umgebung auch nur durch eine Miene den Sturm seiner Gefühle zu verrathen. Der europäische Soldat, der neben ihm steht, ist schon weniger schüchtern und zurückhaltend. Er wird seiner Bewunderung oder seinen Gefühlen gewiss Worte verleihen, wird sofort sich ihr nähern und sie vielleicht durch ein leises Lispeln jener zahlreichen »Pantons« verrathen, welche die Liebenden einander zuflüstern. Bald erscheint das halbeuropäische Gigerl, und die »Nonna«; in schöner weisser Hose und Rock, mit tadellos glänzenden Lackschuhen und grossen Manschetten mit goldenen Knöpfen ist der »Sinjo« sich seines Sieges bei den Frauen bewusst; er ist interessant, seine blendend weissen Zähne, sein rabenschwarzes Haar und seine glänzenden Augen, sein eleganter Bau und Wuchs lassen seine platte Nase und hervorstehenden Jochbeine und Oberkiefer ganz vergessen, und als echter Don Juan beginnt er sofort unter den anwesenden Nonnas die schönste sich auszusuchen. Diese sind schön, elegant und geradezu verführerisch. Schlank gebaut, haben sie eine schöne Büste und glänzende Augen und schwarze Haare, die kleinen zierlichen Füsse stecken in reich verzierten chinesischen Pantoffeln mit goldenen Absätzen und mit feinen Strümpfen. Ein golddurchwirkter seidener Sarong umschliesst ihre grossen Hüften, eine elegante kurze weisse Kabaya mit Spitzen besetzt verhüllt nur theilweise ihre schöne Büste, und zahlreiche Ringe, Ohrringe und Haarnadeln zieren Kopf und Hände und ein dunkelblauer oder dunkelrother Sonnenschirm schützt sie vor den Strahlen der scheidenden Sonne. — Zu Pferde erscheint bald ein junger Lieutenant oder ein reicher Chinese oder Araber; Equipagen auf Equipagen fahren vor mit europäischen, javanischen, chinesischen oder armenischen Damen,

[1]) Weltevreden ist die südliche Vorstadt von Batavia, welche ausschliesslich von Europäern bewohnt wird. Oft wird der ganzen Stadt Batavia dieser Name gegeben.

bleiben stehen, und bald umgiebt sie ein Schwarm junger Leute, und sie flirten und flirten, bis Cupido seine Köcher erschöpft hat.

Unterdessen hat die »Stabsmusik« ihr Programm beendet, es ist sechs Uhr geworden und der Schwarm ergiesst sich in die benachbarten Strassen.

Auf dem Waterlooplatz fällt das »grosse Haus« (= groote huis) auf, weil es ein Stock hoch ist und beinahe die ganze östliche Front des Platzes einnimmt. Es wurde Anfangs dieses Jahrhunderts vom Marschall Daendels erbaut und vom Burggrafen du Bus de Ghisignies vollendet. Gegenwärtig beherbergt es den grössten Theil der Gouvernementsbureaux: die Rechnungskammer, das Kriegs-, Finanz- und Cultusministerium, die Landeskasse, das Steueramt u. s. w. Die Loge und das Militär-Casino schliessen sich zu beiden Seiten diesem grossen, aber nicht schönen Gebäude an: Officierswohnungen, die römische Kirche und die schon oben erwähnten Gebäude begrenzen den stattlichen, grossen Platz. Auf dem Kreuzwege, welcher auch zum Königsplatz führt, steht das unansehnliche Denkmal[1]) für Bali.

Ich liess dann den Kutscher den Weg zum Königsplatz nehmen, den mir einige Reisegenossen als den grössten der Welt bezeichnet hatten. Soweit meine Erfahrung reicht, ist dies factisch der Fall; es ist ein grosses, grasbedecktes Feld in Trapezform, dessen Schenkel jeder ungefähr 1½ km lang ist, während die eine der Parallelen nur 1 km, und die zweite (die südliche) ebenfalls in 20 Minuten zu gehen ist. Ausser dem Vorzug, dass dieser Platz mehr als 1.000.000 ☐ Meter gross ist, hat er gar keine schönen Eigenschaften: denn es ist nur eine grosse Grasfläche, welche an der Nordseite durch eine kleine Parkanlage (gegenüber dem Palaste des Generalgouverneurs) und einen schönen artesischen Brunnen unterbrochen wird. Bei meiner Rundfahrt konnte ich nicht einmal unterscheiden, ob an der gegenüberliegenden Seite ein Mann oder eine Frau gehe; die Gebäude, welche an und für sich niedrige Häuser ohne Stockwerk sind, werden ebensowenig deutlich gesehen, so dass selbst die Frage offen bleibt, ob die bedeutende Grösse dieses Platzes ein Vorzug genannt werden könne. Nebstdem ist er besonders arm an öffentlichen Gebäuden: die armenische Kirche, die Willems-Kirche, eine kleine Eisenbahnstation und auf der Westseite die Museen mit dem »Elefanten«, einem Geschenke des Königs von

---

[1]) Zur Erinnerung an die Eroberung von Bali, einer Insel im Osten Javas.

Siam (aus dem Jahre 1870), sind die einzigen Gebäude, welche von dem gewöhnlichen altgriechischen Stile abweichen.

Ich beendete meine Rundfahrt; es war 11½ Uhr, und die Sonne war mir schon lästig geworden; ich hatte nämlich die Kappe des Mylord zurückgeschlagen, um eine freie Aussicht über alle Strassen und Häuser geniessen zu können. Ohne es natürlich zu ahnen, befand ich mich in der Nähe des Hotels und fuhr (auf der Nordseite des Königsplatzes) in den Hofraum des Hotels bis vor die Thüre meines Zimmers. Ich stieg aus, zog nicht nur meine dunkle Uniform, sondern auch meine Leibwäsche aus, welche von dem Schweiss geradezu durchtränkt war, und trat in Haustoilette, d. h. in Nachthose und Kabaya, in die Veranda. Mein Mylord stand noch vor der Thür, und auf dem Bocke sass der Kutscher mit unerschütterlicher Ruhe und Grandezza, ohne im Geringsten eine Ueberraschung ob meiner Toilette zu zeigen. Mutter Spandermann machte dieser stummen Pantomime zwischen uns Beiden ein Ende durch den Befehl, dass ich nach Tisch zu Hause bleiben und schlafen gehen müsse, und dass sie es nicht erlaube, dass ich in der Hitze der Mittagssonne wieder spazieren fahren und mir das Fieber auf den Leib holen wollte. Ganz bescheiden bemerkte ich, dass ich dies auch gar nicht beabsichtige und durch einen Wink dem Kutscher angedeutet habe, die Pferde in den Stall zu bringen. »Haben Sie ihm ein Trinkgeld gegeben?« »Nein!« »Und wie haben Sie ihm den Wink gegeben?« Ich wiederholte meine Handbewegung, ohne ihre Frage zu verstehen. Noch mehr überrascht war ich, als sich diese dicke Dame vor Lachen schüttelte und einmal um das andere Mal rief: »Orang-Baru, Orang-Baru.« Endlich kam die Wellenbewegung dieser Fleischmasse in Ruhe, und mit verständnissvollem Lächeln gegen den Kutscher theilte sie mir mit, dass diese Handbewegung, und zwar mit der Fläche nach unten, für den Malayen gerade das Zeichen sei, näher zu kommen oder zu bleiben, und zum Beweise dafür winkte sie in gleicher Weise einem fernstehenden Bedienten, herbeizueilen.

Ich gab dem Kutscher ¼ Gulden Trinkgeld und hatte dafür eine doppelte Lection bekommen und zwar: wie man den malayischen Bedienten winke, und dass das Trinkgeld als ein Symptom der Civilisation auch nach Indien seinen Weg gefunden habe.

Auch für die weitere Eintheilung des Tages sorgte Mutter Spandermann: »Um 12½ Uhr wird die Glocke für die Reistafel geläutet; Sie kommen in weissen Kleidern zu Tisch; der Bediente, welcher Ihr Zimmer aufräumt, wird bei der Table d'hôte hinter Ihrem Sessel stehen

und Ihnen alle Schüsseln zureichen, welche Sie als Orang-Baru essen
dürfen und müssen; ich sage auch müssen, weil Sie sich an die
indische Küche gewöhnen müssen; wer weiss, wie lange es noch dauert,
dass Sie in einer grossen Stadt bleiben werden; sobald als möglich
werden Sie auf die Aussenbesitzungen gesendet, und es bleibt dann die
Frage offen, ob Sie essen werden können, was Sie wünschen, oder ob
Sie alles essen werden müssen, weil Sie keine Wahl haben werden.
Doch à propos; heute ist Empfangsabend beim Sanitätschef; um
6½ Uhr ziehen Sie sich Frack und weisse Handschuhe an, nehmen
wiederum einen ›Wagen‹ und fahren nach Parapatan, wo der Sanitätschef Sie seiner Frau und allen übrigen Damen vorstellen wird.
Machen Sie mir ja keine Schande, und machen Sie allen jungen
Damen gut den Hof, sonst sind Sie verloren; denn in die Conduit-
liste wird von Ihnen wie von jedem Officier aufgenommen, ob er sich
in feiner Gesellschaft gut bewegen könne.

›Ich bin aber der holländischen Sprache noch viel zu wenig mächtig, um in Damengesellschaft mich ›gut bewegen zu können‹; ist es
vielleicht nicht besser, wenn ich deshalb zu Hause bleibe?‹

›Nein, nein, Sie gehen heute dahin; ich habe jetzt keine Zeit,
weiter mit Ihnen darüber zu sprechen; Sie gehen! Adieu!‹

Aber sie ging nicht, und auf einmal fing sie wieder so zu lachen
an, dass ihre grosse Fleischmasse wieder in fürchterliche Wellenbewe-
gungen gerieth, und endlich hörte ich sie brummen: ›Ein Mof, ein
Mof‹[1]) ›Nun ja,‹ rief ich, ›ich bin ein Mof, was soll aber das Lachen
bedeuten?‹

›Hören Sie! Voriges Jahr wohnte bei mir Dr. X., der auch ein
Mof ist, und dem ich befahl, zum Empfangsabend des Armee-Commandanten zu gehen. Was denken Sie, was dieser Mof that, als er
bei dem grossen Empfange des Generals B. dessen Frau vorgestellt
wurde? Nein, ich sage es Ihnen nicht, rathen Sie, so viel kann ich Ihnen
nur sagen, dass die Fächer aller Damen sofort vor die Augen gehalten wurden, und ein Kichern und ein Lächeln wie ein kleiner Sturm
durch den Saal sich fortpflanzte, bis endlich eine der Damen selbst
vom Sessel aufsprang, um in der Vorhalle ihrer vom Lachen erschütterten
Leber Luft zu machen. Sie errathen es nicht? Nun, so will ich es
Ihnen sagen: Er küsste Mevrouw B. die Hand! Das thut man bei
Euch in Mofrica, aber nicht in Holland und nicht bei uns in Indien.

---

[1]) Spitzwort für die Deutschen.

Das darf man nicht in Gesellschaft thun, das darf man nur im Geheimen und verstohlen thun, wenn man allein ist, das ist eine Liebeserklärung, nein, das ist keine Liebeserklärung mehr, das ist schon der erste Act des Liebens selbst, der zweite Act ist das Küssen des Mundes.«

›Und der dritte Act?‹ frug ich.

›Sie Schalk!‹ (ondeugd) rief sie und wackelte weiter.

Natürlich folgte ich als gehorsamer Orang-baru (Neuling) allen ihren Anweisungen und, da der Empfang der Familie des Sanitätschefs und der übrigen ›hohen‹ Herren und Damen auf mich einen günstigen Eindruck gemacht hatte, schloss ich den zweiten Tag meines Aufenthaltes in Indien befriedigt in den Armen von Morpheus.

Der dritte Tag brachte mir ein Abenteuer, dem ich damals mehr Gewicht beilegte, als ich es heute thun würde, indem mein Tagebuch davon als von einer Lebensgefahr erzählt, der ich mit grosser Noth entronnen war.

Einer meiner Reisegenossen ging mit der ›Friesland‹ nach Surabaya, von wo aus er das Endziel seiner Reise im Innern des Landes erreichen sollte. Da ich durch keine dienstlichen Angelegenheiten verhindert war, wollte ich ihn aufs Schiff begleiten, um noch einmal — und zwar zum letzten Male — die Stätte zu sehen, auf welcher ich 42 Tage lang mit Sehnsucht den Tag erwartete, an welchem ich die grosse Seereise überstanden hatte und eine neue Carrière anfangen sollte. Nebstdem konnte ich auch den nördlichen Theil der Neustadt und die Altstadt besichtigen, welche am Tage der Ankunft wegen vorgerückter Abendstunde nur in flüchtigen Umrissen sich gezeigt hatten.

Vor dem Hôtel lagen damals die Rails der Tramway, welche bis zur Douane in der alten Stadt führten. Heute ist es eine Dampftramway mit ziemlich netten Waggons; damals waren es alte schmutzige Kasten, welche von drei kleinen mageren Pferden gezogen wurden. Mitleid musste jeder mit diesen drei ›Katzen‹ haben, welche bei ›jeder Halt‹ die grösste Mühe hatten, diese grossen gefüllten Kasten in Bewegung zu bringen.

Neben den Rails lag ein Trottoir, und daran schloss sich das tiefe Bett des Tjiligon, welcher stets ein (von Lehmerde) gelb gefärbtes Wasser führt; der Stadttheil an seinem rechten Ufer heisst Nordwyk (y = ei), während das Javahotel, das Hotel der Nederlanden, das Justiz-Ministerium und das des Innern, die Bureaux des Palastes des General-Gouverneurs (dessen südliche Front bis auf den Königsplatz reicht) und die ›Harmonie‹ (Civil-Casino) in Ryswyk liegen. Längs dieser Gebäude ging die Tramway, welche durch die Vorstadt Molenvliet nach der Altstadt führte. Bei der Douane fand ich den Herrn L., welcher mit einigen Freunden auf mich wartete, um gemeinsam in einem Kahn auf dem Canale die Fahrt nach der Rhede anzutreten. Der Herr L. war der malayischen Sprache mächtig genug, um mit dem Steuermann des Nachens den Preis von 3.50 fl. für die Hin- und Rückreise zu bedingen.

Sofort nach unserer Ankunft wurde der Anker aus der Tiefe gezogen, die Dampfpfeife gab das Signal zur Abreise, und ich verliess die »Friesland«, die, wie schon erwähnt, im Jahre 1878 mit Mann und Maus unterging.

Der Dampfer war kaum in Bewegung, als der Steuermann des Nachens die Bezahlung des Preises von mir verlangte; ich zog arglos meine Börse heraus und wollte ihm die bedungenen 3.50 fl. bezahlen; er aber schüttelte das Haupt und zeigte mir die fünf Finger seiner Hand; ich steckte ruhig die Börse ein und wies gebieterisch mit der Hand nach der Küste. Ebenso ruhig legten aber die Ruderer auf einen Wink des Steuermanns die langen Ruder nieder. Es war ein kritischer Augenblick; ich wusste damals noch nichts von den Malayen als berüchtigten Seeräubern, welche sie früher waren; aber ich fühlte das Schaukeln des Kahnes und die Haifische haben sich auf der Rhede Batavias schon manchen in's Wasser Gefallenen in die Tiefe gezogen. Wir waren von der Küste zu weit entfernt, um von den Krokodilen aufgefressen zu werden; aber die Küste und das Wachtschiff waren so weit entfernt, dass mein Hilferuf nicht hätte gehört werden können. Endlich wies ich wieder, wie ein gewaltiger Feldherr, mit der Hand nach der Küste, der Steuermann hob wieder seine fünf Finger in die Höhe, und ich nickte bejahend mit dem Kopfe. Nach einer Stunde fuhr ich bei der Douane ein und erzählte einem Beamten diesen Vorfall, während ich ihn ersuchte, eine 10 fl. Note mir zu wechseln. Dieser rief den Steuermann zu sich, hielt ihm eine Strafrede, ersuchte mich auf das Nachdrücklichste, nicht mehr als den bedungenen Preis von 3.50 fl. zu bezahlen, und eine tüchtige Ohrfeige machte dem Gespräche mit dem Steuermann ein Ende.

Darauf nahm ich mir ein Dos à dos, um in der Altstadt oder, wie sie in Batavia üblicher Weise genannt wird, in der Stadt eine Rundfahrt zu machen; diese kleinen Wagen, eine verschlechterte Aus- gabe der englischen Dogcart, sind für Batavia geradezu typisch und haben sich dort so eingebürgert, dass sie selbst durch die Deeleman's Kars nicht verdrängt wurden. Beide werden in der Regel nur von einem

Pferde gezogen und ruhen nur auf zwei Rädern; während in der
ersteren der Passagier mit dem Rücken gegen den Kutscher sitzt,
macht der Sitz im »Deeleman Kar« einen rechten Winkel zu dem
des Kutschers. Das Dos à dos ist ein offener Wagen, d. h. es hat
ein Zeltdach, welches bei Regen durch Vorhänge geschlossen werden
kann, während der »Deeleman« ein viereckiger Kasten ist. In beiden
sitzt man jedoch so unbequem als möglich, und der »Deeleman« hat
ausserdem noch eine niedrige Einsteigtreppe.

Die Rundfahrt durch die »Stad« bot wenig Neues, Interessantes
oder Sehenswerthes. Wenn nicht hin und wieder eine Palme oder ein
Pisangbaum uns an die Tropenwelt erinnerte, wenn nicht »unsere
braunen Brüder« oder Chinesen durch die Strassen in grosser Zahl
ihre Arbeit besorgten, z. B. mit grossen, halbmondförmigen Stöcken
ihre Lasten trügen oder Eis zum Verkauf anböten, so würde man
glauben, eine alte, verfallene Hafenstadt Europas vor sich zu haben mit
zahlreichen Kanälen, welche mit Kähnen und Nachen bedeckt sind;
die schmuck- und prunklosen, meistens einstöckigen Häuser sind alle
in europäischem Stil gebaut und grössten Theils im Dienst des »Mercur«.
Wenn ich von dem Rathhaus mit den Bureaux des Residenten, der
Polizei, dem Standesamt u. s. w., von dem Justizpalast (venia sit dicto!),
von den grossen Magazinen, der Douane, dem meteorologischen Obser-
vatorium, dem Postamt, den Spitälern für Eingeborene und für
Chinesen und zwei europäischen Apotheken absehe, fiel mir nur die
ungeheure Zahl von Handelsfirmen[1]) auf. Es war 12 Uhr geworden;
ich entliess das Dos à dos und fuhr mit der Eisenbahn von der Station
»Stadhuis« bis zu der von Nordwyk, in deren Nähe sich das Java-
Hotel befand.

Programmgemäss sass ich nach meinem Mittagsschläfchen (bis
4 Uhr) in der »Vorgalerie« bei einer Schale Thee und einem Glas
Eiswasser, las die Briefe und Zeitungen, welche zum ersten Male Nachricht aus der fernen Heimath brachten, als Mutter Spandermann sich
einstellte, um mir wieder einen Vortrag über das Leben in de Oost«
zu halten; sie wählte diesmal das Thema: Kunst. Nachdem sie sich
erkundigt hatte, warum ich nicht den Abend vorher die »Comedie«
besucht, und nur mitleidvoll den Kopf geschüttelt hatte, als sie hörte,
dass ich mich mehr für die Kunst der Eingeborenen und der Chinesen

---

[1]) Schulze bringt ein vollständiges Verzeichniss aller Gesellschaften, welche
in Batavia ihren Sitz oder ihre Vertreter haben.

als für die der Europäer interessire, weil mir diese voraussichtlich nichts
Neues bieten könnten, da überfiel mich plötzlich eine Eruption eines
Zornesanfalles, den ich von der gutmüthigen alten Frau nicht er-
wartet hätte.

»Ja, ja, ich weiss schon, Sie sind auch so ein Totok, so ein grüner
Europäer, der alles besser weiss und kann, als wir Alle in ganz Indien.
Sie glauben, dass wir Hottentotten sind, dass hier alles schlecht und
dass alles in Indien ordinär sei. Sie sind auch so ein Weltverbesserer,
der in Europa kaum der Schulbank entwachsen ist, nichts zum Fressen
hatte, und der kaum in Indien festen Fuss gefasst hat und schon uns
alten, erfahrenen Eingesessenen Lectionen und weise Lehren geben will.
Haben Sie soeben das »Gebet einer Jungfrau« auf dem Piano spielen
gehört? Ja? es hat Ihnen gefallen! Das glaube ich auch. Wer hat
es gespielt? Sie, Orang-baru, Sie, Totok? Nicht wahr, nein! Es war
meine Tochter Anna, welche, Gott sei Dank, noch niemals das Land
der Frösche, das kalte, neblige, flache Holland gesehen hat. Wo hat
meine Tochter Anna so schön, so reizend, so gefühlvoll gelernt, das
»Gebet einer Jungfrau« in das Herz eines jeden verstockten Cölibatärs
dringen zu lassen? Hier in Batavia hat sie es gelernt. Sie ist, d. h.
ich bin Mitglied der »Aurora«; sie geht zu jeder Aufführung des
»Apollo« und der »Eendracht«, und jeden Sonntag nehme ich einen
Wagen und fahre zum Concert der »Stabsmusik« auf dem Waterlooplatz. Ist dieses vielleicht keine schöne Musik? Haben Sie schon irgendwo auf der ganzen Welt »an der schönen blauen Donau« reizender
und schöner spielen gehört, als hier unter der Leitung des berühmten
Capellmeisters D.? So! Haben Sie hier von der europäischen Kunst
nichts Neues zu erwarten? Fragen Sie Ihren Nachbar, den Capitän der
»Friesland«, das ist ein sehr gebildeter und viel gereister Mann; er ist
gestern in »de Comedie« gewesen, fragen Sie ihn, ob in Wien, in ganz
Mofrica oder in Paris Aida¹) eine schönere Ausstattung hatte, als gestern
unser Decorationsmaler Kingsbergen geboten hat? Ja, ich weiss es, dass
»man« in Holland uns für Schlaraffen hält, die nichts anderes thun,
als »Reistafel« essen, Genevre saufen, den ganzen Tag »m Faulenzer«
sitzen und zwei- bis dreimal des Tages sich zu »siramen«. Glauben
Sie dieses auch heute noch, obwohl Sie sehen, dass ich den ganzen Tag
auf den Beinen bin, und factisch nicht einmal Zeit habe, die illustrirte
Zeitung meiner »Trommel« anzusehen. Wenn Sie es in Mofrica und

---

¹) Factisch liessen die Decorationen dieser Oper nichts zu wünschen übrig,
wie ich mich einige Tage später überzeugte.

in Amsterdam dann so heiss haben, z. B. im Monat August, sehen
Sie, hier auf dem Thermometer sind 87° Fahrenheit, und wissen Sie,
wohin jetzt meine Anna geht? Sie geht in die Turnschule! Ja, trotz
dieser Wärme geht sie turnen: sehen Sie, und in diesem ekelhaften
Lande der Frösche nennen sie uns faul, müssig und genusssüchtig.«
Endlich kam Ruhe in diesen Sturm, und es gelang mir, der alten Ma-
trone zu versichern, dass ich immer mit Genuss nach den Klängen des
»Gebetes einer Jungfrau« gelauscht habe, und dass es mich freue, in
Batavia so viel Sinn und Liebe für Kunst und Wissenschaft zu finden. Das Wort »Wissenschaft« entfesselte aufs Neue den Strom ihrer
Beredtsamkeit: »Noch keine 8000 Europäer zählt Batavia, d. h. nicht
die Stadt Batavia, sondern die ganze Provinz Batavia hat noch keine
8000 Europäer, und darunter sind auch die Sinju und Nona begriffen,
welche »inländsch Blut« in sich haben und oft gar nichts Europäisches in
und an sich haben, und wie viel wissenschaftliche Vereine finden Sie in
Batavia? Nennen Sie mir eine einzige Stadt in Afrika oder in Holland,
welche kaum 8000 Einwohner zählt und einen »Verein für Kunst und
Wissenschaft«, ein königliches Institut für Sprachen, Land- und Völkerkunde, und einen naturkundigen Verein, und die Gesellschaft für Industrie
und Landbau, und einen ärztlichen Verein, und einen Verein der Juristen,
der Ingenieure, und ein Afrika-Comité hat. Dann haben wir die Mission
der christlich-reformirten Kirche, den Verein für innere und äussere
Mission, den Verein zur Beförderung und Verbreitung christlich-ma-
layischer Lectüre. Wir haben auch zwei Ruderclubs, zwei Turnvereine,
einen Schiessclub: nun, sagen Sie mir einmal, Sie weiser Europäer,
welche Stadt in Europa, die noch keine 8000 Einwohner zählt, hat
so viele Vereine für Kunst und Wissenschaft? Sie glauben vielleicht
gar nicht, dass Batavia so wenig Europäer hat, weil es so gross ist: nun ja,
Batavia ist gross und hat seine 80,000 Einwohner, darunter sind aber
20,000 Chinesen, und ich weiss nicht wie viele Eingeborene; ich weiss
nur aus dem Regierungsalmanach, dass die Residentschaft Batavia
900,000 Einwohner hat mit 8000 Europäern, 837,000 Javanen,
71,000 Chinesen, 1200 Arabern und 500 »fremden Orientalen«: wie
viel davon auf die Stadt Batavia entfällt, kann ich Ihnen nicht sagen;[1]

---

[1] Aus den Mittheilungen des Ministeriums der Colonien vom Jahre 1894
ist ersichtlich, dass die drei grössten Städte Javas: Batavia, Surabaya und Samarang folgende Einwohnerzahl im Jahre 1892 hatten:

	Europäer.	Chinesen.	Araber.	Andere Orientalen.	Eingeborene.	Total.
Batavia	8613	27,279	2622	104	76,246	= 114,864
Samarang	3782	11,282	702	993	56,210	= 72,919
Surabaya	5913	9,160	1931	392	128,294	= 145,690

dass aber die Wyken (Stadttheile) der Europäer so gross sind, trotzdem
nur wenige Europäer hier leben, hat seine guten Ursachen. Wie Sie
sehen, hat jedes Haus einen Garten, auch wenn er oft kaum grösser
ist, als ein Waringinbaum für seine Luftwurzeln Platz nöthig hat.

Endlich hatte Mutter Spandermann ihren Sermon beendigt, und
stolz wie eine Fregatte segelte sie weiter, befriedigt von dem Bewusstsein, einem »Baar« die Wahrheit gesagt zu haben.

Unterdessen hatte sich eine Reihe von Hausirern auf der Erde
niedergelassen, und kaum hatte die Wirthin mich verlassen, als sie
alle auf mich einstürmten. Dieser Ueberfall überraschte mich nicht,
weil ich in Port Said von den Geldwechslern und Eseltreibern dasselbe
erfahren hatte; zwei Chinesen, ein Javane, ein Malaye und Klingalese
zeigten mir ihre Waaren und priesen mir dieselben in malayischer
Sprache an. Der eine Chinese merkte jedoch bald, dass ich von dem
Kauderwelsch nichts verstünde und fing in französischer Sprache das
Loblied seiner Kabayen an, während der Klingalese englisch zu rade-
brechen anfing. Ich entschloss mich zu dem Kaufe von 6 Kabayen
und 6 Nachthosen, für welche der eine Chinese 60 fl. verlangte; ich
bot ihm 16 fl. und — erhielt sie. Bei einem zweiten Chinesen ging
es mir noch schlechter oder noch besser, wie man es eben nennen
will. Er bot mir zwei ägyptische Vasen, aus Elfenbein geschnitzt, an
und verlangte dafür 80 fl.; da ich sie nicht zu kaufen beabsichtigte
und von ihm befreit zu werden wünschte, bot ich dafür 80 bidji's
(= 10 Cts.-Stücke). Erst schwur er hoch und theuer, dass sie ihm
selbst 40 fl. kosteten, und fing an, seinen Kram einzupacken; schon
glaubte ich von ihm erlöst zu sein, als er die Holzschachtel nahm
und mir mit den Worten anbot: Ich habe heute noch kein Geschäft gemacht; ich habe noch keine Hand voll Reis heute kaufen
können; ich weiss auch, dass Sie ein grosser Herr sind, also nehmen
Sie sie um 8 fl.! — Natürlich stellte es sich nachträglich heraus, dass
die Vasen nicht aus Elfenbein, sondern aus getrocknetem und gepresstem
präparirten Reis bestanden.

Interessant war die Bekanntschaft mit meinem Zimmernachbar.
Es war der Herr van S... welcher kurz nachher ein Buch über die
»Jagd auf Java« schrieb; er hatte auch den berühmten Rhinocerosjäger

---

Auch die Provinz Batavia hat seit dieser Zeit stark zugenommen. Sie hatte
im Jahre 1892 1,150,957 Einwohner (darunter 11,701 Europäer, 80,395 Chinesen,
3081 Araber, 119 Orientalen und 1,055,661 Eingeborene) und hat einen Flächen-
inhalt von 122,454 Quadrat-Meilen.

Darling gekannt, welcher vor ungefähr 43 Jahren auf Java lebte. Herr van S . . hat mir so manches interessante Jagdabenteuer erzählt, das aber wenig Jägerlatein enthielt. Da ich niemals ein Rhinoceros im Freien gesehen, noch weniger geschossen habe, will ich Herrn van S . . für die Richtigkeit seiner Mittheilungen verantwortlich sein lassen. Die Jagd auf Rhinocerosse sei gewiss sehr gefährlich, wenn man, wie s. Z. der bekannte Jäger Philippo, schwer gebaut ist und sich auf sein Pferd nicht verlassen könne. Herr Philippo habe nämlich an einer Jagd auf Rhinocerosse sich betheiligen wollen. Zwölf Mann hoch zogen sie im Süden Javas, und zwar in der Preangerregentschaft, in der Nähe der Küste auf ein grosses Alang-Alang-Feld, in welchem sich nach Mittheilungen der benachbarten Kampongbewohner ein Rhinoceros befände. Sie theilten sich in zwei Gruppen von sechs Mann; die eine Gruppe blieb am Anfang des Feldes stehen. Die andere Hälfte, bei welcher Philippo (wie alle anderen zu Pferde) sich befand, ritt auf einem schmalen Pfade an das entgegengesetzte Ende des Feldes. Auf den kleinen Pferden gelang es ihnen leicht, durch das Alang-Alang-Feld ihren Kameraden an jener Seite des Feldes entgegenzureiten. Kaum waren sie jedoch ungefähr 50 Meter in das Gebüsch eingedrungen, als sie eine schilfrohrfreie Fläche sahen, auf welcher ein Rhinoceros aus einer Pfütze Wasser trank. Das plumpe Thier wurde durch das Geräusch der Reiter aufmerksam, unterbrach seinen Morgentrunk, drehte langsam den Kopf nach den Friedensstörern und schaute sie gelassen, ruhig und neugierig an. Der Herr Philippo hatte zwar sein Gewehr mit seiner goldenen Spitzkugel bei sich, womit er schon so manches Rhinoceros getödtet hatte; diesmal wollte er sich jedoch streng an die Gebräuche der Eingeborenen halten und als Erster mit dem grossen Messer (parang) die Wade des Ungeheuers spalten. Er gab dem Pferde die Sporen, in wenigen Secunden war er dem Waldriesen nahe, schon schwang er das Schwert zum Schlage gegen dessen rechtes Hinterbein, als das Pferd mit der schweren Last des Reiters zusammensank und den Reiter in die Pfütze warf. Schwerfällig und langsam drehte sich das Rhinoceros nach der Seite des Pferdes, ohne dem verunglückten Jäger auch nur ein Haar zu krümmen. In demselben Augenblick kam jedoch ein zweiter Reiter und schwang mit Erfolg sein Schwert gegen die Wade des Thieres; es stürzte zusammen und wurde hierauf leicht die Beute der Jäger. Philippo war mit dem Schrecken davongekommen. Man zog ihn aus dem kleinen Sumpfe, während das plumpe, schwerfällige Thier sich vergeblich anstrengte, aufzustehen und auf seine Feinde einzustürmen. Unterdessen waren auch die übrigen Jäger herbeigeeilt, und ein Schuss in die Mitte der Stirne machte sofort dem Leben des Thieres ein Ende.

Auch erzählte mir der Herr van S.., dass die Kugeln aus den Vorderladern in der Regel die Haut des Rhinoceros nicht durchdringen und zur Scheibe abgeplattet herabfallen, dass das Thier jedoch zwei schwache Punkte habe, den einen in der Mitte der Stirne und den zweiten unter dem Blatte über dem Herzen, und dass der Herr Philippe stets eine lange, goldene Patrone von 10 cm für die Jagd auf Rhinocerosse mitnehme, um durch das grosse Gewicht der Kugel sicher eine penetrirende Wunde zu erzielen. Da er ein geübtes Auge hatte und seines Schusses sicher war, habe er niemals die goldene Kugel verloren: er habe sie immer in dem getödteten Thiere wieder gefunden, weil sie nicht mehr im Stande war, zum zweiten Male die Haut des Thieres zu durchbohren.

Mir ist nicht bekannt, was mit der Haut und dem Skelette der getödteten Waldriesen in Java geschieht. Ihr Horn wird jedoch vielfach zu therapeutischen Diensten verwendet. In die Höhle des Horns wird Wasser gegossen und in der freien Luft eine ganze Nacht stehen gelassen. Dieses Wasser wird bei erschöpfenden Krankheiten den Patienten als Roborans gegeben. Geschabt (Rasura cornu rhinocerotis) wurde es in früherer Zeit von den europäischen Aerzten als schmerzstillende und stärkende Arznei vorgeschrieben. Die Chinesen wenden es bei Blutbrechen an. Am häufigsten werden Scheiben des Horns, welche in Essig aufbewahrt werden, gegen Schlangenbisse angewendet. Auch die Milchzähne dieser Thiere spielen als Amulette gegen Fieber eine grosse Rolle im Arzneischatz der Javanen; prophylaktisch verhüten sie, auf der Brust getragen, das Entstehen des Fiebers, und zu therapeutischen Zwecken wird der Rücken und die Brust der Patienten damit gerieben, bis braune Striemen die Haut bedecken.

Während Herr van S . . über die Jagd auf Rhinocerosse und Bantengs (wilde Büffel) sprach, hatte sich eine malayische Frau mit ihrem Grosse tabéh tuwan auf die Flur der Veranda der »Vorgalerie« niedergelassen, ohne übrigens ein weiteres Wort zu sprechen. Jedermann liebt es in Indien, gegenüber den »Neulingen« den Mentor zu spielen, und so ging mein Nachbar auf ein anderes Thema in einer wohlgeordneten Rede über, als er meinen fragenden Blick sich auf diese neue Erscheinung richten sah. »Das ist eine »tukang

pidjit«, und zwar die berühmteste von ganz Batavia,« belehrte er
mich und fasste die kleine Hand dieser Frau und zeigte sie mir:
»pidjit« heisst massiren, und das Wort tukang, welches Sie bei jedem
Handwerk und Gewerbe nennen hören werden, bezeichnet eben den
Handwerker; so heisst tukang pérag (Silber) der Silberschmied,
tukang mendjähit (nähen) Schneider, tukang mendjähit buku der
Buchbinder, tukang snápang der Gewehrmacher und tukang ôbat der
Apotheker u. s. w. — tukang pidjit ist also ein Masseur oder eine
Masseuse. Diese kleine Hand überrascht Sie, das Werkzeug einer kräftigen Masseuse zu sein; aber ich sage Ihnen, kein europäischer Masseur,
und hätte er die Hand eines Goliath, kann so kräftig als diese kleine
Hand massiren; sie massirt aber gar nicht mit der Hand, sondern nur
mit den Fingern, und darin liegt eben ihre Kunst und ihre Kraft;
wenn ich Doctor wäre, ich würde die Muskeln der Finger einer solchen Masseuse untersuchen, ich bin überzeugt, dass sie doppelt so stark
entwickelt sind, als die des grössten Europäers. Ihre Kunst besteht
in pidjit, urut und krok.[1]) Krok ist keine Kunst. Wenn Jemand
Muskelschmerzen hat oder im Fieber liegt, welches den Patienten
trotz aller inneren Arzneien nicht verlassen will, nimmt die tukang
pidjit eine Kupfermünze oder ein Stück von dem Horne eines Rhinoceros und reibt damit grosse Striemen auf der Haut des Rückens
und der Brust. Schwieriger ist schon das Urut. Diese Frau — selten
thun es Männer — nimmt Cocos- oder Kaju-putih-Oel, bestreicht damit ihre Hand und reibt dann die Muskeln mit grösserem oder kleinerem Druck. Pidjit jedoch — ist die Kunst aller Künste. Wenn
ich erschöpft von der Jagd nach Hause komme, oder wenn ich meine
zehn Stunden in der Zuckerfabrik hin- und hergegangen bin, oder wenn
ich Stunden lang im Zuckerrohrfelde die erkrankten Halme heraus-
gesucht habe, dann bin ich Abends so müde, dass ich nicht in Schlaf
fallen kann, bevor nicht die tukang pidjit mich »gepidjit« hat. Ich
habe mich so daran gewöhnt, dass ich jeden Tag um zehn Uhr mich
dieser Operation unterwerfen muss, will ich nicht Stunden lang auf den
Schlaf warten. Heute jedoch will ich bei meinem Freunde soupiren
und darnach ein paar Stunden l'hômbre spielen; dies ist die Ursache,
dass diese Künstlerin schon jetzt um fünf Uhr mich unter die Hände
nehmen muss. Adieu.«

---

[1]) Das Tapotement (Hackung) und die Vibration (Erschütterung) der europäischen Masseure üben sie jedoch nicht.

Das »pidjit« ist ein Kneten aller Muskeln, welche zwischen die
Finger gefasst werden können, und ein Massiren der Hautmuskeln
und jener dünnen Muskeln, welche auf einer harten Unterlage ruhen,
wie z. B. auf der Stirn.   So schmerzhaft dieses Kneten und Reiben des
ganzen Körpers sein kann, ein so angenehmes Gefühl sind die Folgen
dieser Operation; unter den Erklärungen für das angenehme Gefühl
dieser Volkssitte scheint jene die plausibelste zu sein, welche annimmt,
dass mit dieser Operation die Ermüdungsproducte sofort in den Blut-
strom gebracht werden, und dass die Muskeln daher von einem Ballast
sofort und für jeden Fall früher befreit werden, als es durch die Ruhe
allein möglich wäre.   Da das Schlusstableau jeder Massage dieser
Frauen eine forcirte passive Bewegung aller grossen und kleinen
Gelenke ist, so werden auch pathologische Zustände, so z. B. chronische
Entzündungen, rheumatische Schwellungen oder Ablagerungen der Gicht
günstig durch das »pidjit« dieser Frauen beeinflusst.   Ob sie aber im
Stande seien, kleine unbedeutende Affectionen der Sehnen, Nerven und
Muskeln, welche der Diagnose des geübten europäischen Masseurs sich
entziehen, und welche sie mit dem allgemeinen Ausdruck urat sala
== unrichtige Ader bezeichnen, factisch und richtig zu erkennen,
muss bezweifelt werden und fordert noch die Bestätigung auf wissen-
schaftlicher Basis.   Ebenso viel oder wenig muss bezweifelt werden,
ob die Kunst des »pidjit« in der Hand der Dukuns so Hervorragendes
leiste, als im Allgemeinen angenommen wird.   Zweifellos steht jedoch,
wie wir in Band I: »Borneo« sahen, ihre Geschicklichkeit fest, eine Frau
nach Belieben steril zu machen, und zwar temporär, um ihr zum erwünschten Zeitpunkt die Fruchtbarkeit wieder zurückgeben zu können.

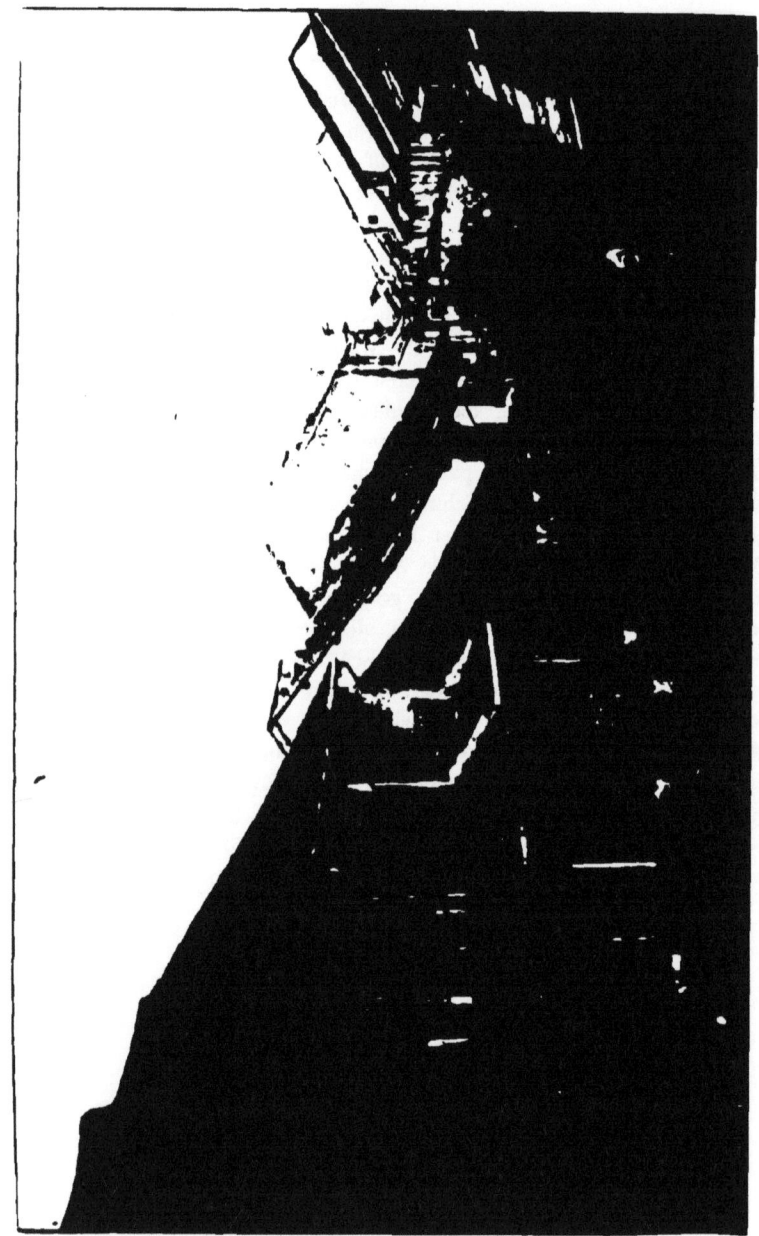

Fig. 3. Die Hauptstrasse im chinesischen Viertel zu Buitenzorg.

3. Capitel.

Häufige Transferirungen — Die Vorstadt Simpang — Die ersten eingeborenen Patienten — Ein Danaergeschenk — Die „Stadt" Surabaya — Das Mittagschläfchen — Eine Nonna — Eine Abendunterhaltung — Die Beri-Beri-Krankheit — Indische Militärärzte — Die Insel Bavean und Madura — Residenties Madura und Surabaya.

Die Transportverhältnisse auf Java haben sich seit jener Zeit sehr zu ihrem Vortheile verändert. Seit dem Jahre 1891 hat einerseits die indische Dampfschifffahrts-Gesellschaft mit ihren hohen Preisen der billigen Packetfahrt-Gesellschaft weichen müssen. (Die Reise von Batavia nach Samarang kostete damals z. B. 60 fl., nach Surabaya 90 fl. und nach Telekbetong auf der Südspitze Sumatras bei einer Dauer von nicht ganz zwanzig Stunden 70 fl.!!) Andererseits hat seit dieser Zeit das Eisenbahnnetz die grössten Städte dieser Insel untereinander verbunden.

Ihre Hauptlinie geht von Batavia in einem rechten Winkel nach Maos, einer Station vor Tjilatjap, dem einzigen Hafen von Bedeutung auf der Südküste Javas. Von hier geht sie in einem grossen Bogen wieder nach der Nordküste (nach Surabaya).

Ebenso wenig als es zweckmässig wäre, hier aller Dampfschifffahrts-Gesellschaften zu erwähnen, durch welche Java mit der übrigen Welt in Verbindung steht, oder die Routen anzuführen, mit welchen die seit dem 1. Januar 1891 ins Leben getretene »Packetvaartmaatschappij« im Archipel selbst die zahlreichen grossen und kleinen Inseln untereinander verbindet — ebenso hinreichend ist ein Blick auf die Karte von Java, um diese Hauptlinie der Eisenbahn zu übersehen. Nur muss ich noch erwähnen, dass auf Java Staatsbahnen und Privatbahnen mit verschiedener Spurweite existiren, und dass die Vertheidigung Javas viel zu wünschen übrig lassen wird, so lange Truppen, welche von Surabaya oder Batavia kommen, in Solo umsteigen müssen,

weil die Privatbahn Samarang-Fürstenländer schmalspurig ist, während
die Staatsbahnen normale Spurweite haben.

Meine Abreise von Batavia nach Surabaya hätte am 20. November stattfinden sollen; sie musste jedoch aufgeschoben werden,
weil auf dem Dampfer, der an diesem Tage nach Surabaya ging,
alle ›Hütten‹ besetzt waren.   Ungefähr 60,000 (!!) ›Gouvernements-
passagiere‹ wurden damals mit der indischen Dampfschifffahrts-Gesellschaft jährlich von einem Theile des Archipels zum andern transportirt. Die Transferirungen erfolgten damals nämlich äusserst oft. So
wurde z. B. einer meiner Bekannten, ein Lieutenant der Infanterie,
im Jahre 1877 von Batavia nach Surabaya transferirt, wofür an
Transportkosten (ohne Diäten) 90 fl. bezahlt wurden; zwei Monate
später ging er nach Menado, welche Reise 330 fl. kostete; dort blieb
er drei Monate, um nach Atjeh transferirt zu werden, wofür die
Dampfschifffahrts-Gesellschaft 720 fl. in Rechnung brachte.   Mit
Diäten kostete dieser Officier dem ›Lande‹ in diesem einen Jahre
mehr als 1400 fl.!!   Mit der Transferirung der Militärärzte ging es
s. Z. in gleicher Weise verschwenderisch zu; durchschnittlich war
$\frac{1}{3}$ (!) des Standes auf der Reise begriffen oder aus anderen Ursachen nicht activ, und nur wenige haben bei ihrer Pensionirung im
Durchschnitt ein Jahr in einem Garnisonsort gewohnt.   Ich selbst
habe durch zufällige Umstände in meinen 21 Dienstjahren, inbegriffen drei Jahre Urlaub in Europa, nur in 21 Garnisonplätzen
Dienst gethan.

Jeden fünften Tag ging ein Dampfer von Batavia nach Samarang
und Surabaya, und es blieb mir also nichts weiter übrig, als noch
fünf Tage in Weltevreden procul negotiis zuzubringen; für diese
Verzögerung wurde ich reichlich durch die Gesellschaft entschädigt,
welche ich auf dem Dampfer ›Prinz Alexander‹ fand, als ich endlich
am 25. November Batavia verlassen konnte.   Der Schiffs-Capitän,
ein gebildeter Mann, war der deutschen Sprache mächtig, und zeigte
mir das Leben in den Tropen in einem anderen Lichte, als ich es
bis jetzt gesehen hatte. Nebstdem befand sich an Bord ein französischer Seeofficier S.. welcher sich in Surabaya vor Jahren als
Commissionär einer grossen französischen Weinfirma angesiedelt
hatte und mir in der Wahl eines Hotels u. s. w. so manche nütz-
liche Winke geben konnte; nebstdem hatte er viele Jahre in Tonking
geweilt und verglich bei unseren Gesprächen gern das Leben
Javas mit dem in den französischen Colonien.   Wenn ich mir auch

späterhin sagen musste, dass dieser Herr S. oft einseitig, und zwar
zum Nachtheile der holländischen Colonien, viele Einrichtungen des
socialen Lebens in Java beurtheilte, so war der Verkehr mit ihm,
den ich in Surabaya weiter unterhielt, dennoch für mich sehr an-
regend; denn seine Mittheilungen über das Leben in den französischen Colonien gaben mir einen Maassstab zur Beurtheilung des
Erlebten und des Gesehenen in den holländischen Colonien.

Am 29. November kam ich in Surabaya an und bezog in der Vorstadt Simpang das Hotel Wynveldt, welches ob seiner »Rysttafel« berühmt war und den Vortheil hatte, in der Nähe des grossen Militär-
spitales zu sein, welchem ich voraussichtlich zugetheilt werden sollte.

Für 90 fl. bekam ich in diesem Hotel die ganze Verpflegung
(natürlich ohne Getränke), und 15 fl. bezahlte ich für den Wagen,
der mich (zugleich mit meinem Nachbar, einem Apotheker) um
8 Uhr nach dem Spitale bringen, um $11\frac{1}{2}$ Uhr von dort abholen
und Nachmittags um $4\frac{3}{4}$ Uhr wieder dahin führen sollte. Die
Abendvisite dauerte nicht lange; es war jedoch Usus geworden, nach
der Visite in der Nähe des Thores mit den Collegen an die »Kletstafel« (= Plaudertisch) sich zu setzen und ein Glas Eiswasser zu
trinken; unterdessen näherte sich die Sonne dem Horizonte. Ein
sanfter Seewind zog durch die Strassen, und zu Fuss ging jeder nach
Hause, und zwar meistens mit dem Hut in der Hand. Aus allen
Häusern strömten die Spaziergänger, um sich in der frischen Abendluft von der Hitze des Tages zu erholen: offene Equipagen zogen
durch die Strassen mit Damen (ohne Hüte), um dulce et jucunde
durch die alte Stadt bis an »Modderlust« einerseits oder über
Simpang eine Rundfahrt um die südlichen Vorstädte Surabayas
zu machen; eine Spazierfahrt in einem offenen Wagen, sei es in
einem Mylord oder in einer Victoria, ist um diese Zeit geradezu
ein Genuss. Ein kühler Luftstrom mindert die Wärme, welche von
dem trockenen Boden aus in dem Luftkreise sich ausbreitet, und darum findet man in Surabaya, sowie in ganz Indien nur wenige europäische Familien, welche sich den Luxus einer eigenen Equipage
nicht gönnen würden. Dieser Luxus ist allerdings, wie wir später
sehen werden, nicht gross.

Simpang ist die reizende Vorstadt von Surabaya, mit Häusern
derjenigen Europäer, welche nicht in der alten Stadt wohnen müssen.
Es ist nur eine Frage der Zeit, dass die alte Stadt von Surabaya ebenso wie die alte Stadt von Batavia und Samarang nur

mehr die Bureaux der Handelsleute enthalten werde, dass Simpang
die eigentliche Stadt Surabaya werden und sich bis Wanakrama,
welches heute acht Kilometer weit vom Stadthaus der alten
Stadt entfernt liegt, ausstrecken werde. Ein schöner Park ist das
Entrée dieser Vorstadt. Zwischen Blumenbeeten mit Hibiscus- und
Nerpenthessorten und kleinen Anlagen von Cicadëen und Fächerpalmen ziehen sich schöne Wege mit Götzenbildern aus den Ruinen
des alten Reiches Madjapahit. Kleine Teiche mit Fischen, Volièren
mit Vögeln, hohe Bäume mit Orchideen behängt, entzücken das
Auge und leiten zuletzt zu dem Palaste des Residenten. Ein grosses
Götzenbild steht vor seinem Thore, Djaka Dólog genannt, welchem
in früheren Zeiten von unfruchtbaren Frauen geopfert wurde, um
Nachkommenschaft zu erhalten. Es ist ein garstiges Denkmal der
alten Hinduschen Kunst und Religion. Neu-Surabaya hat schöne
Strassen und Alleen von Tamarinden, Acacien und Waringinbäumen,
hinter welchen mit zahlreichen Cocos- und Arangpalmen sowie Pisang-
stauden einzelne Kampongs (Dörfer) der Eingeborenen sich bergen.
Wenn auch die Häuser der Europäer nur die Villenform haben und
sich nicht hoch über den Boden erheben, so ist ein Spaziergang des
Abends durch diese Strassen wirklich ein Genuss, weil alle Häuser
weisse Mauern und weisse Säulen haben, von welchen die zahlreichen
Lampen ein Meer von Licht auf die etwas schwach beleuchteten Strassen
strömen lassen. Von den grösseren Gebäuden verdienen das Casino, die Loge und das grössere Militärspital erwähnt zu werden.
Dieses ist ein grosses einstöckiges Gebäude mit zahlreichen Sälen
für ± 400 Kranke in der Form eines nach der Hauptstrasse offenen
Quadrates (⊓). Der Hof zwischen diesen drei Gebäuden hat zwei
grosse schöne Waringinbäume. Hinter der quervorlaufenden Front
fliesst der Goldfluss, an dessen Ufer der Pavillon der Officiere, und
in einer beträchtlichen Entfernung ein Pavillon für Infectionskrankheiten stehen. Zugleich schliessen sich daran die Mauern der benachbarten Landes-Irrenanstalt.

Wie überrascht war ich, als mir nach den üblichen Vorstellungen
beim Landes-Commandirenden und Platz-Commandanten der Landes-Sanitätschef mittheilte, dass ich, als lediger Mann im Hotel
wohnend, gewiss sofort meinen Dienst antreten könne, und dass er
mir die Abtheilung der eingeborenen »internen Kranken« zuwei-
sen werde. Unbekannt mit den herrschenden Bestimmungen sollte
ich sofort eine Abtheilung des Spitals leiten, und unbekannt mit

der malayischen Sprache sollte ich 80 bis 100 eingeborene Soldaten behandeln. Ich erlaubte mir gegenüber dem Oberstabsarzt L., welcher in collegialer Weise und in liebenswürdigem Tone mit mir sprach, den Zweifel auszusprechen, dass ich wohl einem solchen Wirkungskreise mich vorläufig nicht gewachsen fühlte; doch der Sanitätschef schnitt mir jede Motivirung dieses Zweifels an meine diesbezügliche Fähigkeit mit den Worten ab: ›Wie im Mittelalter die Feldherren einen alten Feldwebel zur Seite hatten, der sie in die Geheimnisse der Verwaltung einweihen sollte, so bekommen Sie einen Ziekenvader = Krankenoberwärter, der Sie nicht nur in die Geheimnisse des Dienstes einweihen, sondern Ihnen auch vorläufig ein Dolmetsch für die eingeborenen Soldaten sein wird. Vorläufig, d. h. Sie müssen sich sofort bemühen, der malayischen Sprache so weit mächtig zu werden, dass Sie die wichtigsten Fragen an die eingeborenen Patienten selbst stellen können, und ich hoffe, nach vierzehn Tagen auf Ihre Abtheilung zu kommen, um mich persönlich davon überzeugen zu können. Ich bitte Sie also, morgen früh um acht Uhr im Saale Nr. 6 zu erscheinen, wo Ihnen Dr. X. alle Patienten übergeben, d. h. alles mittheilen wird, was er aus verschiedenen Ursachen nicht in der ›Krankenliste‹ aufgenommen hat. Ich kann Ihnen jetzt sofort anrathen, diese ›Krankenlisten‹ nicht zu vernachlässigen; es ist nicht hinreichend, die Recepte in diese niederzuschreiben, welche dann in der Apotheke verabfolgt werden, sondern auch die Anamnese und der ganze Verlauf der Krankheit muss in diesen Listen beschrieben werden; jeder Patient besitzt eine solche Liste, welche ein vollständiges Bild seiner Krankheit enthalten muss, weil es nur zu oft geschieht, dass der behandelnde Arzt krank wird, und sein Vertreter ohne diese Notizen keine richtige Einsicht in seine Krankheit haben kann.‹ Verlockend war die Voraussicht nicht, ein paar Wochen unter der Leitung eines Krankenwärters zu stehen, welcher den Rang eines Feldwebels bekleidete. Ich beschloss also, diesem etwas eigenthümlichen Verhältnisse so bald als möglich ein Ende zu machen, und fuhr sofort nach der Stadt, um mir zu kaufen: Ein ›Recueil‹ der gesetzlichen Bestimmungen für die Militär-Spitäler Indiens und eine Grammatik der malayischen Sprache. Als Dr. X. den nächsten Tag mir ›den Saal 6‹ mit 30 Patienten und den ›Saal 7‹ mit 40 Patienten übergab, liess er die in den letzten 24 Stunden eingelangten Patienten unbesprochen, und mit gewisser Selbstbefriedigung besprach ich nach Uebergabe des Dienstes von

Seiten meines Vorgängers, mit den neuen Patienten ihre Krankheiten;
prapa lama sakit? = wie lange bist Du krank? sakit apa? = was
fehlt Dir? sukkah makan nassi? = hast Du Appetit, oder wörtlich
übersetzt: Hast Du Lust Reis zu essen? ging mir so flott von den
Lippen, als ob ich ein geborener Malaye wäre. Ebenso zuversicht-
lich dictirte ich dem Krankenwärter die »Diät« für diese Patienten
mit den vorschriftsmässigen Abkürzungen: Portie, ½ Portie, ¼ Portie,
Diät und ½ D. Wenn mir aber einer der Patienten auf meine
Fragen eine etwas weifläufige Antwort gab oder Wünsche in Betreff
des vorgeschriebenen Speisezettels äusserte, verstand ich natürlich
kein einziges Wort und musste nolens volens die Hülfe der Krankenwärter in Anspruch nehmen. Als nach vierzehn Tagen der
Spitalschef zugleich mit dem Landessanitätschef auf meiner Abtheilung erschienen und als stille Zuschauer eine Stunde lang der Behandlung der Patienten folgten, zu gleicher Zeit jedoch hin und wieder einen Blick unter die Kopfpolster warfen, ob darunter kein
Tabak, Cigarren u. s. w. verborgen seien, und darnach die Aborte
und die Baderäume der Abtheilung und die Kästen mit der Wäsche
inspicirten, merkte ich aus einzelnen aufgefangenen Worten die Zufriedenheit meiner Chefs, und beim Weggehen stellte mir der Landes-Sanitätschef die Prognose, dass ich sehr bald die Fähigkeiten zu
einem »Eerstaanwezenden Officier van Gezondheid« zu Muarah-Teweh
werde erlangen können, welcher in einigen Monaten einen neuen Titularis
werde erhalten müssen. Nach Ablauf des Dienstes begab ich mich
in die »Conferentiekamer«, wo die übrigen Aerzte vor Erscheinen des
Spitalschefs gemüthlich die Tagesfragen besprachen. Stolz auf die Be-
lobung meines Chefs theilte ich meinen Collegen mit, dass ich für
den Posten eines rangältesten Militärarztes zu Muarah-Teweh de-
signirt sei. Statt Bewunderung oder Eifersucht sah ich zu meiner
Ueberraschung auf allen Lippen nur ein spöttisches Lächeln.

»Ja, ja, dieses ist eine hohe Stellung, welche Ihnen in Aussicht
gestellt wurde; ich muss Ihnen aber auch mittheilen, dass Sie nicht
nur der rangälteste Militärarzt, sondern auch der Rangjüngste in
Muarah-Teweh sein werden, d. h. der einzige Arzt in einem Stück
Lande, das so gross als ganz Holland ist; Sie werden aber auch
in einem Hause wohnen, welches das einzige in diesem Bezirke ist,
und Ihre ganze Gesellschaft wird aus zwei Officieren bestehen,
welche in demselben Hause wie Sie wohnen werden. Sie kommen
in ein Land — es liegt im Herzen Borneos —, »hinter welchem

überhaupt kein Land mehr ist«,[1]) und da Sie mit den Soldaten nicht verkehren dürfen, so können Sie mit den Orang-Utangs oder anderen Affen verkehren, und unter den Kopfjägern, den Dajakern in den benachbarten Kampongs, werden Sie vielleicht einen finden, der Malayisch spricht; aber es wird rathsam sein, auch diesem einzigen gebildeten Dajaker nicht zu viel Vertrauen zu schenken, weil Sie sonst Gefahr laufen, Ihren einzigen Kopf eines Tages auf den Pfählen seines Kampongs hoch in den Lüften baumeln zu sehen.« »Dafür haben Sie,« fügte ein zweiter College ebenfalls in spöttischem Tone hinzu, »das erfreuliche Bewusstsein, ein Protegé des Sanitätschefs zu sein; als solcher können Sie einer »schönen« Garnison zugetheilt werden, zu welchen z. B. Batavia und Surabaya gehören, d. h. Städte, in welchen das gesellschaftliche Leben sich wenig von dem einer grossen Stadt in Europa unterscheidet; Sie können aber auch eine »gute« Garnisonstadt erhalten, d. h. in einen Ort versetzt werden, in welchem Sie eine grosse Privatpraxis erlangen können; in Djocja z. B. kann man leicht 5—600 fl. monatlich bei seinem Gehalt verdienen; in Banda (Molukken) selbst 1000 fl. So viel werden Sie natürlich in Muarah-Teweh nicht verdienen; Sie können aber auch nichts ausgeben. Die Dajaker haben noch keine Oper, Tingel-Tangel, und nebstdem sorgt die Regierung auch für die Kost der Officiere, weil ausser dem Lieferanten, welcher für die Verpflegung der Truppen sorgen muss, kein Kaufmann und kein Geschäft sich dort befindet, von welchem Sie etwas kaufen könnten. Da Sie im Fort selbst wohnen müssen, so brauchen Sie kein Quartiergeld zu bezahlen; und weil die Wohnung nur aus einem Zimmer mit Bambuswänden besteht, also nicht den Anforderungen einer Officierswohnung entspricht, bekommen Sie das Quartiergeld, 70 fl. pro Monat, ausbezahlt. Was die Kost betrifft, erhalten Sie diese natürlich nicht aus der Menage der Soldaten, sondern in Natura, d. h. die Zubereitung der Vivres können Sie sich selbst besorgen. Sie erhalten eine »europäische« und zwei »eingeborene« Rationen; Sie bekommen z. B. täglich $0.5 + 2 \times 0.6 = 1.7$ Kilo Reis, Butter, Oel, Pfeffer, Rindfleisch, Petroleum, Salz, Thee und Kaffee werden Ihnen in solcher Menge verabfolgt, als ein europäischer und zwei eingeborene Soldaten täglich für ihren Lebensunterhalt nöthig haben. Sie sehen also, dass die holländische Regierung sehr freigebig ist; Sie erhalten für das »süsse Nichtsthun«

---

[1]) Holländische Phrase.

Ihren Monatsgehalt von 225 fl. und 30 fl. für zwei Pferde Fourage
und 70 fl. Quartiergeld und 50 fl. für die Armenpraxis und gänzliche
Verpflegung. Sie werden nämlich nicht viel zu thun haben, weil die
Garnison nur aus einer Compagnie Soldaten (incl. ungefähr 25
Frauen und einiger Kinder) besteht.«

Nach diesen Mittheilungen konnte ich nicht viel Erfreuliches
für die nächste Zukunft erwarten, und arg enttäuscht verliess ich
um 11½ Uhr das Spital. Da der Apotheker, welcher mit mir den
Wagen benutzen sollte, die Wacht hatte«, d. h. 24 Stunden im
Spitale bleiben musste, konnte ich den Wagen zu einer Rundfahrt
in der »Stadt« benutzen (natürlich gegen Beibezahlung von 2 fl.).

Ein ungefähr zwei Kilometer langer Weg trennt die Vorstadt
Simpang von »der Stadt«, welche im Jahre 1743 an die Compagnie
abgetreten und zum Sitz des Gouverneurs von Javas Osten wurde,
nachdem schon zwei Mal (1677 und 1679) diese Stadt von den
Holländern erobert worden war.

Schon bei dem Officiers-Club »Concordia«, welchen ich sofort
beim Eintritt in die Stadt zu meiner rechten Hand sah, zeigt sich
dem Beobachter ein ganz anderes Bild, als dies in Batavia der
Fall ist. Es ist eine holländische Stadt aus dem Anfange dieses
Jahrhunderts mit kleinen, niedrigen Häusern, welche ohne Garten die
Wege begrenzen und in grösserer oder kleinerer Anzahl zu einem
Gebäudecomplex vereinigt sind; schmale Wege, Stege, Gassen und
Strassen wechseln mit Grachten (Wassercanälen), und nur die Dreh-
und Aufzugbrücken fehlen, um das Bild einer alten, schmutzigen
Kleinstadt in Holland zu vervollständigen. Der Goldfluss (Kali
Mas) theilt die Stadt in eine östliche und westliche Hälfte, und die
»rothe Brücke« verbindet den europäischen mit dem chinesischen
(östlichen) Stadttheil. Gegenüber der Concordia liegt das Haus des
Regenten mit einem Schlossplatz; hier wird Sonntag Nachmittags
ein Militär-Concert gegeben, welches die jeunesse dorée von Surabaya
zu einem Rendez-vous einlädt. Ein eigenthümliches Gebäude ist
die Moschee, welche eine hübsche Combination von griechischem,
maurischem und gothischem Styl zeigt. Im chinesischen Viertel
fielen mir die Tempel und die zahlreichen Geschäfte auf; daran
schloss sich der Kampong der Malayen mit einem grossen Marktplatz, auf welchem lange, grosse, auf steinernen Pfeilern ruhende
Markthallen standen. Hierauf kam ich zu den »Mooren, Bengalesen
und Arabern«; schmutzige, enge Strassen, schmutzige, kleine Ge-

schäfte, wie auf einem alten Tandelmarkt, und noch schmutziger waren die weissen Kleider und Turbane der arabischen Bewohner.

Im Osten und Norden dieser Kampongs der »fremden Orientalen« sind die Eingeborenen, und zwar nach bestimmten Handwerken geordnet; in dem einen Kampong sah ich nur Töpfer, in einem zweiten nur Klempner, in einem andern wohnten nur Kammmacher, Mattenflechter u. s. w. In dem Kampong Ampel sah ich eine alte Moschee und das Grab von Raden Rachmat, dem ersten Susuhunan[1]) von Ngampel, welcher hier 1467[2]) starb.

Denselben Weg, d. h. über die »rothe Brucke«, fuhr ich zurück, um mich in dem europäischen Viertel ein wenig umzusehen. Wie in einem Bienenkorb wimmelt es in den Strassen von Hausirern mit Waaren aus Elfenbein, Perlmutter, Schildkröten, Horn, Bein, Gold, Silber u. s. w., welche den Neuangekommenen auf Schritt und Tritt verfolgen. Equipage auf Equipage durchkreuzten die Stadt, und auch hier war ich verwundert über die grosse Zahl alter und schmutziger Wagen, welche unter dem Namen »Kossong« (= leerer) langsam durch die Strassen fahren, um einen Passagier (50 Cts. für eine Tour) zu finden. Es ist ein auffallender Unterschied zwischen den beiden Städten Batavia und Surabaya, welcher in vieler Hinsicht an jenen zwischen Haag und Amsterdam erinnert. Surabaya ist grösser und hat mehr Einwohner als seine Schwesterstadt im Westen.[3]) Batavia ist durch den Sitz der Regierung eine Beamtenstadt: Beamte und Officiere sind die tonangebenden Kreise. Surabaya ist eine Handelsstadt stricte dicta und hat schon seit vielen Jahrzehnten einen ausgesprochenen europäischen Mittelstand, es ist darum gemüthlicher; man fühlt sich heimischer und läuft nicht Gefahr, in dem ersten besten Europäer, welchen man im Club kennen lernt, einem Beamten oder Officier zu begegnen, welcher ängstlich die Geheimnisse seines Departements bewahren und jedes Wort auf die Goldwaage legen muss, um nichts von jenen staatsgefährlichen Geheimnissen entschlüpfen zu lassen, welche den andern Tag durch die Tagespresse orbi et urbi verkündigt

---

[1]) Susuhunan — Seiner Heiligkeit ist der Titel des Kaisers von Solo.

[2]) Seine Mutter stammte von Cambodga, und sein Vater war ein Araber, der ihn in einem Alter von 20 Jahren zu seinem Bruder in Madjopahit sandte; er wurde hier der zweite Apostel des Islam in Java. Der erste war Maulana Malik Ibrahim, welcher am 8. April 1419 zu Grissé starb.

[3]) Vide Note Seite 27.

werden. Surabaya ist aber nicht allein eine bürgerliche Handelsstadt,
sondern auch eine Fabrikstadt, und zahlreiche grosse Fabriken und
noch mehr die zahlreichen kleinen europäischen, javanischen und
chinesischen Werkstätten machen sie zu einem Emporium der Industrie und des Handels nicht allein der Insel Java, sondern auch
des ganzen indischen Archipels. Von den zahlreichen grossen Unternehmungen dieser Stadt will ich keine einzige ausführlich beschreiben, weil ich als Laie in der Technik nur Unvollkommenes
mittheilen könnte: wie ich aber von Fachleuten hörte, sind einige
von ihnen, wie z. B. das Marine - Etablissement, die Artillerie
Constructie Winkel und die pyrotechnische Werkstätte, die vielen
Privat-Fabriken für Dampfkessel u. s. w., geradezu mustergiltige
Fabriken, welche in jeder Hinsicht allen Anforderungen der modernen Technik Genüge leisten.

Leider hat Surabaya Mangel an gutem Trinkwasser, und es ist
bis jetzt noch nicht gelungen, artesisches Wasser zu erhalten, obwohl die Provinz in ihrem südlichen Theile stattliche und hohe
Berge besitzt, z. B. den Ardjuno, 3363 Meter hoch, den Berg Pe-
nanggungan (1650), Welirang (3150), Andjomora (2270) u. s. w.,
und im Westen die Hügelländer von Tuban (400), von Lamongan,
Kendeng und Modokasri zahlreiche Quellen besitzen. Demzufolge
entstehen beinahe jedes Jahr grössere oder kleinere Cholera-Epi-
demien, welche meistens in der Citadelle ∘Prinz Hendrik∘ ihren
Ausgangspunkt nehmen. Sie besteht bereits 60 Jahre, ist von
der Mündung des Goldflusses 1800 Meter entfernt und war der Mittelpunkt einer Vertheidigungslinie von ungefähr zwei Kilometern mit
17 Bastionen u. s. w. Sie ist ein starkes Fort, welches bequem
1500 Mann fassen kann, aber — sie muss aus obigen Gründen unbenutzt stehen bleiben und kann nur als Magazin der Armee noch
einige Dienste leisten.

Sollte es der modernen Technik nicht gelingen, aus den grossen
Wassermassen, welche der nahe Javasee und die Flüsse der Provinz
Surabaya, Porong, Brantas (mit den Aesten: Goldfluss, Fluss
Porong und Perigien) und Solo (mit den Mündungsarmen Fluss
Ngawen und Miring), Anjer, Pepeh u. s. w. in sich bergen, brauch-
bares und gesundes Trinkwasser zu schaffen? Ich weiss, dass
alle modernen Filtrir-Apparate der grossen europäischen Städte noch
weit von diesem Ziele entfernt sind, weil das Delta-Land, auf welchem diese Stadt liegt, einen grossen Reichthum an faulenden Stoffen

birgt; aber in der Wärme haben wir ja ein ausgezeichnetes Mittel, diese radical zu zerstören. Wenn auch viele Europäer das filtrirte Wasser $^1/_4$ bis $^1/_2$ Stunde bei einer Temperatur von 100—120 ° C. kochen, so bleibt doch die grosse Menge der Eingeborenen, der Chinesen und der Orientalen blind für die Gefahren eines ungesunden Wassers; für diese muss die Regierung etwas thun. Eine Stadt von ungefähr 150,000 Seelen muss ein Trinkwasser haben, welches allen Anforderungen der Hygiene entspricht.

Um 1 Uhr hatte ich meine Rundfahrt durch die Stadt beendigt und erquickte mich an der »Rysttafel«, welche mit Recht den Ruf verdiente, dessen sie sich erfreute; sie bot nicht nur eine grosse Wahl der Speisen,[1]) sondern auch jede einzelne Schüssel war mit Sorgfalt bereitet. Eine Flasche Bier trank ich dazu, indem ich in ein Glas ein grosses Stück Eis gab und das Bier darauf goss. Wahre Bierfreunde trinken es unverdünnt durch das Wasser des schmelzenden Eises; aber jeder Versuch, reines Bier (von einer Temperatur von 22—25 ° C.) zu trinken, verleidete mir gänzlich diesen Genuss. Gegenwärtig wird jedoch das Bier in den Clubs und in manchen Hotels in Eiskübeln frappirt, so dass man den erfrischenden Geschmack des kühlen Bieres erhält, ohne gleichzeitig durch Wasser des schmelzenden Eises seinen Alcoholgehalt zu verdünnen. Nach Tisch ging ich zu Bett und befahl dem Bedienten. mich um 4 Uhr aufzuwecken, weil ich um 5 Uhr wieder im Spitale sein musste. Um 4 Uhr wurde ich wach, aber ich fühlte mich müde und schwach; in Schweiss gebadet, wechselte ich zunächst die Kabaya und das Flanellhemd, in welchem ich geschlafen hatte, schwankte wie ein Betrunkener zur Thür, öffnete sie und fiel in der Veranda auf den Lehnstuhl nieder, als ob ich einen Marsch von zehn Kilometern gemacht hätte. Unterdessen hatte mir der Bediente eine Schale Thee, eine Flasche Apollinariswasser und ein Glas mit einem Stück Eis gebracht. Der lauwarme Thee und danach das kalte Apollinariswasser belebten sofort meine schlaffen Lebensgeister, ich nahm mein Schiffsbad,[2]) zog mir europäische Kleider an und fuhr nach dem Spitale. Ich hatte einen Zuwachs von sechs Patienten, von welchen zwei an Beri-Beri, drei an Malaria und einer an Dysenterie litten. Da ich wusste, dass um $5^1/_2$ Uhr den Patienten das Abendessen gebracht werden sollte und den Neu-

---

[1]) Vide 1. Band: Borneo, Seite 68.
[2]) „ „ „ „ „ 123.

angekommenen vom »Doctor der Wacht« bereits Medicinen vorgeschrieben worden waren, begnügte ich mich damit, für diese sieben
Patienten die »Diät« für den folgenden Tag dem »Ziekenvader« mitzutheilen,[1]) ging zu einzelnen Patienten, welche mich besonders in-
teressirten, oder welche irgend ein Ansuchen an mich richten wollten, verliess, nur theilweise befriedigt, die Krankensäle und setzte
mich zu den übrigen Collegen, welche bereits an der »Kletstafel«
sassen und mich, jeder in seiner Weise, über meinen Beruf als
Oberarzt der indischen Armee zu belehren suchten.

Da mir viele, wenn nicht alle ihre Mittheilungen fremd und oft
sogar unglaublich erschienen, weil ich nicht wusste, wie viele derselben Scherz oder Ernst waren, so steigerte sich noch mehr das
Gefühl des Unbefriedigtseins in mir, und als um 6 Uhr die Collegen
aufstanden, um das Spital zu verlassen, blieb ich beim »Doctor der
Wacht« zurück, um von ihm das Thatsächliche der Neckereien zu
erfahren. Zu meiner grössten Ueberraschung entsprach alles der
Wirklichkeit, und nur der Ton der Erzählungen war ein scherz-
hafter gewesen; auch hatte ich späterhin oft genug Gelegenheit,
mich von der Richtigkeit dieser Mittheilungen zu überzeugen. Die
Sonne war untergegangen, und bevor ich das Hotel erreicht hatte,
war es finster geworden, und ein Javane lief vor mir, um die
Petroleumlampen[2]) anzuzünden. Das Hotel stand an der grossen
Heeresstrasse, welche nach Gedong und Sidoardjo führte. Hier
standen nur an einer Seite einige europäische Häuser, darunter das
des Landes-Commandanten Colonel R., welcher das grosse Vorrecht hatte, neun Töchter zu besitzen. Ich verliess das Hotel mit
der Absicht, auf dieser wenig besuchten Strasse mich ganz dem
Genusse des Alleinseins zu ergeben und den ersten Tag meiner
neuen Carrière einer Kritik zu unterwerfen, und arglos näherte ich
mich dem Hause des Colonels R. Da traf ein silberhelles Lachen
meine Ohren, und ein Paar feurige, schwarze Augen suchten mit
neugierigen Blicken den Fremdling zu erforschen, der sich aus dem
Getümmel der Stadt in die Ruhe der unbewohnten Poststrasse geflüchtet hatte. Es war eine reizende Nonna — ihre Grossmutter
war eine Javanin gewesen — welche sich an meiner Verlegenheit

[1]) Den ersten Tag erhält jeder Patient nur Reis in Milch gekocht.
[2]) Gegenwärtig wird diese Stadt natürlich durch Gas beleuchtet. Batavia
hat seit 38 Jahren, Surabaya seit 20 Jahren und Samarang seit 1898 eine
Gasfabrik.

ergötzte, indem ich nämlich zögernd einen Gruss stammelte, nachdem
ich bereits einen Schritt weit sie passirt hatte. Sie war noch »un-
gekleidet«, d. h. noch in indischer Haustoilette: der seidene Sarong
umschloss die breiten Hüften, die reich garnirte Kabaya bedeckte die
schön geformte Büste nur zum Theil, weil durch die Spitzen des oberen Theiles die lichtbraune Haut durchschimmerte; das schwarze Haar
war nach hinten in einen dicken Knoten (Kondé) gebunden: bei ihrem
schalkhaften Lächeln zeigte sie ein elfenbeinernes Gebiss von tadel-
losen Zähnen, und über den schwarzen Augen wölbten sich ein Paar
grosse, dichte Augenbrauen. Die Flamme einer Laterne umsäumte
dieses schöne Bild mit einem goldenen Saume, und während ich, erfüllt von dieser reizenden Erscheinung, weiter schritt, kicherte Jemand
hinter mir und zog mich zurück; es war der kleine Schalk Cupido.

Noch eine halbe Stunde folgte ich der langen Poststrasse, nachdem schon lange kein europäisches Haus zu sehen war und die
kleinen Petroleumlämpchen der Eingeborenen nur schwach das Innere
ihrer kleinen Häuschen und die Strasse beleuchteten. Ich kehrte um,
ging in's Hotel und fand — eine Einladung zu einer Hausunterhaltung
bei dem Landes-Commandanten. Um 8 Uhr ging ich zur Table
d'hôte, welche uns ein »europäisches Mahl« bot, d. h. Suppe, Rindfleisch, Gemüse, Braten, Mehlspeise, Kaffee, Obst und Käse, und um
9 Uhr stand ich, in Frack, schwarzer Hose und weissen Handschuhen
gekleidet, vor dem Eingange des Hotels, um zunächst die Theilnehmer an diesem Feste passiren zu sehen. Equipagen auf Equipagen mit europäischen Damen und Herren in Uniform und Frack
fuhren bei mir vorbei; einzelne Dos à dos (nur mit einem Pferde
bespannt) mit jungen Officieren und Beamten kamen in langsamem
Schritt vorgefahren. Auf dem Bocke einer Victoria sass ein Polizeimann mit dem goldenen Regenschirm (Pajóng) und brachte den
Residenten der Provinz. Hinter ihm folgte ein Mylord, in welchem
der Regent, der eingeborene Häuptling, sich befand; auch er hatte
neben dem Kutscher einen Polizeimann, der einen weiss und gold
gefärbten Pajóng aufrecht trug. Ein Chinese in Mandarintracht
folgte mit seiner Frau, welche einen schwer seidenen Sarong und
Kabaya trug; und endlich wagte ich es, den ersten Schritt in die
»indische Gesellschaft« zu thun. Ein schöner Anblick bot sich
mir beim Eintritt in die Thüre der manneshohen Mauer, welche
das Haus und den kleinen Garten des Colonels R. von der Strasse
trennte. Auf der Treppe, welche zur Säulenhalle des Hauses führte,

sassen die Polizisten der hohen Beamten wie Marmorsäulen und
hielten den Pajòng aufrecht vor sich.   Die Säulenhalle war weiss,
und die Flammen strahlten in doppelter Helle ihr Licht über den
Garten: in dieser Halle und dem Saale, welchem sich erstere anschloss, strömten die Menschen auf und ab; sehr viele Uniformen
und sehr wenige Fracks oder Salonröcke, während die Damen in
europäischer Salon- oder Balltoilette an Reichthum und Eleganz,
aber weniger an »Mode« ihre Schwestern in Europa, übertrafen.
Sofort erschien der Hausherr in seiner wenig kleidsamen Uniform,
stellte mich seiner Frau und den zwei Damen vor, welche neben
dieser sassen, und führte mich dann in einen Nebensaal, wo die
Jugend versammelt war.   Das Brummen und Summen der eifrig
flirtenden Jugend übertönte seine Stentorstimme, als er den »jüngsten
Aesculapius von Surabaya« vorstellte, und er verliess mich sofort,
um seinen Hausherrnpflichten auch anderwärts gerecht zu werden.
   »Sie sind also der grosse Philosoph, welcher vor drei Stunden
bei unserem Hause, gewiss in weltbewegende Gedanken vertieft, vorbei-
ging und mich um 6 Uhr, sage um 6 Uhr, noch in Sarong und
Kabaya gekleidet sah.«   Mit diesen Worten trat eine reizende Brünette
von ungefähr 19 Jahren mir entgegen.   Ich wusste nicht, dass es unschicklich sei, wenn junge Damen um 6 Uhr noch in Haustoilette
sind, ich fand kein holländisches Wort und ich fand auch keine
deutsche Antwort, als sie mit schalkhaftem Blick diese Frage an mich
richtete, und pries das Geschick, welches mir in diesem Augenblicke
den Bedienten mit einer grossen Platte sandte.   Schalen mit Kaffee-
extract und mit Thee, eine grosse Kanne Milch und eine Zucker-
dose mit pulverisirtem Zucker hielt er mir unter die Nase und frug
mich in malayischer Sprache, welchen Trank ich vorziehe.   Fräulein
Marie wiederholte seine Fragen in holländischer Sprache, und endlich gelang es mir, den Gesellschaftston zu finden und in einem
Kauderwelsch, welches weder Deutsch noch Holländisch war, unterhielt ich mich lebhaft mit dieser Schönsten der Schönen.   Kaum
hatte ich den Kaffee ausgetrunken, als ein zweiter Bedienter kam
und drei Sorten von Liqueuren mir anbot.   Wieder war es meine
reizende Nachbarin, welche die fürchterlich entstellten Namen der
Liqueure mir übersetzte, und eben wollte ich zu einem Gläschen
Vanilleliqueur greifen, als aus dem Hintergrunde des grossen Saales
die lauten Klänge einer Polonaise erschallten.   Wie von einem
electrischen Funken erschüttert sprangen alle jungen Damen und

Herren von ihren Sesseln auf und gingen Arm in Arm in den grossen Saal. Sehr gern wäre ich mit meiner Schönen in dem kleinen Saal geblieben, um noch lange, sehr lange mit ihr zu plaudern, aber ein fragender, selbst vorwurfsvoller Blick erinnerte mich an meine Pflicht, ich gab ihr den Arm und folgte dem Zuge ihres Armes, der mich hinter den Assistent-Residenten brachte, welcher die Frau des Regenten führte. Wie ich später wiederholt sah, folgen bei allen Festlichkeiten die Gäste einer bestimmten, nach Rang und Würde geordneten Reihe. Der Hausherr eröffnet mit der angesehensten Dame den Reigen, ihm folgte deren Mann mit der Hausfrau u. s. w. Erst die dei minorum gentium schliessen die Reihen, ohne sich an den Rang der Tänzer zu halten. Zweimal hatte die grosse Colonne den Saal nach dem Tacte der Musik durchschritten, als sie plötzlich einen Walzer anstimmte; einige der alten Herren und Damen traten aus: alle Uebrigen — nur ich nicht — stürzten sich in den Strudel der walzenden Paare. Wiederum sah mich »meine Dame« mit fragenden und vorwurfsvollen Blicken an, als ich sie bat, auf einer nahen Causeuse Platz zu nehmen und unser unterbrochenes Gespräch fortzusetzen. Zum ersten Male in meinem Leben bedauerte ich es, niemals tanzen gelernt zu haben, und bevor ich noch diesem elenden Gefühl Worte verleihen konnte, näherte sich ein Lieutenant der Infanterie, welcher diese Scene beobachtet hatte, und bat um den Walzer.

»Sehr gerne,« sagte meine Dame mit gehässigem Nachdruck, und sofort verschwand das schöne Paar in der Menge der Walzenden. »Dieser Oberarzt bleibt nicht lange in Surabaya,« brummte ein alter Herr en passant, und als ich mich fragend umblickte, was dieser Orakelspruch bedeute, setzte er fort, als ob er einen Monolog hielt, und ohne mich anzusehen: »Männer, welche nicht tanzen können, gehören nicht in den Salon, auf den Aussenbesitzungen unter den Wilden ist ihre Heimath.« Unterdessen sah ich den Hausherrn bei den alten Herren und Damen hin und her eilen, um sie zu einer Partie Whist, L'hombre oder Quadrille einzutheilen, und wieder zogen einige Paare Arm in Arm, jedoch mit gelassenen und gemessenen Schritten in die hintere Veranda und in ein paar kleine Säle, wo die Spieltische mit Karten und Marken sie erwarteten. Auch mich frug der Colonel, an welchem Spiel ich mich betheiligen wolle, da er sehe, dass ich nicht tanzlustig sei. Als ich ihm wieder bekennen musste, dass mir das Whistspiel nur dem Namen nach bekannt sei, und

dass ich von den beiden anderen Spielen nicht einmal die Namen
kenne, frug er mich erstaunt, wo ich denn meine Erziehung gehabt
habe, dass ich weder tanzen, noch Karten spielen könne, und liess
mich stehen.   Der zweite Theil der Polonaise war endlich zu Ende,
und die tanzende Jugend versammelte sich wieder im kleinen Saale,
um zu lachen und zu scherzen und zu flirten.   Bediente erschienen
und präsentirten Rothwein, Rheinwein, Eiswasser, Mineralwasser
und Brandy-Grog; ich selbst wählte ein Glas Mineralwasser und trat
in den kleinen Saal, um wenigstens einen Blick meiner Dame zu
erhaschen; sie sah mich jedoch nicht, und als ich mich ihr näherte,
um eines der vielberühmten Ballgespräche mit ihr anzufangen, wandte
sie sich zu ihrem Tänzer mit der Frage, ob der Walzer oder die
Polka den höchsten Genuss ihm biete.   Ich war in Ungnade gefallen.   Ich verliess diesen kleinen Saal und ging hinaus in die
Vorhalle, in welcher Alle sassen, welche nicht tanzen konnten und
wollten, und welche aus verschiedenen Ursachen auch nicht an dem
Kartenspiele theilnahmen.   Gern hätte ich mich mit dem Regenten
oder mit dem »Major der Chinesen« in ein Gespräch eingelassen,
aber schon beim Vorstellen sah ich, dass sie der holländischen und
natürlich noch weniger der deutschen Sprache mächtig waren.   Beide
sprachen wie ihre Frauen die malayische Sprache, die allgemeine
Umgangssprache zwischen Europäern und Eingeborenen, aber mein
Wissen und Können dieser Sprache reichte noch nicht weiter, als bis zu
den einzelnen Fragen um das körperliche Befinden, und so sah ich
mich gezwungen, andere Gesellschaft aufzusuchen.   Endlich wurde
es zwölf Uhr, und wieder erschienen Bediente, diesmal jedoch mit
grossen Schüsseln, gefüllt mit Brötchen, gefüllt mit Schinken oder
Wurst oder Paté de foie gras, während ein zweiter Bedienter auf
der Platte kleine Teller, Messer und Kaffeeservietten anbot.   Die
Tanz-Pause war eingetreten.   Der Berg mit belegten Brötchen wurde
immer kleiner und kleiner, und der Bediente erschien nun wieder
mit den diversen Getränken.   Ich nahm wieder ein Glas Apollinariswasser, als plötzlich aus dem Zimmer der tanzlustigen Jugend:
»Bier her, Bier her, oder ich fall um, juchhe!« zu meinen Ohren
drang; ich sprang von meinem Stuhle auf, und mit tiefgehaltenem
Tenor fuhr ich an der Thüre fort: »Soll das Bier im Keller liegen,
und ich nur ein Wasser kriegen« und — das Eis war gebrochen.
Von allen Seiten stürmten die Schönen auf mich ein, noch ein anderes
deutsches Studentenlied zu singen, und nach diesem musste ich ein

drittes singen, bis endlich die Accorde eines Lancier die jungen Damen und Herren in den Tanzsaal riefen. Der Mohr hatte seine Schuldigkeit gethan — ich konnte wieder gehen.

Um 2 Uhr empfahl sich der Resident und seine Frau dem Gastgeber; ihnen folgten alle Uebrigen, welche nicht tanzten; auch ich nahm Abschied, und als ich auch »meiner Dame«, der jüngsten Tochter des Hauses, meinen Dank für den herrlichen Abend aussprechen wollte, rief sie mir scherzend zu: »Nein, den Dank begehre ich nicht; ein junger Mann, der nicht tanzt, kann sich nicht amüsiren. Adieu.« Einen Hut[1]) hatte ich nicht, ein kühler Nachtwind trocknete die triefende Stirne, und mit wechselnden Gefühlen ging ich zu Bett, unbefriedigt von meinem ersten Thun im Spitale und unbefriedigt von meinem ersten Thun und Lassen im indischen Salon.

Der Dienst im Spital gefiel mir mit jedem Tage besser. Wenn der erste Tag das Gefühl des »Unbefriedigtseins« im hohen Grade in mir wach gerufen hatte, so lagen die Ursachen dafür nicht in mir, sondern in den herrschenden Verhältnissen. Ich stand 80 Patienten gegenüber, von denen ich absolut nichts wusste; wenn auch mein Vorgänger in der »Krankenliste« die Diagnose ihrer Krankheit aufgenommen hatte, so war mir damit nur wenig geholfen; 49 von ihnen litten an Malaria, 20 an Beri-Beri, 3 an Dysenterie, und die übrigen 8 hatten Lungenentzündung und andere mir geläufige Krankheitsbilder. Von der Beri-Beri-Krankheit hatte ich in Europa nicht einmal den Namen, geschweige denn das totale Krankheitsbild, den Verlauf und die Ursache gekannt. Unter meinen 20 Fällen dieser Krankheit befanden sich alle möglichen Formen und Stadien der Erkrankung, und vergebens war alle Mühe, aus ihnen nur ein einheitliches Bild dieser Krankheit zu bilden. Hier lag ein Mann unter den schwersten Symptomen der Herzbeutelwassersucht, und dort stand ein Mann, bei dem ausser einem Puls von 100 Schlägen in der Minute kein anderes Symptom gefunden wurde; der Eine hatte geschwollene Füsse und eine bleiche, krankhafte Hautfarbe, und der Andere war »bis auf das Skelet« abgemagert. Beim Dritten hatte Dr. C. notirt, dass sein Puls in der Ruhe 120 mal und nach einiger Bewegung 200 mal in der Minute schlage, und

---

[1]) Seit dieser Zeit hat die Mode den Männern und den Damen den Gebrauch des Hutes auch nach Sonnenuntergang aufgedrungen.

bei einem Vierten war angegeben, dass er bis über die Mitte des
Oberschenkels anästhetisch = unempfindlich sei. Nicht viel besser
ging es mir mit den Malariapatienten: als den Typus der Malaria
kannte ich nur das Wechselfieber mit scharf abgegrenztem Hitze-
und Kältestadium, und von meinen 49 Malariapatienten zeigte kaum
ein einziger dieses Bild. Wenn ich an diesem Tage aus den Notizen
der Krankheitsliste und aus den objectiven Befunden obiger 49 Malariapatienten, unabhängig von dem weiteren Verlaufe der Krankheit,
die Diagnose hätte stellen müssen, wäre das Wort Malaria kaum in
10 Fällen ausgesprochen worden. Der Eine zeigte ausgesprochene
Lungenverschleimung, der Zweite litt an Diarrhöe; ein Dritter hätte
mich an Typhus und ein Anderer an Hirnhautentzündung (Meningitis)
denken lassen; ein Sergeant hatte alle Erscheinungen des Mumps
(Parotitis) und der letzte Malariapatient hatte selbst das ausgesprochene Bild der Cholera! In diesem Labyrinth der Erscheinungen
der Malariakrankheit halfen mir theilweise meine Bücher auf den
richtigen Weg; über die Beri-Beri jedoch musste ich mich von den
älteren Collegen informiren lassen. Leider waren ihre Informationen
nur nach einer Richtung hin befriedigend. Wassersucht, verbunden mit
geringer Lähmung (Parese) der Beine und erhöhter Arbeit des Herzens,
veranlasste die Diagnose der häufigsten Form der Beri-Beri. Geringe Lähmung und hochgradige Abmagerung der Extremitäten gab
die Diagnose: Beri-Beri kring = trockene Beri-Beri.

Seit dieser Zeit hat, wie wir im III. Bande mittheilen werden,
die Frage dieser verheerenden Krankheit vielfach die indische Regierung und die Gelehrten der medicinischen Welt beschäftigt; aber
für den denkenden Arzt war es damals geradezu eine beschämende
Arbeit, Patienten gegenüber zu stehen, von welchen man beinahe
gar nichts wusste. Welche Bedeutung diese Krankheit für die
indische Armee hat, will ich an dieser Stelle nur andeuten, und
zwar durch Abdruck der Ziffern, welche die Verbreitung dieser
Krankheit in der Armee vom Jahre 1893—1897 demonstriren:

	Stand der Armee	Beri-Beri-Patienten	an Beri-Beri gestorben	super-arbitrirt	Malaria
1893	34,186	6170 = 18 %	218	573	13,332 = 39 %
1894	37,532	4908 = 13 %	231	796	11,631 = 31 %
1895	38,568	5652 = 14 %	276	516	14,706 − 38 %
1896	42,782	5780 = 13 %	151	726	14,639 = 34 %
1897	42,080	2211 = 5 %	92	442	17,534 = 41 %

Ich folgte also, was die Behandlung dieser unglücklichen Patienten betraf, dem Beispiele meiner Collegen und nahm die einzelnen Symptome zur Basis meiner Recepte; wir können ja leider bei den meisten Krankheiten, von welchen wir unter dem Scepter der Bacteriologie alles zu wissen glauben, auch nicht viel mehr thun. Auf diese Weise habe ich mein ärztliches Gewissen damals beschwichtigt und schon nach einigen Wochen mich ebenso sicher oder ebenso unsicher wie die übrigen Collegen gegenüber den Beri-Beri-Patienten gefühlt. Glücklicher Weise hatte ich noch andere Patienten, wie z. B. chirurgische, syphilitische und venerische Fälle oder andere mir geläufige Krankheitsformen, wie z. B. Herzfehler, Lungenkrankheiten u. s. w. in Behandlung und dadurch auch hinreichendes Material, um das Selbstvertrauen in meine ärztliche Kunst nicht allzu stark erschüttert zu sehen. Damals folgte nämlich der Sanitätschef dem Principe, dem jungen Arzte alle möglichen Krankheitsformen in Behandlung zu geben, um eine vielseitige Ausübung seiner ärztlichen Kunst zu ermöglichen. Der Militärarzt in Indien hat ja nur zu oft Gelegenheit, ohne Hülfe eines Collegen oder eines Consiliarius, alle Zweige der ärztlichen Kunst ausüben zu müssen. Jeder wird für kürzere oder längere Zeit in die Aussenbesitzungen gesendet, wo er oft in einem Gebiete, das so gross wie eine holländische Provinz ist. der einzige Arzt ist, und bei den mangelhaften Verkehrswegen erst nach vielen Tagen oder Wochen einen Collegen in's Consilium erlangen könnte. Der indische Militärarzt muss also vielseitig entwickelt sein und selbständig in allen Fächern der Medicin auftreten können. Zu diesem Zwecke erhielten damals die jungen Aerzte nicht Abtheilungen, welche mit bestimmten Krankheitsformen belegt waren, sondern Krankensäle, welche, analog der Truppenformation, Europäer, Eingeborene, Unterofficiere[1]) und Officiere[1]) enthielten.

Von den Sitten und Gebräuchen der Eingeborenen bekam ich in den ersten Monaten meines Aufenthaltes in Indien kein richtiges oder besser gesagt gar kein Bild. Eine grosse Kluft trennt sie von den Europäern; ich selbst sprach keinen andern Eingeborenen als

---

[1]) In den „Sälen“ der Unterofficiere und Officiere befanden sich nur europäische Patienten. Aus disciplinären Gründen werden nämlich die eingeborenen Unterofficiere gemeinsam mit den eingeborenen „Minderen“ verpflegt, und die eingeborenen Officiere sind in der regulären Armee schon seit vielen Jahrzehnten auf das Aussterbeetat gesetzt. Vor drei Jahren lebte noch der letzte „eingeborene Officier“ pensionirt als hochbetagter Greis in Magelang (Java).

meinen Bedienten und wechselte mit den Patienten meiner Abtheilung kein Wort, das nicht unerlässlich für die Behandlung war. So geht
es allen Officieren, vielen Beamten und allen übrigen europäischen
Bewohnern Javas. Eine Ausnahme machen hiervon einige junge
Leute, welche mit einer eingeborenen Frau im Concubinat leben; da
aber eine solche Njai = Haushälterin aus der Hefe des Volkes genommen wird, ist ihr Bildungsgrad ein sehr niedriger, und sie wäre gewiss die unreinste Quelle, aus der man sein Wissen in der malayischen
oder javanischen Ethnographie schöpfen könnte. Auch sind einzelne
und dann meistens halbeuropäische Familien in jeder Stadt, welche
mit den eingeborenen Häuptlingen gesellschaftlich verkehren; diese
sind allerdings dann gut auf der Höhe der malayischen oder javanischen Sitten und Gebräuche. Die übrigen Europäer aber haben
nur ein oberflächliches Wissen von den Gewohnheiten ihrer Stadt-
genossen und beurtheilen die Eingeborenen nur nach dem äusseren
Schein und dem oberflächlichen Wellenschlag des täglichen Lebens
auf der Strasse und auf dem Marktplatz. Mir ging es schon darum in Surabaya nicht besser, weil mein ärztlicher Beruf ganz andere Arbeiten als das Studium der Sitten der Eingeborenen mir zur
Pflicht machte. Ich musste die holländische und malayische Sprache
mir aneignen, musste dem Studium der Tropenkrankheiten und Tropenhygiene mich widmen, und musste mich zunächst in das Leben und
in die Gebräuche der Holländer einleben. Erst in späteren Jahren
beschäftigte ich mich auch mit der ›Land- und Völkerkunde‹ der
Insel, auf der ich lebte.

Ende Februar las ich in dem ›Locomotief‹, dass Dr. F. von
Muarah-Teweh (im Innern der Insel Borneo) nach Batavia berufen
wurde, um dort sein Examen für den Rang eines Regimentsarztes
abzulegen. Seitdem sind leider diese Prüfungen abgeschafft, welche
für Indien geradezu ein Bedürfniss sind: die jungen Aerzte, welche
oft viele Jahre in den ›Aussenbesitzungen‹ stationirt sind, haben dort
ein geringes Material. Es fehlt ihnen der Sporn zu wissenschaftlichen Arbeiten, und sie vergessen daher den grössten Theil
ihrer auf der Universität erworbenen theoretischen und praktischen
Wissenschaften. Wenn sie jedoch nach einer gewissen Anzahl von
Jahren sich wieder einem Examen unterwerfen müssen, dann sind
sie gezwungen, sich auf der Höhe der Wissenschaft zu halten. Im
Jahre 1882 wurde die Verpflichtung zu dieser Prüfung für alle
Doctoren abgeschafft, welche nach dem neuen holländischen Regle-

ment den Titel Arts = Arzt erworben hatten, d. h. Doctores universae medicinae geworden waren. Aber auch diese sind nur Menschen und werden ohne Sporn zu weiteren wissenschaftlichen Arbeiten leicht der Schablone verfallen. In der österreichischen Armee bestehen Prüfungen für den Rang des Stabsarztes; die Candidaten müssen den Beweis liefern, dass sie in der Militärhygiene wie in der Organisation der Armee u. s. w. ebenso bewandert sind, als in jenen Fächern, welche die Physicatsprüfung fordert: sie müssen Terrainkarten lesen und die Ausrüstung der Feldspitäler anordnen können u. s. w. Wenn sich also eine so grosse Armee Sicherheit verschafft, dass mit dem goldenen Kragen ihrer Aerzte auch ein grösseres Quantum von Wissen verbunden sei, als der subalterne Militärarzt in der Regel besitzt, so kann oder vielmehr muss auch die indische Armee bei den herrschenden Verhältnissen Maassregeln treffen, dass ihre Aerzte, welche in der Regel gut vorgebildet die Schule verlassen haben, auch weiterhin auf der Höhe der Wissenschaft sich erhalten und über jenes Quantum von Wissen verfügen können, welches der jeweilige Rang erfordert. (Vide 1. Theil: Borneo, Seite 34.)

Mit dieser Zeitung in der Tasche begab ich mich zu dem Hospitalchef, der gerade an diesem Tage seinen Jour hatte; es war 7 Uhr, als ich in seinem Hause erschien; einige Officiere und Bürger waren schon anwesend, und sofort nach der Begrüssung der Hausfrau und meines Chefs wurde mir von allen Seiten zu meiner bevorstehenden Transferirung Glück gewünscht. Das »Surabayische Handelsblatt« hatte nämlich nicht nur die Berufung des Dr. F. von Muarah-Teweh mitgetheilt, sondern auch die Vermuthung geäussert, dass ich wahrscheinlich sein Nachfolger in jenem von der menschlichen Civilisation hundert Meilen entfernten Fort werden würde. Mein Chef, welcher natürlich darüber am besten informirt war, enthielt sich jeder Aeusserung, weil meine Transferirung ihm noch nicht officiell mitgetheilt war, glaubte jedoch einige Worte des Trostes mir sagen zu müssen, falls sich diese Vermuthung bewahrheiten sollte. ›Ach, Sie sind ja ledig, für Sie ist also eine Transferirung eine unbedeutende Sache, und Muarah-Teweh wird für Sie eine Vorschule des Bivouaclebens sein, wenn Sie späterhin nach Atjeh geschickt werden sollten.‹ Diese Worte waren gerade nicht sehr ermuthigend, und als ich ihn um 8 Uhr verliess, wollte mir der Widerspruch dieser tröstenden Worte und der Glückwünsche der übrigen Officiere nicht recht einleuchten. Am nächsten Tag erhielt der

Landes-Sanitätschef vom Landes-Commandirenden den officiellen Bescheid, dass ich nach Bandjermasing, der Hauptstadt des südöstlichen Borneos, transferirt sei und mit dem Dampfer, welcher Ende
März dahingehe, »meiner Bestimmung folgen« sollte. Nach vier-
monatlichem Aufenthalte auf Java verliess ich diese Insel, welche
ich erst 3¹/₂ Jahre später, und zwar im October 1880, wieder sehen
sollte.

Die »Residentie« (= Provinz) Surabaya ist stark bevölkert
(ungefähr 20,000 Seelen auf die ☐Meile), und obschon beinahe
alle Rassen des indischen Archipels in der Hauptstadt und ihrer
Umgebung vertreten sind, stammt die grösste Zahl von der Insel
Madura, welche seit vielen Jahrhunderten den ganzen Osten der
Insel Java mit ihren Bewohnern überschwemmt.

Die benachbarte Insel Bavean, welche administrativ zur »Residentie« Surabaya gehört, erfreute sich niemals eines solchen Ueber-
schusses an Menschen, dass eine Emigration nach dem Festlande (?)
= tanah Java stattfinden konnte; sie ist ja nur 3,₆ ☐Meilen gross
und hat ungefähr 40,000 Seelen; ihre Hauptstadt Sangkapura mit
einem Assistent-Residenten und einem eingeborenen Häuptling bietet
nichts Sehenswerthes; desto grösser ist die Zahl der Naturschönheiten, und es ist mir unverständlich, dass beinahe niemals die Europäer von Surabaya sich die Mühe nehmen, sie zu besichtigen: in
13 Stunden kann sie ja per Dampfschiff erreicht werden. Die Berge
Tinggi und Radja sind zwar nicht hoch (600 Meter), aber sie geben
ein herrliches Panorama über die ganze Insel. Ein Bergsee, unter-
irdische Gänge, ein Wasserfall (des Tapa-Flusses), eine üppige Flora,
das interessante Bild wahrer Seemänner, reich verzierte Wohnungen
der Eingeborenen u. s. w. belohnen in reichem Maasse den Touristen,
welcher in zwei Tagen diese kleine Insel durchforschen und besichtigen kann.

Die Heimath der Maduresen, die Insel Madura, ist 81,₁₇₆
☐Meilen gross und wurde im Jahre 1892 von 509 Europäern, 4338
Chinesen, 1595 Arabern, 139 Orientalen und 1,523,639 Eingeborenen
bewohnt; sie soll noch vor 700 Jahren mit der Insel Java verbunden gewesen sein. In einem Kahn kann man in einer Stunde
von Surabaya aus diese Insel erreichen, und dennoch hatte ich niemals die Gelegenheit, sie zu betreten. Da ich nur jene Provinzen
(Residenties) von Java ausführlich zu beschreiben beabsichtige,

welche ich aus Autopsie kenne, muss ich den wissbegierigen Leser
diesbezüglich auf Veth's Java und andere Quellen verweisen; da
ich aber im III. Bande von den »Barisans« von Madura sprechen
will, so muss ich jetzt schon mittheilen, dass dies Hülfstruppen der
indischen Armee sind, welche die Fürsten dieser Insel auf Ersuchen
der indischen Regierung in Zeit der Noth einberufen müssen; sie sind
1319 Mann mit 34 (eingeborenen) Officieren stark, erhalten jedoch
von der indischen Regierung europäische Instructoren. Es sind
tüchtige Soldaten, welche zu wiederholten Malen vortreffliche Dienste
der indischen Regierung geleistet haben.

Minder zahlreich als die Maduresen sind in der Provinz Surabaya die Malayen (vide Titelbild). Diese bewohnen die Küsten
aller Inseln, und ihre Sprache ist die allgemeine Verkehrssprache
geworden (Vide Band I. Seite 35). Im Ganzen hat diese Provinz
2.088,303 Einwohner[1]) bei einer Grösse von 104.463 ☐ Meilen;
darunter befanden sich 7546 Europäer, 18,451 Chinesen, 2853
Araber, 504 ›andere Orientalen‹ und 2,058,949 Eingeborene.
Wie viel von letzteren Javanen stricte dictu sind, ist nicht bekannt.
Unter Javanen versteht man eben auf Java nur die Bewohner
des mittleren Java, welche sich streng abscheiden von jenen des
Westens, welche Sundanesen heissen, und den Maduresen, welche
den Osten Javas bewohnen. Der Unterschied in der Sprache, in der
Literatur (und theilweise in der Kleidung) ist so gross, dass, wie
wir später sehen werden, eine strenge Scheidung dieser vier Stämme
gerechtfertigt ist. Wie viel Javanen, Maduresen, und wie viel
Malayen in dieser Provinz leben, ist eben nicht bekannt; zu oben
erwähnten zwei Millionen Eingeborenen gehören auch noch die
zahlreichen Makassaren von Celebes und eine kleine Anzahl von
Borneonesen, welche jedoch mit mehr oder weniger Recht zu den
Malayen gerechnet werden. Unter fremden Orientalen (›vreemde
oosterlingen‹), deren in dieser Provinz 504 vorkommen, versteht
man in erster Reihe die Handelsleute, welche von Vorder-Indien
nach Java kommen und sich dort ansiedeln; andere rechnen auch
die Armenier und alle Bewohner dazu, welche von den benachbarten Inseln Sumatra, Borneo und Molukken abstammen.

Die Küste der Provinz Surabaya ist sumpfig und sandig im
östlichen Theil, während von Grissé aus gegen den Nordwesten der

[1]) Im Jahre 1893.

Küste der Boden trocken und sandig ist;[1] an diese schliessen sich nach dem Süden ein Kalkhügelland und ein weites fruchtbares Gebirge an. Jodiumquellen, eine Guwa-Upas, d. h. eine Stickstoff enthaltende Höhle (auf dem Dersono), zwei eigenthümliche Moorhügel, aus welchen geruchlose Gase aufsteigen, Sandsteinhügel, aus welchen vortreffliche Wasserfiltrirapparate gewonnen werden (bei Grissé), Salpetergruben, Höhlen mit essbaren Vogelnestern und Petroleum (seit dem Jahre 1863 befinden sich fünf kleine Petroleum-Unternehmungen in dieser Provinz), sind die wenigen erwähnenswerthen Producte dieser Berge. Seit dem Jahre 1899 weht ein liberaler Geist in der Gesetzgebung des indischen Bergbaues; die engherzige Auffassung von dem ausschliesslichen Rechte des Staates auf alles, was unter der Oberfläche des Bodens verborgen liegt, war geradezu ein Hemmschuh für eine gedeihliche Entwicklung der Bergbau-Industrie; das neue Gesetz[2] befreit den Unternehmungsgeist von den Fesseln, auch die Schätze des Bodens in Indien zu heben, welche sehr wahrscheinlich auf allen Inseln des ganzen indischen Archipels sich befinden und bis nun von dem Drachen des gewinnsüchtigen und eifersüchtigen Fiscus streng verborgen gehalten wurden.

Wie zahlreich sind im Gegensatz zu diesen wenigen Bergbau-Unternehmungen, auf der Oberfläche dieser fruchtbaren Berge, die Plantagen und Fabriken dieser Provinz, welche von der Regierung jeglicher Hülfe und Stütze sich erfreuen! Ich war im Jahre 1897 in Modjokerto, der zweitgrössten Stadt dieser Provinz;[3] hier ist der Sitz des »Vereins der Surabayischen Zuckerfabrikanten«. Der Fluss Brantas hat hier eine grössere Breite als der Rhein in seinem Unterlauf, und dennoch ist zu Irrigationszwecken eine Schleuse gebaut (welche ein Kunstwerk des modernen Wasserbaues genannt werden muss), um nach Bedürfniss einen beliebig grossen Theil oder selbst beinahe 3/4 der ganzen Wassermasse in die seitlichen Canäle

---

[1] Im Westen ist die Küste gebirgig; an diesen Theil schliesst sich die Ebene von Grissé; im Süden derselben folgen die Gebirgszüge von Lamongan, Kendeng und Modjokasri; die grosse Ebene von Djombang geht im Süden in einen mächtigen Gebirgsstock über, welcher sich mit zahlreichen Bergriesen über die östliche Grenze bis tief in die Provinz Passuruan erstreckt.

[2] Gesetz (Wet) vom 23. Mai 1899 (Staatsblad No. 124).

[3] In den acht Districten dieser Provinz sind nur die Städte Surabaya, Grissé, Modjokerto, Djombang und Sidoardjo von Bedeutung.

abzuleiten, ohne dass die Schifffahrt auf dem Flusse selbst nur einen Augenblick gestört würde. In diesem Bezirke findet man die Ruinen der alten, einstens so mächtigen Stadt Modjopahit, aus deren Ruinen viele Zuckerfabriken der Umgebung gebaut sind. Sieben Zuckerplantagen mit Gouvernements-Contract findet man in diesem Districte, zwei in dem Districte Djombang, elf in dem Districte Sidoardjo; sieben »Erbpachtländer« giebt es im Districte Modjokerto, in welchen Kaffee (in einem China- und im neunten Liberia-Kaffee) producirt wird; nebstdem giebt es zahlreiche Plantagen, welche mit freiwilligen Contracten der Eingeborenen arbeiten; deren giebt es im Districte Modjokerto fünf, von denen die eine in Ngembeh nur Tabak pflanzt; in dem Districte Djombang bestehen acht und in dem Districte Sidoardjo vier Plantagen. Auch hat diese Provinz noch 32 Privatgüter, welche Reis, Zucker, Indigo, Kaffee und Tabak produciren.

Die Provinz Surabaya ist eine blühende, reiche Provinz, und ihre gleichnamige Hauptstadt ist die grösste Handelsstadt des indischen Archipels und erfreut sich einer reichen Industrie.

4. Capitel.

Reise nach Bantam — Malayischer Kutscher — Max Havelaar — Fieberepidemie in der Provinz Bantam — Krankenwärter mit einem Taggeld von 20 fl. (!) — Eine Stute als Reitpferd — Der Königstiger — Javanische Pferde — Elend während einer Fieberepidemie — Auf dem Kreuzwege — Helden auf Java — Begegnung mit einem Königstiger — Behandlung der Fussgeschwüre durch die Eingeborenen — Drohende Hungersnoth in Bantam — Aussterben der Büffel — Dreimal in Lebensgefahr — Ein ungefährlicher Spaziergang im Regen.

Im October 1880 betrat ich zum zweiten Male den Boden Javas. Aus der Einsiedelei im jungfräulichen Borneo kam ich beinahe unvermittelt ins volle Leben einer Grossstadt, und zwar zunächst für zwei Tage nach Surabaya; dann musste ich mich mit einem Localdampfer der indischen Dampfschifffahrts-Gesellschaft längs der Nordküste via Samarang nach Batavia begeben, wohin ich transferirt worden war. Schon im März desselben Jahres sollte ich den »Garnisonsdienst« in Weltevreden, jener Vorstadt Batavias übernehmen, welche der Sitz der Behörden und der eigentliche Wohnort der Europäer ist. Dr. G. aber, welcher angewiesen wurde, mich in Buntok abzulösen, weigerte sich, dahin zu gehen, und nahm lieber den Abschied aus dem Militärdienste, als Jahre lang auf Borneo ›leben zu müssen, ›hinter welchem überhaupt kein Land mehr sei‹, und welches ausser dem Reiz eines jungfräulichen Bodens gar nichts biete, was des Menschen — Herz erfreue. Durch diese Verzögerung musste ich nicht nur ein halbes Jahr länger auf dieser Insel bleiben, sondern fand auch bei meiner Ankunft in Batavia den Garnisonsdienst von einem anderen Collegen besetzt, während ich dem grossen Militär-Spital vorläufig zugetheilt wurde, um in kürzester Zeit wieder die Stätten der europäischen Civilisation verlassen zu müssen und lange fünf Monate im Süden Javas im Dienste des Civil-Departements der Bevölkerung von Labak in ihrer Noth und ihrem Elend Hülfe zu bringen.

Ich werde noch Gelegenheit haben, über Weltevreden und Samarang einiges mitzutheilen, und ich eile, obzwar die chronologische Reihe der Ereignisse unterbrochen werden muss, zu jenem Theil meiner ärztlichen Praxis auf Java, welche mich mitten in das Reich der Tiger, aber auch mitten in das Leben der sundanesischen Bauern brachte, die durch Malaria, Hungersnoth, Viehpest und Missernte auszusterben drohten, wenn nicht die Regierung in energischer Weise und mit fürstlicher Freigebigkeit dem Elend ein Ende gemacht hätte.

Am 11. December 1880 wurde ich von der indischen Regierung in den Dienst der Civilbehörden der Provinz[1]) Bantam gestellt.

Einige Tage später zog ich dahin, und zwar in einem kleinen zweiräderigen javanischen Wagen, welcher mit drei kleinen javanischen Pferden bespannt war. Bequem sass ich in diesem Vehikel nicht; es war ein Wagen, der vielleicht in seiner Länge und Breite kaum einen Meter mass, so dass ich mich vorsichtig im Hintergrunde des Wagens an die schmale Lehne drücken musste, um mit meinen Knieen nicht gegen den Sitzplatz des Kutschers reiben zu müssen; nebstdem war es so wenig tief, dass die Kniee ungefähr die Höhe der Brust erreichten; aber wie der Sturmwind flogen wir über den ebenen Weg, der zunächst nach Tangerang führt, wo ein Franzose noch heute jährlich tausend und tausend Strohhüte flechten und nach Frankreich ausführen lässt.

Der Weg ist der westliche Theil jener grossen Heerstrasse, welche im Anfange dieses Jahrhunderts unter der autokraten Regierung des Gouverneur-Generals Daendel über ganz Java in Robottarbeit gebaut wurde.

An der Grenze der beiden Provinzen Batavia und Bantam lagen die beiden Reisunternehmungen Tjikandi-udig und Tjikandi-ilir; die eine gehört einem Amerikaner, während der Eigenthümer von Tji-kandi-ilir ein pensionirter Hauptmann und mit einer deutschen Dame verheiratet war. Nur so lange das Umwechseln der Pferde mich

---

[1]) Java wird nämlich in 22 Residenties = Provinzen eingetheilt, welche, von Westen nach Osten gezählt, folgende Namen führen: Bantam, Batavia, Krawang, Cheribon, Preanger, Banjumas, Tegal, Pekalongan, Samarang, Japara, Kedu, Bagélen, Surakarta, Djokjakarta, Rembang, Madiun, Kediri, Surabaya, Madura (Insel), Pasuruan, Probolingo und Besuki.

aufhielt, weilte ich bei diesem Landherrn, um dann meine Reise
nach Serang,[1] der Hauptstadt der Provinz Bantam, fortzusetzen. Hier
angekommen, stellte ich mich zunächst dem Residenten, d. h. dem
Statthalter der Provinz vor, um seine Befehle über meine Thätigkeit zu vernehmen. Er war ein liebenswürdiger alter Herr, und es
schmeichelte nicht wenig meiner Eitelkeit, als schon den andern Tag
mir der Resident einen officiellen Gegenbesuch machte. Ich wohnte
im Hotel, und der Resident kam in seiner Equipage bei mir vorgefahren, während der Bediente mit dem Pajong stolz als der Banner-
träger des höchsten Mannes der Provinz neben dem Kutscher sass.
Der Kutscher war geradezu eine Caricatur eines Menschen zu nennen
und glich nicht wenig den Affen, welche bei Circusvorstellungen die
Heiterkeit der Zuschauer erregen. Er war blossfüssig, hatte über
seine kurze Hose den Toro an, den wir am besten mit einem weiten
bunten Hemd vergleichen, und auf dem Kopfe waren die langen
Haare in ein buntes Kopftuch gewickelt, auf welchem ein glänzen-
der Cylinder schief nach hinten aufsteigend die Caricatur vollendete.
Die Affenähnlichkeit fiel darum auf, weil sie, der Kutscher und
der Bediente, der Wichtigkeit ihrer Stellung bewusst, immer einen
unverwüstlichen Ernst in ihren Zügen zeigen und niemals ein Lächeln
oder eine andere Gemüthsbewegung durch ihre Züge verrathen lassen.
Auch der Bediente war blossfüssig, er hatte aber eine lange Hose
und einen Frack mit kurzen Schössen und ein Kopftuch an. Die
Kleider waren dunkelblau mit hochgelben Streifen — er gehörte nämlich der Polizei an -- weswegen diese Leute Kanarienvögel genannt
werden. Der Pajong war ein gewöhnlich grosser chinesischer Sonnenschirm von goldgelber Farbe; wie wir später sehen werden, ist mit
dem Range eines jeden europäischen oder eingeborenen Beamten
der Gebrauch eines Pajong von bestimmter Farbe verbunden. Mit
grosser Behendigkeit sprang der Bediente vom Bock des Wagens
und geleitete den Residenten mit dem geöffneten Pajong bis an den
Eingang der Veranda, worauf er ihn schloss und sich auf den Boden
mit gekreuzten Füssen niedersetzte. Nur eine Viertelstunde blieb
der Resident bei mir, um dann die anderen Visiten fortzusetzen. Am
andern Morgen kam Dr. J. an, welcher als Inspector von dem »burger-
lyk geneeskundige Dienst« beauftragt war, die Oberleitung des
aussergewöhnlichen ärztlichen Dienstes zu übernehmen und uns drei

---

[1] Serang ist eine kleine Stadt, sie hatte im Jahre 1892 nur 5700 Einwohner (mit 179 Europäern und 446 Chinesen u. s. w.).

jungen Aerzten die Standplätze u. s. w. anzuweisen. In Serang selbst befand sich nämlich auch ein Landes-Sanitätschef in der Person des Regimentsarztes X., welcher nicht nur für die dortigen 100 Mann, sondern auch für die Civilbevölkerung den ärztlichen Dienst mit Hülfe seines Oberarztes, Vieharztes und einigen Doctor-djavas versehen sollte. Da diesem Regimentsarzte die Gabe der Initiative durchaus fehlte, sah sich die Regierung genöthigt, einen anderen Arzt mit der Leitung des civilärztlichen Dienstes zu betrauen und wählte dazu den genannten erfahrenen Civilarzt, der mit Hülfe dreier junger Aerzte die schwer heimgesuchte Bevölkerung von Bantam vor dem gewissen Aussterben zu retten suchen sollte.

Mir wurde der Bezirk Lebak angewiesen. Das Wort Lebak wird wohl niemals ausgesprochen werden, ohne dabei an den grossen Dichter Douwes Dekker zu denken, welcher in Lebak den Grund zu seinem späteren Ruhme gelegt hat. Da dieser Dichter und sein Hauptwerk ›Max Havelaar‹ in Deutschland viel zu wenig bekannt sind und beinahe gar nicht gewürdigt werden, obwohl bei dem Erscheinen dieses Tendenzromanes ›ein Beben‹ durch ganz Holland ging, so glaube ich einige Worte über ihn verlieren zu müssen. Wie ›Onkel Toms Hütte‹ nicht nur das ganze Elend des amerikanischen Sclavenlebens dem verblüfften Europa enthüllte, sondern auch eine gründliche Reform dieses Krebsschadens veranlasste, so zeigte Douwes Dekker in seinem »Max Havelaar‹ die ganze Hinfälligkeit der holländischen Colonialpolitik bis zum Jahre 1860, welche in der Weisheit des alten Principes: »divide et impera‹ und ›Wer nicht stark ist, muss gescheit (»slim‹) sein‹[1]) gipfelte, und brach ihre Fesseln in so radicaler Weise, dass Java heute eine blühende und glückliche Colonie geworden ist. Die Reformen, welche dieser Dichter für das schöne ›Insulinde‹ forderte, deutete er in seiner Ansprache an die Häuptlinge seines Districtes an, und da diese Rede ein Meisterstück der holländischen Literatur ist, so will ich sie hier wörtlich übersetzt mittheilen:

›Herr Rhaden Adhipatti, Regent von Bantam Kidul und Du, Rhaden Dhemang, die Ihr die Häupter seid der Districte in diesem Bezirke, und Du, Rhaden Djaksa, der Du das Recht zu Deinem Amte hast, und auch Du, Rhaden Kliwon, der Du den Befehl führst über die Hauptstadt, und Ihr, Rhaden Mantries, und Ihr Alle, welche Ihr Häuptlinge seid im Bezirke Bantam Kidul, seid gegrüsst.

---

[1]) Holländisches Sprichwort.

Ich sage Euch, dass mein Herz von Freude erfüllt ist, da ich Euch hier versammelt sehe, lauschend nach den Worten meines Mundes.

Ich weiss, dass es unter Euch viele giebt, welche durch grosses Wissen und Herzensgüte hervorragen; ich hoffe, dass ich mein Wissen durch das Eure vermehren werde; denn mein Wissen ist nicht so gross, als ich es zu besitzen wünschte. Ich schätze die Herzensgüte; aber oft fühle ich es, dass in meinem Herzen Fehler sind, welche die Bravheit überwuchern und ihr Wachsthum hemmen . . . Ihr alle wisst ja. wie der grosse Baum den kleinen verdrängt und tödtet. Darum werde ich Jenen unter Euch folgen, welche in Tugend hervorragen, um besser zu werden als ich bin.

Ich grüsse Euch!

Als der Gouverneur-General mir befahl, zu Euch zu gehen, um Assistent-Resident dieser Bezirke zu sein, war mein Herz erfreut. Es kann Euch bekannt sein, dass ich niemals vorher Bantam Kidul betreten habe. Ich liess mir also Schriften geben, welche über Euren Bezirk schrieben, und ich habe gesehen, dass viel Gutes in Bantam Kidul gefunden wird. Euer Volk besitzt Reisfelder in den Thälern, und es stehen Reisfelder auf den Bergen; Ihr wünscht friedfertig zu leben, und Ihr habt kein Verlangen nach Ländern, welche von Andern bewohnt werden. Ja, ich weiss, dass viel Gutes in Bantam Kidul gefunden wird.

Aber nicht darum allein war mein Herz erfreut; denn auch in anderen Theilen des Landes würde ich viel Gutes gefunden haben.

Aber ich sah, dass Eure Bevölkerung arm ist, und darüber war ich erfreut in der Tiefe meines Herzens.

Denn ich weiss, dass Allah den Armen liebt, und dass er Reichthum dem giebt, den er versuchen will. Aber zu den Armen sendet er, der sein Wort spricht, auf dass sie sich in ihrem Elend erheben.

Giebt er nicht den Regen, wo der Halm verdorrt, und einen Thautropfen in den Blumenkelch, der Durst hat?

Und ist es nicht schön, gesendet zu werden, um die Müden zu suchen, welche nach der Arbeit zurückblieben und niederfallen auf dem Wege, weil ihre Kniee zu schwach waren, um nach dem Orte des Lohnes zu-ziehen? Sollte ich nicht erfreut sein, die Hand reichen zu können dem, der in die Grube gefallen, und einen Stab zu geben dem, der den Berg besteigt! Sollte nicht mein Herz sich freuen, dass es auserkoren unter vielen ist, um aus Klagen ein Gebet, und Dank aus Jammer zu machen!

Ja, ich bin sehr erfreut, berufen zu sein nach Bantam Kidull!

Ich habe zu der Frau gesagt, welche meine Sorgen theilt und mein Glück vergrössert: freue dich, denn ich sehe, dass Allah Segen auf das Haupt unseres Kindes giebt. Er hat mich hierher gesendet, wo nicht alle Arbeit beendigt ist, und er hielt mich würdig hier zu sein vor der Zeit der Ernte. Denn es ist keine Freude, Padie (Reishalm) zu schneiden; aber Freude schafft es, Reis zu schneiden, den man gepflanzt hat; und die Seele des Menschen wächst nicht mit dem Lohne, sondern mit dem Lohne, den die Arbeit erworben. Und ich sagte zu ihr: Allah hat uns einen Sohn gegeben, der einstens sagen wird: »Wisset, dass ich sein Sohn bin,« und dann werden Menschen sein, die ihn mit Liebe grüssen, die Hand auf sein Haupt legen und sagen werden: »Setze dich an unseren Tisch, bewohne unser Haus, nimm von allem, was wir haben, denn wir haben deinen Vater gekannt!«

Häupter von Lebak! Viel ist zu thun in Eurem Lande! Sagt mir, ist der Bauer nicht arm? Reift Euer Reis nicht oft für Jenen, der ihn nicht gepflanzt hat? Sind nicht viele Ungerechtigkeiten in Eurem Lande? Ist nicht die Zahl Eurer Kinder klein?

Ist nicht Scham in Eurer Seele, wenn die Bewohner von Bandong, das hier im Osten Eures Landes liegt, zu Euch kommen und fragen: Wo sind die Dörfer und wo sind Eure Landesleute? Und warum hören wir die Gamelang nicht, die mit kupfernem Munde Freude verkündet, und warum hören wir nicht Eure Töchter den Reis stampfen?

Thut es nicht wehe, von hier zur Südküste zu reisen und Berge zu sehen, welche kein Wasser tragen auf ihren Flanken, oder Flächen zu sehen, wo nie ein Büffel den Pflug zog?

Ja, ja, ich sage Euch, dass Eure und meine Seele darüber tief betrübt sind, und darum seien wir Allah dankbar, dass er uns die Macht gab, um hier zu wirken und zu schaffen.

Denn wir haben hier Acker für Viele, und nur Wenige leben hier, und nicht der Regen ist's, der hier mangelt, denn die Gipfel der Berge saugen die Wolken des Himmels zur Erde, und nicht überall sind es Felsen, welche den Wurzeln keinen Raum gönnen, denn auf vielen Stellen ist der Grund weich und fruchtbar und ruft nach dem Saatkorn, das er uns im gebogenen Halm zurückgeben will. Es ist kein Krieg, der den Reis zertritt, wenn er noch grün ist, und es ist keine Pest, welche die Schaufel ruhen lässt. Auch

giebt es keine Sonnenstrahlen, welche heisser sind als es nöthig
ist, das Korn reifen zu lassen, welches Euch und Eure Kinder nähren
muss, und es ist keine Wassersnoth, welche Euch jammern lässt:
Zeig mir das Feld, wo ich gesäet habe.

Wo Allah Wasserströme sendet, welche die Felder mitnehmen,
— wo er den Grund hart wie dürren Stein macht, — wo er die
Sonne glühen lässt zum Verderben . . . wo er Krieg sendet, der
das Feld zerstört . . . wo er mit Seuchen schlägt, welche die Hände
erschlaffen lassen, oder mit Dürre, welche die Aehren tödtet . . .
da, Häuptlinge von Lebak, beugen wir in Demuth unser Haupt und
sagen: Sein Wille geschehe.

Nicht so ist es in Bantam Kidul!

Ich wurde hierher gesendet, um Euer Freund zu sein, um Euer
aller Bruder zu sein. Würdet Ihr Euren jungen Bruder nicht warnen,
wenn Ihr auf seinen Wegen einen Tiger sehen würdet?

Häupter von Lebak, wir haben oft gefehlt, und unser Land ist
arm, weil wir so viel gesündigt.

Denn in Tjikandi, in Bolang, in Krawang und in Batavia sind
Viele, die, geboren in unserem Lande, unser Land verlassen haben.

Warum suchen sie Arbeit fern von der Stätte, wo sie ihre Eltern
begruben? Warum fliehen sie das Dorf, wo sie die Beschneidung
erhielten? Warum lieben sie mehr die Kühle des Baumes, der dort
wächst, als den Schatten unserer Haine?

Und dort im Nordwesten der See sind Viele, welche unsere
Kinder sein müssten, die jedoch Lebak verlassen haben, um zu
schwärmen in fremden Ländern mit Messer, Dolch und Schiessgewehr.

Ich frage Euch, Häuptlinge von Bantam Kidul, warum sind so
Viele weggegangen, um nicht begraben zu werden dort, wo sie geboren wurden? Warum fragt der Baum, wo der Mann sei, den er
als Kind zu seinen Füssen spielen sah?

Hier machte der Assistent-Resident eine Pause und rief seinen
kleinen Sohn Max zu sich, welcher um die Pendoppo[1]) herum lief
und auf diesen Augenblick wartete, unter den Häuptlingen sich bewegen zu dürfen.

Wuchtige Keulenschläge waren diese Worte ihres neuen Chefs
auf das Haupt aller anwesenden Beamten; besonders Rhaden Wiro
Kusumo, welcher der Schwiegersohn des Regenten war, schauderte
zusammen, als er in den Worten des Assistent-Residenten die Be-

---

[1]) = Offene Säulenhalle.

weise' sah, dass der neuernannte Bezirkshauptmann alles bis in die kleinsten Details kannte; das er seinen Untergebenen gegenüber verschuldet hatte. Glücklicherweise brachte der kleine Max in diesem Moment der Verlegenheit eine angenehme Störung. Der Djaksa (Richter) fasste den Kopf des kleinen Max und zeigte seinem Nachbar den zweifachen Haarwirbel auf dem Scheitel, der, wie er später Havelaar mittheilte, die Bestimmung haben sollte, eine Königskrone zu tragen. Max Havelaar jedoch liess sein Söhnlein hinausführen und sprach weiter:

»Häuptlinge von Lebak! Wir stehen alle im Dienste des Königs von Holland. Er aber, der gerecht ist und will, dass wir unsere Pflicht thun, ist weit von hier. Dreissig mal Tausend mal Tausend, ja, noch viel mehr Menschen müssen seinen Befehlen gehorchen; er aber kann nicht bei Jedem sein, der ihm Unterthan ist.

Der grosse Herr (Tuwan Besar) in Buitenzorg ist gerecht und will, dass jeder seine Pflicht thue. So mächtig dieser auch ist, weil er herrscht über Alle, welche in den Städten und Dörfern Amt und Würde haben, und weil er gebietet über die Macht des Heeres und der Flotte, so wenig kann er sehen, wo Unrecht geübt wird; denn das Unrecht fliehet ihn.

Aber auch der Resident zu Serang, welcher Herr der Provinz Bantam ist, wo fünfmalhunderttausend Menschen wohnen, will, dass in seinem Reiche Recht geschehe, und dass Gerechtigkeit herrsche in dem Lande, das ihm gehorcht. Doch wo Unrecht ist, da wohnt er weit entfernt, und wer Böses thut, verbirgt sich vor seinem Antlitz, weil er Strafe fürchtet.

Und der Herr Adhipatti, welcher Regent von Süd-Bantam ist, will, dass jeder lebe, der das Gute übt, und dass keine Schande komme über das Land, das seine Regentschaft ist.

Und ich, der ich gestern Gott den Allmächtigen zum Zeugen anrief, dass ich gerecht und gut sein werde, dass ich Recht ohne Furcht und ohne Hass üben werde, dass ich ein »guter Assistent-Resident« sein werde . . . auch ich wünsche zu thun, was meine Pflicht ist.

Häupter von Lebak! Dies wünschen ja wir alle!

Sollten jedoch unter uns Einige sein, welche ihre Pflicht vergessen aus Gewinnsucht, welche das Recht für Geld verkaufen oder dem Armen den Büffel oder die Früchte dem Hungrigen rauben . . . wer wird sie bestrafen?

Falls einer von Euch dies wüsste, er würde es verhindern; der Regent würde ja nicht dulden, dass solches in seiner Regentschaft geschehe, und auch ich werde es verhindern; aber — wenn weder Ihr, noch der Adhipatti, noch ich davon etwas wissen . . .

Häupter von Lebak! Wer wird dann in Bantam Kidul Recht sprechen?!

Höret, ich will es Euch sagen, wie dann Gerechtigkeit geübt werden wird. Kommen wird der Tag, dass unsere Frauen und Kinder an unseren Särgen weinen werden, und dass, die da vorbeigehen, sagen werden: Ein Mensch ist gestorben; und der da in die Dörfer gehen wird, bringt Nachricht von dem Tode, und sein Wirth fragt dann: Wer war der Mann, der gestorben ist? Und man wird sagen:

Er war gut und gerecht; er sprach Recht und verstiess den Kläger nicht von seiner Thür! Er hörte Jeden geduldig an, der zu ihm kam, und gab ihm zurück, was ihm entnommen war; und wer den Pflug nicht ziehen konnte durch die Erde, weil der Büffel aus dem Stall gestohlen war, dem half er den Büffel suchen; und wo die Tochter aus dem Hause der Mutter geraubt war, suchte er den Dieb und brachte die Tochter zurück; und wo man gearbeitet hatte, hielt er den Lohn nicht zurück; und er raubte die Früchte nicht dem, der sie gepflanzt hatte; er kleidete sich nicht mit dem Rocke, der Andere decken musste, und nährte sich nicht mit der Speise des Armen.

Dann wird man sagen: Allah ist gross, Allah hat ihn zu sich genommen. Sein Wille geschehe: Ein guter Mensch ist gestorben.

Und wiederum geht ein Wanderer zu Einem in's Haus und fragt: Was ist das, dass die Gamelang schweigt und der Gesang der Mädchen? Und wiederum wird man sagen: Ein Mann ist ge- . storben.

Und der da wandert in den Dörfern, sitzt bei seinem Gastherrn, und um sie her die Söhne und Töchter des Hauses, und er wird sprechen:

Es starb ein Mann, der versprach gerecht zu sein, und er verkaufte das Recht an Jeden, der ihm Geld gab. Er düngte seinen Acker mit dem Schweisse der Arbeiter, die er abgerufen hat von dem Acker der Arbeit. Er verweigerte dem Arbeiter seinen Lohn und nährte sich mit der Speise der Armen. Er ist reich geworden durch die Armuth der Anderen. Er hatte Gold, Silber und Edel-

'steine in Menge, doch der Bauer, welcher in seiner Nachbarschaft wohnte, konnte den Hunger seines Kindes nicht stillen. Er lächelte wie der Glückliche, aber man hörte das Knirschen der Zähne von dem Kläger, der sein Recht suchte. In seinem Gesicht strahlte die Zufriedenheit, aber leer war die Brust der Mutter, welche säugte.

Dann werden die Bewohner der Dörfer rufen: Allah ist gross; wir fluchen Niemandem!

Häupter von Lebak! Einmal sterben wir Alle!

Was wird in den Dörfern gesprochen werden, wo wir herrschten? Und was von den Wanderern, welche unser Begräbniss sehen werden?

Was werden wir antworten, wenn nach unserem Tode die Stimme zu unserer Seele spricht und fragt: Warum ist Klagen und Weinen auf den Feldern, und warum verbergen sich die jungen Männer? Wer nahm die Ernte aus den Scheuern und wer aus den Ställen die Büffel, welche pflügen sollten? Was hast Du gethan mit dem Bruder, den ich Dir anvertraute? Warum ist der Arme traurig, und warum flucht er der Fruchtbarkeit seiner Frau?«

Hier machte Havelaar eine kleine Pause und schloss folgendermaassen:

»Ich wünschte sehr mit Euch in gutem Einverständniss zu leben, und darum bitte ich Euch, in mir Euern Freund zu sehen. Wer gefehlt hat, kann auf ein leichtes Urtheil meinerseits rechnen, denn, da auch ich so manchmal fehle, so werde ich nicht streng sein, wenigstens nicht in den gewöhnlichen Fehlern und Nachlässigkeiten im Dienste. Nur wo Nachlässigkeit zur zweiten Natur wird, dort werde ich entgegentreten. Ueber Fehler grober Art, wie Unterdrücken und Aussaugen der Menschen — spreche ich nicht. So was wird nicht vorkommen; nicht wahr, mein Herr Adhipatti?«

»O nein, mein Herr Assistent-Resident, so was wird in Lebak nicht vorkommen.«

»Nun, meine Herren Häupter von Bantam Kidul, lasst uns erfreut sein, dass unser Bezirk so vernachlässigt und so arm ist. Wir haben ein schönes Ziel. Wenn Allah uns am Leben erhält, werden wir sorgen, dass Wohlfahrt in's Land komme. Der Boden ist fruchtbar und die Bevölkerung ist gehorsam. Wenn ein Jeder in dem Genuss der Frucht seiner Arbeit gelassen wird, besteht kein Zweifel, dass in kurzer Zeit die Bevölkerung zunehmen wird, sowohl an Seelenzahl, als an Besitz und Bildung; denn diese gehen meistens Hand in Hand. Ich bitte Euch nochmals, in mir einen

5*

Freund zu sehen, der Euch helfen wird, wo er kann, besonders wo*
Unrecht bekämpft werden muss.   Mit diesem empfehle ich auch
mich Eurer Mithülfe.

Die erhaltenen Rapporte über Landbau, Viehzucht, Polizei und
Rechtspflege werde ich mit meinen Anmerkungen versehen ehestens
zurückschicken.

Häupter von Lebak.   Ich habe gesprochen.   Ihr könnt zurückkehren, ein Jeder nach seiner Wohnung.   Seid nochmals gegrüsst.‹

Diese Rede, welche Douwes Dekker[1]) im Januar 1856 in
Rankas Betong in der Versammlung der Häuptlinge Lebaks hielt,
war einerseits der Anfang seines physischen und seelischen Leidens,
andererseits der Trompetenstoss, welcher Holland aus seiner Lethargie
riss und den Javanen — Menschenrechte gab, gerade wie das Buch
»Onkel Toms Hütte« die Kette der amerikanischen Sklaven gebrochen hat.

Aber auch im Jahre 1881 war das Elend gross in Bantam,
und wieder war es die Schuld der höchsten Beamten, dass das Elend
eine so grosse Ausbreitung genommen hat.   Wie vor 25 Jahren der
Resident von Bantam dem Streben des Assistent-Residenten Douwes
Dekker, den Erpressungen und Räubereien der Häuptlinge von
Lebak ein Ende zu machen, keine Stütze verleihen wollte und konnte,
weil er selbst (der Resident) bis auf das Eingreifen dieses neuen
Assistent-Residenten die Regierung über diese traurigen Zustände
in Unwissenheit liess, so hat im Jahre 1881 der Resident X.
geschwiegen, als schon hunderte und tausende von Menschen der
Malaria zum Opfer gefallen, und tausende von Büffeln der Viehpest
erlegen waren.   Erst als Dr. A . . . . . eine Inspectionsreise nach Lebak
unternahm und einen ausführlichen Rapport darüber an die Regierung einreichte, erst dann erfuhr die Regierung das Elend, welches
in Bantam herrschte, und die Gefahren, welche der Provinz Bantam
drohten.   Rasche und energische Hülfe that Noth.   Zur Ehre der

---

[1]) Eduard Douwes Dekker, geb. am 2. März 1820 in Amsterdam, schrieb
mit dem Pseudonym Multatuli oben erwähnten Tendenzroman Max Havelaar.
Minnebrieven, indrukken van den dag. Ideen, Over vryen arbeid, Duizend en
eenige hoofdstukken over specialiteiten, Millionenstudien und ein Drama —
Vorstenschool —, das' noch heute zu den beliebtesten Stücken des Repertoirs
gehört.   Er starb am 19. Februar 1887.

Indischen Regierung muss ich jedoch mittheilen, dass »der grosse Moment ein grosses Geschlecht fand«. Ja, noch mehr; die Regierung that des Guten zu viel. Sie schickte nicht nur vier Aerzte dahin, sondern miethete eine Reihe von Krankenwärtern mit einem Gehalt von 20 fl. per Tag!!! Diese sollten die Anweisungen der Aerzte ausführen, sowohl was die Behandlung der Unglücklichen als auch die Verpflegung derselben betraf; für die vom Hungertyphus heimgesuchten Bewohner Bantams wurden auf mein Ersuchen Eier, Büchsen mit condensirter Milch, Dendeng (getrocknetes Fleisch) und lebendes Schlachtvieh mir gesendet, welches die Krankenwärter zugleich mit den hunderttausenden Chininpillen vertheilen sollten.

Mir wurde also, wie erwähnt, der Süden der Provinz angewiesen, mit Hülfe von vier Krankenwärtern von Kampong zu Kampong zu ziehen, die Zahl der Kranken aufzunehmen, die Art der Erkrankung zu diagnosticiren und bei jedem Patienten die Behandlungsweise dem Krankenwärter mitzutheilen, welche ohne Zwang, jedoch mit Ueberredung für das Einnehmen der Medicamente sorgen und dort, wo Mangel an Speise und Trank es forderte, die erhaltenen Lebensmittel vertheilen sollten.

Serang ist eine Provinzialhauptstadt von untergeordneter Bedeutung. Von den Gebäuden mögen höchstens die Häuser des Residenten und des Regenten durch ihre Grösse die Aufmerksamkeit der Touristen erregen, während Bantam-lama (das alte Bantam), die alte Sultanstadt, seit 1808 verlassen, grosse und schöne Denkmäler der alten Baukunst und der alten Grösse dieses Reiches aufzuweisen hat. Besonders die (renovirte) Sultansmoschee mit den Gräbern der Bantamschen Sultane und das Mausoleum des Pangeran Hassa-Udin verdienen die Aufmerksamkeit der Alterthumsforscher. Sie liegt an dem Meerbusen von Bantam und kann daher bequem zur See mit einem Dampfer der indischen Dampfschifffahrts-Gesellschaft erreicht werden. Uebrigens ist die alte Sultanstadt mit Serang durch einen guten Landweg verbunden und mit einem gewöhnlichen Reisewagen leicht in ein paar Stunden zu erreichen.

Leider musste ich so bald als möglich meiner Bestimmung folgen, so dass ich nicht in der Lage war, die Ruinen des mächtigen Reiches Bantam besichtigen zu können.

Ich konnte zwar bequem bis in die Nähe meines neuen Stand-

platzes (Tjileles) und selbst bis an die Südküste mit einem Dos-à-dos*
gelangen, aber der Besuch der umliegenden Dörfer konnte nur
zu Pferde geschehen; ich ergriff daher mit Vergnügen das Aner-
bieten des Thierarztes zu Serang, eines seiner unbenutzten Pferde
zu kaufen. Vor meiner Reise nach Indien hatte ich ja in dem
Haag 21 Reitlectionen genommen, und hoffte daher, von. meiner
erworbenen Reitkunst in jeder Hinsicht Gebrauch machen zu können.
Bei den Unterhandlungen um den Preis desselben glaubte ich ein
spöttisches Lächeln um die Lippen meines Bedienten schweben
zu sehen; ich interpellirte ihn darüber auch, aber mit der grössten
Ruhe antwortete er mir: ›Tidah, Tuwan lupa = nein, mein Herr
täuscht sich.‹ Auch späterhin glaubte ich dieses spöttische Lächeln
im Gesicht des Eingeborenen zu sehen und schrieb es einer Unbe-
holfenheit meinerseits zu. Auf unangenehme Weise sollte ich jedoch die Ursache dieses Lächelns erfahren. Hoch (?) zu Ross ritt
ich eines Tages von Tjileles nach Gunung Kentjana, als eine Truppe
unbewachter Pferde mir nicht nur folgte, sondern auch den Rücken
meines Pferdes attaquirte; meine Peitsche schaffte mir auch eine
Zeit lang Ruhe, bis ich endlich vom Pferde stieg und einem vor-
übergehenden Bauer darüber Vorwürfe machte, dass seine Pferde
ohne Aufsicht herumliefen und andere Menschen belästigten.

›Ingi Dero!‹ antwortete dieser = ›ja. Euer Wohlgeboren, aber
Niemand reitet auf einem Weibchen!‹ Dies ist thatsächlich in Indien der Fall, auch in der ganzen Armee werden nur Hengste zum
Reiten gebraucht, während die Weibchen nur vor den Wagen gespannt werden.

Während mein Pferd mit meinem Bedienten später folgen sollte,
miethete ich ein Dos-à-dos und fuhr zunächst nach Pandaglang,
das am Fusse des Vulcans Karang liegt und dann immer (schon von
Serang aus) in der Richtung gegen die Südküste nach Rangkas
Betong, der Hauptstadt des Bezirkes Lebak. Der Assistent-Resident und der Regent waren in jeder Hinsicht tüchtige Beamte und
liebenswürdige Menschen. Nur wenige Stunden verweilte ich in
ihrer angenehmen Gesellschaft und gab dem Dos-à-dos den Abschied.
Wenn auch die Strasse bis zum Fusse des Gunung (Berges) Kentjana per Wagen befahren werden konnte, so wählte ich doch das
Reitpferd zur Reise dahin, um eine bessere Aussicht zu haben.

Während Bantam im vorigen Jahrhundert hunderte von Zuckerfabriken zählte und die Gouvernements-Kaffeecultur (besonders

'in Pandeglang) blühte, zog ich während meiner ganzen Reise von Serang bis Tjileles und später bis Malimping, bei welchem man schon das Rauschen und die Brandung der See hört, durch schwachbebaute Landstriche. Nur selten sah ich ein Reisfeld in Blüthe stehen; beinahe überall starrte mir das todte, schmutziggelbe, brachliegende Reisfeld entgegen und zeigte mir das drohende Gespenst der Hungersnoth.

Tjileles lag links zur Seite des Weges nach Gunung Kentjana. Ein kurzer Pfad führte mich bis zur Thüre eines Geheges. Jetzt erst sah ich, dass ich am Eingange eines kleinen Kampongs stand, der von einem dichten Gehege von grossen Fruchtbäumen umgeben war, deren Zwischenräume von einem undurchdringlichen Netze von dornentragenden Schlingpflanzen als Bambu duri u. s. w. erfüllt waren. Wie ich später auf meinen Streifzügen durch Lebak sah, hatten alle Kampongs ein solches Gehege mit einer kleinen Thür, welche in der Nacht geschlossen wurde.

Dass der Königstiger feige sei, ahnte ich nicht, als ich den Kampong betrat und mir meine Wohnung angewiesen wurde. Im Hause des Dorfhäuptlings sollte ich die vordere Veranda zur Wohnstätte angewiesen erhalten; sie sollte mein Schlaf-, Studier-, Speise- und Empfangszimmer sein. Das östliche Ende war von drei Seiten mit Bambuswänden umgeben, und die vierte Seite hatte einen Vorhang, hinter welchem mein Bett stand. Der Königstiger ist feige, aber dass er so feige sei, um sich durch eine so schwache Schutzmauer von einem nächtlichen Ueberfall abhalten zu lassen, hätte ich nicht geglaubt. Keine 15 Meter weit stand mein Schlafzimmer von dem Gehege entfernt, welches mich vor einem unerwünschten Besuche eines Königstigers schützen sollte. Wenn die Regierung für jeden unschädlich gemachten Tiger 100 fl. bezahlt (einen Preis, der für einen Kampongbewohner geradezu ein fürstliches Kapital ist), welchen Schaden müssen diese Katzen anrichten, wie schwer müssen sie zu fangen oder zu tödten sein, und wie zahlreich müssen sie hier hausen, dass die Regierung hier 100 fl. bezahlt, während sie in anderen Theilen Javas, wo allerdings nicht der Königstiger, sondern nur der Matjan tutol am häufigsten gefunden wird, nur 32 fl. bezahlt.

Der Eingeborene ist Fatalist; aber auch der Europäer muss es werden, da er ja in Indien im Innern des Landes täglich das Damoklesschwert, nicht täglich, sondern immer und immer über seinem

Haupte schweben fühlt. Es war nicht die angenehmste Nacht meines
Lebens, welche ich an jenem ersten Tage in dieser offenen Veranda
verbrachte. Jedoch kein Rhinoceros, kein wilder Büffel, kein
Tiger und keine Schlange hatten meinen Schlaf gestört.

Die javanischen Pferde sind klein aber ausdauernd; sie sind
häufig nicht höher als 1,10 Meter;[1] in früheren Jahrzehnten haben
die Pferde aus der Preanger-Regentschaft einen hohen und stattlichen Wuchs gehabt; die Rasse degenerirte jedoch mit jedem Tage,
weil sie kaum erwachsen zum Lastentragen herangezogen wurde.
Die Regierung sah diese Gefahr und griff zu dem so häufig ange-
priesenen Mittel, zu den Wettrennen, um durch das »Spiel« oder
vielmehr durch das »Wetten« die Eingeborenen zu veranlassen, mehr
Sorgfalt auf die Zucht der Pferde zu verwenden. Es wurden zu
Buitenzorg schon vor zwanzig Jahren Wettrennen gehalten; vor
zehn Jahren wurden dieselben auch in Magelang, der Hauptstadt
der Provinz Kedu (Mitten-Java), eingeführt, weil auch die »Keduer-
Pferde« mit jedem Jahre schwächer und kleiner wurden; aber hier
wie dort blieben die geträumten Rassenverbesserungen aus. Nebstdem kam die Regierung durch diese Wettrennen in ein arges
Dilemma. Einerseits verbietet sie die Hahnengefechte und das
Wetten bei denselben, weil es bekanntermaassen die Eingeborenen
demoralisirt; andererseits hält sie Wettrennen der Pferde und unterstützt sie mit hohen Beträgen. In Magelang steuerte die Regierung
selbst 1000 fl. jedesmal bei, um z. B. auch dem kleinen Mann es
möglich zu machen, einige Tage mit seinem Pferde fern von seinem
Kampong leben zu können.

Der Resident von Kedu hat das Sterile dieser Methode bald
eingesehen und die Wettrennen abgeschafft; aber auch in der
Preanger-Regentschaft hat man andere Mittel gesucht und gefunden,
um wieder eine gute Pferderasse zu erhalten; es wurden Deckhengste
eingeführt, und zwar von einem der eingeborenen Fürsten, welcher
damit ein gutes Geschäft machte.

Nach Schulze's Führer auf Java (Leipzig, Th. Grieben's Verlag 1890) hatte im Jahre 1887 die Insel Java 2.360,600 Büffel,

---

[1] Im Durchschnitt haben die javanischen Pferde, wenn wir von den impor-
tirten australischen absehen, eine Höhe von 1.20 Meter.

1,973,750 Rinder und 701,500 Pferde. Die meisten der eingeführten Pferde stammen von den Sandelholz-Inseln Sumba, Sumbawa, Rotti, Sawu und Timor (welche im Osten der Insel Java liegen), von Makassar (Celebes) und von Australien.

Ich selbst hatte während meines Aufenthaltes auf Java zwei Pferde von Kedu, zwei von Sumba, ein Preanger und zwei Makassaren im Besitz. Die schönsten der auf Java vorkommenden Pferde sind die Battaken aus dem Innern Sumatras; sie kommen jedoch nur in geringer Zahl vor; nach ihnen kommen die Sandelwood-Pferde von Sumba, welche einen eleganten Bau besitzen, aber sehr nervös sind. Nebstdem sind sie im hohen Grade eigensinnig. Eines Tages fuhr ich in M . . . mit zwei Sandelwood-Pferden zu meinen Patienten, als es ihnen plötzlich einfiel, striken zu wollen. J'y suis, j'y reste mochten sie gedacht haben; sie blieben stehen, und weder die Peitsche noch Zureden brachten sie von Ort und Stelle; endlich wollte der Kutscher eine brennende Fackel holen, um sie unter den Schweif zu halten. Dies gestattete ich ebenso wenig, als ich jemals die drastischen Mittel erlaubte, welche die Eingeborenen bei der Dressur der Pferde gebrauchen; an der Kette wird ein Lederlappen mit zahlreichen kleinen Nägeln angebracht, welche dem Pferde das nach aussen Drängen abgewöhnen sollen. Die Deichsel des Wagens bekömmt ein gleiches mit Nägeln ausgerüstetes Lederstückchen, um das gegen einander Drängen der Pferde unmöglich zu machen u. s. w. Ohne alle scharfen und spitzen Instrumente gelang mir jedesmal die Dressur meiner Pferde, und zwar mit dem kräftigsten Factor der Dressur: mit Geduld. Einige Jahre später bekam ich ein Paar Keduer um 110 fl.: sie waren für eine Equipage noch nicht abgerichtet und hatten vorher nur als Saumthiere im Gebirge Kaffee getragen. Zuerst liess ich sie vor einen Grobak (Lastwagen) spannen, welcher gewöhnlich von einem Büffel gezogen wird. Diesen Dienst versahen sie gerne, weil der Kutscher sie beim Zaum führte und späterhin nur mit der Stimme leitete; als sie aber, zum ersten Male vor die Equipage gespannt, eine viel leichtere Last als früher zu ziehen hatten, stürmten sie ausgelassen vorwärts und hätten beinahe Wagen und Kutscher gegen einen Baum geschleudert. Die schwache aber sichere Hand des Kutschers hielt sie jedoch fest: jetzt begann ein anderes Spiel; sie begannen sich auf die Hinterbeine aufzustellen und fielen mit den Vorderbeinen über die Stränge hinaus. Wüthend wollte der Kutscher mit dem hinteren Theil der Peitsche sie für

diesen Eigensinn bestrafen; ich erlaubte es jedoch nicht; das ganze
Arsenal der grausamsten javanischen Abrichtungsmittel brachte er
nach und nach zum Vorschein; ich erlaubte nur, von Fall zu Fall
einen Strick zwischen den beiden »Stangen« oder einen Bambusstock festzubinden, wenn sie entweder aus einander oder gegen
einander drängen wollten. Endlich gelang es mir, aus ihnen gut dressirte
Pferde zu machen, welche fünf Jahre bei mir schweren Dienst versahen, bis auf einen Tag niemals krank waren und bei meiner Abreise noch 175 fl. erzielten, obzwar sie schon nicht mehr »zeichneten«.

Ich kann nicht umhin, auch diesen Krankheitsfall zu erwähnen,
weil er mir den Beweis brachte, dass der Eingeborene nicht nur
»Gefühl« für seinen Herrn, sondern auch für das ihm anvertraute
Thier hat.   .

Es war in Magelang, wo ich jeden Nachmittag um 6 Uhr einen
Spaziergang machte.   Eines Tages überfiel mich auf meinem Spaziergange ein heftiger Sturzregen, wie er auch in den Tropen nicht täglich vorkommt. Ich konnte mich flüchten, und zwar in die Wohnung eines mir bekannten Hauptmanns. Wie erwähnt, der Regen
goss in fürchterlichen Strömen vom Himmel, als ich plötzlich meinen
Kutscher vor der Veranda stehen sah; überrascht frug ich ihn, was
er von mir wolle. »Das eine Pferd ist krank, und ich suchte Sie,
also, tuwan = mein Herr, denn ich weiss ja, dass Sie jedesmal in
dieser Strasse Ihren Spaziergang machen.« Der Capitän konnte
nicht weniger als ich seinem Erstaunen Worte verleihen, dass ein
Eingeborener in einem solchen Wetter 1½ Kilometer weit von Haus
zu Haus seinen Herrn suchen geht, weil das Pferd unwohl geworden war! (Es hatte Retentio urinae.)   Ein europäischer Kutscher
hätte dieses nicht gethan!

Eine gerne und viel gebrauchte Rasse sind die von Makassar
(von Celebes). Sie sind nicht hoch (höchstens 1,25 Meter), aber
ausdauernd und kräftig. In dem letzten Jahrzehnt wurden vielfach
australische Pferde unter dem Namen Sydneyer in Java eingeführt;
es sind hoch und kräftig aber nicht elegant gebaute Pferde und
laufen nicht schnell; sie haben bis jetzt nur als Luxuspferde bei
den Reichen Eingang gefunden. Was ein europäisches Pferd leisten
kann, weiss ich nicht aus eigener Erfahrung, meine »Keduer Pferde«
jedoch, welche ich fünf Jahre lang in Magelang hatte, wurden täglich gebraucht: wenigstens zweimal des Tages hatten sie mich ins Spital,
welches 1½ Kilometer von meinem Hause entfernt war, zu bringen,

von dort zu holen und unterwegs meine Privatpatienten zu besuchen;
häufig jedoch wurde ich ins chinesische Viertel gerufen, welches jenseits des Weges nach dem Spital lag; dadurch kam es, dass ich oft
zehn bis zwölf Kilometer im Tag zurücklegte; so haben also meine
Pferde fünf Jahre lang täglich ohne Ausnahme im Durchschnitt
zehn Kilometer zurückgelegt, obwohl sie nur 1,20 Meter hoch waren
und einen grossen Mylord zu ziehen hatten. Ihr Futter war täglich für beide 120 Kilo Gras und 3 — 4 Kilo Reis.

Im Jahre 1873 wurde ich von der ungarischen Regierung als
Cholera-Arzt in den Karpathen angestellt, und ich sah damals das
schaurige Bild eines Landes, welches von der stärksten Cholera-
epidemie heimgesucht war, welche jemals in Europa gewüthet hat.
Aber grässlicher und ekelhafter war das Bild der durch Malaria und
Hungertyphus und Viehpest heimgesuchten Provinz Bantam. Dort
(in Ungarn) lagen einzelne Kranke, welche auf ihrem Marsche von
der Cholera ergriffen wurden, auf dem Wege cyanotisch sich krüm-
mend und windend unter den Krämpfen des Bauches. Zahlreich waren
die Opfer, aber kurz war ihr Leiden, in wenigen Stunden hatte der Tod
ihren Schmerzen ein Ende gemacht. Die unglücklichen Bantamer
jedoch litten Wochen und Monate, die Kräfte erschöpften sich, sie
magerten zum Skelet ab; durch die mangelnde Hautpflege, vielleicht
auch durch die Dyskrasie des Blutes entstanden kleine Eiterbläschen
(impetiginöser Hautausschlag), welche durch Kratzen und durch ihre
eigenthümliche Wundbehandlung zu grossen Geschwüren sich ent-
wickelten, die oft mehr als die Hälfte der Oberfläche des Körpers
angegriffen hatten; solche von Noth und Elend, vom Hunger und
Fieber erschöpften, abgemagerte, schmutzige, mit grossen Geschwüren und Eczemen bedeckte Skelete in hunderten und tausenden täglich sehen und behandeln zu müssen — war ein ekelerregen-
der Anblick, während die unglücklichen Opfer der Cholera-Epidemie
nur kurze Zeit unsere Theilnahme und Mitgefühl erregten. —

Es war ein Missgriff der indischen Regierung, den Krankenwärtern ein so hohes Taggeld (20 fl.) zu geben; dadurch wagten es
gerade jene Männer nicht, um diese Stelle sich zu bewerben, welche,

wie z. B. abgedankte Militär-Krankenwärter und ähnliche Schicksalsgenossen, die dazu am meisten geeigneten Personen waren. Meine
ersten drei Krankenwärter waren ein pensionirter Hauptmann der
Infanterie, ein pensionirter Intendant (mit dem Range eines Hauptmanns) und ein abgesetzter Notar. Von diesen drei »hohen Herren«
erfasste nur der erste richtig seinen Beruf, ging in die entlegensten
Kampongs, besuchte alle Patienten, gab nach seinem Urtheil Chininpillen, wenn er Zweifel hegte, rief er mich zu den Patienten, und
vertheilte die erhaltenen Lebensmittel unter die dürftigsten und ärm-
sten der Armen. Der Zweite jedoch, der pensionirte Intendant,
blieb auf seinem Standplatz, liess die Häuptlinge der benachbarten
Kampongs zu sich kommen und gab diesen auf Grund ihrer Berichte die etwa nöthige Menge an Chininpillen und Lebensmitteln.
sein Standplatz war in M . . . ., und wie überrascht war ich, als
ich eines Tages seinen Bezirk inspicirte und von allen Patienten,
die ich untersuchte und frug, zu hören bekam, dass der tuwan (Herr)
nicht in das Dorf käme: noch mehr war ich überrascht, als dieser
gute Mann mir auf meine diesbezügliche Frage das stolze Wort zur
Antwort gab: »Ich kann doch als pensionirter Intendant nicht in
die Kampongs gehen und den Kulis Essen ins Haus bringen!!«
Obwohl es ihm gelang, gegenüber dem Dr. J., meinem Chef, meine
diesbezügliche Mittheilung zu entkräften durch Hinweis auf eine nicht
existirende Intrigue, so verschwand er bald danach vom Schauplatze.
weil die Regierung bald das Taggeld auf 5 fl. herabsetzte und dann
Männer erhielt, welche für diesen Dienst die geeigneten Personen
waren. Was die Intrigue betrifft, welche in der Phantasie dieses
Mannes existirte, war sie nur eine faule Ausrede; für den administrativen Theil der ganzen Hülfsaction wurde nämlich ein Controlor
angestellt, welcher der Bruder der geschiedenen Frau dieses Krankenwärters war. Dieser Controlor wohnte bei mir, also sei meine
Anklage eine Intrigue gegen ihn gewesen. Mein Chef hatte aber
bald Gelegenheit, sich zu überzeugen, dass ich nichts als Thatsachen
mitgetheilt hatte, welche sein weiteres Verbleiben in dieser Dienst-
sphäre unmöglich machten. Der dritte meiner Krankenwärter war
ein pensionirter Notar, welcher zwar genug Pflichtgefühl besass,
um sich in richtiger Weise seiner Mission zu entledigen, aber seine
Kräfte waren zu schwach. denn bald nach seiner Ankunft ergriff
ihn die Malaria. so dass er. vom Fieber erschöpft, nach Batavia

zurückkehren musste, wollte und sollte er nicht selbst das Opfer des Fiebers werden.

In einem seiner Fieberanfälle um 1 Uhr Nachmittags liess er mich holen; zwischen Tjileles und seinem Standplatze befand sich ein kleiner Wald, und ich musste darum genau berechnen, ob ich vor Sonnenuntergang zu Hause sein konnte; am helllichten Tage hatte ja kurz vorher auf dieser Strasse ein Tiger eine Frau gepackt und war mit ihr davongeeilt. Die Entfernung war ungefähr eine Stunde; der Polizist, welcher mich auf meinen Streifzügen stets begleitete, war auch der Ansicht, dass wir vor Einbruch der Dämmerung in Tjileles zurück sein konnten, und so zögerte ich keinen Augenblick, Hülfe zu bringen. Sein Kampong Tjiboga (?) lag ungefähr 500 Meter jenseits des grossen Weges. Ich beeilte mich mit meiner Ordination und stieg wieder zu Pferde. Als ich jedoch wieder auf dem grossen Wege war, sah ich, dass ich keine Cigarren hatte, liess den Polizisten warten, ritt im Galopp zurück, erhielt, ohne vom Pferde abzusteigen, die Cigarren und eilte wieder im Galopp auf den grossen Weg, um den Polizisten einzuholen. Wohin ich blickte, nirgends eine menschliche Seele, und nirgends war er zu sehen; ich zog weiter und kam endlich auch in den Wald, der den Weg kreuzte. Noch immer war kein Polizist zu sehen, auch als ich auf einen Kreuzweg stiess, ohne dass ich wusste, welcher Weg mich nach Hause führe. Rathlos stand ich da und rief Oppas,[1]) Oppas, aber Niemand antwortete mir. Im Dickicht des Waldes war die Sonne nicht mehr zu sehen, und die Dämmerung trat ein (welche auf Java nicht länger als eine Viertelstunde dauert).[2]) Rathlos stand ich da und blickte fragend nach allen Seiten, um einen Ausweg aus diesem Labyrinth zu finden; endlich unterwarf ich mich dem Fatum, liess die Zügel des Pferdes fallen und befahl Gott meine Seele. Der Gaul kannte den Weg, er roch den Stall und brachte mich auf die richtige Strasse.

Einmal sollte ich doch einem Tiger begegnen, ohne dass ich ihn jedoch auch gesehen hätte.

Am 24. Januar schrieb mir der Controlor v. d. P., welcher in Malimping in der Nähe der Südküste Javas wohnte, dass sein Söhnchen durch eine Wunde am Fusse heftiges Fieber bekommen habe, und ersuchte mich, sofort zu ihm zu kommen. Es war 10 Uhr

---

[1]) Oppas (M.) = Oppasser (H.) = Aufseher.

[2]) Tjileles liegt 6° 30' s. Br.

Vormittags, als ich den Brief erhielt. Ich bestieg mein Pferd und zog zunächst nach Gunung Kentjana (276 Meter[1]) hoch gelegen), welches 10 Paal = 15,06 Kilometer von meiner Wohnung entfernt war. Hier gab mir der Wedono[2]) auf Rechnung des Herrn v. d P. ein Mittagsmahl (de rysttafel), und unterdessen machten seine Bedienten aus ein paar Bambusstöcken und einem indischen Lehnstuhl eine Tragbahre. Gegen 3 Uhr erschien eine Truppe Kulis mit einem Mandur (= Aufseher), und abwechselnd trugen mich vier Kulis auf ihren Schultern.

Noch kaum eine halbe Stunde hinter Gunung Kentjana zeigte mir der Mandur den Berg Bongkok (925 Meter[1]) hoch), an dessen Fusse die Baduwies einige Kampongs bewohnten.

Wenn wir von ungefähr 3000 eingeborenen Christen[3]) absehen, ist das Gross der Eingeborenen auf Java dem mohamedanischen Glauben zugethan.

Im Jahre 1382 hatten sich die Araber Malik Ibrahim, Sidch Mohammad und Saidi Rakidin in der Nähe des Goldflusses (Kali = Fluss, Mas = Gold) bei Taudes (dem heutigen Grissé) in der Nähe Surabayas als Kaufleute niedergelassen und als Missionare für die mohamedanische Religion eifrig Propaganda, und zwar mit grossem Erfolg, gemacht. Die ersten Fortschritte erzielten sie an der Küste bis Damak, von hier aus begann die gewaltthätige Unterwerfung der Eingeborenen, besonders, nachdem im Jahre 1483 das grosse mächtige Reich von Modjopahit von ihnen erobert worden war und der grösste Theil seiner Bewohner den mohamedanischen Glauben angenommen hatte. Seit dieser Zeit hat nach und nach der Islamismus sich über ganz Java bis auf zwei Colonien ausgebreitet, welche noch heute abgeschieden von den übrigen Kampongs, die eine im Westen und die andere im Osten Javas, sich befinden.

Da ich niemals im Tengergebirge, welches sich auf der Grenze der beiden Provinzen Pasaruan und Probolingo befindet, geweilt habe, ich also keinen Anlass haben werde, mich mit dieser Gegend zu beschäftigen, so will ich hier auch einiges über die »Heiden« im östlichen Java mittheilen. Wie gesagt, sie leben im Tengergebirge (2724 Meter hoch), und alle ihre Wohnungen haben die Thüren

---

[1]) Diese Ziffern sind die absolute Höhe.

[2]) = Beamtentitel.

[3]) Der Jahresbericht des Ministeriums der Colonien vom Jahre 1894 spricht von 2789 evangelischen und 436 römisch-katholischen Eingeborenen auf Java.

gegenüber dem Vulcane Bromo (2290 Meter). Sie sind die Nachkommen der Flüchtlinge des Reiches von Madjopahit, welche unter
Anführung von Kiai Dadop putti sich dahin zurückgezogen hatten,
um ihrem Glauben treu bleiben zu können und nicht der Beschneidung sich unterwerfen zu müssen. Ihre Zahl beläuft sich heute auf
3—4000 friedsame Bürger, welche zurückgezogen von der übrigen
Bevölkerung von den Erträgnissen des Bodens leben, gute Unterthanen sind und jährlich im Sandmeer dem »Gunung Bromo« ihre
Opfer bringen.

Der Mandur wollte mir eben auch etwas Näheres über das Leben dieser Heiden von Lebak mittheilen, als die Träger der Tragbahre sich plötzlich auf den Boden setzten; ich fiel zwar nicht vom
Sessel, aber ein gehöriger Stoss schüttelte mir die Eingeweide gut
durch, und überrascht frug ich den Mandur, was dieses bedeute.
Gleichzeitig zeigten alle Kulis mit der Hand nach der rechten Seite
des Weges und riefen: Dia (= Er), Dia, Dia. Es war ein Tiger,
der unsern Weg gekreuzt hatte. Leider hatte ich es nicht gesehen,
so dass ich auch diesmal, wie überhaupt niemals einen Königstiger
im Freien gesehen habe. Ich habe zwar späterhin zwei kleine
Tiger von einem Assistent-Residenten zum Geschenk erhalten; es
waren jedoch keine Königstiger, sondern zwei matjan tutul = Panther.
Bald hatten sich die Kulis von ihrem Schrecken erholt, hoben mich
wieder in die Höhe und weiter ging es in ruhigen gemessenen
Schritten über Berg und Thal. Die Sonne ging unter, die Finsterniss trat ein, und die Kulis zündeten ihre Fackeln an. Diese Obors
sind bei einer Wanderung im Gebirge Bantams unentbehrlich, weil
sie dem Tiger Furcht einjagen: natürlich erreicht eine einzelne Fackel
niemals ihr Ziel, aber in grossen Mengen imponiren sie doch dem
Tiger, der geradezu feige genannt werden muss. Es war eine thea-
tralisch-romantische Expedition, die ich damals unternahm. Dazu
kam noch, dass ein eigenthümliches Hinderniss unseren Zug er-
schwerte.

Zur Bekämpfung der Viehpest, welche gleichzeitig das unglückliche Bantam heimgesucht hatte, hatte die Regierung einen Cordon
um die pestfreien und inficirten Gegenden gezogen, so dass die
Büffel von der einen Region in die andere nicht gelangen konnten.
Dieser Cordon bestand aus einem Gehege von Bambus, welches
von Truppen bewacht wurde.

Gerade auf dem Wege nach Malimping stiessen diese zwei Gehege zusammen und waren nur durch die Strasse von einander getrennt; wenn also auch durch Fackeln der Weg beleuchtet war, so geschah es doch oft genug bei den zahlreichen Krümmungen des Weges, dass die Träger vorsichtig zwischen den beiden Gehegen laviren mussten, um mich nicht zu Fall zu bringen.

Wenn wir nämlich von der grossen breiten Strasse absehen, welche, wie schon erwähnt, im Anfange dieses Jahrhunderts durch schwere Robottdienste angelegt wurde, sind alle übrigen Landwege Javas nur eine Vergrösserung und Verbreiterung der früher bestandenen Pfade. Die Eingeborenen gehen immer hinter einander und haben also kein Bedürfniss für breite Strassen; zum Transport der Lasten werden besonders im Gebirge Saumpferde gebraucht. So hat also in früheren Zeiten nur der Pfad oder eine schmale Strasse, welche für einen Grobak (Lastwagen der Eingeborenen auf zwei Rädern, der von einem oder zwei Büffeln gezogen wird) hinreichend Raum bietet, die Verbindung der einzelnen Kampongs besorgt.

Endlich um acht Uhr Abends kam ich in Malimping an und fand bei dem Söhnchen des Herrn v. d. P . . ein Erysipel auf dem rechten Unterschenkel in Folge eines vernachlässigten Fussgeschwüres. Ob da nicht wieder die Babu (das Dienstmädchen) die Behandlungsweise der Eingeborenen der Frau des Controlors aufgedrungen hat, weiss ich nicht; wahrscheinlich war dies der Fall, denn diese Dame war in Indien geboren und darum geneigt, der Behandlungsweise der Dukun einen hohen Werth beizulegen. Die Bewohner Bantams behandeln die Geschwüre auf gewiss einfache Weise. Eine (meistens alte, schmutzige) Kupfermünze wird glatt geschlagen, mit feinen Löchern siebartig versehen und mit einer Schnur auf dem Geschwüre befestigt. Nicht allein europäische Laien, sondern auch Aerzte habe ich ein Loblied auf diese Therapie der Geschwüre singen hören!! Die Kupfermünze oxydire und cauterisire durch das entstandene Kupferoxyd die Granulationen der Geschwüre!! Unserem kleinen Patienten war es dadurch übel ergangen; durch die Oeffnungen in der kupfernen Platte ist zwar der Eiter abgeflossen, aber nicht immer geschah dies; pathogene Bacterien fanden durch diese kleinen Löcher ihren Weg und Zutritt zum Geschwüre, und ein Erysipel = Rothlauf entstand, welches nicht allein das Bein, sondern auch das Leben des kleinen Mannes bedrohte. Es gelang mir, beides unserm Patienten zu erhalten.

Fig. 6. Zwei sundanesische Prinzessinnen mit zwei Bedajas
(adelige Tänzerinnen [1]).

[1]) Der Photograph hat in richtiger Auffassung der javanischen Etiquette
bei der Aufnahme die Prinzessinnen stehen und die Bedajas und die Musikanten
sitzen lassen. Nicht nur bei officiellen Festlichkeiten, sondern auch im alltäglichen Leben setzt sich der „kleine Mann“ sofort auf den Boden, wenn er mit
einem hohen eingeborenen oder europäischen Beamten, und wäre es nur für
wenige Secunden, zu thun hat: ja selbst auf der Strasse wird im Innern des
Landes der „kleine Mann“, selbst wenn er zu Pferde ist, sofort absteigen und
sich auf den Boden setzen, sobald ein Höherer sich nähert. In den Städten
wird diese Ehrenbezeigung nur im Amte, aber nicht auf der Strasse, und auch
nur den allerhöchsten Würdenträgern erwiesen. Selbst der Titel „Kanjeng tuwan“
heisst wörtlich übersetzt: Der Herr (tuwan), welcher steht.

Nachdem ich die nöthigen ärztlichen Vorschriften gegeben hatte, gingen wir zum Nachtmahle. In der ›Achtergalerie‹ sassen wir und hatten vor uns den Garten, über welchen ein sanfter Südwind von der nahen Küste strich und uns den Duft der Kaffeeblüthe und der Orangen, gemengt mit dem Stallgeruche der Reitpferde, in die Veranda brachte. Das Zirpen des Heimchen (djangkrig M.), der Grillo (andjing tanah M.), der Singcicaden mengte sich mit dem Qua-Qua der Frösche, und hin und wieder dröhnte die Brandung der nahen See und das Brüllen der wilden Büffel dazwischen; vereinzelt hörten wir die Klagelaute des Wau Wau (Hylobates leuciscus) oder das Bellen der halbwilden Hunde und das Schnattern unruhiger Gänse. Der sternenreiche Himmel strahlte in seiner Pracht und wetteiferte mit den tausenden und tausenden Leuchtkäfern, welche über dem nahen Sawahfeld in hochgehenden Wellen auf und ab schwebten. —

Das Nachtmahl gab mir Zeit und Gelegenheit, mich bei dem Controleur über das Leben und Treiben der Baduwies zu erkundigen, weil mir die Mittheilungen des Mandur nicht zuverlässig waren. Dieser hatte von ihnen als Orang Kapir gesprochen, was offenbar eine Verdrehung des arabischen Kafir war. Ob es nun ein Schimpfwort bedeuten sollte, oder ob damit diese Menschen für Heiden erklärt wurden, war mir nicht deutlich. ›Ja, das sind Heiden,‹ erwiderte Herr v. d. P., ›eigentlich kümmern sie mich gar nicht, obwohl sie in meinem Bezirk wohnen, denn sie erkennen nur in dem Regenten von Pandeglang ihren Herrn, aber glücklicherweise sind es friedliebende Menschen, welche sich niemals etwas zu Schulden kommen lassen, so dass meine Amtsthätigkeit in diesen Kampongs eine sehr beschränkte ist.‹

›Ist es wahr, dass die Portugiesen die Ausiedlung dieser Baduwies im District Lebak veranlassten?‹ ›Ja und nein. Im Jahre 1521 kamen zwei javanische Fürsten Aling-Aling und Kakaling nach Malakka und baten die Portugiesen um Hülfe gegen die Mohamedauer von Bantam; diese wurde ihnen gewährt, wofür die Portugiesen eine Factorij errichteten, aber Tatelehan vertrieb diese beiden Fürsten und die Portugiesen. Die Hindus verliessen den Norden der Provinz, zogen nach Gunung Kentjana, wo sie sich noch heute befinden.‹

›Ist es wahr, dass nur 60 in einem Kampong wohnen dürfen, und wenn die Zahl überschritten wird, muss der 61. sich anderswo ansiedeln?‹

»Auch das ist nur theilweise richtig; in Tji¹)beo, Tji¹)kanekes
und Tji¹)samodor leben 60 Personen, wahrscheinlich eine Sorte
Heilige, ganz abgeschieden von der Aussenwelt. Sobald ein Frem-
der ihre Wohnung betreten hat, suchen sie ein neues Heim. Darum darf auch Niemand ohne meine Bewilligung dahin gehen. Sie
heissen Djelma dalem, im Gegensatze zu den Djelma luwar, welche
Handelsleute sind und sich in jeder Hinsicht mit den Eingeborenen
verbinden. (Das Wort dalem heisst inwendig (M.), und das Wort
luwar äussere.)

In jedem Kampong führen drei Männer einen besonderen Titel,
und zwar Giran pohon, welcher wahrscheinlich der Häuptling und
höchste Priester ist, und zugleich mit dem Pangasuh kokolot für
Jeden unsichtbar bleibt, während der Giran serat der Minister des
Aeusseren ist und als solcher die Gemeinde nach aussen vertritt.«

»Wie viel Djelmas existiren in Ihrem Bezirke, und kommen
auch einige auf den benachbarten Inseln Pulu Tjindjil und P. Kelapa
vor?« »Das erstere kann ich weniger bestimmt als das zweite be-
antworten. Sie wohnen nur in den drei genannten Kampongs und
kein Einziger auf diesen beiden Inseln. Da ich nur von den Mittheilungen des Giran serat die Stärke ihrer Mitglieder kenne — ungefähr 2000 alles in allem —, so kann ich nur annähernd diese
Ziffer angeben, obwohl ich keine Ursache habe, diese Angabe zu bezweifeln.«

Am andern Morgen borgte mir Herr v. d. P. ein Reitpferd,
und begleitet von einem Oppas kehrte ich auf demselben Wege zurück, auf dem ich gekommen war, und erreichte noch denselben
Abend meine Wohnung in Tjileles. Beinahe den ganzen Tag war
ich auf dem Pferde gesessen, die Tropensonne hatte mich nicht geschont, und so begnügte ich mich, einen kleinen Imbiss zu nehmen
und dann sofort schlafen zu gehen.

Es mochte ungefähr zehn Uhr gewesen sein, als der Häuptling
mich aus dem Schlafe weckte mit dem Rufe: tuwan Regent ada =
Der Herr Regent ist angekommen.

Der Anlass dazu war folgender: Zu meinen Obliegenheiten gehörte auch der Rapport, den ich alle zehn Tage über meine Leistungen und Beobachtungen einreichen musste. In einem derselben

¹) Tji ist die Verkürzung von Tjai = Wasser (S.).

erwähnte ich auch, dass ich auf allen meinen Wanderungen nur
unbebautes Land sah, dass ich nur selten einem Büffel begegnete,
und dass Hungersnoth die unvermeidliche Folge sein müsse; der
grösste Theil der Bevölkerung sei ja von der Fieber-Epidemie ergriffen, könne also das Feld nicht bebauen. Die Büffel seien entweder der Viehpest erlegen oder dem tödlichen Blei der »Committirten«, welche auf Avis des Thierarztes X. alle Büffel todt-
schiessen mussten, welche sich im Bannkreise von einem Paal
= 1 1/2 Kilometer von einem erkrankten Büffel befanden!! Ich
musste also mein Videant consules, ne quid detrimenti capiat res
publica der Regierung zurufen.

Ich stand rasch auf, kleidete mich an und empfing den Regenten,
der mich interpellirte, wie so ich das graue Gespenst der Hungersnoth entrollen konnte und durfte, da ich doch nicht wusste, wie
gross der Vorrath an Reis sei, welcher von der vorjährigen Ernte
aufgespeichert läge.

Der Eingeborene ist immer ruhig und höflich, noch mehr aber
ein Regent, welcher in seiner Würde zu kurz kommen würde, wenn
er nicht in gemessenen höflichen Worten seine Ansichten aus-
spräche. Dies that auch der Regent von Lebak, als er mich über
die Gefahren einer Hungersnoth interpellirte. Nachdem er mir
mitgetheilt hatte, dass der Zweck seiner Reise sei, von Kampong
zu Kampong zu gehen, um persönlich die Menge des Vorrathes an
Reis zu constatiren, lud er mich zu einer Partie Whist ein.

Es wurde ungefähr zwei Uhr Nachts, bis ich mich wieder
den Armen Morpheus anvertrauen konnte; ich schlief am andern
Morgen um neun Uhr noch den Schlaf des Gerechten, als wiederum
eine Visite angekündigt wurde. Es war einer der Männer, welche
bei der Viehpest-Commission angestellt waren, um, wie oben schon erwähnt wurde, nicht nur jeden kranken Büffel zu erschiessen, sondern
auch jedes gesunde Thier, welches in der Nähe bis auf einen Paal
= 1,5 Kilometer von einem kranken Büffel gelebt hatte. Ich muss
gestehen, dass dieses Gutachten des Thierarztes X. eine radicale
Cur zur Bekämpfung dieser Epidemie vorschrieb; aber es wurde
mit dem Bade auch das Kind ausgegossen, und der ganze Vieh-
stand dieser unglücklichen Provinz war in seiner Existenz bedroht.

Einstimmig erhob auch die indische Presse einen lauten Protest gegen diese unpraktische und gefährliche Procedur.

Zu meiner Ueberraschung war mein neuer Besuch ein alter

Bekannter, ein Pole, den ich früher in Batavia gesprochen hatte.
Der Herr D . . ., welcher gegenwärtig ein gut situirter Reispflanzer
bei Batavia ist, theilte mir so manches über das Gebahren dieser
»Committirten« mit, das geradezu haarsträubend war. Auf seinen
Inspectionsreisen hat der Thierarzt in der ganzen Provinz jeden
»Committirten« belobt, der den Beweis bringen konnte, gesunde
Büffel erschossen zu haben. Ob es gerade ein Paal war, in dem sich
ein kranker Büffel befunden hatte, oder ob es zwei oder drei Kilometer waren, kümmerte so manchen dieser Herren nicht. Sobald
sie einen Büffel krank sahen, tödteten sie nicht nur diesen, sondern
zogen in ihrem Rayon durch alle Kampongs und schossen alle Büffel
nieder; natürlich musste die Regierung jeden erschossenen Büffel
bezahlen. In wenigen Tagen war der erhaltene Preis aus den Händen des armen Bauern verschwunden, und jetzt stand er ohne Büffel
da, geschwächt durch das Fieber konnte er in persona das Feld
nicht bebauen — und der Herr Regent bezweifelte, dass Hungersnoth dem unglücklichen Lebak bevorstehe! Wie sein Gegenbericht
abgefasst war, weiss ich nicht, aber bald nachher wurde ich nach
Tjicandi versetzt.

Während der Regent in jede Scheuer kroch, um den Vorrath
an Reis zu constatiren, ging ich wie gewöhnlich zu den armen Kranken, gab ihnen Chininpillen, Chinawein, Carbolwasser, und wo Mangel
an Lebensmitteln bestand, gab ich Milch, welche aus der conden-
sirten schweizerischen Milch mit gekochtem Wasser bereitet wurde,
oder Enteneier und Dengdeng an Reconvalescenten. An demselben
Tage liess ich einen Büffel schlachten und liess das Fleisch an die
Unglücklichen vertheilen. Das Bild einer sundanesischen Frau (Fig. 2)
schwebt mir noch heute vor Augen, welche zwar die Malaria überstanden
hatte, aber wegen Mangels an Nahrung dem Hungertode nahe war.
Ich flösste ihr zunächst ein wenig Chinawein ein und liess bei meinem
Gastgeber eine Hühnersuppe kochen; ich hatte die Genugthuung,
sie am Leben zu erhalten. Während bei meiner ersten Visite diese
arme Frau einen fadenförmigen Puls und eine kaum wahrnehmbare
Stimme hatte, mit schwachen Bewegungen des Armes Fliegen wegfing,
welche gar nicht bestanden, und schon das unregelmässige Athmen
hatte, welches nach Cheyne-Stokes den Namen führt u. s. w.,
kam sie noch vor meiner Abreise aus Lebak zu mir, setzte sich zu
meinen Füssen nieder, wollte mir die Schuhe küssen und sprach

einen langen Segenswunsch aus, der von »Tuwan Allah« ein langes Leben und alles Gute erflehen sollte.

Am andern Morgen kam Dr. J., um gemeinsam mit mir die Gegend zu durchreisen und sich persöulich von dem Gange des Dienstes zu überzeugen. Wie vorher bestimmt wurde, sollten der Regent, der Assistent-Resident und in jedem Unterbezirk der betreffende Wedono sich daran betheiligen. Wir alle waren zu Pferde, jeder von uns hatte einen Bedienten ebenfalls zu Pferde mit sich, nebstdem schloss sich uns (freiwillig) Herr D . . . an, so dass eine ganze Cavalcade sich in Bewegung setzte. Zunächst ging es nach Gunung Kentjana, wo wir eine Stunde ausruhten. Die Pferde mussten zum weiteren Ritt gewechselt werden, dafür hatte der Wedono gesorgt; es wurden andere Pferde gebracht und je nach dem Range des Reiters das betreffende Pferd mit dem dazu gehörigen Sattel gegeben. Ich war der Niedrigste im Range (Herr D . . . behielt sein Pferd, welches kräftig genug war, um nochmals 10—15 Paal zu laufen), ich bekam also das schlechteste Pferd und den schlechtesten Sattel. Hinter Gunung Kentjana fiel der Weg steil ab, bis wir zu dem Flusse Tji-Limau (?) kamen, über den eine Brücke ohne Geländer führte; sie bestand nur aus mehreren aufeinanderliegenden Bambus-Matten. Der ganze Zug flog über die Brücke, mein Pferd jedoch blieb plötzlich stehen und »steigerte«, d. h. begann, sich auf die Hinterbeine zu stellen. Es gelang mir jedoch, im Sattel zu bleiben und mit einem kräftigen Hieb der Peitsche das Pferd wieder auf die Vorderbeine zu bringen; in demselben Augenblick glitt es aber mit den Hinterfüssen aus und kam mit denselben über den Rand der Brücke. Instinctmässig warf ich mich sofort auf den Hals des Pferdes, welches die drohende Gefahr merkte und mit starkem Rucke die Hinterfüsse wieder auf die Brücke brachte. Der Fluss hatte niedrigen Wasserstand, war vielleicht zehn Meter tief, und ich wäre jämmerlich zu Grunde gegangen, wenn es dem Pferde nicht gelungen wäre, auf die Brücke seine Hinterfüsse zurückzubringen.

Noch zweimal brachte mich diese Expedition in Lebensgefahr. Ueber Berg und Thal führte uns der Weg nach Tjilangap. Während ich mit einem oder dem andern Herrn im Gespräche war, nahm wiederholt mein Pferd einen Anlauf und flog wie toll unter dem schallenden Gelächter meiner Reisegenossen der Truppe voraus. Es war ein mir unbekanntes Pferd, und diese An-

fälle von Wuth zum Galopp machten mich zuletzt ängstlich; aber
das Lachen der übrigen Herren beruhigte mich einigermaassen.
Wiederum setzte sich ganz unerwartet mein Gaul in gestreckten Galopp,
und zwar in einem Augenblick, wo nur ein schmaler Pfad auf den
Berg führte; zu meiner Rechten war eine steile Wand, und zu
meiner Linken ein vielleicht 100 Meter tiefer Abgrund. Ein Schwindel erfasste mich schon, es drehten sich mir schon die Bäume vor den
Augen, und angstvoll drückte ich die Weichen des Pferdes, als hinter
mir plötzlich Herr D. erschien und mit dem Kopfe seines Pferdes
den Hintertheil meines Pferdes gegen die steile Wand drückte.
»Ja, ich bin ein guter Reiter,« rief er mir zu, und verwundert
blickte ich ihn an, was dieser Ausruf zu bedeuten hätte. Jetzt ge-
stand er mir, dass er jedesmal mit seiner Peitsche mein Pferd
zwischen den Hinterbeinen gekitzelt hätte, und dass dieses die Ursache des Galoppirens meines alten Gaules gewesen sei! »Sehen
Sie sich diesen Abgrund an.« antwortete ich und — drehte ihm den
Rücken.

In Tjilaugap blieben wir nicht lange und kehrten denselben Tag
zurück. Auf dem Berge Gunung Keutjana verliess uns der Assistent-Resident und der Regent, und ich und Dr. J. wollten weiter
ziehen. Mein eigenes Pferd war unterdessen von einem Kuli nach
Tjileles zurückgebracht worden, und ich bekam einen Gaul, der,
wie mir der Eigenthümer mittheilte, die Gewohnheit hatte, beim Anziehen der Zügel zu galoppiren: nebstdem trug das Geschirr eine
Stange, welche mit stumpfen Stacheln versehen war. (Diese Stange
wird von den Eingeborenen gebraucht, um wilden und unbändigen
Pferden das Galoppiren abzugewöhnen.) Wir mussten bergab reiten,
der Berg war aber nicht so steil, dass wir absteigen mussten. Drohende
Gewitterwolken zogen sich über unsern Häuptern zusammen, und
im Gespräche, ob wir vor dem Unwetter noch Tjileles erreichen
konnten, vergass ich die weisen Lehren, welche mir der Eigenthümer des Pferdes gegeben hatte, und unwillkürlich, wir ritten ja
bergab, zog ich die Zügel an; die Stacheln der Stange stiessen in
die Mundwinkel meines Pferdes, und wie ein Spielball flog ich aus
dem Sattel. Dr. J. überzeugte sich nur für einen Augenblick, dass
ich mir nichts gebrochen hatte, und verliess mich, um, wenn möglich, vor Eintritt des Sturmes eine trockene Stätte zu erreichen.
Ich aber hatte am linken Knie eine so schmerzhafte Contusion erlitten, dass ich nicht mehr das Pferd besteigen konnte. Ich erhob

mich vom Boden, fasste den Gaul beim Zügel und hinkte weiter. Ein Blitzstrahl durchzuckte den Horizont und kündigte einen heftigen Sturm an; nirgends eine Hütte, nirgends eine lebende Seele, nichts als Urwald zu beiden Seiten des Weges, und vor und hinter mir die schmale Strasse. So hinkte ich weiter, während der Regen in schweren Strömen sich über mich ergoss, der Blitz alle fünf Minuten das graue Panorama erhellte und der Donner im dreifachen Echo von einem Berge zum andern rollte. Ich zog hinkend weiter, weil ich 14 Kilometer zurücklegen musste, um nicht bei Einbruch der Finsterniss in Gottes freier Natur übernachten zu müssen. Ich fand zwar ein Wächter-Häuschen (Garduhäuschen), welches eine Balehbaleh, d. h. eine aus Rottang geflochtene Bank hatte, mit einem ausgehöhlten Baumstamm, auf welchen mit einer Keule geschlagen wird, um das Dorfsignal zu geben; aber kein Wächter war darin; die Bank war zwar überdeckt mit einem Dache von Atap, es waren aber so grosse Oeffnungen darin, dass ich darunter auch nicht vor dem strömenden Regen geschützt war; ich hinkte also weiter. Endlich erreichte ich Tjileles und meine Wohnung: sofort befreite ich mich von den Kleidern und von der Wäsche, welche so nass waren, als ob sie aus dem Troge einer Wäscherin gekommen wären.

Während ich wie der selige Don Quijote mit dem Zügel meine Rosinante am Arme unter dem strömenden Regen meines Weges hinkte, hatte ich alle Gefahren vor den Augen, welche ein solcher Marsch im Regen im Gefolge haben sollte und könnte.

Vor 18 Jahren spielten die Bacterien noch keine so grosse Rolle in der Aetiologie aller Krankheiten, und zahlreich waren die Leiden und Schmerzen, welche der »Erkältung« zugeschrieben wurden. Ein solcher Marsch in einem heftigen Regenwetter, welcher einige Stunden dauerte, musste nach den damaligen Ansichten ein Fieber, einen Rheumatismus, ja selbst »heftige Affectionen vom Centralnervensystem« (Dr. van der Burg) zur Folge haben. Nichts von allem diesen geschah mit mir. Es ist eine bekannte Erscheinung, bei heftigem Regenwetter eingeborene Knaben und Mädchen, selbst halb europäische und rein europäische Kinder von 4—5 Jahren, in Adams Toilette in den Pfützen herumlaufen und spielen zu sehen; selbst eine Deukalionsfluth schrickt keinen Eingeborenen ab, sei es Mann oder sei es Frau, in's Bad zu gehen, auch wenn er z. B. viele Meter weit zum Fluss hinabsteigen muss, ja noch mehr. In der Regel gebraucht der Eingeborene kein Handtuch, trocknet sich

nicht nach dem Bade ab, sondern lässt einfach den Sarong, in dem
er das Bad genommen hat, fallen, zieht einen trockenen an und
überlässt es den Sonnenstrahlen, das Trocknen des Körpers sofort
zu veranlassen. Es ist andererseits kein Zweifel, dass der Europäer
eine andere Constitution als der Eingeborene hat. Aber es ist im
Auge zu behalten, dass in den Tropen die Temperaturunterschiede
zwischen der Körpertemperatur und der des Regens nicht so gross
als in Europa sind, dass die des Regens selbst viel höher ist und
derselbe viel schneller als in den gemässigten Zonen verdunstet.
Wenn auch durch das Bad und durch den Regen, welcher sich
unter den Kleidern ansammelt, die Poren sich schliessen, weil durch
die Verdampfung des Wassers Kälte erzeugt wird und diese die
peripheren Blutgefässe sich retrahiren lässt, so dauert dieser Process
nur kurze Zeit. Sobald die Verdampfung abgelaufen ist, erweitern
sich wieder die peripheren Blutgefässe, und eine wohlthuende Wärme
durchströmt die Haut. Wenn auch die »Erkältungstheorien« bis
jetzt noch zu wenig erforscht und begründet sind, so wenig selbst,
dass man sie noch nicht in den Rumpelkasten der veralteten Theorien verweisen kann, so bleibt es immerhin unerklärt, wie z. B. die
Bacillen der Lungenentzündung unter oben angeführten Verhältnissen in den menschlichen Organismus eindringen sollten; eine solche
Sündfluth kann unmöglich diese Mikroorganismen in die Luft schweben lassen. Man müsste nur annehmen, dass diese Krankheitserreger schon vorher in den Organismus eingedrungen waren und
durch die Contraction der peripheren Blutgefässe mit der unter-
drückten Transpiration den Körper nicht verlassen könnten.

Ich will mich jedoch in solche Theorien nicht weiter einlassen
und mich auf die Mittheilung der Thatsache beschränken, dass in
den Tropen ein Spaziergang im Regen, und selbst in dem stärksten
Regen, bei gesunden Menschen ein nicht unangenehmes Empfinden
erzeugt: ich will jedoch betonen, dass ich nur von gesunden Menschen
spreche und nicht von Patienten, welche durch Fieber oder durch
Darmerkrankung u. s. w. erschöpft und darum weniger widerstands-
fähig sind.

5. Capitel.

Fleischspeisen auf Java — Deng-deng — Vergiftungsfälle —
Bediente — Malaria — Geographie von Bantam.

Pecuniär war mein Aufenthalt in diesem unwirthlichen, unglücklichen Bantam günstig zu nennen; denn neben meinem fixen
Gehalt bekam ich 6 fl. Diäten und Meilen-Gelder für mich und für
meinen Bedienten. Es bleibt aber immerhin ein magerer Trost, zu
hören, das »Geld versüsse die Arbeit«. Dieses erinnert mich an
die Erzählung, dass Friedrich der Grosse eines Tages in später
Abendstunde einen Courier empfing und dem Intendanten befahl,
dem hungrigen Courier etwas zu essen zu geben. Am andern Tage
erkundigte sich der König nach dem Abendessen des Couriers. Als
dieser dem König mittheilte, dass er vom Intendanten einen Thaler
erhalten habe, liess er denselben kommen und steckte ihm einen
silbernen Thaler in den Mund mit den Worten: „Jetzt esse Er
einmal.«

Auch ich hatte wenig von dem Bewusstsein, während meines
Aufenthaltes unter diesen unglücklichen Menschen einige hundert
Gulden mehr als gewöhnlich zu verdienen; ich bekam zwar täglich
meinen Reis mit diversen Saucen und einigen Gemüsen und getrocknetes Fleisch und Huhn; ich musste es mir aber von Serang,
d. i. ungefähr 50 Kilometer, von einem Kuli bringen lassen. Keine
frische Milch, keine Erdäpfel zu haben, war ich schon längst gewöhnt; aber schwer vermisste ich täglich das Brot beim Kaffee und —
die Zeitung; aber schliesslich war ich zwanzig Jahre jünger als heute,
und in einem Alter, in dem die Elasticität des Körpers mit der des
Geistes gleichen Schritt hält, und in dem man sich leicht und
bequem in veränderte Lebensbedingungen schickt. Während

meines fünfmonatlichen Anfenthaltes in Bantam habe ich kein einziges Mal frisches Rindfleisch bekommen. Wurde für die Bevölkerung hin und wieder ein Büffel geschlachtet, so machte ich aus
naheliegenden Gründen davon keinen Gebrauch. Die Eingeborenen
essen es gerne, obzwar das Fleisch einen süsslichen Geschmack hat,
der nicht Jedermann befriedigt. (»Weisse« Karbouwen, welche
nicht weiss, sondern gelblich weiss sind, werden aber niemals auf
die Schlachtbank gebracht.) Kalbfleisch wird überhaupt in Indien
aus mir nicht bekannten Gründen nicht auf den Markt gebracht.
Aber Schafe, Hirsche, Ziegen, Kidangs (Cervus muntjac), Kantschils
(Moschus javanicus), ein Sorte Hasen (Lepus nigricollus), Kaninchen (Lepus cuniculus), Schweine, Wildschweine, Pferde, Hunde,
Kalongs (Pteropus edulis) kommen hin und wieder auf den
Tisch. Selbstverständlich waren alle diese mehr oder weniger angenehmen Fleischspeisen aus den verschiedensten Ursachen für mich
in dieser unglücklichen Provinz unerreichbar. Ich war also auf Fleisch
aus Conserven angewiesen. Schinken blieb natürlich hors concours;
für mich allein einen Schinken kommen zu lassen, um davon einen
oder zwei Tage zu essen und das andere wegwerfen zu müssen, war
zu kostspielig; er kostete ja in Batavia 8 — 12 fl., und in Tjileles
hätte er mich sicher 14 fl. gekostet. (Der Kuli, welcher höchstens
¹/₂ Pikol = 31¹/₄ Kilo trug, bekam ja für jeden zurückgelegten Paal
= 1,5 Kilometer 5 Cts.) Würste zu geniessen, hatte ich von jeher
in Indien abgelehnt: die Würste in Conserven, von denen ich natürlich jetzt spreche, kommen aus Europa und liegen oft Monate
lang bei einem Importeur in den grossen Städten, und deren Pro-
venienz ist nicht immer sicher. Sehr häufig werden Saucis de Bou-
logne in den Hôtels auf den Tisch gebracht, obschon vor einigen
Jahren ein Fabrikant dieser Würstchen schwer bestraft wurde, weil
er zur Fabrikation seiner Würstchen das Fleisch kranker Thiere
verwendet hatte. Uebrigens haben alle Fleischsorten in Conserven
denselben unangenehmen Geschmack von ausgekochtem Fleisch, und
deren täglicher Gebrauch ist geradezu unmöglich. Nebstdem fehlen
in keiner Haushaltung Büchsen mit Sardinen in Oel, Sardellen,
paté de foie gras, worin die Gänseleber oft nur die Grösse einer
Haselnuss hat, und alle möglichen Sorten von Geflügel, als: Fasanen,
Lerchen u. s. w. Wenn man sich die Augen zubindet, kann man
beim Essen dieser Vögel aus Conserven keinen Unterschied finden;
sie haben alle denselben Geschmack.

Ich hatte also in Tjileles während meines Aufenthaltes von fünf Monaten keine grosse Abwechselung auf meinem Tische. Glücklicherweise ist das Deng-deng eine so schmackhafte Fleisch-Conserve, dass ich sie jeder Heeresverwaltung für den Krieg empfehlen würde. Es werden nämlich dünne Scheiben von Fleisch (Rind, Hirsche u. s. w.) von Fett und Sehnen befreit und auf beiden Seiten mit Salz, Pfeffer, Tamarinde und langkwas gut eingerieben und dann den versengenden Sonnenstrahlen zum Trocknen übergeben. Es hält sich Monate lang, ohne an seinem angenehmen Geschmack das Geringste zu verlieren. Dieses Deng-deng liess ich mir bei jedem Transport von Lebensmitteln kommen und hatte dadurch eine kleine Abwechselung mit dem Huhne, welches mir zuguterletzt auch widerstand. Meistens wurde das Deng-deng von meiner Hausfrau in Cocosöl oder in Butter gebacken; aber auch einfach über dem Feuer, z. B. auf einer Roste, gebraten, behält es seinen guten Geschmack.

Als Getränke hatte ich für mich einen kleinen Vorrath von rothem Wein und für meine etwaigen Besucher eine Flasche des unentbehrlichen Genevre mit Bitterextract im Hause. Auf meinen Wanderungen trank ich stets Klappermilch (tjai duwegan S.). Dies lehrte mich Herr v. d. P. mit Hinweis auf die in Multatuli mitgetheilten Vergiftungsfälle. Ein Beamter, der zwischen dem Dilemma steht, die Autorität der eingeborenen Fürsten nicht nur zu handhaben, sondern auch durch die Autorität dieser Fürsten zu regieren, andererseits aber gerade die Bevölkerung vor den Erpressungen dieser Fürsten zu beschützen, der kann oft in die Lage kommen, den Einen oder den Andern fürchten zu müssen; darum trank Herr v. d. P. auf seinen Inspectionsreisen nichts anderes als die Klappermilch aus den Cocosnüssen, welche in seiner Gegenwart vom Baume herabgeholt und von seinem ›Oppas‹ geöffnet wurden. Ich selbst hegte diese Furcht nicht, schon darum, weil ich überzeugt war, dass die häufigen Vergiftungsfälle in Indien zu den Sagen gehören.

In N . . sprach ich einen Pflanzer, der die Javanen nicht anders als das ›Vieh von Labuan‹ nannte. Er erzählte mir, dass er eines Tages auf dem Sawahfelde mit einem Kuli inspiciren ging, als ihn ein heftiger Regen überfiel, ohne dass er einen Pajoug (Regenschirm) bei sich hatte; ›und denken Sie sich, wie brutal so ein Kuli sein kann,‹ fügte er hinzu, ›dieser Kuli nahm ein Pisangblatt und bedeckte damit seinen Kopf! Sie begreifen, dass ich ihm eine Ohrfeige gab, dass ihm Hören und Sehen verging und er nimmermehr einen Regenschirm gebrauchen wird, wenn sein Herr ohne einen solchen im Regen gehen muss!!« Wenn solche Menschen sich ihres Lebens nicht sicher fühlen und, ich möchte fast sagen, überall einen Mord wittern, ist es verständlich, aber nicht richtig. Eine ganze Mythologie besteht auf Java über die Vergiftung aus Eifersucht und aus Rachsucht: sobald ein Europäer an einer chronischen Erkrankung des Darmes, der Lungen u. s. w. leidet, wird die geschwätzige Nachbarin bald eine eingeborene Frau gefunden haben, welche früher seine Haushälterin war, oder einen Bedienten, dem er früher eine Ohrfeige gegeben habe, und welche ihm Gift, und zwar »Pflanzengifte, welche natürlich bei der Section nicht gefunden werden können«, eingegeben hätten.

Diese Sucht, Vergiftungsfälle als tägliche Erscheinungen hinzustellen, entspringt in der Regel dem schlechten Gewissen, die eingeborenen Bedienten nicht menschlich zu behandeln; der Javane oder Malaye findet es selbstverständlich, dass er bestraft wird, selbst durch einen Schlag, wenn er sich ein Vergehen hatte zu Schulden kommen lassen: es können aber besonders Damen nicht nur in Indien, sondern in der ganzen Welt oft eine solche Ungeschicklichkeit zeigen, mit den Dienstboten umzugehen, dass es oft unglaublich erscheint, dass sich überhaupt noch Dienstboten bei ihnen anmelden. Von Indien kann ich geradezu behaupten, dass immer die Frau (oder der Herr) die Schuld tragen, wenn sie keine guten Bedienten erhalten können oder jeden Augenblick neue Bediente suchen müssen. Der indische Dienstbote ist bescheiden in seinen Ansprüchen, er begnügt sich oft mit einem »Zimmer im Garten«, wo sein Kamerad in Europa nicht einmal eine Stunde sich aufhalten würde; wenn er nicht geradezu provocirt wird, vergisst er niemals den Abstand zwischen »Herr und Knecht«: er ist gelassen und still, weil er niemals Alcoholica gebraucht und die Höflichkeit (besonders bei den Javanen) eine Naturaltugend ist. Es ist Regel, dass der Bediente oder der Dienstbote sich mit 3 fl. pro Monat für die Kost begnügt, wenn auch sein Gehalt 10—15 fl. beträgt. Wenn man seinen Bedienten nicht schimpft und nicht schlägt, so erhält man immer gute Bediente, welche gewiss Jahre lang in demselben Dienste bleiben: ich habe die Frau eines Collegen gekannt, welche oft fünf bis sechs Befehle auf einmal gab, und wenn dann einer oder der andere vergessen wurde, mit den heftigsten

Scheltworten den Bedienten empfing. Ein guter Bedienter lässt sich
nicht schimpfen, und bei einem schlechten hilft es nicht. Ihr Mann
überhäufte seinen Kutscher mit den heftigsten Vorwürfen und
Schimpfworten auf der Strasse, weil ein Lederriemen an seinem Wagen
gebrochen war. Diese sonst so guten und braven Menschen konnten
keine 14 Tage einen Dienstboten halten, während diese bei mir vier
bis fünf Jahre lang blieben. Eine andere Dame wiederum zog
nicht nur den Werth eines jeden zerbrochenen Tellers von dem Gehalt des Dienstboten ab, sondern berechnete jede Viertelstunde,
welche er zu spät »in's Haus« kam, mit 2—5 Cent!! Es ist
unglaublich, dass diese Dame immer und immer ihre Klagelieder
anstimmte »über die indischen Dienstboten, welche schlechter seien
als das Vieh in Europa; denn sie lügen und sie stehlen wie die
Raben«. Die Lüge ist das Lieblingskind der Tyrannei, und der
Javane war bis vor kurzer Zeit ein Spielball in den Händen seiner
Fürsten; es ist also wahr, dass sie oft schon aus Höflichkeit lügen;
dennoch — wollen wir sie darum nicht so strenge verurtheilen wie
jene Dame, weil die Wahrheitsliebe der europäischen Dienstboten
auch nicht gar so hoch steht, und weil im täglichen Verkehr dieser
Fehler sich selten fühlbar macht. Die zahlreichsten Fälle sind
ja jene, bei welchen der Dienstbote den Preis von irgend einem
zerbrochenen Glase oder einer Schale ersetzen muss. Mit dem
ernstesten Gesicht in der Welt wird ein Bedienter in einem solchen
Falle die Antwort geben: Sie irren sich, Herr, ich habe es nicht
gethan; und wenn man vielleicht aufgeregt rufen wird: Wer denn?
dann wird er, wenn möglich, mit noch ruhigerem und bescheidenerem
Tone antworten: »tuwan sadja« = der Herr selbst. Da er doch
bezahlen muss, nun, so macht es ihm Vergnügen, seinen Herrn in
Harnisch zu jagen und im Garten bei seinen Kameraden diese
Comödie zu besprechen. Wenn er dies nicht zu fürchten hat, d. h.
wenn er nicht alles und jedes bezahlen muss, was er zufällig zer-
bricht, dann wird auch seine Wahrheitsliebe ebenso gross sein als
die eines Europäers. Was das »Stehlen« betrifft, so ist dies einfach
nicht wahr: der malayische Bediente ist ehrlich und viel ehrlicher
als sein europäischer College. Er wird bei sehr sparsamen Damen
vielleicht ein bischen Zucker, Thee oder Kaffee naschen, vielleicht
wird er bei Sorglosigkeit seines Herrn hin und wieder eine Flasche
Petroleum verkaufen — aber welch' europäischer Bedienter würde
dies nicht thun, wenn keine Controle geübt werden würde. Ich

habe einen Advocaten in Surabaya gekannt, der seine Einnahmen
ungezählt und ohne Controle seinem Bedienten übergab, wenn er
nach Hause kam, und der Bediente musste das Geld in die Kasse
einsperren und die täglichen Bedürfnisse damit bestreiten. Ja, wenn
ein Mann so nonchalant sein kann und vielleicht zu faul ist, um
nicht einmal in persona das Geld in die Kasse einzusperren —
verdiente es dieser Mann nicht, dass er endlich eines Tages bemerkte, dass ihm 1400 fl. fehlten! Nun, ich will das Capitel «Bediente« nicht schliessen, ohne die Versicherung Jedermann zu geben,
dass eine bescheidene Controle hinreichend ist, um jeden Bedienten
als ehrlichen Mann Jahre lang halten zu können.

Das Fieber, diese Geissel der Tropen, hatte in seinem epi-
demischen Auftreten die Bewohner Bantams sehr schwer heimgesucht.
Die Sümpfe sind die Stätte der Malaria — dies bezweifelt Niemand — ihre aufsteigenden Miasmen verpesten die Luft und bringen
Menschen und Thieren den tödtlichen Keim — auch dieses bezweifelt Niemand. Wie diese in den menschlichen Organismus gelangen, hat bis auf die jüngste Zeit Niemand bezweifelt; die Luft
führt das fieberbringende Gift in den Organismus. Aber Prof. Koch
hat während seines zweijährigen Aufenthaltes in Englisch-Indien ein
anderes ätiologisches Moment gefunden: die Mosquitos. Pulvirenti
will den Nachweis bringen, »dass die Krankheit (die Malaria) allent-
halben dort entstehen kann, wo organische Materien in Fäulniss
gerathen«.

Meine Erfahrungen bestätigen die Beobachtungen Pulvirenti's
in vollem Maasse, während die des Prof. Koch wahrscheinlich auf
einem post hoc etiam propter hoc beruhen.

Wo Mosquitos sind, dort sind Sümpfe, und dort kommen Ma-
lariafälle vor; aber es giebt auch in den Tropen Landstriche, welche
frei von Mosquitos sind und doch vom Fieber heimgesucht werden.
Grassi konnte in allen jenen Gegenden, wo Malaria vorkommt, eine
eigenartige grosse Mückenspecies nachweisen. Bei der Untersuchung
dieser Insecten, nachdem sie das Blut von Malariakranken gesogen
hatten, fand er die Gegenwart von geisseltragenden Elementen im
Thierleibe.[1]) Ohne geradezu des Köhlerglaubens mich schuldig zu

[1]) W. M. W. Nr. 47, 1898.

machen. glaube ich gerne, dass Prof. Koch's Beobachtungen richtig seien — sie sind ja im Ganzen und Grossen dieselben als die von Grassi, wie wir sahen — aber ich glaube nicht, dass es die einzige Ursache sei, und dass Luft und Wasser gleichfalls eine grosse Rolle spielen in der Aetiologie der Malaria.

Auch im Gebirge entstehen ja oft verheerende Fieber-Epidemien, ohne dass Mosquitos oder andere Insecten die Vermittler derselben sind. Um nur ein Beispiel von hundert anderen zu bringen: in den Achtziger Jahren wurde in Magelang ein neues Campament gebaut, d. h. Casernen mit Officierswohnungen, und zahlreiche Fieberfälle kamen unter den Arbeitern vor. Ueberall und ohne Ausnahme tritt in Java eine Fieberepidemie auf, sobald der Boden aufgelockert wird, und dieses stimmt auch mit der Behauptung von Pulvirenti, dass die Malaria dort entstehen kann, wo organische Materien in Fäulniss gerathen — Magelang hat keine Mosquitos.

Auf Borneo, wo ich an der Grenze des Diluviums sass, hatten wir keine Mosquitos, zu gewissen Zeiten aber heftige Fieberfälle, ja noch mehr. Die indische Regierung sorgt für eine zweckmässige Irrigation des Landes, um dem Reisbau in allen Theilen des Landes eine ergiebige Ernte zu ermöglichen, und wo der Boden zu diesem Zwecke aufgewühlt wird, entsteht eine Fieberepidemie, ohne dass damit eine Einwanderung von Mosquitos stattfände. Ueberall giebt es auf Java Plätze und Gegenden, welche eine Zeitlang ob ihrer »Gesundheit« berühmt sind, um nach einigen Jahren wieder von Fieberepidemien heimgesucht zu werden. Wenn auch in vielen Fällen dafür eine Ursache gefunden wird, z. B. das Anlegen von neuen Reisfeldern oder ausgedehnten Bauten, so fehlen uns dafür oft genug nachweisbare Ursachen — Mosquitos waren im Gebirge nicht eingewandert. — Es könnten vielleicht (nach Grassi) andere Insecten die Vermittler sein; aber welche? Die Hunde haben in Indien Flöhe, aber nicht die Menschen; Wanzen kommen nur in Spitälern und Gefängnissen vor. Auch Fliegen findet man; sie stechen aber nicht, und es muss erst der Nachweis gebracht werden, dass eine intacte Haut den Zutritt der Mikroorganismen gestattet, abgesehen davon, dass a priori diese Annahme beinahe unmöglich ist.

Professor Koch weilt momentan (December 1899) in Batavia, um die Entstehungsursachen der Malaria zu studiren. Das Uebertragen des Giftes (der Plasmodien) dieser Krankheit durch Mosquitos scheint, nach den spärlichen Berichten zu urtheilen, welche mir darüber bis jetzt zugänglich waren, die Hauptfrage zu sein, welche diesen Bacteriologen bei seinen Untersuchungen beschäftigt. Ich will gerne jurare in verba magistri und das Resultat seiner Arbeiten selbst kritiklos annehmen, weil er der Meister auf diesem Gebiete ist. Aber trotzdem muss ich wiederholen, was ich im ersten Bande, Seite 20 behauptet habe, dass auch das Wasser ein Vermittler der Malaria ist, und dass die indische Regierung eine grosse Unterlassungssünde begehen würde, wenn sie in der Sorge, das Land von den verheerenden Verwüstungen der Malaria zu befreien, sich auf die Vernichtung des schädlichen Einflusses der Mosquitos[1]) beschränken würde.

Die Provinz Bantam ist schwach bevölkert. Nach der letzten Volkszählung von 1893 hatte sie nicht mehr als 638,567 Einwohner bei einer Grösse von 140,₆₆₄ ☐Meilen, d. h. 4520 auf die geogr. ☐Meile. Darunter befanden sich 275 Europäer, 1657 Chinesen, 36 Araber, 32 Orientalen und 636,567 Eingeborene (worunter die zahlreichen eingewanderten Javaner, Sumatraner, Malayen und Bewohner von West-Borneo, der Insel Banda u. s. w. inbegriffen sind).

Zahlreiche Gebirgszüge durchziehen das Land, und nur die Nordküste ist flach; nur die Vulcane Karang (1600 Meter hoch) und Pulusari (1200 Meter), der Trachytkegel Pajung (133 Meter) und die Berge Endut (120 Meter) und Tukung (700 Meter) sind aus der grossen Zahl der Berge dieser Provinz erwähnenswerth.[2])

Grosse Ströme oder Flüsse besitzt Bantam ganz und gar nicht; nur wenige Meilen weit in's Innere des Landes sind der Tjikandi und der Pontangfluss befahrbar; die kleinen Flüsse Pandan, Tjimanok, Tji-Panimbang und Tji-Barenoh sind kaum nennenswerthe Ver-

---

[1]) Es ist bereits gelungen, durch mikroskopische Schwämme die Heuschrecken in grossen Massen sterben zu lassen. Vielleicht wird sich ein Mittel finden lassen, um auch diese Landplage (die Mosquitos) Indiens durch Vergiftung mit solchen niedrigen Pflanzen epidemisch zu Grunde gehen zu lassen.

[2]) Die Kohlenlager von Bodjong Manick und von Bodjong Mangku sind kaum dem Namen nach bekannt. Ein gleiches Schicksal haben die Bittersalz-Quellen, Schlammwellen, warme Quellen und Jodium haltende Wasser dieser Provinz.

Fig. 7. Ein Wajang Kulit (Schattenbilder) mit der Gamelang (Capelle) und Regisseur hinter dem Schirme.

kehrswege des übrigens sehr unbedeutenden Handels mit den Naturproducten des Landes.[1])

Eine grosse Zahl Inseln liegt in der Nähe der nördlichen,
westlichen und südlichen Küste dieser Provinz (die Ostgrenze formt
die Provinz Preanger); die wichtigsten darunter sind in der Sundastrasse die Insel Krakatau und im indischen Ocean die Prinzen-
Inseln (= Pulu Panaïtan). Im Jahre 1883 (27. [?] August) erfolgte
eine so heftige und mächtige Eruption des seit Jahrhunderten
ruhenden Vulcanes auf der Insel Krakatau, dass die ganze Westküste Bantams mit der Hafenstadt Anjer und die Südküste von
Sumatra fürchterlich heimgesucht wurden; beinahe 20,000 Menschen
fielen ihr zum Opfer. Als ich zum letzten Male (im Jahre 1897)
die Sundastrasse passirte, zeigte die Insel Krakatau nur das unschuldige und liebliche Bild eines kleinen, dicht bewachsenen Hügels
von vielleicht 80 Meter Höhe, und nichts verrieth mehr die ungeheure Verwüstung und Verheerung, welche vor 14 Jahren dieser
kleine Berg oder diese kleine Insel über das unglückliche Land
Bantam gebracht hatte. Auch die Insel Panaïtan, auf welcher
schönes Bauholz gefunden wurde, verlor im Jahre 1883 alle ihre
Bewohner theils durch die glühende Lavamasse, theils durch den
Hunger. Eine solche ungeheure Bimssteinmasse hatte die ganze
Sundastrasse bedeckt, dass nur unter den grössten Anstrengungen
der indischen Regierung die Schifffahrt-Verbindung mit der Provinz
Lampong (Süden von Sumatra) am 29. August wieder eröffnet
werden konnte. Die Insel Panaïtan jedoch verlor alle Einwohner,
weil die Feuermassen alle Lebensvorräthe — pflanzlicher und
thierischer Herkunft — verbrannt hatten, und erst nach vielen
Wochen ein Verkehr mit dem festen Lande ermöglicht wurde.
Heute ist diese Insel wieder gut bevölkert, weil sich dahin alle Bewohner des südlichen Bantams flüchten, welche durch die Tiger in
ihrem Leben sich bedroht sehen.[2])

Keine Provinz Javas hat im Laufe dieses Jahrhunderts von
allen möglichen Unbilden so viel als diese Provinz gelitten. Fieber-
Epidemien, Viehpest, Hungersnoth, Ausbruch der Vulcane, Ueberschwemmungen, und nicht am wenigsten Krieg haben in den letzten

---

[1]) Vide Fussnote 2. Seite 96.

[2]) Für die Richtigkeit dieser Nachrichten über die Insel Panaïtan will ich
nicht einstehen, weil sie nur den Mittheilungen eines Häuptlings von Lebak
entnommen sind.

Jahrzehnten zu wiederholten Malen diese unglückliche Provinz heimgesucht. Wie wir im letzten Capitel sehen werden, war der Sultan
von Bantam ein mächtiger Despot. Der Letzte, Namens Mo-
hammed Tsafiu 'd-din, regierte vom Jahre 1815—1832 und wurde
wegen Theilnahme an Seeraub von der indischen Regierung abge-
setzt und nach Surabaya verbannt. Natürlich erhoben sich darauf
zahlreiche Prätendenten. und nur zu häufig musste Gewalt diese
Aufstände unterdrücken. Die bedeutendsten darunter waren die von
den Jahren 1834, 1836, 1839. 1850 und 1888. Seit dieser Zeit
ist der willkürliche Despotismus der einheimischen Fürsten gebrochen,
und nur einzelne fanatische — meistens arabische — Priester nähren
die schwache Gluth der Unzufriedenheit unter entthronten kleinen
Despoten. Die holländische Regierung steht hier vor einer schönen
Aufgabe: Eine durch zahlreiche Unglücksfälle in Verfall gerathene
Provinz zur alten Wohlfahrt zu erheben. Wenn früher Bantam
durch seine Ausfuhr von Pfeffer, Reis, Indigo, Kaffee u. s. w.
blühte, so kann es ja durch eine weise Regierung seine frühere Blüthe
wieder erreichen. Zucker, Catechu, Thee, Chinabaum, Muskatbäume
u. s. w., kurz, alle Producte der Tropenwelt finden in Bantam einen
üppigen Boden, und in der Tiefe der Gebirge sind noch viele Schätze
verborgen, welche von unternehmenden Männern gehoben werden
können.

6. Capitel.*)

Nach Buitenzorg — Der Berg Salak — Das Schloss des
Gouverneur-General — Ein weltberühmter botanischer Garten
— Batu-tulis = beschriebener Stein — Ein gefährlicher
Kutscher — Die Preanger-Provinz — Warme Quellen — Sana-
torien — Indische Gewürze — Ein reicher Beamter — Das
Tanzen (Tandak) der Javanen — Wâjang orang = Theater —
Wâjang tjina = chinesisches Theater — Wâjang Kulit =
Schattenbilder — Spiele der Javanen — Eine Theeplantage —
Bambus - Wunden — Eine langweilige aber einträgliche
Garnison — Einfluss der „reinen Bergluft" — Europäische
Gemüse auf Java — Ein javanischer Fürst verheiratet mit
einer europäischen Dame — Malayische Gedichte (Panton) —
Mischrassen — Ein ausgestorbener Krater.

Am 19. August 1888 verliess ich Atjeh (Nordküste von Sumatra),
kam am 23. in Padang an und erfuhr dort, dass ich in ›Ngawie‹
eingetheilt sei, dass ich also von dem ›heissen Atjeh‹ in die ›Hölle
Javas‹ versetzt wurde. Wir beide jedoch, ich und meine Frau, hatten
das Bedürfniss, uns ›eine kalte Nase zu holen‹,[1] d. h. durch die
kühle und frische Luft im Gebirge unsern durch die Wärme erschlafften Organismus ein wenig aufzufrischen, und ich beschloss
also, bevor ich nach meinem neuen Standplatze abging, einen 14tägi-
gen Urlaub anzusuchen. Da ich zwei volle Jahre den beschwer-
lichen Dienst in Atjeh ununterbrochen versehen hatte, und zwar,
trotzdem die Beri-Beri mich heimgesucht hatte, ohne auch nur
einen einzigen Tag mich krank gemeldet zu haben, wurde mir dieser

---

[1] Indisch-holländisches Sprichwort.

*) In der Provinz Preanger bin ich im Jahre 1881 in Garnison gelegen
und habe sie einige Male als Tourist durchreist. Um Wiederholungen zu vermeiden, muss ich die chronologische Reihe meiner Erlebnisse unterbrechen und

7*

Urlaub bewilligt, und ich unternahm eine Reise in die viel gepriesene und viel gerühmte Provinz Preanger. Zunächst ging die Reise per Eisenbahn nach Buitenzorg (= ohne Sorge = bogor M.). Da ich im Jahre 1881 in dieser Residenzstadt des Gouverneur-General in Garnison lag, so war mir die Stadt gut bekannt, und ich konnte meiner Frau sofort alle Sehenswürdigkeiten beschreiben und zeigen. Zunächst muss ich jedem Touristen anrathen, mit der Regenzeit zu rechnen. So viel wie in Buitenzorg, regnet es in ganz Indien nicht. Zwischen 4 und 5 Uhr Nachmittags beginnt während des ganzen Jahres beinahe täglich ein intensiver Tropenregen, und die beiden Monsune unterscheiden sich nur dadurch, dass es zur Regenzeit oft auch Vormittags regnet, während im Ostmonsun den ganzen Vormittag und oft bis zur ersten Abendstunde schönes Wetter ist. Der August ist der trockenste Monat mit 273 Mm., während im Januar 534 Mm. Regen fällt. Unter 44 Plätzen im indischen Archipel, in welchen die täglich gefallene Regenmenge gemessen wird, hat diese Stadt den ersten Rang, und zwar 5208 Mm.,[1]) während die niedrigste

---

nur mit wenigen Worten meine Wanderungen vom Jahre 1881 bis 1888 andeuten: Vier Monate blieb ich in der Provinz Bantam. Nachdem ich hierauf elf Monate in Buitenzorg, der Residenz des Unterkönigs (= Gouverneur-General) gedient hatte, begann abermals das Wanderleben. Im Jahre 1882 war ich in Weltevreden und in Telok Betong (Süden von Sumatra) in Garnison, musste im September wiederum nach Weltevreden transferirt werden, um mich einer Prüfung für den Rang eines Regimentsarztes zu unterwerfen. Nachdem ich diese mit Erfolg abgelegt hatte, wurde ich nach Batu-Djadjur geschickt, wo die grosse Schiessstätte der Artillerie sich befand. Ende März 1883 kehrte ich nach Batavia zurück und bekam nach zwei Monaten den Auftrag, das zehnte Bataillon nach Atjeh zu begleiten. Kaum drei Wochen später wurde ich nach „Polonia" in der heutigen Provinz „Ostküste von Sumatra" transferirt, wo ich an der äussersten Grenze des holländischen Gebietes wieder zehn Monate lang in dem Fort Seruway, abseits von der menschlichen Civilisation, mit zwei Officieren lebte. Die Einöde dieses Festungslebens machte sich um so fühlbarer, als ich schwer krank wurde und meine Abberufung sich verzögerte. Im März 1884 verliess ich endlich diese einsame und verlassene Gegend, und nach sechswöchentlichem Aufenthalte in dem Spitale zu Weltevreden bekam ich einen zweijährigen Urlaub nach Europa. Am 19. Juni 1886 kehrte ich nach Indien zurück und wurde bei meiner Ankunft in Batavia angewiesen, nach Atjeh (Nord-Sumatra) zu gehen, wo die Eingeborenen einen Guerillakrieg gegen die Holländer führten. Hier blieb ich (mit meiner Frau, welche ich im Mai 1886 in Rotterdam geheiratet hatte) volle zwei Jahre, um hierauf die Insel Java bis zum Jahre 1897 nicht mehr verlassen zu müssen.

[1]) Berechnet nach einem Durchschnitt von 10 Jahren.

(in Probolingo) nur 1213 Mm. per Jahr aufzuweisen hat. Wenn also das Regenwasser in Buitenzorg während eines Jahres nicht ablaufen könnte, würde es eine Wassersäule von mehr als 5 Metern bilden und somit eine wahre Sündfluth darstellen. Dies ist in Buitenzorg nicht zu befürchten; es ist hinreichender Abfall der Wege vorhanden, und ausserdem ist der Boden so weich, dass schon wenige Minuten nach dem stärksten Regengusse ein Spaziergang möglich ist.

Wenn ich auch während meines Aufenthaltes in dieser Garnisonsstadt (im Jahre 1881) von den drei Hotels: Chemin de fer, Bellevue und Buitenzorg immer das erstere benutzt hatte, weil es ein grosses, schönes Hotel war, dessen Küche mit Recht gerühmt wurde, ging ich diesmal doch in's Hotel Bellevue, welches mitten in der Stadt liegt und seinen Besuchern von der hinteren Veranda aus ein prachtvolles Panorama des Berges Salak bietet.

Von der Station führt eine breite Strasse links nach dem Palaste des Gouverneur-General mit dem botanischen Garten, und bei diosem vorbei rechts nach dem chinesischen Quartier und links nach dem »Campament«. Neben dem Palaste befindet sich ein kleiner Platz mit dem Postgebäude und im Hintergrunde das genannte Hotel. Es war 6 Uhr Abends, als wir ankamen, der Regen hatte aufgehört, und nachdem wir ein erfrischendes Bad genommen und Kleider und Wäsche gewechselt hatten, machten wir zunächst einen Spaziergang. Beim Postgebäude vorbei kamen wir auf die grosse Strasse, welche in das chinesische Quartier und nach Garut führt, von wo ein kleiner Weg rechts ab nach Batu-tulis geht (5 Kilometer). Im scharfen Bogen krümmt sich der Weg in die Hauptstrasse des chinesischen Kleinhandels. (Fig. 3.) An der rechten Ecke steht das »Spuckhaus«, welches ich im Jahre 1881 bewohnt hatte. Es war ein grosses Haus, welches früher ein Clubgebäude gewesen war und viele Jahre lang unbenutzt stand, weil — jeder frühere Bewohner darin gestorben war. Ihm gegenüber war der südliche Eingang zum weltberühmten botanischen Garten und zum Palast des Gouverneur-General.

Der kundige und brave Hortulanus S. Binnendyk war seitdem gestorben: jedoch Professor Treub, ein Pflanzenphysiologe von europäischer Berühmtheit, schaltete und waltete noch immer mit demselben Eifer und Tüchtigkeit, mit welcher er die Botaniker der

ganzen Welt auf dieses Kleinod des Gartenbaues aufmerksam gemacht hat. Es ist jetzt mit einem physiologischen Laboratorium verbunden, wohin jährlich europäische Pflanzenphysiologen aus allen
Theilen der Welt ziehen, um ihren Forschungen und Studien unter
Leitung und Mithülfe des Prof. Treub obzuliegen. Im Jahre 1819
von dem damaligen Director des Departements »für Landbau,
Kunst und Wissenschaft«, dem Prof. Reinwardt, errichtet, um ganz
praktische Zwecke zu verfolgen, und zwar den Nutzen der grossen
und üppigen Flora der inländischen Colonien zu erforschen, trat
dieses Ziel bald in den Hintergrund, und die Botaniker Hass-
karl, Teysmann und Treub schufen einen botanischen Garten,
welcher seines Gleichen in der ganzen Welt nicht findet. Er wurde
nicht nur der Sammelplatz aller tropischen Gewächse, welche
systematisch gepflanzt sind und dennoch den strengsten Anforderungen
der Aesthetik Rechnung tragen, sondern auch aller subtropischen
Gewächse und zahlreicher Bäume des kalten Klimas. Es wurden
nämlich vor 30 Jahren fünf Berge als Adnexe dieses Gartens erwählt, welche mit europäischen Gewächsen bepflanzt wurden, um
ein ganzes Bild der Weltflora bieten zu können. Diese Berggärten
heissen: Tji[1]) Panas (1050 Meter hoch), Tji[1]) Bodas (1290 Meter),
Tji[1]) Berem (1460 Meter), Kandang Badak (2370 Meter) und der
Berg Pangerango (3020 Meter).

　　Wie gewöhnlich des Morgens fanden wir am andern Tage
den Salak wolkenfrei. Unsere Zimmer mündeten in die hintere
Veranda, und die kühle Morgenluft entlockte uns, die wir dieser
Temperatur zwei Jahre lang entwöhnt waren, ein leichtes Frösteln:
nachdem wir uns durch Unterkleider gegen diese kühle, feuchte
Luft geschützt hatten, gaben wir uns bei einer Schale heissem
Kaffee ganz dem Genusse dieses wunderschönen Panoramas hin.
An seinem Fuss sieht man das tief gefurchte Thal von dem Tji
Dani = Danifluss, mit einer hölzernen Brücke. Das braune Wasser
ist von allen Seiten von grünen Laubwänden eingeschlossen; vor
uns eine kleine Landzunge, wo Hütten der Eingeborenen im Ge-
büsch verborgen sind; zu unserer Rechten ein Hügel mit einer
Gruppe von Palmen gekrönt, und links eine Reihe von mächtigen
Cocospalmen. Der Hintergrund wird eingenommen von der unge-

---

[1]) Genannt nach dem gleichnamigen Flusse, welcher auf diesem Berge entspringt oder wenigstens in seiner Nähe fliesst.

heuren Masse des dreiköpfigen, bis in die Tiefe seines Inneren zer-
klüfteten Salak, dessen Abhänge, seit seine Gluth erloschen ist, in
schöner Abwechslung mit Wald und Gartenanlagen geschmückt sind.·
Neben der höchsten Spitze, dem Elephantenberg,[1]) zeigt sich im
Westen der eigentliche Salak und der Berg Tji Apus im Osten;
thatsächlich gehören diese drei höchsten Punkte zu einem Bergrücken, welcher nichts anderes als der alte Kraterrand eines Vulcanes
ist. Der Krater läuft gegen Norden hin in einer tiefen Schlucht
aus, welche durch das Flüsschen Tji Apus dem angesammelten
Wasser einen Ausweg schafft. Brausend und schäumend bahnt sich
sein Wasser über Felsenblöcke einen Weg nach der Ebene und vereinigt sich bei Tjampea mit dem Danifluss. Reisfelder und Kaffee-
gärten bedecken bis zu einer Höhe von 1000 Metern den tief gelegenen Abhang, während die üppigste Vegetation von Palmen und
anderen stolzen Bäumen von hier aus bis zur höchsten Spitze sich
erhebt. Links vom Salak sieht man in einiger Entfernung den
schlanken Kegel des Pangerango sich in die Lüfte erheben. Er
ist die höchste Spitze[2]) des Gebirges Gedèh, welcher Name jedoch
im engeren Sinne jener weniger hohen, kahlen Felsenwand gegeben
wird, die eine leichte Rauchwolke zum Himmel sendet, und im
Hintergrunde das liebliche Panorama schliesst.[3])

Um ¹/₂8 Uhr nahmen wir unser Schiffsbad, um 8 Uhr unser
copiöses Frühstück und um 9 Uhr giengen wir, um zunächst den
botanischen Garten und das Aeussere des Palastes[4]) zu besichtigen.
Ich wählte zum Eintritte das südliche Thor, und eine schöne, breite
Strasse mit einer Allee von Kastanienbäumen, an denen zahlreiche
Orchideen in allen Farben und Grössen prangten, führte uns zur
Südseite des Palastes. Prof. Treub war nicht anwesend, und so
musste ich darauf verzichten, das Trockenhaus, das Glashaus und
andere Schuppen, welche sich bei diesem Eingange befinden, be-
sichtigen zu können. Auch die Wohnungen des Directors und
Hortulanus befinden sich hier an der Südwestseite des Gartens.
Diese Allee ist ungefähr einen Kilometer lang und hat an ihrem
nördlichen Ende einen schönen Teich mit Victoria regia und Lotus-

[1]) Der Gunung Gadjah = der Elephantenberg ist 2225 Meter hoch.
[2]) 3022 Meter hoch.
[3]) Nach Veth III, 84.
[4]) Buitenzorg ist nämlich seit dem Jahre 1746 die Residenz des Gouverneur-
General von Holländisch-Indien.

blumen, und in seiner Mitte eine kleine Insel, welche dicht mit
Pandaneae, Palmen u. s. w. bepflanzt ist. Die Front des Schlosses
(Fig. 4) ist ein schönes Rondeau mit zahlreichen Säulen; hier befinden sich auch die Zimmer der Adjutanten und der Intendanten.
Im Jahre 1881 hatte ich zwei Mal Gelegenheit, das Innere des
Schlosses zu sehen. Das erste Mal war es ein gewöhnlicher
Empfangsabend, bei welchem der General-Gouverneur, umgeben von
seinen Adjutanten, Cercle hielt. Der Empfangssaal ist gross und schön;
in den kleinen Sälen hängen die Porträts aller Gouverneur-Generäle,
welche bis jetzt in Indien im Namen des holländischen Königs
regiert hatten. Das zweite Mal gab folgender Anlass dem Gouverneur-General Jacobs Gelegenheit, mich in Privataudienz zu empfangen.
Im Jahre 1880 herrschte im Süden der Provinz Bantam eine schwere
Malaria-Epidemie, und ich wurde, wie früher erzählt wurde, mit
noch drei anderen Aerzten dahin gesendet, dieser armen Bevölkerung Hülfe zu leisten. Nachdem unsere Mission vollbracht war,
sollte eine regelmässige Hülfe durch Zusendung von entsprechenden
Medicamenten u. s. w. stattfinden.

Die Regierung fand sich hierbei im Widerspruch mit dem Sanitätschef, und zwar was die Frage betrifft, ob die Eingeborenen überhaupt andere Arzneien als das Chinin, welches damals noch sehr
theuer[1]) war, einnehmen würden. Vom Intendanten wurde »Seine
Excellenz« auf mich aufmerksam gemacht, welcher in dieser Streitfrage aus Erfahrung gewiss einiges mittheilen könnte. Eines Tages
erhielt ich also die Mittheilung, dass Seine Excellenz mich nach der
Visite im Spitale zu sprechen wünsche, und dass ich zu diesem
Zwecke ohne Veränderung meiner täglichen Toilette im Palast mich
einfinden sollte. Um 11 Uhr kam ich in das Schloss und fand die
drei Adjutanten bei der l'hombretafel. Der Marinelieutenant C.
meldete mich an, und sofort befand ich mich im Arbeitszimmer
Seiner Excellenz. Es war ein hohes, jedoch nicht besonders grosses
Zimmer, einfach möblirt, und der grosse Bücherschrank beherrschte
den Totaleindruck. Der Empfang war ein sehr liebenswürdiger, und
wenn mich meine Erinnerung darin nicht trügt, bekam ich selbst
beim Kommen und Weggehen einen Händedruck. Meine Erfahrung
über oben erwähnte Streitfrage ist seit dieser Zeit dieselbe geblieben.

---

[1]) Im Jahre 1876 zahlte die indische Regierung für ein Kilo Chinin 279 fl.,
in letzter Zeit fiel es bis auf 39 fl.

Der Kampongbewohner wird bei jeder Erkrankung mit seinen einheimischen Kräutern beginnen, bei langdauernder erfolgloser Behandlung wird er das Chinin, Santonin oder das Ricinusöl der Europäer sich zu verschaffen bemühen, aber andere europäische Arzneien wird er nur unter dem Hochdruck eines europäischen Arztes oder vielleicht eines Doctor-djawas[1]) nehmen.

Die anderen inneren Räumlichkeiten des Palastes habe ich niemals besichtigen können. Wenn ein Gouverneur-General seinen Posten verlässt, werden seine Möbel unter den Hammer gebracht, und bei dieser Gelegenheit strömen die kauflustigen Menschen durch das ganze Haus. Während meines Aufenthaltes in Buitenzorg hatte dieser Wechsel des Unter-Königs nicht stattgefunden; zu einem Diner wurde ich niemals eingeladen, ich kenne also von diesem Hause nur den Empfangssaal und das Arbeitszimmer. In diesem Palaste befinden sich auch die höchsten Aemter der Regierung, obzwar der eigentliche Sitz der Regierung Weltevreden ist. Der streng centralistischen Regierungsform Indiens entsprechend, ruhen alle Entscheidungen in letzter Instanz in der Hand des Gouverneur-General, und er besitzt darum ein grosses und zahlreiches Bureaupersonal, welches unter dem Namen »Allgemeines Secretariat« thatsächlich die Spindel ist, um die sich alles dreht. Es besteht aus einem General-Secretär mit zwei Gouvernements-Secretären, zwei Referendaren, einem Archivar, einem Expediteur, sechs »Hauptcommis« und 22 »Commis« und anderen Beamten für specielle Dienste, z. B. für die Statistik und für die Redaction des »Staatsblattes«.[2])

An der Ostfront des Palastes liegt ein Blumengarten mit einem schönen Vogelhause, welches für den Privatgebrauch des Gouverneur-General und seiner Familie abgeschlossen ist. In einem Teiche steht ein kleiner Tempel mit den Gebeinen der im Jahre 1813 verstorbenen Frau des Lieutenant-Gouverneurs von Java, Th. Stamford Raffles, und auf der Westseite des Teiches und des angrenzenden Weges ist der Begräbnissplatz der jetzigen Bewohner des Palastes. Auch befindet sich in diesem Garten das Denkmal des Hortulanus Teysman, welcher zur Zeit meines Aufenthaltes in Buitenzorg (1881) noch lebte, kurz darauf starb und einen

[1]) Vide I. Theil, Seite 167.
[2]) Vide L. F. Schulze, Führer auf Java.

bedeutenden Antheil an der jetzigen Bedeutung dieses botanischen
Gartens hatte. Die systematische Anordnung nach Familien und
Unterfamilien der Tropenflora war in erster Reihe im Auge behalten;
schon dadurch allein ist es ein reizendes Bild. Hier ist eine Gruppe
von Palmen aus allen Ländern des Tropengürtels; was für einen
prachtvollen Anblick giebt uns die Allee von Fächerpalmen! Dort
ist eine zierliche Gruppe von allen bekannten Sorten des Bambusrohres; über dem Teiche mit der Lotusblume und der Victoria regia
neigen mächtige Waringinbäume (Ficus religiosa) ihre Wipfel, und
wie ein Wald in den Lüften schweben ihre Luftwurzeln über die
Fläche des Wassers. Hier sind Alleen, deren Bäume ein grünes
lebendes Dach mit ihrem Laube bilden, das kein Sonnenstrahl durchdringen kann, und dort sind mächtige Waldriesen, zwischen denen
sich Lianen nach allen Seiten kreuzen und uns das Bild eines Ur-
waldes vorzaubern. Leider bin ich kein Botaniker und muss es mir
versagen, von den 300 Pflanzenfamilien mit ihren 2500 Geschlech-
tern und mit ihren 10,000 Arten auch nur die wichtigsten Vertreter
anzuführen, und muss mich auf die wenigen Andeutungen beschränken, um jedem Botanicus zuzurufen: Gehe hin und sieh selbst!

Der grosse Weg, welcher auch befahren werden darf, führte
uns auf der Westseite des Palastes vorbei zum nördlichen Hauptthor und durch dieses in die grosse, schöne Strasse, welche an dem
neuen Campament, Militärspitale, dem Officiers-Club und dem Hause
des Assistent-Residenten vorbei nach Tjilawar führt; am Ende der
Stadt steht ein Obelisk, und an diesem vorbei führt östlich ein Weg
nach Tanah Sáreal, wo jährlich bedeutende Wettrennen abgehalten
werden.

Der Erfolg der Wettrennen war, abgesehen von Festlichkeiten
und dem damit verbundenen Zuströmen der Fremden, wie überall
auch in Buitenzorg kein nennenswerther. Die Preangerpferde, welche
früher eine grosse Rasse, d h. über 1,5 Meter hoch waren, wegen
ihres schlanken und kräftigen Baues sehr gerne zu Luxuspferden
gebraucht wurden, haben durch die Wettrennen nicht gewonnen.
Der Regierung wurde erst durch einen der Häuptlinge der richtige Weg gezeigt, diesen Pferden ihre frühere Bedeutung wieder
zu geben. Es wurden in letzter Zeit drei Deckhengste angekauft,
welche auf Kosten der Regierung von Bezirk zu Bezirk gesendet
werden, während der früher erwähnte Häuptling die Verbesserung
der Rasse sich theuer bezahlen liess.

Den Rennplatz verliessen wir bald, weil er eben wie jeder andere nichts Sehenswürdiges bot; andererseits weckte er so manche Rückerinnerung aus dem Jahre 1881, welche in jeder Hinsicht sehr angenehm war. In Buitenzorg habe ich das glücklichste Jahr meines Lebens gehabt. Ich ›diente‹ angenehm; ich hatte eine starke Privatpraxis (unter den Chinesen); ich wohnte in einem grossen und schönen Hause und hatte einen kleinen, aber sehr angenehmen Kreis von Bekannten. Das Klima der Stadt ist sehr gesund und angenehm. Wenn auch bei einer Höhe von 267 Metern die Durchschnitts-Temperatur niedriger als in Batavia war, so hatten wir in Buitenzorg oft genug des Mittags 30° C.; aber der in den Nachmittagsstunden fallende Regen erfrischte und reinigte die Temperatur, so dass man um 6 Uhr mit frischen Kräften seinen Spaziergang machen konnte, und die Nächte waren immer so viel abgekühlt, dass ein erquickender Schlaf neue Kräfte brachte. Wenn, wie es auf den Strandplätzen so häufig geschieht, auf die warmen Tage keine kühlen Nächte folgen, so ist der Aufenthalt hinter dem Mosquitonetze mehr eine Qual als eine Erholung. Man transpirirt so stark, dass die Bettwäsche nass wird, man ist gezwungen, die Leibwäsche zu wechseln, und wenn man endlich in später Nachtstunde oder in früher Morgenstunde in den Schlaf fällt, so ist er nicht erquickend; müde und matt steht man auf und erfrischt sich durch ein Schiffsbad die Glieder, um gegen 8 Uhr wieder die starke Transpiration sich erneuern zu sehen. In Buitenzorg waren die kühlen Nächte Regel. Leider bot dieser Ort aber sehr wenig geistige Genüsse. Selbst den Club konnte ich wenig besuchen, weil die angestrengte Praxis mir dazu keine Zeit liess.

Von dem Obelisk kehrten wir auf demselben Wege zurück und verliessen den Garten bei dem Thore an der Westseite, wo sich auch eine Wache befand. Diese Wachen werden in Robotdienst von den Eingeborenen abgehalten und bestehen aus zwei Mann, welche in einer steinernen Hütte sitzen; sie halten eine Gabel in der Hand, um im gegebenen Falle den Verbrecher beim Halse damit fangen zu können, und an der Hütte hängt ein grosser ausgehöhlter Baumstamm, auf den mit einem Knüttel geschlagen wird, entweder um die Stunde des Tages anzuzeigen oder Hülfe herbeizurufen. Jeden Passanten muss sie bei Nacht mit Werda! anrufen. Dieser Wache gegenüber läuft die Stationsstrasse mit dem Clubgebäude zur Rechten und einigen europäischen Wohnhäusern und dem grossen Hotel

Chemin de fer zur Linken. Von diesem aus geht eine Strasse neben
dem Gefängniss und der europäischen Schule nach Empang, dem
Badeplatz Sukaradja und dem Landgute von Tjiomas, dessen Eigenthümer eine lange Zeit allen Warnungen der Regierung zum Trotze
seinen Tyrannengelüsten gegenüber der Bevölkerung nicht entsagen
wollte. Von der Eisenbahnstation geht ein Weg nach Norden zu
dem Stadttheile Tjikomoh, in welchem die neue Landesirrenanstalt
steht, welche allen modernen Ansprüchen an ein solches Gebäude
entspricht.

Ueber Empang nahmen wir den Weg ins Hotel zurück, stolz
darauf, in der Oost: einen so grossen Spaziergang zurückgelegt zu
haben. Meine Frau nahm ein Schiffsbad (siram) und ging in indischer Toilette[1]) zur Reistafel; nach derselben gingen wir zu Bett,
nahmen unsern Thee, um 4 Uhr wieder ein Bad, und um ½5 Uhr
fuhren wir mit einem Wagen nach Batu-tulis = beschriebener Stein.
In dem chinesischen Viertel führt neben dem chinesischen Tempel
rechts ein schmaler Weg, der nur von einem Wagen bequem befahren werden kann und vier Kilometer lang ist, zu einem wunderschönen Panorama. In früheren Zeiten stand ein Gesundheits-Etablissement für militärische Reconvalescenten an diesem Orte. Ich
selbst war im Jahre 1881 diesem zugetheilt; ich wohnte in Buitenzorg und fuhr täglich mit meinem Dos-à-dos oder mit meiner
Victoria dahin. Das Dos-à-dos war mit einem wilden und feurigen
Sandelwoodpferd bespannt, welches nur mit Mühe zu einem ruhigen
Trabschritt angehalten werden konnte. Eines Tages fuhr ich nach
Buitenzorg zurück, und vor mir fuhr der Spitalschef in ruhigem und
gelassenem Schritt seiner makassarischen Pferde: meinem Pferde war
es zu langweilig, so langsam und ruhig traben zu sollen, und es ging
zum Galopp über. Ich rief dem Kutscher meines Chefs zu, so viel
als möglich den Wagen zur Seite zu lenken, weil ich mein Pferd
vom Galopp nicht abbringen könne; mein Eisenschimmel folgte seinem Willen, und so flogen wir neben dem Coupé des Chefs vorbei, die Gläser klirrten, die Schutzreifen beider Wagen brachen,
und ein kräftiger Fluch begleitete den Kutscher, der sich in seiner
majestätischen (?) Ruhe nicht stören liess und nicht um einen Finger
breit von seiner vorgeschriebenen Route abwich. Bald gelang es

---

[1]) Die schon oft erwähnten Sarong und Kabaya der europäischen Damen
sind dieselben, welche die kleinere Prinzessin auf Fig. 6 trägt; nur sind sie
etwas reichlicher mit Spitzen besetzt.

mir, den Uebereifer meines Pferdes zu zügeln, und ich fuhr zunächst
in die Wohnung des Chefs, um seine Ankunft abzuwarten. Seine
Frau war eine hochgebildete feine Dame, welche der deutschen
Sprache sehr gut mächtig war, und als ich ihr den Zweck meiner
Morgenvisite mittheilte und hinzufügte, dass ich nicht wisse, ob ich
bei meinem Chef mich über seinen Kutscher beklagen solle, dass er
so eigensinnig war, nicht ausweichen zu wollen, oder ob ich mich
entschuldigen müsse, weil ich ihren Kutscher beschimpft und die
Fenster des Coupés zerbrochen hatte, nahm sie das Air eines
strengen Richters an, der zunächst eine genaue Untersuchung der
Affaire halten müsse, und befahl mir im strengen Tone zu warten,
bis das corpus delicti, der Wagen, der zweite Angeklagte und der
Kläger, ihr Mann, erschienen seien. Es dauerte kaum eine Viertelstunde, und der Wagen meines Chefs fuhr vor. Wir gingen zur
Treppe, und auf die Frage der Hausfrau, warum die Fenster des
Coupés zerbrochen seien, antwortete der Kutscher in seiner uner-
schütterlichen Ruhe: »Der Herr Doctor wollte vorfahren, aber ich
kann doch nicht gestatten, oder sogar dazu behülflich sein, dass
Jemand an seinem Vorgesetzten vorbeifahre!« Als wir alle Drei
gegenüber diesen Argumenten in ein schallendes Gelächter aus-
brachen, sah uns der Kutscher verwundert an, weil wir diese primi-
tivste Höflichkeit nicht verstehen wollten, und als ich ihn hierauf
frug, was er gethan hätte, wenn er dabei vom Bocke gefallen, oder
mein leichter Wagen von dem Coupé seines Herrn zerschmettert
und ich und mein Bedienter den Kopf zerbrochen hätten, fügte er mit
der grössten Ruhe hinzu: »Tuwan Allah Kassih = Gott bescheert es.«

Das Militär-Reconvalescentenhaus zu Batu-tulis, in welchem ich
ein Jahr lang thätig gewesen war, bestand aus zwei Reihen Baracken
aus Bambus, welche bei meinem letzten Besuche bereits abgetragen
waren. Ihm gegenüber stand der »gläserne Palast«, welcher ein einstöckiges Gebäude aus Steinen war, und dessen erster Stock eine gläserne Veranda hatte. Diese war einem der behandelnden Aerzte zur
Wohnung angewiesen, während im Parterre der »Administrator«
wohnte. Das Spital war abgetragen, und der »gläserne Palast« wurde
nur von einem Wächter bewohnt. Noch einmal, und zwar zum letzten
Male, entzückte ich mich an dem herrlichen Panorama, welches der
südwestliche Theil der Veranda mir bot. Schäumend und brausend
wälzt sich das Wasser des Daniflusses zwischen zahlreichen erratischen
Blöcken und kleinen Steinen; Kinder spielen und springen lebens-

froh in diesem seichten Wasser, über welches sich eine zierliche
Brücke, nur aus Bambus verfertigt, zu dem Fusse des Salak zieht.
Zahlreiche kleine Häuser und Fruchtgärten bedecken den Abhang
des Berges, und ein riesiger Waringinbaum breitet seine doppelt ge-
färbte Krone über lachende Fluren. Das Schnauben der Loco-
motive, welche tief unter uns nach Buitenzorg dampfte, störte uns
in der Betrachtung dieses schönen Panoramas, welches lieblicher und
milder ist als jenes, welches der Salakberg den Bewohnern des
Hotels Bellevue in Buitenzorg bietet.

Den ersten beschriebenen Stein fanden wir zwischen zwei
Bambushütten; es war ein Stein, auf welchem die Abdrücke zweier
Füsse sich befanden, und zwar die des Radja Mantri, welcher
auf diesem Steine so lange gestanden hatte, um nachzudenken,
welche Bedeutung die vor ihm liegenden beschriebenen Steine
hätten, bis seine Füsse in dem Stein sich abgedrückt hatten. Die
übrigen Steine werden von den Alterthumsforschern als sprechende
Ruinen des alten Reiches Padjadjaran vielfach beurtheilt und ge-
deutet, und von den Eingeborenen einem mohamedanischen Heiligen, dem Kean Ansantang, zugeschrieben; leider war die Zeit
zu kurz, um mich mit diesen Steinen näher zu beschäftigen.
Die Sonne näherte sich als eine grosse feurige Scheibe dem Horizonte, immer schneller und schneller sank sie hinter die wald-
reichen Gipfel des nahen Hügellandes, und als der letzte Sonnenstrahl über unsere Köpfe hinweg auf den Abhängen des Salak sich
zu einem feurigen Fächer verbreitete, mahnte er uns zur Rückreise
nach Buitenzorg (Fig. 5); denn die Dämmerung dauerte auch hier[1])
nur ungefähr eine Viertelstunde, und der Weg war mit zahlreichen
Steinen bedeckt.

Wir kehrten also nach Buitenzorg zurück, um am folgenden
Morgen die Reise in die »Preangerprovinz« fortzusetzen. Die Nord-
grenze dieser Provinz zieht über die Gipfel zahlreicher Bergriesen
(Halimun 1921 Meter hoch, Salak 2215 Meter, Gedéh 3022 Meter,
Sanggabuwana 1298 Meter, Tankubanprahu 2075 Meter, Bukittimpul
2208 Meter und andere hohe Berge), welche an der Ostgrenze in
einen spitzen Bogen übergehen und eine zweite Gebirgskette formen, welche beinahe parallel zu der ersten läuft und bei Bandong
eine grosse und einige kleine Hochebenen einschliesst. Diese
Provinz erinnert in vieler Hinsicht an die Alpenländer Europas.

---

[1]) Batu-tulis liegt nämlich 6 ° 35′ S. B.

Sie ist zwar die grösste Provinz Javas (371,001 ☐ Meilen), aber auch am wenigsten bevölkert (2,000,033 Einwohner[1]) mit 5391[2]) auf die ☐ Meile). Sie hat ein herrliches, geradezu südeuropäisches Klima, hat unzählbare warme Quellen, eine unerschöpfliche Quelle von Naturproducten (zahlreich sind die Plantagen für Thee, China, Tabak, Kaffee, Cacao, Vanille, Muscatnuss u. s. w.); aber von der Gewinnung von Mineralien ist nirgends die Rede; sollte denn nirgends z. B. Gold gefunden werden, da doch so manche Ruine einen grossen Goldreichthum in den ältesten Zeiten vermuthen lässt. Eine engherzige und kurzsichtige Gesetzgebung im Berg-bauwesen hat bisher die indische Regierung im Allgemeinen ge-zeigt: seit Mai des Jahres 1897 ist sie diesbezüglich liberaler ge-worden. In Semarang, oder vielmehr in der Provinz Semarang, wurden reiche Quellen von Petroleum in Betrieb gesetzt, und das Leuchtöl der »Dordrechtischen Gesellschaft« hat in China und Japan einen grossen Theil des russischen und amerikanischen Petroleums verdrängt. Auch in Celebes wurden Goldminen dem Handel eröffnet; vielleicht bemächtigt sich der Handel auch des Bodens der Provinz Preanger und lässt durch fleissige Untersuchungen des Bodens der Berge neue Quellen der Wohlfahrt eröffnen. Kohlen befinden sich im Westen Javas; Gold wurde in der Provinz Krawang gefunden; Zinn auf einigen kleinen Inseln in der Nähe der Rhede von Samarang; Jodium enthalten unzählbare Quellen; Schwefel kommt in ungeheurer Masse vor, Marmor im Süden der Provinz Madiun. Petrefacten, Basalt, Porphyr, Granit, Kaolin, Kalk, Kohle, Eisen, Spath u. s. w. kommen auf Java vor, ohne dass, wenn wir vom Petroleum und von einigen heissen Mineralquellen absehen, auch nur eine einzige Gesellschaft sich gefunden hätte, um diese ver-borgenen Schätze Javas resp. der Provinz Preanger zu heben.

Einen ungeheuren Reichthum an warmen, heissen, kalten, an indifferenten, an Salz-, Stahl-, Schwefel- und Jodiumquellen hat Java, und die meisten von ihnen sind unbenutzt und unbekannt. Die Provinz Preanger allein hat 1 Bittersalzbrunnen (bei Kandang Wesi), 1 Mofette auf dem nördlichen Abhang des Telaga Bodas, 1 Moorwelle auf dem Salak, 1 warmen Brunnen am Gedéh, 3 warme Brunnen am Mandalawangi, 2 in Sukabumi, 2 bei Dadap, 1 auf dem

---

[1]) Nämlich: 1699 Europäer, 4165 Chinesen, 109 Araber, 11 Orientalen und 1,994,049 Eingeborene.

[2]) Die Provinz Bagelon hat ungefähr 20,000 Seelen pro Quadrat-Meile.

Berge Breng Breng, 1 bei dem Flüsschen Tji Madja, 1 Bittersalzbrunnen bei Batur, 1 warme Quelle am Berge Patua, 1 heisse und
1 warme bei Pengalengan, 1 auf dem Tangkubau Prahu, 2 bei
Lembang, 1 am Berge Guntur, 1 auf dem Papaudajang, 1 im District
Wanakárta, 1 bei Tassikmalaya, 1 im District Karang, 1 bei Tjiwalini,
1 bei Tjibalang; also diese eine Provinz allein hat 26 warme Quellen,
wovon 2 Karlsbad eine bedeutende Concurrenz machen könnten,
wenn —.

Das Ziel meiner Reise war Sindanglaya, ein mit Recht viel
gepriesener Luftcurort Javas. Zunächst kamen wir (um 10 Uhr
Vormittags) nach Sukabumi, welches ebenfalls ein Reconvalescenten-
Spital für Soldaten besitzt; es liegt 602 Meter hoch, hat ein mil-
des, leicht warmes Klima und ist besonders geeignet für Reconvalescenten nach Erkrankungen der Lungen und nach allen Krankheiten, welche von Diarrhöe begleitet sind. Nebstdem befanden sich
zwei Pavillons für »Patienten erster Klasse«, in welche natürlich
auch Bürger aufgenommen wurden. Es ist nämlich Eigenthum eines
Arztes gewesen, der für seine militärischen Patienten einen gewissen
Betrag berechnete, im Uebrigen war es in jeder Hinsicht ein Privat-
Sanatorium. Ich selbst bezog es für eine Nacht, und ich und meine
Frau hatten eine angenehme Gesellschaft und eine gute Küche für
diesen einen Tag.

Was mich jedoch unangenehm berührte, war der wissenschaftliche Indifferentismus, der damals in dieser Anstalt herrschte; ein
so grosses Material wurde wissenschaftlich nicht verwerthet, und was
nicht direct mit der Behandlung der Patienten in Verbindung war,
wurde ignorirt. Wie viele noch offene Fragen mit Bezug auf das
Leben in den Tropen könnten in einem solchen Sanatorium ihre
Lösung finden? Ich will nur auf die besonders praktische und wichtige Frage der Magensäure hinweisen. Fast in keiner Familie fehlt
das Fläschchen Salzsäure (und Ricinusöl) und wird bei allen möglichen Formen der gestörten Magenfunction gebraucht. Ich kann
mir zwar ganz gut vorstellen, dass diese ungeheuren Massen Speise,
welche bei der Reistafel[1]) dem Magen zugeführt werden, keine genügende Menge Salzsäure für die regelmässige Verdauung vorfinden,
und dass darum eine Nachhülfe mit künstlicher Salzsäure sehr oft
nöthig ist. Auch ist es auffallend, dass den Aerzten so wenig

---

[1]) Vide I. Theil, Seite 68.

Fig. 8. Eine malayische öffentliche Tänzerin mit der kleinen Capelle
eines Töpéng Babukan.[1])

[1]) Nur sehr selten wird der Tourist eine malayische Strassentänzerin in obiger Toilette sehen. In der Regel ist der obere Theil der Brust, Hals und Nacken unbedeckt, weil der Sarong das einzige Gewand ist, welches sie bis unter die Achseln trägt und in der Taille mit einem silbernen Gürtel schliesst.

Ich kann nicht umhin, an dieser Stelle einiges über die malayische Auffassung des Tanzes mitzutheilen.

So eine Strassentänzerin gehört zur Hefe des Volkes und ist eine Prostituée stricte dictu; eine anständige Frau meidet den Tanz. Die Bedajas und Serimpis üben ihre Kunst immer ohne Männer aus. Der europäische Einfluss hat in diese Auffassung der geschlechtlichen Moral nur eine Bresche geschossen. Wo die Frau eines Fürsten in der europäischen Gesellschaft erscheint, nimmt sie an der Polonaise Theil; im Uebrigen ist jede Berührung des Mannes in Gegenwart Anderer von Mann und Frau als unsittlich verpönt.

Magengeschwüre zur Behandlung kommen, und dass so selten Hyperacidität des Magens, d. h: zu grosser Säuregehalt des Magens von ihnen diagnosticirt werde; aber dies sind nur aprioristische Grundlagen für die Annahme, dass in den Tropen, im Gegensatz zu den Ländern mit einem gemässigten Klima, die Hypacidität des Magens, d. h. eine zu geringe Entwicklung der Magensäure, eine häufige, ja selbst regelmässig vorkommende Krankheit sein sollte. Pfeffer, Senf, Lombok (spanischer Pfeffer = Paprika), Peté (Parkia Africana), Assem (Tamarinda Indica), Vanille, Tjenké (Caryophyllum aromaticum), Pála (Myristica fragrans), Ketúmbar (Coriandrum sativum), Kápol (Ammonium cardamomum), Kélor (Moryuga pterygosperma), Kúnir (Curcuma), Kajumauis (Cinnamomum aromaticum), Sintok (C. Sintok), Kerry, welches aus Santen (Fleisch der Cocosnuss), Curcuma, Wurzeln von Ingwer, Langkwas (Alpinia galanga), Zwiebeln, Paprika, Djinten (Anisodrilus carnosus), Kentjur (Kaempheria galanga), Ketúmbar Seré (Graminea), Lada (Pfeffer) und anderen Pflanzen besteht, sind eine stattliche Reihe von Gewürzen, welche die Rysttafel sehr schmackhaft machen und den Magen zu erhöhter Arbeit reizen. Ob nun darum allein der Magen keine hinreichende Menge von Magensäure producirt, also eine relative Hypacidität besitze, oder ob im Allgemeinen die Function des Magens in den Tropen eine träge sei und gerade darum zur erhöhten Thätigkeit durch diese Gewürze angeregt werden müsse, ist eine der vielen physiologischen Fragen, welche in den Tropen selbst entschieden werden müssen, und für deren Lösung gerade solche Sanatorien, welche über grosses Menschenmaterial verfügen, die geeignetsten Orte wären.

Auch Sindanglaya, wohin ich mich am andern Tag um 10 Uhr per Eisenbahn begab, wurde damals wissenschaftlich nicht ausgenutzt: der leitende Arzt war ein Psychiater, welcher, wenn ich mich nicht irre, jetzt Professor dieses Faches in Holland ist; aber für die vielen hundert offenen Fragen der Biologie in den Tropen ist in den Sanatorien Javas bis jetzt gar nichts gethan worden. Das bacteriologische Laboratorium in Weltevreden ist die einzige Stätte, welche sich über die Grenzen des täglichen praktischen Bedürfnisses hinaus mit wissenschaftlichen medicinischen Fragen beschäftigt.

Die weitere Eisenbahnfahrt bot wiederum schöne Panoramen und stellenweise Meisterstücke der modernen Eisenbahn-Baukunst. Den Berg

Kantjana (1240 Meter hoch) umzogen wir in einem grossen Bogen, bis wir in Tjandjur die Hochebene gleichen Namens (459 Meter hoch) erreicht hatten. Hier verliessen wir die Eisenbahn, um mit einem Dos-à-dos nach Sindanglaya zu fahren.

Tjandjur war bis zum Jahre 1864 die Hauptstadt der Provinz Preanger, und seit dieser Zeit ist der Regent dieses Bezirks in jeder Hinsicht ein Rivale von seinem Collegen in Bandong. Wenn ich auch auf dieser Reise Bandong, die Hauptstadt der Provinz Bantam, nicht besuchte, sondern von Tjandjur direct nach Sindanglaya fuhr, so glaube ich doch aus verschiedenen Ursachen hier einige Worte über diese schöne Stadt Javas verlieren zu müssen. Im Jahre 1882 wurde ich nämlich jener Commission zugetheilt, welche in Batu-Djadjar, der Artillerie-Schiessstätte auf der Hochebene von Bandong, von Krupp erhaltene Kanonen untersuchen und einschiessen sollte.

Hier blieb ich von Mitte December 1882 bis Ende März 1883 und hatte oft Gelegenheit, die nahe gelegene Hauptstadt der Provinz aufzusuchen. Von Batu-Djadjar gingen zwei Strassen auf die grosse Landstrasse; die westliche endete bei der Halte Padalarang, bei welcher gewöhnlich die von Batavia kommenden Reisenden ausstiegen; die zweite führte zur Halte Tjimahi, wo seit dem Jahre 1896 ein grosses militärisches, stabiles Lager [1]) sich befindet. In 1 1/2 Stunden konnten wir Bandong bequem erreichen. Die Stadt liegt zum grössten Theile zu beiden Seiten der grossen Poststrasse und macht einen freundlichen Eindruck. Der Regent hat einen schönen Palast, dessen Empfangssaal geradezu verschwenderisch ausgestattet ist. Wenn er auch viel von seiner früheren Grösse und Reichthum verloren hat, so ist er dennoch der reichste Beamte von Java: er bezieht einen Gehalt von 20,000 fl. pro Jahr, und für jeden Pikol [2]) Kaffee, der aus seinem Bezirk abgeliefert wird, einen halben Gulden Prämie, welche jedoch 40,000 fl. nicht überschreiten darf. 60,000 fl. ist ein schönes Einkommen für einen eingeborenen Fürsten. Von dem Vater des gegenwärtigen Regenten ist es bekannt, dass er nicht nur einen grossen Aufwand führte, sondern auch gegen seine europäischen Gäste in freigebiger und luxuriöser Weise die Gastfreundschaft übte. Er bezog allerdings neben seinem

---

[1]) Die drei „militärischen Abtheilungen" haben im Innern der Insel ihre Concentrationspunkte der Truppen: die erste hat Tjimahi, die zweite hat Magelang in der Provinz Kedú und die dritte hat Malang in der Provinz Pasaruan zum Centrum ihrer Truppenmacht.

[2]) $= 62^{1}/_{2}$ Kilo.

Gehalt von 20.000 fl. noch eine Personalzulage von 24.000 fl. und erhielt für jeden exportirten Pikol Kaffee eine Prämie von 1 fl. (bis zu einem
Betrage von 80.000 fl.). (Dieser hohe Gehalt ist nämlich eine Entschädigung für den Verlust an diversen Steuern, welche der Fürst von Bandong bis zu seiner Anerkennung der holländischen Souveränität in dieser
Provinz erhoben hatte.) Der alte Regent war ein grosser Freund von
einem wohlgefüllten Stall mit arabischen, persischen und birmanesischen
Pferden; er hielt Pferdewettrennen und Treibjagden in grossem Maass-
stabe. Bei seinen häuslichen Festen liess er die fürstlichen Tänzerinnen
(Bedajas) auftreten (Fig. 6), Turniere halten und grosse Marionetten in
europäischer Kleidung den europäischen Tanz persifliren. Auch hatte
er eine kleine Zahl von Hadjis, welche bei festlichen Gelegenheiten das
Gedelms zeigten, indem sie unter Anrufen des Propheten und des
Scheikh Abdul Kadir Djilani und mit wilden Tänzen eiserne Spitzen
in die Brust stachen. Man muss bei den eingeborenen Escamotenren
nicht so leicht mit dem Worte Schwindel bei der Hand sein. Ich sah
damals im Club einen Klingalesen, welcher einen Knäuel Zwirn ver-
schluckte, in der Magengegend mit einem Messer die Haut ritzte und
aus der Wunde vielleicht hundert Meter Zwirn herauszog!

Den gegenwärtigen Regenten von Bandong sprach ich das erste
Mal in Batu Djadjar; er war von dem Präsidenten der Commission
eingeladen worden, das Telephon zu besichtigen und zu gebrauchen,
welches ihm damals (im Jahre 1882) noch unbekannt und zu dem
Zwecke der Controle der erzielten Treffer auf der Schiessstätte in
Gebrauch war. Er kam nur mit einem kleinen Gefolge; sein Stellvertreter, der Patti, wurde auf die entfernte Station bei der ersten
Scheibe geschickt, und dann wurden sie mit einander verbunden.
Als der Regent durch das Telephon die Stimme seines Patti erkannte,
sprang er im strengsten Sinne des Wortes vor Ueberraschung wie
ein Narr herum und rief héran sakáli (Wunder über Wunder), apa
pintar orang 'blanda (wie weise sind die Holländer!). Da wir, abgesehen von einem grossen Pavillon (mit doppelten Bambuswänden) für
die Officierswohnungen und einem als Caserne, noch einen gemeinsamen
Speisesaal hatten, der aus den Contributionen der einzelnen Commissionen,
welche jährlich hier eintraten, mit vollkommenem Service für zwölf
Personen eingerichtet war, wollten wir den Regenten vor seinem Abschied zur ·Rysttafel· einladen; er nahm es nicht an, lud uns aber
für den folgenden Sonntag zu seinem Herrenabend ein.

Zwei Officiere — ich selbst war damals noch ledig · hatten zwar

8*

ihre Frauen bei sich; sie bekamen aber den erwünschten Urlaub,
und so gingen wir drei Tage später nach Bandong, zwei zu Pferde
und die übrigen zwei in einem Kähar sewa, d. h. einem kleinen
zweirädrigen Wagen, welcher die Unbequemlichkeit im Sitzen und im
Einsteigen bis zum Maximum zeigt. Im Hotel Homan nahmen wir
unser Nachtmahl, und um 9 Uhr fanden wir uns bei dem Regenten
ein. Es war ein schöner, reich mit Gold verzierter Empfangssaal, oder
vielmehr Empfangshalle (Pendoppo M.). Kaum hatten wir den Hausherrn begrüsst, und zwar unter sanften, einschmeichelnden Tönen der
Gamelang, kam ein Bedienter mit einer grossen Platte, auf welcher echt
chinesische Schalen mit Kaffee-Extract standen, und Jeder nahm sich von
dem Zucker und von der Milch nach Belieben. Plötzlich erhob die
Gamelang einen gewaltigen Spectakel, der Regent eilte von uns zu
dem Eintritt seines Pendoppo, um den Residenten zu begrüssen,
dessen Ankunft eben durch diesen Tusch angekündigt wurde. Der
Bediente des Residenten war mit dem goldenen Pajong erschienen
und setzte sich auf der Treppe nieder mit hoch aufgerichtetem, jedoch
geschlossenem Pajong, und wir alle näherten uns dem Vertreter der
Regierung und wurden ebenso freundlich als leutselig von ihm begrüsst. Auf ein Zeichen des Residenten erschien auch sofort die erste
Tänzerin, welche eine gewöhnliche Ronggeng war, d. h. eine öffentliche
Tänzerin, welche zu diesem Zwecke von dem Hausherrn gemiethet
wurde. Die Gamelang erhob nun ihre sanfte, liebliche Weise, und die
Ronggeng begann ihren Tanz (?). Sie war nur mit einem Sarong bekleidet, welcher mit einem silbernen Gürtel in der Taille geschlossen
war, während der obere Theil die volle Büste nur theilweise deckte;
sie hatte keine Schuhe und keine Strümpfe und zeigte einen schönen,
wohlgeformten, braunen Fuss; auch die Arme, Schultern und Hals
waren unbedeckt; jedoch hübsche Armbänder zierten den Vorderarm,
in den Ohren waren dicke, mit Diamanten besetzte Stäbe, und in
dem üppigen, pechschwarzen, glänzenden und zu einem Knoten (Kondé)
gebundenen Haar steckten zahlreiche grosse, mit Edelsteinen besetzte
Haarnadeln. Die Stirne war theilweise mit Boreh gelb und die Augen-
wimpern schwarz gefärbt. Sie begann mit kreischender Stimme ein
Lied, verschämt lächelnd brachte sie den Salindang[1]) vor den Mund,
und, ohne viel von der Stelle zu weichen, drehte sie sich langsam

---

[1]) = eine Schärpe, welche von der rechten Schulter zur linken Seite gezogen wird.

im Kreise und streckte bald den einen, bald den andern Arm ein
wenig in die Höhe, wobei die Hand und alle Finger überstreckt waren,
d. h. das Handgelenk einen Winkel von weniger als 90° und die
Finger von mehr als 180° bildeten. Was sie sang, verstand ich nicht
und ebensowenig die übrigen Europäer. Aber auch die anwesenden
eingeborenen Häuptlinge erriethen wahrscheinlich den Inhalt der Lieder mehr als sie ihn verstanden; wenn ich mich nämlich nicht irre, sang
sie nicht in sundanesischer Sprache, sondern wie die Ronggengs im
eigentlichen Java, in altjavanischer (Kawi) Sprache. Bald betheiligten sich auch Männer an diesem Tanze. Den Reigen eröffnete der
Regent in höchsteigener Person, indem er ebenfalls einen Salindang
nahm, einen Ryksdalder (= 2.50 fl.) in die dazu bestimmte Kasse
warf und nun den Bewegungen der Bidaja folgte; es lag seinen
drehenden Bewegungen etwas Caricatur zu Grunde, ohne dass ich mir
sagen konnte, was persiflirt werden sollte. Hierauf wurde die Schärpe
auch einigen europäischen Herren angeboten, welche in gleicher Weise
1 oder 2,50 fl. in die Kasse warfen und sich Mühe gaben, nach
den Regeln der Kunst zu »tandaken«. Wenn auch die Tänzerin nur
wenige und sehr kleine Schritte machte, also gewissermassen trippelte,
und nur im Affect in grossen und beschleunigten Schritten im Kreise
herumlief, so blieb doch der »Tandak« der Herren (welche dann Beksos
genannt werden) immer eine scherzhafte Caricatur der Tänzerin; besonders die steife Haltung der Arme und Hände wollte den Männern
nicht gelingen; auch gelang es ihnen niemals, das verschämte und verlegene Lächeln der Tänzerin zu imitiren, wenn ein besonders starker
Tabak im Liede — welcher in der Regel die Heroenzeit Javas be-
singt und stark erotischen Beigeschmack hat — die Tänzerin veranlasste, eine keusche, verlegene Jungfrau darzustellen. Diese Scene
wurde schon darum mit lautem ironischen Lachen der Eingeborenen
begleitet, weil die Ronggengs als zweites Geschäft die Prostitution üben.

Jeder angesehene Fürst hält sich jedoch seine Privat-Tänzerin,
welche, wie z. B. an den Höfen von Solo und Djocja, von hoher Ab-
kunft und bei ihren Tänzen reich mit Gold und Edelsteinen geschmückt
sind. Da nur die schönsten Mädchen dazu erwählt werden, ist damit
die Wahrscheinlichkeit verbunden, entweder ein Beiweib des Sultans
oder die Frau eines Prinzen oder eines anderen angesehenen Fürsten
zu werden.

Während des »Tandaken« wurde den europäischen Gästen Rheinwein, rother Wein, ein Brandy- oder Whisky-Grog offerirt, und so man-

cher der anwesenden eingeborenen Häuptlinge verschmähte es nicht,
anstatt des ihm angebotenen Thees mit Backwaaren von dem Apollinaris-Wasser mit »ein wenig Cognac«, nur »um den Geschmack zu
verbessern«, ebenso häufig als seine europäischen Collegen Gebrauch zu
machen. So ein Herrenabend bei einem eingeborenen Fürsten —
die keusche Diana würde bei einer Beschreibung desselben ihr Antlitz verhüllen — giebt den anwesenden Ronggengs eine führende
Rolle, und nachdem der Resident gegen 12 Uhr sich empfohlen
hatte, ging auch ich in's Hotel. Meine philiströse Anwandlung bedauerte ich am andern Tage lebhaft, weil mir mitgetheilt wurde, dass
der Regent von Bandong auch ein Wâjang orang hatte spielen lassen.

Ich habe jedoch späterhin, und zwar in Magelang, ein malayisches
Theater (Wâjang orang) wiederholt besucht, und ich muss gestehen:
seine Kunst steht hoch. Auf dem Schlossplatz stand ein grosses Zelt,
in dessen Hintergrunde die erhöhte Bühne auf kleinen Pfeilern
ruhte. Die Coulissen waren offenbar europäischen Ursprungs und
blieben für alle Stücke dieselben. Der Hintergrund war eine Thüre
mit einem Vorhang, und ein zweiter trennte die Bühne vom Zu-
schauerraum. In den Coulissen sass ein Mann und spielte die Rebab
(Violine). Auch eine Versenkung fehlte nicht. Die Schauspieler waren
halbeuropäischen Ursprungs, sprachen jedoch während des Spielens nur
die malayische Sprache und stellten Scenen aus der Heroenzeit Javas
dar. Ich war dieser Sprache so weit mächtig, dass ich dem Gang der
Handlung folgen konnte, wenn mir auch manches Lied nicht in allen
seinen Theilen verständlich war. Wahre dramatische Scenen spielten
sich ab, als z. B. der Awamuko (Teufel) dem Batoro Guru (dem
Lehrer des Heroen) zu Füssen fiel, ihm die Schuhe küsste und in weh-
müthigem Liede um Vergebung bat, während aus den Coulissen sanfte,
schmeichelnde und liebliche Töne der Rebab sein Flehen begleiteten,
oder als z. B. der Fischer den Göttern seine Noth klagte, dass ihm
Arimuko (ein Fürst der Unterwelt) mit seinem Hasse verfolge und ihm
sein Netz immer leer aus den Tiefen des Meeres heraufziehen lasse.
Stets waren es Scenen und Lieder, welche von hoher dramatischer Wir-
kung waren und die Zuschauer mit Wehmuth und Lust erfüllten. Zum
letzten Male will er sein Glück probiren und wirft das Netz hinaus in
die Fluthen (hinter die Coulissen), ungeduldig schreitet er auf und ab und
zweifelt und hofft, dass Amankau (= Arimuko) ihn nicht weiter mit
seinem Hasse verfolge; endlich wagt er es, das Netz zu heben; es ist
schwer, hoffnungsvoll zieht er immer stärker und stärker, er stützt

seinen Fuss gegen einen Felsen, beugt sich zurück, das Gesicht wird roth, die Muskeln der Arme schwellen an, und endlich bringt er das Netz auf das Land; statt der viel erhofften Fische ist jedoch eine schwere Kiste darin. Das Mienenspiel bei dieser Enttäuschung war ein Meisterstück der Pantomime. Plötzlich erhebt sich der Deckel der Kiste und Amankau (Arimuko) springt heraus; er hat eine Teufelsmaske und tritt dem armen Fischer mit drohenden Worten entgegen.

Ich muss aber auch bekennen, dass ihre Auffassung von »würdevollem« Auftreten uns Europäern fremd erscheint, und dass ihre Engel oder Huris einen geradezu komischen Eindruck machten; sie erschienen in weissen Kleidern von europäischer Mode und hatten eine hellfarbige Schärpe um die Taille. Da sie nebstdem keine Mieder hatten, und die weissen europäischen Kleider offenbar nicht nach Maass bestellt waren, so waren diese Engel alles, nur nicht eine engelhafte Erscheinung, wenigstens nach europäischer Vorstellung.

Auch ein Wâjang tjina habe ich gesehen und natürlich sehr häufig den Wâjang Kulit besucht.

Ein chinesisches Theater (Wâjang tjina) sah ich im Jahre 1881 während meines Aufenthaltes in Buitenzorg. Die Bühne unterschied sich wesentlich von der eines javanischen Wâjang orang. Sie hatte keinen Vorhang und keine Coulissen; jeder der Schauspieler kam aus einer und derselben Thüre im Hintergrunde auf die Bühne, neben welcher ein Chinese mit einem grossen Gong sass. Ein paar Kisten standen zur Seite, welche, wie mir ein Chinese erklärte, die Mauer und das Dach eines Nachbarhauses improvisiren sollten. Den Mangel jeder Decoration ersetzten die besonders reichen und kostbaren Costüme der Schauspieler: sie waren von Seide und strotzten von Gold. Auch die weiblichen Rollen wurden damals von Männern gegeben. Die Handlung war arm und dehnte sich endlos. Auf die Europäer machte Verschiedenes einen befremdenden Eindruck, nicht allein, weil wir die Sprache nicht verstanden, sondern auch weil die Pantomime der Chinesen uns ganz unverständlich war. Offenbar lag sehr viel in den Bewegungen des Körpers, wie es die lärmende und rauschende Musik der Gong andeutete; freilich wussten wir nicht, was es bedeutete. Jeder gesprochene Satz bekam am Ende das Lärmen der Gong; ja selbst jede Bewegung erhielt ein solches stürmisches Finale.

Am häufigsten sieht man jedoch die Wâjang Kulit, d. h. ein Marionettentheater mit Figuren aus Leder (Kulit), deren Schatten auf eine weisse Fläche geworfen werden. Ein Rahmen aus reich geschnitztem und verziertem Holze, Gewang genannt, ist mit weisser Leinwand überzogen; auf der einen Seite sind eine grosse Lampe, der Regisseur und zwei Stämme von Pisang; in diesen stecken die ledernen Figuren, welche von der Hand des Regisseurs längs des weissen Schirms bewegt werden. Zur Seite desselben sitzt die Musik, bestehend aus der Rebáb (Violine), Bambusglockenspiel (Angklong), Flöte (Suling), Holzclavier, welches mit einem Klöppel gespielt wird, Metallclavier, ähnlich dem Spielzeug unserer Kinder, mehreren Becken (Gongs), Pauken, Tambourins u. s. w. (Fig. 7.) Der Regisseur (Dalang) brachte — es war ebenfalls in Buitenzorg im Jahre 1881, dass ich con amore die erste Wajang Kulit beobachten konnte und mir die nöthigen Erklärungen zu Theil wurden — erst einen Berg zur Ansicht. Hierauf nahm er aus einer Kiste die pittoresken Figuren, welche auf einem Stäbchen befestigt waren; sie sind aus dem Leder der indischen Büffel geschnitten und reich mit Farben und Gold verziert; sie haben immer die bekannte Form der indischen Puppen und sehr dünne, magere Arme. Er steckte die reichlicher verzierten, die Götter und Fürsten, in den einen Bambusstamm und die Plebs in den zweiten. Unterdessen spielte die Gamelang ihre Ouverture. Mit einem Schlag auf die Kiste eröffnete der Regisseur die Vorstellung, die Musik schweigt, der Berg wird weggenommen, und halb singend, halb erzählend bringt er zunächst die Einleitung. Er beschreibt das Land, in welchem das Drama spielt, und erzählt das ganze Vorleben; im richtigen Augenblick, d. h. wo das eigentliche Drama beginnt, nimmt er mit beiden Händen die Helden des Stückes von den Bambusstämmen, und ohne bedeutende, aber doch deutliche Stimmenveränderung führt er den Dialog der Marionetten.

Der Wajang gohlèk, welcher aus Holz verfertigte, massive und mit Kleidern behängte Figuren haben soll, ist mir aus Autopsie unbekannt; ebenso wenig hatte ich Gelegenheit, einen Topeng zu sehen, welches eine Pantomime von maskirten Männern und Frauen sein soll. Einen Topeng Babakan sah ich jedoch in Majelang von Haus zu Haus ziehen, um auf Verlangen eine Vorstellung zu geben. Ein Mann, welcher auf dem Rücken eines gemalten Pferdes aus Papier sass, eine Ronggeng und eine kleine Capelle, bestehend aus einer Gamelang, einer Gong (Becken) und einer Flöte, war das ganze Personal. (Fig. 8.) Die Ronggeng sang einige Pantons mit kreischender Stimme, auf welche der Ritter des papiernen Pferdes manchmal Wechselgesänge folgen liess.

Noch will ich erwähnen, dass ich weder ein Tigergefecht noch ein Turnier zu sehen Gelegenheit hatte. Das Hahnengefecht aber, bei dem den kämpfenden Hähnen scharfe Messerchen an den Sporen befestigt werden, habe ich wiederholt gesehen, obzwar die holländische Regierung sie verbietet und sich alle Mühe giebt, dieses leidenschaftliche Spiel auszurotten. Auch Grillen (djankriks) und Wachteln (burung puju) werden zu Wettkämpfen gebraucht. Auch das »Drachenfliegen« ist ein beliebtes Spiel erwachsener Javanen.

———————

Lieutenant P.. war mein Reisegenosse nach Bandong. Da zwei Tage lang das Schiessen ausgesetzt wurde, gab uns der Präsident der Commission, welcher den nächsten Tag nach Batu Djadjar zurückkehrte, noch einen Tag Urlaub, den wir dazu benutzten, den Onkel des Lieutenants P.. zu besuchen, welcher nordöstlich von Bandong die grosse Theeplantage Djati Nangos (?) administrirte. Die Besitzerin war damals (1882) ein junges Mädchen, eine Waise, welche in Europa ihre Erziehung genoss. Der Administrator, der pensionirte Resident X., wohnte in einem hübschen Landhause in der Nähe von Sumedang. Einen besonders interessanten Empfang hatten wir, als wir durch das Gehege dieser Plantage fuhren. Rehe sprangen über den Weg und blieben in einer Entfernung von wenigen Metern stehen, um uns mit ihren grossen schönen Augen zu fragen, wer wir seien und was wir hier zu thun hätten. Im Hintergrunde sahen wir selbst einige hundert zu einem Rudel vereinigt. Der Herr X. empfing uns in liebenswürdiger Weise, und da es gerade vier Uhr war, d. h. die Zeit zum Theetrinken, setzte er uns sofort eine Schale seines Eigenbaues vor. Wie war er jedoch entrüstet, als ich gewohnheitsgemäss ihn um ein wenig Milch für meinen Thee ersuchte; ja er nannte mich sogar einen Barbar, der tief, ja sehr tief unter einem Chinesen stehe. Nur ein Barbar sei im Stande, das herrliche Aroma des Theeblattes durch Zucker, Rum oder Milch zu zerstören! Interessant waren seine Mittheilungen über die Einfuhr der ersten Theestauden und der raschen Entwicklung, welche diese Pflanze im Laufe von wenigen Jahrzehnten auf Java genommen habe. Denn erst vor sechzig Jahren ging ein Amsterdamer Namens Jacobson nach China, um dort die Bearbeitung des Thees kennen zu lernen, nachdem schon der Gründer des botanischen Gartens zu Buitenzorg, Prof. Reinhardt, mit gutem Erfolg den Thee auf dieser Insel gepflanzt hatte. In einem dickleibigen Buche beschrieb Jacobson die Theecultur, entsprechend dem damaligen Stande der Wissenschaften, und seine prak-

tischen Winke wurden Allgemeingut der javanischen Theepflanzer,
welche jährlich eine ungeheure Menge produciren und exportiren.[1])
Leider geschieht dies häufig unter chinesischer Marke, d. h. mit chinesischen Aufschriften und in chinesischer Verpackungsweise. Der Thee
ist aber so gut, dass er unter keiner falschen Flagge zu Markte zu
fahren braucht.

Der Anblick eines Theefeldes ist in keiner Hinsicht rühmenswerth;
es sind niedrige Sträucher, welche in kleinen Abständen ($\pm$ 1·2 Meter
Entfernung), und zwar in gerader Linie gebaut sind. Zweimal des
Jahres werden die Blätter gepflückt: die zarten Blätter geben die feinste
Theesorte, und wenn der Baum zu alt ist, so werden die Blätter zu
hart, um in den Handel kommen zu können. Die guten Sorten Thee
werden nur von jungen Bäumen, und die feinsten Sorten von den
jüngsten Blättern dieser Sträucher bereitet. Die Farbe der in den
Handel kommenden Thees ist nur von der weiteren Bereitungsweise abhängig. Ursprünglich hat der Theebaum nur grüne Blätter. Werden
sie nur an der Sonne getrocknet, so behalten sie ihre ursprüngliche
Farbe; werden sie aber sofort nach dem Pflücken in Säcken oder Lein-
wandcylindern über einem Kohlenfeuer getrocknet, so werden sie schwarz.
Während sie in der Dörrpfanne sich befinden, werden sie von Frauen
besser zusammengerollt, als es durch den einfachen Trocknungsprocess
geschieht, und je mehr Blätter mit den Fingern gerollt sind, desto
höher ist der Preis.

Mit diesen spärlichen Mittheilungen musste ich mich begnügen,
weil ich und mein Reisegenosse bereits den nächsten Tag diese Plantagen wieder verlassen mussten. In Batu Djadjar sollte das Schiessen
wieder beginnen, und dies darf nach den gesetzlichen Bestimmungen
niemals ohne gleichzeitige Anwesenheit eines Arztes stattfinden. Ich
sah also weder das Pflücken der Blätter, noch das Rösten derselben —
nicht einmal die Dörrschuppen, das Sortiren des Thees, seine Ver-
packung u. s. w.

Mein Aufenthalt auf der Heide von Batu Djadjar war der unan-
genehmste, weil langweilig, in meiner ganzen indischen Carrière. Es
waren im Ganzen 40 Mann, welche sich damals an den Arbeiten
der Commission betheiligten und in den günstigsten hygienischen Ver-

---

[1]) In den Jahren 1889—1893 wurden 3,492.000, 3.210,000, 2,673.000,
3,671,000 und 2,712.000 kg Thee exportirt.

hältnissen befanden. Vor ihrer Abreise wurden sie ärztlich untersucht und kamen in ein herrliches Klima. Wir hatten in der Morgenstunde zwischen 6 und 7 Uhr oft nicht mehr als 17° C., und sofort nach Sonnen-Untergang sank die Temperatur so tief, dass ich europäische Kleider anziehen musste, wenn ich mit den übrigen Officieren im Gartenhäuschen die Zeit des Nachtmahles abwarten wollte. Wenn man um 2 Uhr Nachmittags 31 — 32° C. im Schatten hat und die Wärme des Abends auf 22 — 20° C. sinkt, so empfindet man diesen Unterschied der Temperatur geradezu als Kälte. Auch bei meiner Reise nach Europa im Jahre 1897 hatte ich im rothen Meere durch die Kälte (?!) Last, obzwar das Thermometer 16° C. zeigte.

Die Soldaten hätten sich also einer ausgezeichneten Gesundheit erfreut, wenn sie nicht den Unbilden — der Liebe zum Opfer gefallen wären.[1]

Aber auch diese Krankheiten beschäftigten mich kaum eine Stunde täglich. Das Schiessen selbst forderte kein einziges Opfer. Keine Kanone war gesprungen und keine Kartätsche hatte Unheil angestiftet. Rothe Fahnen verkündeten den Bewohnern der benachbarten Kampongs die Stunde des Anfanges und des Endes des Schiessens; sie blieben also um diese Zeit ausser Schussweite und ausserhalb des verbotenen Terrains. Ich blieb jedoch nicht gänzlich von chirurgischen Arbeiten verschont. Ein Kanonier schnitt sich eines Tages mit einem Bambus in den Goldfinger der linken Hand. Mit Recht werden von den indischen Aerzten »Bambuswunden« sehr gefürchtet. Sie veranlassen sehr häufig gefährliche Folgekrankheiten, weil ein Stück Bambus nicht so scharf ist, um eine gequetschte Wunde zu vermeiden und weil — nicht, wie man gewöhnlich annimmt, die Ränder mit kleinen Haaren bedeckt sind — sondern weil sich auf ihrer rauhen Oberfläche stets eine Unzahl schädlicher Bacterien befinden. Dieser Kanonier hatte sich an der Schiessstätte, wie gesagt, mit einem scharfen Stück eines Bambusrohres geschnitten; sofort wurde ich telephonisch davon benachrichtigt, und sofort konnte ich die Schnittwunde, welche ziemlich glatte Ränder hatte, antiseptisch behandeln und nähen. Nach 36 Stunden zeigten die Wundränder eine verdächtige Röthe und Spannung. Beim Oeffnen der Wundnähte flossen einige Tropfen Eiter aus; seine Temperatur stieg auf 39°, und bis zum folgenden Morgen war die Eiterung bis zum Handgelenk fortgeschritten (progrediente Phlegmone); als

─────────

[1] Vide Band I, Seite 199.

nach abermals 12 Stunden sich am Vorderarme rothe Streifen zeigten,
der heftige Schmerz und die hohe Temperatur unverändert blieben,
zögerte ich keinen Augenblick mehr, radical einzuschreiten. Ich entfernte die Quelle der Eiterung, und das Leben, der Arm und die Hand
waren gerettet.

Hatte ich als Arzt sehr wenig Beschäftigung, so gab das gesellschaftliche und das tägliche Leben noch weniger Zerstreuung. Wir
waren im Ganzen vier Officiere, zwei derselben waren verheiratet und
hatten ihre Frauen und Kinder bei sich. Wenn des Vormittags die
Männer auf der Schiessstätte sich befanden, sass die Frau des Rittmeisters X. in dem rechten Flügel des Officier-Pavillons mit ihrem Söhnchen von vier Jahren in ihrem Zimmer, im linken Flügel beschäftigte
sich Frau Y. mit ihrem acht Monate alten Kindchen, und in der Mitte
desselben sass ich bei meinen Büchern und las und las, bis ich dessen
müde, meinen kleinen Siamang (Hylobates syndactylus [1]) von meinem
Bedienten abnahm (an dessen Unterschenkel er stets hing) und vor
meinem Zimmer herumlaufen liess. Dieser kleine schelmische Affe
hielt sich an keine Stunde des Empfanges oder der Visite, sondern lief
dann sofort in das Zimmer des Rittmeisters X. und war dem kleinen
Wilhelm ein stets willkommener Spielkamerad. Diese zwei neckten
sich, balgten sich im Hofraum oft Stunden lang herum, und der ärgste
Hypochonder hätte sich an dem Spiel dieser zwei guten Freunde er-
götzen müssen. Ich aber sass wieder in meinem Zimmer und las wieder und las wieder. Gegen die Mittagsstunde kamen die Männer nach
Hause. Die verheirateten Officiere widmeten sich ihren Vaterpflichten,
und ich sass noch immer beim Lesen; denn der dritte Officier, welcher
neben meinem Zimmer seine Schlafstätte aufgeschlagen hatte, ging nach
Ablauf seines Dienstes ein Bad nehmen, speisen und sein Mittagsschläfchen halten. Gegen 4½ Uhr brach endlich der Zauberbann die
Langeweile. Lieutenant P. kam in seiner indischen Haustoilette bei
mir seinen Thee trinken, und nachdem wir um 5½ Uhr unser Bad
genommen und uns angekleidet hatten, gingen wir spazieren. Wir Beide
nahmen den Weg nach rechts, Rittmeister X. mit seiner Frau und
seinem Sohne nach links, und Lieutenant Y. erging sich mit seiner
Frau, welche ihr erstes Töchterchen auf einer kleinen Matratze trug,
auf einem dritten Wege in der erfrischenden kühlen Abendluft. Um 7 Uhr,
also zur officiellen Visitenzeit, trafen wir uns in dem Gartenhäuschen,

---

[1] Seine Heimath ist Sumatra.

welches vor der Hauptfront des Officier-Pavillons stand, und besprachen
den Inhalt der Zeitungen, welche unterdessen angekommen waren. Um
8 Uhr ging Jeder nach seinem Zimmer, um das Nachtmahl zu nehmen,
und blieb bis zum nächsten Morgen für Jedermann unsichtbar. Innerhalb der vier Monate, welche wir auf dieser Hochebene zubrachten,
kam nur zweimal eine Veränderung in dieses einförmige und langweilige Leben. Einmal kam, wie schon erwähnt wurde, der Regent von
Bandong, um das Telephon zu sehen, von dem er Unglaubliches gehört hatte, und das zweite Mal besuchte uns der Commandant der indischen Armee. General Bouwmeester gehörte dem Corps der Artillerie
an und interessirte sich für die neuen »Bergkanonen«, welche bei Krupp
in Essen gegossen waren. Das erhaltene erste Exemplar zeigte einen sehr
grossen Fehler; der Schwerpunkt der Kanone fiel nicht mit dem der
Affuite in eine Linie; die Folge davon war, dass beim Abfeuern die
ganze Kanone, wenn sie geremmt wurde, nicht nur sich aufstellte, sondern sogar einen Purzelbaum schlug. Der General kam mit dem Chef
der Artillerie und mit dem Commandanten der Berg-Artillerie zu uns,
um sich persönlich davon zu überzeugen und die Vorschläge des Rittmeisters X. zur Verbesserung dieses Fehlers zu besprechen.[1] Wir hatten
also einige Tage grosse Gesellschaft und gemeinsame Tafel (ohne die
beiden Damen). Bei dieser Gelegenheit brachte, wie ich späterhin vom
Lieutenant P. erfuhr, der Vorsitzende der Commission eine Geldfrage
zur Debatte, welche den drei Officieren der Artillerie, aber nicht meiner
Person zu Gute kommen sollte.

In Batu Djadjar werden nämlich jährlich die Schiessübungen der
Artillerie gehalten, und die Officiere, welche daran theilnehmen, bekommen reglementir 1.50 bis 2 fl. Tagegeld; für unseren Fall könne
dieses Gesetz nicht in Anwendung gebracht werden, weil wir als
»Commission« mit einem speciellen Auftrage dahin gesendet worden
seien; als solche hätten wir Anspruch auf ein Tagegeld von 6 fl.
Diese Angelegenheit hatte Rittmeister X. dem Armee-Commandanten
zur Unterstützung vorgelegt, und zwar nur im Interesse der drei
Artillerie-Officiere. Der General Bouwmeester stimmte der ausgesprochenen Ansicht bei und versprach, die betreffende »Reclamation«
zu unterstützen, obwohl er fürchtete, dass bei dem herrschenden System,
so viel als möglich der Sparsamkeit zu huldigen, die Aussichten auf
einen günstigen Erfolg nicht sehr gross seien. Als ich von dieser

[1] Sc.: Die Affuite nämlich zu verlängern.

Affaire erfuhr, ärgerte ich mich darüber, dass der Vorsitzende in seinem Memorandum meiner mit keinem Worte gedacht hatte, und machte ihm auch darüber in passender Weise Vorwürfe. Rittmeister X. meinte jedoch, dass er den »Doctor« ausser Betracht gelassen habe, weil dessen Arbeit in beiden Fällen dieselbe sei. Ende März war unsere Arbeit abgelaufen, und ich musste mich wegen eines Gelenkleidens wieder in das Spital zu Weltevreden aufnehmen lassen. Einen Schreiber des Hospital-chefs ersuchte ich, die »Declaratie« meiner Reise und meines Aufent-haltes in Batu Djadjar anzufertigen, und theilte ihm die diesbezügliche Debatte mit dem Rittmeister X. mit. Er warf einen Blick in meine Marschordre, welche dieser Rechnung beigelegt werden musste, und rief: »Herr Doctor, Sie bekommen 6 fl. pro Tag, also 720 fl. für die vier Monate, welche Sie in Batu Djadjar zugebracht haben; das Wort Commission steht ja darin.« So geschah es auch. Der Zufall wollte es, dass ich an demselben Tage, an dem ich die Anweisung von 720 fl. an die Steuerkasse zu Batavia erhielt, dem Rittmeister X. begegnete. Seine Reclamation hatte keinen Erfolg gehabt, und als er meine An-weisung in der Höhe von 720 fl. erblickte, rief er wüthend aus: »Die Militärärzte sind ja die Schoosshunde der Regierung«, und liess mich stehen.

Ende März 1883 verliess ich Batu Djadjar, und ich habe seit dieser Zeit die Provinz Preanger nur als flüchtiger Tourist besucht, sei es, dass ich mit der Eisenbahn von oder nach Batavia fuhr, sei es — um auf den Ausgangspunkt dieses Capitels zurückzukommen — dass ich eine Erholungsreise in die Gebirge dieser Provinz machte. Auf dieser Reise (im September des Jahres 1888) kam ich per Eisenbahn nur bis Tjandjur.[1]) Bei dieser Station macht die grosse Heeresstrasse, welche bei Batu Tulis sich in zwei Arme theilt, in einem grossen Bogen das Ende eines grossen Kreises, und auf ihrem östlichen Halbkreise setzten wir unsere Reise mit einem Dos-à-dos fort. Der Weg führte über den Berg Patjet (1122 Meter hoch), während wir den Berg Beser

----

[1]) Leider hatte ich keine Gelegenheit, die grossen und bedeutenden China-Anpflanzungen der Preangerprovinz zu sehen. Seit Junghuhn (vor 50 Jahren) auf dem Abhange des Tankuban Prahu die erste „Kinacultur" anlegte, hat diese unter seinem Nachfolger Berelot Moens in Java einen grossen Aufschwung genommen; ja noch mehr: Selbst die Gewinnung des Alkaloid (Chinin) wird seit ungefähr fünf Jahren auf Java fabrikmässig betrieben. In den Jahren 1889—1893 wurden 2,257,000, 2,820,000, 3,090,000, 2,330,000 und 2,710,000 Kilo Chinarinde exportirt.

(1390 Meter hoch) mit seinen dicht bewaldeten Abhängen in allen Nüancen des Grüns zu unserer Rechten liegen sahen; an den Hügel-Gärten Tjipodas und Tjipanas (mit ihren warmen Quellen) zogen wir vorbei, und gegen fünf Uhr Abends erreichten wir das Ziel unserer Reise, den Luftcurort Sindang-Laja (1082 Meter hoch). Zwölf Tage blieben wir hier und erfrischten unsere durch die Wärme des Nordens Sumatras erschlafften Glieder. Des Morgens hatten wir 10° C., und erst um elf Uhr wagte ich es, in dem grossen Bassin, welches durch eine grosse Pantjoran reines Bergwasser erhielt, ein Bad zu nehmen; in einem dicken Strahl stürzte das Wasser von zwei Meter Höhe herab und war so kalt, dass ich keinen Augenblick diese Douche auf mich fallen lassen konnte. Dieses Bad nahm ich mehr, um dem allgemeinen Gebrauch und der Gewohnheit zu folgen, als einem Bedürfnisse zu entsprechen. Bei einer Temperatur von 10° C. schwitzt man ja nicht, wenn man keine anstrengenden Arbeiten verrichtet. Dieses hat wieder einen sehr günstigen Einfluss auf die Abscheidung der Nieren, und da der schwächende Einfluss der hohen Temperatur auf alle Muskeln sich erstreckt und im Gebirge also fehlt, so ist auch die Blase kräftiger, der Puls wird stärker und voller, die Athmung geschieht in tieferen Zügen, die Beweglichkeit aller Gelenke ist leichter, der Durst wird weniger lästig, der Appetit erhöht, mit einem Worte: Lebenslust tritt an die Stelle der häufig künstlich gepflegten energielosen, manchmal selbst apathischen Lebensweise in den Tropen. Auch wir genossen in vollen Zügen die frische, kühle, reine Bergluft und machten des Vormittags von 9—12 Uhr Spaziergänge, ohne zu ermüden und ohne von der Tropensonne belästigt zu werden. Dass trotz dieser scheinbar bedeutenden Vorzüge diese Luftcurorte nicht regelmässig von allen Europäern und den reichen Eingeborenen benutzt werden, so wie z. B. die Bewohner der grossen Städte Europas jedes Jahr ihren Sommeraufenthalt im Gebirge nehmen, hat vielfache Ursachen. Die wichtigste derselben ist folgende: für die Dauer ist der Aufenthalt im Gebirge in der Regel nicht angenehm und — langweilig. Wenn der Reiz der Neuheit vorüber ist, machen sich eben die Schattenseiten des Gebirgslebens nur zu sehr fühlbar. In erster Reihe machen die grosse Feuchtigkeit der Luft (oft 900°/₀₀) und die zahlreichen Regenfälle den Aufenthalt im Gebirge sehr unangenehm; die Schuhe sind jeden Morgen beschimmelt, die Bettwäsche ist feucht und kühl, und wenn man sich zur Ruhe begiebt, bekommt man davon oft ein leichtes Frösteln. Die Häuser müssen aus Holz gebaut sein, sonst ist das unterste Viertel

der Mauern mit braunen Flecken und grünem Schimmel bedeckt, und
erst gegen neun Uhr wird der Aufenthalt in einem solchen Gebäude
erträglich, d. h. wenn (in der trockenen Zeit) die Sonne, nicht behindert durch eine grössere oder kleinere Wolkenschicht, durch ihre
belebenden und erwärmenden Strahlen die kühle und feuchte, oft nach
Schimmel riechende Luft aus den steinernen Häusern verdrängt hat.
Menschen mit Affectionen der Lungen und des Darmes befinden sich
im Gebirge nicht wohl und eilen daher, wenn sie wegen Malaria Erholung ihres geschwächten Organismus im Gebirge gesucht hatten, sobald als möglich in minder hoch gelegene Orte, welche, wie z. B.
Djocja, minder kalt sind und durch ihr ›gleichmässig warmes Klima‹
den geschwächten Lungen und Därmen zuträglicher und auch ange-
nehmer sind.

In Sindanglaya bestand, wie in Sukabumi, das Sanatorium aus
zwei räumlich von einander geschiedenen Theilen; der Pavillon für die
Patienten 1. Classe bestand aus einem grossen hölzernen Gebäude und
einigen kleineren für ganze Familien. Ein zweiter grosser Pavillon
diente zur Schlafstätte für Soldaten (3. Classe), und ein kleinerer war
für Unterofficiere (2. Classe) eingerichtet, welche je ein kleines Zimmer-
chen erhielten. In allen Gebäuden wurde Table d'hôte gehalten, wie
überhaupt in allen Hotels Indiens beinahe niemals[1]) à la carte gegessen
wird. Die vorgesetzten Speisen waren gut bereitet und unterschieden
sich nur wenig von den üblichen Menus in Europa; schon damals
wurden nämlich im Gebirge zahlreiche europäische Grünzeuge mit
Erfolg gepflanzt, und seit Vollendung der Eisenbahn im Jahre 1892
werden auch alle Städte der Küste reichlich mit Erdbeeren, Kraut,
Salat, Rüben, rothen Rüben, Endivien, Schwarzwurzeln, Pfirsichen,
Petersilie, Sellerie[2]) und Erdäpfeln versehen. Die Preise derselben
sind nicht besonders hoch. Im Jahre 1881 befand ich mich in Mittel-
Java (in Njawi) in Garnison; diese kleine Stadt war 9 km von der
nächsten Eisenbahnstation entfernt. In der Nähe, und zwar auf dem
Berge Tosari in der Provinz Pasaruan lebte ein deutscher Gärtner,
welcher sich mit dem Anbau der europäischen Grünzeuge beschäftigte. Nach dem üblichen Gebrauch abonnirte ich mich bei ihm auf
eine regelmässige Zusendung von europäischem Gemüse. Ich erhielt

---

[1]) In der alten Stadt Batavia besteht ein „Kaffeehaus", in welchem à la carte
servirt wird.

[2]) Spinat, Bohnen, Gurken, kleine Sorten von Erbsen findet man überall.

Fig. 9   Eine malayische Njai   Haushälterin) in einfacher
Haustoilette.

jede Woche einen grossen Korb, welcher jedoch für zwei Personen zu viel enthielt; ich theilte den Inhalt also mit einem Lieutenant, und Jeder von uns bezahlte pro Monat 4 fl. 80 Ct. = 8 Mark. In einer anderen Garnison kam regelmässig jede Woche einmal ein Hausirer mit Erdbeeren zu uns und verlangte für ein Körbchen mit 75 Stück 25 Cents = 42 Pf. Ihr Geschmack war derselbe als der in Europa; sie hatten die Grösse von der europäischen Walderdbeere. Auch alle übrigen angeführten Grünzeuge unterschieden sich gar nicht von jenen, welche in Europa gepflanzt werden; nur die Pfirsichen sind weniger saftreich und die Weintrauben sind ungeniessbar. In Grissé (bei Surabaya) habe ich sie zum ersten und zum letzten Male in Indien im Jahre 1877 wachsen gesehen. Hin und wieder bekommt man Weintrauben zu kaufen; sie stammen von Australien, haben eine dicke Schale und ihr Geschmack ist nicht angenehm. Auch Aepfel werden von diesem Welttheil auf Java importirt, ohne jedoch einem europäischen Apfel an Saft und Schmackhaftigkeit nahe zu kommen. Seit einigen Jahren besitzen die neuen Schiffe Kühlräume, wie z. B. der vor zwei Monaten in Rotterdam erbaute Dampfer. Vielleicht wird es diesem möglich sein, Aepfel und Birnen nach Indien zu bringen, obschon für den Importartikel ›europäische Früchte‹ in Indien gar kein Bedürfniss besteht. Diese könnten höchstens den Beweis bringen, was manchmal noch bezweifelt wird, dass die indischen Früchte in jeder Hinsicht hoch über den in Europa gepflanzten stehen.

Unser Nachbar im Hotel war Mr. A., ein Advocaat, dessen Mutter und Vater keine Vollbluteuropäer waren; die Mutter Beider war eine javanische Frau gewesen; er gehörte also zu der Rasse Sinju, sowie jede Frau, welche, sei es auch im zweiten oder dritten Geschlecht, das Blut eines Eingeborenen in sich hat, Nonna genannt wird, während seit kurzer Zeit der Name Creole für die Europäer gebraucht wird, welche in Indien von europäischen Eltern geboren werden. Ich muss betonen, dass beinahe immer nur von einem europäischen Vater und von einer eingeborenen Mutter die Sinjus und Nonna abstammen, und dass der umgekehrte Fall, dass nämlich ein Eingeborener eine europäische Frau geheiratet hätte, zu selten vorkommt, um ihre Kinder in eine bestimmte Classe oder unter einen gemeinsamen Namen zu classificiren. Wahrscheinlich würden sie officiell zu den Eingeborenen gerechnet werden. Der einzige mir bekannte Fall einer solchen Ehe blieb kinderlos. Er war der Sohn eines angesehenen Fürsten von Djocja und ging als Knabe mit einem Pastor nach Europa. Hier genoss er

in der Familie dieses protestantischen Predigers eine sorgfältige Erziehung und wurde Ingenieur. Schon frühzeitig erwachte in ihm die
Neigung zu der Tochter seines Pflegevaters, welche mehr als schwester-
liche Gefühle für ihn hegte. Ich will den Inhalt des Romanes, in
welchem Ismangong und seine Frau die Heldenrollen spielen, ganz
ausser Betracht lassen und mich nur an das Thatsächliche halten, welches ich von meinem Freunde Ismangong erfahren habe. Er fühlte
für die Tochter des Pastors van Steeden eine innige und aufrichtige
Liebe und — war Mohamedaner; diese war in gleicher Liebe ihm zugethan und war — Protestantin. Weder Ismangong noch seine Braut
wollten ihrem Glauben untreu werden; ihm drohte der Fluch seiner
kaiserlichen Familie, ihr machten die diversen Tanten und Nichten die
Hölle heiss und zeigten die Schreckensbilder der Polygamie in fürchterlichen Farben. Die Liebe siegte aber über alle Bedenken, und als glückliches Ehepaar zogen sie nach Java. In Batavia bewarb er sich als
Ingenieur vom Fach um eine Anstellung in Staatsdiensten. Beamter
zu werden, ist ja für die Söhne aller Häuptlinge das Endziel aller
Wünsche, und gerne dienen sie viele Jahre lang als Magang = Volontür
in den diversen Bureaux, um endlich Schreiber mit einem monatlichen
Gehalt von 30 fl. und zum Tragen eines Pajongs berechtigt zu werden. Mein Freund Ismangong konnte, als Verwandter der kaiserlichen
Familie von Djocja, unmöglich Privat-Ingenieur werden, und als Ab-
trünniger angewiesen auf den Erwerb durch sein technisches Wissen
bat er um eine Stellung beim Ministerium der öffentlichen Bauten.
Dieses Gesuch kam der indischen Regierung jedoch sehr ungelegen.
Ein Javane sollte mit europäischen Collegen gleichberechtigt die Stufen-
leiter der hohen Beamten besteigen, um nach zwei oder drei Jahrzehnten an die Spitze des technischen Departements gestellt werden zu
müssen!! Damit wären ja zu viel Inconvenienzen verbunden gewesen!
Sie ernannte ihn also zum Adjunct-Inspecteur für die Unterrichts-An-
stalten der Eingeborenen. (Volksschulen, Lehrer-Seminar und Bürger-
schulen für die Söhne von Häuptlingen.) In dieser Eigenschaft lernte
ich ihn im Jahre 1892 in Magelang kennen. Seine Frau war ein
Jahr nach ihrer Ankunft in Java an Lungentuberculose gestorben, und
die böse Welt behauptete, sie sei vergiftet worden. Ismangong war
ein gebildeter Mann und trug ganz das Gepräge eines javanischen
Fürsten; gelassen und gemessen im Gespräche und in seinen Bewegungen imponirte er durch sein allgemeines Wissen, durch seine Bescheidenheit und durch sein liebenswürdiges und höfliches Benehmen.
Seine Zwitterstellung als Mohamedaner und »europäischer Beamter«

gab nach seinem Tode unerwartete Schwierigkeiten. Sollte er als Mohamedaner nach islamitischem Ritus begraben werden, oder sollte sein Grab auf dem Friedhofe der Europäer sich befinden?

Nach dem Tode seiner ersten Frau hatte er eine Prinzessin von Djocja geheiratet, welche mit dem Regenten von Magelang verwandt war. Dieser veranlasste den Residenten, ein mohamedanisches Begräbniss anzuordnen. Als jedoch das Testament eröffnet wurde, in welchem der Bruder seiner ersten Frau zum Testamentsvollstrecker ernannt wurde, ordnete dieser ein europäisches Begräbniss auf dem Kirchhofe der Europäer an, und der Resident musste seinen gegentheiligen Erlass zurückziehen. Ismangong war ein Ehrenmann, der mit Tact und würdevollem Auftreten die Schwierigkeiten seiner Zwitterstellung überwand. Requiescat in pace.

Leider hatten wir in Sindanglaya auch eine Nachbarin, welche quasi als Pendant zu dieser gesetzlichen Ehe einer europäischen Frau mit einem Eingeborenen den Beweis brachte, dass Gott Amor keine Standes- und keine Rassenunterschiede kenne.

Den Abend vor unserer Abreise sass ich um 12 Uhr Nachts in der Veranda des Hotels. Alle übrigen Gäste hatten sich in ihre Zimmer zurückgezogen, die Lampen waren gelöscht, und in majestätische Ruhe war alles gehüllt. Da klang plötzlich eine scharfe und nicht angenehme Stimme aus dem Hintergrunde eines kleinen Pavillons in der bekannten sentimentalen Arie der indischen Pantons:

> Djerok whangie, Blimbing Djapara,
>
> Djangan nangis muka njang kentara.
>
> (Duftende Citrone, Blimbing von Japara,
>
> Weine nicht — Deine Züge würden entstellt.)

Es war eine unglücklich Liebende, welche ihr Leid den Lüften klagte, denn die zweite Zeile hätte im anderen Falle von dem Manne gesungen werden müssen. Obwohl der Mond beinahe mit Tageshelle den Garten beleuchtete, sah ich keine sterbliche Seele in dem Gartenhäuschen, aus welchem die Stimme deutlich zu meinen Ohren drang:

> Burung Kakatuwah
>
> Terbáng di djandélla
>
> (Der Vogel Kakadu
>
> Fliegt gegen das Fenster)

sprach sie hierauf mit ängstlicher Stimme, und die Silbe della liess sie in einem gedehnten Seufzer ausklingen, und noch immer folgte keine Antwort; mit wehmüthiger Stimme endigte sie endlich den Panton:

> Nonna suda tuwa,
> Gigi tingal duwa.
> (Die Jungfrau, sie ist alt,
> Es blieben ihr der Zähne (nur) zwei.)

Zu gleicher Zeit näherte sich zu meiner Rechten ein Mann in Spitalkleidern; es war ein eingeborener Soldat und nur mit einem blauen Sarong bekleidet.

> Tanam melatti di tanah miering,
> Di sinie bau — di sâna bau
> (Pflanze die Melatti auf den Abhang (des Berges),
> Dahin dringt der Duft, dorthin dringt der Duft)

sang dieser Soldat so laut, dass sofort mit fröhlicher Stimme aus dem Strauche die Antwort erfolgte:

> Ini tuwan, topi jang miering,
> Di sini mau — di sâna mau.
> (Jener Herr, sein Hut sitzt schief,
> Dahin will er — dorthin will er.)

Unser Leander antwortete mit fester Stimme:

> Deri mâna dâtangja tschinta
> (Woher kommt die Liebe)

und eine ausgelassene frohe Stimme antwortete:

> Deri mâta turun di hâti.
> (Aus dem Aug steigt sie zum Herzen [wörtlich: Leber]. [1])

Jetzt sah ich in dem Gartenhäuschen von der Bank die Gestalt der Frau Hauptmann X. sich erheben und ihrem Geliebten entgegeneilen, und während sie ihren schönen blanken Arm um den braunen, nackten Hals des Marssohnes schlang, flüsterte sie in neckischem Tone:

> Deri mana datang — ja linta
> (Woher kommt der Blutegel)

und siegesbewusst antwortete er mit der Gegenfrage:

> Deri mana datang — ja tschinta

und während sie lispelte:

> Deri sawah turun di Kali
> (Von dem Reisfelde steigt er zum Flusse hinab)

brummte er zwei Mal:

> Deri mâta turun die hati.

---

[1] Die Malayen sehen nicht im Herzen, sondern in der Leber den Sitz der Gefühle, z. B. sakit hati = kränken heisst wörtlich übersetzt Leber — krank u. s. w.

Diese pflichtvergessene Frau hatte ihren Mann verlassen, als seine Ordonnanz, ein eingeborener Soldat, zur Erholung seiner durch Fieber geschwächten Gesundheit nach Sindanglaja gesendet wurde. Ein anonymer Brief verständigte einige Tage später den Hauptmann von dem Asyl seiner Frau und von der Gesellschaft, in welcher sie die nächtlichen Stunden verbrachte. Da sie bei ihrer Flucht nicht nur den Rest seines Gehaltes mitgenommen, sondern auch die Compagnie-Kasse beraubt hatte, welche er ersetzen musste, erstattete er die Anzeige gegen Beide. Unser brauner Leander konnte seine Unschuld an dem Diebstahl seiner Geliebten beweisen; er blieb straflos und behielt — seine Geliebte; sie zog zu ihm in die Caserne!!

Wie ich schon andeutete, sind dieses sehr vereinzelte Fälle und bestätigen die Regel, dass die europäische Frau für den Javanen zu hoch steht, um seine Frau oder seine Geliebte zu werden. Umgekehrt sieht man häufig europäische Beamte mit eingeborenen Frauen eine Ehe schliessen, nachdem die malayische, chinesische oder javanische Frau als Njai (= Haushälterin) (Fig. 9) ihrem Herrn ein oder mehrere Kinder geschenkt hat. Der Officier darf, so lange er im Dienste ist, »die Mutter seiner Kinder« nicht heiraten; aber es giebt zahlreiche pensionirte Officiere, welche mit dem Dienstrocke auch diese Art von Standesehre ablegen und ihren Kindern durch eine Heirat mit ihrer Mutter officiell und gesetzlich den eigenen Namen geben. Diese Sinjus und Nonnas tragen den Stempel ihrer Abstammung stets in ihrem Angesicht; die Gesellschaft tolerirt sie aber, sobald sie eine hinreichende Bildung erworben haben; wenn sie jedoch, was vor 20 Jahren noch häufig geschah, kaum lesen oder schreiben konnten und nur mangelhaft der holländischen Sprache mächtig waren, dann allerdings müssen sehr günstige Verhältnisse herrschen, um ihnen den Salon der Europäer zu öffnen. In den letzten Jahren ist jedoch ihr Bildungsniveau bedeutend gestiegen, und sie bekleiden oft die höchsten Stellen im Staate; nur bleiben sie manchmal mit Recht eine reichliche Quelle von unterdrücktem mitleidigen Lächeln und tolerantem Ertragen einiger Eigenthümlichkeiten; so z. B. verwechseln sie gern das g mit dem h. Eine solche halbeuropäische Hauptmannsfrau rief mir eines Tages zu: »Sehen Sie, Herr Doctor, hier kommt mein Hans«; nirgends sah ich einen grossen oder kleinen Hans; aber eine dicke fette Gans kam angewackelt.

Noch komischer war folgender lapsus linguae. In grosser Gesellschaft wurde von der grossen Summe Geldes gesprochen, welche der langjährige Guerillakrieg in Atjeh gekostet hatte, und plötzlich rief eine

Nonna mit lauter Stimme: »Mein Gott, wo sind die Helden Atjehs
geblieben?« Sie wollte Geld(en) sagen, und ein schallendes Gelächter
brachte diese Dame so in Verlegenheit, dass sie entrüstet den Saal verliess. Ein Officier hatte das Unglück, im Tanzsaale auf die Schleppe
einer Nonna zu treten und bat um Pardon. Diese Dame drehte sich
aber entrüstet gegen diesen Schlemihl und sprach das seither geflügelte
Wort: »Was, Gott verdamm, erst Sie reissen mein Rock in Stücke
und dann Sie rufen Gott verdamm, Sie Kurang adjar (M. = Lümmel).«
Diese Typen der indischen Gesellschaft sterben aus; wenigstens in den
besseren Ständen werden nur ausnahmsweise Frauen gefunden, welche
der holländischen Sprache nicht vollkommen mächtig sind.

Auf der Insel Java[1]) hat nämlich das Unterrichtswesen einen
solchen Aufschwung in den letzten dreissig Jahren genommen, dass
nur selten Jemand für die Dauer seine Kinder den Besuch einer Schule
entbehren lassen muss, und wenn man solchen ungebildeten Frauen oder
Männern in den niederen Ständen begegnet, sind diese meistens von
abgelegenen Inseln abstammend, wo sich nicht überall öffentliche Schulen befinden, und die Eltern waren pecuniär nicht in der Lage, durch
eine Gouvernante u. s. w. ihren Kindern einen Ersatz für den Mangel
einer Schule bieten zu können.

Die Stellung der half-cast ist im Staate vollkommen
gleichberechtigt mit der der Vollblut-Europäer, und gesellschaftlich ist sie nur von der Individualität des Einzelnen
abhängig.

Ein Herr de L. in Batavia war dreimal verheiratet und hatte
nebstdem zwei »Vorkinder« von einer früheren Haushälterin. Seine
Frauen waren eine Europäerin, eine Nonna und eine Chinesin, d. h.
eine Frau, welche die Tochter eines Chinesen und einer malayischen
Frau war. Von jeder dieser Frauen hatte er Kinder, und diese vertrugen sich nicht nur untereinander sehr gut, sondern hatten auch die
zwei »Vorkinder« in ihren Freundschaftskreis aufgenommen. Die Kinder gaben ein gutes und deutliches Mosaikbild der Ethnographie Javas.
Herr de L. war — ein Jude.[2])

----

[1]) Im Jahre 1890 hatte Java 97 europäische Volksschulen (mit 8500 Schülern), 3 Realschulen (burgerscholen) für Knaben, 1 für Mädchen, 1 Bürger-Abend-
schule und 18 Privatschulen.

[2]) Im ganzen indischen Archipel befindet sich kein jüdischer Tempel und
keine jüdische Cultusgemeinde, obwohl zahlreiche Juden im Handel, in der Armee
und im Corps der Beamten gefunden werden.

Ich kann diese kleinen Skizzen über die Mischrassen auf Java nicht beendigen, ohne auch deren geistige Eigenschaften mit einigen Worten beschrieben zu haben.[1]) Gewöhnlich wird behauptet, dass die Sinjus und Nonnas nur die Fehler, aber nicht die guten Eigenschaften beider Rassen in sich vereinigen. Dies ist ganz unrichtig. Wenn ich nur von zwei meiner Bekannten, welche mir momentan vor Augen schweben, den Charakter unter das Secirmesser der Kritik bringe, so zeigt sich diese Behauptung in ihrer ganzen Nacktheit. Der Eine ist ein Sinju und war im Jahre 1891 Assistent-Resident zu T. — Er war ein intelligenter Mann, ein eifriger Beamter und jeder Zoll ein Ehrenmann. Die Zweite war eine Nonna und die Frau eines Stabsarztes in S. Sie war eine liebenswürdige, gebildete Dame und eine liebevolle solide Gattin, und immer führte ich sie als Beweis an, dass die Nonnas gerade wie ihre europäischen Schwestern der Bildung des Geistes und Herzens zugänglich sind und in gleicher Weise Sinn für das Gute und Schöne haben.

Der Aufenthalt in Sindanglaya bot keine andere Zerstreuung, als den Spaziergang und während des Regens die Lectüre und den Verkehr mit den übrigen Gästen des Hotels. Wenn ich den Mr. A. oben (Seite 129) als unsern Nachbar speciell anführte und seine Abstammung von halbeuropäischen Eltern zum Ausgangspunkt einiger Bemerkungen über die Sinjus und Nonnas machte, so hat dies zwei Ursachen. Sein Vater war ein hoher Beamter, und ich hatte im Jahre 1882 so viel Gastfreundschaft von ihm und seiner Frau genossen, dass ich noch heute dafür eine dankbare Erinnerung bewahre. Ich verkehrte also viel mit diesem Nachbar. Nebstdem hatte er so viel dichterischen Schwung in seiner Sprache und bestieg so oft den Pegasus, dass meine Frau, welche damals erst zwei Jahre in Indien war und noch wenige halbeuropäische Männer von grösserer Bildung kennen gelernt hatte, ihre Verwunderung über seine poetische Begabung mir gegenüber äusserte. Es lag in seinen Gedichten, welche wir von ihm erhielten, eine Poesie und eine Gluth der Leidenschaft, welche wir in den Tropen, denen bekanntermaassen die Musen nicht besonders freundschaftlich gesinnt sind, nicht erwartet hätten. Seit einigen Jahren ruht er seinen ewigen Schlaf unter den Palmen, welche er so schön, wie kein Anderer, besungen und gepriesen hat.

---

[1]) Vide I Band, Seite 146.

Der vierzehntägige Urlaub war beendigt, und die Pflicht rief mich
nach Batavia zurück. Ich wählte die kürzere Route, obwohl sie nur
mit dem Dos-à-dos, und noch dazu über den 1482 Meter hohen
Puntjak zurückgelegt werden konnte; wir mussten selbst von zwei
Büffeln unsern kleinen Wagen auf die Spitze des Berges ziehen lassen;
aber ein herrliches Panorama entzückte unsere Augen. Hier ruhte
unser Blick auf den stolzen Gipfeln des Salak, Pangerango und Gedéh,
zu unserer Rechten hatten wir den Berg Lenuo (1862 Meter hoch),
dort fiel er auf Abhänge, welche mit Sawahfeldern bedeckt waren und
in ihrem sanften Grün einen schönen Contrast zu dem dunkelgrünen
Walde formten. In der Nähe der Grenze beider Provinzen lag ein
Bergsee, Telaga Warna = Farbensee, welcher mit so warmen Worten
von dem Kutscher gepriesen wurde, dass wir ausstiegen und den einen
Kilometer langen Pfad durchschritten, um dieses Naturwunder besichtigen zu können. Zwei sundanesische Frauen (Fig. 10 u. 11) waren
unsere Führerinnen. Wir wurden reichlich für diesen kleinen Marsch
zu Fuss belohnt. Es war ein ausgebrannter Vulcan, in dem das
Regenwasser zu einem See sich angesammelt hatte,[1] der in seiner
majestätischen Ruhe eine verborgene und verschollene Welt in sich
schloss. Die Trachitwände dieses Kessels sind mit Farrenbäumen,
Waringinbäumen und wilden Bananen bedeckt, und der Schatten dieser
dunkelgrünen Bäume spiegelt sich in der Fluth und spielt mit dem
braunen und grauen Licht des Bodens in einem bunten Farbenkreis,
welchen die kleinen Fischchen durch ihren unruhigen Marsch in dem
süssen, krystallhellen Wasser immer weiter und weiter ziehen. Nicht
das Zwitschern eines bunt gefärbten Vogels, nicht das Zirpen einer
Grille, nichts störte die Ruhe dieses alten, ausgestorbenen Vulcans, und
beklommen und ängstlich blickte meine Frau hinauf zu dem Rande
des Kraters, um nur irgend einen Sonnenstrahl zu erhaschen oder
irgend ein lebendes Wesen zu erblicken. Wir Beide waren in dieses
Sonderbare, Düstere, Lautlose tief versunken, als plötzlich die Stimme
des Kutschers uns dem Zauber dieses grossen Grabes in der herrlichen
Tropenvegetation entriss mit der Mahnung, unsere Reise fortzusetzen.

Von nun an ging es immer bergab, bis wir Gadok (487 Meter)
erreichten, wo wir den Kreis der Heeresstrasse schlossen; 1 km. lag
dieser Luftcurort von der Heeresstrasse entfernt, welche, Batu-tulis zur
linken Hand passirend, uns wieder nach Buitenzorg brachte.

[1] Hier soll der Fluss Tji-Liwong entspringen.

7. Capitel.

Am andern Morgen fuhr ich mit dem Zuge 6 Uhr 55 Min. nach Weltevreden und meldete mich noch denselben Vormittag beim Platz-Commandanten, welcher mich (und meine Frau) bei der »indischen Dampfschifffahrts-Gesellschaft« zur Reise nach Samarang einschreiben liess, von wo aus ich per Eisenbahn meine Reise nach Ngawie fortsetzen sollte. Noch drei Tage konnte ich in Batavia bleiben, und ich benutzte diese Zeit, um meine Frau den botanischen Garten und die Museen sehen zu lassen, welche in Batavia zu wenig gewürdigte Sehenswürdigkeiten sind. Das »Batavische Museum« steht auf der Westfront des Königsplatzes und wird von dem Vereine »Tot nut van't algemeen« = zum allgemeinen Nutzen, verwaltet; es ist ein einfaches schmuck- und prunkloses Gebäude ohne Stockwerke und hat vor seinem Haupteingange einen bronzenen Elephanten auf einem steinernen Piedestal.[1] Es besteht aus drei Abtheilungen: der ethnographischen, archäologischen und numismatischen Sammlung. Da es mich zu weit

---

[1] Ein Geschenk des Königs von Siam, welcher im Jahre 1870 Batavia zum ersten Male besucht hat.

führen würde, diese Sammlungen zu beschreiben, so will ich nur bemerken, dass die Classification der beiden ersten Abtheilungen viel zu
wünschen übrig lässt, während die numismatische Sammlung manche
Lücken aufweist, andererseits aber viele seltene Stücke hat, welche
vielleicht Unica sind; z. B. das leinwandene Geld von der Insel
Buton bei Celebes aus dem 17. Jahrhundert. Der zoologisch-bota-
nische Garten bot, bis auf einige Schlangen, Vögel und Säugethiere,
kaum etwas Sehenswerthes, und auch diese sind in so geringer Anzahl
vorhanden, dass man eigentlich von diesem stolzen Namen absehen
sollte. Da jeden Sonntag regelmässig in den Vormittagsstunden, und
auch an anderen Abenden hin und wieder Concerte in diesem Garten
gegeben werden, und Schaukeln u. s. w. für die Kinder sich dort befinden, so tritt die Sammlung der Pflanzen und Thiere in den Hintergrund, wird auch so ziemlich vernachlässigt, und dieser Garten ist also
ein schöner Unterhaltungsort der batavischen Jugend und beau monde.

Nebstdem kauften wir in den Geschäften (Toko M.) von Ryswyk,
Noordwyk, Molenvlit, Tanah-Bang und Passar-Baru (im chinesischen
Viertel) (Fig. 12) alle petits riens für unsere Wohnung in Ngawie, weil,
wie wir hörten, in dieser Garnisonstadt sich nur ein einziger Toko befand.

Am 20. September konnte ich Weltevreden mit dem Dampfer
verlassen, und am andern Tag Abends kamen wir in Samarang an.
Reglementär war ich nur verpflichtet, am andern Morgen mit dem
Zuge um 8 Uhr sofort meine Reise nach meinem angewiesenen
Garnisonsort fortzusetzen: mein militärisches Gewissen forderte mich
jedoch auf, mich persönlich dem Landes-Sanitätschef und dem Lan-
. des-Commandanten der »zweiten Militär-Abtheilung« vorzustellen, und
ich beschloss also, zu diesem Zwecke in dieser Stadt einen Tag
zu bleiben; ich wohnte im Hotel Pavillon und erfuhr zu spät, dass in
diesem Hotel den Tag vorher ein Passagier der Cholera erlegen war.
Offenbar unter dem Eindruck dieser Kunde erwachte in der zweiten
Nacht meine Frau mit allen Erscheinungen dieser Krankheit, ohne
dass im weiteren Verlaufe mehr als eine heftige Cholerine daraus
wurde. Es gelang mir, mit einer grossen Dosis Laudanum alle Symptome in kürzester Zeit zu bekämpfen, so dass meine Frau mit Ungeduld
die Morgenstunden erwartete, um so bald als möglich dieses Hotel und
die Stadt verlassen zu können. Um 8 Uhr 31 Minuten reisten wir ab.

Eine drückende Hitze herrschte in den Waggons, welche gar nicht
dem Klima der Tropenwelt Rechnung trugen, sondern, wie die böse
Welt erzählte, in Europa zurückgestellte und von den holländischen

Eisenbahnen nicht angenommene Waggons waren. Bei Kedong Djatti zweigt sich die Bahn in zwei Aeste, der eine geht nach Wilhelm I., welches damals die stärkste Festung Javas war und heute noch nicht mit dem benachbarten Magelang, der grössten Militär-Colonie Javas, durch eine Eisenbahn verbunden ist, und der zweite Ast ging nach Solo, der Hauptstadt des Kaiserthums Surokarta. Hier beginnt die Staatsbahn, welche nach Surabaya führt und eine grössere Spurweite als die Linie von Samarang—Wilhelm I. hat. Ich musste also übersteigen, nebstdem hatte ich noch Zeit, im Stations-Gebäude meine »Reistafel« zu nehmen, und kam gegen 2 Uhr nach Paron, welches die letzte »Halte« vor Ngawie ist. Dunkel sind die Wege der Eisenbahn-Politik. Fächerartig läuft der Lawuberg (3254 Meter hoch) mit seinen Abhängen gegen die kleine Hochebene aus, in welcher Ngawie liegt: eine schöne breite Heeresstrasse läuft in ihr und mit ihr in einem grossen Bogen von Solo nach Madium, und doch verlässt die Schiene schon im ersten Viertel der Ebene (bei Sragen) das flache Land, um in grossen Krümmungen das Gebirge zu durchkreuzen und erst zwei Halten vor der Hauptstadt der Provinz Madium (bei Purwodadi) in die Ebene zurückzukehren. Die Zuckerfabriken dieser Provinzen und die grosse Holzhandlung der benachbarten Provinz Rembang hätten einen gleichmässig vertheilten Vortheil von dieser Eisenbahn haben können, ohne dass Ngawie 10 Kilometer von der Eisenbahn entfernt bleiben musste.

Ueberrascht [*] stand ich nämlich bei der kleinen Halte Paron, als ich vor mir eine grosse Ebene sah, ein grosser Reisewagen mich, meine Frau und meinen Bedienten aufnahm und von Rindern gezogene Fruchtwagen meine Koffer und Kisten nach Ngawie bringen sollten.

Ngawie besitzt nicht nur eine Strafanstalt für unverbesserliche Soldaten, sondern auch eine Pulverfabrik. Wie viel Transportkosten jährlich mit den Bedürfnissen von zwei so grossen Etablissements verbunden sind, wird wohl die indische Regierung bis auf einen Kreuzer wissen: dass sie aber dessenungeachtet Ngawie nicht in das Netz der Eisenbahnen einbezogen hat, lässt mich annehmen, dass sie die Existenzfähigkeit der einen Anstalt überhaupt in Zweifel zieht. Ngawie soll eine Besserungsanstalt für widerspenstige Soldaten sein und hatte bis zum Jahre 1888 nur acht (!!) Soldaten der Armee zurückgegeben. Entweder ist das Princip derselben ein verfehltes, oder die

---

[*] Ueberrascht war ich, weil ich bei meiner Ankunft nicht wusste, dass Ngawie mit seinen zwei grossen Militär-Etablissements 10 km weit von der nächsten Eisenbahnstation entfernt lag.

Anwendung des Reglements ist eine tactlose, oder es ist beides der Fall. Ich bin zweimal in Ngawie, im Ganzen ungefähr zwei Jahre gewesen und habe während dieser Zeit drei Commandanten gehabt; ich kann daher eine Ansicht über dieses Institut haben und darf sie darum vielleicht mehr als mancher Andere auch aussprechen.

Die brennenden Sonnenstrahlen standen während der ganzen Reise über unsern Häuptern, und die ausstrahlende Wärme des Bodens liess uns in der Ferne die Luft wie die Wellen einer sanftbewegten Meeresfläche erzittern sehen. Es war ein neun Kilometer langer ebener Weg vor uns, auf dem zu beiden Seiten nur junge Bäume standen. Plötzlich erhob sich, ich möchte beinahe sagen unvermittelt, ein Sturmwind, und wir sahen bei vollkommen heiterem Himmel einige tausend Meter vor uns entfernt eine ungeheure Staubwolke von Westen nach Osten unsere Wege kreuzen und sofort darauf sich zu einer compacten Masse, zu einer Sandhose concentriren. Zwei ungeheure Sandkegel standen mit ihren Spitzen aufeinandergestellt. Die Basis des einen bog sich auf der Strasse immer mehr und mehr nach Osten, während die Basis des zweiten Kegels hundert Meter hoch über dem Boden dem Hügelland in der Provinz Rembang zueilte. Wie ich später hörte, waren nur einige Bäume dieser Windsbraut zum Opfer gefallen.

Nach $1\frac{1}{2}$ Stunden gelangten wir nach Ngawie, passirten zuerst das Gefängniss und kamen dann auf den Schlossplatz (Alang-alang), dessen Nordfront von der Wohnung des Regenten und einer europäischen Schule eingenommen wurde. In der Mitte stand ein grosser Waringinbaum als Wahrzeichen der höchsten Würde, welche der Regent in diesem Districte führte. Auf der Ostseite dieser grossen Grasfläche stand das Haus des Assistent-Residenten mit der holländischen Flagge und daneben das Postamt. Hier schloss die Stadt Ngawie stricte dictu. An der Westseite begann eine lange Strasse, welche nur von Chinesen bewohnt war, und nach der letzten Krümmung dieses Weges sah man im Hintergrunde das Fort mit seinen Adnexen: zunächst ein Pulvermagazin zur Rechten und zwei Officiers-Wohnungen zur Linken, weiterhin die Cantine und dahinter verborgen von Wällen und umgeben von einem Wassercanal das Fort selbst. Die Pulverfabrik lag ausserhalb der Stadt, im Westen des grossen Grasfeldes. Da mein Vorgänger ohne Frau war und nebst seinen Dienstpflichten auch die häuslichen Angelegenheiten zu besorgen hatte, konnten wir bei ihm nicht logiren, sondern mussten in das Pasagrahan ziehen, welches von einem Schreiber des Assistent-Residenten gegen eine staatliche Subvention von 50 fl. pro Monat für die durchreisenden Beamten, Officiere und Reisenden schlecht und recht gehalten wurde. Es war ein Haus aus Bretterwänden, welche spärlich mit Kalk bedeckt waren. In dem Zimmer, welches mir und meiner Frau angewiesen wurde, hing zu meiner Ueberraschung ein Thermometer, es zeigte 100 ° F. = 37 ° C. Wir eilten in das Badezimmer, um uns, so viel es möglich war, durch ein Schiffsbad (Sirum M.) zu erfrischen, und setzten uns in der »Vorgalerie« nieder, um durch eine Schale Thee und ein Glas durch Eis abgekühltes Mineralwasser unsern Durst zu löschen. Ungefähr 5 ¹/₂ Uhr waren wir wieder angekleidet und zogen nun aus, um den Ort kennen zu lernen. Wir nahmen zunächst unsern Weg durch das chinesische Viertel. Ist an und für sich beinahe in ganz Indien das Stadtviertel der Chinesen ob seines Schmutzes und üblen Geruches berüchtigt, so fanden wir hier noch dazu das abscheuliche Bild einiger Leprösen, welche in der Strasse bettelten und ihre faulenden Glieder nur mangelhaft mit schmutzigen Lappen bedeckt hatten. Nach der letzten Krümmung des Weges passirten wir das neu errichtete Spital für Prostituées und ungefähr 200 Schritte davon entfernt das Haus des rangältesten Militärarztes, welches von meinem Vorgänger bewohnt wurde. Es war ein steinernes Gebäude im altgriechischen Stile, hatte vor der Vorderfront einen kleinen und an der Ostseite einen grösseren Garten mit zahlreichen Fruchtbäumen. Ein geschäftiges und reges Treiben herrschte im Hause selbst und in dem umgebenden Garten. Nach landesüblicher Weise sollte ja nun von ¹/₂7--8 Uhr »Beschautag« sein, d. h. es sollte die ganze Einrichtung, welche am nächsten Tage unter den Hammer kommen sollte, von den Damen mit ihren Männern besichtigt werden, während bei der Auction selbst nur die Männer als Käufer auftreten können. Zu diesem Zwecke wurden alle Möbel polirt, ihre schadhaften Stellen mit Farbe angestrichen, alle Lampen gefüllt und angezündet, zerbrochene Stühle geleimt, gefärbt und polirt, alte Bücher werden auf dem Bücherschrank in Packeten geordnet, alte Wäsche mit schönen blauen oder rothen Bändchen zusammengebunden, das Küchengeschirr mit Sand fein abgerieben und in der Hintergalerie unter dem Tische aufgestellt, die Pferde und Kühe wurden schön gewaschen und jeder Riss in der Farbe des Wagens verkittet und neu lackirt.

Wir kamen also meinem Collegen gewissermaassen ungelegen. Er schlug uns jedoch vor, ohne sein Geleite die Räumlichkeiten zu besichtigen, welche unser zukünftiges Heim werden würden, und ruhig die Wahl unter den Möbeln zu treffen, welche den andern Tag bei der

»Vendutie« (Auction) gekauft werden sollten. Wir konnten nebstdem
das Angenehme mit dem Nützlichen vereinigen. Um 7 Uhr sollten die
kauflustigen Bewohner Ngawies sich einfinden, und bis zu dieser Stunde
konnte ich in Ruhe und Musse mit meiner Frau die Wahl der Möbel
getroffen haben und danach mit allen Notabeln dieser Provinzstadt Bekanntschaft machen. Unterdessen fuhr Dr. X. mit einer gemietheten
Equipage durch die Stadt, um seine letzten Abschiedsvisiten zu machen.
Ueberall gönnte er sich kaum Zeit, um sich zu setzen, versicherte, dass
er von seiner Transferirung nach Surabaya eingenommen sei, dass ihm
die Vorbereitungen zur Auction so viel Scheererein gemacht hätten,
weil seine Frau zufällig nach Batavia zu ihren Eltern abgereist,
und dass dieses die Ursache sei, dass er keinen Abschiedsempfang halten
könne und darum jetzt definitiv Abschied nehme; so eilte er weiter zu
Jedem, dem er »anständiger Weise« einen Besuch machen konnte;
denn nur auf diese Weise konnte er hoffen, dass auch die »kleinen«
Menschen zu der Auction seiner Einrichtung kommen würden und mit
der Zahl der Käufer auch die Kauflust sich erhöhe. Die strenge Scheidewand zwischen Europäern einerseits und Chinesen, Arabern und Eingeborenen andererseits fällt durch das Zauberwort »Vendutie«. Schon
am Abend vor der Auction kommen Alt und Jung, Mann und Frau,
Araber, Chinesen, Europäer, General und Soldat in das Haus eines
Jeden, ob Schreiber oder Resident, ob gemeiner Soldat oder Oberst,
sie alle durchziehen das Haus, um die hell erleuchteten Räume zu
durchschnüffeln, zu bekritteln und — von ihren Frauen Aufträge für
dieses oder jenes Bild, für diesen oder jenen Blumentopf, oder für ein
Bügeleisen zu erhalten. An diesem »Beschauabend« kommt aber auch
Freund und Feind. Endlich wird es 8 Uhr; der Schauplatz wird
leer, die Bedienten löschen die Lampen aus und der Hausherr ist bei
einem seiner Freunde zum Abendessen eingeladen, weil in seinem
ganzen Haus kein Plätzchen frei ist, auf das er einen Teller oder
Glas niedersetzen könnte; auf allen Tischen und Kisten liegen die
Gläser, Teller, alte Hosen, Nippsachen, verrostete Revolver, alte Bücher,
geflickte Schuhe u. s. w. Endlich bricht der grosse Tag an. Um
8½ Uhr sitzt der Ausrufer mit einem grossen Becken vor dem
Hause und ruft mit lauten Schlägen die Kauflustigen herbei. Im Fort
sind alle Dienste beendigt, um den Officieren und Soldaten Gelegenheit
zu geben, »zur Vendutie des »Eerstaanwezenden Officiers van Gezondheid«
zu geben«, d. h. wenn der Platz-Commandant mit dem Chefarzt gut
befreundet war; im anderen Falle sind gerade wichtige Commissionen

an Tagesordre, so dass die Officiere u. s. w. erst um 12 Uhr dahin gehen können. Ich habe 7 Jahre später es sogar erlebt, dass an dem Tage der Auction meiner Einrichtung grosser militärischer Marsch angekündigt wurde, und die Officiere und Soldaten erst um 3 Uhr nach Hause kamen. Noch vortheilhafter ist es, den Assistent-Residenten zum Freunde zu haben; denn er kann ja alle Beamten seines Bezirkes gerade an diesem Tage zur »Conferenz« nach der Hauptstadt des Bezirkes einladen und mit ihnen zur Auction gehen. Im andern Falle schickt er gerade an diesem Tage alle Beamten seiner Bureaux zu wichtigen Untersuchungen in die abgelegenen Dörfer oder giebt ihnen sofort zu behandelnde Sachen; so viel wie möglich werden jedoch die civilen und militärischen Häupter des Ortes persönlich auf der Auction erscheinen, ja vielleicht selbst um ein paar Gulden eine Kleinigkeit kaufen, um den Schein zu bewahren, dass die schöne Harmonie zwischen diesen beiden Mächten nicht gestört sei.

Endlich ist es 9¹/₂ Uhr geworden und die Schlacht beginnt mit den grossen Möbeln, Kästen, Betten u. s. w., auf welche in der Regel nur der Nachfolger und andere Neuangekommene reflectiren; die Zahl dieser europäischen Käufer ist natürlich klein, und es ist mit Recht zu fürchten, dass das Erträgniss derselben nicht gross sein wird; aber die eingeborenen Beamten, Häuptlinge, und besonders die Chinesen, sind die Hauptmacht, welche bald mit ihren Reservetruppen, den persönlichen Freunden des Besitzers, und dem Schnaps, dem Bier und dem Grog heranrücken, um ein glänzendes Resultat zu ermöglichen. Wehe dem Neuling, welcher zum ersten Male auf diese Weise seinen Bedarf an Möbeln, Gläsern, Geschirr u. s. w. decken will und muss, ohne diese Intriguen zu kennen. In der Regel kennt er den factischen Ladenpreis dieser Sachen nicht: wenn jedoch wie ein Salvenfeuer von ungeübten Recruten von allen Seiten satu rupia = ein Gulden gerufen wird, dieses Salvenfeuer Minuten lang anhält, dann lässt er sich mitreissen und ruft immer und immer »ein Gulden«; das Raketenfeuer beginnt zu erschlaffen, und es folgt jetzt klein Geschütz: sa téngah = ¹/₂ Gulden, und endlich bleibt er in diesem edlen Wettstreit Sieger und hat einen alten, wurmstichigen Kasten um einen Preis erstanden, für welchen er sicher einen schönen neuen Kasten bei einem chinesischen Möbelhändler hätte kaufen können. Die grossen Möbel, wie Kästen, Tische, Stühle und Wandgemälde finden in der Regel immer einen Käufer, weil der Comfort bis in das kleinste Dorf schon gedrungen ist, und man kann — wenigstens auf Java — bei jedem Häuptling einen Schaukelstuhl, einen polirten Tisch mit oder ohne Tischtuch, eine Petroleumlampe, oder selbst ein eisernes Bett mit Mosquitonetz, oder sogar das Porträt des deutschen Kaisers finden. Mit dem »Aufjagen« der Preise für die grossen Stücke haben die Freunde des Besitzers ihre Aufgabe noch nicht gelöst; sie haben ja untereinander einen Reservefonds von 50—100 fl. angelegt, um etwaige Verluste zu decken. d. h. sollte ein Kasten oder Tisch u. s. w. ihnen zugeschlagen worden sein, weil sich der »Baar« == zu klug für sie erwies, ohne dass Einer oder der Andere dafür Bedürfniss hätte, wird er nochmals licitirt und der Unterschied des Preises wird durch den Reservefonds ausgeglichen.

Die Hauptschlacht der Freunde wird nämlich beim Tische geführt, welcher mit den petits riens, mit den Nippsachen, Büchern, Photographien, Luxusgläsern u. s. w. beladen ist. Es ist unterdessen 11½ Uhr geworden, die Zeit für das »Bitterchen« ist herangerückt, die Luft im Zimmer ist heiss und schwül geworden, und die Gläser mit Bier, Bitterchen, Brandy-Soda und Whisky-Soda rücken in Schaaren heran (natürlich auf Kosten des freigebigen Hausherrn).

Dicht gedrängt stehen Europäer, Chinesen und Eingeborene um den Tisch, und mit Mühe drängt sich der Abrufer und der Schreiber durch die Menschenmassen, um einen Platz bei demselben zu finden. Der Notar selbst steht in der Nähe, um zur rechten Zeit in strittigen Fällen sein entscheidendes Wort geben zu können. Ist die Zahl der Freunde gross, dann wird die Auction in diesem Sinne zu einem gemüthlichen, häuslichen, aber auch lebhaften Feste. Von allen Seiten werden die bereits verkauften Stühle von den Käufern oder von ihren Bedienten herbeigeschafft, und mit dem Glas Bier oder Brandy-Soda vor sich, beginnt das Bieten mit erneuter Kraft. Ein halber, ein viertel Gulden ertönt es in allen Tonarten von allen Seiten, dort steht ein Mann und winkt dem Abrufer jedesmal zu, hier wieder einer, der nur einen Finger an die Nase führt, um ihm zu zeigen, dass er noch einen viertel Gulden mehr biete, und endlich fällt der Ruf: Zum dritten Male 8 fl. für die Karaffe für Herrn X. Nun ruft der Herr Y.: mir gehört die Karaffe, denn ich habe 8 fl. dafür geboten. Das ist nicht wahr, ruft ein Dritter dazwischen, bevor der Ausrufer das »dritte Mal« aussprach, habe ich noch einen viertel Gulden geboten, sie gehört mir für 8¼ Gulden. Der Notar erscheint, erklärt den Kauf für ungültig, und noch einmal beginnt der Kampf. Durch den Wettstreit erhitzt, steigt der Preis diesmal bis auf 15 Gulden, für

Fig. 10. Eine sundanesische Frau in ihrer Haustoilette.

welchen Preis sie dem Herrn X. zufällt (der natürlich zu Hause von seiner Frau die heftigsten Vorwürfe bekommt, für einen solchen »Schmarn« 15 fl. geboten zu haben). Der Stein ist jedoch jetzt im Rollen, und Niemand hält ihn auf. Der Vorrath an »Kleinigkeiten« droht sich zu erschöpfen. Es ist 1 Uhr geworden, und wenigstens noch eine halbe Stunde wollen die Freunde »dem gemüthlichen Beisammensein« kein Ende machen; erst werden also die Flaschen Brandy geöffnet und jedes Gläschen unter den Hammer gebracht, bevor es ausgetrunken werden darf, und wenn diese geleert sind, werden die restirenden Gläser zweimal, dreimal, selbst viermal verkauft, bis endlich das Küchengeräthe an die Reihe gekommen und die »Vendutie« abgelaufen ist.

Die Glücksgüter sind auf der Erde ungleichmässig vertheilt, und auch das Erträgniss der Auctionen variirt sehr — je nachdem man in der Gunst des Publicums steht. Nur ausnahmsweise erfreut sich ein Lieutenant oder ein Schullehrer einer solchen Popularität oder eines solchen grossen Kreises von Freunden, dass die Auction nahezu die Kosten der Anschaffung deckt, oder dass er selbst beim Verkauf seiner Einrichtung noch einen kleinen Betrag gewinnt. Die höchsten Beamten und Officiere einer Provinz (Residentschaft), welche durch ihre Stellung einen grossen Einfluss auf die Lieferanten der Armee und die verschiedenen Aemter haben, sind die vom Glücke begünstigtsten. Der Durchschnittspreis der »Vendutie« der Residenten kann gewiss auf 15—20.000 fl. gerechnet werden, wenn wir die Einrichtung seines Hauses auf ungefähr 10.000 fl. anschlagen; ja noch mehr; ich bezweifle es, ob jemals ein Resident an dem Einkaufspreis seiner Einrichtung auch nur einen einzigen Gulden verloren, selbst wenn er zehn Jahre lang von seinen Möbeln u. s. w. Gebrauch gemacht hat. Der Chinese kann sich selbst den ehrlichsten Contract ohne Bestechung nicht vorstellen. Kommt nun ein neuer Resident ins Amt, der durch die Unbescholtenheit seines Charakters bekannt ist, will der Chinese ihm zeigen, was er zu erwarten habe, wenn er ihm bei der Uebernahme einer Lieferung keine Schwierigkeiten in den Weg legt; er beginnt bei der Auction des abtretenden Residenten sofort, sagen wir 100 fl. für den ersten Blumentopf mit lauter Stimme zu bieten, oder 2000 fl. für dessen Reitpferd, jedoch nicht um es nach Hause bringen, sondern in dem Stall »irrthümlicherweise« stehen zu lassen. In der Regel versteht der neue Resident diese Art der Bestechung und schickt sofort das »vergessene« Pferd dem Käufer zu; der Chinese jedoch hat seine Captatio benevolentiae gezeigt und ist zufrieden. Aber auch der

europäische Pflanzer will sich um die Gunst des neuen Residenten
bewerben, behält sich jedoch vor, erst am Ende seiner Herrschaft seine
Dankbarkeit für das entgegenkommende oder vielleicht behülfliche Benehmen des Residenten mit klingender Münze zu bezeigen. Hat der
Resident während seiner Amtsthätigkeit die von so arger Fiscalität
zeugenden Gesetze mit Tact und Billigkeit ausgeführt, so zeigen sich
auch die Zucker- oder Indigopflanzer beim Scheiden des Residenten
erkenntlich und trinken während der ›Vendutie‹ auf das Wohl des
abreisenden Residenten Champagner, welchen sie selbst mitgebracht
haben und glasweise unter den Hammer bringen: 10—100 fl. werden
für das erste Glas Champagner geboten, und zuletzt werden auch die
Gläser mit 1—100 fl. bezahlt, aus welchen auf die Gesundheit des
scheidenden Residenten getrunken wurde. Nur ein Missbrauch dieser
Einrichtung ist mir bekannt. Die zahlreichen eingeborenen Beamten
werden moralisch gezwungen, bei jeder Auction eines Controleurs,
Assistent-Residenten und Residenten zu erscheinen und zu kaufen; da
der Gehalt derselben niemals ausreicht, ihre Bedürfnisse zu decken,
weil Jeder von ihnen ein grosses Gefolge hat, das von dessen Erträgnissen lebt, so verfallen sie in Schulden und suchen sich auf andere
Weise dafür zu entschädigen, und zwar auf Kosten des kleinen Mannes,
wie wir noch sehen werden. Im Uebrigen entspricht dieses Auctionsamt
einem tiefgefühlten Bedürfnisse:

Wenn auch in den letzten Jahren die Eisenbahn den Norden der
Insel Java mit dem Süden, und den Osten mit dem Westen verbindet,
so ist das Netz doch noch nicht hinreichend entwickelt.[1]) Die Transportkosten durch Kulis oder Lastwagen sind sehr gross; es ist daher
der abreisende Beamte, Officier, Lehrer u. s. w. gezwungen, seine Einrichtung zu verkaufen. Er findet in dem Vendu-Departement, welches dem Finanzministerium untergeordnet ist, eine ausgiebige Hülfe.
Mit Hülfe eines Commissionärs oder eines Freundes meldet er bei dem
damit betrauten Beamten seine Auction an, und das Ertrágniss wird
ihm in der Form eines Acceptes, welches nach vier Monaten fällig ist,
ausbezahlt; wenn ich mich nicht irre, muss der Verkäufer 2 % des
Erträgnisses für die Auction bezahlen. Der Eingang des Erträgnisses
ist ihm so sicher (der Staat übernimmt ja die Bezahlung), dass er in
der Regel die Auction nicht einmal abwartet, sondern abreist und das

---

[1]) Von den übrigen Inseln des indischen Archipels hat nur Sumatra Eisenbahnen und zwar je eine auf der Nordwest- und Ostküste.

Venduaccept sich nachschicken lässt.   Dieses wird von allen Privat-
banken gerne discontirt.   Andererseits hat Jedermann, ob er eine
Frau und zahlreiche Kinder hat oder ledig ist, bei der Ankunft aus
Europa oder einem anderen Orte nicht immer disponibles Geld, um
sich einrichten zu können; wenn er auch vielleicht bei jedem Möbel-
macher (NB. wenn einer vorhanden ist, was im Innern der Insel
nicht immer der Fall ist) auf Credit die ganze Einrichtung seines
Hauses bekommen könnte, so convenirt ihm oft dieses nicht; er kauft
also das momentan Nothwendige »auf der nächsten Vendutie«, kann
den Betrag 3—4 Monate später bezahlen und bezahlt dafür 6 % des
Betrages und 1 % für den Armenfonds.

Stilgerecht ist eine solche Wohnung allerdings nicht eingerichtet;
jene Glücklichen, welche Stil in ihrer Wohnung und in ihrem Hause
entwickeln wollen, scheuen nicht die grossen Kosten einer neuen Einrichtung; wer aber billig und schnell unter Dach kommen will, der
kauft »auf Vendutie« alte Möbel und Verzierungen und verkauft sie
wieder bei der nächsten Transferirung.

Selbstverständlich machen auch der Handel und die Schifffahrts-
gesellschaften häufig von dem Auctionsamt Gebrauch.

In den ersten Monaten meines Aufenthaltes in Ngawie hatte ich
einen Assistenzarzt, dem ich den Dienst in der Apotheke, in der Caserne und im Frauenspitale anvertraute.   Den Officieren liess ich die
Wahl, ob sie im Erkrankungsfalle ihrer Angehörigen mich oder den
Assistenzarzt um Hülfe ersuchen wollten, und dennoch war ich von früh
bis abends und oft bis spät in die Nacht mit Arbeiten überladen; ich
führte nämlich mit allen meinen Vorgesetzten Krieg, und das Geschütz
waren — Briefe.

Wenn ich den Dienst im Spitale beendigt hatte, zog ich mich in
mein Bureau zurück, um anfangs durch das Studium des Archivs
die Auffassung der herrschenden Verhältnisse von Seiten meiner Vorgänger und früheren Chefs kennen zu lernen und späterhin, um auf
schriftlichem Wege die von mir nöthig erachteten Vorschläge auseinander zu setzen.

Als Rangältester war ich der »Eerstaanwezende Officier van Gezondheid« und als solcher der verantwortliche Chef für die Abtheilung
Ngawie und theilweise auch für die Provinz Madiun.

Diese Provinz ist nicht gross, sie hat 106,₈₂₂ Quadrat-Meilen mit

1,070,074 Einwohnern,[1]) worunter 1276 Europäer und 3904 Chinesen.
Auf die ☐Meile kommen also 10,109 Einwohner oder auf den ☐km
ungefähr 235 Seelen. (Der dicht bevölkerte Staat Belgien hat 200 Einwohner auf den ☐km.) Madium hat also eine ziemlich starke Bevölkerung. (Die Provinz Bagelen hat sogar 20.000 Einwohner pro ☐Meile
oder 365 auf den ☐km.)

Von den wenigen Flüssen dieser Provinz ist hier nur der Benguwan
erwähnenswerth, der bei Ngawie an der Grenze der Provinz Rembang
mit dem Madiumfluss sich vereinigt und unter dem Namen Solofluss
bei Surabaya sich in den Javasee ergiesst. Zahlreiche Berge und grosse
Gebirgsstöcke durchziehen diese Provinz. Die höchsten Berge sind der
Berg Lawu (3254 Meter), der Berg Willis (2551 Meter) und der Berg
Manjutan (1554 Meter). Zahlreiche warme Quellen entspringen dem
vulcanischen Boden Javas. Schon ungefähr 400 Beschreibungen sind
bekannt von den in Indien vorkommenden warmen Quellen; so hat
auch die Provinz Madiun in der Nähe des Berges Willis Brunnen von
Kohlensäure, neben dem Bergsee Nebel (715 Meter hoch) alcalische
Säuerlinge, und hinter Ngawie selbst fand ich die warme Quelle Sendáng,[2])
welche in früherer Zeit zum Baden gebraucht wurde. Sie ist nämlich von einer ungefähr drei Meter hohen steinernen Mauer umgeben,
so dass ich auf einer Leiter hinuntersteigen musste, um sie benutzen
zu können. Die in der Nähe sich befindenden Eingeborenen konnten
mir keine Auskunft über das Alter dieser Mauer angeben und wussten
nur mitzutheilen, dass tempo dulu, dulu, d. h. in längstvergangenen
Zeiten ein Badeplatz hier bestanden habe.

Auch Erdöl wird im Bette des Soloflusses gefunden.

Meine Vorgesetzten waren folgende:

1. Der Platz-Commandant, der in allen militärischen Fragen, selbst
wenn sie das rein Technische des Militärarztes streifen, berechtigt und verpflichtet ist, dem ihm zugetheilten Militärarzt die Di-
rective zu geben. Die Grenzen, wie weit ein solcher Laie gehen
soll und darf, lassen sich natürlich durch kein Gesetz scharf bezeichnen, und ich habe es erfahren, wie unerträglich, lästig und
selbst sehr unangenehm ein Haudegen werden kann, wenn er als

---

[1]) Nach dem statistischen Bericht des Ministeriums der Colonien (1894).
[2]) Bei dem Dorfe Gangángan.

Platz-Commandant überhaupt keine Grenzen seiner Machtvollkommenheit kennen will.

2. Der Landes-Sanitätschef, der in Samarang seinen Sitz hatte, war de facto und de jure mein Chef. Er hatte nicht allein den technischen Theil meiner Arbeit zu beurtheilen (trotz der örtlichen Entfernung), sondern er musste auch die Mittheilungen des Platz-Commandos über mein Benehmen als Mann und Officier zur Zusammenstellung der Qualificationsliste benutzen. Wenn er auch als Chef dem Reglement zufolge das Interesse seiner Untergeordneten beherzigen musste, hat er es doch nie gethan, weil er als mein persönlicher Feind geradezu jede Objectivität mir gegenüber verlor, und selbst jede Gelegenheit suchte, sein Müthchen an mir zu kühlen, wozu ihm das militärische Disciplinargesetz reichlich Handhabe bot.

3. Der Resident (Statthalter) der Provinz Madium. Jeder Militärarzt geniesst je nach seinem Range für civiles Dienste eine monatliche Zulage von 50 — 100 fl. und verpflichtet sich stillschweigend dadurch, die Armenpraxis zu üben (dazu gehören auch die europäischen Beamten, welche weniger als 150 fl. monatlichen Gehalt haben), die gerichtlichen Fälle zu begutachten, die Gefangenen zu behandeln und die Prostitués zu untersuchen u. s. w., kurz gesagt, den Dienst eines Polizei-, Armen- und Bezirksarztes zu thun; NB. wenn ein Civilarzt nicht anwesend oder aus irgend einer Ursache nicht dazu geeignet ist. Durch diese Dienstleistungen tritt der Militärarzt in ein dienstliches Verhältniss auch zum Residenten, ohne jedoch in der Regel mehr, als durch die Arbeit nöthig ist, belästigt zu werden. Ich hatte in Ngawie oft, selbst sehr oft für diese Zulage von 50 fl. monatlich, Arbeiten zu leisten, welche in gar keinem Verhältnisse zu dieser Bezahlung standen (an anderen Orten aber, wie z. B. in Batavia oder Samarang, erhält man diese Zulage, ohne auch nur etwas dafür leisten zu müssen), und der Assistent-Resident hat als Vertreter des Residenten in der Regel für das Verhältniss des Militärarztes zu diesem ein richtiges Verständniss. Die Ausnahmen bleiben nicht aus, wo die zwei Mächte des Staates sich nicht vertragen, und überall entstehen Streitigkeiten, und immer wird die Harmonie des Ortes gestört, wenn der Platz-Commandant im Range nicht viel niedriger ist, als der Vertreter der Regierung. Diese Rangstreitigkeiten ziehen sich wie ein rother Faden durch die

Chronica scandalosa der Garnisonsplätze, und der Militärarzt muss durch seine Stellung nur zu oft das vermittelnde und verbindende Element in diesem Kriege werden.

4. Der Inspector des »bürgerlich ärztlichen Dienstes«, welcher im Range eines Oberstabsarztes der Adviseur des Sanitätschefs in allen hygienischen Fragen der Colonien ist und die Impfung durch das grosse Corps der eingeborenen Vaccinateure leitet. Als »Eerstanwezend Officier van Gezondheid« zu Ngawie war ich verpflichtet, die Vaccinateure der Abtheilung Ngawie zu controliren, ihre Rapporte entgegenzunehmen und auf dienstlichem Wege diese meinem vierten Chef einzusenden.

Am 24. März 1889 wurde mein Assistenzarzt von Ngawie abberufen, und ich musste nun auch den »Garnisondienst« und die Arbeiten in der Apotheke auf mich nehmen. Als »Garnisonsdoctor« musste ich auch auf dem Executionsplatze anwesend sein, wenn ein Insasse Stockschläge bekam. Widrige Scenen habe ich damals gesehen, aber das maassvolle, ruhige und humane Auftreten der zwei ersten Platz-Commandanten gab mir keinen Anlass, mit dem herrschenden Princip der Stockschläge mich zu beschäftigen. Der Geist des Gesetzes, Soldaten, welche durch kein Disciplinar-Verfahren zur Zucht und Ordnung herangezogen werden konnten, vielleicht durch die Schläge zu brauchbaren Mitgliedern der Armee zu machen, wurde in tactvoller Weise gehandhabt. Erst als der Major X. eintraf, welcher $1\frac{1}{2}$ Jahre später dahin versetzt wurde, war meine und die Ruhe aller übrigen Officiere dahin.

Ist es schon an und für sich ein Anachronismus, Soldaten, welche keine Verbrecher sind, durch Stockschläge zur Reinlichkeit oder zur Zucht und Ordnung zwingen zu wollen, und ist diese ganze Anstalt geradezu ein Schandfleck der indischen Armee, so erniedrigte dieser Commandant durch seinen Uebereifer die Officiere zu einer rohen, herzlosen Soldateska, seine Unterofficiere zu Henkersknechten und die Soldaten zu Sclaven. Die Scenen, welchen ich damals beigewohnt habe, widern mich noch heute an. Wenn dieser Major durch die geübte Feder seines Vaters in Nr. 208 des »Javabode« vom Jahre 1891 eine Lanze für die »Stockschläge« in der Armee einlegen liess, um das Armee-Commando in der durch mich angeregten Polemik für sich zu gewinnen, so ist ihm dies gelungen: er avancirte und mir wurde die Carrière abgeschnitten; ich aber habe nicht den Fluch von hunderten Soldaten, und gewiss nicht viel weniger Officieren auf mich geladen. Im Norden der Stadt Ngawie, ungefähr $\frac{1}{2}$ km entfernt von der Mündung

des Madiunflusses in den Solofluss, liegt das Fort »General van den
Bosch«. Zugbrücken, Wälle und Gräben, steinerne Casernen und
Kasematten sind dieselben, wie sie alle Forts aus jener Zeit haben,
in welchen die Kanonen kaum 1—2 km Schussweite hatten. Auf
der Südseite führte ein grosser Gang in den ersten Hof, in welchem
sich die Wohnung und das Bureau des Platz-Commandanten und einiger
Officiere befanden. Der Platz-Adjutant hatte sein Bureau in einem
Zimmer, welches in diesem Gange auf der rechten Seite lag; in diesem
Zimmer hielt der Platz-Commandant täglich den Rapport, bei welcher
Gelegenheit ihm auch alle Soldaten vorgeführt wurden, welche im
Laufe der letzten 24 Stunden sich etwas hatten zu Schulden kommen
lassen. Nach den für diese Anstalt bestehenden gesetzlichen Bestimmungen, welche auch in das neue Reglement von 1891 aufgenommen
sind, existiren für diese, mit Recht will ich sie so nennen, Unglücklichen
nur zwei Strafen: Cachot und zehn oder zwanzig Stockschläge. Natürlich bleibt es dem Tacte und dem Ermessen des Commandanten überlassen, wann und ob überhaupt eine dieser beiden Strafen angewendet
werden soll. Als der genannte Major X. das Bedürfniss empfand,
sein System von seinem Vater (natürlich anonym) in einer Zeitung
vertheidigen zu lassen, waren in einem einzigen Monat 70 %, sage
siebzig Procent![)] des I. Standes mit zwanzig Stockschlägen bestraft
worden. Wie weit dieser Major unseligen Andenkens die Abschreckungstheorie des Strafens getrieben hat, werden folgende zwei Beispiele am
besten illustriren :

Eines Tages stand ich mit dem einzigen Officier, welchem das
Thun und Lassen unseres Commandanten sympathisch war, in der
Nähe des Platzbureau, als der Rapport einrücken musste. In strammer
Haltung und im Paradeschritt eines preussischen Grenadiers zog der
Zug ein Mann hoch an uns vorbei, und zwar mit einer Schwenkung
nach rechts. Einer der Sträflinge drehte jedoch bei dieser Gelegenheit
reglementswidrig auch seinen Kopf nach rechts. »Dafür giebt's wiederum
zwanzig Schläge!« rief frohlockend dieser einzige Bewunderer unseres
allzu strengen Commandanten, obwohl er als Fachmann wissen musste,
dass in der Regel nur links geschwenkt wird, wobei der Kopf rechts
gedreht werden muss.

Noch charakteristischer ist folgender Fall, welcher gleichzeitig der

---

[)] Sein Vorgänger im Jahre 1889 hatte niemals mehr als 15 % der Sträflinge im Spitale.

Anlass zu einer grossen Polemik zwischen Major X. und mir und
die erste Ursache meines Sturzes wurde.

Ein Zug von Sträflingen war zum Rapport angetreten. Plötzlich
bemerkte der Commandant, dass einer derselben nicht gerade vor sich
hinblickte; er rief dem Schuldigen das Commando »Libat trus« (=
Geradeaus schaun) zu, und als dieser, eingeschüchtert durch den
strengen Blick des Majors, im folgenden Augenblick wieder den Kopf
ein wenig zur Seite drehte, legte ihm der Commandant sofort die
Strafe von 20 Stockschlägen auf. Ueblicher Weise wurde der Delinquent zu mir gebracht, um untersuchen zu lassen, ob kein Hinderniss
für die Ausführung der Strafe vorliege.

Als Maassstab zur Beurtheilung dieser Frage hatte ich (und auch
mein Vorgänger), abgesehen von acuten Krankheiten oder schlechtem
Allgemeinbefinden u. s. w., den Zustand der Hinterbacken angenommen.

Dieser Delinquent hatte kurz vorher dieselbe Strafe erhalten, und
die Wunden waren noch nicht geheilt. Ich avisirte also: »Zeitlich ungeeignet.« Wenige Minuten danach stand der Commandant vor mir
und machte mir die heftigsten Vorwürfe, da er unter diesen Verhältnissen unmöglich Zucht und Ordnung unter den Insassen erhalten
könne, dass ich Schuld daran sei, wenn eine indisciplinirte Bande im
Fort hausen werde. Diesen Sturm der Entrüstung, gespickt mit Hy-
perbeln und Uebertreibungen, liess ich, wie üblich bei solchen Gelegenheiten, ruhig über mich ergehen, weil er ja nur die Vorrede zu der
Mittheilung des Thatsächlichen sein sollte. Endlich konnte ich zu
Worte kommen. Ich theilte dem Commandanten mit, dass ich gar
keine Ahnung hätte, um was es sich handle, und darum auch mich
gar keiner Schuld bewusst fühlte.

»Nur wenn die Strafe dem Verbrechen auf dem Fusse folgt, nur
dann, Herr Regiments-Arzt, kann sie helfen.«

Da ich in diesem Augenblicke noch nicht wusste, was der Delinquent begangen hatte, und natürlich an ein factisches Verbrechen denken
musste, so erinnerte ich den Herrn Major X. daran, dass dies niemals
und nirgends in Friedenszeiten geschehe, und dass stets der Bestrafung
die Untersuchung, die Verhandlung und die Vertheidigung vorangehen.
Natürlich war ich sehr überrascht, als ich das Vergehen dieses unglücklichen Soldaten erfuhr; die militärische Disciplin hielt mich zurück,
seine Auffassung dieses Vergehens in gebührender Weise zu classificiren, ich gab mir jedoch Mühe, den Vorfall in einem günstigeren Lichte
darzustellen. Der Herr Major X. war ein grosser, schöner Mann und

hatte ein imposantes Auftreten. Selbst die Officiere bekamen das Gruseln, wenn sie in Dienstsachen zu dem Platz-Commandanten gerufen wurden, um wieviel mehr musste es mit so einem armen eingeborenen Delinquenten der Fall sein, welcher vor ihm stand und beinahe mit Sicherheit wusste, dass ihm eine schwere Züchtigung bevorstehe; er wurde also nervös und unruhig und auf diese Weise das Opfer seiner erregten Nerven.

Anfangs fühlte sich Major X. geschmeichelt, zu hören, dass er in so hohem Maasse den Soldaten und Officieren imponire, aber bald sah er in mir wieder den Untergeordneten, der niemals eine andere oder sogar bessere Auffassung oder Ansicht als er haben durfte, und verlangte selbst von mir, dass ich überhaupt niemals einen Delinquenten ungeeignet für die Strafe erklären und nur zum Scheine das Stethoskop auf die Brust desselben setzen sollte!! Nun war es meine Sache, Entrüstung zu zeigen.

»Herr Major, Sie verlangen etwas von mir, das gewiss mich in Ihren Augen herabsetzen würde. Unsere Sträflinge sind ja keine Mörder oder Räuber, es sind ja meistens nur Schlemihls, welchen es trotz ein- bis zweijähriger Recrutenzeit nicht gelungen ist, brauchbare Soldaten zu werden, es sind eingeborene Soldaten, welche noch nicht gelernt haben, das Gewehr sauber zu putzen oder die metallenen Knöpfe glänzend zu erhalten. Das Aergste, was einer dieser Unglücklichen angestellt hat, war, dass er sich trotz aller Ermahnungen und Strafen den verführerischen Blicken seiner braunen Geliebten bis in die späte Nachtstunde ausserhalb der Caserne ohne Erlaubniss seines Compagnie-Commandanten hingab, oder dass er im Würfelspiel nicht nur sein Baargeld, sondern auch seine zweite Hose verlor. Aber selbst, wenn es Räuber und Mörder wären, wäre es meine Pflicht, ihnen meine ärztliche Hülfe zu leisten, oder in casu zu verhindern, dass ihnen die Stockschläge unheilbares Leiden oder sogar den Tod bringen; selbst das Gesetz verpflichtet mich, bei der Strafvollziehung gegenwärtig zu sein und die Fortsetzung der Schläge zu verbieten, wenn ich sie gefährlich für den Delinquenten erachte. Ich habe selbst bis jetzt nur meine Pflicht als Arzt und als Officier gethan, wenn ich einen Delinquenten nicht bestrafen liess, so lange die Wunde der früheren Züchtigung nicht geheilt war.

»Ich will Ihnen aber behülflich sein, ganz unbeschränkt nach Ihrem Ermessen handeln zu können. Schicken Sie mir nicht die Delinquenten zur Untersuchung, Sie wissen, dass ich keinen Assistenzarzt habe und mit Amtspflichten überhäuft bin, ich habe auch keinen Apotheker und muss also den Dienst für drei Officiere verrichten; ich verspreche Ihnen, niemals und nirgends mich zu bekümmern, ob ein Delinquent täglich oder einmal im Jahre geprügelt wird. Wenn Sie aber, Herr Major, diese mir zur Untersuchung schicken, dann thue ich es gewissenhaft, und ich kann daher Ihren Vorschlag nicht acceptiren, nur »pura pura« (= zum Schein) zu untersuchen und Jedermann geeignet für die Prügelstrafe zu erklären.

Die Mittheilung meiner Erlebnisse ist nicht Selbstzweck, sondern hat das Ziel, ein Bild von Land und Leuten der Inseln des indischen Archipels zu geben, und darum will ich mich mit dieser Affaire im Weiteren nur kurz fassen. Major X. berichtete darüber an den Landes-Commandanten in Samarang und liess durch einen Artikel in dem »Javabode« vom 8. September 1891 seinen Vater für die Prügelstrafe in der Armee eine Lanze brechen; ich selbst beschränkte mich auf die Vertheidigung meines Standpunktes gegenüber dem Landes-Sanitätschef, leider ohne Erfolg. Dieser Mann (de mortuis nil nisi bene) hatte niemals das Interesse seiner Untergeordneten vertreten, und war auch in dieser Affaire nur das Echo des Major X.

Ueber die Prügelstrafe in der indischen Armee selbst, für welche der pensionirte Oberst-Lieutenant X. in so warmen Worten eintrat, dass er die Absicht deutlich verrieth, meine »falsche Humanität gegen den Auswurf der Armee« der Heeresleitung ad oculos zu demonstriren, und seinem Sohne im Kampfe gegen mich Hülfstruppen zu senden, muss ich auf Grund meiner Erfahrungen unbedingt den Stab brechen.

Die indische Armee besteht aus zwei ausgesprochenen Elementen: Europäern und Nicht-Europäern (von welchen die amboinesischen Soldaten auch Christen sind und darum auch alcoholische Getränke gebrauchen, sie sind aber dennoch sehr nüchtern und müssen nur sehr selten wegen Missbrauchs des Alcohol gestraft werden). Im Allgemeinen stellt die Prügelstrafe dieselben Fragen an uns als die Todesstrafe, und zwar die der Abschreckungstheorie, der Besserung und der Repression. Die Abschreckungstheorie ist ungerecht und erreicht, wie die Erfahrung lehrt, ihr Ziel nicht; zur Zeit, als die härtesten und grausamsten Strafen für Mord und Diebstahl u. s. w. angewendet wurden, waren auch die gemeinsten Verbrechen an der Tagesordnung. Das Unrecht ist auch zweifellos, wenn Jemand für sein Vergehen härter bestraft werden soll, als er es verdient, nur um zu verhindern, dass ein Anderer dasselbe Verbrechen begehe.

Die Besserungstheorie zerfällt natürlich gegenüber der Todesstrafe in ein Nichts. Aber auch die Prügelstrafe hat selten Jemanden gebessert; bis zum Jahre 1891 waren nur acht Mann, sage acht Mann!! gebessert der Armee von Ngawie zurückgegeben worden.

Die Repressionstheorie hat gar kein Recht zu bestehen, wenigstens der Prügelstrafe gegenüber. Wie schon erwähnt, besteht die indische Armee aus Europäern[1]) und Eingeborenen; die grösste Zahl der europäischen unbotmässigen Soldaten war ein Opfer des Alcohols oder eines rachsüchtigen gemeinen Feldwebels, welcher, unbeschadet der Folgen, immer und immer über seinen Nebenbuhler Klagen bei seinem Compagnie-Commandanten führte. Was ein solcher Mann im Stande sei, habe ich selbst, wenn auch mit minder tragischem Ausgange, erfahren. Im Jahre 1887 wurde ich nach einem kleinen Fort an der Grenze des feindlichen Landes in Sumatra versetzt. Jedes Schriftstück, welches ich von dort aus an den Landes-Sanitätschef einreichte, wurde mir als fehlerhaft oder schlecht geschrieben zurückgeschickt. Eines Tages kam ich nach der Hauptstadt, und ein College theilte mir mit, dass der Sanitätschef sein Befremden ausgedrückt habe, von mir, dem ältesten Arzte, und nur von mir allein mangelhafte und schauderhaft geschriebene Rapporte zu erhalten. Es stellte sich heraus, dass der Schreiber des Chefs von jedem Arzte, der nach einem Fort gesendet wurde, 5 fl. erhielt, und darum die erhaltenen Rapporte, auch wenn sie irgend einen Fehler hatten, dem Chef nicht vorlegte. Ich jedoch hatte mir die Gunst dieses Feldwebels aus leicht begreiflichen Ursachen nicht erkauft, und darum wurde jeder weggelassene Bleistrich, jede krumme Linie von diesem Manne roth angestrichen dem Chef unter die Augen gebracht. Wäre ich kein Officier, sondern ein Soldat gewesen, so wäre ich im Laufe von 1—2 Jahren sicher reif für Ngawie geworden.

Ich verstehe es, dass man die strengsten Maassregeln gegenüber dem Missbrauch des Alcohols nimmt, d. h. präventive Maassregeln schafft; aber den Säufer durch Stockschläge von seiner Trunksucht zu befreien — ist dumm und schlecht. Dumm ist es, weil es niemals gelingt, und schlecht ist es, weil Hunderte von Officieren mit einem

---

[1]) Vor dem Jahre 1891 bestanden zwei Strafanstalten für die Taugenichtse der Armee. Die Europäer wurden nach Klatten (Provinz Surakata) geschickt, wo das Fort Engelenburg (nomen — omen??) sie beherbergte; seit acht Jahren jedoch werden in Ngawie beide Rassen aufgenommen, weil Klatten als Strafdetachement aufgehoben wurde.

Rausch nach Hause kommen können, ohne Prügel dafür zu erhalten, und weil Hunderte, vielleicht Tausende von Soldaten gut angeheitert täglich in die Caserne gelangen und ungestraft bleiben, weil es ihnen gelang, den Feldwebel der Wache zum Freund sich zu erhalten.

Bei den eingeborenen Soldaten ist die »Malpropertät« die häufigste, und das Verkaufen von Equipementsstücken die vereinzelte Ursache, dass sie als unbotmässig und als unverbesserliche Sujets nach Ngawie geschickt werden. Wenn Sonnabends um 9 Uhr der Compagnie-Commandant über die Kleidung und Waffen der Mannschaft Inspection hält, ist er ganz und gar von dem guten Willen des Feldwebels abhängig, um viel oder wenig Unziemlichkeiten zu finden. Dieser hat die Pflicht, vor Ankunft des Hauptmanns dafür zu sorgen, dass alles nach den Regeln der Vorschriften ausgepackt sei; sieht der humane Feldwebel nun bei einem Soldaten, dass sich irgend wo ein kleiner Fleck befindet, so lässt er sofort vom Eigenthümer den kleinen Fleck abputzen oder er schweigt, wenn es schon zu spät ist und überlässt es dem Zufalle, dass der inspicirende Hauptmann es sehe oder übersehe. Hat jedoch der betreffende Recrut aus gewissen naheliegenden Ursachen sich die Gunst eines inhumanen Feldwebels verscherzt, wird letzterer sogar den inspicirenden Hauptmann darauf aufmerksam machen. Ohne die diesbezüglichen Witze der Fliegenden Blätter hier zu wiederholen, ist es naheliegend, dass ein solcher Unglücklicher in kürzester Zeit »reif für Ngawie« wird.

Wenn der Feldwebel nicht nur für das reglementäre Anordnen der Kleider u. s. w. bei der Inspection verantwortlich gemacht würde, sondern auch für die tadellose Reinheit derselben, so würde die Zahl der »unbotmässigen« eingeborenen Soldaten auf ein Viertel sinken, ja noch mehr: Ngawie wäre in seiner Existenz bedroht. Die Zahl derjenigen Soldaten, welche einzelne Kleidungsstücke verkaufen, um Geld für die Liebe und das Würfelspiel zu bekommen, ist gegenüber der Zahl der »Unreinen« klein, und darum schliesse ich gern diesen Abschnitt mit dem Rufe: »Weg mit der Prügelstrafe aus der indischen Armee!« [1]

---

[1] In der deutschen und österreichischen Armee ist sie schon seit Jahrzehnten abgeschafft, und doch wurden im Jahre 1870 in Frankreich, und im Jahre 1878 in Bosnien glänzende Siege erfochten. Ich muss noch bemerken, dass erst seit dem Jahre 1891 auch die Insassen der Militär-Gefängnisse nach Abbüssen ihrer Strafzeit für 1 oder 2 Jahre nach Ngawie gesendet werden können.

Hinter dem Fort führte ein krummer Weg zum Officiers-Club-
gebäude, welches auf der Landzunge zwischen dem Solo- und dem
Madiunflusse lag. Das jenseitige Ufer gehörte bereits zur Provinz Rembang und war zugleich der Exercierplatz für Feldübungen der Bewachungs-
truppe und jener Sträflinge, welche drei Monate lang frei von Strafen
geblieben waren. Auf dem Wege nach Rembang und noch in der
nächsten Nähe des Ufers lagen drei kleine Hütten. Eines Tages machte
ich meinen Spaziergang mit Hülfe der dort befindlichen Fähre ins Ge-
biet der benachbarten Provinz und gelangte zu diesen Hütten; sie bestanden nur aus Bambusmatten und hatten kein einziges Möbelstück.
Vor jeder Hütte sass ein — Leprakranker. Ich liess mich mit ihnen in
ein Gespräch ein, und zwar nur über ihre momentane Lebensweise;
denn über die Dauer ihrer Erkrankung, über die Entstehungsweise,
über Heredität und über den Verlauf der Krankheit ist von diesen
Menschen überhaupt nichts Bestimmtes zu erfahren. Wie lange die
Lepra im indischen Archipel sei, lässt sich nicht einmal annähernd
sagen. Nach Hirsch lässt sich in Indien die Lepra bis auf das
7. Jahrhundert vor Christo verfolgen; nach dem 54. Buche der Geschichte der Liang-Dynastie (502—556) und dem 324. Buche der Ming-
Dynastie, und übereinstimmend mit der javanischen Sagenwelt (Babads)
hat Prabu Djaja Baja im ersten Jahrhundert unserer Zeitrechnung
eine grosse Colonie von Hindus nach Java gebracht, welche die dort
befindlichen Urbewohner verdrängt haben. Da von diesen selbst ganz
und gar keine Ueberlieferungen bestehen, und eine Vergleichung mit
den auf anderen Inseln im Urzustande jetzt noch lebenden Eingeborenen nur ein hypothetisches Ergebniss haben kann, so ist und bleibt
die Frage der Lepra bei den Urbewohnern Javas unerledigt. Da sich
ein grosser Menschenstrom von Hindostan vom Jahre 78 p. Ch. an
über alle Inseln des indischen Archipels, und somit auch über Java
einige Jahrhunderte hindurch ergoss, die Lepra schon seit vielen Jahrhunderten, in Hindostan bekannt war und die Hygiene dieser Zeit gewiss der Ausbreitung der Lepra mehr förderlich als hinderlich war, so
kann mit gewisser Wahrscheinlichkeit angenommen werden, dass mit
dem Strome der Auswanderer auch die Lepra nach Java gekommen ist.[1]

---

[1] Im Westen Javas führte im 15. Jahrhundert Sjeikh Nuru'd-dûn Ibrahim
ibn Manlana Israil, volgens „Vett Java" den Islam ein. Auf dem Hügel Djati
bei Cheribon baute er sich ein Haus und — heilte eine lepröse Frau. Es ist
also die Mittheilung van Dr. T. Broes van Dort, dass die Hindus und Chinesen
die Lepra in der ersten Hälfte des 17. Jahrhunderts eingeführt hätten, für jeden
Fall noch einer Kritik zu unterziehen.

Ich besass einen Raksassa (Tempelwächter), jetzt im Besitze des ethnographischen Museums zu Berlin, welcher bei dem Untergang der Hindu-Dynastie auf Bali (im Jahre 1894) in der Residenz des Fürsten gefunden wurde. Er hatte über den ganzen Körper vertheilt zahlreiche scharf begrenzte Flecken, welche meiner Ansicht nach sehr gut für die der maculösen Lepra angesehen werden können. Da die Raksassas im Allgemeinen der Heroenzeit der Hindus angehören, so könnte, wenn die Deutung der Flecken richtig ist, damit gewiss ein sehr altes Document für die Zeit der Lepra gegeben sein; vielleicht eben so alt, als Engel Bey von Aegypten spricht; nach Engel Bey soll nämlich schon 4200 vor Christus in einem Papyrus von Lepra gesprochen werden.

Wenn in Europa gegenwärtig kein einziger Staat besteht, in dem sich nicht einzelne Fälle oder kleinere oder grössere Herde von Lepra befinden, so ist dieses doch bei den Inseln des indischen Archipels der Fall, und zwar in jenen Theilen, in welchen die Urbewohner sich so ziemlich rein in der Rasse bis zum heutigen Tage erhalten haben, wie z. B. die Alfuren oder die Dajaker im Innern Borneos. In Muarah Teweh, welches im Herzen Borneos liegt, habe ich während meines dreijährigen Aufenthaltes keinen einzigen Fall von Lepra gesehen. In den statistischen Ausweisen der Armee kommen sehr wenig Leprafälle vor; ich besitze die vom Jahre 1847, in welchen kein einziger Fall angegeben wird, und vom Jahre 1893 bis 1897 waren je 2, 2, 5, 2 und 2 Soldaten an Lepra erkrankt. Nach Dr. van der Burg wurden vom Jahre 1882 bis 1885 12 europäische und 8 eingeborene Soldaten wegen Lepra in die Militärspitäler aufgenommen. Dr. Broes van Dort aus Rotterdam hat mit Hülfe der officiellen Bescheide für die Lepra-Conferenz im Jahre 1897 eine hübsche Arbeit über die Verbreitung der Lepra auf den Inseln des indischen Archipels geschrieben. Nach dieser hat der Westen von Java im Jahre 1896 (?) nur 42 Leprafälle, in Mittel-Java sehr wenig Fälle, wenn wir absehen von dem Sanatorium zu Pelantungan, wo sich ungefähr 30 bis 32 Lepröse gewöhnlich befinden; vom Osten Javas wird jedoch von 1817 Leprösen und von der Insel Madura von 886 dieser Patienten gesprochen. Auf der Insel Bali ist die Zahl der Leprakranken unbekannt, sie werden zur Isolirung gezwungen, und ihre Leichen werden verbrannt. Von der Insel Lombok ist diesbezüglich nichts bekannt. Was die Westküste der Insel Sumatra betrifft, so ist die Zahl dieser Kranken dort nicht gross; am stärksten kommen sie im Innern des Landes unter den Batakern vor, welche einen bis zwei Fälle auf tausend Seelen aufweisen. Im südlichen Theile dieser Insel mit ungefähr 128,000 Einwohnern sollen nur 22 Leprakranke vorgekommen sein, und zwar unter den Chinesen; man isolirt sie, giebt ihnen aber keine Nahrung, so dass sie bald storben. Die Ostküste Sumatras hat, nach Dr. Broes van Dort, bei einer Bevölkerung von 300,000 Seelen 1000 Leprafälle. In Deli, der reichsten Provinz Sumatras, befanden sich in diesem Jahre 184 Lepra-Patienten, worunter 170 Chinesen. Auch in der Provinz Riouw sind es beinahe ausschliesslich chinesische Kulis, welche an Lepra leiden. Von den Inseln Borneo und Banka ist die Zahl der Leprakranken nicht bekannt. Auf der Insel Biliton mit 40,000 Einwohnern soll diese Krankheit im Jahre 1886 von einem Buginesen eingeschleppt worden sein. Von der Insel Celebes theilt Dr. Broes van Dort 87 Fälle mit (von 26.863 Einwohnern), glaubt aber, dass diese Zahl zu niedrig gegriffen sei, weil die Eingeborenen die nervöse Form der Lepra nicht kennen, und darum nur die tuberösen und ulcerösen Formen mittheilen. In den Molukken ist die Zahl der Leprösen auch nicht gross; in Banda musste im Jahre 1872 die Leproserie wegen Mangels an Kranken geschlossen werden. In Bandaneira jedoch ist in den letzten fünf Jahren die Anzahl der Kranken von 2 auf 20, und in Saparua von 49 auf 63 gestiegen. Auf der Insel Amboina mit 30,000 Einwohnern hat der Hauptplatz 308 Leprakranke, darunter 11 Europäer. Auf der Insel Moruno fanden sich im Jahre 1864 8 verheiratete Leprosen mit 21 Kindern, ohne dass eines davon an dieser Krankheit litt. Auf der Insel Ternate befinden sich ungefähr 450 Fälle, welche nach der Ansicht von Valentyn von Batavia eingeschleppt worden sein sollen.

Wenn auch diese Ziffern nach vielen Richtungen hin bezweifelt werden können, so steht doch das Eine fest, dass in der Gegenwart auf den Inseln des indischen Archipels die Lepra nicht verheerend auftritt, aber immerhin noch zahlreicher vorkommt als in Europa.

Die Mittheilungen der Leprakranken beschränkten sich auf die Unterstützung, welche ihnen von der mohamedanischen Kirchenkasse zu Ngawie geboten wurde, und auf die Eintheilung ihres täglichen Lebens. Im Ganzen waren sechs Patienten; sie erhielten monatlich 8 fl. aus der Armenkasse der Messigit; zwei von ihnen waren an die Scholle gebunden, weil sie sich durch den Verlust von einigen Zehen nicht bewegen konnten; die andern vier fuhren täglich mit der Fähre nach Ngawie, wo sie sich meistens im chinesischen Viertel aufhielten und bettelten. Ihr Erscheinen erregte nur bei den europäischen Passanten

Widerwillen; sorglos verkehrten die eingeborenen und chinesischen Bewohner dieses Viertels mit ihnen, obwohl ihre schwürigen Extremitäten nur mangelhaft mit alten und schmutzigen Lappen bedeckt waren; offenbar glauben eben die Eingeborenen von Ngawie nicht an eine Uebertragung der Lepra à distance. Ich für meine Person habe s. Z., als die Aerzte um ihre diesbezügliche Ansicht von der Regierung gefragt wurden, mich nur bedingungsweise für die Contagiosität der Lepra ausgesprochen, und zwar in »nicht höherem Grade als die Syphilis«. Das bis jetzt, trotz der Untersuchungen von G. Armauer, Hansen, Neisser u. s. w., noch nicht genau bekannte Gift der Lepra müsse eine Porte-d'entrée bei einem dazu disponirten Individuum finden, um sich entwickeln zu können. Wer zur Aufnahme dieses Giftes die »Disposition« habe, ist unbekannt. Das Gift selbst ist nur theilweise oder gar nicht durch den Bacillus von Hansen constatirt. Reinculturen dieser Bacterien sind bis jetzt ebenso wenig gelungen als Impfungen (ich will die Gründe unbesprochen lassen, warum Kaposi nach seinen Mittheilungen auf der Lepra-Conferenz im Jahre 1897 bei zwei Fällen von Lepra keine Bacillen gefunden hat; es ist aber keinesfalls erlaubt, wie es damals geschah, zu erklären, dass dies eben keine Leprafälle gewesen sein sollten, und Kaposi einen lapsus diagnosidis begangen hätte). Ohne Reinculturen ist aber eine Impfung des Lepragiftes überhaupt niemals bewiesen; aber noch mehr Zweifel muss sich in Betreff der Contagiosität der Lepra aufdrängen, wenn man liest, dass Dr. Danielsen, Prof. Profeta und Dr. Bargilli ohne Erfolg mit allen möglichen Stoffen der Leprakranken Impfungen auf sich und andere Menschen vornahmen. Da aber alle Bacteriologen und Dermatologen, wenn auch nicht immer, so doch in der grossen Zahl der Fälle den Bacillus von Hansen bei Leprakranken finden, so ist es selbstverständlich, dass dieser Bacillus vorläufig als Krankheitserreger der Lepra angesehen wird; dass aber tief greifende prophylaktische Maassregeln auf Grund dieser Bacterien getroffen werden, ist ebenso selbstverständlich — verfrüht.

Auch die Frage der Heredität ist bis heute noch nicht erledigt und wird auch nicht so bald erledigt werden können, weil die Incubationszeit der Lepra sich über Monate, wenn nicht über Jahre erstreckt, und immer der Einwurf gerechtfertigt sein wird, dass bei einer so langen Incubationszeit vielfach Gelegenheit zur extrauterinären Acquisition der Lepra gegeben war, und darum hat der Ausspruch Virchow's, die Lepra sei nicht hereditär, weil niemals ein leproses Kind geboren

Fig. 11. Sundanesische Früchtehändlerin.

wurde, nur bedingungsweise raison d'être. Leider hat der Altmeister
der deutschen Medicin bei der erwähnten Lepra-Conferenz in seiner
andererseits gewiss erschöpfenden und interessanten Rede zur Frage der
Ansteckungsfähigkeit der Lepra nicht Stellung genommen. Er sagte
im Anfang: »Wenn nun z. B. im Augenblick vorzugsweise geneigt ist,
die Lepra zu den Infections-Krankheiten zu rechnen, so ist damit
noch nicht ausgemacht, dass man sie auch unter die ansteckenden
Krankheiten stellen müsse,« und fügt später hinzu: »Für strenge Anforderungen (sc. für ein Contagium) fehlen also noch immer wichtige
Bindeglieder,« und »dennoch hat der Gedanke, dass der Aussatz eine
contagiöse Krankheit sei, so schnell viele Gebiete erobert, dass sowohl
die theoretische als die praktische Lehre auf ihm aufgebaut worden
ist.« — Leider steht nicht einmal fest, durch welches Intermedium die
Lepra-Bacillen in den menschlichen Organismus gelangen. Der hol-
ländisch-indische Arzt Dr. Geill glaubte in den Fusswunden die porte-
d'entrée für die Lepra gefunden zu haben, während Georg Sticker
durch die Nase diese Bacterien in den menschlichen Körper eindringen
liess. Mit Rücksicht auf die Verhältnisse Javas und jener der übrigen
Inseln würde also von der indischen Regierung folgender Standpunkt
einzunehmen sein:

1. Die Lepra ist nicht mehr und nicht weniger übertragbar als die
   Syphilis.
2. So wie gegen die Syphilis prophylaktische Maassregeln von dem
   Staate und von der Gemeinde getroffen werden, müssten dieselben auch gegen die Leprakranken geschehen.
3. Da die Leprösen im Terminalstadium ernährungsunfähig und besonders hülfsbedürftig sind, muss die staatliche Hülfe zur Linde-
   rung der Noth einschreiten.
4. Da es durch die Erfahrung und durch die Geschichte erwiesen
   ist, dass die Zahl der Leprösen in einer für das Wohl des
   Staates bedrohlichen Weise zunehmen kann, müssen prophylaktische Maassregeln getroffen werden.

Dementsprechend müssten:

1. Alle »Doctoren djawas« und alle »Vaccinateure«, sowie alle
   eingeborenen Beamten eine in der Landessprache verfasste Belehrung über die Gefahren der Lepra (Kedál M.) erhalten und
   so viel als möglich unter der Bevölkerung verbreiten.
2. Die eingeborenen Beamten müssten unter thatsächlicher Con-

trole der europäischen Beamten eine genaue Statistik der Leprakranken anlegen.

3. In allen Orten, wo sich Leprakranke aufhalten, muss für die
armen Menschen Gelegenheit zur Isolirung gegeben werden, und
zwar in einer Hütte aus Bambus, in welcher sich für jeden
Patienten auch eine Pritsche befindet. Für jeden Kranken, der sich
dahin begiebt, müssen täglich ½ Kilo Reis, 10 Gramm Salz und
50 Gramm deng-deng (getrocknetes Fleisch) verabfolgt werden.
An den Kosten der Errichtung solcher Leproserien und der Verpflegung der Kranken haben sich die Armenkassen aller Re-
ligions-Genossenschaften zu betheiligen und bei etwaigem Manco
der Staat die nöthigen Stipendien zu leisten.

4. Wo ein europäischer Arzt oder ein Doctor djawa sich in der
Nähe aufhält, müsste er verpflichtet sein, eine geregelte Behandlung dieser Unglücklichen auf sich zu nehmen; in anderen Fällen
müsste, je nach den herrschenden Verkehrsmitteln, ein Arzt aus
der nächstgelegenen Stadt ein- oder zweimal im Monat diese
Leproserien aufsuchen und die nöthigen Verhaltungsmaassregeln
u. s. w. für die folgenden zwei oder vier Wochen vorschreiben.

5. Für die Desinfection nicht nur dieser Leproserien, sondern auch die
Wohnungen aller jener, welche in der Familie bleiben und das
traurige Ende ausserhalb dieser Anstalten abwarten wollen, müssten dieselben Maassregeln getroffen werden, wie für Cholera,
Blattern u. s. w.

6. Die Aufnahme in eine Leproserie sei facultativ, d. h. freiwillig
für jeden bemittelten Eingeborenen, und obligatorisch für jeden
bedürftigen.

7. Der »Inspecteur van der burgerlyken civilgeneeskundige Dienst«
werde mit der Ausführung und Controle aller Maassregeln betraut.

Das Leben in der Grossstadt hat unter anderem auch diesen
Vortheil, dass man sich den kleinen Kreis wählen kann, mit und in
dem man einen regen Verkehr pflegen will; aber auch in einer kleinen
Stadt kann man angenehm leben, wenn man nicht zu grosse Ansprüche
an das Leben stellt. Weil man das rauschende und lebhafte Treiben
einer grossen Stadt entbehrt, der Geist weder durch die Kunst noch
durch die Wissenschaft Anregung und Befriedigung findet, so ist man
gezwungen, im Verkehr mit seinen Schicksalsgenossen ein Surrogat für

diese geistigen Genüsse zu suchen, und nur zu oft gelingt es, einen
gemüthlichen und freundschaftlichen Bekanntenkreis zu erwerben, der
selbst Freundschaftsbande ermöglicht. In solchen Verhältnissen verkehrten
wir in Ngawie. Klein war die Zahl der europäischen Bewohner; ein
Assistent-Resident, ein Controlor, ein Landesgerichtsrath, ein Notar,
drei Lehrer und eine Lehrerin, ein Förster und acht Officiere waren
die europäischen Bewohner, mit welchen wir verkehren konnten. Der
Regent und sein Stellvertreter (Patti) waren die einzigen Eingeborenen,
welche hin und wieder uns besuchten, und nur selten gab der Regent
in seinem Palaste (?) (Kabupatten) ein Fest, obwohl er doch den nicht
unansehnlichen Gehalt von 12,000 fl. [1]) jährlich bezog. Trotzdem hatten
wir einen hübschen Club und kamen beinahe jeden Abend vor dem
Nachtmahle dort zusammen, um bei einem Glase Bier, Portwein, Mineralwasser oder Genevre ein Stündchen zu verplaudern. Jeden Sonntag Abend war nach dem Nachtmahl (von 9 Uhr ab) Spielabend,
an welchem sich manchmal auch die Damen betheiligten. Ein Leierkasten sorgte für die Musik, und in aussergewöhnlichen Fällen wurde
auch von Jung und Alt bei den etwas falsch gestimmten Klängen
dieses veralteten Instruments getanzt. Dies geschah auch am 31. December 1888, der ersten Neujahrsnacht, welche meine Frau auf Java
zugebracht hatte. Die Pferde, welche ich unterdessen gekauft hatte,
waren etwas eigensinnig und zugleich wild und feurig. Ich wagte es
nicht, mit ihnen nach dem Clubgebäude zu fahren, welches ungefähr
zwei Kilometer von meinem Hause entfernt lag, und wir gingen zu
Fuss. Es war eine schöne Nacht, und als wir um $9^1/_4$ Uhr Abends
dort anlangten, waren bereits alle Notabeln des Ortes versammelt.
Das gewöhnliche Programm solcher ›geselliger Abende‹ wurde ab-
gespielt; auf Kosten des Clubs wurde Liqueur und Kaffee präsentirt.
Die Herren setzten sich zur L'hombre-Tafel, während die Damen am
liebsten Whist spielten, und zwar Whist ›met de Klets‹ = mit Plauschen (!),
weil natürlich bei diesem Spiel Ruhe die erste Pflicht ist. Obwohl
auch einige Zuckerlords der Umgebung, welche gewöhnt sind, um
hohen Preis zu spielen, anwesend waren, blieb dennoch der Preis ein
bescheidener. Im L'hombre war das ›Capital‹ = 5 fl., und auch die
Damen spielten das Hundert um denselben Preis. Im Durchschnitt

[1]) Dieser Regent hatte für sich, seine Familie und sein Gefolge, wie er
mir erzählte, täglich 1 Pikol $62^1/_2$ Kilo! Reis nöthig. Dies erklärt hinreichend die allgemein bekannte Thatsache, dass diese Herren oft trotz ihres hohen
Gehaltes noch Schulden machen müssen.

verliert oder gewinnt man bei diesem Tarif 2—3 fl. pro Abend, was
gewiss nicht die Kasse eines Beamten oder Officiers stark in Anspruch
nimmt. Um 12 Uhr erhob sich Jedermann mit dem Glas Rheinwein,
Brandy, Soda oder Bordeauxwein und stimmte in das Hurrah ein,
welches der Assistent-Resident nach einem kleinen Toaste auf ein
glückliches Neujahr ausgebracht hatte. Das neue Jahr musste mit Tanz
beginnen; die Damen beendigten den letzten »Robber« und gingen in
den Tanzsaal. Ce qu'une femme veut, dieu le veut; die Herren mussten
ebenfalls nolens volens die Karte zur Seite legen, um wenigstens eine
anständige Polonaise zu Stande zu bringen. Streng nach Rang und
Anciennität geordnet marschirten die Paare durch den Saal; der Militär-
Commandant führte die Frau des Assistent-Residenten, während dieser
die »Commandeuse« am Arm hatte. Der Regent bot meiner Frau, als
der ältesten Hauptmannsfrau, das Geleite, und in langsamen, gemessenen
Schritten durchzog der kleine Zug zweimal den Saal; eine neue Rolle
wurde in den Leierkasten eingelegt, und ein Walzer eröffnete den
Reigen der Tänze; in diesem Augenblick verschwanden nicht nur der
Regent von dem Schauplatz, sondern auch alle Herren, welche entweder
mehr Freude am Kartenspiel als an dem der Terpsichore hatten, oder
im Allgemeinen »de Oost« als viel zu warm für dieses Vergnügen hielten.
Die wenigen Herren, welche tapfer genug waren, um in dem Tanzsaal
zu bleiben, wurden reichlich für ihren Muth belohnt; sie konnten nicht
nur nach Herzenslust mit den Fräulein und mit den jungen verheirateten
Damen tanzen, sondern mussten, wollten sie nicht demonstrativ
werden, auch die alten Damen zum Tanze einladen, welche ihren
Enkeln versprochen hatten, vom Balle einige »Kwé-Kwé« mitzubringen.
Aber auch die übrigen Herren, welche sich zur Spieltafel geflüchtet
hatten, ereilte dasselbe Schicksal. Als nämlich die Klänge des ersten
Lanciers erschollen, war Leiden in Noth; vier mal vier Männer waren
zu vier Figuren nöthig, und nur elf befanden sich im Saal. Die zwei
Mächte der Stadt, die »Commandeuse« und die Frau des Assistent-
Residenten, erschienen in der Veranda der Spieler und forderten kategorisch Abhülfe dieser peinlichen Situation. Ganz bescheiden erlaubte
ich mir die Bemerkung, dass für Ngawie doch drei, ja selbst zwei
Figuren hinreichend wären, und dass ich es, mit meinem Gewissen
nicht vereinigen könne, einem solchen Laster, als der Hochmuth sei,
vier Figuren herbeizuschaffen, Vorschub zu leisten; nichts half mir, ich
musste »Lanciers tanzen«.

Endlich war ich auch dieser gesellschaftlichen Pflicht entledigt und hatte eine halbe Stunde wieder ruhig mit der »Spadille, Manille, Basta, Ponto« mich beschäftigen können, als der Ruf: »Eine Quadrille« durch den Saal schallte. Angstvoll blickte ich nach der Thüre des Tanzsaals und sah zu meinem Schrecken wiederum diese beiden ehrwürdigen Damen erscheinen, und hinter ihnen stand meine Frau mit einem höhnisch-spöttischen Lächeln um ihre Lippen. Ich hatte noch niemals mit meiner Frau getanzt, und an diesem Abend mit einer fremden Dame an einem Lanciers mich betheiligt, also — eine Verschwörung. Meine Ahnung betrog mich nicht. Linea recta segelten diese beiden ehrwürdigen Matronen auf mich zu und theilten mir mit, dass meine Frau zu der nächsten Quadrille keinen Cavalier hätte, und dass ich also höflichst, aber auch mit dem nöthigen Nachdruck eingeladen werde, für eine halbe Stunde mich dem Spielteufel zu entziehen und meine eigene Frau »nicht sitzen zu lassen«. Der erste und einzige Lanciers, welchen ich diesen Abend getanzt hatte, sass mir noch in den Gliedern. Ich wusste, wie toll und wild die letzten Touren der Quadrille in Indien von den angesehensten und ältesten Männern getanzt werden. Ich beschloss also, den Angriff dieser zwei Fregatten mit groben Geschützen zurückzuschlagen und erklärte einfach, dass ich solchen liebenswürdigen Einladungen kein Gehör geben dürfe, weil ich mir bewusst sei, dass meine Frau das Haupt einer Verschwörung sei, nämlich mich unter den Pantoffel zu bekommen. Ich blieb bei meinem Entschluss, diesen Abend und überhaupt nimmermehr zu tanzen, und blieb bei der Thüre stehen, um mich wenigstens passiv an diesem Hexentanz zu betheiligen. Die ersten drei Touren waren gelassen und ruhig, als aber die »chaine« gebildet wurde, kam etwas Aufregung unter die Tänzer, und bei der letzten Tour war ein Springen und Laufen und Jagen und ein »Hossen«, wie auf einer Kirmess in Holland. Endlich fielen Alle, Jung und Alt, Mann und Frau, erschöpft in die Stühle. Auf diese Quadrille folgten wieder Rundtänze, und endlich um 3 Uhr Morgens verliess ich mit meiner Frau das Clubgebäude, während die meisten Anderen den Sonnenaufgang bei Tanz und Spiel erwarteten. Ich hatte nämlich von dem Leibarzte des Kaisers von Solo eine Einladung erhalten, am 1. Januar dahin zu kommen, um dem interessanten Empfangsabend des Residenten beiwohnen zu können. Der Kaiser sei nämlich verpflichtet, zweimal des Jahres im Galaaufzuge ausserhalb des Kratons zu erscheinen: am 1. Januar und bei dem Garebekfeste. Er würde dafür sorgen, dass auch ich eine Einladung zu diesem Feste bekäme, an welchem sich alle Europäer der Stadt und der Provinz und alle Häuptlinge der Eingeborenen und der Chinesen jedesmal betheiligen.

Der Zug, welcher um 6¹/₄ Uhr des Morgens von Madiun abging, kam um 7¹/₄ Uhr nach Paron, wir mussten also um 6 Uhr von zu Haus abreisen. Wir benutzten diese wenigen Stunden zunächst, um uns der durch den Schweiss durchnässten Kleider zu entlodigen, und ruhten bis 5 Uhr im Bette aus. Zur festgesetzten Zeit erschien der Mylord mit meinen zwei feurigen Sandelwoodpferden, welche offenbar überrascht waren, in so früher Morgenstunde den warmen Stall verlassen zu müssen. Wie der Wind flogen sie durch die Strassen der Stadt und durch die lange, schattenlose Allee, welche nach Paron führt. Schon äusserte ich meine Unzufriedenheit, so früh das Haus verlassen zu haben, als bei Paal¹) 4 die Pferde plötzlich stehen blieben, weil, wie ich später hörte, ein todter Tiger seitwärts im Gebüsche lag,²) und: »J'y suis, j'y reste« mögen sie gedacht haben, denn weder Drohung noch die Peitsche, weder gute Worte noch Ziehen an den Zügeln, nichts vermochte sie von ihrem Entschluss abzubringen, bei Paal 4 zu bleiben. Endlich stiegen wir Beide und die Babu aus dem Wagen, um so lange den Rest des Weges zu Fuss zurückzulegen, bis es dem Kutscher gelingen sollte, den Streik meiner Pferde zu beendigen. Wir kamen bis zum Paal 5, ohne von unserem Mylord etwas zu hören oder zu sehen; noch 1¹/₂ Kilometer (= 1 Paal) weit lag die Station, als aus weiter Ferne die Dampfpfeife erscholl. Der Zug hatte Genéng, die letzte Station vor Paron, verlassen. Im raschen Schritt eilten ich und meine Frau vorwärts, ohne zu bemerken, dass die Babu, welche unser Handgepäck trug, mit echt indischer Indolenz zurückgeblieben war. Aber auch meiner Frau wurde es zuletzt unmöglich, im Sturmschritt die letzten 100 Schritte zurückzulegen. Ich wusste, dass bei der Station Dos-à-dos zur Verfügung waren, im Galopp durcheilte ich die letzte Krümmung des Weges und kam mit dem Train gleichzeitig im Stationsgebäude an. Sofort liess ich meine Frau durch einen Dos-à-dos holen und ersuchte den Stationschef, den Train zwei Minuten auf meine Frau warten zu lassen und mir die Babu und mein Gepäck mit dem Zuge von 11 Uhr nachsenden zu wollen. Nach drei

---

¹) 1 Paal = 1506,₉₄₃ Meter.

²) Die Unglücksfälle durch reissende Thiere scheinen in Holländisch-Indien nicht zahlreich zu sein, wenigstens spricht der Jahresbericht von 1893 nur von 43 durch Tiger, 39 durch Krokodile und 88 durch Schlangen veranlassten Todesfällen.

Stunden kamen wir in Solo an und erhielten nach der Rysttafel die Nachtwäsche von unserer liebenswürdigen Hausfrau geborgt, um unser Mittagsschläfchen halten zu können, welches nach den gemachten Strapazen für uns geradezu ein Bedürfniss war. Leider konnte die Siesta nicht lange dauern, weil bereits um 5 Uhr die europäischen Gäste vom Residenten erwartet wurden.

Nachdem wir aufgestanden und die Koffer mit den Kleidern und der Wäsche thatsächlich mit dem Mittagstrain angelangt waren, nahmen wir unsern Thee, gingen uns ankleiden und begaben uns mit der Hausfrau ins anliegende Haus des Residenten. Auf dem Wege dahin erzählte sie uns, dass die Eingeborenen schon um 6 Uhr früh ihre Glückwünsche dem Residenten dargebracht hatten und dafür kleine Geschenke in Geld oder Kleidern erhielten, und dass bis 10 Uhr alle, und zwar in Begleitung von Musik, ihre Aufwartung gemacht hatten, welche durch ihre Stellung sich dazu verpflichtet hielten: die Musikanten von der Leibwache des Susuhunan, die Polizeiagenten, die Musikanten des Prinzen Mangku Negara, die Führer der Elephanten u. s. w. Als Nachbarn des Residenten hatten sie das Vorrecht, den ganzen Morgen die Musik zu hören, welche am besten mit den Worten des deutschen Dichters charakterisirt werde: ›So ein Lied, das Stein erweichen, Menschen rasend machen kann‹. Gegen 10 Uhr verminderte sich dieses Lärmen der Musik, und es erschienen alle europäischen Beamten, Officiere, der Prinz Mangku Negara, der Reichsverweser und die angesehensten Häuptlinge, um persönlich dem Residenten ihre Glückwünsche zum Jahreswechsel auszusprechen.

Unterdessen hatten wir die ›Vorgalerie‹ dieses Beamten erreicht und erfreuten uns an einem bunten Bilde, welches sich vor dem Hause unsern Augen darbot. Eine grosse Allee von Tamarindenbäumen zog sich in grosser und starker Krümmung gegen den Kraton; zwischen je zwei Bäumen befand sich ein Flaggenstock, und in regelmässiger Entfernung sassen die Tumenggungs[1] oder Bupatis,[1] welche nicht dem Kraton selbst zugetheilt waren. Jeder von ihnen hatte sein zahlreiches Gefolge mit Lanzen und kleinen Fahnen bei sich, und die Farbe der Röckchen verrieth den Häuptling, dem es angehörte. Jeder Bupati hatte neben sich seine Gamelang; auch in der Pendoppo, welche vor dem Hause des Residenten stand, befand sich eine solche und eine europäische Musikbande. Die ›Vorgalerie‹ schloss sich an eine grosse

---

[1] Würdenträger der Eingeborenen.

Halle, in deren Hintergrunde zwei Thronsessel auf einem Podium standen, und zwar in gleicher Höhe, und senkrecht darauf zwei Reihen schöne europäische Stühle. Gegen 5¹/₂ Uhr erschienen zwei Häuptlinge mit einem glänzenden Hut auf dem Kopfe (vide Fig. 13), welcher die Form eines umgekehrten Blumentopfes hatte, und theilten dem Residenten mit, dass der Susuhunan, Paku Buwana, Senapati ing-ngalaga, Ngabdu'r-rahman, Sajidin, Panata-gama = Seine Heiligkeit, der Nagel der Welt, der höchste Commandant des Krieges, der Diener der Barmherzigkeit, der Herr der Religion und der Leiter des Gottesdienstes angezogen und bereit sei, ihn zu empfangen. Langsam und in demselben gemessenen Schritt, wie sie gekommen waren, kehrten sie nach dem Kraton zurück. Nach einer Weile bestiegen der Resident und der Assistent-Resident eine offene Equipage, um den Susuhunan zu holen.[1]) Das Zeichen ihrer Würde, der goldene Sonnenschirm für den Residenten und der halb goldene, halb weisse für den Assistent-Residenten, wurde ihnen über den Kopf gehalten, und so gelangten sie in den Kraton, wo der Resident dem Susuhunan und der Assistent-Resident dem Kronprinzen den Arm giebt und zu dem Wagen des Fürsten geleiten. Es ist eine schöne, gläserne Equipage, von 8 Pferden gezogen, welche Sammt-Decken, Federbüsche trugen und von einem Pikeur geführt werden; die Equipage des Kronprinzen wird nur von 6 Pferden gezogen. Der Zug wird eröffnet von 20 Hofbedienten zu Pferde; hinter ihnen folgt eine Truppe mit Wasser, Holzkohle und Reis, welche ebenfalls mit einem goldenen Sonnenschirme beschützt werden, die europäische Leibwache des Kaisers, dann die javanische Leibwache. Hofdamen mit blossen Schultern mit den Reichsinsignien (Fig. 14): Ein Vogel (Peksi groeda), ein Hahn (Sawung galing), Arda wolika (ein Vogel mit einem Kopf, der halb an einen Menschen, halb an eine Schlange erinnert), zwei Elephanten (gadjah), ein Kidang (Reh) und eine Gans, welche alle aus massivem Gold verfertigt waren. Hinter diesen folgen zwei Herolde, die Equipage des Kaisers, des Kronprinzen und die übrigen Häuptlinge zu Pferde und einige Hundert zu Fuss. Sobald die Equipage des Kaisers den Kraton verlässt, dröhnen vom Fort die Salutschüsse der Kanonen, die Gamelangs ertönen in gemessenen, ruhigen Tönen, und die Häuptlinge mit ihrem Gefolge, an welchen der Zug langsam, ruhig, und ich möchte sagen

---

[1]) Seit ungefähr zwei Jahren holt der Resident den Sultan nicht ab, sondern erwartet ihn in seinem Hause.

lautlos vorbeizieht, neigen ihren Kopf zur Erde und erheben ihre Hände
zur Stirne (Sembah); dasselbe thun die Häuptlinge (welche auf dem
Boden mit gekreuzten Füssen sitzen), wenn der Kaiser die Avenue des
Residentenhauses erreicht hat und den Wagen verlässt. Majestätisch,
oder besser gesagt ruhig und langsam schreitet der Kaiser am Arm
des Residenten und der Kronprinz am Arm des Assistent-Residenten
durch den Saal zum Throne, der Teppich wird hinter ihnen sofort
aufgerollt, um nicht durch plebejische Füsse entweiht zu werden, und
vor dem Thronsessel lassen sich die beiden Grössen von den einge-
ladenen Europäern begrüssen. Die Gamelang wird in die Nähe des
Thrones gebracht, der Kaiser und der Resident setzen sich gleichzeitig
nieder, links von ihnen der Kronprinz und einige angesehene Pangerans,
während rechts die europäischen Gäste sich niedersetzen und einen ge-
nügend grossen Raum offen halten für die Serimpis (Bayaderen). Die
angesehensten Häuptlinge (Pangerans), welche in dem Zuge sich befanden, haben unterdessen in Galatenue (Fig. 13) ihre Equipage verlassen oder sind vom Pferde gestiegen und erscheinen nun am Eingange
des Saales, um dem Kaiser und dem Residenten ihre Huldigung zu
bringen. Dieses geschieht kriechend, d. h. in hockender Stellung
schob Jeder abwechselnd das rechte und linke Bein vor, wobei er sich
mit den ausgestreckten Händen auf den Boden stützte und in ruhigen
und gemessenen Bewegungen mit dem einen Beine den Sarong zurück-
schleuderte, gerade wie eine Dame der Schleppe ihres Kleides jeden
Augenblick ihren Platz anweist. In gemessener Entfernung bleibt er
stehen oder vielmehr sitzen, neigt sein Haupt bis zum Boden, erhebt
den Körper wiederum und führt die gefalteten Hände zur Stirne
(Sembah). Der Kaiser selbst aber sitzt unbeweglich wie eine Statue,
und ein wohl berechnetes Zwinkern mit den Augenlidern verkündet
jedem Häuptlinge, in welchem Grade seine Huldigung in den Augen
seines Herrn Gnade gefunden habe. Ein für den Neuling gewiss hoch-
interessantes Ballet, das wahrscheinlich beim zweiten Male, aber sicher
beim dritten Male die Zuschauer ermüden, ja selbst langweilen muss!

Dasselbe gilt von dem nun folgenden Tanze der Serimpis. Vier[1])
junge Mädchen erscheinen mit ebenso viel Hofdamen, welche unab-
lässig mit dem Ordnen der Toilette ihrer Schutzbefohlenen beschäftigt
waren. Diese Mädchen sind die Töchter von hohen Fürsten und werden
später die Nebenfrauen des Kaisers; sie haben einen Sarong, der, wie

---

[1]) Und nicht neun, wie es Veth in seinem „Java" erzählt, was übrigens
der Name Serimpi schon andeutet.

ich hörte, ein nur für sie bestimmtes Dessin hat.   Das Gesicht, der
entblösste Hals und Arme sind mit einer gelben Salbe (Boreh) bestrichen, und die Grenze der Kopfhaare wird durch schwarze Farbe
nach unten verrückt, ebenso wie der Kronprinz die Augenbrauen durch
einen dicken, schwarzen Strich gegen die Mitte der Stirne vergrössert
erscheinen liess.   Das Haar der Tänzerinnen hatte zahlreiche mit Diamanten und anderen Edelsteinen geschmückte Haarnadeln, und an
dem Halse hingen drei goldene Halbmonde.   Um die Taille befand
sich ein Schleier, welchen sie bei den Tänzen zur Unterstützung der
Anmuth in ihren Bewegungen zierlich zu gebrauchen wussten.

Was den Tanz dieser hübschen Mädchen betrifft, so mag er nach
europäischer Auffassung kaum so genannt werden; sie verliessen nie
ihren Platz, sondern drehten sich abwechselnd unter den sanften, weh-
müthigen Klängen der Gamelang an Ort und Stelle; beim Auftreten
und beim Verlassen des Tanzsaales machten sie ihre Sembahs.

Das ruhige und würdevolle Drehen wurde von steifen Bewegungen der Hände und Füsse begleitet; dabei wurden diese hyperexten-
dirt, so dass z. B. die Finger und der Ellenbogen in ihren Gelenken
oft einem Bogen von 190 ° entsprachen.

Wenn auch der Anfang mir gewiss ein gewisses ethnographisches
Interesse abgewinnen musste, so wurde doch die Monotonie des Tanzes
schon darum ermüdend und langweilig, weil er beinahe zwei Stunden (!!) dauerte, und auch die Gamelang nur wenig Abwechslung in
ihren sentimentalen, rührenden Weisen brachte.   Uebrigens fehlte mir
und auch den übrigen Europäern jedes Verständniss für diesen Tanz.
Die Tandakmädchen (öffentliche Tänzerinnen) (Fig. 8), welche man
täglich auf der Strasse solche Tänze aufführen sieht, sind weniger langweilig; erstens singen sie dabei Heldenlieder (leider mit kreischender
Stimme), und zweitens verlassen sie doch theilweise den Platz, auf dem
sie stehen.   Die Bewegungen dieser Tandakmädchen sollen eine cynische
oder erotische Basis haben, und manchmal glaubte ich es auch in
ihren Bewegungen zu entdecken.   Dem Tanze der Serimpis jedoch
fehlt nach meiner Ansicht diese Basis; hier sind diese seltsamen Bewegungen des Körpers und Verdrehungen der Hände und Füsse Selbstzweck.

Endlich nahm dieser Tanz sein Ende, die europäische Militär-
musik stimmte eine Polonaise an, der Resident gab dem Kaiser, der
Assistent-Resident dem Kronprinzen den Arm, ihnen schlossen sich der
Platz-Commandant mit der Frau des Residenten und die übrigen Hono-

ratioren an und machten zweimal die Runde durch den Tanzsaal.
Ueblicher Weise war der Schluss der Polonaise für die europäische
Gesellschaft ein Rundtanz, während der Kaiser ins Nebenzimmer zur
Whisttafel ging, an welcher die angesehensten und reichsten Land-
herren theilnahmen. Der Kaiser muss nämlich gewinnen, die böse
Welt erzählt auch, dass die Farmer untereinander ein Syndicat schliessen
und einen Fonds gestiftet haben, um auf Kosten aller Landherren den
Verlust der Spieler zu decken.¹) Ein Souper, welches die indische
Regierung bezahlt, ist der Schluss des Neujahrsfestes. Für 12 Uhr
war es bestimmt, aber seine Kaiserliche Hoheit hatte anders beschlossen.
Der Resident kam schon um 11½ Uhr in den Spielsalon, um quasi
den Kaiser an die Zeit des Soupers zu erinnern; der Kaiser liess sich
jedoch nicht stören. Endlich schlug es 12 Uhr und der Resident gab
ihm einen deutlichen Wink, indem er sich an den Eingang des Spiel-
salons stellte, von wo er ihn per Arm an die Tafel führen sollte.
Länger als zehn Minuten, vielleicht eine Viertelstunde liess er den
Residenten wie einen Bedienten vor der Thüre stehen, bis er endlich
sich herabliess, dem Spiel ein Ende zu machen und den gewonnenen
Preis seiner Whistkunst (?) einzustreichen. Unterdessen hatte sich der
Kronprinz im Tanzsaale aufgehalten und, wenn auch nicht dem
Tanze, so doch in echt europäischer Weise den Freuden des Festes
gehuldigt; namentlich im Flirten mit den europäischen Damen
leistete er geradezu Erstaunliches, obwohl er durch die Zeichnung von
grossen Augenbrauen mehr oder weniger zur Caricatur eines Menschen
geworden war. Die anderen ›Reichsgrössen‹ verfielen nicht so stark
diesem Uebelstand, weil sie bis auf das Kopftuch die Uniform ihres
Ranges trugen, in dem sie der Armee à la suite zugetheilt waren; der
Kronprinz jedoch trug nur einen kurzen Sarong über die Lenden, und
im Uebrigen beinahe ganz europäische Kleider.

Unterdessen hatte ich oder vielmehr meine Frau dem Ceremonienmeister viel Scherereien verursacht. Die vorige Nacht hatte meine Frau
nur drei Stunden geschlafen, der forcirte Marsch zu Fuss zum Bahnhof
hatte sie stark mitgenommen, und da sie aus Mangel an anderen
Kleidern und Wäsche bis 2 Uhr in denselben Kleidern bleiben musste,
so brachte ihr das Mittagschläfchen keine hinreichende Erholung. Die
Schwäche überwältigte sie, und ich ging also zu einem der beiden

---

¹) Weil der Kaiser selbst bis zum frühen Morgen spielen würde, um seinen
etwaigen Verlust wieder zurückgewinnen zu können.

Ceremonienmeister und theilte ihm mit, dass wir zu unserem Bedauern
wegen Unwohlseins meiner Frau nicht an der Hoftafel theilnehmen
könnten. Zu meiner grössten Ueberraschung gab er nur die kurze
Antwort: »Unmöglich« und eilte weg, um seine weiteren Anordnungen
zu treffen. Als aber das Unwohlsein meiner Frau zunahm, entfernte
ich mich unbemerkt, brachte sie nach Hause, und da ich die Ursache
des Unwohlseins in der grossen Ermüdung sah, ging ich beruhigt in
den Tanzsaal zurück, theilte es dem zweiten Ceremonienmeister mit und
bat ihn um Aufklärung des Wortes »Unmöglich« von Seiten seines
Amtscollegen.

»Ich kann jetzt endlich frei Athem schöpfen,« gab er mir zur
Antwort, »und Ihnen das non possumus meines Collegen erklären. Sie
sehen hier zwei grosse Tische, welche in der Form eines ⊤ ange-
ordnet sind; an dem horizontalen Tische sitzt der Kaiser, hat zu seiner
Rechten den Platz-Commandanten, zu seiner Linken den Residenten
und an diesen schliessen sich nach Rang und Würden die übrigen
europäischen Gäste an. An dem senkrechten Tische sitzen nur eingeborene Fürsten, deren Anzahl so ziemlich feststehend ist; da nebstdem ihr Rang nach Jahrhunderte alten Vorschriften (hadat) geregelt
ist, so ergiebt sich, wenn ich es so nennen kann, das Arrangement der
Sitzplätze von selbst, um so mehr, da diese Fürsten ihre Frauen nicht
mitbringen. Die Zahl der europäischen Gäste ist aber nicht nur
variabel im Quantum, sondern auch in der Qualität; bei jeder Hoftafel
muss daher aufs Neue die Sitzordnung der Gäste geregelt werden.
Zufällig sind Sie mit Ihrer Frau die jüngsten und niedrigsten im
Range, welche noch an diesem Tische Platz nehmen können; die übrigen
europäischen Gäste erhielten einen zweiten Tisch, an welchem sie sich
nach Belieben niederlassen können, weil der Rangunterschied derselben
nicht mehr gross ist. Was würde geschehen sein, wenn mein College
Ihre Absagung angenommen hätte? Der Platz hätte durch einen
Andern eingenommen werden müssen, aber durch wen? Sie wissen,
dass wir mit dem Platz-Adjutanten die Rangverhältnisse zwischen den
Officieren und Civilbeamten u. s. w. regeln; wir haben uns also geeinigt, auf Sie im Range die Civil-Ingenieure folgen zu lassen. Wir
haben deren zwei, welcher von Beiden hätte an der Hoftafel sitzen
sollen? Jedes Jahr bekommen wir Reclamationen über das Arrangement der Sitzplätze für die Europäer, und heuer sind wir dem glücklich
entronnen, nur dadurch, dass wir Ihre Absage nicht annahmen. Der
Sitz blieb leer — und hàbis perkàra.« (M. die Sache ist erledigt.)

Welche Speisen die eingeborenen Fürsten erhielten, habe ich leider nicht gesehen, und ebenso habe ich vergessen, ob auch der Kaiser sich an den officiellen Toasten betheiligte; nur erinnere ich mich noch, dass das erste Glas auf die Gesundheit des Königs von Holland getrunken wurde, und dass das letzte mit den Worten: Salâmat tánah Djawa! (Heil dem Lande Java!) den üblichen Schluss der Hoftafel brachte. Der Kaiser und alle Gäste erhoben sich, der Resident gab ihm den Arm, dasselbe that der Assistent-Resident mit dem Kronprinzen, und unter den stürmischen Klängen der Gamelang verliess der »Susuhunan« das Residenzgebäude. Auch ich ging nach Hause, und zwar mit dem Bewusstsein, in Europa ein schöneres Banket und einen schöneren Festzug, aber kein interessanteres Tableau als an dem vergangenen Tage jemals gesehen zu haben.

Im grellen Gegensatze zu der lauten und stürmischen Aufregung, welche die Festzüge in Europa charakterisiren, stand die Ruhe und Gelassenheit in allen Bewegungen der Theilnehmer, und wenn nicht die Gamelangs und die verschiedenen Musikchöre Abwechslung in die Monotonie gebracht hätten, wäre Langeweile der Grundton des ganzen Schauspieles gewesen. Ich habe zwei Jahre später Gelegenheit gehabt, eine solche klang- und sanglose Auffahrt bei Hof in Djocjokerto mitzumachen, wo sich der zweite selbständige Fürst von Java befindet. Er führt denselben Titel wie der Kaiser von Solo: Sultan, Hamangku Buwana, Senapati ing-ngalaga, Ngabdu'r-rahman, Sajidin Panatagama, Kalifahillah VII.,[1] nur dass anstatt Susuhunan = Heiligkeit Sultan, und für Paku = Nagel Hamangku = Herrscher der Welt genommen wird; auch in anderer Hinsicht ist der Unterschied zwischen dem Hofceremoniell zu Solo und dem zu Djocja sehr klein.

Am 23. November 1890 war der König von Holland gestorben, und sofort verständigten der Telegraph und die Post den ganzen indischen Archipel von dieser Trauermär. Nebstdem sollte noch ein eigenhändiges Schreiben, direct an den Sultan von Djocja (und natürlich auch an den Susuhunan = Kaiser von Solo) von Holland aus gerichtet, den officiellen Bericht bringen, dass König Wilhelm III. gestorben sei und seine Frau, »Königin Regentes« Emma, im Namen der unmündigen Königin Wilhelmina die Regierung über Holland und seine Colonien »im Osten von dem Cap der guten Hoffnung« auf sich genommen habe. Dieser Brief kam nach Djocja zur Zeit (Anfangs Ja-

---

[1] Seit dem 22. December 1877 auf dem Throne.

nuar 1891), als ich mich dort zu meiner Erbolung von dem in Tjilatjap
acquirirten Malariafieber aufhielt, und eines Tages zu dem Residenten
zum Nachtmahle eingeladen wurde. Gleichzeitig befand sich hier
der berühmte holländische Gelehrte Snouck Hurgronje als zweiter
Gast, welcher bei dem Residenten wohnte. Dieser Mann ist, wenn
nicht in Europa, so doch in Holland der beste Kenner der mohamedanischen Rechte und der Gesetze, ist der arabischen Sprache vollkommen mächtig, und ihm war es auch gelungen, verkleidet als arabischer Pilger nach Mekka zu kommen und an Ort und Stelle die Gebräuche des Islam in Mekka zu studiren; er war mit seinen reichen
Erfahrungen der holländischen Regierung ein verlässlicher Rathgeber
in allen Angelegenheiten des Islam. Unter anderem besprachen
die beiden Männer das Ceremoniell, welches bei der officiellen Mittheilung von dem Tode des Königs gehandhabt werden sollte. Als ich
hörte, dass es nur aus einer kleinen Deputation bestehen sollte, ersuchte ich den Residenten, ein Mitglied derselben sein zu dürfen. Er
verwies mich an den Platz-Commandanten, der natürlich nichts dagegen einzuwenden hatte, und so kam ich zu der seltenen Gelegenheit,
in den Kraton bis in die Gemächer der Sultanin gelangen zu können.

Unter Kraton versteht man keinen Palast nach europäischer Nomen-
clatur, sondern einen Complex von Gebäuden, welche mit einer Mauer
umgeben sind und von jener zahlreichen Menschenmasse bewohnt werden, die direct oder indirect zum Gefolge des Herrschers gehört. Der
Kraton zu Djocja wird von ungefähr 15.000 Menschen bewohnt, ist von
einer Mauer umgeben, welche 1200 Meter lang und 700 Meter breit
und 3½ Meter hoch ist.

An dem festgesetzten Tage gegen 11 Uhr erschienen zwei Gala-
Equipagen, in der ersten nahm nur ein Schreiber des Residenten Platz,
welcher ein Polster in den Händen hielt, darauf lag in einem Couvert
aus gelber Seide der officielle Brief der »Königin-Regentes« mit der
Nachricht von dem Tode S. M. des Königs von Holland; im zweiten
Wagen sass der Resident mit dem Platz-Commandanten, und in den
folgenden Wagen sassen der officielle Dolmetsch der javanischen Sprache,
ein Controlor, der Platz-Adjutant und meine Wenigkeit.

Längs dem Fort Rustenburg,[1] in welchem sich ein halbes Ba-

---

[1] Dieses Fort wurde im Jahre 1760 gleichzeitig mit dem Kraton gebaut.
Nach der herrschenden Anschauung darf ein Kraton nicht länger als ein (ja-
vanisches) Jahrhundert bestehen; die holländische Regierung gab aber in diesem
Jahrhundert zu einem Neubau nicht die Zustimmung.

taillon Infanterie, eine halbe Compagnie Artillerie, das Militärspital, die Magazine und der grösste Theil der Officierswohnungen befinden, und dem europäischen Clubgebäude kamen wir zunächst auf den Schlossplatz mit seinen zwei riesigen Waringinbäumen, wohin sich in früherer Zeit jene Unglücklichen (in weisse Kleider gehüllt) flüchteten, welche dem Sultan ein Bittgesuch überreichen wollten. Auch soll hier stets ein Tigerkäfig gestanden haben, in welchem jener Tiger gefangen gehalten wurde, welcher bei der Thronbesteigung eines Sultans mit einem Büffel (Karbouw) in Gegenwart des Hofes, der Beamten und des Volkes den Kampf aufnehmen musste. Da der Tiger in der Regel durch vieltägiges Hungern geschwächt war, und die Hörner des Büffels spitz geschliffen wurden, erlag immer der Tiger, und der Büffel ging immer als Sieger aus dem Kampfe hervor. An der Westseite des Schlossplatzes lag eine Moschee (missigit) von einem Wassergraben (ohne Brücke) umgeben, so dass Jeder gezwungen war, entsprechend den Vorschriften des Islams, seine Füsse zu waschen, bevor er das Heiligthum betrat.

Vor der Bansal witana, d. i. dem Zugang zu dem eigentlichen Kraton, welches ein Gang zwischen den zwei grossen Gebäuden für den Gerichtshof war, stieg Alles aus, der Kronprinz erschien und gab dem Residenten den Arm, neben ihm ging der Platz-Commandant, und der goldene Schirm (Pajong) des Residenten liess den Kopf des Obersten unbeschützt. Der offene Raum zwischen diesem Thor und dem nächsten, Bradjanala[1]) genannt, war mit Soldaten, »den Legionen« des Kaisers, ausgefüllt. Sofort werden wir uns mit diesen eingehender beschäftigen müssen, weil sie geradezu eine typische und originelle Erscheinung auf dem Hofe der beiden Kaiser zu Solo und Djocja bilden. Vor diesem Thore hielt ein europäischer Soldat Wache und gab jede Stunde durch einen Glockenschlag die Stunde des Tages an. Hier befanden sich auch zwei Pendoppo = offene Hallen, in welchen Gesandte, der Reichsverweser oder andere angesehene Personen warten müssen, um nach erhaltener Zustimmung zur Audienz vorgelassen zu werden. Wir gelangten durch das dritte Thor, »Sri Menganti«, welches uns zu den Wohnhäusern des Sultans selbst brachte, und vor dem Bangsal Kentjana = dem goldenen Pendoppo kam der Kaiser der Deputation entgegen.

Auch in der Nähe dieses Saales standen Soldaten; man muss sich vollkommen dem Eindrucke des Hofceremoniells hingeben, wenn

---

¹) Der Setzer hat bei allen Wörtern mit å nur a genommen; dessen Schuld ist es also, dass auch dieses Wort hier geschrieben ist, als ob es aus West-Java stammen würde.

man nicht beim Anblick dieser Helden ein lautes Lachen erschallen
lassen will. Die Legionen des Sultans sind 3—4000 Mann stark und
in zahlreiche Compagnien eingetheilt mit ihren eigenen Officieren, eigenen
Uniformen, Fahnen; jede hat zwei Tambours und zwei Pfeifer. Die
eine Compagnie, welche am meisten meine Aufmerksamkeit fesselte,
hatte einen Officier mit einem gelben Frack, grünen Hosen, grossen,
schwarzen Kanonenstiefeln, einem dreieckigen Hut mit einem grossen
Blumenstrauss, einem grossen, breiten Säbel in der Hand und einer
grossen, grünen Brille auf der Nase. Die Soldaten, welche um ihn
standen, hatten ungefähr dieselbe Uniform, waren jedoch mit einer
Lanze bewaffnet und hatten keine Brille, welche übrigens bei allen
übrigen Officieren offenbar als Zeichen ihrer Würde auf der Nase sass.
Die anderen Compagnien zeigten bedeutende und pittoreske Unter-
schiede; sie waren mit Krissen (Dolchen) oder Schwertern und Schild,
mit Lanzen oder Gewehr bewaffnet; sie hatten einen Sarong oder kurze
oder lange Hosen an; dreieckige Hüte oder spitz zulaufende Mützen
oder Helme aus den diversen Jahrhunderten; der Frack war gelb, roth,
blau oder schwarz; sie trugen weisse Strümpfe mit Lackschuhen oder
waren blossfüssig; kurz und gut, die Uniformen der letzten 300 Jahre
hatten ihre Vertreter in den Legionen der beiden Kaiser von Java
(Fig. 15).

Als Pendoppo hatte dieser Saal keine Wände, und doch sind die
Säulen, welche das Dach tragen, und dieses selbst, sofern es den
Plafond dieser Halle bildet, als alt-javanische Holzschnitzereien von
grossem historischen und architektonischen Werth. Zur Seite steigt
das Dach schief nach oben, und seine Balken haben ihre natürliche
Farbe, welche durch das hohe Alter dunkel und düster wurde. Diese
Balken jedoch sowie die der Caissons des mittleren Theiles, welcher
mattblau und roth ist, sind mit zahlreichen Arabesken, Blumen und
Thieren in Goldfarbe bedeckt; da aber das Gold dieser Verzierungen
auch nicht mehr neu und also nur mattglänzend war, so machte dieser
Saal einen düsteren Eindruck. Die Einrichtung bestand nur aus zwei
Thronsesseln und acht gepolsterten Stühlen, und der Boden bestand
aus Marmor.

Nachdem der Resident dem Kaiser den Brief überreicht hatte,
liess dieser den Reichsverweser den Brief öffnen und vorlesen; danach gingen wir uns setzen und Rheinwein trinken, welcher in schönen Gläsern herumgereicht wurde.

Aber einen noch selteneren Empfang sollte ich bei dieser Ge-

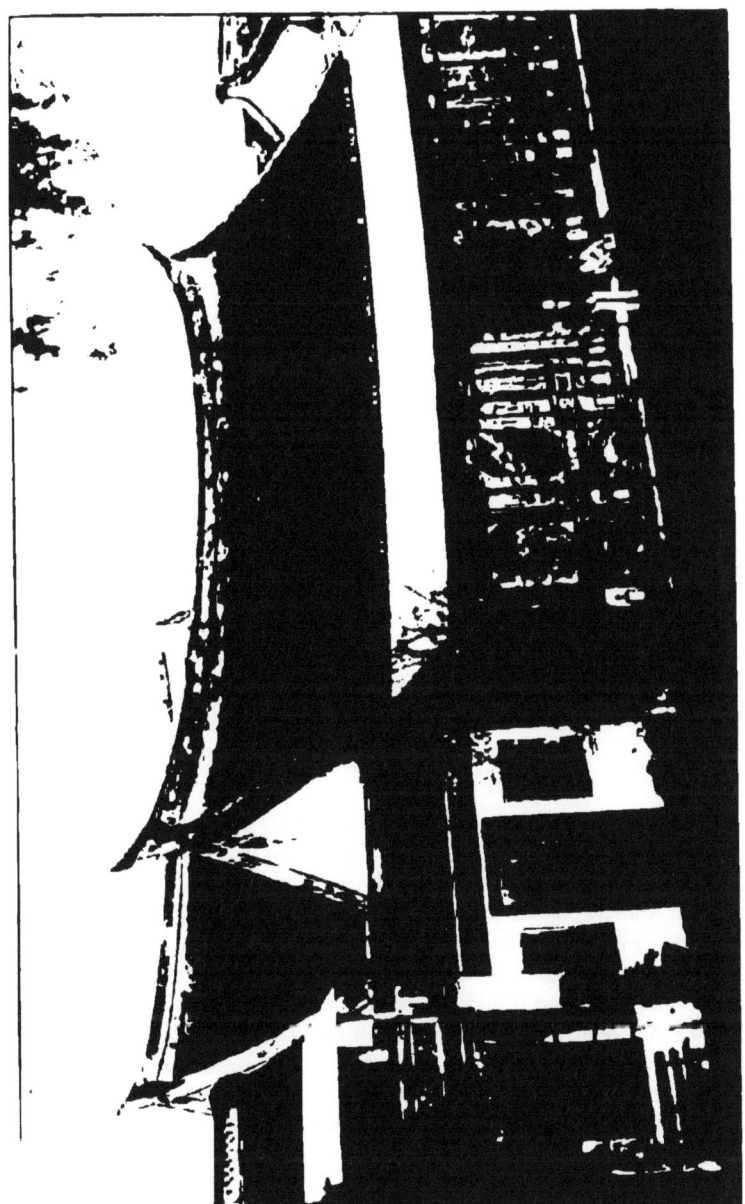

Fig. 12. Das Wohnhaus eines reichen Chinesen in Batavia.

legenheit mitmachen. Die Deputation wurde auch von der Sultanin empfangen.

Hinter der erwähnten Pendoppo befindet sich eine lange, offene Halle, an welche sich rechts die Gedong kuning, das gelbe Haus, die Wohnung des Sultans und die Dalem oder Prabajasa, die Wohnung der Sultanin anschlossen. Links von der Halle befanden sich die Ställe für die Pferde und Hunde, obwohl die letzteren nach den mohamedanischen Anschauungen haram = unrein sind.

In dem eigentlichen Palaste der ersten Sultanin empfing uns also des Sultans Favoritin; seine anderen Frauen und Gundiks hatten hinter der Prabajasa ihre Wohnungen, welche den Harem oder Kaputrén bilden und von keinem männlichen Wesen betreten werden dürfen. Aber auch in die eigentliche Wohnung des Sultans, in das gelbe Haus, mag niemals ein Mann ohne directe Einladung kommen, und natürlich noch weniger in den Palast der Sultanin. Alle Bedienung geschieht in beiden Palästen nur durch Frauen. Die Veranda, in welcher der Empfang der Deputation stattfand, war schlecht beleuchtet. Als wir eintraten, erhob sich von einem sehr langen Divan, der die ganze Länge der Mauer einnahm, die Sultanin, und der Resident stellte uns vor. Hierauf setzten sich die vier Grössen auf den Divan, und wir Uebrigen, dii minorum gentium, konnten stehen bleiben.

———

Den Kraton zu Solo will ich nicht beschreiben, weil ich nur wiederholen müsste, was ich in obigen Zeilen von dem Palaste in Djocja mitgetheilt habe, und weil ich dabei die Mittheilungen und Beschreibungen Anderer benutzen müsste. Nach dem Feste beim Residenten fuhr ich den nächsten Tag um 10 Uhr mit der Eisenbahn wieder nach Ngawie zurück, ohne von der Stadt mehr als den Thiergarten, das Fort Vastenburg, das Residenzgebäude und den schönen Palast des Prinzen Mangku-Negoro gesehen zu haben. Die Stadt hatte mehr als 100,000 Einwohner[1]) und machte auf mich keinen günstigen Eindruck. Vielleicht waren es die zahlreichen Spuren der jährlichen Ueberschwemmungen, welche der Stadt geradezu ein schmutziges und unappetitliches Aussehen geben. Sie liegt nämlich an der Mündung des

---

[1]) Darunter waren nach dem officiellen Ausweise vom Jahre 1892 1139 Europäer, 4167 Chinesen, 83 Araber, 241 „andere Orientalen" und 96,296 Eingeborene.

kleinen Flusses Pepé [1]) in den Bengawan (= Solo). welcher der grösste
Fluss Javas ist und in seinem oberen Laufe aus zahlreichen kleinen
Bergströmen besteht. Die Stadt hat aber eine grosse und schöne Zukunft, weil seit ungefähr sieben Jahren die Eisenbahn, welche Batavia
mit Surabaya verbindet, den Fremdenverkehr sehr erleichtert und den
Strom der Touristen nach diesen zwei höchst interessanten Kaiser-
reichen (Djocokarta und Surokarta = Solo) lenkt. Die Provinz ist
reich an Ruinen aus der Hinduzeit und hat zahlreiche Naturschönheiten (zahlreiche warme Quellen, Mofetten und auf dem Berge Lawu
eine kleine Bergkluft mit zwei Teichen, aus welchen giftige Gase [Kohlen-
stoff!] aufsteigen. Schwalbennesterhöhlen u. s. w.). Vielleicht am in-
teressantesten ist und bleibt die Anwesenheit eines orientalischen Fürsten
mit seinem ganzen Hofstaate, welcher am Gängelbande des Residenten
geht und bemüssigt wird, seinen despotischen Gelüsten nur noch im
Festhalten äusserer Formen zu genügen. Hatte nämlich die indische
Regierung grosse Schwierigkeiten, die depossedirten Fürsten anderer Provinzen Javas, welche sie als »Regenten« in das Corps der Beamten
aufnahm, von ihren despotischen Gewohnheiten zu befreien. so stand
sie gegenüber den beiden Fürsten von Solo und Djocja. welche äusser-
lich ihre Selbständigkeit behielten, geradezu vor einem Augiasstalle. Ich
bewundere die Geschicklichkeit und Ausdauer der holländischen Regierung, welcher es gelang, zwei diametral entgegengesetzte Regierungs-
principien in ihr Programm aufzunehmen und dieses erfolgreich durch-
zuführen. Diese sind: Die einheimischen Fürsten der unterworfenen
Stämme an die Spitze der Verwaltung als Beamte zu stellen, um die
dynastischen Gefühle der grossen Menge des Volkes zu schonen, und
andererseits den kleinen Mann vor den despotischen Gelüsten dieser Beamten zu beschützen.

Der beste Beweis nicht nur für die Richtigkeit dieser Principien.
sondern auch für den bedeutenden Erfolg derselben ist der ungeheure
Aufschwung, den Java im 19. Jahrhundert genommen hat, und der
sich in dem Wachsen der Bevölkerung und in der menschenwürdigen
Existenz des javanischen Bauers am deutlichsten zeigt. Java hatte
im Anfange dieses Jahrhunderts ungefähr 3,000,000 Seelen. und heute
beinahe 23 Millionen. Selbst bis in die abgelegensten Kampongs ist·
die kleine Petroleumlampe gedrungen, und beinahe jeder Dorfhäuptling

[1]) Entspringt auf dem Bergsattel zwischen den beiden Bergriesen Merapi
und Merbabu.

hat seinen runden Tisch mit einem bunten Tischtuch, einen Schaukelstuhl und seine Hängelampe.

Die Provinz Surakarta (= Solo) hat bei einer Grösse von 112,₀₀₅
☐ Meilen 1,176,833 [1]) Einwohner, also ungefähr 10,000 auf die Quadrat-
Meile, obwohl der Süden der Provinz von Kalkbergen durchzogen wird
und nur spärlich bewohnt ist.

Um ¹/₂12 Uhr kam ich wieder in Paron an, und der nächste Tag
(3. Januar 1889) sah mich wieder dem täglichen Leben in dieser
kleinen Stadt und dem anstrengenden Dienste im Fort zurückgegeben.

In dem Fort selbst befand sich das Spital von der 6.[2]) Rang-
klasse. Links von dem nördlichen Eingange des Forts befand sich
das einstöckige Gebäude, welches im Parterre das Bureau des Verwaltungsbeamten, die Apotheke mit dem Sprechzimmer des ›Eerstanwezenden Officiers van Gezondheid‹, und im ersten Stock die Säle
für die Kranken enthielt. Diese waren durch eine Brücke mit einem
zweiten Gebäude verbunden. Das Dach des Spitales war flach und
konnte eventuell zum Spaziergange von Reconvalescenten verwendet
werden. Der Eingang zum Spitale selbst war eine Treppe mit einer
eisernen Thüre, welche zu einem Corridor führte. Die Säle, welche
für die Sträflinge bestimmt waren, hatten eigene Thüren aus schweren
eisernen Stäben, und die Fenster, welche auf den Hofraum sahen,
eiserne Gitter. Die Säle für die Soldaten des Bewachungs-Detache-
ments hatten Thüren und Fenster ohne Gitter. Die Einrichtung des
Spitales bestand aus eisernen Betten mit Strohsäcken für die Pationten

---

[1]) D. h.: 2680 Europäer, 8058 Chinesen, 88 Araber, 241 Orientalen und
1.165,771 Eingeborene.

[2]) Die indische Armee hat zwei Sorten von Spitälern, solche mit selb-
ständiger Verwaltung, welche Spitäler heissen, und Marodenzimmer (= Ziekenzaal),
welche von dem Plats-Commandanten verwaltet werden. Die Spitäler werden
in 6 Klassen und die Marodenzimmer in 4 Klassen, je nach dem durchschnitt-
lichen Patientenstande, eingetheilt.

Das Spital 1. Kl. entspricht einem Krankenstande von 650 Mann 4. Kl.

„	„	2.	„	„	„	„	500	„ „
„	„	3.	„	„	„	„	350	„ „
„	„	4.	„	„	„	„	200	„ „
„	„	5.	„	„	„	„	100	„ „
„	„	6.	„	„	„	„	50	„ „

der 3. und 4. Klasse, und mit Matratzen mit Kapok[1]) gefüllt für die
Unterofficiere und Officiere und für jene Patienten der 3. und 4. Klasse,
für welche eine harte Unterlage gefährlich werden konnte, wie z. B.
bei Erkrankungen des Rückenmarks, bei Typhus u. s. w., bei welchen
leicht Brand durch Druck entstehen kann.

Der Stand der Krankenwärter war entsprechend der 6. Rang-
klasse: 1 Sergeant (Ziekenvader), 2 Corporäle (Bediende), 4 europäische
Wärter (Oppassers), 4 eingeborene Soldaten (Handlanger), 1 Bürger
und 10 Sträflinge.

Von diesen Krankenwärtern mussten einer für die Apotheke, ein
Koch und ein Unter-Koch bestimmt und ein >Handlanger< als Kutscher
für den Leichenwagen angewiesen werden. Nebstdem wurden ein Sträf-
ling der Apotheke und vier der Küche zugetheilt. Der Krankenwärter, welcher in der Apotheke die Dienste eines Gehilfen leistete,
war schon seit Jahren in Ngawie und hatte sich eine bedeutende
Fertigkeit im Verfertigen der Recepte u. s. w. angeeignet; das Reglement verbietet, einen solchen Mann derartige Dienste verrichten zu
lassen, und gestattet nur, demselben die niedrigsten Dienste eines
Apothekergehilfen anzuvertrauen, z. B. Papier schneiden, die Pillen-
masse zu kneten, Pulver zu stampfen u. s. w. Es war möglich, diesem
Gesetze zu entsprechen, so lange ich einen Assistenzarzt hatte; dieser
musste die Recepte des Spitals und der Bürger verfertigen, und so
brauchte ich wirklich den Gehilfen nur die kleinen, von dem Gesetze
erlaubten Handarbeiten leisten zu lassen.

Als aber dieser mir abgenommen wurde, stand ich vor einem
schwierigen Fall; ich hatte ein Spital mit 40—50 Patienten; ich musste
die Armen-, Civil- und Gerichtspraxis ausüben und gewiss auch die
erste Hülfe bei den besser situirten Europäern, Chinesen und Eingeborenen leisten, wenn sie den weiteren Verlauf auch dem nächsten Civil-
Arzte (in Madiun) hätten anvertrauen wollen; ich musste das Gefängniss
täglich besuchen, und, so lange ich keinen Doctor djawa zur Assistenz
hatte (auch dieser fehlte mir einige Monate), auch die Behandlung der
Prostitués auf mich nehmen, und doch bekam ich einen officiellen
Verweis, als es in Samarang bekannt wurde, dass ich die Recepte von
diesem nicht diplomirten Apotheker anfertigen liess!!

Dieses ist in Indien ein sehr beliebtes und gern angewandtes
Mittel gewisser Officiere, um den Untergebenen aus leicht motivir-

---

[1]) = Pflanzendune vom Wollbaume (Eriodendron anfractuosum Dec.).

baren Gründen die nöthige Assistenz abzunehmen, und dann auf diese Weise glücklich im Suchen nach Fehlern u. s. w. sein zu können. So oft ich nämlich nach Samarang schrieb, man möge mir einen Assistenzarzt senden, bekam ich entweder keine Antwort oder ich wurde auf den Mangel an Aerzten verwiesen, und dass ich mich so gut als möglich ohne Assistenz durchschlagen müsse.

Ich hatte einen Oberarzt, welcher also Anfangs October 1888 per Telegramm nach Samarang transferirt wurde, wo durch das epidemische Auftreten der Cholera eine Vermehrung der Militärärzte nöthig wurde.

Es war 3 Uhr Nachmittag, als ich in meinem Mittagschläfchen von diesem Oberarzte gestört wurde; mit einem Telegramm in der Hand klagte er mir sein Leid, sofort nach Samarang gehen zu müssen, wo die Cholera in fürchterlicher Weise herrsche und so zahlreiche Schlachtopfer fordere. Bald sah ich, dass die Furcht vor der Cholera ihn mehr beherrsche, als es sich für einen Arzt geziemt, und mehr, als es für einen Arzt in den Tropen zweckmässig ist, wo (besonders in Java) die Cholera endemisch ist und oft zu starker Epidemie exacerbirt.

Ich trachtete ihm also die Schwierigkeiten vor Augen zu halten, wenn er sich nicht seiner Cholerafurcht widersetze, und machte ihn aufmerksam, dass der Arzt vor ansteckenden Krankheiten ebenso wenig als der Soldat vor der feindlichen Kugel sich zurückziehen dürfe. Endlich bekannte er, dass die Furcht vor der Cholera ihn veranlasse, mich zu bitten, telegraphisch seine Transferirung zurückziehen zu lassen, weil die Choleraphobie, die Furcht vor der Cholera, eben schon eine Infection durch Choleragift sei. Da jedoch in Ngawie selbst die Cholera nicht herrschte, so war seine Furcht vor der Cholera gewiss nur psychischen Ursprungs, und ich machte ihn darauf aufmerksam, dass ich zufälligerweise aus eigener Erfahrung über das Wesen der Choleraphobie, welche gewissermaassen eine nervöse Form dieser Krankheit im leichtesten Grade darstellt, einen richtigen Einblick habe.

Ich selbst hatte nämlich im Jahre 1873 daran gelitten. In Wien herrschte in diesem Jahre die Cholera, ohne viel Opfer zu fordern. Nur 60 oder 90 Todesfälle waren vorgekommen, trotzdem die Weltausstellung Hunderttausende von Menschen dahin gelockt hatte. Es war an einem warmen Augusttage, als ich in der Donau ein Bad nehmen wollte und auf der Treppe von einem beängstigenden Gefühle ergriffen wurde; ich stieg nicht in's Wasser, sondern kleidete mich an. Dabei hatte ich keinen anderen Gedanken, als den, an der Cholera erkrankt zu sein; ich bekam Zwicken und Kneipen in dem Bauch und eilte sofort nach der Stadt, um in einer Apotheke zehn Tropfen Laudanum zu nehmen. Die Angst in der Magengrube (Präcordialangst) nahm zu, ich bekam Diarrhöe, und in fürchterlicher Aufregung rannte ich in meine Wohnung, ohne durch die angewendeten Hausmittel beruhigt zu werden. Die Nacht brach herein, und ich sehnte mich nach dem Schlafe; aber in dem Augenblicke, als ich einschlafen sollte, wurden die Schmerzen im Bauche so arg, dass ich aus dem Bette sprang mit dem Gedanken: »Jetzt erfasst mich wirklich die Cholera.« Endlich gegen 4 Uhr schlief ich ein. Dieser Zustand dauerte vier Wochen lang und nichts half dagegen, bis ich endlich einen Entschluss der Verzweiflung fasste: aut — aut, und ich meldete mich für Ungarn an — als Choleraarzt. Während dieser vier Wochen durfte ich das Wort Cholera weder hören noch lesen, oder ich bekam die ganze Reihe der nervösen Aufregungen mit oder ohne Diarrhöe; ganze vier Wochen lang kam ich nicht vor 4 — 5 Uhr in den Schlaf, weil mich jedesmal beim Einschlafen das Schreckensgespenst der Cholera aus dem Schlafe riss.

Weiterhin erzählte ich ihm, dass ich diesen Anfällen von Cholerafurcht auch in Ungarn, wo damals eine fürchterliche Epidemie geherrscht hatte, begegnet sei. Bei meiner Ankunft in Eperies wurden mir einige Dörfer in den Karpathen zum Platze meiner Thätigkeit angewiesen, und einer der Beamten begleitete mich, um mich dort zu installiren. Zu meinem Standplatz wollte er die Wohnung eines Försters wählen, der mitten im Gebirge wohnte und gewiss gern mir Gastfreundschaft bieten würde. Als wir dahin kamen und dieser junge Mann alle diesbezüglichen Winke meines Reisebegleiters nicht verstehen wollte, frug ihn dieser zuletzt direct, ob er mich nicht in sein Haus aufnehmen wollte. »O ja, sehr gern,« erwiderte er, »wenn mir der Herr Doctor verspricht, niemals das Wort Cholera in meinem Hause auszusprechen.« Der Mann also, der in den Karpathen allein wohnte, weder Teufel noch Bären noch Wölfe fürchtete, wurde schon durch das Wort »Cholera« in Angst versetzt. Natürlich erklärte ich hierauf meinen festen Entschluss, irgendwo anders eine Wohnung zu suchen.

Das sind zwei ausgesprochene Fälle von Choleraphobie, weil beide in einer von der Cholera inficirten Gegend auftraten, während mein Assistenzarzt keine anderen Symptome als die der Furcht zeigte. Ich wies im weiteren Verlaufe auch auf die geringe Gefahr der Ansteckung

von Seiten eines Arztes hin, weil er so wenig in directen Contact mit
den Entleerungen der Patienten komme. Als in Ungarn im Jahre
1873 in einigen Dörfern die Cholerakranken von ihren gesunden Angehörigen verlassen wurden, und dadurch ohne Pflege und ohne Behandlung blieben, legte sich ein Arzt, dessen Name mir leider entfallen
ist, ins Bett zu einem sterbenden Cholerakranken; dieser Arzt blieb
am Leben. Wenn auch drei Krankenwärter in Batavia starben, welche
Cholerakranke verpflegt hatten, so sei darum der Arzt doch nicht mehr
bedroht, als alle anderen Menschen, welche in demselben Orte wohnen,
weil er nur selten oder niemals von den Entleerungen der Kranken
beschmutzt werde, und wenn dies zufällig geschehe, er sich auch sofort reinigen und desinficiren könne. Ja noch mehr: wie viel Aerzte
hätten in persona bei Cholerakranken die Tanninklystiere gegeben, ohne
darum ihre Hülfeleistung mit dem Leben zu bezahlen. Wie oft hätte
ich selbst, trotz meiner Cholerafurcht, den fürchterlich nervösen Erscheinungen, welche mit Diarrhöe gepaart gingen, den Cholerapatienten
Morphium subcutan eingespritzt (das allerdings nicht resorbirt wurde),
ich predigte tauben Ohren. Zuletzt erklärte mein Assistenzarzt — er
sei krank, er leide an einem Darmkatarrh! —

>So,< erwiderte ich hierauf, >Sie sind krank; in der brennenden
Sonnenhitze von vielleicht 37° kommen Sie zu mir, und Sie sind so
krank, dass Sie Ihrer Transferirung nicht folgen können?! Nebstdem
sind Sie gestern Abend bis in die späte Nachtstunde im Club gewesen,
und Sie haben heute Vormittag nicht nur Ihren Dienst im Fort gethan,
sondern sind auch in die Stadt zu Ihren Privatpatienten gefahren ...
Doch wenn Sie sagen, dass Sie krank seien, muss ich es Ihnen glauben.
Gehen Sie nach Hause, ich komme um 5 Uhr zu Ihnen, um Sie zu
untersuchen, und ich bitte Sie, wenn möglich, mich auch Ihren Stuhl
sehen zu lassen.<

Als ich um die angegebene Stunde kam, erklärte er mir, seiner
Transferirung Folge zu geben.

Vier Tage später kam er zurück, und ein Brief des Landes-
Sanitätschefs machte mir die heftigsten Vorwürfe über meine inhumane
Handlungsweise, einen Mann den Gefahren der Cholerainfection auszusetzen, der an einem Katarrh des Dünn-, Dick- und Mastdarms leide.
Ich vertheidigte mich, nach meiner Ansicht, mit vollkommenem Erfolg;
wie überrascht war ich jedoch, am Ende des Jahres in meiner Conduiteliste zu lesen: Nicht hinreichend selbständig, hat sich ober-
flächlich gezeigt in der Erfüllung seiner Pflicht als Chefarzt

gegenüber seinem Assistenzarzt. Sein militärisches Benehmen ist tadelnswerth; verrichtet seine Dienstpflichten
mit Eifer, doch nicht immer in passender Weise; er verdient
also keine Beförderung!!

Ich reichte meine Vertheidigung an den Armee-Commandanten
ein, indem ich die einfache Thatsache mittheilte mit der Bemerkung,
dass der Soldat ins Feuer und der Arzt zu ansteckenden Krankheiten
gehen müsse, und dass ich so überzeugt sei, nach Recht und Gewissen
gehandelt zu haben, dass ich bei Wiederholung dieses Falles wieder
in gleicher Weise zu Werke gehen würde.

Während bis Ende März alle Conduite-Listen bei dem Armee-
Commandanten eingelangt sein müssen, nachdem der Platz-Commandant,
der Landes-Sanitätschef, der Landes-Commandant und der Sanitätschef
ihre etwaigen Zusätze und Anmerkungen hinzugefügt hatten, befremdete
es mich, im April noch keine Antwort auf diese Vertheidigung erhalten zu haben. Bis Ende März müssen nämlich die Conduite-Listen
mit den etwaigen Vertheidigungsschriften aus dem ganzen Archipel
eingegangen sein. Von Java selbst gelangen diese »Papiere« schon in
den ersten Wochen des Monats Januar nach Batavia und werden
sofort erledigt, d. h. entweder im Kriegs-Departement deponirt oder es
werden in strittigen Fällen zur weiteren Behandlung die Erhebungen
gepflegt.

Aber Anfangs Juli hatte ich noch keine Antwort; endlich hiess
es, dass der Landes-Commandirende, General von K., kommen sollte,
über die Garnison von Ngawie Inspection zu halten.

In üblicher Weise wurde den Officieren und Mannschaften der
Tag und die Stunde angegeben, an welchen sie ihre etwaigen Ansuchen
dem Landes-Commandirenden vorbringen konnten. Es war für mich
eine schwere Arbeit, zu sorgen, dass sich das Spital und die Apotheke
mit ihren Magazinen in reglementärer Ordnung befanden, und dass alle
Rapporte bei der Hand waren, welche dem General beim Erscheinen
im Spitale vorgelegt werden sollten. An den Inspectionen der Casernen
und Officierswohnungen musste ich theilnehmen, um etwaige von mir
angegebene hygienische Uebelstände zu demonstriren oder von anderer
Seite eingebrachte hygienische Fragen zu begutachten, und ich hatte
keinen Assistenten, um den Dienst in der Apotheke, im Gefängnisse,
im Frauenspitale und in der Civilbevölkerung von ihm verrichten lassen
zu können. Im Drange der Geschäfte vergass ich also, auch mich
anzugeben und den General um Mittheilung über den Stand meiner

Vertheidigungsschrift zu bitten. Jedoch an dem Revolverschiessen der Officiere betheiligte ich mich; ich sollte als letzter an die Reihe kommen und unterhielt mich unterdessen mit dem Adjutanten des Generals, einem alten Bekannten aus der Zeit meines Aufenthaltes in Sumatra, und frug ihn, ob ihm nichts bekannt sei, welche Erledigung bis jetzt, d. h. nach 6 Monaten Zeit, meine »Affaire« genommen hätte. Er glaubte, mir eine ausweichende Antwort geben zu müssen, welche mich annehmen liess, dass mein Recurs ungünstig erledigt worden sei; dies erregte mich so mächtig, dass ich, aufgerufen, an den Schiessstand zu treten, den Revolver bei dem Laufe in die Hand nahm; ein schallendes Gelächter weckte mich aus meiner Verlegenheit, doch ich schoss so gut, dass die Ehre des ärztlichen Standes als Schütze gerettet wurde. Drei Tage später erhielt ich von dem Landes-Sanitätschef die Mittheilung, dass der Armee-Commandant

».... mit Rücksicht auf die günstige Conduitebeurtheilung, welche »de Officier van Gezondheid«, Breitenstein, bis jetzt hatte, die in Colonne I mitgetheilte unrichtige Behandlung von Sachen [1]) als einen vereinzelten Irrthum in gutem Glauben angesehen habe« und dass »Seine Excellenz auf Grund dieses wünscht, die im Jahre 1887 gefüllte Beurtheilung vorläufig aufrecht gehalten zu sehen ...«

Diese Mittheilung des Sanitätschefs war datirt vom 3. Juni 1889, wurde einen Monat später auf Urgenz des Landes-Commandirenden mir eingesendet und trug auch die Spuren der Fälschung; Juni war verändert in Juli!!

Es geschieht selten, dass eine Conduitebeurtheilung von dem Armee-Commandanten gänzlich zu Gunsten der Reclamanten abgeändert wird, und wenn es geschieht, ist es ein Pyrrhussieg; denn seine Vorgesetzten sehen darin mit Recht eine Niederlage, welche sie in ihrer Existenz, d. h. in ihrer eigenen Beförderung bedroht und — nehmen Rache.

Dieser Bescheid des Sanitätschefs zeigt das militärische Leben in einem eigenthümlichen Lichte, und es drängt sich die Frage auf, ob diesem ein richtiger Standpunkt zu Grunde liege.

Das Vergehen, welches so stark war, dass ich »nicht würdig« und »nicht geeignet« war, befördert zu werden, wurde vom Armee-Commandanten als bestehend angenommen, und nur im Gnadenacte wurde mir die Strafe für dies Vergehen (??) erlassen, weil ich »in gutem

---

[1]) d. h. die Affaire der Transferirung des Assistenzarztes.

Glauben geirrt hätte«, d. h. mit anderen Worten, dass der Landes-
Sanitätschef nicht unrichtig mich beurtheilt hätte. Das Princip,
welches dieser Aeusserung zu Grunde liegt, ist die Wahrung
der Autorität des Chefs gegenüber seinen Untergeordneten.
Wenn wir von Uebertreibungen absehen, ist dieses Princip im militärischen Leben ein richtiges und gesundes, es wird auch mit Recht
bei allen Disciplinaruntersuchungen angewendet; in strittigen Fällen wird
dem Höheren mehr geglaubt als dem Untergebenen; wird damit ein
Missbrauch getrieben, so hat jeder Soldat das Recht, auch wegen einer
auf dem Disciplinarwege aufgelegten Strafe zu reclamiren und die Entscheidung eines Kriegsgerichts anzurufen, welches jedoch als Jury das
objective Beweisverfahren übt. Es ist auch dafür gesorgt, dass dieser
Schritt nicht leichtsinnig unternommen werde. Entscheidet das Kriegsgericht (Krygsraad) zu Ungunsten des Reclamanten, so wird nicht nur
die primäre Strafe ins Strafregister aufgenommen (die Strafe selbst muss
ja nach dem Reglement abgebüsst sein, bevor er an das Kriegsgericht
appelliren kann, nebstdem muss der Reclamant die ganze Zeit hindurch Casernenarrest halten), sondern er wird jedenfalls noch einmal
gestraft, weil er durch seine leichtsinnige Reclamation bewiesen hat, nicht
die seinem Chef schuldige Ehrfurcht zu besitzen. Officiere müssen
nebstdem alle Kosten tragen, welche etwaigenfalls damit verbunden
waren.

Das Princip ist, ich wiederhole es, ein richtiges, aber die Ausführung desselben lässt vieles zu wünschen übrig. Ich habe in dieser
»Affaire« correct gehandelt, ich habe mit Ueberlegung gehandelt; ein
praktischer Blick leitete meinen Entschluss, den Assistenzarzt ärztlich
untersuchen zu wollen, da er sich »krank« meldete. Er fürchtete diese
Untersuchung; wenn mir von Samarang geschrieben wurde, er habe
ein Leiden des Dünn-, Dick- und Mastdarmes gehabt, so konnte ich nichts
anderes darauf antworten, als: Bis zur Stunde der Abreise lebte er als
ein gesunder Mensch, der sich nicht einmal in der Freude des Lebens
beschränkte. Bei seiner Zurückkunft nach vier! Tagen lebte er wieder wie jeder andere gesunde Mensch; Furcht war also die Ursache
seines Leidens. Darf es also geschehen, dass die Rachsucht seines
Chefs jenen unglücklichen Glücklichen verfolgt, der in seinem Recurse
an die höchste militärische Autorität rehabilitirt wird? Sollte in solchen Fällen nicht sofort die Pensionirung des Chefs erfolgen, welcher
sich von seinen persönlichen Gefühlen der Antipathie hinreissen lässt,

um aus unbegründeten, bei den Haaren herbeigezogenen Ursachen
einem jungen Manne, die Carrière abzuschneiden und die ganze Zukunft zu zerstören!

Die Cholera beschränkte sich im Jahre 1888 auf Samarang und
Umgebung und kam nicht nach Ngawie. Ich hatte zwar vier Fälle,
sie kamen jedoch in vielwöchentlichen Pausen vor und nur bei Säufern.
Alle vier Patienten waren Gehülfen des Koches und bekamen für die
Ablieferung der Abfälle der Küche an den chinesischen Schweine-
händler von ihm täglich eine Flasche Sagueer[1]) oder Arac. Solche
vereinzelten Fälle sind in Indien häufig, weil die Cholera dort eben
endemisch ist und es wahrscheinlich auch immer gewesen ist, wenn
auch Semelink behauptet, dass vor dem Jahre 1817 die Cholera in
Indien unbekannt gewesen sei. Die Beweise, welche dieser indische
Oberstabsarzt in seinem Buche dafür bringt, gründen sich grösstentheils
auf philologische Untersuchungen, auf welches Gebiet ich ihm nicht
folgen kann. Mittheilungen bacteriologischer Art sind natürlich in diesem sonst fleissig bearbeiteten Buche nicht enthalten, und in der Zahl
der Todesfälle einen Unterschied zu machen zwischen asiatischer Cholera
und Cholera nostras hat doch gar keine wissenschaftliche Basis. Wenn
also Oberstabsarzt Semelink auf philologische Gründe basirt behauptet, dass vor dem Jahre 1817 auch in Indien die epidemische
Cholera asiatica nicht vorgekommen sei, und dass die Beschreibungen
solcher Fälle an Malaria oder Vergiftungen mit Datura oder Arsenik
u. s. w. erinnern, so kann dieser Behauptung nicht widersprochen werden; aber jeder unbefangene Leser wird z. B. im folgenden Satze, welcher auf einem Steine eines alten Tempels sich befand und einem
Schüler Buddha's zugeschrieben wurde, in erster Reihe an Cholera und
nicht an Malaria denken. Dieser Satz lautet:[2]) »Die blassen Lippen,
das abgemagerte Gesicht, die hohlen Augen, der eingezogene Bauch,
die zusammengezogenen und gekrümmten Extremitäten, wie wenn sie
dem Feuer ausgesetzt gewesen wären, charakterisiren die Cholera, welche
durch die boshaften Beschwörungen der Priester niedersteigt, um die
braven Menschen zu verderben. Der dicke Athem bleibt an dem Ge-
sichte des Kriegers hängen, seine Finger sind in verschiedener Weise

[1]) Sagueer oder tuwak wird aus dem Safte der Blüthenkolbe der Areng-
palme (Saguerus saccharifer) gewonnen.
[2]) Nach van der Burg II, Seite 169.

zusammengezogen und verdreht, er stirbt in Krämpfen, als Schlachtopfer der Cholera von Siwa.«

Vielleicht wird ein Bacteriolog sich finden, der z. B. in den
Gräbern verstorbener Hindus Cholerabacillen finden wird; denn ohne
diesen Befund wird die Behauptung Semelink's, dass die Cholera vor
dem Jahre 1817 auch in Indien nicht vorgekommen sei, auf wissenschaft-
licher Basis nicht widerlegt werden können; wenn aber im Jahre 1768
auf der Küste von Coromandel 60,000 Menschen einer Krankheit erlegen sind, welche die der Cholera eigenen Symptome hatte, ist es
schwer, darin eine Malaria-Epidemie zu sehen, weil es gewiss noch
niemals vorgekommen, dass die plötzlichen Todesfälle, veranlasst durch
die Malaria und bekannt unter dem Namen Febris perniciosa, in so
grosser Zahl vorkommen, als es in dem Charakter der Cholera-
Epidemien gelegen ist.

Es drängt sich uns eine andere Frage auf, welche der Bacteriologe
momentan vielleicht als steril zurückweisen wird; aber in Zukunft wird
man auch unsere Ansicht reiflich in Erwägung ziehen müssen.

Vor dem Jahre 1885 war Atjeh (im Norden Sumatras) die Heim-
stätte zahlreicher und heimtückischer Malariaformen; in diesem Jahre
brach eine fürchterliche Epidemie von Beri-beri aus, welche z. B. das
Hülfs-Bataillon der Maduresen in drei Monaten Zeit decimirte!

Ich habe zu wiederholten Malen Malariaformen gesehen, die schwer
von Lungenentzündung oder Typhus zu unterscheiden waren, ja noch
mehr, ich habe, ich möchte fast sagen, eine ganze lange Entwicklungs-
reihe von typischer Malaria bis zu ausgesprochenem Bauchtyphus gesehen.

In beiden Fällen musste ich diese Krankheiten »Bruder und
Schwester« nennen, d. h. verwandte Krankheitsformen auf miasmatischer Basis.

Sollten also auch nicht Cholera und Malaria miasmatische Krankheiten sein, welche wie Bruder und Schwester mit einander verwandt sind?
Wenn ich das Bild der wenigen Fälle von Febris perniciosa cholerica
vor Augen halte, welche ich zu beobachten Gelegenheit hatte, und es
vergleiche mit jenen der Cholerakrankheit, dann werde ich vielleicht
mit dem deutschen Bilde, sie gleichen wie ein Ei dem andern, deutlicher meine Ansicht ausdrücken als mit dem holländischen »Bruder
und Schwester«; aber mit beiden Bildern will ich die Verwandtschaft
dieser beiden Krankheiten aussprechen und die Polymorphie der Bac-

terien als Krankheitserreger nur andeuten. Für die Systematik sind die
Worte: Plasmodien und Cholerabacillus gewiss von hohem Werthe; in
der Praxis wird uns das Wort Miasmen in der Lehre der Malaria
bessern Dienst leisten und in der Aetiologie der Cholera den Weg zu
einer richtigen Prophylaxis zeigen.

Im Jahre 1817 hat also die Cholera ihre erste grosse Weltreise
angetreten; sie dauerte sieben Jahre lang und hatte zu ihrer Ausbreitung auf den Inseln des indischen Archipels drei Jahre nöthig. Interessantes hierüber theilt der »Militär-Krankenrapport über Java und
Madura« 1847 mit, und darum wird vielleicht ein Auszug von den
Mittheilungen des Sanitätschefs Dr. W. Bosch aus dieser Zeit nicht
unerwünschte Beiträge zur Geschichte der Verbreitung der Cholera
geben:

»Schon im vorigen Jahrhundert trat die Cholera bald sporadisch,
bald epidemisch auf; immer aber verschwand sie bald, ohne viele Opfer
zu heischen. Doch im Jahre 1817 trat sie als heftige Epidemie in
Hindostan auf und raubte Hunderttausenden das Leben. Zuerst brach
sie in der Umgebung von Calcutta aus und erreichte bald die Stadt,
wo jede Woche 200 Menschen oder $^1/_{000}$ der Bevölkerung daran
starben, ohne dass man die Ursache oder den ersten Keim der Entwicklung entdecken konnte. Von dort pflanzte sie sich nach China
fort und wüthete in den Hauptstädten Peking und Canton; weiterhin
zog sie im Jahre 1818 nach Madras und nach der Südküste von
Coromandel und erreichte am Ende dieses Jahres Ceylon. Weiter besuchte sie die Westküste von Vorderindien, den Golf von Persien,
Cochinchina, Manila, Pulu (Insel) Pinang, Singapore, Malacca und im
Jahre 1820 Mauritius und den Golf von Siam.«

»Obwohl der Gouverneur von Pulu Pinang und der Prof. Reinwardt diese Krankheit auf das bestimmteste für nicht ansteckend
erklärt hatten, glaubte doch unsere Regierung die Ansteckungsfähigkeit
für zweifelhaft halten zu müssen, und es wurde vorsichtshalber ver-
ordnet, dass von den Schiffen, welche aus oben genannten Gegenden
kamen, Niemand ans Land gehen sollte, bevor eine ärztliche Commission
untersucht hatte, ob sich keine verdächtigen Kranken oder Reconvalescenten an Bord befanden. Auch sollten die Residenten in Ueber-
einstimmung mit den Aerzten jene Maassregeln festsetzen, welche die
localen Verhältnisse erfordern sollten. Zugleich wurde der Bericht des
Gouverneurs von Malacca in den batavischen Zeitungen publicirt.«

»In einem Briefe vom 19. Januar 1820 berichtete der Resident
von Batavia an die Regierung, dass die Brik Fanny, welche von
Mauritius angekommen war, die Nachricht gebracht hatte, dass dort
die Cholera ausgebrochen war und in drei Wochen 3000 Menschen
dahingerafft hatte, dass dieses Schiff Quarantaine halten musste, welche
Maassregel gebilligt wurde, ebenso als die Isolirung der Schiffe, welche
die Strasse von Sunda passirten. Bald zeigte es sich, dass alle Vorsichtsmaassregeln vergebens genommen waren. In der Nacht vom 22.
auf den 23. April 1821[1]) brach die Cholera in Mittel-Java, und zwar
in Samarang aus, ohne dass eine strenge Untersuchung constatiren
konnte, von wo sie gekommen war und aus welcher Ursache sie sich
entwickelt hatte . . .«

»Die Schiffe, welche auf der Rhede von Samarang lagen, wurden
genau untersucht; aber es meldete der Militärarzt Bakker,[2]) dass
auf keinem der Schiffe eine Spur der Krankheit zu finden war, so
dass ihr Entstehen auch hier ein Räthsel blieb. Aber sicher ist es,
dass sie nicht über See eingebracht wurde, und dass zu Land kein
Verkehr mit irgend einem der inficirten Orte bestand.[3]) Unterdessen
kamen auch einige Cholerafälle in Demak vor, welches im Osten von
Samarang liegt . . .«

Von 786 Javanen findet man in dem Staatsarchiv einen sehr
genauen Rapport, welcher von einem eingeborenen Häuptling verfasst
war. Aus diesem ist ersichtlich, dass gestorben waren

am 22. April   3 Menschen
„   23.   „   6   „
„   24.   „   15   „
„   25.   „   53   „
„   26.   „   42   „
„   27.   „   85   „
„   28.   „   99   „
„   29.   „   87   „
„   30.   „   126   „ (NB. Abends Regen)
„   1. Mai   77   „
„   2.   „   99   „
„   3.   „   94   „

---

[1]) Ist wahrscheinlich ein Druckfehler und soll 1820 heissen; denn schon im
Jahre 1818 hatte sich die Cholera auf Java gezeigt.

[2]) Auch er fiel später als Opfer der Cholera.

[3]) ?? der Uebersetzer.

Es starben binnen 1 Stunde 51 Menschen
           2 Stunden 46 „
           3 „ 39 „
           4 „ 60 „
           5 „ 40 „
           6 „ 38 „
           7 „ 49 „
           8 „ 35 „
           9 „ 32 „
         10 „ 40 „
         11 „ 33 „
         12 „ 73 „
         18 „ 31 „
         24 „ 65 „
     48—80 „ . 7 „

Die weiteren Mittheilungen des Sanitätschefs Dr. Bosch will ich unerwähnt lassen, weil sie nur der Spiegel der damaligen Rathlosigkeit sind, was die Aetiologie dieser Krankheit betrifft.

Wenn ich auch den statistischen Angaben aus dieser Zeit absolut keinen Werth beilege, und auch die Mittheilungen über die angeblich unternommenen »genauen« Untersuchungen geradezu bezweifle, so glaube ich doch, natürlich ohne weiteren Commentar, die mir zugänglichen Ziffern über die Cholera auf den Inseln des indischen Archipels mittheilen zu sollen.

Von 1821 bis 1832 starben in der Armee an Cholera 559, 118, 200, 158, 147, 256, 183, 281. 330, 261. 115. 30 (das erste Halbjahr) = 2638, und 8487 waren erkrankt.

Dr. W. Bosch theilt weiter mit, dass vom Jahre 1832 an die Rapporte über die Cholera schweigen, so dass »man annehmen muss, dass die eigentliche Cholera nicht mehr vorgekommen ist«, und dennoch — sind unter der Statistik der in der Armee behandelten Krankheiten von der ersten Hälfte des Jahres 1847 24 Patienten mit 5 Todesfällen angegeben. Da dieser Summirrapport über »das erste halbe Jahr 1847« erst in 1850 erschien, so lässt sich dieser Widerspruch nicht anders erklären, als dass die sporadischen Fälle ausser Betracht blieben.

Wenn wir die weiteren Jahre, deren Berichte mir zugänglich sind, betrachten, so sehen wir, dass die Cholera in Indien endemisch ist.

Vom Jahre 1852 bis 1885[1]) starben an Cholera in Java (und Madura) 3122 europäische, 189 afrikanische und 1138 eingeborene Soldaten.[2])

Vom Jahre 1891 bis 1895 kamen 185, 91, 41, 1, 1, zusammen 319 Todesfälle an Cholera vor, während im Jahre 1896 137 und im Jahre 1897 229 Bürger dieser Seuche erlagen.

Die Ziffern des Jahres 1891 bis 1895 sollten beweisen können, dass die Cholera auf den Inseln des indischen Archipels nicht endemisch sei, sondern wie in Europa hin und wieder verschwindet und dann wieder entsteht und in der Form einer Epidemie Hunderte und Tausende hinwegrafft. Das Gegentheil ist richtig. Gerade die Thatsache, dass in den Jahren 1894 und 1895 nur vereinzelte Fälle in der Armee vorkamen und sich nicht ausbreiteten, gerade dies ist das Charakteristische einer endemischen Krankheit.

Warum jedoch solche vereinzelte Fälle manchmal und glücklicherweise nicht immer zu grossen Epidemien die Anläufe werden, dafür fehlt uns jedes Verständniss. Dies ist ja nicht allein mit der Cholera der Fall; es kommen ja in Europa isolirte Fälle von Pocken, Diphtheritis, Lungenentzündung, Dysenterie, Typhus und Scharlach vor, und in Indien geschieht dasselbe mit der Malaria, während im anderen Jahre diese Infections-Krankheiten epidemisch auftreten und sich rasch über grosse Strecken verbreiten. Will man sich mit der Erklärung begnügen, dass in dem einen Falle sich weiter keine dazu disponirten Menschen fanden, in dem zweiten Falle sich jedoch zahlreich solche Individuen einstellten — auch recht: »Wo Begriffe fehlen, da stellt ein Wort zur rechten Zeit sich ein«; ich jedoch — bezweifle noch immer die Richtigkeit der herrschenden Infectionstheorie, obwohl der Commabacillus in den Defäcationen der meisten Cholerakranken gefunden wird.

Im Jahre 1882 obducirte ich mit einem Collegen (Dr. van Th...) in Batavia einen Soldaten, welcher ins Spital gebracht worden war. Wie üblich, machte der damit betraute Soldat die Section, und nur einige kleine Handgriffe, wie z. B. das Oeffnen der Herzhöhlen, nahmen wir vor. Wir machten die Diagnose: Cholera, und Dr. van Th...

---

[1]) Van der Burg II. Seite 195.

[2]) Im Jahre 1879 starb kein einziger Soldat, und im Jahre 1880 nur zwei an Cholera.

Fig. 13. Ein javanischer Häuptling mit seiner Frau in Galakleidung.[1])

---

[1]) Wenn ich auch bei diesem Feste zahlreiche Häuptlinge gesehen habe, welche in obiger Toilette ihre Aufwartung dem Kaiser von Solo und dem Residenten machten, so war es von den Frauen nur eine Braut, welche ich in obiger Galakleidung in Tjilatjap zu bewundern (?) Gelegenheit hatte. Beide, Bräutigam und Braut, hatten den oberen Theil der Brust, Hals, Nacken und das Gesicht mit Borch (einer gelben Farbe) bestrichen. Die Kopfbedeckung dieser Häuptlinge war schwarz oder durchscheinend weiss. Noch muss ich bemerken, dass der Dolch (Kris) nicht nur bei der Galakleidung, sondern zu jeder Zeit auf der Strasse von den wohlhabenden Javanen, und zwar am Rücken von rechts nach links getragen wird.

bekam — einen Choleraanfall,[1]) während ich nur eine Exacerbation meines alten Nervenleidens erlitt. Ich bekam heftigen Stuhlgang und Beklemmung in der Herzgrube (Präcordialangst), ich wurde aufgeregt und gejagt, und wiederum raubte mir die Furcht vor der Cholera beinahe die ganze Nacht den Schlaf. Diese Erkrankung des Dr. van Th . . ., sowie die vier oben erwähnten Fälle der Krankenwärter, welche der Cholera erlagen, nachdem vier Tage hintereinander je ein Patient von der Rhede von Batavia ins Spital geschickt wurde, sind wohl genug Beweise, dass Cholera von Person auf Person übertragen werden könne, dass sie also eine Infectionskrankheit stricte dictu sei.

Auf welchem Wege geschieht die Infection durch den Commabacillus? Grossi, Cattam und Tizzoni haben auf Fliegen diese Bacterien gefunden; auch auf den Mosquitos Indiens sollen sie gefunden worden sein. Für jeden Fall ist diese Quelle der Infection eine ganz geringe, weil auf den Küsten zur Zeit der Cholera-Epidemie Tausende und Tausende 10 — 20 Mal, und zwar jeden Abend gestochen werden, ohne die Cholera zu bekommen, und andererseits diese Krankheit in Gebirgsgegenden eine verheerende Verbreitung genommen hat, ohne dass Mosquitos oder Fliegen vorgekommen wären.

Virchow fand in dem Magen von Choleraleichen noch in Verdauung begriffene Speisereste, wenn die Krankheit nur 1—2 Stunden gedauert hatte; der saure Magensaft der Thiere vernichtet die Commabacillen, und darum gelingt es nur ausnahmsweise, Thiere durch Fütterung von Reinculturen dieser Bacterien an Cholera erkranken zu lassen, und man muss zu diesem Zwecke erst die Säure des Magens abstumpfen. Es müssen also mit den Speisen selbst in den von Virchow angegebenen Fällen die Bacillen eingeführt worden sein, und thatsächlich ist zu allen Zeiten die Nahrung als Vehikel des Choleragiftes angesehen worden; so z. B. sah Tytler den Gebrauch von verdorbenem Reis als die Ursache des Entstehens der Cholera an; noch heute werden unreife Früchte, und von einigen Aerzten sogar auch solche, welche ganz reif sind, als die Keimträger der Cholera angesehen. Als im October 1896 in Atjeh sieben Fälle von Cholera vorkamen, wurde auf Vorschlag des Landes-Sanitätschefs der Verkauf von allen Früchten auf dem Markte verboten. Auf allen Speisen können zufällig Commabacillen vorkommen. Warum werden dann nicht alle Speisen verboten?

---

[1]) Ohne ihm zum Opfer zu fallen.

Natürlich musste man auch an das Trinkwasser als Vehikel des Choleragiftes denken, und das Nutzwasser des Bades und der Küche u. s. w. können in grösserer oder kleinerer Anzahl die Cholerabacterien enthalten.

Wenn wir absehen von den wenigen Städten in Indien, in welchen artesisches Wasser gebraucht wird, ist ja die Quelle des Trinkwassers und des Nutzwassers selten eine reine. Nach von Pettenkofer und Anderen sind der alluviale Boden und die tertiäre Formation ausser-gewöhnlich günstig zur Entwicklung des Commabacillus; die ganze Nordküste Javas ist ja angespültes Land; das Grundwasser derselben ist überfüllt von faulenden Stoffen, und der Lehmboden ist ein schlechter Filter. Darum ist Surabaya mit Recht eine ungesunde Stadt zu nennen.

Wenn wir absehen von den Pantjorans im Gebirge, welche reines Quellwasser führen, so ist das Wasser, welches der »kleine Mann« gebraucht, beinahe eine Reincultur von allen möglichen Bacterien und somit auch des Commabacillus. Er gebraucht das Wasser der Sümpfe und der Strassenriolen zum Mischen mit der Milch, zum Trinken, zum Kochen seines Reises, zum Baden, zum Mundspülen, zum Waschen seines Geschirrs und zum Besprengen des Gemüses und der Früchte, welche er auf den Markt bringt, um ihnen ein frisches Aussehen zu geben.

Aber auch die Entleerungen der Menschen und Thiere befördern die Verbreitung einer Cholera-Epidemie. In der Regel befinden sich die Aborte im Garten neben dem Badezimmer, und die Abfuhr beider mündet in eine Senkgrube, welche die verdünnten Fäces dem Boden mittheilt und das Grundwasser verpestet.

Dass die Cholera endemisch in Indien sei, lässt sich kaum be-streiten, ohne dass wir die undeutliche Definition dieses Kunstaus-druckes, welche im Jahre 1876 von der indischen Regierung den Be-amten zur Richtschnur gegeben wurde, zur Basis dieser Behauptung nehmen.

Sie lautet folgendermaassen: . . . »zu erklären, dass eine Krank-heit dann epidemisch genannt werden müsse, wenn sie den Stand aller Krankheiten, wie er in gewöhnlichen Verhältnissen sich zeigt, überschreitet, dass aber eine Krankheit dann endemisch zu nennen sei, wenn sie sich zwar beschränkt auf den Ort, wo sie entsteht, aber gleichzeitig eine grosse Zahl Menschen angreift.«

Ich habe in Indien nur eine einzige Choleraleiche seciren sehen; ich kann daher darüber nichts mittheilen, ob unter dem Einflusse des Tropenklimas die Befunde der Choleraleichen andere als in Europa seien. Was die Symptome dieser Krankheit betrifft, so will ich sie unbesprochen lassen, weil sie dieselben wie in den gemässigten Zonen sind. Ob mehr Europäer oder mehr Eingeborene der Cholera zum Opfer fallen, ist deutlich aus den Militär-Krankenrapporten ersichtlich. Ich habe vor mir die Rapporte von den Jahren 1878 bis 1885 und 1891 bis 1895, also über 13 Jahre, und während jeder Epidemie erlagen bedeutend mehr Europäer als Eingeborene dieser Seuche; auch die Zahl der sporadischen Fälle spricht zu Gunsten der Eingeborenen.[1]

	Europäer.	Eingeborene.		Europäer.	Eingeborene.
1878	38	19	1891	190	89
1879	5	4	1892	91	34
1880	7	2	1893	40	23
1881	410	150	1894	—	2
1882	262	72	1895	—	1
1883	326	128			
1884	80	15			
1885	69	35			

Die Behandlung der Cholera richtet sich in Indien nach den jeweilig herrschenden Ansichten in Europa. So hat z. B. Dr. J. Gronemann, gewesener Leibarzt des Kaisers von Djocja, mit sehr viel Eifer auf Grund der herrschenden Lehre der Bacteriologie die Creoline empfohlen. Sein grosser Sanguinismus über den Werth dieses Heilmittels hat nicht nur die indische Presse, sondern auch die von Holland ergriffen, und als im Jahre 1897 die Cholera wieder in Surabaya epidemisch auftrat, wurde eine Commission dahin geschickt, welche unter persönlicher Leitung dieses alten Mannes die Creoline einer wissenschaftlichen Untersuchung und Probe bei Cholerakranken unterziehen sollte. Als endlich nach vielen Schreibereien diese Commission zusammengestellt und mit Dr. Gronemann in Surabaya angekommen war, wurden die Cholerafälle mit jedem Tage weniger, so dass sie wegen Mangels an Material unverrichteter Sache nach Hause gehen mussten. Dr. Gronemann ist kein Charlatan — ich kenne ihn persönlich — sondern ein therapeutischer Optimist; in »de Locomotief« vom 5. No-

---

[1] Ich muss bemerken, dass die Zahl der europäischen und eingeborenen Soldaten für beide Rassen ca. 15,000 Mann gewesen ist.

vember 1896 empfahl er den Gebrauch (gereinigter) Früchte zur Cholerazeit, und schliesst mit folgenden Worten:

»Nun noch folgende nicht unwichtige Mittheilung: Ein sehr bekannter und renommirter Doctor-djawa wurde nach einem abseits gelegenen Ort gesendet, wo in wenigen Tagen 40 Eingeborene an Cholera (oder an einer der Cholera ähnlichen Krankheit) krank geworden und (Alle) gestorben waren. Er fand dort 10 neue — nach den Symptomen zu urtheilen — an echter Cholera erkrankte Javanen. Eine bacteriologische Untersuchung, welche allein ausmachen konnte, ob die Krankheit wirklich die asiatische Cholera oder die Cholera nostras war, konnte nicht gehalten werden. Aber beide Krankheitsformen, welche miteinander nahe verwandt sind und unter derselben Erscheinung zum Tode führen, werden durch Commabacillen verursacht, welche in den Darmcanal eindringen, dort fortwuchern, untereinander sich nur wenig unterscheiden, und auf gleiche Weise schnell und sicher durch Creoline getödtet werden.«

»Der Doctor-djawa« gab Allen Creoline nach meiner Methode, welche seit mehr denn sieben Jahren von ihm angewandt wird. Von diesen 10 Patienten starben noch 4, und 6 von ihnen blieben am Leben.«

»Hierauf liess er alle Kampongbewohner dieselbe Medicin als Prophylacticum gebrauchen, indem er ihnen weissmachte, dass es Wasser von Rum sei, welches die Teufel austreiben konnte, welche diese Krankheit verursachten und . . . kein einziger wurde wieder von der Krankheit ergriffen.« »Practica est multiplex.«

Ob seitdem diese Therapie der Cholera in die grosse Menge der indischen Bevölkerung gedrungen sei, ist mir nicht bekannt; aber bis nun wurde beim Ausbruch einer Cholera-Epidemie von der Regierung bis in die kleinsten und abgelegensten Dörfer der »Choleratrank von Blœker« in hunderten und tausenden von Flaschen geschickt, weil die Eingeborenen diese »Obat sakit parut« sehr gern nahmen.

Rp. Olei cajeputi p. II.
     Olei menthae piperit. p. III.
     Oxyd. aethyl. c. alcoh. p. XXX.
     Vini opii aromatici p. XV.
     M. D. S. Cholera-Essenz;

davon 2 Esslöffel auf 1 Weinflasche (= 750 Gramm) filtrirtes Wasser und davon jede ¼ oder ½ Stunde 1 Esslöffel zu nehmen.

Die Prophylaxis der Cholera fällt mit der gegen die Malaria zusammen, weil beide nicht nur theoretisch in die Klasse der miasmatischen Krankheiten gehören, sondern auch factisch gleichzeitig vorkommen. Da auch die dritte Geissel der Tropen, die Beri-Beri, eine rein miasmatische Krankheit ist, so müssen alle prophylaktischen Maassregeln des Staates gegen das Entstehen und Ausbreiten der einen Krankheit auch den übrigen miasmatischen Krankheiten (worunter wir auch in den Tropen den Typhus und die Dysenterie rechnen) zu Statten kommen. Um also nicht in Wiederholungen zu verfallen, wird in dem weiteren Capitel, welches die übrigen Krankheiten besprechen wird, die staatliche Prophylaxis derselben nur angedeutet werden.

Dieselbe erstreckt sich natürlich auf alle bekannten Quellen der Miasmen und muss — Erreichbares anstreben, denn, wer das Höchste anstrebt, wird das Hohe erreichen.

Dazu gehören: Sümpfe, Reisfelder, Irrigation, Wasser, Abfuhr von Fäcalien und Abattoirs.

Sümpfe kommen nicht allein auf der Küste, sondern auch im Gebirge vor, wo sie vulcanischen Ursprungs sind; darum sind auch nicht alle Berg-Garnisonen frei von Malaria-Epidemien. Ein sprechendes Beispiel hierfür ist z. B. die Stadt Ambarawa mit dem Fort Willem I. Ausgedehnte Sümpfe (rawah) kommen auf Java in grosser Anzahl vor; der berüchtigtste ist im Süden Javas bei Tjilatjap, wo ich im Jahre 1890 in Garnison lag und von der Malaria stark heimgesucht wurde. Dazu kommen die zahlreichen nassen Reisfelder (sawah), welche wie ein Mosaikbild die ganze Oberfläche Javas mit Farbennuancen vom Hellgelb bis zum Dunkelgrün bedecken.

Das Austrocknen der Sümpfe und die Beseitigung der nassen Reisfelder wäre sicher eine radicale Maassregel; aber — beide sind unausführbar. Im Jahre 1747 musste in Nordbrabant bei Steinbergen ein solches Unternehmen unterbrochen und das Land wieder unter Wasser gesetzt werden, weil die damit entstandene Exacerbation der Malaria-Epidemie Tausende hinweggerafft hatte. Wie viel Opfer haben der Bau des Hafens Tandjong Priok bei Batavia und von Tjilatjap gekostet, weil die Arbeit in Sümpfen stattfinden musste. Die Sümpfe auf Java sind zu gross, um vorläufig nur daran denken zu lassen, sie gleichzeitig und in kurzer Zeit trocken legen zu lassen. So viel Geld und so viel Menschenleben würde dieses kosten, dass »de remedie erger dan de kwaal« = das Heilmittel ärger als die Calamität wäre. Wir haben ja noch andere Mittel, um den schädlichen Einfluss der Sümpfe zu beseitigen oder wenigstens zu verkleinern. Wir können sie sehr leicht zu Seen verändern, welche immer mit einer hohen Wasserschicht bedeckt sind. An Wasser ist wahrhaftig auf den Inseln des indischen Archipels kein Mangel; so z. B. hatte Tjilatjap im October 1889 einen Regenfall von 1111 mm, und der geringste Wasserfall war im Januar, in welchem Monat 9 Regentage mit 152 mm sich einstellten; im ganzen Jahre waren mehr als 4 Meter Regen gefallen.[1] Das Ein- dämmen dieser zahlreichen Sümpfe und Umwandeln derselben zu Seen erfordern keine grossen Summen Geldes und gewiss nur wenig Menschen- leben, so dass diese radicale Cur ins Reich des Möglichen und Erreich- baren versetzt werden kann.

Ein palliatives Mittel ist die theilweise Drainage der Sümpfe in der Nähe von Dörfern und Städten durch Graben von Riolen um jedes Haus, welche, zweckmässig untereinander verbunden, nicht nur das Regenwasser, sondern auch das Grundwasser in grössere Canäle leiten und einem Flusse zuführen würden. Soyka sagt nämlich: Es lassen sich die Beziehungen der Malaria zum Boden in folgenden Factoren zusammenfassen: 1. in der physikalischen und geographischen Beschaffenheit des Bodens, 2. in der Durchfeuchtung desselben, und 3. in dem Gehalte an organischen Stoffen. Den ersten Factor »die physikalische und geographische Beschaffenheit des Bodens« müssen wir natürlich bei so grossen Strecken, wie sie auf Java vorkommen, ausser Betracht lassen; wir können vielleicht den Garten eines Hauses oder seinen Untergrund oder vielleicht den Boden eines ganzen Dorfes in seiner Beschaffenheit verändern, z. B. mit Sand oder einem Gemenge von Kalk und Sand oder mit dem sogenannten Concrete pavement gegen das Eindringen von Luft, Wärme und Feuchtigkeit schützen; aber unmöglich kann von einer Regierung verlangt werden, dieses auf Strecken von Millionen von Hectaren anzuwenden.

Auch die Durchfeuchtung solcher ausgestreckter grosser Län- dereien radical zu beseitigen, ist zu theuer; sie kann vermindert wer- den durch gute Canalisirung der Städte oder durch Anbau von Pflanzen, welche dem Boden viel Wasser entziehen, wie Eucalyptus, Sonnenblumen, Acacia tomentosa u. s. w.

Wenn aber durch Erdbeben oder durch vulcanische Ausbrüche

---

[1] Im Durchschnitt von 19 Jahren fielen jährlich in Buitenzorg 4858 mm, in Magelang 2978 mm, in Tjilatjap 8755 mm, in Ngawie 2126 mm Regen.

solche tief liegende Erdschichten aufgewühlt und auf der Oberfläche aufgeworfen werden, welche mit irgend einer Wasserquelle in Verbindung standen oder noch stehen, dann sind in der Regel diese neu entstandenen Sümpfe oder Pfützen von so relativ unbedeutender Ausdehnung, dass der Staat einschreiten kann, um das Entstehen einer neuen Quelle für miasmatische Krankheiten zu verhüten, sei es durch die Anlage eines Dammes, welcher den neuen Sumpf zu einem Teiche oder See umwandelt, oder durch Drainage oder andere Wasserwege, welche den Sumpf entwässern. Die nassen Reisfelder (sawah), welche ebenfalls eine reiche Quelle von miasmatischen Krankheiten sind, werden von der Bevölkerung lieber als die trockenen angelegt, weil das Erträgniss derselben reichlicher als die der Ladang (trockenen Reisfelder) ist. und verdienen darum an dieser Stelle einige Worte der Besprechung.

Der Reis ist die Volksnahrung des ganzen Archipels und somit auch Javas, und da nebstdem der Reisbau einen nicht unbeträchtlichen Einfluss auf die Gesundheit Javas (sowie der übrigen Inseln) nimmt, so glaube ich hier einiges über die Cultur, Eintheilung u. s. w. desselben anführen zu müssen, wenn es auch etwas seitwärts von der Frage der Prophylaxis der Cholera liegt.

Ungefähr 80 Sorten des Reises soll es geben; darunter sind die bekanntesten Kelán (Oryza glutinosa), Oryza sativa (Páddi),[1] Páddi rawa (Oryza montana), Páddi tipar (Oryza praecox).

Nach der Farbe des gestampften Reises spricht man von weissem, rothem und schwarzem Reis. Beinahe ausschliesslich wird der weisse Reis von den besser situirten Eingeborenen und Europäern gegessen; der rothe ist viel billiger und wird am häufigsten in den Gefängnissen verabfolgt, obzwar der weisse und nicht der rothe Reis nach den letzten Untersuchungen das Entstehen der Beri-beri veranlassen soll (??); der bras itam (der schwarze Reis) wird nur im Nothfalle vom Menschen gegessen, weil er einen unangenehmen adstringirenden Geschmack hat.

Im ersten Theile Seite 70 habe ich bereits von dem hohen Nährwerthe des Reises gesprochen und auch seine Bedeutung als Volksnahrung der Eingeborenen hervorgehoben. Ich kann also

---

[1] Die Aehren allein heissen in der malayischen Sprache gaba; der gedroschene von den Hülsen befreite Reis wird bras, und der gekochte wird nassi genannt.

sofort auf die Verhältnisse hinweisen, wodurch die nassen Reisfelder
zu einer reichlichen Quelle der Malaria und anderer miasmatischer
Krankheiten werden.

Es ist ein kleines Feld, welches von dem benachbarten durch
einen schmalen Wall (galengan) getrennt ist. Die Felder liegen entweder in der Ebene oder auf den Abhängen der Berge, auf welchen sie dann wie breite Stufen den Berg bedecken. In beiden
Fällen ist in sinnreicher und kunstvoller Weise gesorgt, dass die
Bewässerung der einzelnen Reisfelder zu jeder Zeit und nach Belieben stattfinden könne. Zu diesem Zweck wird einfach ein Loch
in den Galengan gebohrt, und wenn der Zufluss nicht mehr erwünscht ist, wird es wieder verstopft.[1]) Das Feld hat eine verschie-
den hohe Schicht Humus, welche durch ihren Reichthum an organischen Stoffen durch die herrschende hohe Temperatur und die
Feuchtigkeit geradezu eine Reincultur für zahlreiche Mikroorganismen und besonders für Miasmen ist.

Die Aussaat geschieht nur in einem kleinen Theil des Feldes,
welches zu diesem Zwecke unter Wasser gesetzt wird. Hat der Reis
eine Höhe von 40 bis 50 Centimeter erreicht, wird der übrige Theil
unter Wasser gesetzt, und wenn die Erdschicht genug weich geworden ist, werden die jungen Sprösslinge in gemessener Entfernung in
den Grund gesetzt, und das Feld bleibt mit einer niederen Wasserschicht bedeckt. Sobald der Reis reif ist, wird das Wasser abge-
lassen und der Schnitt findet auf dem ausgetrockneten Felde statt.
Dies geschieht dreimal in zwei Jahren, und dann bleibt das Feld
brach liegen, oder wird, was häufiger geschieht, ein »zweites Ge-
wächs« gepflanzt, wie z. B. Leguminosen, indische Knollenfrüchte
oder djajong (Mais). Zum Zwecke des neuen Reisbaues wird das
Feld wieder unter Wasser gesetzt und mit dem Büffel gepflügt.

In Italien und Frankreich, in den englischen wie in den französischen Colonien wurde vielfach diese Frage ventilirt, d. h. ob
der Bau der nassen Reisfelder Gefahren für die Volksgesundheit
bringe, oder ob diese Gefahren nur auf theoretischer Basis entstanden seien und auf derselben Grundlage von Geschlecht zu Geschlecht
irrthümlicherweise sich überliefern.

Mit mehr oder weniger Recht kann für Java der Einwand gemacht werden, dass auf dieser Insel trotz der Anwesenheit der

---

[1]) Natürlich ist dies die Quelle vieler Streitigkeiten der jeweiligen Besitzer.

Sawahfelder die Bevölkerung in diesem Jahrhundert so bedeutend zugenommen habe, dass überhaupt keine Volkskrankheit von Bedeutung auf Java herrschen könne.

Die Mortalität allein kann aber hierin nicht das entscheidende Wort sprechen. Die Morbidität und das Allgemeinbefinden sind ja auch Factoren, die in dieser Frage mitzusprechen haben.

In Tjilatjap, der ärgsten Fieberhöhle von Java, wohnte eine europäische Familie im Jahre 1891 seit 27 Jahren, eine zweite Familie seit 12 Jahren u. s. w., ohne durch die dort herrschende Malaria zu leiden, auch wenn diese zu der heftigsten Epidemie exacerbirte, der Tausende und abermal Tausende erlagen; diese zwei Familien haben ebenso wie Tausend andere der Eingeborenen eine gewisse Immunität erworben, die ja, folgert Prof. Koch, regelmässig mit dem Ueberstehen einer Infection verbunden sein soll.

Wenn man also behaupten will, dass der Sawahbau nicht schädlich sei, weil die Bevölkerung trotz desselben mit jedem Jahre wachse, so müsste man auch behaupten, dass die Sümpfe ungefährlich seien, und dass die Malaria eine unschädliche Krankheit sei, weil trotz derselben die Bevölkerung an Zahl zunehme; ja noch mehr; die grossen Sümpfe bei Tjilatjap werden von dem Kindermeer begrenzt, welches, wie ich mich persönlich überzeugt habe, seinen Namen mit Recht verdient: Eine Unzahl von Kindern umschwärmte uns, als ich und eine Gesellschaft den Kampong aufsuchte, welcher sich auf zwei Meter hohen Pfählen über der Sumpffläche des Dorfes erhob.

Entscheidend für die Schädlichkeiten der Sawahfelder ist allein die Frage: Kommen in der Nähe derselben zahlreiche Fieberfälle vor, welche aufhören, wenn die Sawahfelder aufgelassen werden? Dies ist thatsächlich der Fall, und seit dem Jahre 1875[1]) wurde die Richtigkeit dieser Thatsache und Schlussforderung in zahlreichen Fällen nachgewiesen. Die Sawahfelder sind also eine reichliche Quelle für die Malaria; sie müssen also entweder abgeschafft oder unschädlich gemacht werden.

Nach dem ganz richtigen Principe der Holländer, die Eingeborenen so viel als möglich in ihren Sitten und Gebräuchen zu

---

[1]) In diesem Jahre wurde nämlich diese Frage mit Bezug auf das Fort Willem I erörtert, welches im Gebirge zwischen zahlreichen Sawahfeldern lag und vom Fieber stark heimgesucht wurde.

lassen, könnte das Abschaffen der Sawahfelder nur eine Frage der
Zeit sein, d. h. man könnte durch Belehrungen und durch andere
Mittel der Ueberredung die Javanen von der Schädlichkeit der
Sawahfelder überzeugen, und es würde bei dem Conservatismus
der Javanen der Regierung zunächst gelingen müssen, den Vor-
theilen des Baues trockener Reisfelder Anerkennung zu verschaffen
und erst die folgende Generation ihn in die Praxis einführen zu
lassen.

Wenn jedoch, was mir nicht bekannt ist, das Erträgniss der Sawahfelder um so viel das der Ladangs überragen sollte, dass dadurch
das Interesse des Volkes leiden sollte, dann kann man sich mit pallia-
tiven Mitteln behelfen. Die Regierung kann ja verbieten, dass in
einem Umkreise von 250 Metern, welcher die öffentlichen Gebäude
und eventuell die Wohnstätte der Europäer und selbst die Kampongs umziehen würde, kein nasses Reisfeld angelegt wird: es ist
zwar richtig, dass ein Streifen Land von 250 Meter Breite und
vielleicht von 1 bis 2 Kilometer Länge ein respectables Vermögen
repräsentirt; aber mit diesem Vorschlag ist ja noch nicht gesagt,
dass dieser Streifen darum auch unbebaut bleiben müsse; im Gegen-
theile, er müsste mit Garten-Anlagen versehen, mit Fruchtbäumen
als: Djioruk, Mangistan, Advocaat, Duku, Lanjksat, Kanaris, Tamarinda, Durian, Nangka u. s. w. bepflanzt werden, um das Ueber-
streichen der Miasmen zu verhüten.

Die Wasserbesorgung bleibt für Indien immer eine schwierige Frage, weil selbst artesische Brunnen nicht immer tadelfreies
Wasser liefern; sie wird weiter unten ausführlicher besprochen
werden.

Die Abfuhr der Fäcalien ist in Java sowie auf allen Inseln
des indischen Archipels noch sehr primitiv. Als das Ideal derselben
gilt strömendes Wasser, über welchem sich der Abort befindet.
Ein grosser wasserreicher Strom erfüllt vielleicht (? ?) diesbezüglich
alle Anforderungen der modernen Hygiene. Solche kommen jedoch
wenig auf Java vor und können übrigens nur einer kleinen Anzahl
von Wohnungen hierin gute Dienste leisten; in der Regel durchziehen Riolen die Stadt, welche zu wenig Wasser haben, um in
ausgiebiger Weise die deponirten Fäces in den benachbarten Strom
zu bringen. Sehr häufig besitzen die Häuser Senkgruben, welche
alle Jahr einmal geleert werden. Natürlich durchdringt der flüssige

Inhalt den Boden und erreicht oft genug den Brunnen. In den grossen Anstalten, Spitälern, Casernen und Gefängnissen ist das Tonnensystem in Gebrauch; täglich werden von Sträflingen die vollen Tonnen in den nahen Fluss (stromabwärts) entleert und gereinigt. Die Eingeborenen gebrauchen für ihre Bedürfnisse am liebsten den Fluss, auch wenn er selbst 2—300 Meter vom Hause entfernt ist; im andern Falle haben sie im Garten eine Senkgrube, welche mit Brettern gedeckt ist.

In den Deckel ist eine Oeffnung geschnitten, so dass der Eingeborene seine Kunst im Hocken (Djongkok M.) auch bei dieser Gelegenheit üben kann. Selbst wenn er als Bedienter bei seinem Herrn oder in einem Hotel einen Sitzplatz findet, wird er nur darauf hockend oder stehend davon Gebrauch machen. Aus hygienischen und Reinlichkeits-Gründen wäre dieses Jedermann zu empfehlen, obwohl damit andere Unannehmlichkeiten verbunden wären. Es ist aber nicht Jedermanns Sache, hockend einige Minuten auf einem Brette stehen zu können oder zu wollen.

Die Abfuhr der Fäcalien spielt in der Ausbreitung gewisser epidemischer Krankheiten, wie z. B. der Cholera, des Typhus, der Dysenterie u. s. w. eine grosse Rolle. Ich würde jedoch die Grenzen dieses Buches zu weit überschreiten, wenn ich die Mittel besprechen wollte, welche Java von dem schädlichen Einfluss dieser mangelhaften Canalisirung der Städte befreien können.

Von den auf Seite 197 angeführten Factoren, welche in der Aetiologie der Cholera eine Rolle spielen, werden die Abattoirs in Java am meisten stiefmütterlich behandelt. Das Thier wird in einer Schoppe aus Bambus geschlachtet, das Blut wird von dem chinesischen und europäischen Schlächter in grossen Töpfen aufgefangen und in der Küche verwendet, während der Eingeborene es in die Riolen abfliessen lässt. Die andern Abfälle werden in die nächste Senkgrube geworfen. Die Haut der Rinder und die Hörner werden zu Industriezwecken verwendet, und Niemand kümmert sich darum, ob die übrigen Abfälle durch das Faulen in der freien Luft, in oder ausserhalb der Senkgruben die Luft verpesten oder in der trockenen Zeit austrocknen, oder ob sie von den »Gladakkers« = herrenlosen Hunden des nächsten Kampongs verzehrt werden.

Die individuelle Prophylaxis der Cholera richtet sich in Java nach den jeweiligen in Europa herrschenden Ansichten; bald wird

Salzsäure, bald Brandy in das Trinkwasser gegeben, bald wird nur
gekochtes, bald gar kein Trinkwasser getrunken, bald werden gar
keine Früchte und bald nur saure Früchte gegessen — auch gegen
diese endemische Krankheit Javas erwartet man von Europa nicht
nur die Mittel der Behandlung, sondern auch die der Prophylaxis.

8. Capitel.

Die Schiefertafel („Leitje") — Die Wege der Fama — Lese-
gesellschaft — Ein humoristischer Landesgerichtsrath — Ab-
reise von Ngawie — Ambarawa — Nepotismus in der Armee
— In drei Tagen zweimal transferirt — Vorschuss auf den
Gehalt — Die Provinz Bageléen — Essbare Vogelnester — In
Tjilatjap — Polizeisoldaten — Beamte — Sehenswürdigkeiten
von Tjilatjap — Officiere in Civilkleidung — Eingeborene
Beamte — Gehalt eines Regimentsarztes — An Malaria er-
krankt — Djocja — Der Tempel Prambánan — Die „Tausend
Tempel" — Wieder nach Ngawie — Spitalbehandlung der
Officiere — Reibereien in kleinen Städten — Die Provinz
Surakarta — Der Kaffeebaum — Ein Roman auf dem Vul-
cane „Lawu".

Am 10. Januar 1890 wurde meine Transferirung nach Willem I
beschlossen. Wie gewöhnlich erfuhr ich dies zunächst aus
den telegraphischen Nachrichten in der ›Locomotief‹, der besten,
täglich erscheinenden Zeitung von Indien. Ahnungslos sass ich
Nachmittags um vier Uhr beim Thee, als mich ein ›Leitje‹ =
›Schiefertafel‹ des Platz-Commandanten davon verständigte. Es
wird nämlich in Indien zum geselligen schriftlichen Verkehr kein
Papier, sondern das ›Leitje‹ gebraucht, welches aus einer doppelten Schiefertafel besteht. Auf die eine schreibt man seine kurze
Mittheilung, und auf die zweite kann der Empfänger sofort die
Antwort schreiben, weil sich der Griffel im hölzernen Rahmen befindet. Dies ist eine sehr einfache und praktische Correspondenz,
welche voraussetzt, dass der Ueberbringer, der Bediente oder die
Babu (Zofe), es nicht lesen können, und dass kein indiscreter Nachbar sie auffängt. Leider ist oft weder das Eine noch das Andere
der Fall, und werden Privatgeheimnisse bekannt, ohne dass der Verräther eines solchen Geheimnisses geahnt wird.

Ein solcher Fall trug sich auf Atjeh im Jahre 188 . zu. Der
Gouverneur der Provinz, General v. T . . ., beschloss eines Tages,
am anderen Morgen eine grosse Expedition gegen die Atschinesen
ausrücken zu lassen, und besprach diese Angelegenheit mit den vier
anwesenden Bataillons-Commandanten. Diese Expedition musste geheim gehalten werden, weil der Feind überfallen werden sollte. Am
andern Morgen wurde um drei Uhr Alarm geblasen, und die vier
Bataillons-Commandanten waren nach einer Viertelstunde an der
Spitze ihrer Truppen. Da trat plötzlich ein Hauptmann zu dem
Oberst-Lieutenant B. und frug ihn, wie spät er hoffe in Y. zu sein.
»Wieso wissen Sie es, dass wir nach Y. marschiren?« »O, dies
habe ich gestern im Club gehört.« »Was? Sie haben es gestern
Abend im Club gehört, und wir vier Bataillons-Commandanten haben
dem General v. Th . . das Wort gegeben, die Expedition geheim
zu halten! Gehen Sie sofort zum General, ihm dieses zu melden;
denn wenn Sie es schon gestern im Club gehört haben, dann wissen
es auch schon die Atschinesen, und unsere Arbeit ist umsonst; ,der
Vogel ist sicher geflogen'.«[1]) Der General war entrüstet, als er von
diesem Vorfall Rapport erhielt, liess die Truppen in die Caserne
zurückgehen und befahl dem Oberst-Lieutenant B., eine strenge und
genaue Untersuchung zu halten, von wem der Verrath ausgegangen
sei. Alle Officiere, welche den Abend vorher im Club gewesen
waren, wurden vernommen, und endlich fand man die Quelle des
Verraths — bei dem Oberst-Lieutenant B., welcher seinem Adjutanten ein »Leitje« mit dem Befehle geschickt hatte, ihn den folgenden Morgen um 3 Uhr von der Wohnung abzuholen.

Abends um 7 Uhr kamen alle Officiere und bekannte Bürger
zu mir, um mir zu meiner Transferirung zu »felicitiren«. Die Veranda
meines Hauses hatte zwei ovale Tische, um welche Schaukelstühle
und gewöhnliche Stühle standen; diese waren chinesisches Fabrikat
und aus Djattiholz (Tectonia grandis) verfertigt. An der Mauer
hingen zwei Oleographien nach Defregger, und dazwischen befanden
sich einige kleine Etagèren für Blumentöpfe. Diese Etagèren waren
von einem Javanen aus dem schweren und harten Djattiholz geschnitten; sie verriethen ebenso viel Kunstsinn als Geschmack und
hätten jedem europäischen Holzkünstler Ruhm und viel Geld ein-
getragen; sie stellten zwei schnäbelnde Tauben dar, welche ein Brett-

---

[1]) Holländisches Sprichwort.

chen auf dem Rücken trugen. Der Künstler war damals schon ein
alter Mann, so dass er leider nur noch kurze Zeit für seine Kunst
leben konnte.

Kein einziger der Besucher dachte daran, mir und meiner Frau
etwas anderes als den Glückwunsch auszusprechen, endlich von diesem
»Neste« befreit zu werden. Es ist wahr, dass Ngawie eine hohe
mittlere Temperatur hatte: aber es hatte damals »ein gesundes
Klima«. Es ist wahr, dass die Zahl der Europäer sehr klein war;
die Garnison hatte 1 Major, 2 Capitäns und 4 bis 5 Lieutenants;
von den Bürgern konnten mit uns auch nur 8 Familien verkehren,
so dass der gesellschaftliche Verkehr sich auf 15 Familien beschränken musste; solche kleinen Garnisonen haben aber den Vortheil, dass ein gemüthlicher und geselliger Verkehr leicht zu Stande
kommt.

Eine grosse Stadt bietet eine grosse Auswahl im Kreise der
Bekannten, es giebt in Batavia, Samarang u. s. w. zahlreiche Musik-
vereine, es besteht eine Theatergesellschaft von Dilettanten, oder es
kommen hin und wieder Opern- und Operettengesellschaften aus
Europa und führen in mittelmässiger Qualität die letzten Novitäten (?)
in einem dazu bestimmten Gebäude auf, es giebt wissenschaftliche
Vereine, Museen, welche dem Amateur Sehenswerthes in Hülle und
Fülle bieten. In den zahlreichen Geschäften können die Damen,
wenn auch oft nur um hohe Preise, der Mode ihre unvermeidlichen
Opfer bringen. Die grossen Entfernungen bieten nicht nur zahlreiche Spazierwege, sondern zwingen auch, eine Equipage zu halten,
um damit auch täglich ausfahren zu können und sich den thatsächlich
hohen Genuss zu gönnen, sich um 6 Uhr beim Scheiden der Sonne
an dem sanften Zephyrwinde zu erfrischen, der dem in der Equipage
Sitzenden die Schweisstropfen trocknet.

Ngawie war dagegen eine kleine Garnison und hatte nur eine
kleine Auswahl der gesellschaftsfähigen Menschen, während der Ort
selbst nichts, gar nichts zur Abwechslung in dem täglichen monotonen
Leben bot; die Menschen schliessen sich also mehr an und — manchmal entwickelt sich ein Freundschaftsverhältniss, das einen Ersatz
für alle Vorzüge der Grossstadt bietet. Für jeden Fall jedoch wird
man gezwungen, in »der Familie das Glück zu suchen«. Für die
Zerstreuung wird durch die »Büchsen« gesorgt. Wo nur zehn Europäer wohnen, wird eine »Lesegesellschaft« errichtet, welche einen »Director« wählt. Durch einen monatlichen Beitrag von 4 bis 5 fl. wird

von den 10 bis 15 Mitgliedern eine hinreichende Summe zusammen-
gebracht, um auf die bedeutendsten und bekanntesten europäischen
Wochenschriften in der holländischen, deutschen, französischen und
englischen Sprache zu abonniren; man wird in jeder Lesegesellschaft
ebenso gut die »Fliegenden Blätter« als die französische »L'Illustration« oder den englischen »Punch« finden. Die bedeutendsten
Romane kommen sofort in die Hände des indischen Publicums, und
nur wenn der »Director« der Lesegesellschaft die Wahl der Bücher
dem Buchhändler überlässt, kommen Bücher »in die Büchsen«,
welche für ein ganz anderes Publicum bestimmt sind, als für das in
Indien, welches gewöhnt ist, die besten und neuesten Bücher zu lesen,
auch wenn sie so theuer sind, dass der Einzelne sich bedenken würde,
sie zu kaufen. Die Wahl der Bücher und Wochenschriften wird
darum in der Regel den Mitgliedern überlassen; zu diesem Zwecke
wird in dem Monat September an diese eine Liste aller möglichen
Wochenschriften gesendet, und Jeder giebt an, von welcher er ein
neues Abonnement wünscht. Der »Director« entscheidet hierauf
im Verhältnisse zum Stande der Casse, was für das nächste Jahr
bestellt werden müsse. Dieser hat aber noch eine zweite und eine
dritte Quelle der Einnahmen. Zunächst haben viele Lesegesellschaften »Nachlesers«, d. h. Menschen, welche aus verschiedenen
Ursachen sich begnügen, die Wochenschriften und Romane zu lesen,
nachdem sie alle Mitglieder ausgelesen haben. Der Eine thut es,
weil er als Nachleser nur 2 oder 1½ fl. monatlich zu bezahlen hat;
ein Zweiter kann einfach nicht Mitglied werden, weil eine gewisse
Zahl Mitglieder nicht überschritten werden darf. Um auf dem
Laufenden der Ereignisse in Europa zu bleiben. wünscht natürlich
jedes Mitglied bei Ankunft der Wochenschriften und Bücher sofort
wenigstens von zwei oder drei derselben das Exemplar zu erhalten.
Der Director sorgt also dafür, dass jede Woche Jeder der Mitglieder in seiner »Trommel« eine oder zwei Nummern der zuletzt
erschienenen Zeitschriften erhält; diese »Trommeln« circuliren
dann jede Woche einmal, und wenn 15 Mitglieder sind, bekommt
jedes Mitglied die meisten Zeitschriften, wenn sie schon 15 Wochen alt sind; das ist natürlich selbst für Indien, wo man gewöhnt ist, erst in 4 bis 5 Wochen einen Brief aus Europa zu
erhalten, eine veraltete Lectüre. Darum wird eine gewisse Anzahl
der Mitglieder nicht überschritten, und jeder Candidat wird so lange
»Nachleser«, bis er zum Mitgliede avanciren kann. Dann giebt es

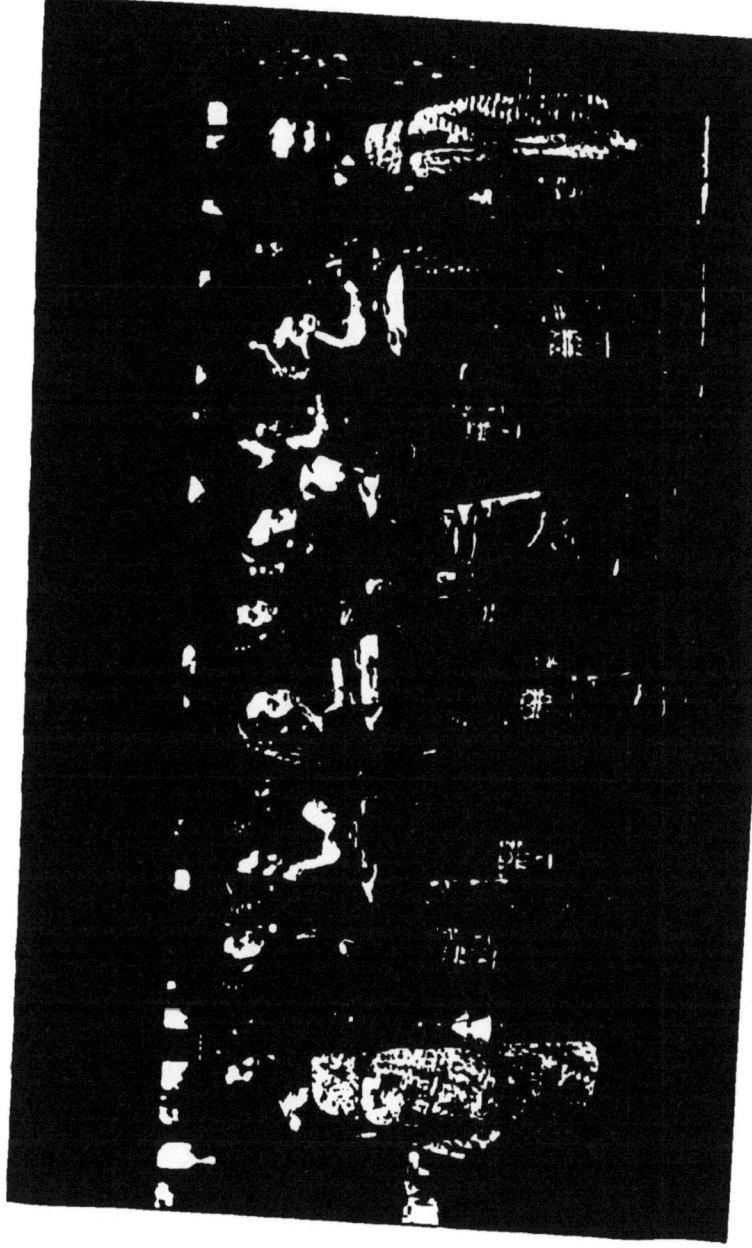

Fig. 14. Reichsinsignien, getragen von den Serimpis zu Djocja, nach Dr. Gronemann.

Pflanzer oder Beamte oder selbst Officiere, welche sich allein auf
abgelegenen Plätzen befinden und wegen grosser Entfernung nicht
jede Woche eine »Trommel« erhalten können; sobald eine Transport-
gelegenheit besteht, schickt ihm der Director der Lesegesellschaft
alle von den Mitgliedern gelesenen Bücher und Zeitschriften, welche
er seinerseits wieder zurückschicken muss.

Da für jede Beschädigung eines Buches oder einer Wochen-
schrift Strafe bezahlt werden muss, so sind dieselben, trotzdem sie
während 15 Wochen durch die Hände von 15 Familien gegangen
sind, dennoch in einem so guten Zustande, dass sie mit oder ohne
kleine Reparaturen wieder auf Auction gebracht werden können.
Der Director hält nämlich am Ende des Jahres eine Versammlung
der Mitglieder ab, um Bericht über den Stand der Casse und
über die Wahl der Bücher für das nächste Jahr zu erstatten, eine
Wahl des Directors und Cassirers vorzunehmen, und zum Schlusse
wird bei einem Glas Bier oder einem Gläschen Genevre eine Auction
der ausgelesenen Bücher und Zeitschriften gehalten. Der Ertrag
fliesst in die Casse der Lesegesellschaft, und die »Illustrationen«
wandern in die Kinderstube, um von den Kindern ausgeschnitten zu
werden, oder in die Zimmer kleiner eingeborener Häuptlinge oder
europäischer Beamten, oder werden von den Käufern an die Bibliothek des nächsten Spitales oder der nächsten Militär-Cantine ver-
schenkt.

Diese »Lesegesellschaften« sind also für Indien geradezu ein
bedeutender Factor der Volkserziehung, und Alt und Jung und Reich
und Arm lesen in Indien viel mehr, als es ihre Standesgenossen in
Europa thun.

Für mich und meine Frau war also der erste Aufenthalt in
Ngawie keinesfalls bedauernswerth gewesen, und den Glückwünschen
unserer Bekannten konnten wir das Bedauern entgegensetzen, Ngawie
verlassen zu müssen, wo wir »gemüthliche und gesellige« Tage ver-
bracht und gute und brave Menschen zu Freunden erworben hatten.

Unter den Anwesenden befand sich auch der Landesgerichtsrath Mr. X . . ., welcher sich stets eines besonders guten Humors
erfreute, und in dessen Gesellschaft die Langeweile sich niemals einstellte. Plötzlich erhob er sich von seinem Sessel und verlangte mit
feierlicher und ernster Miene, das Wort an den scheidenden Kameraden richten zu können; in seiner Eigenschaft als »Präsident van
den Landraad« müssten ihm alle Geheimnisse der Bewohner Ngawies

bekannt sein, und dank dieser Wissenschaft sei ihm zu Ohren gekommen, dass ein grosses Fass ungarischen Weines seit · vierzehn
Tagen in meiner Speisekammer ruhe und nur warte, von seinem
köstlichen Inhalte befreit, d. h. in Flaschen abgezogen zu werden.
»Wenn unser Aesculapius,« fuhr er fort, »Ngawie verlässt, dann
dürfe dieses Fass, gefüllt mit feurigem Ungar-Wein, diesen Garnisonplatz nicht verlassen, es müsse in Ngawie bleiben, wo es durch
seinen vierzehntägigen Aufenthalt Bürgerrecht erhalten habe und gewissermaassen Eigenthum der Stadt geworden sei. Wenn die anwesenden Officiere und Bürger das fluchwürdige Vorhaben des
Hausherrn, den Wein nach Willem I mitnehmen zu wollen, ebenso
entrüstet verurtheilen und verdammen würden, wie er es thue, dann
sei er überzeugt, dass eine solche Fahnenflucht nicht werde stattfinden können. Er schlage also vor, das Haus des Dr. Breitenstein
nicht zu verlassen, sondern aus der Cantine die Korkmaschine holen
zu lassen und sofort mit vereinten Kräften · ans Werk zu gehen,
d. h. mit dem Abzapfen des Fasses Wein zu beginnen.« Mit lautem
Hurrah wurde dieser Vorschlag von Allen angenommen — bis auf
meine Frau.

Mit stummem, flehendem Blick sah sie bald mich, bald den Frie-
densstörer an, der ihr auf diese Weise plötzlich zehn Gäste zum
Abendessen auf den Hals schaffen wollte. Herr X . . . verstand
diesen stummen, jedoch vielsagenden Blick und fuhr in seiner Rede
fort: »Meine Herren und Damen; blicken Sie jetzt in das Antlitz
unserer hochverehrten Hausfrau; ist in diesen edlen Zügen nur ein
kleines Winkelchen Platz für das schädlichste aller Laster, für den
Geiz? Ich weiss es durch meine Spione, welche alle Geheimnisse von
Ngawie verrathen, dass in der Speisekammer dieser Dame herrliche
Conserven aufgespeichert liegen, und doch erbleicht sie bei dem
Gedanken, uns bewirthen zu müssen; aus Geiz, nein, dieser edlen
Seele sind alle Laster fremd, also auch das des Geizes. Aber meine
Herren und Damen, mein scharfes Auge durchblickt nicht nur die
Mauern der Speisekammer, sondern auch die des Herzens unserer
Hausfrau. Dort, in der Speisekammer, sehe ich nämlich Büchsen
mit Erbsen, Spargel, geräuchertem Lachs, Sardinen, condensirter
Milch, Krebsen, amerikanischen Früchten, Erbsensuppe, Kalbsbries
und geräucherten Heringen: hier in der Tiefe des Herzens sehe ich die
Sorge der Ohnmacht, eine so ansehnliche Schaar hungriger und
durstiger Gäste in würdiger Weise nach alter indischer Gastfreund-

schaft bewirthen zu können. Meine Herren und Damen! erleichtern
wir aber auch die Sorge und Mühe unserer Gastfrau; es ist beinahe
8 Uhr; auf Jeden von uns wartet zu Hause eine Schüssel Suppe,
ein Stück Beefsteak mit Erdäpfeln u. s. w.; lassen wir Boten nach
allen Richtungen der schönen und grossen Stadt Ngawie geflügelten
Fusses eilen, dass uns unser Abendessen hierher gesendet werde,
und dem improvisirten Picknick folge dann die schöne und süsse
Arbeit des Abzapfens.« So geschah es. Um 9 Uhr begann das im-
provisirte Souper, und um 10 Uhr die Arbeit. Die Bedienten, welche
diese Arbeit schon früher einige Male gethan hatten, wurden sus-
pendirt, an ihre Stelle traten die Gäste. Der Eine sass am Fuss-
schemel, um die Flaschen zu füllen, der Zweite nahm sie ihm aus
der Hand, ein Dritter brachte sie nach der Korkmaschine, ein
Lieutenant tauchte sie in das flüssig gemachte Dammar (= Harz)
u. s. w. Natürlich hatte Jeder sein Glas und benutzte jeden freien
Augenblick, mit ihm zum Krahn zu gehen und sich »frisch vom
Zapfen« den Labetrunk zu holen. Im Hause selbst spielte bald
meine Frau, bald eine der geladenen Damen am Piano fröhliche
Studentenlieder, und um 12 Uhr waren 450 Flaschen gefüllt und
gelackt in der Speisekammer. Als das Fass leer war, wurde es von
vier Herren auf die Schulter genommen und unter den Klängen des
Trauermarsches von Chopin rund um das Haus getragen und im
Garten begraben.

Am andern Morgen bekam der Platz-Commandant die officielle
Mittheilung von meiner Transferirung. Dr. X . . . sollte mich ab-
lösen, und nach Uebergabe des »Dienstes in seinem ganzen Um-
fange« sollte ich nach Ambarawa gehen und mich unter die Befehle des »Eerstanwezenden Officiers van Gezondheid« von Willem I
stellen. Da zu erwarten war, dass mein Nachfolger noch vierzehn
Tage auf sich werde warten lassen, hatte ich genug Zeit, alle vor-
bereitenden Maassregeln für die Auction meiner Einrichtung treffen
zu können. Ich konnte mit Sicherheit auf keinen günstigen Erfolg
meiner Auction rechnen, und besprach also mit dem Auctionator für
diesen Fall, meine Einrichtungsstücke nicht à tout prix zu verkaufen.
Für jedes einzelne Stück »limitirte« ich den niedrigsten Preis und
besprach zu gleicher Zeit mit dem Stationschef die Miethe eines halben Waggons für meine Möbel und Koffer und eines Wagens für
meine Equipage und für meine beiden Pferde. Endlich kam mein
Nachfolger Dr. X., dem ich den Dienst sofort übergab, und ich be-

kam dann vier Tage frei, um meine »persönlichen Angelegenheiten
regeln zu können«. Herr v. d. V . . . bot mir für die letzten Tage
meines Aufenthaltes in Ngawie in liebenswürdiger Weise Gastfreundschaft in seinem Hause an und gab den Abend vor meiner Abreise
mir zu Ehren ein Abschiedsfest. Am 24. Februar war die Auction,
welche mich insofern befriedigte, als die grossen Stücke, wie Pianino,
Kasten, Equipage und Pferde zwar keinen Abnehmer gefunden hatten,
die kleineren Gegenstände aber, als Nippessachen, Service u. s. w.
doch noch um 817,40 fl. verkauft wurden. Nach der Auction liess
ich das Pianino und die übrigen Möbelstücke mit den Kisten auf drei
Frachtwagen, welche mit Ochsen bespannt waren, laden und sie in
der Nacht um 3 Uhr von Ngawie wegfahren. Als ich am andern
Tage, den 25. Januar, um 7 Uhr nach Paron kam, war alles bereits
in den Waggon geladen, und ich verliess Ngawie nach einem Aufenthalte von 16 Monaten in einer angenehmen Stimmung. Die Verdriess-
lichkeiten, welche ich im Dienste erfahren hatte, traten in den Hintergrund vor den vielen Beweisen der Freundschaft und Sympathie,
deren ich mich erfreuen konnte. Für den Transport meiner Möbel, für
mich, meine Frau und zwei Bediente bezahlte ich 210 fl. 97 Ct.[1])

Die Reise ging mit der Eisenbahn zunächst nach Solo auf der
Staatsbahn; hier musste ich umsteigen, weil die Privatbahn Samarang—Fürstenländer schmalspurig ist, und musste das Gepäck mit
meinen Pferden zurücklassen; der Kutscher erhielt den Befehl, bei
den Pferden zu bleiben und das Ueberladen derselben auf die
andere Linie zu leiten. Eine halbe Stunde später setzte ich meine
Reise fort bis Kedong-Djati, wo eine Zweigbahn mich nach Ambarawa mit dem Fort Willem I brachte. Hier kam ich um 6 Uhr
Abends an und fand zu meiner Ueberraschung Dr. K., meinen
Landsmann und Studiengenossen, welcher bereits im Jahre 1874
nach Indien gegangen war, als meinen künftigen Chef vor.

Obwohl ich mich nur zwei Tage und drei Nächte in Ambarawa
aufhielt, weil, wie wir sofort sehen werden, ich schon am 28., also
drei (!!) Tage später nach Tjilatjap transferirt wurde, so glaube ich
doch einiges über diesen Ort und seine Festung Willem I mittheilen
zu müssen.

Ambarawa und das genannte Fort liegen 476 Meter hoch auf
dem Fusse des Ungarang (2048 Meter absoluter Höhe) und grenzen

---

[1]) Ein holländischer Gulden ist ungefähr so viel als 2 = Kronen ö. W.
= 1 Mark 60 Pf.

im Süden an den grossen Sumpf (Rawa Pening), welcher, wie der ganze Thalkessel von Ambarawa, einem vulcanischen Einsturze sein Entstehen verdankte; das von dem umgebenden Berge strömende Wasser ergiesst sich in den Sumpf, um weiter als Fluss Tuntang, mit dem Fluss Demak vereint, der Javasee zuzuströmen. Ich hatte späterhin oft Gelegenheit, von Magelang aus per Wagen nach Ambarawa zu fahren, und immer war ich entzückt von dem schönen Panorama, welches sich um das Thal von Ambarawa nach allen Seiten ausbreitete; zahlreiche Dessas (Dörfer) umgeben den Rand des Sumpfes und die anliegenden Berghügel, die Sawahfelder in aller ihrer Farbenpracht, vom sanften Grün des jungen Reises bis zum Dunkelgelb des alten Reisstrohes. Zahlreiche Gemüsefelder und Fruchtbäume umsäumen die Peripherie des Sumpfes, welcher durch passende Ableitung des Wassers theilweise urbar gemacht war. Im Süden erheben der Telamaja (1883 Meter hoch) und der Marbabu (3116 Meter hoch) stolz ihre Häupter, und bei reiner Abendluft sieht man im Hintergrunde aus dem Merapi (2866 Meter hoch) den Rauch zum Himmel steigen.

Ambarawa selbst besteht aus den vier Ortschaften Pandjang, Ambarawa, Losari und Kupang, während das Fort Willem I $1\frac{1}{2}$ Kilometer im Süden dieser Hauptstadt des gleichnamigen Bezirkes liegt. Nebst den Eingeborenen befinden sich dort einige hundert Chinesen, einige Araber, Mooren und Bengalesen. Auf dem Berge Ungarang befindet sich ein Sanatorium, vielleicht in dem schönsten Theile Javas gelegen. Veth giebt seiner Bewunderung über dieses schöne Panorama mit folgenden Worten Ausdruck:

»Dieser Bergrücken (sc. Kendil), welcher nicht mehr als $1\frac{1}{2}$ km Luftlinie von Ambarawa entfernt ist und sich 300—350 Meter über das Thal erhebt, bietet eine Aussicht, welche unter die schönsten gerechnet werden kann, die Java zu geniessen giebt. Das reich bevölkerte Ambarawa, das Lager und die Festung sieht man zu seinen Füssen liegen, und wenn man dahinter den Blick über das Thal schweifen lässt, sieht man dieses wie ein Schachbrett in Fächer vertheilt. Hier wird ein Feld von Karbouwen für die neue Ernte gepflügt, dort prangt ein anderes im lichten Grün der jungen Reishalme; hier ist ein drittes in das dunkle Kleid von altem Reis gehüllt, und ein viertes ist gelb gefärbt von den Aehren, welche unter der Last der Reife ihr Haupt neigen. Kleine Wälder von Fruchtbäumen, welche die zu Dörfern vereinigten Wohnungen der

Eingeborenen verbergen, liegen wie Inseln zerstreut dazwischen.
Blickt man weiter hinein in den Thalkessel, dann sieht man ein
grosses, weites, graues Feld, neben grossen Wasserpfützen, welches
weder Acker noch Haine führt. Es ist der Sumpf, welcher durch
seine todte Kahlheit ebenso sehr absticht bei der weniger reich be-
völkerten und bebauten Gegend, welche sich an der anderen Seite
ausbreitet, als bei jener, welche sie von Ambarawa scheidet. Aber
was besonders dieses Panorama so ergreifend macht, das sind die
grossen Bergprofile, welche jenseits den Thalkessel begrenzen: Im
Vordergrund der Kelir, Wiragama und Telamaja, und fern im Süden
der breite Scheitel des stolzen Merbabu.«

Das Fort selbst wurde im Jahre 1833 von dem General
van den Bosch als Mittelpunkt der Vertheidigung von Java hier
angelegt, weil sich hier der grosse Weg vom Norden nach dem
Süden in zwei Arme theilt und somit von den Kanonen des Forts
bestrichen werden kann, und weil das Terrain eventuell unter Wasser
gesetzt werden kann. Nun, die Vertheidigungsfähigkeit dieser zwei
Strassen durch das Fort Willem I wird heutzutage von Niemandem
mehr anerkannt, und ein europäischer Feind würde mit zwei Mörsern
und zwei Gebirgskanonen, welche sich auf dem Telamaja oder Kelir
befinden würden, bald das Feuer aus dem Fort zum Schweigen bringen.

Die Vertheidigung Javas gegen einen europäischen Feind ist
schon seit Jahrzehnten die ununterbrochene Sorge der Regierung, und
die stets wechselnden Armee-Commandanten brachten zwar auch
stets neue Ansichten, aber das Endresultat ist gleich Null; denn
das Anlegen von starken Centren in den drei Militär-Abtheilungen
von Java im Innern des Landes, von wo aus im gegebenen Falle
die Truppen nach allen Richtungen der Windrose dirigirt werden
können, ist alles, was bis jetzt geschehen ist. Der heuer ernannte
General-Gouverneur von Indien ist ein Militär, und zwar der General
Rozeboom, welcher, wie mitgetheilt wird, in Holland durch seine
Arbeiten auf dem Gebiete der Festungsbauten eine Autorität ist;
wenn auch während seiner Regierungszeit,[1]) welche für fünf Jahre
festgestellt ist und verlängert werden kann, der Wechsel des Armee-
Commandanten vielleicht derselbe wie früher sein wird, so kann
diese Lebensfrage in Indien ernstlich in Angriff genommen werden.
Im Laufe der letzten Jahre hat das Armee-Commando sich nur

---

[1] Die General-Gouverneure werden immer auf fünf Jahre ernannt.

mit der »Reorganisation« der Armee [1]) beschäftigt und die Rolle eines
Despoten sich angeeignet, wobei natürlich ein Missbrauch dieser
absoluten Gewalt nicht ausgeschlossen blieb. Der neue General-Gouverneur kann also die Frage der Vertheidigung Javas selbst in die
Hand nehmen und hin und wieder den Herrschergelüsten des Armee-
Commandanten mit seiner Autorität entgegentreten; unter den früheren Armee-Commandanten war es bekannt, dass sie keine andere
Sorge hatten und kannten, als missliebige Personen zu entfernen
und ihren Freunden ein schnelles Avancement zu besorgen, unter
dem passenden Vorwande: Junge Kräfte und junges Blut in die
höheren Rangstufen zu bringen. Natürlich trat die Regierung in
Holland dieser Verschwendung entgegen, welche oft ein bitteres Unrecht gegen die davon Betroffenen involvirte. Aber sie fanden einen
Ausweg; was die Oberregierung in Holland officiell verweigerte, erreichten sie durch »hinausekeln«. Dazu sollte manchmal das ärztliche
Corps Handlangerdienste leisten. Ich sass beinahe fünf Jahre in der
Superarbitrirungs-Commission und hatte als ältester (nach dem Chef)
das Referat auszuarbeiten. Dessen kann ich mich jedoch rühmen: ich
habe mich immer objectiv gehalten, und wenn auch z. B. in den Zu-
schriften des Armee-Commandanten mitgetheilt wurde, »dass natürlich unter solchen Verhältnissen nicht zu erwarten sei, dass Hauptmann X. in Zukunft gesund bleiben werde« u. s. w., und wenn auch
der Chef der Commission diesen Wink mit dem Zaunspfahl verstehen
wollte, so liess ich mich dadurch in meinem Referat nicht beirren.
Da ich auf dieses widerliche Bild nicht mehr zurückkommen werde,
so will ich an dieser Stelle den Nepotismus in der indischen
Armee skizziren, ohne jedoch in Details zu verfallen. Der Regimentsarzt X. ist verwandt und befreundet mit dem Armee-Commandanten und möchte gern schnell Stabsarzt werden, ohne solche aussergewöhnlichen Leistungen aufweisen zu können, welche ein ausser-
tourliches Avancement [2]) rechtfertigen könnten. Capitän Y. möchte
gern sobald als möglich den Dienst als Major verlassen, um mit einer
Pension von 2800 fl. in patria in der Kraft seines Lebens noch
eine Civilstellung annehmen zu können. Die Vordermänner stehen
ihnen im Wege, es wird also das Leid direct oder indirect dem
hohen Freund und Gönner geklagt. Dieser spricht natürlich gegen-

---

[1]) d. h. mit der Pensionirung der sogenannten „alten Herren".

[2]) Aussertourliche Beförderungen sind in der indischen Armee sehr seltene
Ausnahmen.

über den Chefs dieser Vordermänner das Bedauern aus, dass seine
gute Absicht in Holland aus falschen Sparsamkeitsrücksichten nicht
gewürdigt wurde, und dass also altersschwache [1]) Männer ohne
Energie den goldenen Kragen bekämen. Dieser versteht den Wink
und beginnt zu »suchen«.

»Wer einen Hund schlagen will, findet immer einen Stock«,
und ich sah oft die unwürdigsten Mittel anwenden, um ein solches
Hinderniss aus dem Wege zu räumen. Nepotismus und Protection
kommen leider überall vor; aber in einer kleinen Armee machen
sie sich mehr als in einer grossen fühlbar und kommen schneller
zum Bewusstsein aller Officiere; es entwickelt sich dadurch auch ein
Servilismus, der geradezu lähmend auf den ganzen Dienst wirken
muss. Es ist zu hoffen, dass das Princip der strengen Anciennität,
welche das Gesetz vorschreibt, nicht wieder auf so schändliche
Weise umgangen wird, als es unter den früheren Armee-Commandanten geschah. Doch genug von diesen Uebelständen in der indischen Armee.

Die Vertheidigung Javas gegen einen europäischen Feind resp.
Amerika ist also die Hauptsorge des neuen General-Gouverneurs;
so wenig es mir möglich ist, mich mit dieser Sache zu beschäftigen,
so glaube ich auf einen Factor hinweisen zu müssen, der früher als
Axioma galt, heute aber gewiss an Bedeutung verloren hat. Dieses
Axioma lautet: Die beste Vertheidigung Javas ist — sein Klima;
ein europäischer Feind, der auf Java landet, würde schon in den
ersten Tagen $1/8$ seiner Bemannung durch Fieber, Dysenterie oder
Cholera verlieren. Dieses war wahr, hat aber heute seine Richtigkeit verloren; die Lehren der Hygiene sind Gemeingut geworden,
und die Verluste einer fremden Macht würden nicht viel grösser sein
als die der indischen Armee. Sie würde, um nur ein Beispiel anzuführen, für gutes Trinkwasser sorgen, und die Morbidität der
Truppen würde ebenso klein bleiben wie sich die Mortalität nur um
geringes steigern würde.

Das Fort Willem I wird gewiss in dem zukünftigen Ver-
theidigungsplane eine untergeordnete Rolle spielen, z. B. als Depot
für Kriegsmaterial, wie das benachbarte Banju-Biru, welches jetzt
die Hauptstation für die Feld- und Berg-Artillerie ist.

Bei meiner Ankunft wurde mir eine Wohnung ausserhalb des
Forts angewiesen, und zwar im sogenannten »Campement«; d. h. die

---

[1]) NB. Männer von 45 (!!) Jahren.

Bureaux und die Wohnungen der Officiere, welche im Fort selbst keinen Platz hatten, befanden sich vor der ersten Zugbrücke, und zwar in der Nähe des grossen Postweges, welcher bei Samarang beginnt und bei Bavean sich in zwei Arme theilt. An der Ecke des »Campements« befand sich das »Windhaus«, welches mir zugewiesen wurde, und ich ersuchte »die Genie«, solche Veränderungen des Hauses vorzunehmen, dass es von dem Zuge nicht belästigt würde. Durch Abschliessen einiger Fenster sollte dies geschehen, und so verliess ich am 28. das Hotel, um meine neue Wohnung zu beziehen; meine Möbel, Kisten und Koffer waren am 27. Abends angekommen, und ich hatte drei Lastwagen gemiethet, welche sie vom Bahnhofe direct ins Haus bringen sollten. Alles war in gutem Zustande angekommen; meine zwei Sandelwood-Pferde begrüssten mich mit lautem Wiehern, und so zog ich an der Spitze der kleinen Karawane zum »Windhause«. Als ich mich diesem näherte, sah ich zu meinem Schrecken Dr. K., mit einem Telegramm in der Hand, mit meiner Frau sprechen, welche laut schluchzend und weinend mir entgegen lief: »Wieder transferirt, und zwar nach Tjilatjap, dem grössten Fieberherde von Java, wo sich nicht einmal Soldaten befinden, von wo die Garnison verlegt werden musste, weil das Fieber, die Malaria sie mordete, wo selbst die Vertheidigungskanonen der Küste verlassen werden mussten, dahin müssen wir gehen.« Dr. K. konnte nichts anderes thun als ich, und zwar mit den Schultern zucken und sagen: es muss sein. Verblüfft sahen mich die Führer der Frachtwagen an, als ich ihnen zurief: »Kombâli« (= zurück); ebenfalls die Schultern zuckend, liessen sie die Ochsen umkehren und die Lasten wieder zum Bahnhofe bringen. Glücklicherweise war der Zug schon um 6 Uhr Morgens nach Solo abgegangen; sonst hätte ich noch denselben Tag abreisen müssen, mit oder ohne Reisegepäck, denn es war eine Eildepesche, und als ich den andern Tag Abends in Tjilatjap ankam und sofort in die Wohnung des Regimentsarztes W . . . eilte, in der Voraussetzung, ihn schwer krank oder vielleicht schon sterbend zu finden, war er nicht zu Hause!! Als ich ihn endlich in der Infirmerie fand, kam er mir mit den Worten entgegen: »Was kommen Sie hier thun?!!«

Nach Erhalt des Telegrammes ging ich nach Haus, beruhigte meine Frau so viel ich konnte und ging, mich beim Platz-Commandanten abzumelden. Unterwegs fiel mir aber ein, dass so eine Reise nach Tjilatjap wieder Geld und zwar sehr viel Geld kosten würde.

Bei seiner Transferirung muss nämlich der Officier alles selbst bezahlen und reicht später seine »Declaration« ein, welche jedoch
niemals sofort beglichen, sondern der »Rechenkammer« zur Revision
vorgelegt wird. Der Officier kann jedoch 80 % Vorschuss auf den
Betrag seiner eingereichten Rechnung erhalten. Für die Reise von
Ngawie nach Ambarawa hatte ich meine »Declaration« noch nicht
eingereicht, von dem Ertrage meiner Auction hatte ich noch keinen
Wechsel erhalten; ich war also court d'argent für meine Reise nach
Tjilatjap, welche gewiss 300 fl. kosten würde. Ich ging also zum
»Bezahlmeister« der Garnison und ersuchte ihn um einen Vorschuss
auf meinen Gehalt. Der Zahlmeister, der niemals um einen Witz
oder um ein scherzhaftes Wort verlegen war, richtete sich bei meinem
Ansuchen stolz auf, sah mich mit drohenden Blicken an und rief entrüstet aus: »Was! ein reicher Doctor, der nicht einmal Kinder hat,
verlangt Vorschuss auf seinen Gehalt! Das ist reiner Wucher! Sie
wollen noch mehr Geld in die Sparbank bringen; Sie wollen noch
immer Zinsen auf Zinsen auf Ihr Vermögen häufen! Das ist Schande!«

»Ja, das ist Schande,« erwiderte ich in demselben Tone der
Entrüstung; »aber wessen? Da werde ich aus der Mitte Javas
nach dem Norden der Insel transferirt, und drei Tage später wieder
vom Norden nach dem Süden; der Regierung kostet dieses 219 fl.
und mich über 300 fl.! Will also die Regierung durch uns Officiere
die Unkosten der Eisenbahnen decken! Nehmen Sie jetzt an, dass
ich 6 bis 8 Kinder hätte, wie viel würde ich dann verlieren? Finden
Sie es also ein Unrecht, dass die Regierung dafür eine kleine Entschädigung bietet? Ich bekomme nach Recht und Gesetz, weil ich
verheiratet bin, von vier Monaten, im anderen Falle von drei Monaten
Gehalt einen Vorschuss, den ich nach drei Monaten in Raten von
$^1/_4$ meines Gehaltes abzuzahlen anfangen muss; die 1700 fl., welche
ich jetzt von Ihnen erhalte, tragen im günstigsten Falle 65 fl.
Interessen (zu 4 % gerechnet). Ist dieser Betrag nicht so klein,
dass es eine Schande ist, darüber ein Wort zu verlieren? Setzen
Sie jedoch den Fall, dass ich 6 oder 8 Kinder hätte; würde es für
mich nicht geradezu ein Unglück sein, in drei Tagen zweimal transferirt zu werden? Ich würde den Verlust nicht verschmerzen können
und Schulden machen müssen.«

Diese häufigen Transferirungen sind auch die Schuld, dass sehr
viele Officiere erst im Range vom Major aus ihren Schulden gegenüber der Regierung herausgekommen sind, da sie ihre alte Schuld,

welche in 19 Monaten und von ledigen Officieren in 15 Monaten abbezahlt sein muss, noch nicht getilgt hatten, wieder transferirt wurden und dabei zunächst die alte Schuld abtragen mussten.

In früheren Jahren gab die Regierung jedem Arzte, und wenn ich mich nicht irre, jedem Officier, der darum das Ansuchen stellte, auch für den Ankauf von zwei Reitpferden 400 fl. Vorschuss, welcher Betrag (ebenfalls rentelos) in 20 Monaten abgezahlt sein musste. Da sich nach und nach der Missbrauch eingestellt, dass von den dazu berechtigten Officieren dieser Vorschuss genommen wurde, ohne dass sie sich factisch zwei Pferde kauften, wie z. B. in Garnisonen, wo sie sie nicht gebrauchen konnten, so hat die Regierung im Jahre 1888 damit ein Ende gemacht, indem sie diesen Vorschuss nur für den Fall bewilligte, als der Kauf der Pferde factisch geschah; zu diesem Zwecke wurde in allen Garnisonen eine Controlliste der Officiers-Pferde angelegt.

Nachdem ich meinen Vorschuss erhalten hatte, ging ich zunächst nach dem Bahnhof, um zu sehen, ob mein Gepäck und besonders, ob meine Pferde wieder ohne Schaden in den Waggon gebracht worden waren. Da diese feurigen Temperamentes waren, gab ich ihnen auf die Reise keinen Reis mit, sondern befahl dem Kutscher, welcher sie begleitete, jeden Tag 2 Pikol frisches Gras zu kaufen = 125 Kilo. wofür ich ihn 20 Ct. verrechnen liess. Es war ja die Regenzeit. und in diesem Monat kann man einen Pikol Gras selbst um 6 Ct. = 6 Kreuzer = 10 Pfennige bekommen; in der trockenen Zeit steigt der Preis oft bis auf 15—20 Cts., weil es dann oft weit her, z. B. von den Ufern eines Flusses oder aus schattigen Wäldern geholt werden muss. Ganz trocken ist das Gras in Java allerdings niemals, weil der Feuchtigkeitsgehalt der Luft immer ein hoher ist, und dies ist auch die Ursache, dass Präriebrände in Indien niemals vorkommen. Am andern Morgen, den 28. Januar, ging ich also um 6 Uhr früh wieder auf die Reise, um 1 Uhr kam ich in Djocja an, wo mich der Resident erwartete, dessen Frau eine Schulkameradin meiner Frau war, und lud mich ein, eine Nacht bei ihm zu logiren. Ich nahm es nicht an, weil mich das Eiltelegramm des Landes-Sanitätschefs das Aergste für den Gesundheitszustand des dortigen Arztes befürchten liess. Es war glühend heiss, das Thermometer zeigte im Schatten 35° C.; in der Restauration des Bahnhofes hatten wir ein ziemlich gutes Beefsteak mit Erdäpfeln gegessen und eine Flasche Rheinwein geleert, so dass wir gerade nicht

leichten Muthes wieder die Reise fortsetzten. Bei dieser hohen
Wärme ist in Indien das Fahren auf der Eisenbahn ja unerträglich.
Ich hoffte eine Erleichterung zu finden, wenn ich für mich und meine
Frau Karten I. Classe nehmen würde. um dadurch ein Coupé für
uns Beide allein erhalten und mich des Rockes und der Schuhe entledigen zu können; aber wer kann unsern Schreck schildern, als unmittelbar vor Abgang des Zuges ein Herr sich zu uns gesellte, der,
wie er mir später erzählte, dieselbe Absicht gehegt hatte. Dieser
brave Mann ist seitdem gestorben. Ich kann also heute ruhig gestehen, dass wir Beide alle Flüche und Qualen der Hölle auf
seinen Kopf erwünschten, natürlich nur im Flüsterton. Endlich
um 6¹/₄ Uhr Abends kamen wir in Tjilatjap an, und mein Vorgänger — erfreute sich der besten Gesundheit!!

Bei meiner Transferirung von Ambarawa hatte ich die Provinzen Samarang, Surakarta, Djocjacorta, Bageléen und Banjumas
durchzogen. Die ersten drei und die letzte Provinz werden uns
weiterhin noch viel beschäftigen, und darum will ich an dieser Stelle
nur mit wenigen Zeilen der Provinz Bageléen gedenken, weil ich einerseits sie nur per Eisenbahn durcheilt habe und sie andererseits nicht
viel Sehens- und Mittheilenswerthes enthält.

Vor dem grossen Kriege von Java in der ersten Hälfte dieses
Jahrhunderts war Bageléen (und Banjumas) ein Theil des westlichen
Mantja¹)-negara,²) und seine Fürsten waren Vasallen des Sultans
von Solo. Hier in Bageléen, welches jetzt nicht nur die dichtbe-
völkertste Landschaft von Java, sondern vielleicht von der ganzen
Erde ist [es wohnen ja mehr als 20,000 Menschen auf einer Quadrat-
meile,³) und es besitzt bei einer Grösse von 62,₀₇ ☐ Meilen einen
Ort (Purworedjo) mit 20,000 Seelen, 202 Kampongs mit 1000—5000,
679 Dessas mit 5—1000, 1327 mit 200—500, und 442 Dörfer bis
200 Seelen], wüthete früher der Despotismus seiner Fürsten mit
allen seinen Qualen und Leiden für den kleinen Mann, und man

---

¹) Abgelegen.
²) = (J.) Landschaft.
³) Bei einer Grösse von 62,₀₇ Quadratmeilen zählte es im Jahre 1892
1035 Europäer, 3439 Chinesen, 55 Orientalen und 1,348,204 Eingeborene =
1,352,733.

muss oft die lebhafte Phantasie bewundern, mit welcher diese kleinen Despoten Steuern zu erfinden wussten. Es wurde eine Steuer für wohlgefüllte Waden erhoben, die Einäugigen mussten Steuern für die Blinden bezahlen, bei jeder Klage wegen Diebstahls musste ein gewisser Betrag erlegt werden, für die Wachthütten auf den Reisfeldern, welche nicht gebaut wurden, für das Wiegen des Reises, welcher als Zehnt eingeliefert werden musste, war ein Zoll festgesetzt, obzwar der Reis niemals gewogen wurde, für das Zählen der Reisfelder, was niemals geschah, für das Recht, den Tanzmädchen zuschauen zu können, ob man es ausübte oder nicht, wurde eine Steuer erhoben, kurz, unter 34 (!!) verschiedenen Namen wurde der kleine Mann in seinem Erträgniss des Bodens gekürzt. Im Jahre 1830 kam es endlich unter die directe Verwaltung der holländischen Regierung; sofort wurden 24 dieser diversen Steuern abgeschafft, und die üppige Tropenflora im Verein mit der humanen europäischen Regierung schufen aus den öden, unbebauten, brachliegenden Feldern eine reich bevölkerte und reich bebaute Provinz mit einer glücklichen und zufriedenen Bevölkerung.

Der Name dieser Provinz stammt aus dem altjavanischen Pagelén = penis und von der Linggasäule, welche sich bei Purworedjo, und zwar bei dem Dorfe Bageléen befindet und noch heutzutage von der Bevölkerung angebetet wird. Ueberhaupt findet man ja in Süd-Java viele Spuren des Siva-Dienstes.

Eine andere Sehenswürdigkeit ist der ausgehöhlte Felsen Karang bólang, welcher sich 181 Meter hoch über die See an der Südküste erhebt und sich wie ein Dom über die Fläche des Meeres wölbt, als Heimath von Tausenden und abermal Tausenden von Schwalben, deren essbare Nester unter dem Namen sarong burung ein starker und verbreiteter Handelsartikel geworden sind. Im Jahre 1871 wurde das Erträgniss dieser Höhle auf 25 Jahre für den Betrag von 37,100 fl. pro Jahr verpachtet. Nach Friedmann sollen jährlich 500,000 Stück gewonnen werden.[1]

Die Hauptstadt Purworedjo mit dem Garnisonplatz Kedong Kebo und mit dem Gunung Wangi (8 Kilom. entfernt) = Berg des herrlichen Duftes,[2] die Grotte vom Berge Lawang und Tebasan

---

[1] Im Jahre 1894 wurden von ganz Indien für 202,900 fl. = ± 350,000 Mark Vogelnester exportirt.

[2] Hier soll Radèn Djambu zum ersten Male in der Provinz Bageléen den Islam gepredigt haben.

mit den zahlreichen Ueberresten des Siva-Dienstes, die Umgebung
von Kabumen mit ihren warmen Quellen, Gombong mit seiner Ca-
dettenschule und der Grotte Ragadana mit schönen Stalaktiten sowie zahlreiche Alterthümer kann ich nur andeuten, aber nicht
beschreiben, weil ich niemals Gelegenheit hatte, aus Autopsie sie
kennen zu lernen.

Die Provinz Banjumas, in welcher Tjilatjap liegt, habe ich
nach vielen Richtungen hin durchzogen, und zwar entweder in dienstlichen Angelegenheiten oder zu meinem Vergnügen. Am häufigsten
kam ich nach Babakan, wo sich längs des Meeresstrandes die
Schiessstätte der Artillerie der zwei militärischen Abtheilungen Javas
befindet. Nach der Hauptstadt Banjumas kam ich im Ganzen nur
viermal. Das erste Mal hatte den Zweck, mich dem Residenten
(Statthalter) der Provinz vorzustellen, weil dieser in civilen Angelegenheiten gewissermaassen mein Chef war.

Nachdem ich zu meiner Ueberraschung meinen Vorgänger nicht
nur beim besten Befinden getroffen, sondern auch von ihm vernommen hatte, dass er schon seit einigen Wochen einer relativ
günstigen Gesundheit sich erfreue, ging ich nach Hause ins Hotel,
um ein erfrischendes Bad zu nehmen und hierauf trockene Leibwäsche anzuziehen. Das Hotel wurde von Frau X ... geleitet,
während ihr Mann gleichzeitig Schiffshändler und Kaufmann war;
er hatte im Hotel einen Laden, in dem man einfach Alles zu
kaufen bekam; es war ein »Toko«, wie sie überall in Indien gefunden werden. Abgesehen von einigen Modistengeschäften in den
grossen Städten, wie Batavia u. s. w., kennt der Detailhandel in
Indien keine Specialitäten. In einem Toko findet man Papier,
Bücher, Gewehre, Conserven, Leinwand, Schuhe, Hüte, Lampen,
Gläser, Porzellanwaaren, Petroleum, Käse, Butter, Thee, Kaffee u. s. w.

Natürlich hatte sich wie ein Lauffeuer die Nachricht verbreitet,
dass ein neuer Arzt angekommen sei, und Jeder beeilte sich, diesen
zu Gesicht zu bekommen. Jeder hatte also diesen Abend in diesem
Toko etwas zu kaufen; der Eine eine Kiste Cigarren, der Andere
eine Schachtel Maschinenzwirn und der Dritte bestellte eine Kiste
Apollinaris-Wasser u. s. w.

Die Wirthin, eine schöne und stattliche Nonna,[1] sass unter-

---

[1] Halbeuropäerin.

dessen bei uns in der Veranda und theilte uns von Jedem, der in den Kaufladen trat, alles Wissenswerthe mit; unglaublich schienen mir die Mittheilungen über den Herrn D . . . : »37 Jahre befindet er sich schon in Tjilatjap und ist nur gesund, wenn er hier ist; jedes Jahr geht er auf die Reise, und kaum hat er Tjilatjap hinter sich, so beginnt er sich unwohl zu fühlen und bekommt das Fieber. Dasselbe ist der Fall mit dem Herrn K . . ., der schon 17 Jahre hier wohnt und, wie Sie soeben sahen, sich eines sehr gesunden Aussehens erfreut; er hat eine schöne Tochter, welche hier geboren ist, und ebenso wie die zwei Töchter des Herrn D . . . nur hin und wieder ein paar Tage lang Fieber haben; sie nehmen 20 Chininpillen und bleiben dann wieder für viele Monate vor den Fieberanfällen verschont.« Dies waren sehr ermuthigende Worte, besonders für meine Frau, welche sich früher in den Gedanken eingelebt hatte, niemals dieses »verwünschte Fiebernest« bewohnen zu müssen, weil im Jahre 1887 die Garnison aus Gesundheitsrücksichten eingezogen worden war. Die Regierung schickt jedoch seit dieser Zeit immer einen Militärarzt dahin, weil sich kein Civilarzt bis jetzt dort angesiedelt hat. Die Zahl der Europäer in Tjilatjap und seiner Umgebung und die der Chinesen ist nämlich zu klein, um einen Civilarzt zu veranlassen, für ein Erträgniss, das kaum die Bedürfnisse des täglichen Lebens decken würde, Leben und Gesundheit aufs Spiel zu setzen. Die Garnison war zwar aufgehoben, aber die zahlreichen militären Gebäude bestanden noch; auch die KüstenBatterien, welche den Eingang in den Canal beherrschten, waren noch nicht entfernt und bedurften einiger Soldaten zur Bewachung; diese wenigen Soldaten standen unter dem Befehl eines Oberlieutenants »der Genie«. Uebrigens vertraten 80 Mann Pradjurits die bewaffnete Macht; das sind nach europäischen Begriffen Polizeisoldaten, welche den Verwaltungsbeamten zur Seite stehen und in erster Reihe den Bewachungsdienst in den Gefängnissen und den Transport der Sträflinge zu besorgen haben. Ihre militärische Ausbildung erhalten sie von einem europäischen Officierstellvertreter, und im Uebrigen unterstehen sie in allem und jedem dem AssistentResidenten. Nur findet über ihre militärische Ausbildung eine jährliche Inspection von Seiten des jeweiligen Adjutanten des LandesCommandirenden statt. Dies ist natürlich eine im Princip ganz verfehlte Organisation, wenn der Assistent-Resident es nicht gelernt hat, ein Commando über 80 Mann zu führen. Ich will zwar zu-

geben, dass, wenn in ernstlichen Fällen der Beamte die Hülfe des
Militärs anruft, wie es z. B. bei einer Meuterei afrikanischer Matrosen im Hafen geschah, dieses höchstens ein Beweis für geringes Vertrauen zu dem Muthe dieser Polizeisoldaten sei; aber es
ist geschehen, dass der Instructeur von Dorf zu Dorf gehen und
jeden einzelnen Mann aufsuchen und überreden musste, sich rechtzeitig auf dem Platz der Inspection einzufinden, und dass demungeachtet der Inspecteur zur angesagten Stunde nicht die ganze
Mannschaft anwesend fand, sondern Alle einzeln wie verirrte Schafe
erschienen.

Wenn diese Polizeisoldaten in Casernen wohnten und ihren
Instructeuren auch in jeder Hinsicht, also auch in disciplinaren Vergehen untergeordnet wären, d. h. mit anderen und wenigen Worten, wenn sie Gensdarmen wären, wie sie in zahlreichen europäischen Staaten bestehen, dann würden sie nicht nur bessere
Dienste leisten, sondern auch einem dringenden Bedürfnisse entsprechen. Der antimilitärische Geist der Holländer macht sich auch
in dieser Hinsicht in unangenehmer und fühlbarer Weise geltend.
Der Assistent-Resident X ..., der damals in Tjilatjap residirte, war
gewiss ein Ehrenmann, er war als Beamter gewiss, so weit ich
urtheilen kann, seinen Aufgaben vollkommen gewachsen und lebte
nur für seinen Dienst; und doch waren die Pradjurits damals eine
Caricatur von dem, was sie sein sollten; sie machten von der
Zwitterstellung ihres Instructeurs Missbrauch, und dieser selbst —
war froh, jeder Verantwortlichkeit enthoben zu sein. Wenn jedoch
der Instructeur auch das Recht des Strafens hätte, und wenn sie
in Casernen wohnten, welche ebenfalls ein militärisches Reglement hätten, und wenn alle Befehle des Beamten durch die Hände
des Instructeurs gingen, dann hätte auch Indien ein Corps von
Gensdarmen, welches nach vielen Seiten hin erspriessliche Dienste
leisten könnte; denn die Polizisten der grossen Städte und des
flachen Landes sind nichts anderes als persönliche Bediente des
Beamten und erfreuen sich gar keines Ansehens und gar keiner
Autorität. — Die Uniform der Pradjurits ist die des Militärs aus
den siebziger Jahren; dunkelblaue Kleider aus Serge mit einem
Kopftuche unter dem Käppi; dieses ist nach der Weise der Javanen
um den Kopf geschlungen. Die Bewaffnung ist dieselbe wie die
der Armee; sie haben Hinterlader und Bajonette.

Am andern Morgen stellte ich mich dem Assistent-Residenten vor und liess den Platz-Commandanten wissen, dass ich angekommen sei, um den Dienst von Herrn Dr. W. zu übernehmen. Beide Herren waren nämlich niedriger im Range als ich, und nach den gesetzlichen Bestimmungen ist es hinreichend, dass in einem solchen Falle der höhere Officier schriftlich davon Nachricht giebt. Weil der Dienst eines Oberarztes reglementär ganz derselbe wie der eines Regimentsarztes ist, so geschieht es sehr häufig, dass in kleinen Garnisonen der Platz-Commandant niedriger im Range oder Anciennität ist, als der zugetheilte Militärarzt. Aus einer falsch angebrachten Gemüthlichkeit lassen die Militärärzte in der Regel diesen Rangunterschied aus den Augen und halten sich z. B. mehr an die herrschende bürgerliche Gewohnheit, dass der zuletzt Angekommene bei den anwesenden Officieren sich zuerst vorstelle u. s. w. Dies ist die Hauptursache, dass die Officiere der »bewaffneten Corps« sich so oft über das antimilitärische Benehmen der Militärärzte lustig und davon manchmal Missbrauch machen. Es entstehen dadurch unangenehme Streitigkeiten, worunter auch der Gang des Dienstes leiden muss.

Der Platz-Commandant konnte nicht zu mir kommen, weil er am Fieber litt und an diesem Tage sich zur Abreise von Tjilatjap rüstete. Ich ging also zu ihm hin und besprach noch einige Fragen über die Abreise meines Vorgängers und über sein Haus, welches mir zur Miethe angeboten wurde. Dieses lag nämlich in jenem Theile der Stadt, in welchem sich die Casernen und Wohnungen der Officiere befanden, und welches wegen des dort herrschenden Malaria-Fiebers von der Garnison verlassen werden musste. Das Flüsschen (Kali) Osso trennte diese beiden üblicherweise so scharf auseinander gehaltenen Theile Tjilatjaps und zog hinter dem Hause des Lt. G. vorbei. Im Westen dieses Flüsschens lag, wenn ich mich dieses Ausdruckes bedienen darf, das bürgerliche Tjilatjap. Einen überraschend schönen Anblick bietet die Stadt, wenn man des Morgens früh aus dem Hotel tritt und sich der Wohnung des Assistent-Residenten nähert; vor uns zieht in gerader Linie eine vielleicht mehr als $1\frac{1}{2}$ Kilometer lange Strasse, begrenzt von hohen, mächtigen Kanariebäumen (canarie communis). Zur rechten Hand schliesst das Haus des Officiersclubs mit der Insel Nussa Kambangan im Hintergrunde diese schöne Allee ab; im Osten derselben liegt das Bureau und das Wohnhaus des Assistent-Residenten mit wunderschönen Blumenbeeten im Garten, und zur Seite desselben eröffnet sich die Aussicht über die schmale Wasserstrasse mit den wildromantischen Ufern der genannten Inseln im Süden. Das Rauschen der Brandung an der jenseitigen Küste erschüttert die Luft um so imposanter, als die schäumenden und strömenden Wogen nicht gesehen werden. Zur Linken zieht diese schöne Allee in beinahe geometrisch gerader Linie nach Norden und zeigt uns im Hintergrunde den Palast des Regenten mit seinem grossen Along-along (Schlossplatz). Auf der linken Seite führt eine kleine Strasse zum Bahnhof und eine zweite zum neuen Hafen, welcher in der Mündung des Flusses Donan liegt. Es ist ein Meisterstück des modernen Hafenbaues.

Die Schiffe liegen mit ihrem Bord an dem Rande der Quais, und die Waaren, welche in einem Waggon der Eisenbahn ankommen, können von diesem direct durch einen Dampfkrahn in das Schiff geladen werden. Ich sage: können; denn es geschieht leider nicht. Dieser Hafen wurde ursprünglich angelegt, um die Producte des Landes, wie Kaffee, Zucker, Thee, Indigo u. s. w. aus Mittel-Java bequem und billig nach der See transportiren zu können; es wurde aber die Rechnung ohne den Wirth gemacht. Zahlreiche Zuckerfabriken, Kaffeepflanzer u. s. w. arbeiten nicht mit eigenem Geld und haben grosse Vorschüsse von den diversen Banken, welche sich in Samarang (Nordküste) befinden. Diese Stadt hat jedoch keinen modernen Hafen; die Schiffe liegen vielleicht eine Stunde weit von der Küste entfernt. Der Transport der Waaren und der Personen von der Küste auf die Rhede geschieht durch Dampfbarcassen, welche direct oder indirect im Besitze dieser Banken sind. Diese geben also keine Vorschüsse, wenn nicht der Schuldner sich verpflichtet, seine Producte auf der Nordküste (in Samarang) einschiffen zu lassen. Dadurch wird natürlich das Erträgniss der Transportgesellschaften in seiner alten Höhe erhalten und — der schöne Hafen Tjilatjap wird wenig benutzt. Dazu kommt noch ein zweiter Uebelstand. Im Jahre 1890 sollte der letzte Theil der Eisenbahn gebaut werden, welcher die Nordküste zwischen Batavia via Tjilatjap und Surabaya mit der Südküste verbinden sollte; die Ministerien des Krieges, des Innern und der öffentlichen Bauten stritten sich über den Punkt, bei welchem der letzte Theil, welcher von Bandong kam, sich anschliessen sollte; die Wahl fiel auf Maos, zwei Stationen nördlich von Tjilatjap. Die beiden Züge von Batavia

und Surabaya treffen hier in Maos Abends um $6^1/_2$ Uhr ein
und fahren in der Nacht nicht weiter. Die Regierung hat also
in Maos ein grosses Hotel gebaut und dessen Verwaltung u. s. w.
einem Pächter übergeben; die Passagiere verbringen den Abend so
gut es geht mit Spazierengehen rund um das Hotel und setzen am
andern Tage die Reise fort. Zu einem Ausflug nach Tjilatjap
ist keine Gelegenheit gegeben, und dieser schöne Hafen mit
seiner reizenden Lage, mit den wundervollen Höhlen auf Nussa-
Kambanjan bleibt verschollen und unbeachtet von der grossen Menge
der Reisenden, welche eine Reise von Batavia nach Surabaya lieber
in einem Waggon zurücklegen, als sich vielleicht drei oder vier Tage
lang auf einem Schiffe den Unbilden der Seekrankheit auszusetzen.

Wenn sich in Tjilatjap ein unternehmender Mann fände, die
Sehenswürdigkeiten und Schätze der Umgebung dieser Stadt dem
grossen Strome der Reisenden zu eröffnen, welche täglich um $6^1/_2$ Uhr
in Maos ankommen, würde es nicht geschehen, dass täglich Hunderte
von Reisenden an Naturschönheiten vorbeiziehen, welche in Europa
jährlich Tausende und Tausende von Touristen dahin locken würden,
und die Stadt würde sich zu einem Emporium der Südküste Javas
erheben. Die Tropfsteinhöhle der Insel Nussa-Kambangan und das
Pfahldorf der Kindersee wird das Ziel des einen Tages, und die
wildromantische Scenerie von Karang Bolang der Endpunkt eines
zweiten Ausfluges sein. (Leider ist das Reisen in Indien theuer;
eine Fahrt nach der Hauptstadt Banjumas kam auf 20 fl. zu
stehen, wozu noch die Unkosten des Hotellebens gerechnet werden
müssen.) Die ganze Provinz ist übrigens reich an Sehenswürdigkeiten. Das Dienggebirge (2045 Meter hoch) mit seinen ausge-
brannten Vulcanen, mit seinen Solfataren (von Segarawedi), mit
seiner Mofette (das Todtenthal Pakaraman [1]) entzücken das Herz
eines jeden Touristen, und wenn wir ihre Beschreibung in dem
Meisterwerke des Prof. Veth lesen, können wir nur bedauern, dass
dies Wunderspiel der Natur jenseits der grossen Heereswege liegt,

---

[1] Hier wächst auch der Upasbaum (Antiaris toxicarica), dessen Wurzeln
einen giftigen Saft enthalten, welcher früher zum Vergiften der Pfeile angewendet wurde. Selbst seine Ausdünstungen wurden für giftig gehalten; wenn
sich dieser Baum in der Nähe einer Mofette befindet, kann leicht dieser Irrthum
entstehen.

welche mit Eisenbahnen die grossen Städte Javas untereinander
verbinden.

Das militärische Tjilatjap lag im Osten des Flüsschens Osso
und war mit einer steinernen Brücke mit dem »Seestrand« verbunden, welcher von hier aus längs des Officierclubs nach der Mündung des Flusses Donan sich mehr als 1½ Kilometer weit erstreckte.
Kam man über die Brücke, so hatte man zu seiner Rechten das grosse
Lagerhaus, in welchem der Gouvernementskaffee aufgespeichert und
von Zeit zu Zeit an den Agenten der »Handelsmaatschappij« abgeliefert wurde, weiterhin die Casernen und vis-à-vis das Militär-
spital und die Wohnungen der Officiere.

Das Militärspital war seit dem Verlassen der Garnison zu einem
Marodensaal degradirt worden und bestand hauptsächlich (gegenüber
dem Eingange) aus einer Apotheke, einem Bureau für den »Eerstaanwezenden Officier van Gezondheid« und einem Zimmer für
kranke Soldaten oder Pradjurits. Bald zeigte sich jedoch die
Unzulänglichkeit eines Marodensaales. Es wurde nämlich, wie
schon erwähnt, der letzte Theil des Eisenbahnweges gebaut, welcher
in einem grossen Bogen die zwei Städte der Nordküste, Batavia und
Surabaya, mit dem Süden der Insel verbinden sollte. Zahlreich
waren die Fälle, dass Arbeiter verunglückten und mir zur Behandlung gebracht wurden. Dies geschah auch von Seiten der Schiffe,
welche das Material für den Bau der Eisenbahn u. s. w. in den Hafen
brachten. In einen Marodensaal dürfen keine bürgerlichen Kranken
aufgenommen werden. Die ersten Fälle brachten mich also in Verlegenheit, aus welcher mir jedoch der Assistent-Resident half; es
waren arme Kulis; ich nahm sie in dem »Ziekenzaal« auf, und auf
Befehl dieses Magistrates kamen sie in den Bestand des Spitals für
Prostitués, welches einen halben Kilometer davon entfernt war.
Sträflinge brachten ihnen die Kost, welche ihnen auf Rechnung
dieses Spitals verabfolgt wurde, während die Krankenwäsche, Medicamente u. s. w. aus dem Bestande des Marodensaales geliefert wurden. Die Medicin konnte ich de jure verabfolgen. Ich musste
eo ipso jeden Monat eine Rechnung für (an die arme Bevölkerung)
abgelieferte Medicamente einreichen, welche dann mit dem Departement des Innern verrechnet wurde; im Uebrigen besprach ich diese
Sache mit dem Platz-Commandanten, welcher im Interesse der Mensch-
lichkeit keinen Einwand machte, um so weniger, als ich ver-

sprach, die Erhöhung des »Ziekenzaales« zu einem Spitale zu veranlassen, in welches, de jure, civile Patienten aufgenommen werden
können.

Grössere Schwierigkeiten bereitete mir jedoch die Aufnahme
zahlungsfähiger Bürger; diese mussten für ihre Verpflegung selbst
sorgen, und mir erübrigte nur die ärztliche Hülfe. Als mir jedoch
eines Tages vom Agenten der Schifffahrtsgesellschaft Nederland ein
Kuli geschickt wurde, dem im Schiffsraum das Schienbein zertrüm-
mert worden war, konnte und wollte ich die Verköstigung dieses Patienten
nicht auf mich nehmen und vertraute sie dem »Mandur« des Spitals
für Prostitués an, welcher den Betrag hierfür bei mir jede Woche
eincassirte. Sobald als möglich leitete ich also die nöthigen Schritte
ein, um aus dem Marodensaal ein Spital 6. Classe machen zu dürfen,
und am 30. September kam der Bescheid von der Regierung zurück, welcher dieses erlaubte und gleichzeitig die Vermehrung des
Dienstpersonals in Aussicht stellte. Denselben Abend aber kam
auch der Landes-Commandirende an, um Inspection zu halten. Ich
und der Platz-Commandant erwarteten ihn in Galatenue an der
Station. Einige Stunden später kam der Tagesbefehl. »der General
wünschte, dass wir in unserer »Tenue« blieben, als ob Seine
Hochwohlgeboren nicht anwesend wäre«, und der Platz-Commandant
fügte bei: also gewöhnliche Tenue. Als Chef des Maroden-
zimmers wäre ich für die Reinlichkeit nur dieses einen Saales
verantwortlich gewesen; als Chef des Spitals jedoch musste ich
für die Reinlichkeit des ganzen, alten, halbverfallenen Gebäude-
Complexes sorgen. Ich hatte aber noch nicht das nöthige Dienst-
personal. Um jedoch wenigstens den gröbsten Schmutz des alten,
verlassenen, öden Spitalraumes wegschaffen zu lassen, verschaffte
ich mir vier Kulis und liess sie um 6 Uhr früh unter Aufsicht eines
Krankenwärters die Wege fegen u. s. w. Zur grösseren Sicherheit
jedoch ging ich um 6 Uhr dahin und sorgte, dass unter meiner
persönlichen Aufsicht so viel als möglich gereinigt werde. Im
Eifer meiner Arbeit vergass ich die Zeit, und als es 8 Uhr schlug
— stand der General mit dem Adjutanten und dem Platz-Commandanten vor der Thür, und ich war noch in Bürgerkleidung (!).
Dafür bekam ich in die Conduiteliste: Militärisches Benehmen
tadelnswerth und zeigt Mangel an Diensteifer, weil das Spital
bei der Inspection des Landes - Commandirenden Spuren von

mangelhafter Aufsicht trug und er in Civilkleidung war, obwohl
die Inspection angesagt war!!

Auch wurde ich dafür »unwürdig und ungeeignet« erklärt,
einen höheren Rang zu bekleiden. Ja, wenn man einen Hund
schlagen will, findet man immer einen Stock.

Das Reglement »über das Tragen Civilkleider von Officieren«
gestattet den Officieren der Genie, den Militärärzten, den Zahl-
meistern, sowie auch den Officieren des Stabes und allen Arten,
welche nicht unmittelbar mit den Truppen in Beziehung stehen, bei
ihren täglichen Arbeiten von der Civilkleidung Gebrauch zu machen.
Diese Erlaubniss erstreckt sich jedoch nicht auf Inspection, es sei,
dass das Gegentheil speciell erlaubt wurde. Ob ich in dem gegebenen Falle im Eifer des Dienstes die gesetzlichen Bestimmungen vergessen und dagegen gesündigt hatte, will ich unerörtert
lassen. Aber vielfach wurde die Zweckmässigkeit dieser gesetzlichen
Bestimmung in Frage gestellt, ja noch mehr, man trachtete diese
Begünstigung (?) der Aerzte in den letzten Jahren direct oder indirect zu beschränken. Man glaubte nämlich, dass dem Militärarzt
durch die Uniform ein gewisses Prestige gegeben werde, welches
unerlässlich für seine oft schwierige Stellung sei. Dies ist nur
theoretisch wahr und richtig. Factisch hängt dieses ganz und allein
von der Individualität des Militärarztes ab, und zwar schon darum,
weil höchstens »in den ersten Wochen der Dienstzeit die Uniform
einem Recruten imponirt; weiterhin gewiss nicht mehr; ich kenne
einen Fall, dass einem Regimentsarzte das Wort Charlatan von
einem Patienten zugerufen wurde, trotzdem er in Uniform war.
Ein anderer Einwand ist juridischer Natur. Die Disciplin muss
leiden, wenn dem Soldaten bei Uebertretung der Subordination die
Ausrede gelassen wird, er hätte nicht gewusst, dass der Betreffende
ein Officier sei, weil er nicht in Uniform war. Wenn es eine Ausrede ist, kann ja das Kriegsgericht in seinem Urtheil diesem Rechnung tragen. Auch der Truppenofficier geht in seinen dienstfreien
Stunden in Civilkleidung. Es ist nur zu oft geschehen, dass Soldaten
Officiere in Civilkleidung beleidigten. Da es leicht nachzuweisen
war, dass der Uebelthäter diesen Officier als Officier gekannt hat,
so wurde diese Ausrede nicht weiter berücksichtigt.

In der Regel wird dasselbe bei dem Militärarzte der Fall
sein. Der Delinquent ist in den meisten Fällen in Behandlung

dieses Militärarztes gewesen und kennt ihn. Die mala fides ist also bewiesen, und das Kriegsgericht ist in seinem Urtheile nicht eingeschränkt. In den Tropen ist es warm, und man transpirirt sehr stark; der Uniformrock ist also geradezu hinderlich. Ich sah oft junge Militärärzte, welche aus leicht begreiflicher Ursache gern die Uniform tragen, im Eifer ihres Dienstes den Uniformrock ausziehen, wenn er sie in einem gegebenen Augenblicke hinderte, und man sah dann ein vom Schweisse durchtränktes Hemd, welcher Anblick gewiss ebenso unästhetisch als unangenehm war. Die Bewegung in der Civilkleidung, und besonders im Jaquet, ist freier und auch bequemer, weil der Arzt in einem solchen genug Taschen hat, um die unentbehrlichen Instrumente, als: Stethoskop, Hammer und Pravazische Spritze und auch seine Cigarrentasche, Sacktuch und event. das Receptbuch, stets bei der Hand zu haben. Es war also bis vor wenigen Jahren Usus, dass die Militärärzte in weisser Hose und schwarzem Jucket ihren Dienst verrichteten. Mit den Fortschritten der Bacteriologie begann vor ungefähr drei Jahren ein Sturm gegen den Gebrauch des schwarzen Rockes, als den Träger aller pathogenen Bacterien und als den Vermittler aller ansteckenden Krankheiten. Ob dies, in dieser Allgemeinheit ausgesprochen, richtig sei oder nicht, will ich dahin gestellt sein lassen; aber Thatsache ist, dass in allen Operationszimmern und in allen Abtheilungen für ansteckende Krankheiten Kittel zur Verfügung des Arztes stehen, so dass eine solche Gefahr nicht zu bestehen braucht. Im Jahre 1894 wurde eine neue Uniform in der Armee eingeführt, und den Officieren für die »kleinen Dienste« weisser Uniformrock, Hose und Helmhut gegeben; den Militärärzten wurde durch sanften Druck anheim gestellt, von der gesetzlichen Begünstigung, den Spitaldienst in Civilkleidern versehen zu können, keinen Gebrauch zu machen, weil mit der Einführung der weissen Uniform jede Ursache dazu genommen sei, ja noch mehr, die weissen Kleider seien für den Militärarzt geradezu die angezeigte und einzige praktische Kleidung, weil sie gewaschen werden könne. Dies ist gewiss unrichtig und falsch; denn zahlreich sind die Gefahren, welche den weissen Röcken eines Arztes drohen. Beim Ausspritzen der Ohren, beim Touchiren der Kehle, beim Reinigen eines Auges u. s. w. kommen Flecken von Lapis, Jodtinctur u. s. w. in den Rock. Der Krankenkittel oder die grosse Schürze sollen ihn vor diesen Schädigungen seines Rockes schützen, und dennoch — hatte ich z. B. keine ein-

zige weisse Hose, welche nicht schon nach wenigen Wochen von
Jodtinctur, Tinte u. s. w. gezeichnet war. Dieselbe Gefahr droht dem
Rock. Reinlichkeit und tadellose Kleider sind aber unvermeidlich
mit der Idee Uniform verbunden, und wenn ich auch manchen Officier kannte, der nach drei Tagen ebenso nette und sauber weisse
Hosen hatte. als ich nach drei Stunden, so sah ich selten einen
Arzt ohne Flecken auf seiner weissen Hose. Nebstdem geschieht es
häufig, dass die Menschen unter den weissen Kleidern kein Flanell-
leibchen und keine Unterhosen tragen. Geradezu widerlich ist der
Anblick eines solchen Rockes, welcher durch den Schweiss gezeichnet
ist, und geradezu gefährlich kann eine solche Kleidung werden, wenn
ein . kalter Wind die durchnässten Kleider auf dem Körper zum
raschen Verdunsten bringt.

Das gesellschaftliche Leben in Tjilatjap beschränkte sich auf
den Verkehr mit einigen Beamten, dem Platz-Commandanten und
einigen Handelsleuten. Zu den ersteren gehörten der Assistent-
Resident und der Chef-Ingenieur der Eisenbahn.

Der Assistent-Resident C . . . war ein Halbeuropäer. Da er
seinen Beruf mit voller Gewissenhaftigkeit erfüllte und oft Anlass
nahm, mit mir darüber zu sprechen, bekam ich einen Einblick in
den Wirkungskreis der Verwaltungsbeamten. Ich finde die Stellung
eines solchen geradezu ideal; er ist ein Patriarch stricte dictu.
Patriarchalisch ist ja überhaupt die indische Regierung, und der
Resident der Provinz Banjumas ist gewissermaassen der Ober-
patriarch über die 1,213,792 [1]) Einwohner, welche diese Provinz zählt;
wenn ich mir jedoch eine Vergleichung mit der militärischen Organisation erlauben darf, so ist der Resident der Bataillons-Commandant
und der Assistent-Resident der Commandant der Compagnie. Dieser
letztere ist also mehr im Contact mit dem kleinen Mann; er lernt
die Leiden und Freuden seiner Unterthanen aus erster Quelle
kennen, und das Wohl und Wehe der ganzen Bevölkerung findet
in ihm einen Beschützer, wenn er seine Stellung richtig erfasst.
Nominell steht der kleine Mann unter der Herrschaft des eingeborenen Fürsten, welcher Beamter der holländischen Regierung ist.

---

[1]) Die Provinz Banjumas ist 101.,13 Quadrat-Meilen gross und zählt 989
Europäer. 5033 Chinesen, 7 Araber, 123 Orientalen und 1.207.690 Eingeborene.

Fig. 16.   Eine Hängebrücke aus Bambus bei Bandjar im Serajo-Thal (Bezirk Bandjarnegara).

Dieses weiss er und fühlt es täglich. Es ist ihm aber auch bekannt, dass jener »der jüngere Bruder ist«, dem der europäische Beamte als älterer und erfahrener Bruder in allen Verwaltungs-Angelegenheiten rathend zur Seite stehen muss. Der Tact, mit welchem der Assistent-Resident dieses Princip in Anwendung bringt, ermöglicht ihm, ein Wohlthäter seines Bezirkes zu sein, denn in jedem der eingeborenen Fürsten sitzt noch immer der alte Tyrann, der den »kleinen Mann« als recht- und schutzloses Wesen betrachtet. Trotzdem sieht dieser in dem Regenten den angestammten rechtmässigen Herrscher, dessen Antlitz er nicht einmal würdig ist zu sehen, und nur sehr selten wird er es wagen, sich über ihn zu beklagen. Dieses Gefühl der Anhänglichkeit an den angestammten Herrn wird natürlich genährt von den Fürsten, trotzdem sie Beamte mit sehr hohem Gehalt sind, und von der Geistlichkeit. Diese sehen sich als Verkünder des reinen Gottesglaubens im Gegensatz zu den Kafirs, und sind also per se die Bundesgenossen der Häuptlinge. Von der Autorität der eingeborenen Fürsten gegenüber dem Gros der Bevölkerung zieht Holland den grössten Nutzen; es ist dadurch im Stande, mit einer Armee von ungefähr 15,000 europäischen Soldaten nicht nur die 25,000,000 Seelen Javas, sondern auch den ganzen indischen Archipel zu beherrschen. Dies ist der punctum saliens der indischen Regierungsweisheit, die Autorität der Fürsten nicht zu untergraben, und andererseits den kleinen Mann gegen die Willkür und Despotismus seiner Häuptlinge zu beschützen; dazu gehört Tact und zwar sehr viel Tact von Seiten des Assistent-Residenten. Dass im Ganzen und Grossen die Mehrzahl dieser Beamten diese Routine besitzt, und dass das Regierungsprincip ein richtiges sei, dafür spricht der Erfolg. Indien ist in diesem Jahrhundert ein blühender Staat geworden, und die Sicherheit der Person ist — grösser als in Europa.

Wie viel jedoch ohne Wissen und Willen der Regierung gegen das Regierungsprincip der europäischen Beamten gesündigt wird, lässt sich schwer beurtheilen; viel ist es nicht, weil vom »Beamten zur Verfügung« bis zum Residenten Jeder seine Spione hat; aber es kommt manchmal vor, dass die Politik des Strausses die Richtschnur eines Beamten ist, weil er sich dadurch viel Arbeit und »Susah«[1] erspart. Wenn z. B. der Resident in einen Bezirk zum

---

[1] = Schwierigkeiten.

Besuche kommt und einige Tage bei dem Regenten wohnt, der ungefähr 12,000 Gulden jährlichen Gehalt hat, so wird dieser Häuptling
die Hühner für seinen Gast von dem kleinen Mann ohne Bezahlung
verlangen, weil doch auch dieser »hoch erfreut über die Ehre des
hohen Besuches sein müsse«, und wenn der Gemüsegarten des
»Wedono« [1]) vom Unkraut gereinigt werden muss, so müssen die
Bewohner der umliegenden Dörfer dieses thun, weil sonst der
Assistent über die Unreinlichkeit des Dorfes unzufrieden wäre.
Wenn der Regent eine Scheuer für seinen reifen Reis bauen will,
die vielleicht 10 fl. kosten würde, könne er unmöglich das Aner-
bieten (?) der Dorfbewohner zurückweisen, welche ihm damit eine Auf-
merksamkeit oder Ueberraschung bereiten wollen, und wenn hundert
Kulis seinen Acker bepflügen wollen, weil sie gerade an diesem
Tage keine andere Arbeit hätten, warum sollte er es nicht annehmen statt sie müssig herumgehen und vielleicht Diebstahl oder
Mord verüben zu lassen!? (Solche Herrschergelüste haben in früheren
Jahren auch die europäischen Beamten gehabt; die Journalistik
deckte jedoch diese Uebelstände schonungslos auf, und sie verschwanden nach und nach.) Wo solche Erpressungen stattfinden,
kennt sie in den meisten Fällen der Controlor oder der Assistent-
Resident; aber sie wollen sie oft nicht sehen, weil sie nicht immer
— der Stütze der Regierung resp. des Residenten sicher sind. Wenn
nämlich die Regierung nicht freie Verfügung über eine genügende
Truppenmacht hat und fürchten muss, ein energisches Auftreten
nicht mit einer oder zwei Compagnien Soldaten unterstützen zu
können, dann will sie von kleinen Missbräuchen der Amtsgewalt
von Seiten eines einheimischen Fürsten nichts wissen, und wenn der
Assistent-Resident einen solchen Wink nicht verstehen will, so wird
er einfach transferirt, und der schuldige Regent bekommt einen
fürchterlichen Verweis. Die Transferirung des Beamten jedoch ist
für den Nachfolger des Assistent-Residenten ein deutlicher Befehl,
durch die Finger zu sehen, und für den Regenten der deutlichste
Beweis, in seinem Thun und Lassen von den ewigen Rathschlägen
seines »älteren Bruders« sich nicht beirren zu lassen. Zu groben
despotischen Ausschreitungen der Fürsten . kommt es gegenwärtig auf Java nicht mehr, und bei kleinen Tyrannengelüsten
schliesst die indische Regierung so lange die Augen, bis sie die

---

[1]) Der Häuptling des Bezirkes mit einem monatlichen Gehalt von 100—200 fl.

Macht hat, energisch gegen sie auftreten zu können. Leider ist sie
diesbezüglich vom Abgeordnetenhaus in Holland abhängig, und bevor der Schuster und Schneider in dieser »Kammer« das nöthige
Geld zur Errichtung einiger neuen Bataillone Soldaten bewilligt,
muss die Noth sehr hoch gestiegen sein. Wenn auch nämlich der
General-Gouverneur (mit einem jährlichen Gehalt von 120,000 fl.
und neuer Einrichtung des Palastes in Buitenzorg) als Vertreter des
Königs von Holland gegenüber den eingeborenen Fürsten das Recht
über Krieg und Frieden hat und zugleich Oberbefehlshaber der
Armee und der Marine ist, so untersteht er doch der Oberaufsicht
des Ministers der Colonien, und dieser ist wiederum der Majorität
des Abgeordnetenhauses für dessen ganzes Thun und Lassen in den
Colonien verantwortlich; dieses Verhältniss veranlasste also die in
Indien landläufige Phrase: Ueber das Schicksal von Millionen Javanen
entscheidet der Greisler (Kruidenier) in Holland.

Der erwähnte Oberingenieur, welcher den Bau der Eisenbahn
zwischen Tjilatjap und Bandong leitete, ist seit dieser Zeit gestorben; er war ein tüchtiger Ingenieur, ein Ehrenmann und hat mich
zu grossem Danke verpflichtet. Er hat mir nämlich in liebenswürdiger Weise staatliche Anerkennung, und zwar in klingender Münze
verschafft. Die Einkünfte eines Regimentsarztes sind in Indien
nicht schlecht; aber ich hatte durch die Erkrankung meiner Frau
ausserordentliche Ausgaben, und somit waren ausserordentliche
Einnahmen mehr als erwünscht. Der Normal-Monatsgehalt eines
Regimentsarztes ist nämlich 400 fl.; nach 8jähriger ununterbrochener
Dienstzeit bekommt er die erste Zulage von 25 fl. monatlich, nach
12jähriger Dienstzeit weitere 50 fl. und nach 4 Jahren wieder 25 fl.
Erhöhung; nebstdem bezieht er als Zulagen monatlich: 30 fl. für
Pferdefourage, 50 fl. für civile Dienste und freie Wohnung oder
60 bis 100 fl. Quartiergeld, je nachdem er sich in einer grösseren oder
kleineren Garnison befindet. Für einen ledigen Regimentsarzt, der
standesgemäss leben will, ist dieser Gehalt mehr als hinreichend;
denn er kann gewiss jeden Monat wenigstens 100 bis 200 fl. ersparen.
Ein verheirateter Regimentsarzt kann, wenn er auch zwei bis drei
Kinder hat, ohne Sorgen davon leben, und selbst bei einer grösseren
Zahl von Kindern braucht er keine Schulden zu machen, wenn
er einen bescheidenen Haushalt führt, d. h. keine Equipage hält,
wenig Conserven gebraucht, keine feinen Weine trinkt und eventuell

die Kleider seiner Frau aus Europa kommen lässt. Wohnt er in einem Orte, wo kein zweiter Arzt ist, dann wird allerdings in den meisten Fällen eine Equipage nöthig sein. Die Unkosten einer solchen sind jedoch nicht hoch, vielleicht 20 bis 30 fl. pro Monat, und werden natürlich durch die Privatpraxis reichlich aufgewogen.

Auch ich hatte eine kleine Privatpraxis in Tjilatjap, obwohl mein Vorgänger sich dieser Gunst des Schicksals nicht erfreuen konnte. Ich schreibe dies der Thatsache zu, dass ich die Bestimmungen der Armenpraxis nicht engherzig auffasste. Wie schon früher erwähnt, haben die Armen und die europäischen Beamten mit einem Gehalte unter 150 fl. pro Monat Recht auf freie ärztliche Behandlung und Medicamente. Nach einer Rücksprache mit dem Assistent-Residenten war es mir ganz überlassen, diese gesetzlichen Bestimmungen so weit als möglich auszudehnen, und thatsächlich fand diesbezüglich niemals eine Controle statt. Am Ende eines jeden Monats reichte ich die Rechnung für Medicamente ein, welche für das Frauenhospital und »die arme Bevölkerung« abgeliefert wurde, und diese ging zur »Regulirung« den dienstlichen Weg vom Kriegs-Departement zu dem des Innern. Für die Praxis aurea galten ähnliche Bestimmungen. Ich musste am Ende eines jeden Monats eine Liste der Arzneien und etwaiger Instrumente anfertigen, welche ich an Privatpersonen verabfolgt hatte, und der Betrag dafür, nach dem officiellen Preis-Courant berechnet, wurde um 20 %/0 erhöht von dem Zahlmeister der Garnison bei dem nächsten Monatsgehalt eingesetzt. Im Grossen und Ganzen ist dies ein Vorgang, der einerseits an die Rechtlichkeit des Arztes appellirt, andererseits die Nonchalance desselben unberücksichtigt lässt. Häufig geschieht es, dass der Arzt am Ende des Monats pour acquit de conscience aus dem Gedächtnisse zwei Listen anfertigt, wie es ihm eben einfällt; zu einer regelmässigen Buchführung hat er weder die Zeit noch die Musse, und vielleicht auch nicht die Geschicklichkeit; je kleiner die Liste ist, die er anlegt, desto besser; denn die Verrechnung von 10 Gramm Soda z. B., von dem das Kilo 17 Cts. kostet, oder von 0·15 Gramm Morphium ist eine langweilige Arbeit. Nebstdem werden diese Rechnungen in Batavia controlirt, und wenn nur ½ Ct. unrichtig ist, kommt die Rechnung zurück, und bei Wiederholung derselben schwebt das Damoklesschwert der »oberflächlichen und nachlässigen Administration« über dem Haupte des Schuldigen. Ich kann nur auf diese ungesunden Verhältnisse hinweisen, ohne etwas Besseres dafür mit-

theilen zu können; vielleicht ist Jemand anders diesbezüglich glücklicher.

Aber auch auf die Behandlung der Patienten wandte ich das
Reglement der Armenpraxis im weitesten Sinne an.

Alle Arbeiter, Tagschreiber und Aufseher der Eisenbahnwerke
behandelte ich gratis, obschon sie keine Armen und keine Beamten
waren. Sie waren keine »Armen«, weil sie durch einen Erwerb
die Bedürfnisse des Lebens deckten, und sie waren keine Beamten,
weil sie nur per Tag angenommen und auch jeden Tag entlassen
werden konnten. Dies war das Hauptmotiv für mich, diese ephemeren Existenzen gratis zu behandeln. Der Oberingenieur C. scheint
jedoch anders darüber gedacht zu haben, denn im Juli bekam
ich unerwartet den Erlass der Regierung, dass mir für die Behandlung des Personals, welches beim Bau der Eisenbahnlinie
Tjilatjap—Bandong beschäftigt war, eine monatliche Zulage von
100 fl. gegeben werde, und einen Monat später kam ein zweiter
Erlass, dass diese Zulage begonnen habe von dem Tage meiner
Ankunft in Tjilatjap!! Diese Freigebigkeit ist geradezu auffallend
gewesen, weil die indische Regierung gegenüber ihren Beamten und
Officieren schon seit ungefähr zehn Jahren die Sparsamkeit in recht
unangenehmer Weise anwendet, so z. B. giebt sie dem neueintreten-
den Apotheker keine Zulage für Pferdefourage, die Zahl der Beamten wird verkleinert u. s. w.

Niemand wandelt ungestraft unter den Palmen, und Jedermann
bekommt in Tjilatjap sein Fieber. In früheren Zeiten war dieser
Ort selbst ein bevorzugter Verbannungsplatz der Fürsten von Solo
und Djocja. Missliebige Fürsten wurden von diesen beiden Potentaten
am liebsten nach Tjilatjap in Verbannung gesendet, weil sie ohne
Dolch und ohne Gift am schnellsten und am sichersten für ewige
Zeiten von dort verschwanden. Heute ist es damit nicht so arg
bestellt. Der Regent z. B. war ein kräftiger, junger Mann, der
während meines einjährigen Aufenthaltes mich nur einmal con-
sultirte und nur dreimal Antipyrin gegen seine Fieberanfälle holen
liess.

Ich selbst glaubte von jeher immun gegen Malaria zu sein, nachdem ich 1877 eine schwere Krankheit durchgemacht hatte, welche
mir zwei Tage lang das Bewusstsein geraubt hatte. Nach dieser Zeit

habe ich beinahe jedes Jahr nur einmal einen Fieberanfall von 38 bis
40° mit Schüttelfrost gehabt, der ohne Medicamente verschwand und
nicht wieder zurückkam. Was jedesmal dieser isolirte Fieberanfall
bedeutete, weiss ich heute ebenso wenig als damals. Ich hielt mich
also gegen das Gift der Malaria gefeit und lebte unbesorgt in
Tjilatjap.

Ich hatte schon die Durchschnittsdauer aller früheren Collegen
überschritten und war schon sieben Monate in Tjilatjap, ohne einen
Fieberanfall bekommen zu haben; ich war gewöhnt, wie ich soeben
erwähnt habe, jedes Jahr einmal, und gewöhnlich unter dem Schiffsbade,
einen Schüttelfrost zu bekommen mit einer Achsel-Temperatur von
ungefär 39° C.; auch diese ephemeren Erscheinungen hatten sich
noch nicht eingestellt; ich fühlte mich jedoch nicht wohl; ich verlor
den Appetit, vertrug aber das Essen ganz gut; ich wurde leicht
müde, ich musste wiederholt und selbst in Gesellschaft gähnen, oft
überfiel mich ein Frösteln, ohne dass die Körpertemperatur 37° C.
überstieg; die Cigarre schmeckte mir wie immer, aber gegen 11 Uhr
bekam ich Brechreiz, welcher ausserordentlich schmerzhaft war.
Der Magen war nämlich leer, seine peristaltischen Bewegungen
konnten also keinen Inhalt zu Tage bringen; ich hatte dabei das
Gefühl, als ob ein Dutzend Rasirmesser durch die Magenwände
schnitten. Mir fehlte für diese Erscheinungen das richtige Verständniss; wenn ich auch an eine chronische Malariavergiftung dachte,
so schloss ich sie dennoch aus, weil ich sie für unmöglich hielt,
ohne dass eine acute Attaque vorausgegangen wäre. Ich schrieb also
alles dem »Klima« zu. Aber nur zu bald sollte ich erfahren, dass
es eben auch eine primäre »chronische Malaria« gebe, und dass
ich ein Opfer derselben sei.

Eines Tages erhielt ich von dem Assistent-Residenten die officielle Einladung, mit ihm das Gefängniss zu inspiciren, um etwaige
hygienische Mängel zu constatiren, und zwar sollte dies um 8 Uhr früh
stattfinden. Ich hatte meine erste Wohnung im Osten des Flüsschens
Osso verlassen, weil sie sich in einem öden, verlassenen Viertel befand, und ein Haus an der grossen, schönen Strasse bezogen, welches die Wohnung des Regenten mit dem Hause des Officiersclubs
verband. Der Assistent-Resident kam, um mich mit seiner Equipage
abzuholen, und nach Ablauf der Inspection ersuchte ich ihn, en passant
bei und mit mir das Frühstück einzunehmen. Bei dieser Gelegenheit
stellte sich ganz unvermittelt und so unerwartet Erbrechen ein, dass

die Eruption längs der rechten Seite meines Gastes ihren Weg
nahm und ihn beschmutzte. Hierauf hatte ich 40° C. Körpertemperatur und zum ersten Male das ausgesprochene Bild eines acuten
Malariafiebers.

Jetzt freilich hatte ich den Beweis, dass es eine primäre chronische
Malaria gäbe.

Meine Frau hat jedoch viel später als ich das Entrée de
campagne bezahlt; während ich Ende des Jahres 1877, also nach
einem Aufenthalte von 13 Monaten, in den Tropen die erste nicht
unbedeutende Erkrankung mitgemacht hatte, blieb meine Frau vier
Jahre lang vollkommen gesund; ja noch mehr; während sie vor ihrer
Abreise von Holland 55 Kilo wog, kam sie nach halbjähriger Anwesenheit auf das stattliche Gewicht von 73 Kilo und behielt seitdem immer circa 70 Kilo; bis auf eine kleine Attaque von Masern
blieb sie auch vollkommen gesund. Ich schrieb diese rasche und
grosse Gewichtszunahme dem bequemen Leben in Indien zu. In
Holland bewohnt jede Familie ein ganzes Haus mit zwei, oft drei
Stockwerken. Indien hat bis auf nur wenige Ausnahmen nur
Wohnhäuser ohne Stockwerke. Da nebstdem in Holland, besonders
in grossen Städten, der Baugrund theuer ist, so werden die Häuser
hoch, und zwar auf kleiner Basis gebaut. Die Wohnräume vertheilen
sich also auf zwei oder drei Stockwerke, und die Hausfrau muss
gewiss zehn bis zwanzig Mal des Tages die Treppen auf- und absteigen. Dabei sind diese Stiegen oft unglaublich steil. Das Treppensteigen erfordert aber noch mehr Anstrengung der Muskulatur und
des Herzens als das Bergsteigen, es ist also eine bedeutende Arbeit,
welche auf Kosten des Gesammtorganismus geleistet werden muss.
Diese Consumption des Körperfettes kennen die Frauen in Indien
nicht, und darum ist es verständlich, wie Prof. Geer nachwies, dass
die mittlere Lebensdauer der holländischen Damen in Indien grösser
als in Holland ist. Ich möchte aber bezweifeln, ob diese Sparung
der Kräfte vor allem die Ursache ist, dass die Frauen seltener an
Fieber erkranken als die Männer. Diese Thatsache ist zwar nicht
allgemein anerkannt; aber wenn ich mein Kranken-Journal zu Rathe
ziehe, muss meine Erfahrung dieselbe Thatsache constatiren; nebstdem ist a priori das Gegentheil nur schwer zu verstehen und zu
erklären. In allen Ständen der Gesellschaft setzt sich ja der Mann
den Schädlichkeiten des Tropenklimas mehr und viel häufiger aus
als die Frau, und ob wir nun nach Prof. Koch die Mosquitos be-

schuldigen, die Träger des Malariagiftes zu sein, oder ob wir das
Trinkwasser, und besonders die eingeathmete Luft die Malaria-
plasmodien in unseren Körper einführen lassen, immer ist der Mann
durch seine Beschäftigung und durch seine Lebensweise mehr als
die Frau den Gefahren der Infection exponirt.

Auch meine Frau blieb, wie oben angedeutet wurde, vom Fieber
nicht verschont. Sie hatte aber keinen Frostanfall im Anfange der
Krankheit, wie es beim schulgerechten Fall geschieht, sondern wurde
kurzathmig, bekam Hustenreiz und wurde müde; sie fühlte sich
wie geschlagen, wurde blass im Gesicht, bekam Kopfschmerzen, der
Puls erreichte die Zahl 120, die Respiration stieg auf 30 bis 40, die
Temperatur auf 39°, und manchmal stellte sich Diarrhöe ein.
[Auch Dr. van der Burg[1]) theilt mit, dass in Holländisch-Indien
der Fieberanfall sehr oft ohne Kältestadium verlaufe.] Wenn der
Puls kräftig war, gab ich in diesem Stadium 1 Gramm Antipyrin,
und war er minder voll, liess ich das Antipyrin mit einem Gläschen
Cognac oder Portwein nehmen. Nach wenigen Stunden war die
Temperatur auf 37·8 oder 38° gesunken, und es trat ein gewisses
Wohlbefinden ein, welches die Patientin veranlasste, das Bett zu
verlassen. Dies dauerte einige Tage hindurch, und manchmal trat
mit dem Sinken der Temperatur eine starke Transpiration ein. Erst
als nach dem Fieberanfalle die Körpertemperatur auf 36·6° gefallen
war, wusste ich aus Erfahrung bei vielen hundert anderen Patienten,
dass der Anfall des Malariafiebers sein Ende erreicht hatte. Vier
Monate dauerte das fieberfreie Intervall meiner Frau. Anfangs
December kam der Resident mit seiner Frau von Banjumas, um
persönlich mit den europäischen Familien Tjilatjaps Bekanntschaft
zu machen. Es folgten natürlich Feste auf Feste zu Ehren der
hohen Gäste; besonders interessant war der Ausflug nach den Tropf-
steinhöhlen der Insel Kambangan und nach den Pfahlbauten in
der Kindersee. Am 6. December war ein Ball im Casino, an
dem auch meine Frau theilnahm. Aber schon nach dem ersten
Tanze bekam sie einen so heftigen Frostanfall, dass wir den Ball-
saal verlassen mussten. Im Uebrigen war der Zustand meiner Frau
derselbe als vor vier Monaten, und zwar die am häufigsten vorkommende Form von Malaria. Nur wurde diesmal die Dauer bedeutend abgekürzt; die Frau des Residenten O. hatte beim Abschied
aus dem Ballsaale ihre Gastfreundschaft angeboten, für den Fall,

---

[1]) II. Theil. Seite 73.

als meine Frau Tjilatjap sollte verlassen müssen. Diese Dame kannte uns erst wenige Tage, und dennoch folgte sie der Regung ihres guten Herzens, welche ihre Rasse charakterisirt, meiner Frau für unbestimmt lange Zeit Gastfreundschaft anzubieten, »weil ihr Haus im Gebirge lag und gewiss eine sehr geeignete Stätte war, einen Malariapatienten von dem Fieber zu befreien«.

Frau Resident O. war nämlich eine Halbeuropäerin, welche, wie allgemein behauptet wird, die Tugenden und Fehler der beiden Rassen, der Europäer und der Malayen, in sich vereinigen. Gewisse Europäer, welche in der Beschränktheit ihrer Erfahrungen sich gerne auf die Präponderanz ihrer Rasse stützen, um mit Geringschätzung von den indischen Nonnas und Sinjus zu sprechen, könnten und müssten noch vieles[1]) von jenen Halbeuropäern lernen, welche ich z. B. in Tjilatjap kennen gelernt habe, um ihnen an Herzensgüte gleich zu kommen.

Nachdem das Fieber meiner Frau zwei Tage angehalten hatte, entschloss ich mich, von der angebotenen Gastfreundschaft der Frau O. Gebrauch zu machen und brachte die Patientin nach Banjumas. Zu diesem Zwecke ersuchte ich den Stationschef zu Maos, einen Wagen nach Banjumas für mich zu miethen, welchen der Hotelier L. zu diesem Zwecke in dieser Station bereit hielt; es war ein alter Landauer, welcher mit vier javanischen Pferden bespannt war. Das Geschirr war alt und schmutzig, aber mit Windesschnelle flogen die kleinen Pferde über den Weg, ob es bergab oder bergauf ging. Mit bewunderungswürdiger Sicherheit leitete der Kutscher die Pferde. Als wir uns bei Glambong dem Serajothal (Fig. 16) näherten, lag zu unserer Linken ein hundert Meter tiefer Abgrund, der Weg krümmte sich beinahe zu einem Winkel von 90°, mit unerschütterlicher Ruhe trieb der javanische Kutscher die Pferde über den Bergrücken, während wir uns krampfhaft an die Wände des Wagens fest hielten, weil wir fürchteten, aus dem Wagen in die Tiefe des Abhanges geschleudert zu werden. Endlich erreichten wir die Hauptstadt der Provinz, welche sich über eine ungeheure Fläche ausbreitet. Oft sind tausend Meter zwischen zwei Häusern, so dass Jeder eine Equipage halten muss, um nur mit seinem Nachbar verkehren zu können. Die einzige Sehenswürdigkeit ist das Haus des Residenten, obwohl es sich in seiner Bauart gar nicht von allen

---

[1]) Vide I. Band, Seite 145.

-übrigen Häusern unterschied; es war im alt-griechischen Stile gebaut mit vorderer und hinterer Säulenhalle. Zu seiner Rechten befand sich der Pavillon für die Gäste, welcher auch meiner Frau angewiesen wurde. Es waren fünf Gastzimmer, von denen eins meine
Frau bezog. Die Babu schlief vor dem Bette auf dem Boden, und
vor dem Pavillon stand die ganze Nacht die Polizeiwache.

Bewunderungswürdig war der feine Tact, mit welchem Frau
O. ihre Rechte und Pflichten als Gastgeberin gegenüber ihren Gästen
erfüllte; unter dem Vorwande, im Allgemeinen meine diätetische Behandlung der Malariakranken hören zu wollen, suchte sie alle Gewohnheiten und Lieblingsspeisen meiner Frau zu erfahren, und, was
noch mehr Tact verrieth, sie beschäftigte sich mit meiner Frau nach
meiner Abreise gerade so viel, dass diese sich weder langweilte,
noch durch das »zu viel« belästigt fühlte.

Die Flucht aus dem Malariaherde und der Aufenthalt in Banjumas ermöglichten eine schnelle Heilung meiner Frau. Schon nach
zehn Tagen konnte sie ihre Gastgeberin verlassen und hatte bis
zu dem heutigen Tage keine Attaque von dem Malariafieber mehr,
weil sie, wie ich behaupte, seit dieser Zeit immer gekochtes Wasser
getrunken hat oder weil sie, wie Prof. Koch behauptete, immun
geworden war, trotzdem sie noch Jahre lang in Städten wohnte,
in welchen die Mosquitos geradezu Orgien feierten. Auf mich
setzten sich diese Thierchen nur so selten, dass ich glaubte, gegen
Mosquitostiche immun zu sein; überall, wo ich es thun konnte, schlief
ich mit offenem Mosquitonetze und — bekam einen zweiten Anfall von acuter Malaria, so dass ich endlich um ärztliche Hülfe
resp. um Ablösung von Tjilatjap ersuchen musste. Am 19. Januar
1891 kam Dr. X. mich untersuchen, und am 20. Januar sass
ich um 6 Uhr Morgens in der Eisenbahn, um in Djocja von
dem Fieber befreit zu werden. Ich hatte kaum die zweite Station
Kroja erreicht, als ich die Wohlthat der Flucht aus einem Fieberherde kennen lernte und fühlte. Ein herrliches Wohlbefinden bemächtigte sich meiner, obzwar die Gegend zwischen Maos und Kroja
noch nicht sumpffrei ist, und das Fieber verliess mich wie mit
einem Zauberschlage.

Dr. X., welcher nach Tjilatjap kam, hat mir, ohne es zu
wissen und auch nur zu ahnen, einige bittere Stunden der Angst
und Furcht bereitet. Im Jahre 1888 verliess ich nämlich Sumatra
mit dem geheimen Auftrage, auf meiner Reise in A. zu landen,

wo Dr. X. in Garnison lag. Obschon es feste Regel war, dass aus dieser Garnison die Officiere nach drei Monaten abgelöst wurden, weil sie noch ärger als Tjilatjap von der Malaria heimgesucht war, so hatte Dr. X. schon nach vierzehntägigem Aufenthalt um Transferirung ersucht mit der Mittheilung, dass er von der Malaria bereits seit acht Tagen inficirt sei. Ich sollte also Dr. X. untersuchen und je nach dem Befunde ihn evacuiren und einen anderen jungen Oberarzt, welcher mir mitgegeben wurde, den Dienst übernehmen oder im anderen Falle den zweiten Oberarzt mit dem nächsten Schiffe nach der Hauptstadt zurückkehren lassen. Dr. X. klagte mir sein Leid, dass er jeden Tag das Fieber bekomme und zwar in den Morgenstunden. Ich nahm die Temperatur auf und fand $37.2°$; ich untersuchte seine Milz und Leber, sie waren nicht vergrössert; ich sah mich also zur Erklärung gezwungen, dass keine dringende Ursache vorhanden sei, ihn sofort zu evacuiren, und befahl also dem mitgekommenen Oberarzt B., mit dem nächsten Schiffe nach K. zurückzukehren. $2^1/_2$ Jahre später kam nun derselbe Dr. X. nach Tjilatjap mit demselben Auftrag, d. h. mir ärztliche Hülfe zu leisten, mich, wenn es nöthig sein sollte, zu evacuiren und den Dienst in diesem verrufenen Orte zu übernehmen, oder aber mich weiter in Tjilatjap verbleiben zu lassen. Zu seiner Ehre sei es jedoch gesagt, dass er sofort meine Evacuation beschloss und den Dienst übernahm: am folgenden Morgen verliess ich diesen stärksten Malariaherd von ganz Java nach einem Aufenthalt von einem Jahre.

In Djocja[1]) wiederholten sich weder bei mir noch bei meiner Frau die Fieberanfälle; es besitzt ein herrliches Klima und wird mit Recht von den Aerzten als Luftcurort für Malariapatienten gepriesen; es liegt 113 Meter hoch und ist lange nicht so feucht als z. B. das in der Nähe gelegene Magelang; dadurch transpirirt man besser, die Transpiration verdampft schneller und besser; man ermüdet nicht so leicht; weil nebstdem die Luft-Temperatur niedriger ist, so geht auch die Secretion der Nieren leichter von Statten; gerne und sogar mit Vorliebe machte ich vor der »Rysttafel« um die Mittagsstunde einen Spaziergang, was z. B. in Batavia oder Samarang geradezu undenkbar ist. Ich wohnte nämlich im

---

[1]) Ist die Verkürzung des Namens Jogjakarta, ebenso wie Solo im täglichen Leben für Surakarta gebraucht wird.

Hotel Tugu, welches sich in der Nähe des Bahnhofes befindet; von
hier aus ging links eine grosse und breite Strasse, nur von Chinesen
bewohnt, zu dem Platze, auf welchem sich einerseits das Fort,
andererseits das Residenzgebäude und im Hintergrunde der Kraton
befanden. Nur zu häufig wird man bei seinem Spaziergange durch die
Stadt an die herrschende Regierungsform erinnert. In kleineren
Provinzialhauptstädten, wie z. B. Madiun oder Banjumas, sieht man
hin und wieder hinter dem Residenten den »Kanarienvogel« mit
dem goldenen Pajong (Sonnenschirm) oder hinter dem Regenten
einen Pajong tragen, welcher halb weiss und halb grün mit vergoldeten Streifen und Spitze ist; in Djocja jedoch wird der Pajong,
der für jeden der hundert Würdenträger seine bestimmten Farben
hat, sogar über die Schale Früchte gehalten, welche z. B. der
Kronprinz dem Commandanten der Leibgarde zum Geschenke
schickt; natürlich ist auch die Grösse des Gefolges bei jeder Gelegenheit nach den strengen Gesetzen der Etiquette berechnet;
in diesem Falle begleiten fünf Mann den Bedienten, welcher
die Früchte trug.

Das Sultanat Djocja besitzt nämlich wie das Kaiserthum von
Surakarta eine dreifache Regierung, und da sie einander so ziemlich
ähnlich sind, wird die Beschreibung einer der beiden hinreichen,
um ein Bild beider Staaten geben zu können. Beide haben nur
den Schein der Selbständigkeit, auch wenn sie den Eingeborenen
gegenüber kein Mittel unbenutzt lassen, ihre ganze Macht und Herr-
lichkeit zur Schau zu tragen; so z. B. geschah es bei einem öffentlichen Empfange, bei welchem der Kaiser von Solo und der Resident
auf gleichen Thronsesseln sassen, dass unter die Füsse des Thron-
sessels des Kaisers kleine Stückchen Holz geschoben wurden, wodurch dieser höher als der europäische Beamte sass. Beide Reiche
haben zusammen nicht mehr als 169 ☐ Meilen und doch noch vier
Fürsten, d. h. zwei Kaiser mit je einem unabhängigen Prinzen, und
führen alle vier einen fürstlichen Hofhalt. Wie wenig sie regierende
Fürsten stricte dictu sind, möge Folgendes illustriren: Die Reichsverweser der beiden Staaten werden vom Gouverneur-General ernannt
und beziehen von dem holländischen Staat ihren Gehalt. Die Thronfolge wird nur mit Wissen und Zustimmung der holländischen Regierung festgestellt. Die Regierung über die Europäer und »fremden
Orientalen«, als Araber, Chinesen u. s. w. geschieht durch den Residenten. Dieser hat die Aufsicht über die Polizei, Rechtspflege,

Steuern der ganzen Provinz. Die Wälder und Vogelnester sowie das Opiummonopol gehören dem holländischen Staate. Das Land darf nur unter jenen Bedingungen an Europäer verpachtet werden, welche das Departement des Innern für ganz Indien festgestellt hat. Das Strafrecht ist das für ganz Indien giltige. Die unabhängigen Prinzen sind nebstdem Officiere der indischen Armee à la suite. Der Prinz Mangku Negara Sohir[1]) von Solo ist ein Colonel und erhielt früher einen Gehalt von 36,720 Gulden jährlich und 53,000 Gulden Subvention für den Unterhalt seiner Truppen, während Prinz Paku-Alam von Djocja als Lieutenantcolonel im Ganzen nur 51,000 fl. erhielt. — Die Leibgarden beider Kaiser stehen unter einem europäischen Officier und gehören ebenfalls zur indischen Armee. Der Susuhunan von Solo erhält als Entschädigung für den Abstand der oben angedeuteten Hoheitsrechte und Staatseinkünfte eine Apanage von 805,318 fl., und der Sultan von Djocja 471,600 fl. Das sind freilich hohe Summen, welche die holländische Regierung für die Souveränität über diesen kleinen Theil von Java bezahlt. Den holländischen Chauvinisten sind diese zwei Scheinpotentaten mit ihren zwei Gegenfürsten ein Dorn im Auge, weil sie die letzten Antipoden ihrer unbeschränkten Herrschaft über Java sind. Es sei ein Anachronismus, am Ende des 19. Jahrhunderts solche Despoten mit rein mittelalterlicher Regierungsform der europäischen Civilisation entgegentreten zu sehen. Das sind natürlich Phrasen. Ein ungarischer Stuhlrichter erlaubt sich, wenn nicht mehr, so doch gewiss ebenso viel Willkür gegen die Bürger seines Stuhlrichteramts als der Kaiser von Djocja. Es ist ja eine Scheinregierung, und den Forderungen der modernen Rechtspflege, der Sicherheit von Personen und Eigenthum wird durch die europäischen Beamten Rechnung getragen. Es ist eine Geldfrage und nichts anderes. Holland aber hat sich zur Bezahlung dieser Summe verpflichtet, und so lange diese Potentaten ihren Verpflichtungen nachkommen, kann und darf es der Erfüllung seiner Pflichten sich nicht entziehen. Ja noch mehr, der ganze Hofhalt dieser beiden Fürsten, die öffentlichen Staatsfeste (gárebegs), das prunkvolle Auftreten in der Oeffentlichkeit ist einerseits ein unschuldiges Vergnügen dieser kleinen Potentaten, und andererseits erhöht dies die Machtstellung der holländischen Regierung nicht nur den Eingeborenen, sondern auch Holland und vielleicht ganz Europa gegenüber.

---

[1]) Sein Titel ist: Pangeran, Adipatti Ario Prabu Prang Wedono.

Was die politische Seite dieser Frage betrifft, so sind ja die Gegenfürsten in beiden Reichen eine ausgezeichnete Erfindung der holländischen Principien: Divide et impera. Die ganze Vergangenheit, die ganze Geschichte des grossen Reiches Matarams sind ja Bürgschaft genug, dass die letzten Glieder dieses mächtigen Fürstenhauses niemals vereint gegen Holland auftreten werden; ja noch mehr, wenn die Eifersucht der zahlreichen Fürsten untereinander nicht immer und immer ein gemeinsames Auftreten gegen Holland unmöglich gemacht hätte, würde niemals eine europäische Macht dort festen Fuss gefasst haben. Die Deutschen in Afrika, die Franzosen in Tonking, die Engländer in Indien u. s. w. hätten überhaupt keine Colonien gründen können, wenn die Eingeborenen mit vereinten Kräften den Eroberern entgegengetreten wären. Nicht die Macht der europäischen Civilisation und nicht die Ueberlegenheit der europäischen, Waffen haben Europas Colonien im fernen Osten gegründet, es war die Uneinigkeit der Eingeborenen und ihrer Fürsten, welche eine Ansiedlung der Eroberer ermöglicht hat.

Wenn also jemals einer der beiden Kaiser die Abhängigkeit von Holland lästig finden sollte, lauert schon sein Gegenfürst auf die Nachfolge in der Herrschaft, welche ihm durch die Hülfe Hollands sicher zu Theil werden würde. Sollte einer dieser sogenannten unabhängigen[1]) Fürsten jedoch mit seinem Confrater gemeinsame Sache gegen Holland machen wollen, so würde er unbedingt den Kürzeren ziehen, denn er ist der Stossballen zwischen dem Souverän und seinem Vasallen, und er ist sich dessen bewusst.

Die Stadt Djocja mit 58,267 Einwohnern (worunter 1826 Europäer und 3478 Chinesen sind) hat aber noch aus anderen Ursachen ein eigenthümliches Gepräge. Die Beamten und Officiere spielen dort keine dominirende Rolle, sie sind ja häufigen Transferirungen unterworfen. Tonangebend sind in Djocja die ›Landherren‹, weil sie, wenn auch nicht in der Stadt selbst ihre Fabriken und Wohnungen haben, doch ihre freie Zeit im Club oder bei Freunden in der Stadt zubringen. Wenn auch die ›fetten Jahre‹ schon vorüber sind, in denen der Zucker mit 16 fl. per Pikol bezahlt wurde, und sie sich begnügen müssen, wenn sie 8 fl. dafür

---

[1]) Sie sind von dem Sultan, aber nicht von Holland unabhängig.

bekommen, so ist z. B. das Spiel um hohe Preise im Club an der Tagesordnung. Ein Pikol Kaffee für »das Capitaal« beim l'hombre war selbst eine lange Zeit ein gewöhnlicher Preis. Nebstdem pflanzen die Europäer Indigo. Diese drei Producte werden nach Europa exportirt. Für den einheimischen Markt werden Reis, Tabak, Mais, Pfeffer und Kapok gepflanzt.[1]) An der Südküste befinden sich die Höhlen für die essbaren Nester der Schwalbe (hirundo esculenta) und 8 Kilometer von Pleret entfernt liegt der alte Kirchhof von Imagiri, bewachsen mit Nelken [2]) und Mesuenbäumen, zu dem 360 Stufen emporführen. Ein kleiner Teich, zwei Vorhöfe mit Mauern und mit den Gräbern zahlreicher Fürsten (Pángérans) und zweier Frauen des Sultans Agung, mit grossen Martavanen (Töpfen) mit heiligem Reinigungswasser für die Füsse umgeben das letzte Grab, welches mit Zimmt- und Nelkenbäumen beschattet ist. Hier soll Sultan Agung selbst den ewigen Schlaf ruhen.

Am Seestrand liegt eine schöne Grotte, welche in der ganzen Geschichte des Mataramschen Reiches eine grosse Rolle gespielt hat und noch heute spielt; denn noch vor einigen Jahren flüchtete der Kronprinz von Djocja nach der Grotte der Ratu Lara Kidul — dies ist nämlich ihr Name —, um sich hier mit Fasten und Beten zum Kampfe gegen die Kafirs vorzubereiten. Die Regierung schickte einfach eine Schwadron Cavallerie dahin und störte ihn so sanft als möglich in seinen ascetischen Betrachtungen. Da ich sie selbst nicht gesehen habe, will ich die von Veth gegebenen Beschreibungen folgen lassen, obwohl er niemals auf Java gewesen ist und sie also auch nicht aus Autopsie kennt.

»Die Grotte ist schief, unregelmässig gezackt, 15' lang, 7' breit und nirgends mehr als 10' hoch. Aber von ihrem Gewölbe hängen zahlreiche blau-weisse, aus concentrischen Schichten geformte Stalaktiten in der Form von Eiskegeln, Orgelpfeifen oder kleinen Py-

---

[1]) Die Provinz hat 16 Zuckerplantagen, 4 Indigo- und Zuckerplantagen, 27 Indigoplantagen, 1 Kaffeeplantage, 2 Tabakplantagen, 1 Tabak- und Kaffeeplantage und 1 Tabak- und Indigoplantage, ist 56,41/2 Quadrat-Meilen gross und zählt zu seinen Einwohnern 2128 Europäer, 4110 Chinesen, 86 Araber, 144 Orientalen und 787.774 Eingeborene. (Im Jahre 1892.)

[2]) Caryophillus aromaticus wird von den Chinesen unter dem Namen Tin sjong als Aphrodisiacum gebraucht, und auch die Liebestränke der Javanen bestehen aus bumbu tschinké (Nelken), Rapatholz (Cleghonia cymosa) und aus Matjaän (Nuces Querci infectoriae).

ramiden herab. Die Wände der Grotte haben die Form von Säulen,. welche durch tiefe Furchen von einander getrennt sind; von ihren Spitzen und Zähnen am Gewölbe tröpfelt immerwährend das Wasser, so dass ein natürliches Tropf- und Regenbad entsteht, welchem sie den Namen Karang tretès = Tropfhöhle verdankt. Das kalkhaltende Wasser sammelt sich in kleinen Bächen und fliesst sanft murmelnd nach aussen. An dem Eingang der Grotte wachsen Farrnkräuter und Moose, welche von unten incrustirt sind, so dass sie oben noch wachsen und grün sind, während sie auf der Basis zu einer Steinmasse verkalkt sind.«

Das Dolce far niente der Italiener hat sein Pendant in dem »Klima schiessen« in Indien, in dem »Stündchen der Dämmerung« der Holländer und in dem procul negotiis der Römer. Entrückt allen Sorgen des täglichen Lebens giebt man sich der vollkommenen Ausspannung des Geistes hin, ohne zu denken, ohne zu träumen und nur zu fühlen, und zwar dem Genuss der Kühle der frühen Morgenstunde oder dem sanften Zephyrwehen einer kühlen Abendluft. Dies ist das »Klima schiessen« der Indier. — Besonders in Djocja war es ein herrliches Gefühl, nach dem Abendessen, welches im Hotel um 9 Uhr beendigt war, in der »Vorgalerie« in einem Schaukelstuhle zu sitzen und — nichts zu denken, nicht zu träumen und sich ganz dem Genuss der Tropennacht hinzugeben. Die Temperatur war in der Regel ungefähr 20° C., der Himmel unbedeckt; die Oriongruppe, das südliche Kreuz und die Venus strahlten in schillerndem Lichte, und nur selten wurde die Ruhe durch einen vorbeifahrenden Wagen gestört. Des Morgens ist ein »Klima schiessen« weniger angenehm. Zum richtigen »Klima schiessen« gehört ja die indische Haustoilette, Nachthose, Kabaya (Leibchen) und Pantoffeln, welche den Körper nirgends beengen; dazu ist es aber in Djocja zu kühl; man muss sich Bewegung machen, um die kühle Morgenluft von 17° C. angenehm zu finden, oder man muss sich »kleiden«. In Djocja sind allerdings die Etiquettenregeln hinsichtlich der Toilette nicht strenge; die Stadt ist ja durch und durch »indisch«, d. h. die Mehrzahl der Europäer ist entweder in Indien geboren oder ist von gemischter Rasse. Wenn sich auch die Männer so ziemlich der europäischen Mode anschliessen, so entziehen sich doch die »indischen Damen« so viel als möglich dem Scepter der Mode Europas und bleiben so viel als möglich, d. h. oft Tage,

Wochen, wenn nicht Monate lang in der indischen Toilette: Sarong, Kabaya, Kutang [1]) und Pantoffeln. Sie huldigen dabei ebenso viel der Eitelkeit als auch der Bequemlichkeit. Man sieht also in Djocja nach 6 Uhr früh die meisten Europäer, nachdem sie ihre Schale warmen Kaffee zu sich genommen haben, in indischer Toilette in den Strassen spazieren gehen und zwischen 7 oder 7½ Uhr nach Hause zum Frühstück eilen; um 8 Uhr beginnt das Business.

Für mich waren in Djocja auch die Stunden des Vormittags dem Nichtsthun geweiht: wenn man jedoch Jahre lang an intensive Arbeit gewöhnt war, dann ist der Müssiggang ein bis zwei Tage lang sehr angenehm, den dritten und vierten Tag redet man sich ein, dass das Nichtsthun angenehm sei, aber am Ende der ersten Woche tritt das Schreckgespenst der Langenweile in dem Hintergrunde des täglichen Lebens auf. Den ganzen Tag zu lesen ist ja auch ermüdend, wenn man gesund »am Herzen und der Seele ist«. Bekannte oder Freunde kann man ja auch nicht aufsuchen, weil sie in ihrem Berufe thätig sind: in dem Club erscheinen erst um 11½ bis 12 Uhr die Mitglieder; ich besuchte ihn aber nicht gern, weil ich nicht gewöhnt war, etwas zu trinken, ich langweilte mich also in der ersten Hälfte des Tages. Die zweite Hälfte ging jedoch viel rascher vorbei; um 1 Uhr ging ich zur »Rysttafel« und nach dieser zu Bett; um 4 Uhr stand ich auf, nahm meinen Thee und ein Glas Eiswasser, las die unterdessen angelangten Briefe und medicinischen Zeitungen, ging um 5 Uhr ins Schiffsbad und warf mich danach in europäische Kleidung. Der Zustand meiner vergrösserten Leber und Milz erlaubte zwar nicht grosse Spaziergänge; eine Stunde lang hielt ich es in der Regel aus, und um 7 Uhr konnte ich meine Bekannten aufsuchen, nachdem ich vorher um die Erlaubniss gebeten hatte, »mit meiner Frau meine Aufwartung machen zu können«. Um 8 Uhr ging ich nach Hause, nahm das Abendessen, und punkt 11 Uhr begab ich mich zu Bette.

Schon nach der ersten Woche liessen die Schmerzen in der Leber bedeutend nach, so dass ich mich zu grösseren Ausflügen entschliessen konnte. Die Provinz Djocja ist ja sehr reich an alten Tempeln, besonders in der Nähe der Grenze der Provinz Surakarta, und die bedeutendsten sind die von Prambánan (Fig. 17). Eines Tages entschloss ich mich also, mit meiner Frau und einer Ingenieursfamilie dahin zu gehen; um 7 Uhr 10 Min.

---

[1]) Vide I. Theil, Seite 75.

und 12 Uhr 21 Min. geht die Eisenbahn von Djocja nach Samarang, und um 9 Uhr 43 Min. nach Solo. Beide Züge konnte ich
benutzen, weil sie beide in der Station Prambánan anhalten; für die
Rückfahrt konnte ich die Züge benutzen, welche von Samarang (via
Solo) um 11 Uhr 46 Min. und 3 Uhr 34 Min. oder von Solo allein
um 6 Uhr 5 Min. ankommen.

Auf Wunsch unserer Reisegenossen fuhren wir mit dem Zuge
um 12 Uhr 21 Min. Leider trugen die Waggons den Anforderungen
des Tropenklimas in keiner Weise Rechnung; ja noch mehr; vielfach
wird sogar behauptet, dass sie aus zurückgestellten und untauglichen
Waggons Hollands bestanden. Die zweite Classe hatte zwar hölzerne
Bänke mit Sitzflächen aus Rohr; sie sollten aber auch Fauteuils
haben, weil man in Indien noch leichter als in Europa durch eine
vielstündige Fahrt ermüdet; für Ventilation ist beinahe gar nicht gesorgt, und noch weniger für Gänge an den Längsseiten. (Für
Speisesalonwagen ist bis jetzt noch kein Bedürfniss.)

Glücklicherweise dauerte die Fahrt nicht länger als ungefähr
eine Stunde. Die »Halte« Prambánan liegt an der Grenze Sura-
kartas. Dort mussten wir noch beinahe eine Viertelstunde zu Fuss
zurückgehen, bis wir nach einer kurzen Krümmung des Weges
plötzlich den schönsten Tempel von ganz Java vor uns sahen. Der
Buru Budur ist grösser, ist colossaler, ist vielleicht zehn bis zwanzig
Mal so gross als dieser; schöner in den Detailarbeiten ist gewiss der
von Prambánan. Ich kann leider nur eine Beschreibung des
Aeusseren aus Autopsie geben, weil mir damals das Treppensteigen
zu viel Schmerzen verursachte und es mir unmöglich war, das
Innere zu besichtigen. In der Mitte des Tempels war nämlich eine
grosse Oeffnung nach Osten, und dahin führte eine steinerne Treppe
ohne Geländer; die einzelnen Treppen waren vielleicht 40 cm hoch,
und sofort nach meinem ersten Versuch, hinauf zu kommen, musste
ich wegen intensiver Schmerzen in der Loher zurückkehren. Doch
ich sah genug, um die Baukunst der alten Hindu bewundern zu
können und das Bedauern meiner Frau gegenüber zu äussern, dass
ganz Europa von diesen wunderschönen Resten alter Sculpturen beinahe gar keine Ahnung hat.[1]) Selbst die holländischen Officiere und
Beamten durchziehen gleichgiltig den ganzen Archipel, ohne sich
hier, wäre es auch nur für einen Tag, aufzuhalten, und nur wenn

---

[1]) Abgesehen von einigen Fachgelehrten.

sie. der Dienst zwingt, in Djocja, Solo oder Magelang einige
Monate oder Jahre zu bleiben, dann nehmen sie sich die Mühe,
diese Stätte des alten Hindudienstes aufzusuchen! Ich habe (im
Jahre 1884) bei Kairo eine Pyramide und eine Sphinx gesehen,
und unbefriedigt zog ich weiter, weil das Massive und das Grosse
dieser zwei Denkmäler alter Baukunst eben auf mich keinen Eindruck machten. In Prambánan jedoch stand ich entzückt vor einer
Schatzkammer der Bildhauerkunst. Der Tempel selbst war vielleicht 20
bis 25 Meter hoch, und seine Länge und Breite schätzte ich auf ungefähr 20 Meter. Die Basis hatte übrigens die Form eines russischen
Kreuzes mit der Längsfront nach Osten; im Süden schloss sich ein
zweiter noch mehr verfallener Tempel (tjandi J.) an. An dem
ersteren konnte man noch die ursprüngliche Form vermuthen; sie
war die eines Kegels; der zweite jedoch war eine Ruine, welche
wahrscheinlich mehr durch den Vandalismus der Mohamedaner als
durch den Zahn der Zeit gelitten hat und heute eine formlose
Menge zahlreicher und unzählbarer gemeisselter Steine ist. Ueberall
zerstreut und offenbar durch die Sorgfalt der jetzigen Regierung
gegen die Tempel angelehnt liegen wunderschöne Reliefs und Haut-
reliefs; es sind die bekannten Figuren der indischen Bildhauer; aber
feiner ausgearbeitet, und jedes einzelne Stück verräth den Meister.
Einige Stücke, welche sich rechts von dem Eingange an die Grund-
mauer frei lehnten, würde ein Thorwaldsen nicht besser geliefert
haben, und diese Schatzkammer der indischen Bildhauerkunst ist
hier unbewacht und unbeschützt dem Sturm des Wetters und der
Zeit ausgesetzt!! Das Innere desselben habe ich ebensowenig gesehen als die »Tausend Tempel«, welche ungefähr 1 Kilometer
hinter Prambánan liegen; ich lasse also, — natürlich nur auszugs-
weise — Veth's Beschreibung hier folgen: [1]

»Wenn man sich von Djocja nach Solo begiebt, kommt man
zunächst an den Tjandi (Tempel) Kalason oder Tj. Kali Bening, [2]
welcher einer der schönsten und besten bearbeiteten Tempel von ganz
Java und ein wenig rechts vom grossen Wege abseits gelegen ist.
Er wurde gebaut in der Form eines griechischen Kreuzes mit her-
vorspringenden Ecken und hatte vier Räume. Das Ganze ruhte
auf einem Fussstück, welches in schönster Abwechselung von glatten

[1] Vide Veth, Java II, Seite 91 ff.
[2] Kali Bening ist ein häufig vorkommender Name für kleine Bäche = klares Flüsschen.

Leisten und Bändern mit Blumen und Vasen umzogen war. Darauf erhoben sich die Wände mit wunderschön verzierten Thüren,
welche von Fächern mit flachen Nischen flankirt waren. In jeder derselben stand ein beinahe lebensgrosses Bild mit dem Gürtel der Brah-
manen um die Lenden, und zwar als Hautrelief. Die Eingänge lagen
nach den vier Himmelsrichtungen und hatten über dem oberen Rande
eine nackte Frau, welche mit den Füssen eingeschlagen auf dem
Boden sass. Man kam auf Treppen dahin, welche jetzt durch Weg-
nahme der Steine beinahe ganz verschwunden sind. Ein wunder-
schönes Pilaster und Kronarbeit umfasste die Eingänge, und diese
waren wiederum nur ein Theil eines zweiten Pilasters, welches sich
bis an die Kronleiste der ganzen Gebäude erhob. Glatte Leisten
zogen hier auf zwei colossalen Elephantenköpfen mit hoch erhobenem
Rüssel herab, welche sich auf jeder Seite des Einganges befanden.
Sie trugen eine Krone, welche aus kleinen Tempeln mit Pilastern
und pyramidenförmigen Dächern bestand, und diese waren wieder
bis zur Spitze mit Figuren bedeckt, welche in der verschiedensten
Weise die Demuth und Ergebenheit anzeigten. Zwischen der Krone
und den Leisten über dem Eingange war das gewöhnliche Monster,
von den Javanen Banaspati genannt, breit, ohne Unterkiefer, mit frei
hängenden Haaren und fürchterlich hervorstehenden Augen. Darüber
zog sich um das ganze Gebäude eine massive Kronleiste, welche
von einer ganzen Reihe Figuren getragen wurde, welche wiederum
die Hände über dem Kopf, die Kniee und den Nacken gebogen
hielten.« Ueber den letzten Theil des Daches kann man nichts Bestimmtes mittheilen, weil es abgefallen und mit Wucherpflanzen ausgefüllt war; wie auch Fig. 17 zeigt, hatte es Pyramidenform, welche
die meisten dieser Tempel charakterisirt.

»Drei Nischen sind noch deutlich zu sehen, und man hat darin Buddhabilder entdeckt, welche auf dem Lotusthrone sassen. Der
Eingang gegen Osten war am schönsten verziert, und hier war auch
der grösste Saal. Vor diesem Zimmer war eine Halle, 3 Meter breit
und 5 Meter lang, mit drei Nischen für Figuren und mit einem ver-
schwenderischen Reichthum an Laub und anderen architektonischen
Verzierungen. Von hier aus kam man in den Hauptsalon von quadra-
tischer Form, ungefähr 12—13 Schritte breit und lang, und gewiss
20 Meter hoch; eine der Wände ist von einem Piedestal eingenommen, worauf wahrscheinlich der Gott sass, dem der Tempel geweiht
war. Von diesem ist jetzt keine Spur mehr zu finden. Die drei

anderen viel kleineren Zimmer waren in gleicher Weise eingerichtet,
hatten aber keine Vestibule.   Auch aus diesen sind die Gottesbilder
verschwunden.   Die Länge und Breite von dem Gebäude betrug
20 Meter, und die Höhe wird wohl zur Zeit, als das Dach com-
plet war, 23 Meter betragen haben.

Von den zahlreichen Ruinen, welche in den »Fürstenländern«
gefunden wurden, habe ich, wie erwähnt, nur den Tempel von Prambánan gesehen.   Leider war es mir nicht gegönnt, auch die »tausend« Tempel zu sehen, und ich muss mich daher begnügen, ihrer
mit einigen Worten aus dem Werke Veth's Erwähnung zu thun.
Bei Kalasan findet man grosse Ruinen von dem »Palast von Prambánan«; 1½ Kilometer weiter ist die Tjandi »Loro Djongrang«;
ebenso weit ist die Tjandi Séwu und die Tjandi Lumbung. Die
»tausend Tempel« = Tjandi Séwu ist eine Gruppe von 254 Tempeln, welche wahrscheinlich sowohl dem Dienst Siwah als des Buddha
geweiht waren.   Es fällt mir die Wahl schwer, aus den Beschreibungen das Interessanteste mitzutheilen, und ich verlasse dies Thema
momentan um so lieber, als ich später Gelegenheit hatte, den Riesen-
tempel Buru Budur und den von Mendut in der Provinz Kedu zu
sehen, welche beide ich sowohl vom ästhetischen als vom historischen
Standpunkte aus werde beschreiben müssen.

Die alten Hindu müssen ein Volk von Bildhauern gewesen
sein.   Wenn ich die ungeheure Zahl der Bilder berechnen wollte,
welche diese tausend Tempel besitzen, ich käme zu Ziffern, welche
kein Land in Europa aufweisen kann; ich muss es auch wiederholen, ich sah in den Ruinen, welche bei dem grossen Tempel zu
Prambánan zerstreut längs der Mauer lagen, einzelne Reliefs, welche
an Reinheit der Formen beinahe mit denen einer Broncefigur wett-
eiferten.   Eins verstehe ich nicht, die ganze civilisirte Welt schwärmt
von den Pyramiden Aegyptens, und niemand spricht von dieser
reichen Schatzkammer von Sculptur und Architektur, welche Java
in seiner Mitte birgt.

Das Fieber hatte sich seit meinem Aufenthalte in Djocja nicht
wieder eingestellt, der Magen begann wieder regelmässig zu functio-
niren, der Appetit kam zurück, die schnelle und leichte Ermüdung
wich, und nur ein zeitweiliger Schmerz in der Leber und hin und
wieder in der rechten Schulter erinnerten mich an die überstandene

Malaria-Infection. Regimentsarzt X. besuchte mich einige Male in der
Woche, und eines Tages entdeckte er — eine Geschwulst im Py-
lorus![1]) Die häufigsten Geschwülste an dieser Stelle sind der Krebs.
So niederschmetternd diese Diagnose für mich auch war, so wenig
dachte ich an ihre Richtigkeit, ohne es aber wissenschaftlich be-
gründen zu können.

Vielleicht hielt mich das Bewusstsein aufrecht, dass sich bei
einem Carcinom des Magens unmöglich das allgemeine Befinden so
bessern könnte, wie es bei mir der Fall war. Ich hatte leider diesbezüglich schon einige Erfahrung, solche schweren Diagnosen der
Collegen mit gewisser Vorsicht aufzunehmen. Im Jahre 1883 litt
ich an einem Blasenkatarrh und liess mich im Militärspital zu
Batavia aufnehmen.

Nach vierwöchentlicher Behandlung bekam ich »wegen Morbus
Brightii«[2]) Urlaub nach Europa. Ich hatte im Jahre 1884 kein
Nierenleiden und ich habe es glücklicherweise heute noch nicht.
Ich hatte im Jahre 1891 keinen Pyloruskrebs und ich habe ihn heute.
nach acht Jahren, glücklicherweise auch noch nicht.

Am häufigsten werden die Officiere, welche an Malaria
gelitten hatten, auf ärztliches Zeugniss des Garnisondoctors in
ein »kühles oder Berg-Klima« transferirt; für Aerzte gab es
in der zweiten »Militär-Abtheilung« hinreichende Garnisonen.
welche diesen Bedinguugen entsprachen: Salatiga, wo die Cavallerie ihren Stab hatte, Magelang, wo 2 bis 4 Bataillone lagen,
Willem I und Djocjakarta. welches für alle Militärärzte geradezu ein Eldorado war. Ein herrliches Klima, Gelegenheit zu
einer Privatpraxis von 800—1000 fl. pro Monat. leichter und ange-
nehmer Dienst, eigenthümlich interessanter Verkehr mit den Fürsten
der Provinz und mit den Landherren, die günstige Lage an einer
Eisenbahn, waren Vorzüge, welche selten vereint in einer Stadt in
Indien gefunden werden. Ich war jedoch kein Fieberpatient. ich
hatte einen Pyloruskrebs (??): über meine weitere Zukunft musste
also die Superarbitrirungs-Commission in Samarang entscheiden. Am
7. Februar ging ich also nach Samarang und liess mich. freiwillig
gezwungen, in das Militär-Spital aufnehmen. Es besteht nämlich keine

---

[1]) Der Pförtner, das ist der Schliessmuskel, welcher den Magen von dem
daranliegenden Zwölffingerdarm abschliesst.

[2]) Diese Nierenerkrankung sollte Ursache meiner Pensionirung werden. ·

Verpflichtung für einen Officier, sich im Spitale behandeln zu lassen: mit verschiedenen Phrasen zwingt man jedoch jene Officiere dazu, welche man maassregeln will. Bei mir war Folgendes der Fall: In Ngawie war der Schwager des Sanitätschefs in Garnison, welcher »wegen Gesundheitsrücksichten« nach Europa gehen wollte; er erschien mit mir gleichzeitig »vor der Commission«. Er bekam sein diesbezügliches Gesundheitszeugniss und wollte sofort seine Reise antreten, worauf er gerechnet hatte. Ich selbst war zur Disposition, also sollte und musste ich wiederum nach Ngawie; dafür musste jedoch eine Ursache gefunden werden, weil ich Reconvalescent nach Malaria war und als solcher ein »kaltes resp. Berg-Klima hätte erhalten sollen«. Diese Ursache konnte nur gefunden werden, wenn ich im Spitale selbst beobachtet werden konnte. Es wurde mir also nahe gelegt, wie zweckmässig für mich eine Behandlung und Beobachtung im Spitale wäre, weil die Differentialdiagnose zwischen Lebertumor und Magenkrebs auf sichere Basis gestellt werden müsse.

Ich liess meine Frau bei einer bekannten Officiersfamilie Gastfreundschaft geniessen, ging ins Spital, und schon nach drei Tagen war die Diarrhöe constatirt, welche es dringend nöthig machte, dass ich wieder nach Ngawie versetzt wurde. Die Commission constatirte, dass ich keinen Magenkrebs, sondern eine Lebervergrösserung hätte, und diese dürfe, wenn sie mit Diarrhöe gepaart ginge, nur in einem »warmen Klima« behandelt werden. Ich theilte dem behandelnden Arzte mit, dass ich seit dem Jahre 1886 stets in den heissesten Garnisonen gelebt hatte, welche ganz Indien kenne, 2 Jahre in Atschin, $1\frac{1}{2}$ Jahr in Ngawie und 1 Jahr in Tjilatjap, dass ich geradezu Bedürfniss hätte, meinen durch das Malariafieber erschöpften Organismus in einem Bergklima Erholung zu gönnen, dass der kurze Aufenthalt in Djocja dies bewiesen hätte, aber Roma locuta est. Ich wurde wieder nach Ngawie versetzt.

Für Officiere, welche keine Frau haben, oder für die Behandlung gewisser Krankheiten, welche z. B. eine Operation nöthig machen, ist die Spitalsbehandlung in Indien aus vielfachen Ursachen der häuslichen Pflege vorzuziehen; denn die Verpflegungsgebühren für einen Officier sind nicht hoch; er bezahlt als Lieutenant 2,50 fl., als Hauptmann 3 fl. und als Stabsofficier 5 fl. pro Tag und erhält eine in jeder Hinsicht reichliche Tafel mit Getränken (Wein, Mineralwasser u. s. w.) und ein grosses Zimmer. Natürlich ist es conditio sine qua non, dass der Spitalschef auch für

Abwechslung in dem Menu sorgt. Wenn in Berlin eine Koch-
schule als Postulat für Aerzte erklärt wird, wie viel nöthiger sind
gastronomische Studien für einen Militärarzt in Indien. In meiner
ganzen zwanzigjährigen Laufbahn sah ich nur einen einzigen Chefarzt um die Küche des Spitals in gleicher Weise wie um alle
anderen Zweige seines Dienstkreises besorgt.

Für verheiratete Officiere wird in Indien die Aufnahme in ein
Spital nur bei grösseren Operationen eine Nothwendigkeit, und darum verpflichten die gesetzlichen Bestimmungen keinen Officier, ins
Spital gehen zu müssen. Muss die Superarbitrirungs-Commission
eine Entscheidung über einen Urlaub nach Europa, über Pensionirung u. s. w. treffen, so ist der bisherige Modus agendi nicht immer
zweckmässig. Der betreffende Candidat wird von dem »Garnison-
doctor« behandelt und beobachtet; dieser erstattet einen ausführlichen schriftlichen Bericht über seine Beobachtungen, macht seine
Vorschläge, verfasst eine zweckentsprechende Krankengeschichte, und
auf Grund dieser Berichte entscheidet der Präsident der Commission,
ob und wann sich der Candidat der Commission vorstellen soll.
Sie untersuchen den Patienten auf Grund der erhaltenen Mittheilungen und sind in der Regel in der Lage, ein Urtheil über
die Vorschläge des Garnisondoctors aussprechen zu können. In
einzelnen Fällen ist aber eine längere Observation des Candidaten nöthig und wünschenswerth. Ich erinnere mich folgenden Falles aus der Zeit, als ich Mitglied der Superarbitrirungs-
commission in S. war. Oberstlieutenant X. war in Ungnade beim
Armeecommandanten verfallen, ohne dass dieser gesetzliche Gründe
hatte, den missliebigen Officier dem Gouverneur - General[1]) zur
Pensionirung vorzuschlagen. Da er seit längerer Zeit ein Magenleiden
hatte, welches ihn oft an seinem Dienste verhinderte, erging also an
den Landescommandanten der Befehl, ihn durch eine ärztliche Commission untersuchen zu lassen. Mir war bekannt, dass sein Leiden
in einem Magengeschwür bestanden hatte: zur Zeit seiner »Affaire«
befand er sich vollkommen wohl, d. h. objectiv liess sich nichts
nachweisen. Zwei objective Symptome hätten uns vielleicht in den
Stand gesetzt, eine Wahrscheinlichkeitsdiagnose zu stellen und zwar
der Gehalt an Magensäure und der Appetit; die erste Frage erregte

---

[1]) Nur die Generäle werden von dem König in Holland ernannt und ver-
abschiedet.

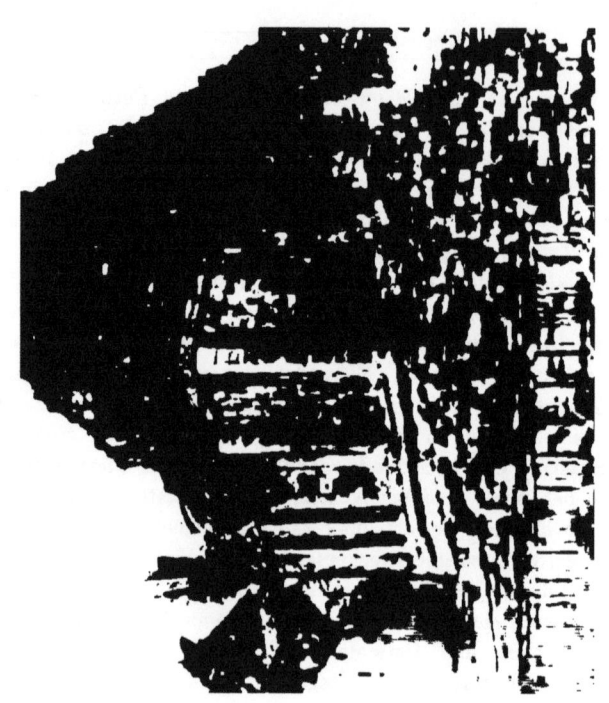

zweierlei bedeutende Bedenken; der Arzt darf ja nicht zum Zwecke
einer Diagnose einen sonst gesunden Menschen mehrere Male, sei
es durch Medicamente, sei es durch die Magensonde, zum Erbrechen
zwingen. Nebstdem ist die chemische Untersuchung allein nicht
im Stande, mit Sicherheit eine Magenerkrankung auszuschliessen
oder zu constatiren. Bequemer war natürlich die zweite Frage, die
des Appetites dieses Patienten (?). Mit Zustimmung des Präsidenten
nahm ich es auf mich, ihn bei seinen Mahlzeiten zu beobachten,
und theilte ihm zu diesem Zwecke mit, dass wir nur ein Mittel
hätten, ihn für gesund zu erklären, und zwar wenn wir in der Lage
wären, in unserm Attest unsere Ansichten motiviren zu können.
Natürlich fügte ich hinzu, dass wir seinen Mittheilungen vollkommen
Glauben schenkten, dass aber das Armee-Commando von uns ein
objectives und motivirtes Urtheil über den Zustand seines Magens
erwarte. Oberstlieutenant X. verstand mich sofort und lud mich ein,
Zeuge seines guten Appetites zu sein. Er ass seine ganze »Reistafel« und brachte den andern Tag den Beweis, dass diese auch
ganz verdaut war. Es giebt also zahlreiche Fälle, welche die
Commission veranlassen, den Candidaten eine längere Zeit hindurch
zu beobachten, bevor sie ihr endgiltiges Urtheil aussprechen kann,
und darum sollte die gesetzliche Verpflichtung bestehen, dass alle
Officiere, über welche die Superarbitrirungs-Commission ein Urtheil
aussprechen muss, sich — und wäre es nur für einen Tag — ins
Spital aufnehmen lassen müssen. Mir sind ja Fälle bekannt, dass
Officiere, welche die Controle der Commission fürchten mussten,
dem Sirenengesang der Phrasen, es wäre in ihrem eigenen Interesse,
wenn sie sich zur Observation ins Spital begeben würden, u. s. w.
nicht Folge leisteten, ja selbst brutal ihre Weigerung mit den Worten
motivirten, sie hätten keinen Beruf, die Arbeit der ärztlichen Commission zu erleichtern, und — vollen Erfolg ihrer Pläne hatten.
Mir wurde also wiederum die Garnison Ngawie angewiesen.

Die »Hölle Javas« eignete sich aber gar nicht dazu, mich von
meiner Vergrösserung der Leber zu befreien; die Schmerzen blieben,
und zwei Monate später (18. April) ersuchte ich wieder, durch eine
Commission nach einem »kalten Klima« transferirt zu werden; es
wurde mir ebenso wenig als drei Monate später die Gelegenheit geboten, durch einen längeren Aufenthalt in einem Bergklima von
meinem Leberleiden befreit zu werden, und eine hochgradige Hypochondrie bemächtigte sich meiner, welche am 18. September den

Höhepunkt erreichte. An diesem Tage wurde mir .ein Knabe gebracht, welcher von einem tollen Hunde gebissen war und sich beim Fallen auf die Erde an der Stirn verletzt hatte; ich liess den zufällig anwesenden Doctor-djawa die Wunde reinigen, und da die Wunde auf der Stirn glatte Ränder hatte, beabsichtigte ich, sie zu nähen. Beim Einfädeln stach ich mich in die Finger. Die gebissene Wunde hatte ich nicht einmal berührt; dennoch — erwachte ich in der darauf folgenden Nacht mit dem Angstgefühl der Lyssa!! Ich hatte Schlundkrämpfe, Speichelfluss und eine fürchterliche Aufregung, verbunden mit dem Gefühle, Lyssa zu haben!

Wenn ich mir auch das Lächerliche und Unwissenschaftliche des Gedankens, inficirt zu sein, vor Augen hielt, weil ich gar nicht in Contact mit der gebissenen Wunde gewesen war, und weil die Lyssa doch wenigstens 5—6 Wochen Zeit zur Entwicklung nöthig hat (Incubations-Zeit), so blieb doch diese fürchterliche Aufregung Tage lang bestehen, und erst nach Jahresfrist kam etwas Ruhe in mein Nervenleben. Ich war ein Neurastheniker geworden, und diese unbillige Behandlung, wegen eines Leberleidens in ein »warmes Klima« versetzt zu werden, weil zufälliger Weise eine solche Stelle offen war, war natürlich Oel ins Feuer gegossen. Gleichzeitig hatte ich Schwierigkeiten mit dem Platz-Commandanten, welche ich früher erzählt habe, und welche mir so viele Schreibereien verursachten, dass ich bei meinen anderen vielseitigen Arbeiten oft vor 2 bis 3 Uhr nicht schlafen gehen konnte; meine Nerven hielten diesen Choc nicht aus. Auch ein Mann mit gesunden Nerven wäre ihm erlegen, und so wurde der Ausbruch einer acuten Hypochondrie der Vorläufer eines Jahre langen Nervenleidens. Major X. ging mit Urlaub nach Batavia und scheint dort über meinen Zustand persönlich Bericht erstattet zu haben, denn kurz darauf wurde ich nach Magelang transferirt, welches in der Provinz Kedu auf einer Höhe von 384 Metern liegt.

————

Ich hielt also wieder Auction von der Einrichtung meines Hauses, welche mir 1200 fl. einbrachte, und zog diesmal nur mit einigen Kisten beladen nach Magelang. Es hatte sich nämlich bis auf meine Equipage für alle Möbelstücke und auch für meine zwei Pferde ein Käufer gefunden. Der Assistent-Resident und der Platz-Commandant hatten uns für die letzten Tage unseres Aufenthaltes

Gastfreundschaft angeboten. Ich konnte es nicht annehmen, weil
der Oberlehrer der europäischen Schule, Herr X., sobald meine
Transferirung bekannt geworden war, sofort zu uns gekommen war
und als selbstverständlich die Hoffnung und den Wunsch aussprach,
dass wir auch diesmal vor unserer Abreise seine Gäste seien. Er
und seine Frau waren ehrenwerthe Menschen, welche von dem
früheren Assistent-Residenten boycottirt waren.

Zur Illustration des Lebens in den kleinen Städten Indiens
glaube ich den weiteren Verlauf dieses Boycotts mittheilen zu
sollen.

Als ich zum zweiten Male nach Ngawie kam, folgte ich meiner
Gewohnheit, mich allen kleinlichen und engherzigen Streitigkeiten
fern zu halten, und da diese Familie während meines ersten Aufenthaltes nicht nur meine Patienten waren, sondern geradezu liebenswürdige Gastfreundschaft an uns geübt hatten, war es nur selbstverständlich, dass ich und meine Frau den alten Verkehr mit ihnen wieder
aufnahmen, obschon »das ganze Fort«, d. h. alle Officiere dem Boy-
cott durch die Frau des Assistent-Residenten sich angeschlossen hatten.
Diese für diese braven Menschen unangenehmen Verhältnisse än-
derten sich sofort, als wir sie in den Kreis unserer Bekannten ein-
zogen und so unzweideutige Beweise unserer Sympathie gaben. Man
muss so etwas gesehen oder mitgemacht haben, um zu verstehen,
dass ich an dieser Stelle davon spreche. Für den gesellschaftlichen Verkehr bot dieser kleine Platz nichts, absolut nichts als den
Officiersclub, in welchem auch die Bürger Mitglieder waren. In
dem Club geschah auch nichts anderes als Kartenspielen und Tanzen bei den Klängen eines alten, verdorbenen Leierkastens. Wenn
nun, was immer an einem Sonnabend geschah, ein »geselliger Abend«
im Club stattfand, bemühte sich Niemand der Anwesenden mit dieser
Familie; sie sassen allein. Aber die rächende Nemesis brachte ihr
bald die grösste Satisfaction. Die Frau des Assistent-Residenten,
welche den Bannfluch über diese braven Menschen ausgesprochen
hatte, war eine energische Dame und ertrug keinen Widerspruch.
Kurz nach unserer Ankunft mussten auch ich und meine Frau
den freundschaftlichen Verkehr mit ihr und ihrem Manne leider
einstellen. Eines Tages erhielt ich nämlich das Ansuchen, ihrer
Tochter ärztliche Hülfe zu bringen. Ich kam dahin, und bei der
Treppe empfing mich diese Dame mit der fertigen Diagnose und
mit der nöthigen Behandlungsweise. Sie theilte mir nämlich mit,

17*

dass ihre Tochter Dysenterie hätte und darum eines Abgusses von Simaruba bedürfe.   Ihre autokratische Sprechweise war mir schon bekannt, und darum fragte ich sie mit officiellem Lächeln auf den Lippen, ob sie sich nicht vielleicht in der Diagnose irre und ein unschuldiges Hämorrhoidal-Leiden vorläge, und ob keine andere Arznei vorgeschrieben werden dürfe, weil gerade bei der Dysenterie Simaruba erst in einem späteren Zeitpunkte gegeben werden dürfe.   (Patientin, ein hübsches Mädchen von zehn Jahren, stand daneben und hatte gar keine Spur von Dysenterie.) Aber für einen Gedankenaustausch war sie nicht zugänglich. In gereiztem Tone antwortete sie: »Wenn Sie mir die Simaruba nicht geben wollen, lasse ich sie mir von Madiun kommen.« Die Sache wäre damit erledigt gewesen.   Aber ihr Mann glaubte jetzt, mich seine Macht als Assistent-Resident fühlen zu lassen. Kurz vorher hatte ich ihn ersucht, frischen Vaccinestoff für die Bevölkerung kommen zu lassen.   Zwei Tage nach meinem Besuche bei seiner Frau erhielt ich einen officiellen Brief mit der Nachricht, dass der Vaccinestoff angekommen sei und ich den nächsten Mittwoch in der »Kabupaten«, d. h. in der Veranda des Regenten einimpfen solle.   Ich schrieb zurück, dass ich in meiner Stellung nach Staatsblad Nr. 68 vom Jahre 1827 keine Befehle von ihm annehmen könne noch dürfe, und dass ich nächsten Montag im Fort die Frauen und Kinder der Soldaten impfen werde.   Er wiederum verbot mir, den Vaccinestoff für »meine Militär-Familien« zu gebrauchen, worauf ich telegraphisch den Residenten von Madiun um Erlaubniss ersuchte, den Vaccinestoff für die »Soldatenkinder« gebrauchen zu dürfen.   Dieser Federkrieg zwischen uns Beiden entfremdete uns natürlich so sehr, dass jeder freundschaftliche Verkehr abgebrochen wurde.

Den Sonnabend derselben Woche war wieder gemüthlicher Abend im Club.   Damals spielte sich eine jener Scenen ab, welche so charakteristisch und so typisch für das Leben in kleinen Orten sind, dass ich sie trotz ihrer Unbedeutendheit mittheilen zu sollen glaube.   Das Clubgebäude bestand, wie wir oben sahen, aus einer grossen »Binnengalerie«, welche nach europäischer Anschauung Tanzsalon genannt werden kann, und der vorderen und hinteren Veranda.   Das unentbehrliche Möbelstück für jeden Club ist in Indien die »Kletstafel«,[1])

---

[1]) Tratschtisch.

das ist ein grosser runder Tisch, mit einer Stütze für die Füsse. Wenn die Herren um 11½ Vormittags und um 7 Uhr Abends in den Club gehen und kein Billard spielen, vereinigen sie sich alle an der ›Kletstafel‹ und besprechen etwaige Ereignisse des Tages oder die letzten europäischen Nachrichten, oder bearbeiten die grossen und kleinen Fehler der Abwesenden zu einer chronica scandalosa. Die hintere Veranda des Clubgebäudes zu Ngawie hatte zwei solche Tische. Nach und nach füllte sich die ›achtergallery‹, und zuletzt erschien der Assistent-Resident mit seiner Frau. Liebenswürdig grüssten sie nach allen Seiten und setzten sich an den Tisch — an welchem wir nicht sassen. Jetzt kam die erste Enttäuschung. In der Regel eilen sofort alle jungen Mitglieder nach ihnen, verbeugen sich und wechseln einen Handdruck. Die verheiratheten Mitglieder theilen sich immer und überall diesbezüglich in drei wohl charakterisirte Gruppen. Die eine Gruppe hält an dem Grundsatze fest, dass es im Club keinen Rangunterschied gäbe, und wer zuletzt käme, habe die Pflicht, zu den Anwesenden zu gehen und sie zu begrüssen. Die zweite Gruppe sind wahre Opportunisten; für diese ist die Machtstellung des Würdenträgers auch im Club anerkannt. Man könne nicht wissen, wie man die ›grossen Herren‹ nöthig hätte, und sie selbst sind und bleiben ›die mindere‹ und eilen dahin, um sie zu begrüssen. Die dritte Gruppe ist wieder sehr gewissenhaft in der Beurtheilung des Rangunterschiedes: sie kennt allein einen Rangunterschied der Männer und nicht der Frauen, sie selbst gehen also sofort zum Assistent-Resident und seiner Frau, um sie zu begrüssen, und erwarten dann, dass auch der Assistent-Resident sofort zu ihrer Frau gehen werde, um ›das Compliment abzustechen‹. Diesen Abend blieb jedoch alles auf seinem Platz — bis auf den Platzcommandant, welcher ledig war und seinen neutralen Standpunkt nicht verleugnen wollte. Diese Kraftprobe der Frau O. war also nicht gelungen, und eine zweite sollte die Machtstellung dieser Dame rehabilitiren. Nach dem pousse-café vereinigen sich die einzelnen Gruppen zu dem eigentlichen Zwecke der Zusammenkunft. Einige der älteren Herren und Damen gehen an die Spieltische zu einer Partie Whist, L'hombre oder quadrilliren: die Jugend sucht und findet sich zum Flirten oder zum Tanzen — Andere gehen ins benachbarte Zimmer zum Billard und Einige setzen sich zur ›Kletstafel‹ und geniessen bei einem Glase Grog, sei es ein Brandy-Soda oder sei es ein Whisky-Soda — die herrliche Nachtluft. Das

Tanzen ist aber in Indien kein bevorzugter Genuss der Jugend;
Grossväter und Grossmütter sieht man in Indien mit ebenso viel
Eifer der Kreuzpolka und dem Walzer huldigen, als sie es vor 30
und 40 Jahren gethan haben. Frau O. gab also bald das Zeichen
zum Anfang des Tanzes; aber o weh! der Leierkasten war ver-
dorben und gab nur ohrenzerreissende, schnarrende Töne: sofort
schickte auf Ersuchen der Frau O. der Platzcommandant einen Bedienten in das Fort und liess einen Korporal kommen, welcher
durch seine Virtuosität auf der Harmonika bekannt war. Mit lautem
Hurrah wurde seine Ankunft von der Frau des Assistenten begrüsst,
ohne dass jemand anders in diesen Freudenruf einstimmte. Das
war ein bedenkliches Symptom!? Aber noch Aergeres geschah. Die
Harmonika hatte schon die Hälfte der Polonaise gespielt, und noch
immer blieb alles auf seinen Sesseln. Der Major B. hatte pflicht-
gemäss die Frau O. ersucht, mit ihr die Polonaise eröffnen zu
dürfen — sie Beide standen aber allein; die zweite Kraftprobe
dieser Dame war verunglückt! Sie trachtete in liebenswürdiger
herablassender Weise durch persönliche Intervention wenigstens
die ledigen Herren zum Tanzen zu bewegen; jeder derselben
aber dankte unter irgend einem Vorwande, und sie begnügte sich
also mit einem Tanze mit dem Platzcommandanten. Die Familie X.
war also gerächt.

Solche kindische und kleinliche Reibereien giebt es in allen
kleinen Orten in Europa und in Asien und in Amerika, überall,
wo Menschen auf einem engen Raum beisammen wohnen, so dass
sich alle ihre Fehler bemerkbar und auch fühlbar machen: es ist
ja z. B. bekannt, dass dieselben Reibereien auf den grossen Dampfern
sich einstellen, auf welchen die Passagiere wochenlang beisammen
leben, und dass dieses noch häufiger auf jenen Seglern geschah, welche
zu ihrer Reise nach Batavia oft mehr als 100 Tage nöthig hatten.
Für den Nichtbetheiligten sind sie eine reichliche Quelle von Zerstreuung; die davon Betroffenen verbittern sich aber dadurch das
Leben und verfeinden sich oft für die ganze weitere Zukunft.
Dieselbe Dame O. scheint in Madiun, wo ihr Mann früher stationirt
gewesen war, sich auch Feinde gemacht zu haben. An dem Tage
ihrer Ankunft in Ngawie bekam ich nämlich eine Correspondenzkarte,
welche mich zwar entrüstete ob der Gemeinheit, welche der Grundton des kleinen Briefchens war, andererseits aber wirklich ein Unicum
anonymer Lästersucht darstellte. In der offenen Correspondenz-

karte wurde mir nämlich mitgetheilt, dass mir zwei Stück Käse dieser Tage als Geschenk geschickt würden, dass der Absender bedaure, keine bessern liefern zu können; der eine und zwar der grössere sei nicht übel von Gestalt, aber wurmstichig im Innern; der zweite sei in jeder Hinsicht hässlich, ekelhaft und ungeniessbar. Arglos und ohne den tiefen Sinn dieser Worte zu ahnen, wollte ich den nächsten Tag beim Assistent-Residenten O. diese zwei Käse holen lassen; vielleicht war ein Brief beigepackt, der mir eine Aufklärung von einer Bestellung geben sollte, deren ich mich nicht erinnerte. Zufällig kam der Präsident des Landgerichts[1]) denselben Abend zu mir, und ich frug ihn, ob er den Schreiber der Correspondenz-karte kenne, welcher mir zwei »Präsent-Käse« schickt, ohne dass ich sie bestellt hatte. Glücklicher Weise durchblickte der Rechts-gelehrte sofort die Mystification, und niemals hat der seither verstorbene Assistent-Resident O. etwas von dieser Correspondenz-karte erfahren, und der Schreiber dieses anonymen Schmutz-briefes hatte von seiner gemeinen Intrigue nicht den geringsten Erfolg.

Ende October 1891 verliess ich also Ngawie und zwar wiederum via Solo.

Zu wiederholten Malen habe ich Solo passirt und zwei mal für einige Stunden mich dort aufgehalten, so dass ich aus eigener An-schauung nur wenig über die Stadt selbst, aber mehr über die gleich-namige Provinz Surakarta berichten kann. Sie ist die reichste Pro-vinz der ganzen Insel Java und hat zahlreiche Plantagen und andere Unternehmungen; nicht weniger als 23 Plantagen für Indigo, 13 für Indigo und Tabak, 4 für Indigo, Tabak und Kaffee, 7 für Tabak; 17 für Zucker, 4 für Zucker und Indigo, 20 für Indigo und Kaffee, 87 für Kaffee, 1 für Kaffee und Tabak, 1 für Kaffee und Chinin und 1 für Zucker und Kaffee, also 178 grosse Unternehmungen hat diese »Residentie«, obwohl sie nur 112,808 ☐Meilen gross ist, drei grosse Berge hat und zahlreiche kleine Gebirgsketten das Land durchziehen. Im Süden der Hauptstadt ist eine grosse Ebene, welche in einem grossen Bogen längs dem Solofluss bis weit in das Ge-biet der Provinz Madiun sich hinzieht. Drei grosse Berge be-grenzen die Provinz als drei mächtige hohe Grenzpfähle im Osten

---

[1]) Die Eingeborenen werden für ihre Verbrechen vor eine Jury gebracht, welche aus einigen Häuptlingen besteht, deren Vorsitzender ein europäischer Rechtsgelehrter ist.

und Westen.   Ueber die Spitze des Lawuberges, welcher 3254 Meter
hoch ist, zieht ihre östliche Grenze zwischen Solo und Madiun, und
die beiden Bergriesen Merapi (2866 Meter hoch) und der Merbabu
(3116 Meter hoch) trennen sie von den Provinzen Kadu und Djocjokarta.   Der grösste Fluss ist der Solofluss oder, wie er in dieser
Provinz genannt wird, der Bengawan-Fluss, der auf dem Berge Merapi
entspringt und auch der grösste Fluss der ganzen Insel (Java) ist; er
ergiesst sich bei Surabaya in die Javasee und wird als billiger
Transportweg von den Unternehmungen in den Provinzen Surakarta,
Madiun, Rembang und Surabaya häufig benutzt.   Auf dem Berge
Lawu, auf dessen Gipfel oder vielmehr in der Nähe desselben ich
als Arzt in einem modernen Romane den rettenden Engel gespielt
habe, sind neben zahlreichen Ruinen aus der Zeit der Hindus noch
zahlreiche Mofetten und andere warme Mineralbrunnen bekannt; an
seiner Westseite findet man z. B. bei dem Dorfe Djurang Djerok
zwei kleine Teiche, aus denen stets giftige Gase aufsteigen, und bei
den Dörfern Pablingan und Gamping grosse schwefelhaltige Quellen.
Die Hauptstadt Surakarta, häufiger Solo genannt, macht keinen
freundlichen Eindruck.   Sie hat zwar einige Sehenswürdigkeiten und
trägt wie ihre Schwesterstadt Djocjokarta noch ausgesprochener das
Gepräge einer rein javanischen Fürstenstadt.   Sie leidet aber, wie
ich schon früher erwähnt habe, so oft und so stark durch die
Ueberströmungen der Solo- und Pepéflüsse, an deren Vereinigungs-
punkt sie liegt, dass es noch lange dauern wird, bis sie den Anforderungen einer reinen, schönen Stadt gerecht werden kann.

Entsprechend der politischen Eintheilung des Landes hat die
Hauptstadt eine vierfache Vertretung.   Der Kaiser wohnt in seinem
Palast, Kraton genannt; dieser ist gerade so wie der zu Djocja,
eine kleine Stadt mit Mauern und Gräben umgeben und hat seinen
»Daleme, d. i. die Wohnung des Fürsten, den Sitinggil, die grosse
Halle, wo sich der Fürst dem Volke zeigt, den Alang-Alang = Schlossplatz und hunderte kleine Gebäude für das Gefolge.   Das zweite stattliche Gebäude ist das Fort Vastenburg, dessen Kanonen den Kraton
bedrohen.   Das dritte ist der Palast des Gegenfürsten Mangku Negoro
in europäischem Stile, welcher einen sehr schönen und grossen Em-
pfangssalon mit elektrischer Beleuchtung hat.   Das vierte ist das
Gebäude des Residenten, welches bei Weitem nicht so schön eingerichtet ist als das seines Collegen in Djocja.   Dann folgen zahl-

reiche Häuser für die Landherren der Provinz, eine protestantische
Kirche, der Club, Theatergebäude, drei Hotels, wovon das eine
gegenüber dem Fort liegt und »Jungfernheim« genannt wird, weil die
meisten ledigen Lehrerinnen dort wohnen, der Thiergarten mit einigen
exotischen Thieren u. s. w. Natürlich fehlen in Solo weder der
Hofhalt in allen seinen Abstufungen, wie echte Prinzen mit ihrem
Gefolge unter Aufsicht des Kronprinzen und unechte Prinzen unter
Controle eines zweiten Sohnes des Sunans, noch die gut abgegrenzte
Eintheilung des Adels, der Geistlichkeit und des »kleinen Mannes«.
Auch wird in Solo so viel als möglich für feierliche Aufzüge, Gala-
vorstellungen und Empfangsabende, und zwar mit demselben Cere-
moniell als in Djocja gesorgt. Ebenso wenig fehlte der Wâjang
orang (Fig. 18).

Von den übrigen Städten dieser Provinz sind noch zu nennen:
Kartasura, welches früher die Hauptstadt des Sultanats war,[1])
Klaten, in welchem bis vor einigen Jahren in dem Fort Engelenburg das Strafdetachement für europäische Taugenichtse bestand,
Bojolali, wo ein altes, verlassenes Fort steht, die Schlucht bei Sukabumi, Patuk Pakis an der Küste mit seinen Schwalbennesterhöhlen u. s. w.

Auf dem Vulcane Lawu, welcher seit seinem letzten Ausbruch
am 1. Mai 1752 seine jetzige Form und Gestalt bewahrt hat, bin ich
zweimal gewesen, und jedesmal entzückte mich dieses Bild einer
wildromantischen Natur, wo mächtige erratische Blöcke, Trachit-
felsen, Lianen, Cäsarinen-Grotten, heisse Quellen, Mofetten, Ab-
gründe und kahle, steile Wände in die Wolken gehüllt zu meinen
Füssen lagen. Es war die Nordostseite, welche ich zu besteigen

---

[1]) Diese sollte nach der javanischen Tradition jede 100 Jahre verlegt werden; da aber die holländische Regierung nicht geneigt war, auch ein neues Fort,
Residentenhaus, Post und Telegraphenamt u. s. w. zu schaffen, gelang es ihr, in
beiden Sultanstädten (Solo und Djocja) die Befolgung dieses Gebrauches in diesem Jahrhundert zu hintertreiben: In diesem Falle hätte weder die arabische,
noch die jetzt allgemein übliche mohamedanisch-javanische Zeitrechnung den Zeitpunkt der Uebersiedlung angegeben, sondern man hätte 100 Jahre der „Saka"
genommen, d. h. der alten javanischen Zeitrechnung, welche mit dem Jahre
78 v. Chr. als 0 beginnt und genannt wird nach dem Fürsten Adji Saka von
Deckan, welcher sie auf Java eingeführt hat: sie hatte rein lunare Monate und
hat sich am längsten auf der Insel Bali erhalten.

gezwungen wurde. In Djamus hatte Herr R. . . . eine Kaffeeplantage; um dahin von Ngawie zu gelangen, musste ich viermal die
Reise-Vehikel verändern. Von Ngawie brachte mich meine Equipage
nach Paron, wo ich die Eisenbahn bis Walikukung benutzte; hier
erwartete mich ein Dos-à-dos, mit welchem ich bis Gidoro gelangte,
ungefähr 1000' hoch, wo Herr K. . . . eine reizende Plantage
von Kaffee, und wenn ich nicht irre, auch von Muscatbäumen hatte.
So ein gepflegter Kaffeegarten gewährt einen lieblichen, anmuthigen
Anblick; der Baum wird zwar nicht höher als 6—7 Meter (der Liberia-
Kaffeebaum, den ich in meinem Garten in Magelang hatte, erreicht
nicht einmal die Höhe von 4 Metern), auch hat er keine stattliche,
breite Krone, aber jede Baumreihe hat einen grossen Schatten-
spender; man wählt dazu am häufigsten den Dadapbaum (Erythrina
indica), eine Papilionacee, welche grosse, scharlachrothe Blüthen
hat, deren Blätter und Rinde von den Eingeborenen gegen Asthma
und Fieber und deren Holz als Decoctum gegen Hämaturie gebraucht wird. Die Blüthe des Kaffeebaumes ist schneeweiss, hat
ein herrliches Jasmin-Aroma und fällt schon nach 8 Tagen auf den
Boden, der dadurch eine herrlich duftende, schneeweisse Decke
bekommt. Nach einigen Monaten erscheinen die Früchte in grüner
Farbe, welche sehr bald kirschroth werden und die Grösse einer
halben Haselnuss haben. Zu dieser Zeit hat der Kaffeebaum einen
gefährlichen Feind in dem Paradoxurus Musanga. Die reifen
Früchte sind seine Lieblingsspeise, den Kern jedoch verdaut er
nicht; er begnügt sich mit dem Fleische der Frucht, und die
überflüssigen Kaffeekörner — sind die theuerste und beste Kaffee-
sorte, NB. nachdem sie den Darm des Musangs verlassen haben. Mir
wurde ein solches Excrement eines Musangs gezeigt; es bestand aus
drei Kaffeekörnern, welche mit einer schwarzen Masse untereinander
verklebt waren. Diese Kaffeekörner stehen in so hohem Ansehen,
dass sie als besondere Gunstbezeigung den Europäern zum Geschenke angeboten werden. Wenn die Früchte kirschroth geworden
sind, werden sie gepflückt und auf Platten aus Rohr dem Fermen-
tiren überlassen. Hierauf werden sie getrocknet und gestampft.
Ihre Heimath ist Arabien, von wo sie schon im Jahre 1698
importirt wurden; doch erst in der ersten Hälfte des 18. Jahrhunderts (seit 1723) nahm die Kaffeecultur einen bedeutenden
Aufschwung, seitdem die Regierung mit sanftem Druck die Ein-

geborenen zum Bau desselben zwang.[1]) Das Ertrügniss des Kaffeebaumes ist sehr variabel. Ich erhielt von meinem Baume stets
mehr als 1 Kilo Bohnen, und wie ich es damals auf dem Lawu
mittheilen hörte, ist nur alle drei bis vier Jahre eine reiche Ernte
zu erwarten.

Bei Herrn K. . . . konnte ich nicht länger bleiben, als die Zeit
der ›Rysttafel‹ dauerte. Nach dieser konnte ich noch bis Ngrambe
von dem Dos-à-dos Gebrauch machen. Der Weg war gut und so
breit, dass selbst ein zweiter Wagen passiren konnte, ohne besondere Vorsicht gebrauchen zu müssen. Hier wohnten einige Europäer, und darunter auch die Frau X. Ihr Mann ersuchte mich,
sie zu untersuchen, weil sie schon seit vielen Jahren durch eine
Schwäche in den Füssen kaum das Bett, aber niemals das Zimmer
oder das Haus verlassen hätte.

Bei meiner Visite fand ich eine alte Dame, welche frischen
Geistes ihr Leiden mit bewunderungswürdigem Gleichmuth ertrug;
sie litt an Osteomalacie, d. i. einer Knochenerweichung, welche sie
nach der letzten Entbindung erhalten hatte. Es war das erste Mal
und leider auch das letzte Mal, dass ich sie damals sah. Einige
Wochen später wurde sie ermordet, und die leichtfüssige Fama beschuldigte sie des Selbstmordes! Mir wurden davon während eines
Festes beim Regenten in Ngawie die einzelnen Details mitgetheilt;

---

[1]) Im Jahre 1893 bestand die „Kofficultur" der Regierung entre autre:
in der Provinz Bantam   in 216 Dessas = Dörfer mit 12 262 Familien,

„	٦	-	Krawang	„ 18	„	„ 1 446	„
-	„	-	Preanger	„ 618	„	„ 71 621	-
„	-	-	Cheribon	„ 147	„	„ 14 826	-
„	٦	„	Tegal	„ 154	„	„ 17 793	„
„	-	„	Samarang	- 460	„	„ 35 626	„
„	„	„	Surabaya	„ 98	„	„ 3 566	„
„	„	„	Kedu	„ 297	„	- 13 136	„
„	-	-	Banjumas	„ 264	„	- 16 400	„
„	„	-	Bageléen	„ 85	„	- 6 021	„

Im Ganzen beschäftigten sich 320 539 Familien in 3944 Dessas mit dem
Bau des Kaffees und lieferten ihn an die Regierung. Diese exportirte in demselben Jahre 13 444 827 Kilo im Werthe von 12 772 586 fl., während der Gesammtexport des Kaffees, d. h. incl. dem der Privatunternehmungen. 25 861 000
Kilo im Werthe von 24 855 930 fl. betrug. Im Quinquennium 1889—1893
wurden 41 822 000, 25 169 000. 38 758 000, 41 058 000 und 25 361 000 Kilo aus
Indien exportirt.

man fand sie im Bette mit durchschnittenem Hals unter einer Bett-
decke und nebstdem mit einem blutigen Messer im Aermel der
Kabaya?? Ich theilte dieses dem Assistent-Residenten X. mit und
erwartete, dass ich sofort mit einer gerichtlichen Commission zur
Untersuchung dahin gesendet würde: der Herr scheint aber so bestimmte Nachricht von ihrem Selbstmord erhalten zu haben, dass er
zu einem Einschreiten keinen Anlass fand. Mir freilich konnte es
nicht einleuchten, dass eine Frau, welche seit vielen Jahren mit
Knochenerweichung an das Bett gefesselt war, den Muth und die
physische Kraft haben sollte, sich selbst den Hals durchzuschneiden!?
Auch in der Affaire, welche mich nach Djamus führte, hatte
Herr X. eine ganz unrichtige Auffassung der Verhältnisse: es war
vielmehr seine Frau, welche auch den geschäftlichen Ideengang ihres
Mannes beeinflusste: er weilt nicht mehr unter den Lebenden, und
so kann ich etwas ausführlicher in der Mittheilung dieser Affaire
sein, ohne fürchten zu müssen, jemandem direct oder indirect zu
schaden.

In Gendingan konnte ich schon einige sichere Nachrichten
über die junge Dame erhalten, deren Untersuchung von den
Eltern von mir verlangt wurde, weil ein Angestellter sie beschuldigte,
diese eine Tochter — sie hatten deren 7 — zu verwahrlosen und
unter dem Vorwande, dass sie irrsinnig sei, ihrer Freiheit zu berauben!
Dieser Privatbeamte schickte mir später die Abschrift der ganzen
Correspondenz zwischen ihm und dem Vater dieses unglücklichen
Mädchens: ich besitze sie noch heute, und fast möchte ich glauben,
wenn ich sie wiederum lese, dass dieser bona fide gehandelt hat.
In allen Briefen betont er die Nothwendigkeit, die Patientin der
Einsiedelei auf dem Berge zu entreissen und sie der Gesellschaft
zurückzugeben. Aber falsch sind die Motive, die er den unglücklichen Eltern in der Behandlung ihrer Tochter unterschiebt. Die
Plantage gehörte in nomine der Frau, und ihr Mann sollte seine
eigene Tochter zu dem geistigen Tode verurtheilt haben, um als
gesetzlicher Vormund ihr Erbe zu werden. Diese Briefe wurden
dem Assistent-Residenten X. gesendet mit der officiellen Anklage,
dass der Herr X. seine majorenne Tochter der Freiheit beraube
und sie durch schlechte Behandlung dem Wahnsinn in die Arme
führen wolle!! Das Traurigste in dieser Affaire ist, dass dieser Beamte oder vielmehr seine Frau diesem Märchen Glauben schenkte,

und als ich in dieser Sache als Gerichtsarzt vernommen wurde,
mir die zweifellose Richtigkeit mit dem nöthigen Nachdruck vor-
geleiert wurde. Ein Vater, der sieben Töchter hat, sechs von
ihnen eine gute Erziehung in Europa angedeihen lässt und für jede
derselben mehr als 1000 fl. jährlich bezahlt, ein solcher Vater sollte
mit dem Wissen und Willen seiner Frau eine solche Missethat begehen!? Dieser Einwand blieb ohne Erfolg, und der Assistent-Resident liess als ›Hilfsofficier der Justiz‹ dem Rechte seinen Lauf.
Der Herr X. wurde von der gegen ihn erhobenen Anklage verstän-
digt und beschloss nun, durch mich den Wahnsinn seiner Tochter
constatiren zu lassen und bat mich, zu ihm zu kommen. Ich frug
vorher jedoch bei ihm an, ob ich meine Frau mitnehmen könnte,
welche gern einmal eine Plantage im Hochgebirge besuchen und
besichtigen möchte. Im August des Jahres 1889 begaben wir uns
also auf die Reise, die ich oben bereits angedeutet habe. In
Ngrambe mussten wir das Dos-à-dos verlassen, weil hinauf ins Gebirge kein Fahrweg bestand. Für mich stand ein kleines Pferd
und für meine Frau eine Sänfte zur Verfügung.

Es war ein Fusspfad, den das herabströmende Regenwasser in
den Berg gegraben hatte; erratische Blöcke, Geröll und Sand wechselten mit Grasflächen, und sicheren Schrittes trug mich das kleine
javanische Pferd über alle Hindernisse. Die Begleitung meiner Frau
bestand aus 6 Kulis, von denen abwechselnd je vier die Sänfte
bald auf den Schultern, bald mit den Händen trugen, je nachdem
der Weg eben oder wellenförmig war. Bei jeder Pause erfreute
uns das herrliche Panorama hinter unserem Rücken. Bald erhob
sich das grosse Thal des Soloflusses in deutlichen Linien auf dem
Horizont, hinter welchem das Wellisgebirge seinen breiten Bergrücken uns zeigte, später sahen wir den Smeru und den Kelut am
östlichen Horizont auftauchen. Auf dem Berge Lawu selbst sahen
wir nur niedriges Gesträuch, eine sanft aufsteigende Hochfläche, begrenzt von kleinen Hügeln, welche bald Tjomarabäume, bald Acacien,
Gnaphalien und Vaccinia trugen.

Nach ungefähr zwei Stunden erreichten wir die Plantage Djamus
in einer Höhe von 1500 Metern. Tief unter uns lagen dichte,
schwarze Wolken, aus denen eine zweite Spitze des Lawu hoch
hervorragte und nur mit Mühe die Schlucht zwischen beiden erkennen
liess. Die dritte Spitze des Berges habe ich nicht zu Gesicht bekommen.

Der Kaffee war gepflückt, fermentirt, getrocknet und gestampft, und Frau X. sass mit eingeborenen Frauen, die Körner zu assortiren. Unsere Ankunft entriss natürlich die Familie ihrer täglichen Beschäftigung, und bald sassen wir in der Veranda, eine Schale warmen Thees zu trinken: es war kühl; vielleicht nicht mehr als 12° C., und wir Beide kamen aus »der Hölle Javas«. Die Familie kam unsern Wünschen entgegen, und wir zogen uns ins Haus zurück, wo auch die Fenster geschlossen werden mussten, um uns von dem unangenehmen Gefühl des Fröstelns zu befreien. Bald waren wir im Gespräche über die unglückliche Tochter, und es war das alte Lied: Den Anfang und die Ursache des Wahnsinns zu constatiren, welchen der Laie gern unvermittelt durch plötzliche Eruption, sei es durch Schreck u. s. w. entstehen lässt; das ganze traurige Familienleben entrollte sich vor mir, das ein irrsinniges Mitglied bedingt, weil der Wahnsinn in seinen ersten Symptomen verkannt wurde. Die Grenze zwischen psychischer Gesundheit und psychischem Kranksein kann ja von niemandem gezogen werden. Endlich wurde mir mitgetheilt, dass die Patientin sich in ihrem Zimmer im danebenstehenden Pavillon befinde. Ich ging dahin und sah beim Fenster ein Wesen stehen, welches das traurige Bild des Wahnsinns in allen seinen Zügen zeigt. Verwahrlost in ihrer Kleidung, mit wirren Haaren, starrte sie mich mit fragenden Blicken an, und als ich ihr einen Gruss zurief, antwortete sie mir kurz, dass sie einen verheirateten Liebhaber nicht haben wolle, warf die Pantoffeln nach mir und sprang aus dem Fenster der andern Seite und verschwand im Gebüsche. Gegen das Abendessen gelang es mir, sie in der Nähe zu sehen und zu sprechen. Sie kam in die Küche, ihr Nachtmahl zu holen. Ich ging mit dem Vater dahin, und mit dem charakteristischen Lächeln des Wahnsinns liess sie mich näher kommen, ohne sich im Essen stören zu lassen. Der Schmutz hinter den Ohren und die schmutzige Kabaya, sowie die schmutzigen Nägel, begründeten meinen Vorschlag, die Unglückliche in eine Anstalt aufnehmen zu lassen, in welcher die geschulten Wärterinnen die Geschicklichkeit, Tact und Muth haben, solche Patienten zur Reinlichkeit anzuhalten.

Natürlich kamen auch die Motive zur Sprache, welche den Privat-Beamten X. veranlassten, den Anwalt dieser Unglücklichen zu spielen. In seinen Briefen ist das Mitleiden mit seiner »Nichte«, welche keinen Bruder habe, um ihr Recht zu vertheidigen, der ein-

zige Grundton, und in allen Tonarten äusserte sich dieses Mitleiden. Herr X. aber fand ein egoistisches Motiv, welches mir nicht
recht einleuchten wollte. Seine Tochter musste wiederholt aus der
Wohnung des Privat-Beamten X. geholt werden, welche sich am
Fusse des Berges befand; vielleicht hoffte dieser durch eine Ehe
mit dieser Unglücklichen sich dann in den Besitz eines Theiles dieser
grossen Plantage zu setzen. Es waren im Ganzen 7 Töchter,
und im günstigsten Falle wäre $1/8$ Antheil nach dem Tode der
Mutter dem Manne dieser Irrsinnigen zugefallen: um einen solchen
Preis eine irrsinnige Frau zu erhalten — wäre eine schlechte
Speculation.

Diese Pflanzer waren so an die niedrige Temperatur ihres
Ortes gewöhnt, dass sie keine Oefen im Hause hatten. Die
Biologie liegt in allen Fragen darnieder, welche die »Gewohnheit« betreffen. Als ich im Jahre 1897 Ende April durch das
rothe Meer fuhr, war es so kalt, dass nicht allein ich — dann
könnte es individuellen Empfindungen zugeschrieben werden, sondern
alle Passagiere ihre Ueberzieher, Mäntel oder Plaids u. s. w. in
Gebrauch nehmen mussten, und das Thermometer zeigte 17° C.!
Es ist richtig, dass wir aus warmen Ländern kamen und dass wir
so niedrige Temperatur nicht gewöhnt waren. — Welcher chemische Vorgang erklärt das »Gewohntsein«? Was geschieht z. B.
im Rachen oder im Gehirn oder im Magen des jungen Mannes,
welcher nach der ersten Cigarre den heftigsten Gastricismus bekommt und nach $1/2$ Jahren anstandslos die schwerste Cigarre
raucht? U. A. w. g.

Wir sassen also den ganzen Abend bei geschlossenen Fenstern und Thüren, und für die Nacht holte die liebenswürdige Hausfrau alle wollenen Decken herbei, um uns in ihrem Heim nicht eine
ganze Nacht »frieren« zu lassen. In einem schönen Gedichte hat
diese Dame den Berg Lawu besungen. Mit Bedauern verliessen
wir unsern Gastgeber am folgenden Tage, weil mich meine Berufspflichten nach Ngawie riefen. Aber länger als eine Woche über
den Wolken nur die bewaldeten Gipfel eines Berges zu sehen —
NB. ohne Berufspflichten oder andere Arbeit zu haben — d. h. dort
zu logiren, das wäre doch zu viel verlangt.

Hierauf beantwortete ich alle Fragen des »Officiers der Justiz«
über das Wesen der Krankheit dieser unglücklichen jungen Dame
und über die Symptome, welche mich bewogen hatten, in diesem

Falle den Wahnsinn zu constatiren. Sie wurde entmündigt, ihr Vater
zum Curator ernannt und der Assistent-Resident X.» wurde nach
Kudus transferirt.

Die westlichen Grenzpfähle der Provinz Surakarta, die Berge
Merapi und Merbabu mit ihrem Ausläufer Telomojo (1883 Meter
hoch) habe ich fünf Jahre lang beobachten können, und ich will
ihrer im folgenden Capitel erwähnen.   Die »Fürstenthümer Javas«
sind reiche Länder und hochinteressant wegen ihrer Vergangenheit
und zahlreichen Denkmäler aus der Zeit der Hindu-Herrschaft.

9. Capitel.

Die Provinz Kedú — Der Berg Tidar — In Magelang —
Auf dem Pâsar (= Markt) — Javanische Schönheitsmittel —
Haustoilette der europäischen Damen — Mein „Haus" —
Empfangsabende — Magelang — Opiumrauchen — Die Chine-
sen auf Java — Die gerichtliche Medicin der Chinesen —
Ein zu grosses Militärspital — Die Königin von Siam in
Magelang — Ein Oberstabsarzt „gestellt" — Nachtheile der
Pavillons aus Bambus — Organisation des Rechtswesens —
Zum Theaterdirector gewählt — Die Journalistik Indiens.

Auch die Provinz Kedú hat auf ihrer westlichen und östlichen
Grenze grosse und mächtige Grenzpfeiler, im Osten die bereits
erwähnten Merapi, Merbabu und Telomojo, während der Sumbing,
3336 Meter hoch, der Sindoro, 3124 Meter hoch, und der Berg
Bisna, 2363 Meter hoch, diese Provinz im Westen von der Provinz
Bagelen scheiden. Die Ausläufer dieser Berge durchziehen die ganze
Provinz, und selbst die Thäler des Progo- und des Elloflusses sind
zu schmal, um den gebirgigen Charakter dieser Provinz in hohem
Grade zu beeinflussen. (Nur von Magelang zieht nach Norden eine
10 Kilometer grosse Ebene.) Diese Provinz ist reich an Kunst-
denkmälern, unter denen der schönste, grösste und mächtigste Tempel vielleicht der ganzen Welt der Buru-Budur ist. Obwohl der
grösste Theil des Landes Communalbesitz ist, die Provinz bei einer
Grösse von 37,₀₆ ☐ Meilen ungefähr 800,000 Einwohner, somit mehr
als 20,000 Seelen auf die ☐ Meile zählt, so ist sie doch eine arme
Provinz. Vielleicht wird die Vollendung der Eisenbahn einen günstigen Einfluss auf die Wohlfahrt des Landes nehmen; erst vor zwei
Jahren wurde die Linie Djocja-Magelang gebaut, und es fehlt noch

die Linie Magelang-Ambarawa, um die ganze Provinz durch den
Schienenweg mit dem Norden Javas[1]) zu verbinden.

Im Jahre 1891 konnte ich mich bei meiner Transferirung von
Ngawie nach Magelang, der Hauptstadt dieser Provinz, nur bis Djocja
der Eisenbahn bedienen. Mein Mylord, welcher bei der Auction in
Ngawie keinen Käufer fand, traf zu gleicher Zeit in Djocja ein;
ich miethete im Hotel Tugu nur vier Pferde (mit Kutscher und
Palfenir) um 12 fl. und konnte also in meiner bequemen Kutsche
die Reise fortsetzen. Die Reisewagen, welche man s. Z. in Djocja
und in Magelang zu dieser mehrstündigen Reise miethen konnte,
waren alte, hässliche Wagen und hatten eine lothrechte Rückenlehne,
so dass ich mich oft verwundert frug, woher sie denn diese un-
praktischen Reisevehikel in so grosser Zahl auftreiben konnten.

Bei Salam verliess ich die Provinz Djocja, und sofort fühlte
ich den Einfluss der holländischen Regierung. Wenn es auch ununterbrochen bergauf ging, so war die Reise doch nicht unangenehm, weil sich der Weg sofort hinter der Grenze in sehr gutem
Zustande befand. In Muntilan wurden die Pferde gewechselt,
und noch immer stieg der Weg sanft mit zahlreichen Wellen an,
so dass wir von der Grenze, welche 331 Meter absolute Höhe hatte,
hier 355 Meter und in Magelang 384 Meter Höhe, im Ganzen
53 Meter gestiegen waren. Hinter Muntilan lag eine schöne, wenn
auch schmale Strasse, welche links ab zu dem schönen Tempel
Mendut (Fig. 19) und mittelst Fähre über den Ellofluss zum Buru-
Budur führte. Gegen 5½ Uhr näherte ich mich der Stadt Magelang, d. h. ich sah den Berg Tidar, welcher 504 Meter über dem
Meere und 120 Meter hoch sich über Magelang erhebt. Es ist der
påku = Nagel oder der pusar = Nabel (= der Mittelpunkt von
Java), durch dessen Spitze der Nagel getrieben wurde, mit dem
diese Insel auf der Erde befestigt wurde. Nicht allein auf mich
machte dieser Hügel den Eindruck, dass auch er die Ruinen eines
grossen Tempels bedecke, sondern es wurde so oft diese Vermuthung
geäussert, dass Ausgrabungen stattfanden, welche jedoch ein nega-
tives Resultat hatten. Der »Tidar« musste eben durch seine isolirte
Stellung zu solchen Vermuthungen Anlass geben; er steht nämlich

---

[1]) Vom strategischen Standpunkte aus ist diese Linie selbst unentbehrlich
zu nennen.

ganz isolirt in der Ebene zwischen den beiden Bergriesen Merapi
und Sumbing. Auf den Berg Tidar folgte der europäische Kirchhof, für dessen Verschönerung ich späterhin als Präsident der »Kirch-
hofs-Commission« zu sorgen hatte, hierauf der grosse Marktplatz,
das chinesische Quartier·mit der chinesischen Kirche, und am Ende
dieser Strasse lag der Schlossplatz (Alaug-àlang) mit der Moschee,[1]
dem Palaste des Regenten, dem Officiersclub, der Schule für Häuptlings-Söhne, dem Postamt, einem Hotel und der Volksschule für
Eingeborene.

Der »grosse Weg« führte mich auf der Ostseite des Schlossplatzes in eine schöne Allee mit europäischen Wohnungen bis zum
Anfang des »Campement«, wo auf der einen Seite die Wohnung
des Commandanten und zur rechten Seite das Hotel Kedú standen.
Der Eigenthümer dieses Hotels war ein sehr braver Mann, ein
Deutscher von Geburt. der durch seinen jahrelangen Aufenthalt
unter den Holländern seine Muttersprache so verlernt hatte. dass
sein Kauderwelsch dem grössten Philologen ein Räthsel blieb, weil
er seinem deutschen und holländischen Wörterschatz noch englische
und malayische Wörter beifügte und nach Gutdünken die Wort-
und Satzbildung dieser vier Sprachen auf seine Rede anwandte.
Dies ist allerdings eine alltägliche Erscheinung, dass die Deutschen,
durch die Aehnlichkeit der beiden Sprachen, in den holländischen
Colonien ihre Muttersprache verlernen und umgekehrt die Holländer
nach einem kurzen Aufenthalt in deutschen Ländern die holländische
Sprache geradezu misshandeln; aber niemand will es glauben, der
es nicht selbst erfahren hat. Vor vielen Jahren sprach ich in
Buitenzorg mit der Frau eines Collegen, welche in Preussen ihre
Wiege gehabt hatte, und erzählte ihr einige drastische Fälle von
solchem verdorbenen Deutsch unserer Landsleute; darauf antwortete sie mir mit einem Seufzer: Ach, wie kann man denn seine
Muttérzaal vergessen! Die Sprache heisst im Holländischen taal,
und da viele deutsche Worte mit Z in der holländischen Sprache mit T

[1] Magelang besitzt ein chinesisches, mohamedanisches und katholisches
Gotteshaus, aber keine protestantische Kirche! Die „ambonesischen Soldaten“
hatten zwar eine kleine Kirche auf dem „grossen Weg“; für die übrigen Protestanten hielt jedoch der „Dominé“, welcher in Djocja seinen Standplatz hatte,
hin und wieder Gottesdienst, und zwar in einem alten, verfallenen Turnsaal
der Schule für Häuptlings-Söhne, in welchem auch ein Dilettantenverein seine
Bühne für die „Thalia“ errichtete!!

18*

beginnen, glaubte sie deutsch zu sprechen, wenn sie aus taal einfach
zaal machte. Diese Dame war erst ein Jahr in Indien. Der Gast-
wirth des Hotels Kedú war als gewesener Corporal und in seiner
jetzigen Stellung schon Jahrzehnte in Indien und hatte also ein Idiom
angenommen, das ein mixtum compositum der vier Sprachen war,
welche er in seiner Eigenschaft als Wirth täglich am meisten gebrauchen musste. Er empfing mich auch mit den Worten: »Es
wird Sie freuen, dass Sie hier geplatzt[1]) sind, und ich soll Ihnen
so viel als möglich helfen.« Ich hatte jedoch seine Hülfe nicht nöthig,
weil der Regimentsarzt, welcher mich in Ngawie ablöste, vor seiner
Abreise aus Magelang auf mein Ersuchen sein »Haus« für mich gemiethet hatte. Dadurch wurde es mir möglich, in kürzester Zeit das
Hotel verlassen und mein eignes Heim beziehen zu können. Am folgenden Tage meldete ich mich zunächst beim Platzcommandanten, welcher
unweit vom Hotel sein Bureau hatte. Eine schöne breite Strasse führte
in das Campement; die linke (westliche) Seite war von zwei grossen
Officierpavillons eingenommen, und rechts von ihr lag ein grosses schönes
Exercierfeld mit Casernen in der Form eines offenen Oblongums
⌐   ⌐ im Hintergrunde. Neben dem Bureau dieses Officiers befand sich auch das des Zahlmeisters, dem die Abrechnung mit
seinem Collegen in Ngawie überreicht wurde. Mein Chef in loco,
ein Stabsarzt, hatte sein Bureau im Spital, welches sich damals am
Fusse des Berges Tidar befand; ich nahm also eine Equipage, um
nicht den Weg von $1^{1}/_{2}$ Kilometer zu Fuss zurücklegen zu müssen.
Ich nahm meine Frau mit, weil ich unterwegs diverse Einkäufe besorgen wollte. Auf dem »grossen Wege« befanden sich nämlich
zwei europäische Geschäfte; das eine gehörte einem pensionirten
Hauptmann, der zu meiner Ueberraschung im Geschäft von einem
der Anwesenden mit Herr General-Major angesprochen wurde. Erstaunt blickte ich Beide an, und lächelnd gab mir der Kaufmann die
Erklärung dieser seltsamen Titulatur; er sei als pensionirter Hauptmann Mitglied des Officierclubs und bespreche natürlich jeden Abend
schon seit 15 Jahren an der »Kletstafel« das Avancement seiner
Zeitgenossen; von jeher wurde er scherzweise mit jenem Titel angesprochen, den seine Zeitgenossen erlangt hatten, und als einer derselben vor Kurzem General-Major geworden war, wurde auch »auf
sein Avancement« getrunken und unter Toasten seine Ernennung

---

[1]) Das holländische plaatsen = anstellen.

zum General-Major gefeiert. Von dem »grossen Wege« gelangten
wir auf den Schlossplatz, ohne uns mit der Besichtigung der Moschee
aufzuhalten, welche wir passiren mussten, um in die Mörderallee zu
gelangen. Dies war nämlich die Strasse, welche zum Spitale führte,
und die diesen Namen (mordenaars-laan) erhalten haben soll, weil täglich die Militärärzte diesen Weg nahmen. Ein reizendes Panorama bot
sich unsern Blicken dar, welches den Namen »Garten von Java«
begründete und rechtfertigte. Links war die Strasse von einer Reihe
hoch liegender europäischer Häuser in altgriechischem Stile begrenzt;
rechts erhob sich im Hintergrunde der Berg Sumbing, und an seinem
Fusse spiegelte sich die Sonne in dem farbenreichen Bild alter und
junger Sawahfelder und zahlreicher Gemüsebeete. Die Mordenaars-
laan ging über in die grosse Strasse nach Salaman. Vor dem Tidar
bog jedoch der Weg in einem rechten Winkel noch zweimal, bevor
man das Spital erreichte. Dieses bestand aus Bambus-Baracken und
hatte nur zwei steinerne Gebäude; das eine für die Bureaux und
das andere war — ein Pulvermagazin!! Seit dem 2. November 1892
ist es verlassen und niedergerissen worden, so dass es nicht der
Mühe werth ist, einige Worte darüber zu verlieren. Nachdem ich
mich meinem Chef und den übrigen Officieren vorgestellt hatte (meine
Frau blieb im Wagen, um auf mich zu warten), fuhr ich zurück
und zwar längs dem Tidar, um von dort in das chinesische Quartier zu kommen, wo sich die Möbelfabrikanten und zahlreiche Tokos
befanden.

Gegen das Ende dieser Strasse mässigte der Kutscher den
Schritt der Pferde, weil eine grosse Menschenmenge wie ein Bienenschwarm sich hin und her bewegte. Wir befanden uns gegenüber
dem Marktplatz, und es war »hari Paing« d. h. Markttag, genannt
nach dem zweiten Tage der alten javanischen Woche, welche nur
fünf Tage zählte und zwar Legi, Paing, Pou, Wageb und Kliwon.[1]
Wir waren im Lande des Indigo,[2] denn die vorherrschende Farbe
der Frauenkleider war blau; nur die Haushälterinnen der Soldaten
und die europäischen Bewohner hatten eine weisse Kabaya mit
Spitzen besetzt, oder eine dunkle, blaue, rothe oder grüne aus
Sammet oder Seide. Die Sonnenschirme hatten dieselben grellen

---

[1] Die officielle Woche hat jetzt 7 Tage und zwar: Ahad oder Minggu (aus
dem portugiesischen Wort Domingo). Senen, Selussa, Rebú, Kemis, Djumahal
und Septu (portugiesisch).

[2] Im Jahre 1893 wurde aus Indien um 2,224,522 fl. Indigo exportirt.

Farben, und ich muss gestehen, dass das Auge dies nicht unangenehm fand. Wie ein Bienenschwarm bewegte sich die Menschenmasse auf und ab. Wir stiegen aus dem Wagen, um uns dieses Gewoge näher zu betrachten. Der Marktplatz bestand aus einfachen Hallen, welche mit Schindeln aus gebackenem Lehm bedeckt waren. Früchte, Fische,[1] Hühner, Enten, Eier, Gewürze, Küchengeräthe, Kalk, Alaun, Arsenik, Kämme aus Horn, Hacken und Messer, Zwirn und Nadeln u. s. w. lagen bunt durcheinander auf kleinen Bále-bále, das sind Bänke aus gespaltenem Bambus. Die Gerüche Arabiens waren hier schwach vertreten, desto mehr aber ein fürchterlicher Gestank, der den längeren Aufenthalt für eine europäische Nase geradezu unangenehm machte. Die Ausdünstungen der Menschen, welche ihre Haare mit ranzig gewordenem Oel gesalbt hatten, mischten sich mit dem penetranten Gestank zahlreicher getrockneter Fischsorten (ikan kaju = Stockfisch, ikan sepát = Trichopus trichopterus u. T. striatus), dem trassi, Durianfrucht, Nangkafrucht, Djambu bidji und last not least mit den Blumen des von den Dichtern gepriesenen Melattibaumes (Jasminium Samboc). Alles, was eine indische Schöne für die Pflege ihres Körpers nöthig erachtet, bringt der Pásar: aber auch alle Gewürze, welche das Krankenzimmer desinficiren sollen, werden hier verkauft, wie dupa (Myrrha). menjang (Benzoë), stanggie (Mixtum compositun aus Rásse [Zibeth]), Kaju garu (das Holz von ficus procera), Menjang merra (Rothe Benzoë), Kaju tjindana (Sandalum album), Zucker u. s. w., Kanariharz (Canarium commune) u. s. w.

Die Babu (Zofe), welche uns begleitete, war auf dem Bocke neben dem Kutscher zurückgeblieben. Um jedoch fachmännisch in die Geheimnisse der javanischen Kosmetik eingeweiht werden zu können, liess ich sie holen, und bei jedem Pulver, Salbe u. s. w. gab sie uns die Gebrauchsanweisung. Zuerst zeigte sie uns die Bestandtheile des ›Kramas‹, d. h. das Waschen des Kopfhaars: Der Reishalm wird verbrannt und seine Kohle 24 Stunden lang im Wasser aufgelöst und filtrirt. Diese Lauge heisst Merang und wird zum Waschen der Haare gebraucht. Das überschüssige Alcali wird mit Citronenwasser (aus Citrus Limonellus) entfernt, in welchem sich wohlriechende Blumen, als Melatti u. s. w. befanden; hierauf wird wohlriechendes Cocosnussöl. tüchtig in die Haare eingerieben.

---

[1] Dr. Bleeker spricht von 380 Sorten Fischen, welche in Indien gegessen werden.

Auf dem Toilettentischchen befindet sich ein Schälchen mit der fein gestampften Rinde von Kapinango (Dysoxylum laxiflorum), mit welchem sie nach dem Bade den Körper einschmieren, ein Fläschchen Widjenöl (Sesamöl) und Kajaputiöl (Melaleuca leneadendron) oder Zimmtöl oder eine grosse Flasche mit Cocosnussöl, in welchem sich wohlriechende Blätter oder Blumen befinden. Mit diesen Oelsorten wird der letzte Act der Körperpflege vorgenommen. Jetzt zeigte sie uns alle Odeurs, welche nicht nur mit dem Oel zum Salben des Körpers gebraucht, sondern auch zwischen die Kleider und Wäsche gelegt oder verbrannt werden, um diese damit zu beräuchern; selbst unter die Kopfpolster des Bettes werden sie gelegt; ich konnte mich aber niemals für diesen Gebrauch begeistern. Sie riechen so stark, dass sie mir Kopfweh verursachten und ich mich genöthigt sah, sie wegwerfen zu lassen. Dazu gehören die akar wangi (Wurzel von Andropogon muricatus), die getrockneten, kleinen Zweige von Pogostemon, die Blätter von Pandanus odoratissimus, die Blüthen von Jasminum, von tandjong (Minusops Elengi), Kananga wangie (Uwaria odorata), akar tjampakka (Dianella montana), Garuholz (ficus procera) und Lakkaholz (Myristica iners)[1] u. s. w.

Das Bedāk fehlt in keinem Haushalt; auch alle europäischen Familien gebrauchen dieses Cosmeticum, welches nichts anderes als das europäische poudre de riz ist. Auf dem Pasar kommt es jedoch in der Form von kleinen, weissen Zeltchen in den Handel, welche dann gestampft werden müssen. Sie werden dadurch wohlriechend gemacht, dass sie zwischen wohlriechenden Blättern oder Blüthen aufgehoben werden. Hierauf zeigte sie uns die Bestandtheile für die Boreh, für das Schwarzfärben der Zähne, für das Sirihkauen, für das Malen der Augenbrauen und das Rothfärben der Nägel. Die Babu fühlte sich ausserordentlich geschmeichelt, in so zahlreichen Fragen Rathgeberin sein zu können, und zeigte uns auch einige »djamu«, welche ihr von den Verkäufern angepriesen wurden. Meinem Princip getreu, die abergläubischen Ideen der Bedienten mir gegenüber nicht einmal äussern zu lassen, schnitt ich ihre diesbezüglichen Mittheilungen mit dem Worte »sudah« ab und ging zu dem nächsten Krämer, welcher mit lauter Stimme rief: »patjar kuku«. Es war der Saft von Lawsonia alba, welcher mit

---

[1] Die wissenschaftlichen Namen sind dem Werke: Dr. van der Burg, De geneesheer in Indien, I. Theil, entnommen.

Oel gemischt zum Rothfärben der Nägel gebraucht wird. Wer sich gut über die Bestandtheile der indischen Panaceen = djamu informiren will, findet im III. Theil des Buches von Dr. van der Burg eine stattliche Reihe derselben genau beschrieben; sie entsprechen ungefähr unsern Thees zur Blutreinigung und werden von den erwachsenen Eingeborenen entweder täglich oder nur hin und wieder genommen. Ich kann nicht umhin, die Zusammenstellung eines solchen »djamu« nach van der Burg hier mitzutheilen:

> Djinten (Carum caroi).
> Massooi (Cortex Cinnamomi Kiamis).
> Sintok (Cort. Cinnamomi sintok).
> Saparantu (Fructus Myrsinis avenis).
> Ketúmbar (Semina coriandri).
> Pala (Nuces moschatae).
> Mungsi (Semina anethi).
> Tawas (Aluman crudum).
> Tjabé wungu (Capsicum bicolor).
> Kamunkus (Piper cubebae).
> Maridja (Piper nigrum).
> Kedáwoong (Parkia intermedia).
> Tjenké (Caryophili aromatici).
> Djuruk nipis (Cotrus limonellus).
> Ingu (Asa foetida).
> Kaju manis tjina (Radix liquiritiae).
> Kasoh angin (Saccharum spontaneum?).
> Kajus manis djawa (Cortex Cinnamomi aromatici).
> Kuntji (Radix kampheriae rotundae).
> Rawang merah (Allium cepa).
> Mata Kentjur (Radix kampheriae galangae).
> Daun lampas (Folia Ocimi basilici).
> Daun kasimbukan (Folia Paederiae foetidae).
> Klabet (Colocasia antiquorum).
> Kembang Kasumba (Flores Bixiae orellanae).
> Djongrahap?

Natürlich wollte ich auch die Mittel kennen lernen, mit welchen sie die Zähne schwarz färben; die weissen Zähne sind für den echten Javanen so hässlich, dass er sie mit denen eines Hundes vergleicht, welcher hâram = unrein ist; die Zofe nannte mir zahlreiche Mittel, welche zu diesem Zwecke gebraucht werden, flocht aber so häufig An-

merkungen über das Sirihkauen und über das Abschleifen der Zähne
ein, dass ich im Zweifel war und blieb, ob denn nicht die Hauptquelle
in dem Blosslegen der Pulpa der Zähne zu suchen sei. Wenn ich
auch manchmal die schwarzen Zähne sehr gern sah, so war doch im
Allgemeinen der Anblick eines solchen Mundes geradezu widerlich;
der verliebte Javane mag so einen Mund mit einem Granatapfel vergleichen, den Europäer jedoch widern die vom Sirih rothgefärbten
Lippen und die entblössten Zähne in hohem Maasse an. Ich glaube
auch, dass in erster Reihe das Sirihkauen die Zähne färbt; der Saft
von Tater (Solanum verbascifolium), von Kimerak (Seepasma buxifolia),
Cocosmilch, worin 8 Tage lang ein Stück Eisen gelegen war, und zahlreiche andere Pflanzen sollen diese Procedur befördern: aber die Haupt-
sache bleibt nach meiner Ansicht das Sirihkauen. Der Vorgang desselben
ist folgender: Zwei oder drei Blätter der Schlingpflanze Chavica siriboa
werden mit nassem Kalk bestrichen, darauf werden ein kleines Stückchen Pinangnuss,[1]) ein kleines Stückchen Catechu[2]) und ein wenig fein-
geschnittener Tabak gelegt und zu einem Kügelchen gefaltet in den
Mund genommen und stundenlang gekaut: der Speichel wird dadurch
rothbraun gefärbt. Der Javane steht diesbezüglich hoch über dem
Perser: als im Jahre 1873 der Schah von Persien Gast des österreichischen Kaisers war, sprachen die Wiener Blätter von grossen
braunen Flecken, welche auf den Tapeten der Zimmer gefunden wurden; es war der braune Speichel, welchen die Sirihkauer gern in kräf-
tigem Strahl ausspritzen. Der Javane hat dafür immer seinen grossen
Spucknapf (tampat luda) bei der Hand. Eines Tages brachte der
Regent zu Magelang seine junge Frau zu uns. Diese Contrevisite
war angekündigt, und ich und meine Frau erwarteten also um 7 Uhr
das junge Ehepaar in der Veranda. Die Equipage fuhr vor. Es war
ein offener Mylord mit sechs Personen; auf dem Bocke sass neben dem
Kutscher ein Bedienter mit dem geschlossenen Pajong; im Wagen
sassen zu Füssen des fürstlichen Paares zwei Babus; die eine hatte
die goldene Sirihschale und die andere die vergoldete Spuckschale in
den Händen. Sobald der Wagen stehen blieb, sprang der Bediente
vom Wagen herab und stellte sich rechts zur Seite der Treppe auf,
die zwei Babus setzten sich auf den Boden der Veranda und das junge

---

[1]) Von Areca catech.

[2]) Eingetrockneter Saft der Blätter von Uncaria gambir oder zahlreichen
anderen tanninhaltigen Bäumen.

Ehepaar nahm neben uns Platz. Die Dame machte jedoch weder von dem Sirih, noch von dem Spucknapf Gebrauch, während der Regent die angebotene Manillacigarre annahm.

Solche Sirihdosen und Spucknäpfe, welche aus getriebenem Kupfer bestanden, sah ich in grosser Zahl auf dem Pâsar. Die letzteren waren beinahe 50 cm hoch und hatten ungefähr die Form unserer Papierkörbe. (Fig. 20.) Die Sirihdosen waren kupferne Kistchen mit einem Deckel, auf welchem kleine kupferne Näpfe für die verschiedenen Ingredienzien standen, und hatten nebstdem eine kleine Zange zum Zerschneiden der Pinangnuss. Zuletzt zeigte uns die Babu eine schmutziggelbe Wurzel,[1] welche gegen Gelbsucht, bei Stuhlverstopfung, Blasen- und Nierensteinen, bei Hämorrhoiden und bei Urethritis von den Eingeborenen in der Form eines Aufgusses gegeben wird; nebstdem sei sie der am häufigsten gebrauchte Färbestoff für Salben, um den Oberleib und die Arme gelb zu salben. Bei festlichen Gelegenheiten, wie z. B. am Hochzeitstage, erscheint nämlich der Mann ohne Bekleidung der Brust und Arme und die Braut trägt nur einen Sarong, welcher über der Brust mit einem Gürtel befestigt ist. Die unbedeckten Theile werden mit Curcuma gesalbt oder mit dem Safte von Pandamblättern[2] eingerieben.

Diese Vorlesung der Babu hatte schon zu lange gedauert, um sich noch länger die javanischen Cosmetica und Früchte u. s. w. erklären zu lassen, und wir fuhren weiter, bis wir ungefähr in der Mitte der Strasse auf die Geschäfte einiger chinesischer Möbelfabrikanten stiessen. Vor einem derselben sass ein dicker, feister Chinese, nur mit einer schwarzen, dünnen, weiten Hose bekleidet; die grosse Fleischmasse füllte ganz den grossen Faulenzer aus, weil er seine schuhlosen Füsse unter dem Leibe gekreuzt hatte. Seine Opiumpfeife hielt er in der Hand, und der lange, schwarze Zopf war um den Kopf geschlungen. Als der Wagen anhielt und wir ausstiegen, erhob sich zwar diese unförmliche, halb nackte Fleischmasse aus seiner allzu bequemen Lage und starrte uns mit fragenden Blicken an. Gewöhnlich pflege ich mich nicht mit den guten oder schlechten Sitten meiner Nebenmenschen zu bemühen. Ich war jedoch in Uniform und fand es unschicklich, dass er seinen Zopf nicht fallen liess, die Hausschuhe anzog und den nackten Oberleib bekleidete, obwohl auch meine Frau sein Geschäft betrat. Ich begnügte mich jedoch, meinen Blick unverändert auf den um seinen Kopf geschlungenen

---

[1] Von Curcuma longa (eine Zingiberacea).

[2] Die Blätter von Pandanus odoratissimus, von welchen auch das Rampéöl (gegen Rheumatismus) gewonnen wird.

Zopf zu richten, er verstand diesen Wink, liess den Zopf fallen und holte sich eine Kabaya. Er stammte aus der Stadt Tsjang Tsjowfu in der Provinz Fuki-ën und war der malayischen Sprache nur sehr mangelhaft mächtig. Mit Hülfe eines Nachbars, welcher schon lange in Magelang lebte und sich schon ein kleines Vermögen erworben hatte und daher mit Bába titulirt wurde, gelang es uns, uns mit ihm zu verständigen. Der grösste Theil unserer Bedürfnisse wurde aus seinem Vorrath gedeckt. Das Uebrige bestellten wir, und er versprach uns, es in acht Tagen zu liefern. Die Möbel waren schön, solide und billiger, als ich sie bei gleicher Qualität in Europa hätte kaufen können. Es waren Kasten, Tische und Stühle aus gutem und schwerem Djattiholz (Tectonia grandis), welches auch indisches Eichenholz genannt wird.

Damit war das Programm für diesen Tag erledigt. Es war unterdessen 12 Uhr geworden, wir gingen nach Haus, ich zog Civilkleidung an und meine Frau die indische Toilette. Es ist nämlich in den Hotels vom ganzen indischen Archipel Sitte, dass die Damen zum Lunch, d. h. zur sogenannten »Rysttafel«, in der Haustoilette kommen, während den Herren dieses untersagt ist. Auch diese Sitte hat ihre raison d'être. Die Damen verwenden im Allgemeinen mehr Sorgfalt auf die Toilette als die Herren, und es wird gewiss keine Dame zur Table d'hôte gehen, ohne auch in der Haustoilette der Eitelkeit und somit auch der Nettigkeit und der Reinlichkeit Rechnung zu tragen. Von den Männern kann dies leider nicht immer gesagt werden; zum Frühstück geht Jedermann zwischen 7—9 Uhr in der Haustoilette zur Tafel; da sieht man oft Männer in einer Kabaya erscheinen, welche das Licht der Oeffentlichkeit scheuen sollte. Es geschieht selten, dass Viele gleichzeitig ihr erstes Frühstück einnehmen, aber das zweite Frühstück, die Rysttafel, wird gemeinsam von allen Gästen des Hotels um $12^1/_2$—1 Uhr genommen; es ist also besser, dass zur Table d'hôte die Herren »gekleidet« kommen. Vielleicht wäre es schicklicher, wenn auch die Damen in voller Toilette bei der Rysttafel erschienen. Sarong und Kabaya kleidet die Damen (Fig. 21) sehr gut; aber es ist eine Haustoilette, und es ist gewiss schicklicher, dass man nicht in einer Haustoilette unter Menschen geht. Die Engländer finden solches selbst shocking, und weder in Calcutta, noch in Singapore, noch in Ceylon sah ich die Ladies anders als in Strassen- oder Salontoilette beim zweiten Frühstück erscheinen. Wer weiss, ob nicht nach abermals 20 Jahren auch diese Unsitte wegfallen wird. Ich sah während meines 20jährigen Aufenthaltes die europäische Mode sich mit solcher Macht

in Indien einbürgern, und nicht immer zum Vortheil, dass ich hoffen
kann, dass sie auch die Haustoilette der Damen aufs Haus und aufs
Zimmer beschränken wird.

Nach der »Rysttafel« nahm ich mein Mittagsschläfchen, darnach
meinen Thee und mein Bad, kleidete mich in Civilkleidung und
machte mit meiner Frau einen Spaziergang nach der Wohnung, welche
mein Nachfolger in Ngawie für mich gemiethet hatte.

Auf der Westfront des Schlossplatzes zog eine schmale Gasse mit
starker Neigung hinab zu den Ufern des Progoflusses.

Im ersten Drittel des Weges stand das Frauenspital, und ihm
vis-à-vis das Haus, welches Dr. B . . . vor mir bewohnt hatte. Es
stand, wie beinahe alle Häuser in Indien, in einem Garten, dessen
vorderer, der Strasse zugekehrter Theil nur Blumen, z. B. Rosen, Re-
seda, Heliotrop, Cactus theils in Töpfen, theils in den Boden gepflanzt,
während der hinter dem Hause gelegene Theil nur Fruchtbäume enthielt. Ich hatte einen Muscatbaum, zahlreiche Pisangbäume, einen Kaffeebaum, einige Melonen-, Papaya- und Mauggabäume, eine Reihe von
Ananassträuchern, eine kleine Plantage von Vanille, einige Pompelnuss-
bäume und einige Palmen. An der Westseite des Hauses stand ein
Pavillon für Gäste, und daran grenzte die Kudang,[1]) die Küche und die
Bedientenzimmer; daneben standen ein zweiter Pavillon für das Badezimmer und für die Aborte. Hinter diesen stand der Stall für zwei
Pferde, an diesen grenzte ein Ziehbrunnen (Fig. 22) für mich und
meine Nachbarn, und an der Ostseite des Hauses stand die Wagen-
kammer mit einem Zimmer, welches der Kutscher bewohnte.

Das Hauptgebäude (Fig. 23) bestand aus vier Zimmern und zwei
Veranden, welche durch einen »Gang« zwischen je zwei Zimmern miteinander verbunden waren. Nebstdem hatte ich eine »Binnengallery«,
d. h. ein grosses Zimmer, welches hinter der vorderen Veranda
die ganze Breite des Hauses einnahm. Bei schlechtem Wetter, d. h.
wenn der Wind den Regen in die Veranda trieb, diente sie als Empfangszimmer und wurde darnach auch eingerichtet. Der Silberkasten
und das Pianino fanden nebst zahlreichen Phantasiestühlen und kleinen
Tischchen in diesem Raume Platz. Zum Schlafzimmer mit dem An-
kleidezimmer meiner Frau wählte ich die zwei Zimmer im östlichen
Flügel des Hauses, während mein Bureau und das Gastzimmer an
der Westseite des Hauses lagen. Die hintere Veranda diente als
Aufenthalt für meine Frau, wenn sie mit den häuslichen Angelegenheiten

---

[1]) = Vorrathskammer.

beschäftigt war. Hier war auch das Speisezimmer mit einem langen
Tisch, der durch eine Einlage selbst für zwölf Menschen Platz hatte.
Auch das Büffet und der Speisekasten sowie ein kleiner runder Tisch für
die Handarbeiten meiner Frau standen in diesem Zimmer. Es war
eigentlich ein Salon, denn es hatte an allen vier Seiten Mauern
und war eine »geschlossene Hinter-Veranda«. Da diese der Aufent-
haltsort für die ganze Familie ist und die Temperatur in Magelang
des Abends oft bis auf 16 ° C. sinkt, so ist es in einer offenen Veranda
zu kalt, um in der Haustoilette das Nachtmahl einzunehmen und dann
noch 1—2 Stunden zu lesen. Darum besassen die meisten Häuser von
Magelang eine geschlossene »Achtergallery«, was beinahe niemals in
den Städten mit hoher Temperatur, wie Batavia, Samarang u. s. w.
der Fall ist.

Schon nach vier Tagen konnte ich meine Wohnung beziehen,
d. h. in meinem eigenen Hause essen und schlafen. Das Bett hatte
ich nämlich von Ngawie mitgenommen und überhaupt niemals unter
den Hammer bringen lassen, um eben so bald als möglich in meine
Wohnung einziehen zu können. Es bestand aus schwarzen Stäben mit
kupfernen Verzierungen und konnte bequem zu zwei kleinen Collis gebunden werden. Die zwei Matratzen, zwei Kopfpolster und zwei Gulings
(= Rollpolster) wurden ebenfalls zu zwei Collis in Matten eingerollt, und
so konnte ich überall sofort nach der Ankunft meine eigene Schlafstätte
haben, ohne fürchten zu müssen, dass in einem Orte [1]) kein neues Bett
zu kaufen war, oder dass erst nach langer Zeit eine Auction stattfinden würde, welche mir Gelegenheit bot, dieses unentbehrliche Möbelstück theuer zu erstehen. Glas- und Essservice konnte ich im chinesischen Viertel kaufen, Küchengeräthe verschaffte ich mir vom Pâsar,
und auf diese Weise gelang es mir, schon am fünften Tage nach meiner
Ankunft meinen regelmässigen Haushalt zu haben und meiner Frau
häusliche Thätigkeit zu verschaffen. Nun traten auch die gesellschaftlichen Pflichten an uns; wir mussten alle Empfangsabende frequentiren
und so viel als möglich Antrittsvisiten machen. Diese Empfangsabende
sind eine sehr praktische Einrichtung und sollten sich nicht auf die
Spitzen der Behörden und Officiere beschränken.

Die Städte sind in Indien gross, weil Jeder ein Haus bewohnt,
das in der Regel von einem Garten umgeben ist. Die Besuchszeit
ist 7 Uhr Abends, und um diese Zeit regnet es wenigstens in 100
Tagen des Jahres; es ist sehr unangenehm, wenn man Jemanden be-

---

[1]) wie z. B. in Ngawie.

suchen will, vielleicht wegen des Regens eine Equipage nimmt, und
man findet Niemanden zu Hause. Solche jours fixes fanden in Magelang
zahlreich statt; der Platzcommandant, 4 Bataillonscommandanten und
ihre Adjutanten, der Resident, der Secretair, der Controlor, der Lan-
desgerichts-Präsident, der Director der Schulen für Häuptlings-Söhne,
einige Oberlehrer und einige Hauptleute. Auch ich entschloss mich,
einen solchen zu halten, und theilte mit, dass ich »jeden Sonnabend zu
Hause sei«. Die Empfangsabende dieser genannten Herren besuchte ich
mit meiner Frau, ohne gleichzeitig die jüngeren Collegen zu vergessen,
welche aus Bescheidenheit keinen jour fixe hielten. In Magelang war
es nicht nöthig, eine bestimmte Reihenfolge einzuhalten, aber wehe!
wenn man dieses in einem kleinen Orte thäte und es wagen sollte,
erst den Controlor und dann den Assistent-Residenten oder erst den
Adjutant und dann den Platzcommandant zu besuchen; ich glaube
nicht, dass dies ungestraft geschehen würde. Diese »ersten« Visiten
thut man nicht unangemeldet, sondern man theilt im Laufe des Vormittags mit, »dass man wünscht, Herrn und Frau X. seine Aufwartung
zu machen, wenn dies gelegen käme«. Etwas Langweiligeres als solche
Empfangsabende kann man sich kaum vorstellen. Dazu kommt noch,
dass das Haus, oder vielmehr die Veranda des Platzcommandanten in
Magelang sehr klein war und dass deshalb bei den Empfangsabenden die
meisten Herren stehen mussten. Die Damen häuften sich in der einen
Ecke an und fanden bald Stoff zu einem Discurs; in der andern Ecke
stand ein runder Tisch, beladen mit Cigarren und Getränken, denen
die Herren tüchtig zusprachen, um sich hin und wieder in den Kreis
der Damen zu wagen und bei dieser oder jener ihre Anwesenheit
durch eine Verbeugung und ein paar Worte in Erinnerung zu bringen.
Die Jugend fand sehr bald einen Ausweg aus dieser steifen, lang-
weiligen und ceremoniösen Gesellschaft. Vor dem Hause spielte zwar
die Militärmusik ihre Salonstücke oder Arien aus verschiedenen bekannten Opern und Operetten; aber in der hinteren Veranda stand ein
Piano. Die Tochter des Hauses wechselte mit ihrer Mama einen stillen
Wink und darauf hin zogen die Mädchen und alle jungen Männer
durch die hellerleuchtete »Binnengallery« nach der hinteren Veranda.
Dort konnte die Jugend flirten und tanzen, bis die Mamas sie zur
Abreise abholten, d. h. bis der Resident aufgestanden war, sich bei dem
Gastgeber und der Hausfrau empfohlen hatte und seine Frau am Arme
des Colonels zu ihrer Equipage gebracht worden war.

In dieser Hinsicht war der Resident viel günstiger situirt. Er hatte ein grosses Haus, welches früher dem -chinesischen Major«[1]) gehört hatte. während das des Colonels das Bureau des Controlors gewesen sein soll.

Wenn man der Nordseite des Schlossplatzes folgte, sah man neben dem Clubgebäude das Schloss des Regenten und im Anschluss daran die Pfarrei. welche mit einigen europäischen Wohnungen parallel mit der Eisallee. in welcher mein Haus stand, gegen das Ufer des Progoflusses abfiel. ohne dieses jedoch zu erreichen. Sie endeten in jener grossen Strasse. welche unter dem Namen die »kleine Tour« bei der Eisfabrik. d. h. am Schlossplatze anfing. auf der grossen Heeresstrasse den nördlichsten Punkt der Stadt erreichte, längs des Campements zum Schlossplatze zurück den Weg durch das chinesische Viertel nahm und vor dem Berge Tidar und durch die Mörderallee bei der Eisfabrik endigte. Die grosse Tour nahm dieselbe Route, ging jedoch hinter dem Tidar durch die Landstrasse nach Selaman durch die Mörderallee zurück: für die erste hatte man ³/₄ und für die grosse Tour ⁵/₄ Stunden mit einer Equipage nöthig, welche in müssigem Schritt fuhr.

Das Residentengebäude konnte man jedoch am bequemsten durch die Residentenallee erreichen. welche parallel mit der eben erwähnten Strasse und mit der Eisallee lief; auch sie war an ihrem südlichen Ende steil abfallend, und bei den Empfangsabenden des Residenten war die Auffahrt an dieser Stelle geradezu gefährlich; wenn auch von dem nördlichen Theile der »grossen Tour« an diesem Kreuzungspunkte bei solchen Gelegenheiten nur ausnahmsweise eine Equipage kam. so geschah es desto häufiger von dem südlichen Theile her. Sie begegneten jenen, welche aus der Residentallee kamen und durch den steilen Fall der Strasse nicht in Passschritt fahren konnten. In Galopp ging es bei dem Pavillon für Gäste vorbei und um die Ecke der Strasse vor die Hauptfront des Gebäudes mit der Aussicht auf den Garten, der damals durch die Reichhaltigkeit der Rosensorten berühmt war; am Ende desselben stand ein Gartenhäuschen. von welchem ·aus man eine wunderschöne Aussicht auf beide Ufer des Progoflusses hatte. Den Eingang in das Haus bewachten zwei grosse Götzenbilder. Er führte zu einer »Voorgallery«, welche gross genug war, um selbst bei aussergewöhnlich besuchten Empfangsabenden, wie z. B. bei der Hochzeitsfeier der Tochter des Residenten. alle Anwesenden bequem

---

[1]) Die Häuptlinge der Chinesen führen den Titel Lieutenant, Capitän und Major.

sitzen zu lassen. Ja noch mehr; sehr oft liess der Resident bei seinen Empfangsabenden die Militärmusik im Garten spielen, womit die Jugend nicht zufrieden war. Die »alten Herren« wurden nach der Peripherie des Saales gedrängt, wo zwei grosse »Kletstafeln« standen, die »Musik« postirte sich an dem seitlichen Eingang der Veranda, und Allen voran begann der Resident die Polonaise zu eröffnen. Die Jugend hatte den Sieg über die »alten Herren« errungen. Dem Beispiele des Residenten folgte Alles, was kein Zipperlein hatte, und trotz einer Temperatur von 25° C. bis 30° C. wird bis 8½ Uhr getanzt, bis endlich der Colonel das Zeichen zum Aufbruch gab. Der Resident A. war ein braver und behülflicher Mensch; er war ein tüchtiger Beamter. Der Colonel P. war auch ein braver und behülflicher Mensch; auch er war ein tüchtiger Officier; in den Augen der weiblichen Jugend stand dieser jedoch tief unter dem Residenten. Er war damals gewiss schon 55 Jahre und tanzte mehr und besser als alle Lieutenants und Controlors zusammen! Die weibliche Jugend bewahrt ihm gewiss heute noch ein dankbares Andenken.

Alle meine Antrittsvisiten musste ich mit einem Miethwagen machen, weil ich zwar meine Equipage, aber noch keine Pferde hatte. Billig war es, für einen solchen Abend einen Wagen zu miethen: denn man zahlte nur 1.20 fl. == 2 Mark für die Stunde, oder aber, man liess den Wagen nicht warten, sondern nur »bringen« und um 8½ Uhr holen, wofür nur 1 fl. verlangt wurde. Auf den grossen Plätzen, wie Batavia, Samarang u. s. w., sind die Preise zwar nicht höher als 1,20 fl. pro Stunde, aber die »Wagenvermiether« geben nur für 3 bis 4 Stunden einen »Wagen ab«, wofür sie sich 2,50 bis 4 fl. zahlen lassen. Wegen der Unkosten brauchte ich mich also nicht zu beeilen, Pferde anzuschaffen. Aber die gemietheten Wagen waren so alt, so schmutzig und so defect, dass man glauben sollte, dass sich die Polizei gar nicht damit beschäftige. Ich muss auch sagen, dass die öffentlichen Miethwagen in Singapore und Ceylon viel netter, schöner und besser als in ganz holländisch Indien sind.

Einen Pferdemarkt hatte Magelang nicht; eine Auction war voraussichtlich vor einigen Wochen nicht zu erwarten, d. h. eine Auction, auf welcher »ein Span« Pferde verkauft werden sollte. Ich beschloss also, Pferde im Kampong kaufen zu lassen. Bald erfuhr ich die Adresse eines chinesischen Pferdeagenten, ich liess ihn zu mir kommen und theilte ihm meine Wünsche mit. Jeden Tag brachte er mir ein Paar Pferde »zur Ansicht«, und endlich wählte ich ein Paar Kedupferde:

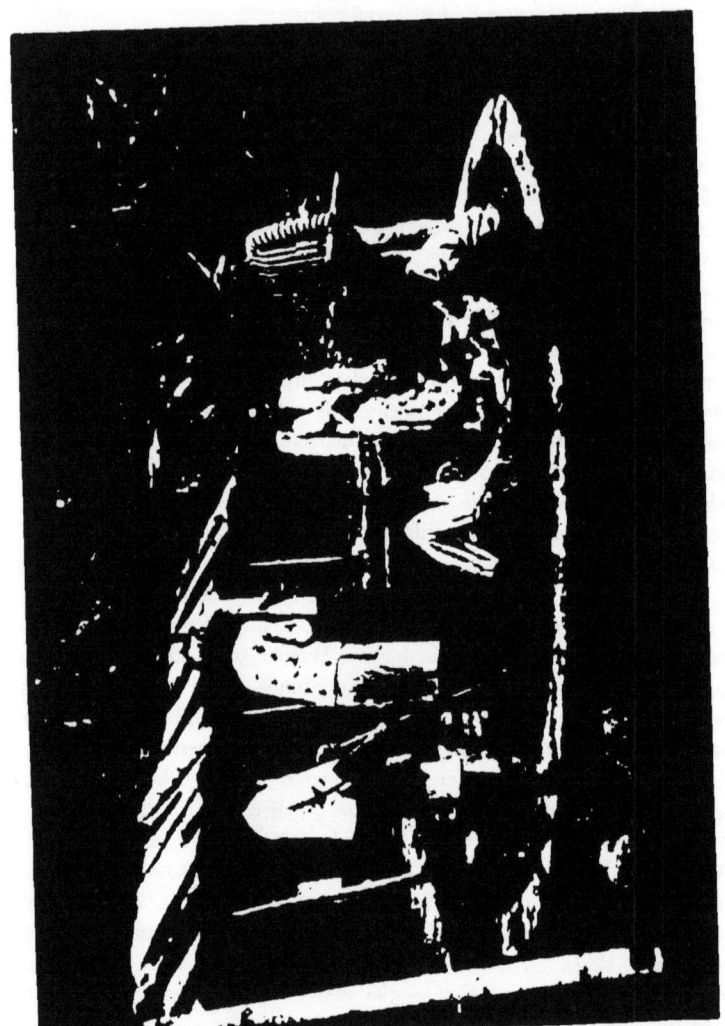

Fig. 22. Am Ziehbrunnen.

sie waren klein, 120 Centimeter hoch, schwarz, elegant und zierlich
gebaut, hatten keinen Fehler, wenigstens wie der Agent behauptete,
und ich konnte sie acht Tage lang probiren; er verlangte für sie 130 fl.,
sie waren vier Jahre alt, und er demonstrirte mir dies an der Form
der Schneidezähne. Ein Pferdekenner war ich nicht, ein Thierarzt lag
nicht in Garnison, weil wir weder Cavallerie noch Artillerie hatten.
Ich wandte mich also an einen Officier, welcher sich seit vielen Jahren
ein Reitpferd hielt. Dieser bestätigte mir die Angaben des Pferde-
händlers, dass meine Pferde nicht älter als vier Jahre sein könnten.
Der freie Rand der Schneidezähne schleift sich nämlich im Laufe der
Jahre ab, und da diese Zähne conisch zur Wurzel ablaufen, so wird
der abgeschliffene Zahnrand eine wechselnde Form und Grösse haben und
besonders deutlich die Schichten des Zahnes zeigen, welche blossgelegt
werden. Das geübte Auge kann daraus mit ziemlich grosser Wahrscheinlichkeit das Alter des Pferdes bestimmen. Dieser Process hat aber
seine Grenze, welche ungefähr mit dem neunten Jahre abgeschlossen
ist. Der Zahn schleift sich nicht mehr ab, und von dieser Zeit an
kann das Alter des Pferdes nicht mehr geschätzt werden; das Pferd
»zeichnet« nicht mehr. Ich behielt die Pferde acht Tage zur Probe
und liess den Kutscher das letzte Wort sprechen, ob ich sie behalten
sollte. Dass sie nicht blind oder lahm waren, konnte ich selbst beurtheilen; ob sie aber Temperamentsfehler oder andere Untugenden be-
sässen, welche sie für den Gebrauch ungeeignet machen würden —
konnte ich nicht beurtheilen. Bis jetzt waren sie nur Pickulpferde gewesen, d. h. sie hatten nur Kaffee getragen. Man sieht oft Colonnen
von 20 Pferden hintereinander gehen, welche je zwei Säcke Kaffee zu
beiden Seiten des Rückens trugen; ein solches Pferd muss zum Ziehen
eines Wagens erst dressirt werden. Zu diesem Zwecke borgte ich mir
einen Lastwagen, der gewöhnlich von einem Karbouw oder Rinde gezogen wurde. Diese erste Probe gelang ausgezeichnet, ruhig und gelassen zog jedes Pferd den Lastwagen (Grobak)[1]). Jetzt sollte es sich
zeigen, ob sie auch den guten Willen hätten, zusammen und gleichzeitig ihre Dienste zu leisten. Dazu hatten sie jedoch gar keine Lust.
Mit gespreizten Beinen standen sie still, trotzdem die Peitsche nicht
geschont wurde. Natürlich wollte mein Kutscher die landesüblichen
grausamen Mittel, wie die Flamme u. s. w., anwenden, um ihren Eigensinn zu brechen. Ich gestattete aber weder dieses noch andere heroische

---

[1]) Vide Seite 73.

Mittel; er durfte nicht einmal mit dem Peitschenstiel schlagen. Am
andern Morgen bekamen sie nichts zu fressen und wurden wieder vor
den Grobak gespannt; ihr Starrsinn blieb derselbe. Ich liess aber das
Gespann umkehren, so dass sie den Stall und das Futter sehen konnten; sie zogen den Wagen an, und als sie bei dem Stall angelangt
waren, bekamen sie einen kleinen Theil des Futters und mussten wieder hinaus auf die Strasse. Dies Mittel half, und nach zwei Tagen
gingen sie mit dem Grobak, wohin ich wollte. Ich hatte jedoch zu
früh gejubelt. Als ich sie vor meinen Mylord lege artis spannte,
der sich bequem und leicht ziehen liess, da begann ihr Starrsinn eine
neue Form anzunehmen. Sie bäumten sich und drohten den Wagen um-
zuwerfen, und zuletzt verwirrten sie sich mit den Strängen. Die Hunger-
cur musste wieder beginnen, und endlich wurde aus ihnen ein tüchtiges
Paar Dienstpferde, welches mir fünf Jahre lang vortreffliche Dienste
leistete, obwohl mein Wagen geradezu ein schwerer zu nennen war.

Die Spitalpraxis brachte die erste Zeit wenig oder vielmehr gar
nichts Interessantes. Das Spital selbst bestand aus Bambus-Baracken
und wurde ein Jahr später verlassen; auch darüber lässt sich nichts
Interessantes mittheilen. In die Privatpraxis konnte ich nur langsam
kommen, weil sechs Militär-Aerzte hier waren und das europäische
Publicum zu klein war, um einem einzigen Civil-Arzte hinreichend Beschäftigung zu bieten, wieviel weniger noch, einem neu angekommenen
siebenten Militär-Arzte Material zuzuführen. Die chinesische Bevölkerung
jedoch war nicht nur viel grösser, sondern liebte es auch, häufig den Arzt
zu wechseln. Auf diese Weise bekam ich bald genug Chinesen in Behandlung; einer der ersten chinesischen Patienten war ein gewisser Kau-Sui
King, welcher von Temanggong kam, mit der Mittheilung, dass er Opio-
phag sei, täglich 2 fl. für Opium ausgebe und neben Impotenz an habitueller
Verstopfung leide; er habe nur alle acht Tage Stuhlgang, er ersuche
mich also um ein Gegengift, d. h. um eine Arznei, welche ihn von
der üblen Gewohnheit des Opiumrauchens abbringen könnte. Ich
habe später einen zweiten ähnlichen Fall zur Beobachtung und in
Behandlung bekommen, in welchem der Patient jedoch durch den Missbrauch des Opiums in hohem Maasse heruntergekommen war;[1] er
war mager, hatte eine fahle Gesichtsfarbe und litt an einem hoch-
gradigen Emphysem; eine Blutdiarrhöe hatte ihn so erschöpft, dass

---

[1] Das chinesische Gewicht, in welchem das Opium verkauft wird, ist der
tail = 38·6007 Gramm; 1 tail = 10 tji = 100 hun = 1000 li; ein li = 38·6
Milligramm.

er dem Tode nahe war; der Puls war fadenförmig, der Herzschlag schwach zu hören — und doch gelang es mir noch, ihn dem frühzeitigen Tode zu entreissen; ich muss sofort bemerken, dass die Gefahren des mässigen Opiumgebrauches für Leib und Seele im Allgemeinen zu hoch angeschlagen werden und nicht viel grösser als die des Alcohols sind. Ich habe vielleicht in 500 chinesischen Familien (während meines 20jährigen Aufenthaltes in Indien) gewiss 1000 Patienten behandelt, ich habe zahlreiche Morphiophagen (leider waren gerade Aerzte diese unglücklichen Opfer ihrer körperlichen Leiden) unter den Europäern gesehen und ich kann mir daher ein Urtheil in dieser Sache erlauben: Der mässige Gebrauch des Opiums schadet ebenso wenig als der des Alcohols, und der Missbrauch desselben ist ebenso perniciös als der der Spiritualien. Im Jahre 1887 behandelte ich einen Collegen, welcher bis zur täglichen Dosis von 1 g Morphium gestiegen war; der Bauch war von Stichen der Injectionsspritze so bedeckt, dass er die Spritze nicht mehr gebrauchen konnte und das Morphium in Form von Pillen nahm; erst im Jahre 1899, also zwölf Jahre später, starb er. Aber auch unter den zahlreichen chinesischen Patienten fand ich nur vereinzelte Opfer dieses Genussmittels; oben erwähnter Kau-Sui King hatte bereits ein Jahr lang täglich um 2 fl. Opium gebraucht, und nur relativ wenig hatte dieses ungeheure Quantum von Opium seine Körperkraft untergraben; ebenso wenig als ich den mässigen Gebrauch des Alcohols auf Grund meiner Beobachtungen und Erfahrungen verurtheilen kann, ebenso wenig möchte ich einen Stein auf den mässigen Gebrauch des Opiums werfen, um so weniger, als die Europäer, welche sich dem ergeben, in der Regel unglückliche Patienten sind, welchen schmerzhaftes Leiden das Leben zur Last macht. Aber wie der Missbrauch des Alcohols den Menschen zum Thiere erniedrigt, ebenso sehr untergräbt der Missbrauch des Opiums Leib und Seele des Menschen. Allerdings muss ich auch noch mehr vor dem mässigen Gebrauch des Opiums als dem des Alcohols meine warnende Stimme erheben; der mässige Gebrauch des Opiums führt beinahe sicher, oder wenigstens viel leichter zum Missbrauch, als dieses der Alcohol thut. Wer in der Lage ist, und wem es die Geldmittel erlauben, wird sicher dem Morphium oder dem Opium zum Opfer fallen, wenn er einmal angefangen hat, zur Morphiumspritze zu greifen, um Erleichterung von seinen körperlichen Leiden zu finden, und darum rufe ich jedem Arzte zu: gieb keinem Patienten die Spritze in die Hand! Principiis obsta!

Der Opiumhandel ist in Indien in den Händen des Staates;

dieses Monopol hat natürlich die widerlichsten und garstigsten Schmuggelscenen zur Folge, an welchen sich nicht nur Chinesen, sondern leider
zu oft auch Europäer[1]) betheiligen, und gerne stimme ich in den heftigen Tadel ein, welcher gegen den Schmuggel des »Höllensaftes« erhoben wird; ich würde aber auch und gerade wegen dieser widerlichen
Schmuggelscenen mit so vielen Andern auch gegen den mässigen
Gebrauch des Opiums meine Stimme erheben und überhaupt empfehlen, wie es s. Z. im Westen Javas in der Preangerprovinz der
Fall war, die Einfuhr von Opium im Allgemeinen zu verbieten; aber
hat eine Regierung das Recht und die Pflicht, dem Volke ein Genuss-
mittel mit Gewalt zu entziehen, das wie der Alcohol nur durch den
Missbrauch schädlich wird? Ich weiss es nicht.[2])

Das Opium ist bekanntlich der getrocknete Saft einer Mohnkapsel
aus der Familie der Papaveraceen; als solcher kommt er unter dem
malayischen Namen Madat (= ampiun J.) in den Handel.   Er wird
nun in warmem Wasser aufgelöst, filtrirt, abgedampft und heisst dann
tjandu.   Dieses präparirte Opium wird mit Zucker und feingeschnittenem
Tabak oder anderen aromatischen Blättern gemischt und geraucht oder
getrunken (mit Kaffee) oder gekaut (mit Tabak).   Die Pfeifen, aus
welchen das Opium geraucht wird, bestehen aus einem mehr oder
weniger verzierten Bambusstock, an dessen Ende sich eine kleine Oeffnung befindet, mit oder ohne Pfeifenkopf.

Den momentanen Einfluss des Opiumrauchens kann ich aus eigener
Erfahrung nicht beurtheilen; ich konnte mich niemals entschliessen,
diesen Genuss einmal zu probiren; wenn ich die Chinesen, welche ich
darüber interviewte, gut verstanden habe — es geschah in malayischer
Sprache —, so ist der Opiumrausch gewissermaassen dem Nirwâna der
Indier zu vergleichen, welcher mit wenigen Worten charakterisirt wird:
Absolute Ruhe, Glückseligkeit, beruhend auf dem Wegfall des
Gefühls der Existenz, also ein potenzirtes »Klimaschiessen«.

Die Javanen rauchen (ngesis) auch Opium; ich sprach bis jetzt
nur von den chinesischen Opiumrauchern, weil ich in diesem Capitel
mich vorherrschend mit diesem Volke beschäftigen will, welches Jahrhunderte lang, vielleicht 1000 Jahre lang an der Spitze der Civili-

---

[1]) Bei einer grossen europäischen Firma in Surabaya wurden vor wenigen
Jahren einige Kisten Wein confiscirt, welche anstatt Traubensaft Opium enthielten.

[2]) Im Jahre 1893 wurden von Privatleuten um 3,357,480 fl. und von der
Regierung um 1,541,020 fl. Opium eingeführt.

sation stand und wie die Juden noch heute gleich einer ehernen Säule
aus den Ruinen der Völker des Alterthums hoch über mehr als die
Hälfte der Menschen hervorragt; schon zur Zeit Abraham's, Ramses'
und Lycurgus' blühte ein chinesisches Reich; »seitdem sind die Aegypter,
Griechenland und Rom untergegangen. Die Civilisation der alten
Hindus, Chaldäer, Assyrier und Perser ist verschwunden von dem
Platz ihrer Entstehung; nur das chinesische Volk lebt fort, und unsere
hochgerühmte Bildung von einem kleinen Theil Europas ist mit seiner
Civilisation zu vergleichen, als von gestern.« [1]

»Fan Tsjhi frug, was Humanität sei; der Meister sprach: Alle
Menschen lieben; er frug, was Wissenschaft sei; der Meister sprach:
Alle Menschen kennen.«

Diese Worte des Confucius [2] sind Perlen der Weisheit und
stammen aus einer Zeit, als in Nord-Europa kaum Spuren einer
menschlichen Civilisation zu finden waren und im Westen die Bewohner
noch in den Urwäldern ohne Staatsorganisation als Wilde hausten.

Heute freilich zeigt das chinesische Volk nur das Bild einer alten,
versteinerten und verknöcherten Masse, welche den Fortschritt des fernen
Westens nicht begreifen kann und nur mit Gewalt gezwungen der europäischen Civilisation die Thore öffnen wird, ob zu seinem Wohl oder
ob zu seinem Wehe, ist nicht zu entscheiden.

Dimana gula, disana semút, wo Zucker, dort Ameisen, sagt der
Chinese in Java und charakterisirt damit die Macht des Goldes, und
nur das goldene Kalb betet der heutige Chinese an, wenn auch sein
Gottesdienst in erster Reihe ein reiner Ahnencultus ist; es ist aber
unrichtig, zu behaupten, dass dieses Volk baar aller hohen Ideen und
Gefühle sei, dass nur die nackte Gewalt sie beherrschen könne. Alles,
was das Menschenherz erregt, ist dem Chinesen nicht fremd. Ich
wurde in Atschin selbst zu einem Selbstmörder gerufen! Die Noth
aber hatte ihn nicht dazu getrieben.

Das chinesische Jahr hat 12 Monate zu 29 und 30 Tagen, der
Rest wird zu einem 13. Schaltmonat vereinigt; sie kennen auch eine
Eintheilung des Jahres in 24 halbe Monate nach dem jeweiligen Stande
der Sonne im Thierkreise; die Namen derselben entsprechen den jeweiligen meteorologischen Verhältnissen, sie heissen: Anfang des Früh-

---

[1] Vide: Jährliche Feste und Gebräuche der Emoychinesen von J. J. M.
de Groot.

[2] = Kon-fu-tse lebte von 550—478 vor Christi Geburt.

lings (5. Februar), Regenwasser (19. Februar), Wiedergeburt der Insecten (5. März), Frühlings Tag- und Nachtgleiche (20. März), Reine
Luft (5. April), Regen über das Korn (20. April), Anfang des Som-
mers (5. Mai) u. s. w.

Die Schrift ist eine Hieroglyphenschrift, oder besser gesagt, ist
dies ursprünglich gewesen und bis zum heutigen Tage geblieben; darum können sich die Chinesen durch die Schrift immer verständigen,
auch wenn ihre Dialekte so stark abweichen, wie z. B. das Englische und
das Deutsche.[1]) Allgemein ist bekannt, dass sie kein Alphabet haben und
jedes Wort durch ein bestimmtes Zeichen ausgedrückt wird; es ist Sache
des Studiums, eine grössere oder kleinere Zahl von Wörtern lesen und
schreiben zu können. Ich besitze z. B. ein Bild, welches eine Scene
aus dem Kriege mit den Franzosen bei Tonkin darstellt; rings um die
etwas primitiv ausgeführte Zeichnung sind zahlreiche Sprüche, deren
Bedeutung mir kein einziger meiner chinesischen Patienten in Magelang
mittheilen konnte. Endlich wandte ich mich auf Anrathen eines be-
freundeten Chinesen an den Major-tschina, der ein grosser Gelehrter
sei. Seinen Mittheilungen über die Bedeutung musste ich um so eher
Glauben schenken, weil sie thatsächlich controlirt werden konnten; diese
waren die Namen der Städte, des Flusses, an welchem der Kampf stattgefunden hatte, und die Jahreszahlen.

In Magelang befand sich der chinesische Tempel auf dem Schlossplatz, und zwar am Eingange der Hauptstrasse des chinesischen Quartiers
— in allen Städten dürfen sie nämlich nur in bestimmten, in der Regel
scharf abgegrenzten Stadttheilen wohnen. — Welcher Secte dieser
Tempel angehörte, und ob die Chinesen dieser Stadt, welche grösstentheils von Amoy herstammen, Bekenner des Buddhismus, Taoismus
oder des Confucionismus sind, ist mir nicht bekannt; auch muss ich
mich enthalten, mich in eine Besprechung dieser drei Secten zu ver-
tiefen, weil ich darin, ich möchte sagen, gar nicht versirt bin; aber
ich kann es nicht unterlassen, eines ihrer Feste zu erwähnen, welches
überall mit grossem Pomp gefeiert wird, und welches ich jedes Jahr
in Magelang zu beobachten Gelegenheit hatte, weil meine Wohnung in
der Nähe des Schlossplatzes und des chinesischen Quartiers lag.

Es ist das Tsáp gow mën Fest = (dem Fest) der fünfzehnten

---

[1]) Die wenigen Canton-Chinesen, Hok-Lo- und Hokka-Chinesen, welche auf
Java vorkommen, können sich mit den Emoy-Chinesen nur durch die Schrift
verständigen. Nach de Groot sprechen sie selbst ganz andere Sprachen als
die vom Drachenfluss.

Nacht geweiht der Verehrung des Herrn der drei Welten = siong goän, oder wie es von den Europäern auch genannt wird: Das Laternenfest.

Was die Medicin der Chinesen auf Java betrifft, kann ich nur mittheilen, dass wir in Magelang einen chinesischen Doctor und eine chinesische Apotheke hatten. Bis vor Kurzem hatte ich zwei Pillen in meinem Besitz, welche zeigten, dass sie in der Technik der Arznei-bereitung so ziemlich hoch stehen. Es waren zwei Hohlkugeln aus Wachs, welche im Innern je eine grosse Pille enthielten, und in chinesischer Schrift die Krankheit mittheilten, für welche sie bestimmt waren; mit sakit angin übersetzte es mein Gewährsmann, d. h. für Erkältungen. Die Pille selbst hatte etwa die Grösse von drei unserer Chininpillen und war mit Zinnober bestreut; überhaupt spielt das Quecksilber bei den Chinesen eine grosse Rolle in ihrer auf der rohe-sten Empirie basirten Behandlung der Krankheiten. Die grosse Menge des chinesischen Volkes macht noch häufig von den Zauberern Gebrauch, welche bei den gebildeten und höheren Ständen geradezu verachtet sind. Der Zauberer steht gesellschaftlich in Bann und Acht, und für jeden Fall ausserhalb der vier anständigen Kasten: Gelehrte, Land-bauer, Arbeiter und Handelsleute. Es würde mich zu weit führen, solche Fälle zu beschreiben, d. h. den Zauberapparat, wie, wann und durch wen er bei »Besessenen« oder bei langdauernden chronischen Er-krankungen angewendet wird; dass aber auch die medicinische Wissen-schaft als solche noch stark in den Windeln liege und vielleicht nicht einmal den Ehrennamen der Wissenschaft verdiene, wird aus dem kleinen Aufsatz ersichtlich, den ich vor zwei Jahren über die gerichtliche Me-dicin bei den Chinesen in der »W. M. W.« veröffentlichte. Da ich aus verschiedenen Ursachen dieses Thema nicht ausführlich besprechen kann und will, so werde ich mich begnügen, diesen Aufsatz hier wörtlich zu reproduciren, weil er meiner Ansicht nach den gegenwärtigen Stand der medicinischen Wissenschaft in China selbst hinreichend andeutet und charakterisirt. In Java haben ja, wie wir sofort sehen werden, die Chinesen ihre heimathliche medicinische Wissenschaft grösstentheils ver-lassen, und der chinesische Doctor sowie ihre Apotheke werden nur von jenen Chinesen in Anspruch genommen, welche den herrschenden Sitten und Gebräuchen Javas sich noch nicht angepasst haben.

Die gerichtliche Medicin bei den Chinesen.

Die gerichtliche Medicin war, seitdem unter Karl V. im Jahre 1553 als Constitutio criminalis Carolinensis das erste Buch über dieses Fach erschienen war, zu jeder Zeit und überall der Spiegel der herrschenden medicinischen, juridischen, philosophischen und selbst der religiösen Anschauungen. Wenn ich also im Anschlusse an die zwei Aufsätze des Herrn Dr. Karl v. Scherzer[1] einen kleinen Auszug aus einem Buche über gerichtliche Medicin bei den Chinesen bringe und einige Beobachtungen hinzufüge, welche ich bei der Behandlung meiner chinesischen Patienten auf Java gemacht habe, so wird dadurch vielleicht ein Streiflicht geworfen auf die Anschauungen der Chinesen, welche trotz der grossen Literatur über ihre Sitten und Gebräuche den Bewohnern Europas so gut wie unbekannt sind.

Bei dem Lesen dieses Buches, welches vor mehr als 30 Jahren von dem chinesischen Dolmetsch C. F. M. de Grijs in den Mittheilungen der »Bataviaasch Genootschap van Kunsten en Wetenschappen« erschien, und von welchem ich mir einen Separatabdruck besorgen liess, ging es mir wie ein Mühlrad im Kopf herum. Denn nur wenige seiner Theorien sind dem europäisch geschulten Arzte verständlich, und ich kann ruhig sagen: Auf keiner einzigen Zeile dieses 118 Seiten starken Büchleins ist etwas zu finden, woraus der europäische Gerichtsarzt neue Belehrung schöpfen könnte.

Da die letzte Vorrede zu der »Sammlung von ausgewischtem Unrechte«, geschrieben von Li-koan-lan den 27. August 1796, also schon hundert Jahre alt ist und ich nicht in der Lage war, den Herrn de Grijs zu interpelliren, ob seine Uebersetzung die eines noch jetzt in China gebrauchten Lehrbuches sei, wandte ich mich an den Professor de Groot, welcher in Leyden an der Akademie für indische Beamte die chinesische Sprache docirt, mit der Bitte, mir seine Ansichten darüber mitzutheilen, und in liebenswürdiger Weise beantwortete er diese Frage dahin, dass »China sich niemals viel verändert hat und sich niemals verändert«, dass also dieses Büchlein »ein ausgezeichnetes Hülfsmittel sei, um die chinesischen Anschauungen socialer, juridischer und medicinischer Natur kennen zu lernen«.

In China erschien die erste gerichtliche Medicin unter dem Namen »Gesammelte Auszüge von ausgewischtem Unrecht« zur Zeit der Regierung des Kaisers Jun-yu in der Mitte des dreizehnten Jahrhunderts

---

[1] Siehe Nr. 11960 und 11941 der „Neuen Freien Presse".

(1241—1255), also 300 Jahre früher als oben erwähnte Constitutio criminalis Carolinensis, und erlebte seit dieser Zeit mehrere verbesserte und vergrösserte Auflagen.

In der mir vorliegenden Auflage war es geradezu unmöglich, eine wissenschaftliche Grundlage der gerichtlichen Medicin zu entdecken, und ich verstehe es, wenn mir Professor de Groot schrieb, dass die chinesischen Aerzte sich allerlei Büchlein bedienen, welche auf keiner wissenschaftlichen Basis beruhen, sondern nur auf philosophischen Speculationen und auf einiger Empirie. Ich selbst habe gewiss mehr als tausend chinesische Patienten behandelt, und in vielen Fällen war mein ärztlicher Rath erst dann eingeholt worden, nachdem der chinesische Doctor ohne Erfolg die Patienten behandelt hatte. Es war mir jedoch niemals gelungen, ein deutliches und einheitliches Bild ihrer Therapie zu bekommen. Nach der Lectüre dieses Büchleins jedoch und nach dem Lesen des Briefes von Professor de Groot wurde es mir deutlich, dass dies eben unmöglich war. Ich kann also in den folgenden Zeilen nur eine Blumenlese bringen aus diesem Buche, und es dem Leser überlassen, sich darüber ein Urtheil zu bilden.

Die Obduction wird nicht von den Gerichtsärzten selbst vorgenommen, sondern von Beamten der niedersten Rangclassen, welche so wenig Vertrauen bei den Gerichtsärzten geniessen, dass fast durch die ganze ›Thanathologie‹ wie ein rother Faden die Warnung vor dem Unfug dieser Leute läuft.

›Es geschieht, dass Schreiber oder Todtenbeschauer an die nächsten Nachbarn vorher Nachricht geben, wenn eine Obduction soll gehalten werden und sie lassen entfliehen, und nur entfernte Nachbarn oder alte Leute, Frauen und Kinder, jünger als 16 Jahre, gefangen nehmen.‹ Seite 10.

Auf Seite 19 wird nach einer weitschweifigen Vorrede das Suchen nach Wunden folgendermaassen beschrieben:

›Beim Untersuchen einer Leiche, bei welcher die Wunden noch nicht deutlich zu sehen sind, gebraucht man Essig und das résidu (d. i. was bei der Weinbereitung im Fasse zurückbleibt) und legt es auf die Wunden im Freien, und hält ein frisch geöltes Tuch oder einen durchsichtigen Sonnenschirm über die Leiche. Will man die Stelle besehen, wo die Wunde ist, so hält man den Sonnenschirm gegen die Sonne und schaut dann nach der Wunde, welche hierauf sichtbar wird. Bei bewölktem Himmel muss man ein Holzkohlenfeuer machen und dann auf gleiche Weise nach den Wunden schauen. Wenn auf diese Weise

die Wunden noch nicht zu sehen sind, dann nimmt man weisse Zwetschken,
welche man fein zerreibt und auf die verwundete Stelle legt, und lässt
es darauf liegen‹ u. s. w.

Auf Seite 24: ›Wenn während der heissen Monate an den Oeffnungen des Körpers noch keine Würmer zu sehen sind, und diese zuerst an den Schläfen, dem Atlas, auf den Rippen und auf dem Bauche
zum Vorschein kommen, dann ist sicher auf dieser Stelle eine Wunde.‹

Auf Seite 26: ›Die Todtenbeschauer thun auf Ersuchen anderer
Leute oft Rubia mangista in den Essig und reiben damit die ver-
wundete Stelle ein. Auf diese Weise werden die Wunden unsichtbar.
Es giebt Bösewichte, welche Leichen kaufen, sie verwunden und andere
Leute fälschlich des Mordes beschuldigen . . . ., sie bestechen die
Todtenbeschauer, um mit Eisenvitriol, Gallnüssen, Sapanholz die nebligen,
blaurothen Wunden nachzumachen, während die Todtenbeschauer die
Wunden an die Beamten dictiren.‹

Wenn vor einigen Jahren der deutsche Kaiser die europäischen
Mächte vor einer mongolischen Invasion warnte, dann verrieth er eine
richtige Auffassung der chinesischen Zustände, der chinesischen Ausdauer und der chinesischen Zähigkeit. Ja, noch mehr, ich zweifle keinen
Augenblick, dass in den künftigen Jahrhunderten die mongolische Rasse
Europa überschwemmen werde. Java ist diesbezüglich eine Demon-
stration ad oculos; beinahe der ganze Kleinhandel und beinahe der
ganze Grossgrundbesitz ist heute schon in den Händen der Chinesen.
Von den Ursachen und Verhältnissen, welche diese Thatsachen ermöglichten, will ich nur die Zähigkeit der Chinesen, so weit sie auch auf
unser Thema Bezug hat, näher besprechen. Diese ist gross. In ihrem
Leben spotten sie geradezu allen Regeln der Hygiene, und doch vermehren sie sich wie — Kaninchen. Eine junge schöne Frau hatte
z. B. einen so schweren Blutverlust erlitten, dass sie wie ein Wachs-
bild beinahe pulslos zu Bette lag, als meine ärztliche Hülfe eingeholt
wurde. Keine wie immer geartete manuelle Hülfeleistung wurde von
Seite der ᵃFamilie erlaubt.

Der Tod schien mir nach dieser heftigen Hämorrhagie post abor-
tum unvermeidlich, und doch erholte sie sich nur durch eine medicamentöse Behandlung so vollkommen, dass sie nach Jahresfrist einem
5 Kilo schweren Knaben das Leben gab. (Ich muss bemerken, dass
auf Java beinahe niemals echte chinesische Frauen gesehen werden,
sondern solche, die einem ehelichen oder unehelichen Verhältnisse mit
einer javanischen Frau entstammen.) Wenn ich absehe von einigen

sehr reichen Chinesen, welche bereits in zweiter Generation auf Java leben und sich den Luxus eines europäischen Haushaltes erlauben, so sah ich bei allen anderen fürchterliche Unreinlichkeit und Schmutz. Das Schlafzimmer z. B. war bei 90 pCt. der von mir besuchten chinesischen Familien nicht länger als das Bett und vielleicht nur um einen halben Meter breiter; die Bettwäsche und das Moskitonetz hatten durch Alter und Schmutz eine unkennbare Farbe; auf dem Boden dieses Zimmerchens, welches weder eine hölzerne, noch eine steinerne Bedeckung hatte, wurden die Sputa und der Inhalt des Magens deponirt, ohne an eine sofortige Entfernung zu denken. Und doch standen noch in diesem kleinen Raume ein kleiner Altar und die Geldtruhe, worin sich oft Tausende Gulden befanden. Der Chinese ist übermässig im Essen und in der Liebe, und doch wimmelt es im chinesischen Viertel von zahllosen Kindern. Magenkatarrhe, Leberkrankheiten, Fettsucht, Erschöpfung durch den Missbrauch des Opiumrauchens kamen mir ebenso oft zur Behandlung wie die Tropenfieber, und doch sieht man zahlreiche chinesische Greise. Ihre Zähigkeit muss man also bewundern.

In dem vorliegenden Büchlein über gerichtliche Medicin umfasst die Lehre der Vergiftungen 14 Blattseiten, von welchen ich natürlich nur einige Zeilen mittheilen kann.

Auf Seite 81 z. B.: »Es kommen nicht wenige Todesfälle vor, welche dadurch bedingt sind, dass irrthümlicher Weise solche Speisen gegessen werden, deren Charakter miteinander in Streit ist; so mag man z. B. frischen Wein nicht gebrauchen mit Honig oder den Flussfisch »Tung« mit Russ, welcher aus dem Kamin gefallen ist, da dies alles bald den Tod zur Folge haben und den Zweifel erregen würde, ob nicht eine Vergiftung vorliege, was ein grosser Irrthum sein würde.«

Auf Seite 82: »Bei einer Todtenbeschauung von einem Vergifteten nehme man eine silberne Exploitivnadel, welche in einem Aufguss von Mimosa saponaria[1]) gewaschen wurde, steckt sie in den Mund der Leiche und stopft den Mund mit Papier zu. Wenn man nach einiger Zeit die Nadel wieder herauszieht, so ist sie blauschwarz und bleibt es

---

[1]) Die Uebersetzung der chinesischen Namen für Pflanzen, Thiere und Mineralien hatte für den Herrn de Grijs manche Schwierigkeiten; da er dreizehn wissenschaftliche Werke darüber zu Rathe zog, so verdient sie das vollste Vertrauen.

auch, wenn man sie mit demselben Abguss wiederum wäscht. Wenn jedoch keine Vergiftung geschehen ist, bleibt die Nadel silberweiss.«

Etwas praktischer ist folgendes Experiment.

Seite 83: »Man nehme etwas gekochten Reis, stopfe ihn in den Mund und in die Kehle der Leiche, bedecke den Mund 24 Stunden lang mit Papier, nehme dann den Reis aus dem Munde und gebe ihn einem Huhn zu essen. Stirbt das Huhn, dann lag eine Vergiftung vor.«

Von dem stärksten Gift, welches ebenfalls durch die Nadelprobe erkannt wird und der »Seide essende Wurm« in den Provinzen Canton und Kwang-si Joh-sse-ku genannt wird (weil es wie eine Heuschrecke aussieht), wird auf den Seiten 84 und 85 ausführlich gesprochen.

»Um dieses Gift zu bereiten, wurden hundert kriechende Thiere und Insecten gefangen und in einen Topf gegeben. Nach einem Jahre schaut man nach, und es ist nur ein Thier übrig geblieben, welches die andern aufgegessen hat. Dieses Thier enthält erwähntes Gift und kann sich wie Teufel und Geister unsichtbar machen. Wenn es sich einrollt, sieht es aus wie ein Ring. Es verzehrt alte Seidenstoffe, gerade wie der Seidenwurm Maulbeerblätter. In Sze-tsuen, Ho-kwang, Canton und Tokio giebt es böse Leute, welche diese Würmer in Speise und Trank mengen, um die Menschen zu vergiften. Wer dies Gift gebraucht, stirbt sofort, was den Würmern Freude schafft, den Besitzer der Würmer täglich reicher und reicher macht. Es ist sehr schwer, von diesem Wurm abzukommen, da weder Feuer noch Wasser, weder Schwert noch Messer über ihn etwas vermögen. Wenn jedoch der Besitzer das doppelte Quantum von Gold, Silber und Seide nimmt, den Wurm hineinlegt und das Ganze an der Heeresstrasse weglegt, dann wird ein Vorbeigehender es aufnehmen und der Wurm wird ihm folgen. Wenn der Besitzer dies nicht thut, kriecht der Wurm ihm in den Bauch, frisst Magen und Därme auf und geht dann weg.«

Zum Schluss will ich nur noch jenen Theil des Capitels bringen, in welchem die Blutprobe die Verwandtschaft streitender Parteien beweisen soll.

Seite 36: »Es ist noch eine Methode, um Blut zu untersuchen; zwei Personen geben sich einen Stich und lassen Beide einen Tropfen Blut in das Wasser fallen. Sind die Personen factisch Vater und Kind, Mutter und Kind, oder Mann und Frau, dann fliesst das Blut zusammen; besteht jedoch keine Verwandtschaft, dann geschieht dies nicht. Will ein Sohn oder eine Tochter das Skelet des Vaters oder der Mutter agnosciren, dann befehlen die Beamten, dass der Sohn oder die Tochter mit einer Nadel sich stechen und einen Tropfen Blut auf das Skelet fallen lassen. Wenn dieses das Blut von einem der Eltern ist, dringt das Blut in die Knochen, im anderen Falle nicht. Wenn jedoch die Knochen mit Salzwasser gewaschen sind, dann wird das Blut nicht eindringen, wenn auch eine Verwandtschaft zwischen den Beiden bestanden hat. Das ist ein Kunstgriff, dessen sich schlechte Leute bedienen, und man passe also gut auf.«

Ich zweifle, ob es einem Anderen gelingen wird, aus dieser Blumenlese oder aus dem ganzen Büchlein über die chinesische gerichtliche Medicin, herausgegeben von dem Herrn Li-koan-lan im Jahre 1796, eine einheitliche wissenschaftliche Basis heraus zu finden. Mir gelang es nicht!

___

Jedem Arzte, welcher bei den Chinesen Javas eine grosse Praxis erlangen will, möchte ich den Rath geben, sich mit der causalen Behandlung chronischer Krankheiten nicht viel einzulassen. Der Chinese beurtheilt den Arzt nach dem momentanen Erfolg, und diesem entspricht am meisten die symptomatische Behandlung; ja noch mehr; wenn er auch in Java geboren und bis auf den Zopf beinahe ganz in den Sitten und Gebräuchen der Europäer aufgegangen ist, in einer holländischen Schule die holländische und französische, und vielleicht auch die englische Sprache erlernt hat, und seine Schwester unter Leitung einer europäischen Gouvernante selbst das Klavierspiel sich aneignet, wird er in acuten Krankheiten zwar einen europäischen Arzt zu Rathe ziehen und einige Tage dessen Behandlung sich unterwerfen. Bei chronischen Krankheiten oder bei acuten Krankheiten (wie dem Typhus z. B.), welche wochenlang dauern, wird er aber gewiss eine Dukun kommen lassen, und entweder dem europäischen Arzte den Abschied geben oder hinter dessen Rücken die javanische oder halbeuropäische Heilkünstlerin zu Rathe ziehen, weil die Behandlungsweise dieser Frauen seinen Anschauungen näher steht, als die des europäischen Arztes. Will man nicht, wie es einem meiner Collegen passirte, die unangenehme Erfahrung machen, dass man am vierten oder fünften Tage mit den Worten: Apa mau tuwan? = Was wünscht der Herr? empfangen wird, dann stelle man so bald als möglich die Vertrauensfrage; so bald es nöthig wurde, dass ich nach dem vierten Tage kommen sollte, frug ich den Patienten oder einen seiner Verwandten:

»Wünschen Sie, dass ich morgen wieder zu dem Patienten komme?«
und in den meisten Fällen bekam ich zur Antwort: »Wenn es dem
Patienten nicht besser geht, werde ich den Herrn Doctor davon verständigen.« Natürlich giebt es Fälle, in welchen eine solche Vertrauensfrage ganz überflüssig ist. Ich behandelte z. B. das Kind eines
angesehenen chinesischen Kaufmanns, Lie Tiauw Poo war sein Name,
welches einen eitrigen Erguss in der linken Brusthöhle hatte; den
10. September 1895 wurde ich zu dem kleinen, zweijährigen Patienten
gerufen, und zwei Tage später hatte ich durch eine Probepunction die
Bestätigung meiner Diagnose erhalten; ich theilte dem Vater mit,
dass Eiter niemals aufgesogen werde, dass eine Operation unvermeidlich sei, und dass es vielleicht 2—3 Wochen dauern könne, bis der
kleine Patient geheilt sein würde. In diesem Falle stellte ich während
der ganzen Behandlungsdauer niemals die Vertrauensfrage; der Vater
sah ja ein, dass anfangs täglich und später in grösserem Zeitraume
ein Verbandwechsel eintreten müsse; dennoch wundert es mich heute
noch, dass er es bis zum 3. October, also durch 24 Tage mit mir
ausgehalten hat; an diesem Tage war die Wunde bis auf die Haut
geschlossen. Vorsichts halber theilte ich mit, dass jetzt meine Hülfe
nicht mehr nöthig sei, weil bei dem Gebrauch der Jodoformsalbe auch
die Hautwunde sich schliessen werde, und erhielt zur Antwort: Baik
tuwan = gut, mein Herr!

Die gesellschaftliche Stellung der Chinesen ist stricte dictu eine
Zwischenstellung zwischen der herrschenden Rasse, den Europäern, und
den Unterthanen, den Malayen, Javanen u. s. w.; wenn es auch viele
Europäer giebt, welche die Präponderanz der weissen Rasse über die
gelbe so viel als möglich auch im alltäglichen Leben geltend machen
wollen, so sind andererseits viele — welche mich an einen Hausirer
erinnern, dem ich im Jahre 1884 in Singapore begegnete. Einige
Europäer standen im Hôtel de l'Europe beisammen und besprachen
die einzelnen Religionen in Indien; da nahm Einer von ihnen einen
Dollar aus der Tasche und rief mit Aplomb aus: Dieses ist meine
Religion! Ein durch Opiumschmuggel reich gewordener Chinese gab
zu Ehren der Hochzeit seiner Tochter ein grosses Fest; er lud alle
Europäer dazu ein, ob er sie persönlich kannte oder nur vom Hören-
sagen von ihrem Aufenthalt in Magelang etwas wusste; es waren
nur Wenige, welche von dieser Einladung keinen Gebrauch machten. Bei diesem Feste wurden die feinsten Weine, Champagner
ad libitum geschenkt; die besten und theuersten Cigarren standen

à Discretion auf den Tischen, und so mancher der Anwesenden soll
sich die Taschen mit Cigarren gefüllt und heimlich ganze Flaschen
den in der Nähe stehenden Bedienten zugesteckt haben!! Solche
dunklen Ehrenmänner sind die lautesten Schreier, wenn es gilt, einem
anständigen Chinesen auch anständig entgegenzukommen, und diese
problematischen Naturen sind es, welche von den Chinesen nur in dem
verächtlichsten und beschimpfendsten Tone als ekelhaften schweinischen
Wucherern u. s. w. sprechen. Solche Europäer haben auch dem
Chinesen das oben erwähnte malayische Sprichwort »dimana gula, disana
semut« in den Mund gelegt, als er coram publico von diesem Missbrauch
der Gastfreundschaft Erwähnung that.

Eine Ehe zwischen einem Chinesen und einer europäischen Dame ist
meines Wissens nach auf Java noch nicht vorgekommen; umgekehrt halten
sich viele europäische Männer oft chinesische Haushälterinnen und heiraten manchmal die Mutter ihrer Kinder; ob die Regierung jemals die
Erlaubniss geben würde, dass ein Officier eine Chinesin heirate, ist sehr
zu bezweifeln.

Zu Aemtern und Würden werden sie nicht zugelassen; militärische
Dienste leisten sie keine, obwohl die Armee nur aus Freiwilligen besteht; sie sind eben ein fremdes Element in dem Staate und werden
es bleiben, so lange — die herrschende Rasse es für gut findet.[1]

Ihre sociale Stellung ist eine ausgebreitete. Wenn man auch
beinahe niemals chinesische Bediente in einem Hotel oder in einem
Privathause findet,[2] weil sie viel höheren Lohn als die Eingeborenen
verlangen, so findet man sie in allen Zweigen der Industrie und des
Handels. Sie sind Hausirer, Schneider, Schuhmacher; sie verfertigen
Wagen und Möbel; sie sind Kulis und Buchdrucker; in den grossen
Banken sieht man nur chinesische Kassirer; sie sind Pächter von Plantagen und Bauunternehmer, und gewiss ³/₄ des Detailhandels ist in
ihren Händen. Leihhausbesitzer und Wucherer ist Jeder von ihnen in
grösserem oder kleinerem Maasse. Kaum hat der chinesische Emigrant
auf Java festen Fuss gefasst, leistet er Kulidienste oder erhält von seinem
Landsmann einen kleinen Vorrath an Zwirn, Knöpfen, Band und Nadeln und hausirt damit im Innern des Landes. Kaum hat er 5 fl.

---

[1] Sie leben, wie schon früher erwähnt, in einem Ghetto und zahlen nebst
allen anderen üblichen Steuern 2—50 fl. Kopfsteuer je nach ihrer Stellung und
ihrem Vermögen.

[2] Ich spreche nur von Java; auf der Ostküste Sumatras folgen die Tabak-
pflanzer dem englischen Gebrauche und halten auch chinesische Diener.

erspart, so spielt er schon den Wucherer gegenüber den sorglosen Eingeborenen. Der Erfolg ist immer derselbe, der Javane verarmt und der
Chinese wird reich. Auch von einem europäischen Wucherer kenne ich
die Genesis seines Reichthums, und sie giebt uns ein deutliches Bild über
das Gebahren dieser Ehrenmenschen (?). Die Frau desselben sass an
jedem Markttage (hari pasing) im Garten ihres Hauses, vor welchem
der Strom der Marktbesucher vorbeizog. Die eine Frau brachte sechs
Hühner auf den Markt, die andere einen Sack Reis, eine dritte einen
Korb Früchte u. s. w. Jede von ihnen hoffte von dem Erträgniss ihrer
Waare einiges für sich selbst zu kaufen; ungewiss, ob und wie spät
sie in den Besitz desselben kommen werde, folgte sie gern dem
Sirenengesang der Babu dieser Dame, welche sich bereit zeigte, ihr
¹/₂ fl. zu borgen, wofür sie denselben Tag 60 Ct. zurückzahlen musste.
Hatte sie diesen Betrag nicht in baar, war diese Dame immer so
liebenswürdig (?), auch in Waaren sich bezahlen zu lassen, deren Preis
natürlich tief unter dem des Marktes stand. Im Laufe der Jahre
hatte diese Dame damit 75.000 fl. verdient!!! Es ist nicht zu viel gesagt, dass jeder Chinese bei Gelegenheit ein Wucherer ist, und es ist
Sache der Regierung, diesem Unwesen zu steuern. Auch als Kaufleute sind sie sehr unsolide; es ist aber die Sache des Grosshandels,
diesem Factor Rechnung zu tragen; die Creditverhältnisse sind im
Allgemeinen in Java sehr ungesund, und nur ein gemeinsames, energisches Zusammengehen der europäischen Grosshändler kann diesen
Auswüchsen des »leichten Credits« in Indien ein Ende machen.

Individuell ist der Chinese auf Java, wenn wir von der Moral absehen, allen Anforderungen der Civilisation zugänglich; er ist fleissig
und sparsam und nüchtern, er ist ein Freund des Prunkes und des
Aufwandes — wenn er die Mittel dazu besitzt; wenn er als Kuli
¹/₄ fl. pro Tag verdient, wird er sicher 5 Cent davon zur Seite legen,
und wenn er 5 fl. pro Tag erwirbt, wird er niemals das ganze Erträgniss seiner Arbeit verzehren; ist er jedoch reich, wird er gewiss
niemals geizen, im Gegentheil, er liebt den Prunk und wird z. B. bei
der Hochzeit seiner Tochter 1000 fl. allein für das Feuerwerk bezahlen.

Vieles von dem bis jetzt Erwähnten passt allerdings nicht in das
landläufige Bild eines Chinesen; auf Java ist eben dieses Volk alles,
nur keine reine Rasse, weil es keine chinesischen Frauen stricte dictu
giebt. Sie stammen nämlich aus der Provinz Amoy, wo das Auswandern der Frauen verboten ist. Auf anderen Inseln, z. B. auf

Fig. 23.   Mein „Haus".

Sumatra, sah ich einige echt chinesische Frauen, d. h. von China eingewanderte Frauen, welche noch die verkrüppelten Füsse hatten. In Java jedoch sind es nur chinesisch-javanische Frauen, und als solche pflanzen sie sich als eigene Rasse fort. Ihre Kinder heissen »chinesische Kinder«; der Knabe bekommt seinen Zopf und das (reiche) Mädchen wird der Oeffentlichkeit entzogen; da sie in der Regel wieder untereinander heiraten, bleiben wohl einzelne Rasseneigenthümlichkeiten bestehen; aber rein ist die Rasse nicht; es sei denn, dass man auch wissenschaftlich von einer chinesisch-javanischen Rasse spricht. Ihre Hautfarbe ist lange nicht so dunkel, als die der Javanen; die Männer haben den Zopf und das bartlose Gesicht; nur bei einigen sind die enggeschlitzten Augen noch zu erkennen; die Frauen sind zierliche Puppen; sie haben den eleganten Körperbau der javanischen Rasse; durch die helle Hautfarbe ist oft das zarte Roth der Wangen sehr deutlich; sie sind schön gebaut, und viele von ihnen würden die Zierde eines jeden Salons sein.

Vielfach wird behauptet, dass die Chinesen sich nicht in der Fremde begraben liessen. Dieses hat wahrscheinlich für die echten Chinesen seine Richtigkeit; der Java-Chinese wird auch in Java begraben. Ich erinnere mich nur eines vereinzelten Falles, dass von Magelang während meines 5jährigen Aufenthaltes eine Leiche nach China transportirt wurde, die übrigen wurden auf dem chinesischen Kirchhofe begraben, welcher auf dem Wege nach Djocja lag. Wie überall, waren die Grabkeller in einen Hügel eingegraben und hatten ein weisses[1] Rondeau; je nach dem Vermögen und Stand der Familie ist dieses bald gross, bald klein. Der Sarg ist einfach und schmucklos; er besteht aus einem ausgehöhlten Baumstamme, und der Deckel ist demselben Baumstamme entnommen. Zum Transport wird der darauf gut passende Deckel einfach mit Pech verklebt, und doch belästigt die Verwesung der Leiche die Umgebung nicht.

Am 1. November 1892 wurde das alte Spital verlassen und das neue, welches sich im Norden des Campements befand, bezogen. Die Uebersiedelung eines solchen Spitales mit ungefähr 500 Soldaten-Pa

---

[1] Bei ihnen ist die Farbe der Trauer weiss. Weisse Vorhänge und weisse Laternen vor dem Eingange des Hauses theilen mit, dass ein Todter im Hause sei, und bei einem Leichenbegängnisse sind die trauernden Frauen in weisse Kleider gehüllt.

tienten ist mit gewissen Schwierigkeiten verbunden; es musste oder vielmehr sollte alles an einem Tage geschehen, weil sonst die Küche, die
Apotheke u. s. w. auf zwei Plätzen ihre Arbeiten gleichzeitig verrichten
mussten; vorher musste also festgestellt werden, wie viel Patienten zu
Fuss gehen konnten — die beiden Spitäler lagen ja beinahe 3 Kilometer von einander entfernt — wie viel in einer Sänfte und wie viel
in einem Wagen transportirt werden sollten; es waren ja selbst einige
Schwerkranke, welche man im Bette beliess und welche in demselben
auf den Schultern von 4 Kulis getragen werden sollten. Da der
Spitalschef alles selbst besorgte, so war der Transport insoweit nicht
geregelt, als einige Aerzte im neuen Spital werklos auf die Ankunft der
Kranken warteten, während sich der Spitalschef übermüdete.

Das neue Spital (Fig. 24) hat eine ungeheure Ausdehnung, weil
das Pavillonsystem in übertriebener Weise angewendet wurde. Die
Luftlinie von Norden nach Süden beträgt 450 Meter und von Osten
nach Westen 200 Meter. Wenn der »Doctor der Wacht«[1] reglemen-
tair in der Nacht zweimal die Runde macht, d. h. durch alle Krankensäle und längs aller Betten geht, hat er jedes Mal $^3/_4$ Stunden dazu
nöthig, und thatsächlich beträgt dann der zurückgelegte Weg jedesmal
3 Kilometer. Wie leicht geschieht es, dass bei einem Krankenstand
von 5—600 Mann der »Doctor der Wacht«, ich will sagen nur einmal
bei einem Patienten Hülfe leisten muss; also wenigstens 7—8 Kilometer
muss er jede Nacht zurücklegen, wenn er seinen Pflichten nachkommen
will. Er muss nebstdem den darauf folgenden Vormittag nicht nur
seinen gewöhnlichen Saaldienst verrichten, sondern es erwarten ihn
noch andere Obliegenheiten. Er muss dreimal nach der Küche gehen,
um das Essen zu kosten, das erkrankte Hospitalpersonal muss er entweder in der Caserne oder bei sich im Wartezimmer behandeln und,
last not least, er muss den Befund beschreiben von etwaigen Verwundeten oder Todten, welche in den letzten 24 Stunden ins Spital gebracht und von ihm behandelt oder operirt wurden. Die Runde des
»Doctors der Wacht« ist überflüssig; denn andere dazu mehr befugte
und geeignete Personen können ja dasselbe leisten, d. h. durch die
Runde sich überzeugen, dass die Patienten in ihren Betten liegen und
dass die Krankenwärter nicht nur auf ihrem Posten sind, sondern
auch factisch wachen. Das sind nämlich die Krankenoberwärter mit
dem Range eines Feldwebels, welche im Allgemeinen einen leichten

[1] = Doctor du jour.

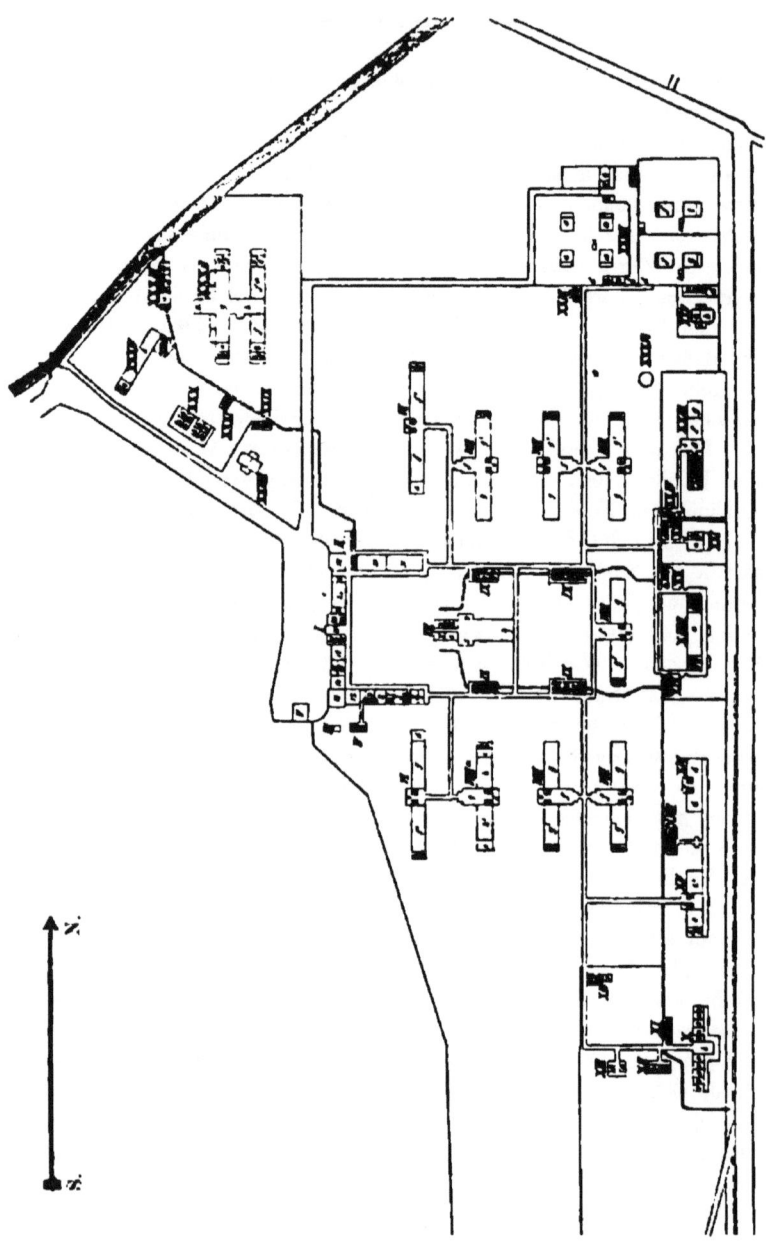

N

S

20°

Fig. 24. Grundriss des Militärspitals zu Magelang. (Erklärung v. S. 808).

Erklärung zum „Grundriss des Militärspitals zu Magelang".

I. Hauptgebäude.
  1. Zimmer für die Verwundeten.
  2.   „   „   „   Operationen.
  3.   „   „   „   Instrumente.
  4. Bibliothek.
  5. Sitzungssaal.
  6. Bureau für den Chef.
  7. Antichambre.
  8. Bureau des Schreibers.
  9. Wohnzimmer } für den Doctor
  10. Schlafzimmer } du jour.
  11. „   für den Apotheker du jour.
  12. Tisanerie.
  13. Magazin der Apotheke.
  14. Laboratorium.
  15. Arbeitszimmer des Apothekers.
  16. Bureau des Apothekers.
  17. Apotheke.
  18. Oberkrankenwärter.
  19. Feuerspritze.
  20. Portier.
  21. Hauptthor.
  22. Bureau des Verwalters.
  23.   „   „   Schreibers.
  24. Magazine.
  25.   „
  26.   „   } für die Uniformen und
  27.   „   } Effecten d. Patienten.
  28. Schmutzwäsche.
  29. Bureau des Magazinmeisters.
  30. Magazin für Strohsäcke.
  31.   „   für Holz- u. Eisengegenstände.
  32. Zimmer für die Wäsche
  33. Magazin für Spitalgegenstände
  34.   „   „   unbrauchbare
              Gegenstände
  35.   „   „   Matratzen und
              Polster
  (im 1. Stock.)
  IIa. Aborte und Badezimmer für das
       Hospitalpersonal.
  IIb. „   für neue Patienten.
  III. Halle für Schwefelwasserstoff.
  IVa. Abort b. Badezimmer f. d. Doctor
       du jour.
  V. Wagenremise.
  VI. Toilettbaracke für 42 Patienten.
  VII. Küche.
  VIII. 2 Pavillons für 120 Patienten.
  VIIIa. Pavillon für Augenkranke mit Ope-
         rationszimmer, Dunkelzimmer
         und 40 Betten.
  IX. Badezimmer und Aborte für Pa-
      tienten der 3. u. 4. Classe.

X. Officierspavillon.
XI. Badezimmer und Aborte für
    Officiere.
XII. Zimmer für Officiersbediente.
XIII. Pavillon für Damen.
XIV. Officiersküche.
XV. Pavillon für 20 Unterofficiere.
XVI. idem.
XVII. Badezimmer und Aborte für
     Unterofficiere.
XVIII. Pavillon für Soldatenfrauen.
XIX. } Badezimmer und Aborte
XX. } für Soldatenfrauen.
XXI. Pavillon für Prostituées.
XXII. Badezimmer u. Aborte für diese.
XXIII. Strafabtheilung und 2 Zellen
       für Irrsinnige.
XXIV. Badezimmer u. Aborte für diese.
XXV. Leichenhaus m. Pferdestall, Wa-
     genremise und Laboratorium.
XXVI. Gebäude u. Ofen f. Desinfection.
XXVII. Pavillon für Infectionskrank-
       heiten.

Casernen für die Krankenwärter.

XXVIII. Wohnung d. Aspirantofficiers.
XXIX. Abort, Badezimmer u. Küche
      desselben.
XXX. Oberkrankenwärter(Feldwebel).
XXXI. Badezimmer u. Aborte für diese.
XXXII. Caserne für 57 europäische
       (oppassers), 75 eingeborene
       Krankenwärter(handlangers),
       13 Corporale u. ein Sergeant-
       Major.
XXXIII. Nebengebäude.
a. Frauenhalle.
b. Badezimmer f. d. verheirateten Frauen.
c.   „   für Frauen.
d.   „   „   Europäer.
e.   „   „   Eingeborene.
f. Aborte für Eingeborene.
g.   „   „   Europäer.
h. } Aborte für Frauen.
i. }
k. Küche.
XXXIV. Arrestlocale und Logis der 54
       Sträflinge, welche dem Spital
       für die groben Arbeiten zu-
       getheilt sind.
XXXV. Aborte der Sträflinge.
XXXVI. Wasserreservoir.
XXXVII. Ofen f. die Warmwasserleitung.

Dienst haben; ein oder zwei Pavillons mit ungefähr 50 Patienten ist das Terrain ihrer Arbeit. Sie müssen dafür sorgen, dass die »Handlangers« (eingeborene Krankenwärter) und »Oppassers« (europäische Krankenwärter) den »Saal« rein halten, die Kranken jeden dritten Tag mit neuer Leibwäsche versorgen; sie verfertigen die Diät-listen nach den Mittheilungen des Arztes, sind beim Empfang der Speisen in der Küche und bei der Vertheilung an die Patienten, und halten den kleinen Vorrath von Wäsche in Evidenz, welche sich in einem Kasten im Krankensaal befindet. Wenn sie auch die ver-antwortlichen Personen für alles sind, was der Arzt für die Patienten vorschreibt, und für alles, was in Abwesenheit des Arztes »auf dem Saale« geschieht, so ist diese Arbeit doch eine sehr beschränkte, und es könnte ihnen ausschliesslich die »Runde« überlassen werden und dem »Doctor der Wacht« höchstens die Controle dieser Unterofficiere anvertraut werden.

Aber noch andere Inconvenienzen sind mit solchen ausgedehnten Räumlichkeiten verbunden. Der Krankenwärter ist auch »lieber faul als müde«, wie ein holländisches Sprichwort sagt, und überlegt es sich, einen Kilometer weit den »Dokter van de Wacht« zu holen. Ich selbst habe es erfahren, als ich eines Tages »die Wacht« hatte, dass einer meiner Patienten in der Nacht einen Blutsturz bekam, ohne dass mich der Krankenwärter davon verständigte. Andererseits ist es wiederholt vorgekommen, dass Aerzte dem Krankenwärter einen Vorwurf machten, ihn umsonst im Schlafe gestört zu haben, weil sie dem Pa-tienten doch nicht helfen konnten.

Das Pavillonsystem ist gewiss für jedes Spital das richtige System. In Magelang ist es jedoch auf die Spitze getrieben worden — zum Nachtheil der Patienten. Dieses Spital wird als eine Sehenswürdigkeit von Magelang, ja selbst von ganz Indien gepriesen. Als im Jahre 1896 der König von Siam nach Java kam und den Tempel Buru Budur aufsuchte, wo er fünf Tage verblieb, kam er auch nach Magelang, um das berühmte Spital zu besichtigen. Es gefiel ihm in so hohem Maasse, dass er versprach, auch die Königin dieses Gebäude besichtigen zu lassen. Am 2. Juli 1896 um 4 Uhr sollte Ihre Majestät nach Ma-gelang kommen, beim Residenten absteigen und in Gesellschaft des Platz-Commandanten und Residenten das Spital besichtigen. Wir Mi-litärärzte bekamen natürlich den Auftrag, in Galatenue zu dieser unge-wöhnlichen Stunde im Spitale »präsent« zu sein. Um 3¹/₂ Uhr stand ich mit dem Adjutanten und einigen Aerzten am Eingange des Spitals,

als ein schmutziger, alter Reisewagen vorfuhr und stehen blieb. Der
Platz-Commandant und der Resident waren nicht zu sehen. Zu unserer
Ueberraschung stiegen aus dem Wagen die Königin mit zwei Hof-
damen und dem Leibarzte Dr. Ruyther, einem Belgier von Geburt.
Der Spitalchef sass noch in seinem Bureau, ich eilte also rasch zum
Wagen und bot der Königin, und der Zahlmeister der ersten Hof-
dame den Arm. Die Königin nahm den Arm an, und ich führte sie ins
Gebäude, wobei wir zunächst die Apotheke passirten. Da erscholl in
deutscher Sprache mit lauter Stentorstimme der Ruf aus der Apotheke:
»Man giebt einer Königin keinen Arm.« Unterdessen kam der Spitalchef herbeigeeilt und bemühte sich vergebens, die goldenen Schnüre
an der Uniform zu befestigen. Die Königin, welche ein wenig der englischen Sprache mächtig war, ging aber so langsamen und gemessenen
Schrittes,[1]) dass der brave Stabsarzt V. endlich die Schnüre befestigen
konnte; er bot nun der Königin den Arm und ich der Hofdame. Beide,
die Königin und die Hofdame, waren in europäischer Kleidung, welche
aus einer einfachen billigen Sommertoilette bestand; aber der Schmuck
in den Ohren war kostbar. Eine Stunde dauerte dieser Gang durch das
Spital (unterdessen hatte ich Gelegenheit, mit meiner Equipage die
Spitzen der Behörden wissen zu lassen, dass die Königin sich nicht
ans Programm gehalten hatte und direct nach dem Spitale gefahren
war), und in dieser ganzen Stunde konnte ich mit dieser Dame kein
einziges Wort sprechen, weil sie nur der siamesischen Sprache mächtig
war. Es war eine peinliche Situation, welche einen recht komischen
Beigeschmack hatte.

Gegen Ende des Rundgangs platzte endlich die Bombe. Ich
und die Hofdame ergingen uns in einem schallenden Gelächter, worauf
sich das vor uns gehende Paar fragend umdrehte. Was die Hofdame
der Königin antwortete, weiss ich nicht, weil es in siamesischer Sprache
geschah; ungehalten war sie nicht, denn sie sah mich lächelnd an, und
beim Einsteigen in den Wagen bekam ich von den beiden Damen
einen Händedruck.

Schön ist die Lage des Spitals, und schön sind seine Garten-
anlagen; am südlichsten Ende des Terrains liegt der Officierspavillon;
es war ein 40 Meter langes Gebäude mit 10 Zimmern, einer gemeinsamen Vorder-Galerie und gemeinsamem »Tagverbleib«, d. h. einem Cor-

---

[1]) Dieser Schritt wird in Indien der „Residentenschritt" genannt, weil in
der Regel diese Beamten einen schnellen Schritt mit ihrer hohen Stellung nicht
vereinbar halten.

ridor, in welchem die nicht bettlägerigen Patienten zusammenkamen und durch Dominospiel u. s. w. mit ihren Leidensgenossen verkehren konnten. Ein seltsam schönes Panorama bot die Galerie; von der Heeresstrasse nach Bandongan trennte sie nur ein Gitter aus Stacheldraht. Nur zu oft sahen die jungen Lieutenants junge Damen hier ihren Spaziergang nach den Ufern des tiefer gelegenen Elloflusses machen, und ich weiss nicht, ob nicht der kleine Schalk Amor die Schritte der jungen Schönen gerade dorthin leitete, wenn, was nur selten geschah, einige Lieutenants sich dort befanden. Im Hintergrunde erhoben sich die stolzen Häupter des Merbabu und des stets rauchenden Merapis, und als im Januar des Jahres 1894 dieser Vulcan seine Feuermassen über den südöstlichen Abhang wälzen liess, hatten gerade die Bewohner dieses Officierpavillons die schönste und beste Aussicht auf dieses schaurige und romantische Bild.

Der Stacheldraht ist ein einfaches und billiges Mittel, um ein grosses Terrain abzuschliessen; aber von der praktischen Seite betrachtet, ist er nicht mehr werth, als der Eingang bei dem Hause eines Eingeborenen. Das Häuschen desselben hat einen nur einige Meter breiten Garten, welcher durch ein Gehege aus Bambus von der Strasse getrennt ist. Der Eingang in das Gärtchen ist nicht frei, sondern durch eine Scheidewand von 30—40 Centimeter Höhe behindert. Jeder Mensch und jedes Thier überschreitet dieses Hinderniss leicht und bequem. Ich hielt dies für ein Symbol des Privateigenthums. Auf gleiche Weise kann das Netz des Geheges, welches das ganze Spital umzog, nicht viel mehr, als z. B. ein Pfahl mit der Aufschrift: »Spital« leisten. Das Gehege ist 2 Meter hoch und hat Zwischenräume von 30—40 Centimetern; die Stacheln des Drahtes verhindern zwar das Durchschlüpfen des einzelnen Patienten, welcher gern eine Nacht befreit von der Zucht und Disciplin des Spitals zubringen möchte. Wenn man jedoch ein Brett darauf legt, oder wenn ein zweiter Mann die Drähte auseinander zerrt, kann man sehr leicht nach Belieben das Spital verlassen und unbemerkt zurückkommen. Thatsächlich ist die Flucht aus diesem Spitale eine häufige Erscheinung gewesen. Warum keine Schildwachen gestellt wurden, um dieses unmöglich zu machen, mit der nöthigen Beleuchtung des Terrains, weiss ich nicht. Ein »guter Soldat« ist nicht gern im Spitale; er will seinen Dienst thun, aber auch die Freiheit der Bewegung ist ihm kostbar; wenn er eine Krankheit hat, bei welcher »Leib und Seele gesund« sind, d. h. abgesehen von den örtlichen Beschwerden sich nicht krank fühlt, dann meidet der »gute Soldat«

den Aufenthalt im Spitale und entzieht sich so lange als möglich dem
forschenden Auge des Arztes. Ich hatte selbst einen Füsilier mit einer
Blutgeschwulst (aneurysma) im Becken in Behandlung. Der ganze
linke Schenkel war durch die verhinderte Blutcirculation verdickt; er
hatte aber keine Schmerzen und fühlte sich gesund; zweimal flüchtete
er aus dem Spitale, weil ihn, wie ich glaubte, die zarten Bande der
Liebe und die starken Fesseln des Genevers hinauszogen.

Noch andere Gefahren birgt ein solches offenes Gebäude. Der
Schmuggel[1]) und Tauschhandel[2]) mit der Aussenwelt war zum Nachtheile
der Patienten und — des Spitalfonds in floribus. Der Officier wie der
Unterofficier sind als Patienten ebenso grosse Kinder als der gewöhnliche Soldat. Wie oft findet der Arzt Ursache, den Genever oder die
Cigarre zu verbieten? (Cigarren kann er im Spital kaufen. »Nach Ablauf der Visite« erscheint die Frau eines »Ziekenvaders«, welche von
dem Spitalschef die Erlaubniss erhielt, sich eine kleine Bude zu halten.
Tinte, Federn, Bleistifte, Streichhölzer, Cigarren, Briefpapier und Couverts,
europäischen und javanischen Zucker und Tabak mag sie gegen fest-
stehende Preise verkaufen.)

In den späten Abendstunden erhält mit grosser Leichtigkeit der
Officier und Unterofficier alle gewünschten Getränke von seiner Haushälterin oder von seinen Kameraden, und er braucht sich nur etwas
Mühe zu geben, um die hineingeschmuggelten Waaren vor den Augen
der inspicirenden Aerzte zu verbergen. Das Personal, d. h. die Krankenwärter wagen es nicht, den Verräther zu spielen. Im Jahre 1881
lag ich im Spitale zu Weltevreden als Patient; ein Lieutenant war
mein Nachbar, dem der behandelnde Arzt erlaubt hatte, den Koffer
in seinem Zimmer zu behalten. Dieser war jedoch mit Conserven gefüllt, obzwar der Patient an chronischer Dysenterie litt!! Die lästigsten
Patrone sind diesbezüglich die Unterofficiere. Der gemeine Soldat hat
vor dem »Ziekenvader« Furcht und Respect; bei den Officieren giebt
es nur wenige, welche sich nicht vor dem Krankenwärter geniren würden,
Speisen und Getränke hineinzuschmuggeln. Die Unterofficiere jedoch
glauben, es ihrer Stellung schuldig zu sein, sich so viel als möglich der
Disciplin, welche im Spitale ebenso nöthig ist, als in der Caserne, zu
entziehen. Ich war einige Jahre in Magelang mit der Behandlung der
»zweiten Abtheilung« betraut, und ich war gezwungen, die ganze Strenge
meiner Stellung gegenüber den Unterofficieren zur Geltung zu bringen.

---

[1]) von Schnaps.
[2]) von Hühnern, Wein und Brot.

Fig. 25. Buddha-Statue im Innern des Tempels bei Mendût.

Einmal kam ich dadurch in eine fürchterlich unangenehme Lage gegenüber dem Hospitalschef, dem Oberstabsarzt X., welchen ich ohne mein Wissen und Willen dem Spott der Unterofficiere blossgestellt habe.

Der Pavillon der zweiten Abtheilung, d. h. der Unterofficiere, bestand aus zwei Theilen, und jeder derselben hatte zwei Säle, welche durch den »Tagverbleib« von einander getrennt waren. Eines Morgens war ich in dem einen Saale mit der Untersuchung der Brust eines Feldwebels beschäftigt, als ich im nächsten Saale sprechen hörte; ich wollte mich in der Auscultation nicht stören lassen und rief: »Ruhe im andern Zimmer.« Als demungeachtet das Sprechen nicht aufhören wollte, ging ich raschen Schrittes in den benachbarten Saal und rief: »Wer wagt es zu sprechen, wenn ich »auf dem Saale« bin?« Es war der Spitalschef. Ich entschuldigte mich bei ihm, dass ich von seiner Anwesenheit nichts gewusst hätte; aber das unterdrückte Lächeln der Patienten und des Personals verrieth das Komische der Situation, dass ein Oberstabsarzt von einem Regimentsarzte in dem heftigsten Tone der Ruhestörung beschuldigt wurde. Meine Entschuldigung hielt er offenbar für eine Ausrede, weil ich gerade zwei Tage vorher seinem lästigen Benehmen wissend und wollend entgegengetreten war. Er hatte nämlich eine ganz falsche Auffassung von der Verantwortlichkeit eines Spitalschefs. Das Gesetz bestimmt entsprechend den herrschenden Verhältnissen den Chef als die Person, welche das Spital nach Aussen hin vertritt und auch die Verantwortung für alles auf sich nehmen muss, was in dem Spitale geschieht, und im gegebenen Falle zum Einschreiten der militärischen und civilen Behörden Anlass geben kann; die Behandlung der einzelnen Aerzte kann und muss natürlich, wenn sie sich in gewissen Grenzen bewegt, ihnen überlassen werden. Oberstabsarzt B. glaubte aber auch die »Leitung« der jüngern Ober-Aerzte nicht nur auf deren Diagnosestellung, Behandlungsweise und Vorschreiben der Diät ausdehnen, sondern auch den älteren Regimentsärzten gegenüber dasselbe thun zu müssen. Manche Ober- und Regimentsärzte waren so verständig (?), sich diesem zu unterwerfen, und waren nichts mehr und nichts weniger als seine Receptenschreiber. Andere aber wollten ihm gegenüber ihre Selbständigkeit bewahren und kamen dadurch in manche Conflicte, wobei sie den Kürzeren ziehen mussten. Ich selbst war um ein Jahr älter als mein Chef und glaubte ihn manchmal auf diesen unrichtigen Standpunkt aufmerksam machen zu müssen, mit dem Hinweis, dass er sich selbst den Dienst erschwere,

um 5—600 Patienten zu behandeln. Seine Eitelkeit behielt die Ober-
hand, und so geschah es, dass er während der Zeit der Visite »auf
alle Säle« ging, die Diagnose, die Behandlung und Diät aller Kranken
controlirte und seine Ansichten dem behandelnden Arzte mittheilte.
Eines Tages kam er auch »auf meinen Saal«, der 30 Meter lang war
und für 21 Patienten Betten enthielt. Ich war am äussersten Ende des
»Saales«, als er bei der Thür erschien; in militärischem Schritt ging
ich ihm entgegen, er winkte mir jedoch mit der Hand ab und fügte
hinzu: »Lassen Sie sich nicht stören.« Anstatt aber den Saal zu verlassen, ging er zu den Patienten und begann seine Controle! Ich
konnte unmöglich etwas anderes sagen oder thun, als meine Arbeit
einzustellen und zu warten, bis der Oberstabsarzt am Ende des Saales
sein Gespräch beendigt hatte. Wiederum rief er mir zu: »Lassen Sie
sich nicht stören.« Es war ein Saal mit internen Kranken; beim
besten Willen konnte ich nicht auscultiren, wenn nicht die grösste Ruhe
im Zimmer herrschte; ich hielt also wieder mit meiner Arbeit ein und
stellte mich wie ein preussischer Grenadier in »Position«. Endlich
verliess er den Saal, ohne zu grüssen. (Zwei Tage später geschah
oben erwähnter Vorfall in dem Unterofficierspavillon, und seit dieser
Zeit blieb ich während der Visite von seiner Anwesenheit verschont.)
Dieser Saal war die Hälfte der sogenannten Tolletbaracken, deren es
zwei gab, und zwar zu beiden Seiten der Küche, welche in dem offenen
Raum gegenüber dem Eingange lag. Diese Baracken (No. VI, Fig. 24)
sind sehenswerthe Pavillons für ein Spital in den Tropen; sie stehen auf
kleinen, steinernen Pfeilern von ungefähr 40 cm Höhe und bestehen
aus zwei Sälen, welche durch »das Tagverbleib« von einander getrennt
sind. Dieses hat zu beiden Seiten je ein kleines Zimmer für die
Krankenwärter und einen Bergeplatz für gewisse Geräthe; im Hintergrunde befindet sich der Waschplatz mit zahlreichen Waschbecken und
der Wasserleitung. Der Vortheil dieser Baracken besteht in ihrer bedeutenden Höhe und dass die Wände aus einer doppelten Reihe von
Brettern mit einem Zwischenraume bestehen; unten und oben sind Oeffnungen, durch welche die Luft hinaufziehen und durch die Dachven-
tilation nach Aussen strömen kann. Drei Fehler zeigten diese Säle.
Weil sie auf Pfählen standen, dröhnte es fürchterlich, wenn man mit
militärischem Schritt durch den Saal schritt. Mein Vorschlag, diesem
dadurch abzuhelfen, dass man Laufteppiche legen sollte, wurde mit der
Motivirung zurückgewiesen, dass in Indien solche Laufteppiche die Brut-
nester zahlreicher Insecten werden würden. Die Hohlräume in der

Wand könnten die Brutstätte von Mäusen und Ratten werden, und drittens lag die eine Fensterfront nach dem Westen frei, so dass die Sonnenstrahlen in den Saal dringen konnten und thatsächlich die Kranken stark belästigten. Aus »ästhetischen Motiven« wurde mein Vorschlag, über den Fenstern kleine Marquisen anzubringen, abgelehnt. Leider hatte das Spital nur zwei dieser übrigens sehr praktischen Pavillons.

Nebstdem befanden sich noch zu beiden Seiten der Küche je drei, und parallel mit der Hauptfront des Gebäudes und hinter der Küche ein neunter Pavillon. Vier von diesen Pavillons hatten mehr oder weniger Holztheile, während die drei letzten nur aus Bambus bestanden und nicht einmal einen steinernen oder hölzernen Flur hatten; diese hiessen temporäre Gebäude, die übrigen Pavillons, welche nur theilweise aus Bambus bestanden, trugen den stolzen Namen semipermanente, und die Tolletbaracken waren permanente Gebäude. So lange die Baracken aus Bambus neu sind, sehen sie ganz hübsch aus, leisten aber in den Tropen nicht immer gute Dienste. Durch die Lücken der Matten findet ein steter Luftwechsel statt, und bei hoher Temperatur der Aussenluft herrscht im Innern eines solchen Gebäudes eine unerträgliche Hitze. Werden sie alt, haben sie eine schmutzige, graue Farbe, Spinnen, Wespen und andere Insecten nisten in ihnen, Staub und Holzmehl bedecken die Oberfläche, und jeder geringe Sturm oder Wind schüttelt dieselben auf die Bewohner. Im Jahre 1877 wohnte ich in einem solchen Fort, welches bereits 15 Jahre stand. Jedesmal, wenn das Gebäude durch einen etwas heftigen Wind erschüttert wurde, während ich mein Abendmahl verzehrte, musste ich den Pajong über den Suppenteller halten lassen, um nicht ein unerwünschtes Gewürz in meine Speise zu erhalten. Solche Gebäude sollten also aus Reinlichkeitsursachen alle drei bis vier Jahre ganz erneuert werden, was schon ihr Name temporär erwarten lässt; aber leider hat kein Spitalschef den Muth, einen diesbezüglichen Vorschlag einzureichen, wie mir s. Z. ein Hauptmann »der Genie« mittheilte. Kurz vor meiner Abreise kam ein Fall von Tetanus vor, und dennoch wurden die Wände nicht sofort erneuert.

Auch die Abtheilung für Infectionskrankheiten (No. XXVII, Fig. 24), welche im äussersten Norden des Terrains lag, hatte solche temporäre Gebäude, und zwar mit einem Cementflur. Es war ganz entsprechend den Anforderungen der modernen Wissenschaft für ansteckende Krankheiten eingerichtet, d. h. es war ganz isolirt, hatte einen Desinfectionsofen, der im Grossen und Ganzen gut functionirte, obwohl er irrthümlicher Weise in Magelang nicht an seinem Platze war, aber die Gebäude wurden nicht erneuert, wenn vereinzelte Fälle von Cholera, Blattern u. s. w. vorkamen. Wenn auch die Kosten einer solchen Renovirung geradezu unbedeutend[1]) zu nennen sind, so wurde mein diesbezüglicher Vorschlag vom Spitalschef jedesmal zurückgewiesen mit der Motivirung. dass er unmöglich wegen eines vereinzelten Cholerafalles einen solchen Vorschlag an die Regierung einreichen dürfe.

Die Hauptfront des Gebäudes, mit der Apotheke, Magazinen, Bureaux für den Chef und den wachthabenden Doctor und Apotheker und Operationszimmer,[1]) bestand aus Ziegeln. Dieses Spital ist also eine Versuchsstation der indischen Baukunst und kein architektonisches Ganzes oder Einheit und gewiss kein monumentales Gebäude; es ist ein durcheinander geworfenes Mosaikbild aller Baumaterialien, welche in den Tropen zum Bau von Gebäuden verwendet werden können. »Die Genie« braucht auf dieses Gebäude nicht stolz zu sein.

Die Wasserleitung war gut; in einer Entfernung von ungefähr 1000 Metern befand sich im Thale des Elloflusses eine Quelle mit Gebirgswasser; ein Pumpwerk trieb das Wasser in das Spital, wo es in einem Wasserthurme als Reservoir aufgefangen und danach mit Röhren in das ganze Spital geleitet wurde.

Die Canalisirung war ebenfalls praktisch angelegt; ein grosses Ableitungsrohr mündete in bedeutender Entfernung in das rechte Ufer des Elloflusses. Die Aborte hatten das Tonnensystem, an ihrer hinteren Seite befand sich eine kleine Thür, und Sträflinge wechselten täglich die grossen Tonnen aus dickem Eisen.

Die Beleuchtung war anfangs so schlecht als möglich. Die Beleuchtung in den Sälen brauchte nicht stark zu sein, weil die Patienten um 9 Uhr zu Bette gehen mussten, aber die langen Corridore hatten wegen des wellenförmigen Terrains hin und wieder Treppen; der erste Spitalschef liess diese schwarz und weiss anstreichen und darüber die »glimmenden Nägel« aufhängen. Die Petroleumlampen waren zu klein, um die »Runde« hinreichend zu erleuchten, und verdienten mit vollem Rechte den Namen »glimmende Nägel«. Um diesem Uebelstande abzuhelfen, wurden endlich die Treppen entfernt, und die langen Corridore bildeten dann eine sanft auf- und absteigende

---

[1]) Der Quadratmeter einer solchen Wand wird auf dem Markt je nach der Qualität des Materials um 20—50 Cent verkauft.

[1]) sowie die Pavillons für Frauen und Sträflinge (No. XVIII bis XXIII, Fig. 24).

überdeckte Strasse. Im »Tagverbleib« der einzelnen Pavillons und in
den Zimmern der kranken Officiere und der wachthabenden Aerzte und
Apotheker befanden sich grosse Stehlampen oder Hängelampen, welche
hinreichend Licht gewährten.

An die »Wissenschaft« wurde beim Bau des Spitales sehr wenig
gedacht; ein Häuschen für »Schwefelwasserstoffentwickelung« befand
sich in der Nähe der Apotheke, wurde aber als Rumpelkammer benutzt; in der Nähe der Abtheilung für Infectionskrankheiten befand
sich das Leichenhaus mit einem Cabinet[1]) für mikroskopische Untersuchungen; neben dem »Conferenzzimmer« befand sich ein Cabinet mit
der stolzen Aufschrift: Bibliothek, welches von mir zur Untersuchung
des Urins eingerichtet wurde; in einem Spitale für 4—600 Patienten
konnten keine chemischen Untersuchungen des Mageninhaltes, keine Blut-
untersuchungen, keine bacteriologischen Arbeiten gemacht werden; es
sei denn, man ersuchte einen der Apotheker darum, welcher in der
Regel mit der Receptur so viel zu thun hatte, dass eine specielle Ausbildung in diesen Fächern nicht erwartet werden konnte.

Wenn ich noch mittheile, dass die »Badekammern« auch hölzerne
Wannen für warme und heisse Bäder[2]) neben den üblichen Douchen
hatten, dann habe ich nichts vergessen aus dem mit grosser Raumver-
schwendung errichteten Militärspitale zu Magelang, welches als eine
Sehenswürdigkeit Javas gepriesen wird.

Die Harmonie zwischen den beiden Mächten des Staates war in
Magelang anfangs sehr gut. Der Militär- und zugleich Platz-Commandant
war ein Ehrenmann, der durch die Ruhe seines Charakters und durch die
Humanität seines Denkens und Fühlens keinen Feind hatte; der Resident A. war, ich möchte sagen, aus demselben Stück Eisen geschmiedet; beide Männer füllten mit grosser Gewissenhaftigkeit, aber auch
mit allem Tact und Ehrlichkeit ihre Stellung aus und vermieden durch
rechtzeitiges Entgegenkommen jeden Conflict; niemals gab es Reibereien.
Aber unter den Civilbeamten ist noch eine Kategorie, welche durch die
undeutliche Competenzgrenze ihrer Stellung häufig zu Reibereien Anlass

---

[1]) welches aber wegen seiner ungünstigen Lage nicht in Gebrauch genommen wurde.

[2]) Neben dem Wasserthurme stand der grosse Kessel, von welchem das
warme Wasser für die Bäder in einer zweiten Leitung durch das ganze Spital,
aber nicht für den Officierspavillon, geleitet wurde.

giebt, und leider führt dieser Federkrieg oft genug auch zur Entfrem-
dung der beiden Würdenträger.

Die jüngste Reorganisation des Rechtswesens hat nämlich den
Gerichtsbeamten beinahe eine ganz unabhängige und, ich möchte fast sagen,
isolirte Stellung im indischen Staatswesen eingeräumt. Die Erfahrung
muss erst den Beweis bringen, ob dieses Princip für die Colonien ein
richtiges sei; die administrativen Beamten konnten sich bis jetzt nur
schwer in die neuen Verhältnisse hineinfinden, obwohl ihnen ein grosser
Theil ihrer Arbeit und der Verantwortung ihrer vielseitigen Leistungen abgenommen wurde. Die Gerichtsbeamten gewannen dadurch
so viel Freiheit in ihren Entschlüssen, dass sie vollständig unabhängig
und selbständig ihren Berufspflichten nachkommen konnten. In beschränkten Köpfen musste diese Freiheit der Stellung eine Begriffs-
verwirrung mit der Freiheit der Person veranlassen, und so geschah
es, dass der Landesgerichtsrath X. zu Magelang neben seinen Berufspflichten die der Controle über den Residenten auf sich nahm und zwar
in der ausgesprochenen Ansicht, dass die Gerichtsbeamten in jedem
Staate die einzigen und höchsten Stützen und Leiter seien. In recht
komischer und drastischer Weise bekundete der Herr X. diese Anschauung gegenüber einem Major der Infanterie, welcher wegen
seines universellen Wissens eine sehr geachtete Stellung überall, zu
jeder Zeit und in jeder Gesellschaft einnahm.

Diese beiden Männer besprachen das Thema, dass Niemand mit
seinem Stande zufrieden sei und dass Jedermann seine Kinder eine höhere
Stellung, als er selbst bekleide, anstreben lasse. Dabei entwickelte
Herr X. eine gesellschaftliche Leiter und gab die vorletzte Stufe derselben dem Officier und die höchste und letzte Stufe dem Juristen.

Leider ist die Organisation des Rechtswesens Schuld an den zahlreichen Reibereien der betreffenden Beamten. Während die Regierungsform durch und durch centralistisch ist, der Absolutismus im weitesten und ausgebreitetsten Sinne das Scepter über die Europäer führt
und den Eingeborenen nur sehr geringe Communalangelegenheiten in
eigener Verwaltung überlässt, so dass der Verwaltungsbeamte beinahe
im strengsten Sinne des Wortes der Patriarch seines Verwaltungsbe-
zirkes ist, gab sie den Gerichtsbeamten eine zu weit gehende autonome
Organisation, so dass dies Regierungsprincip in seinen Grundpfeilern
erschüttert wurde. Die Zulassung der Europäer und ›fremden Orientalen‹ in N.-Indien, die Verbannung von Personen aus N.-Indien, die
Aufsicht über die Magistratsverordnung und über die Gefängnisse, die

Gesuche um Errichtung von Actiengesellschaften oder Vereinen, die Naturalisation, die Aufsicht über die Presse, über Volksversammlungen, die Waisen- und Nachlasskammer gehören in das Departement der Verwaltungsbeamten,[1] die sich bei ihren Studien in Delft auch eine hinreichende Fülle des juridischen Wissens diesbezüglich aneignen. Das Polizeiwesen blieb in Händen der Verwaltungsbeamten, und auch die Zuweisung nach den Strafrichtern, welche so viel als möglich die diesbezügliche Competenz an sich reissen wollen und dadurch eine unerschöpfliche Quelle von Streitigkeiten geschaffen haben.

Der Europäer erscheint nämlich nur vor einem Gerichtshof aus Europäern, deren drei auf Java bestehen, und zwar in Batavia, Samarang und Surabaya, während zahlreiche Landesgerichte mit einem europäischen Juristen als Präsidenten, einem europäischen Secretär und einigen Häuptlingen mit dem Panghulu (mohamedanischen Priester) als Beisitzer über die Eingeborenen die Jurisdiction üben. Es würde mich zu weit führen, das Rechtswesen auf Java ausführlich zu beschreiben, und ich will daher zu dem Ausgangspunkte dieses Capitels zurückkehren.

Es herrschte in Magelang ein gemüthlicher Ton unter der Herrschaft dieser zwei Würdenträger; als der Colonel P. wegen körperlicher Gebrechen, denen er leider bald danach erlag, in Pension gehen musste, kam ein Misston in das gesellschaftliche Leben der Residenzstadt, und bald standen sich zwei feindliche Parteien gegenüber, welche zwar die Grenzen der Höflichkeit nicht überschritten, aber einen gemüthlichen Verkehr derselben unmöglich machte. Lieutenant X. war ein Günstling des Residenten, welcher ein Schulkamerad seines Vaters gewesen war; seine Frau, eine liebenswürdige, schöne und gebildete Dame, verkehrte daher gern im Hause des Residenten, und als ihr Mann in Conflict mit seinen Vorgesetzten kam, fanden sie beide im Hause dieses hohen Beamten Trost und Stütze in ihren Leiden.

Lieutenant X. war mit seinem Kameraden Y. so befreundet, dass sie gelobten, sich tolerant auf die gegenseitigen Fehler aufmerksam zu machen und einander in Leid und Freud beizustehen. Doch bald darauf bestand keiner von beiden die Feuerprobe ihrer Freundschaft; beide standen bei demselben Bataillon und in derselben Compagnie. Beide waren Oberlieutenants; Lieutenant Y. war aber im Range um acht Monate höher und um 6 Jahre älter als Lieutenant X. In Vertretung des kranken Compagnie-Commandanten führte eines Tages Lieutenant Y.

---

[1] und nicht in das der Justiz.

seine Compagnie auf das Exercierfeld bei dem Berge Tidar. In einer
Ruhepause blieb X. reglementswidrig nicht bei der Truppe stehen, sondern begab sich zu seinem Freunde Y. Dieser glaubte dieses rügen zu
müssen und schickte seinen Freund X. auf seinen Platz. Lieutenant
X. beantwortete diese strenge Auffassung der Dienstvorschriften mit
einer brüsken Antwort, worauf sein Freund Y. die Sache an den
Bataillons-Commandanten rapportirte. Lieutenant X. bekam vier Tage
Arrest und forderte Lieutenant Y. zum Duell. Dieser weigerte sich,
das Duell anzunehmen, und theilte dieses wieder höheren Ortes mit;
in dem weiteren Verhalten in dieser Affaire zeigte sich Lieutenant X.
so unbotmässig, dass er sich die Sympathie seiner Freunde selbst unter
den Officieren verscherzte. Der Colonel beschuldigte jedoch den Residenten, ihn zu seinem indisciplinaren Vorgehen aufgereizt zu haben,
wofür er, ich zweifle keinen Augenblick, keinen einzigen objectiven
Beweis haben konnte. Dies war die Veranlassung zu einem gespannten
Verhältnisse zwischen diesen beiden Würdenträgern, welche aber ihrer-
seits bei öffentlichen Gelegenheiten den äusseren Schein des freundschaftlichen Verkehrs bewahrten. Dazu gab es sehr oft Gelegenheit. Die Soldaten hatten nämlich zwei Theatergesellschaften, welche
in der Cantine oft Vorstellungen gaben, und ich selbst hatte unter den
Officieren und Bürgern die ›Thalia‹ errichtet. Im Jahre 1893 war
nämlich in Magelang ein Wettrennen, welches mit einer Ausstellung
der Industrieproducte der Provinz Kedu verbunden war. Nebstdem
hatten einige Herren und Damen zu dieser Gelegenheit ein Lustspiel
einstudirt und für den zweiten Abend einen Tingel-Tangel eröffnet. Das
Lustspiel und das Café chantant wurde in der Vorgalerie des Residenten gegeben, welcher zu diesem Zwecke die Coulissen aus der
Cantine entlehnt hatte. Diese hatten solchen Anklang gefunden, dass
nach Ablauf der Wettrennen einige Bürger und Officiere zur Gründung
eines Dilettantentheaters zusammentraten. Zum ersten Director wurde
meine Wenigkeit gewählt; jedes Mitglied sollte 1 fl. monatlich bezahlen,
und dafür sollten vier Vorstellungen im Jahre gegeben werden. Mitglieder fanden sich in hinreichender Zahl; ausübende Mitglieder gab
es auch hinreichend; aber alles Andere fehlte. In erster Reihe machte
mir die Platzfrage sehr viel Sorge; endlich wurde ich auf die Turn-
halle der Schule für die Häuptlingssöhne aufmerksam gemacht; obwohl
hier jeden zweiten Sonntag von dem ›Domine‹ Gottesdienst gehalten
wurde, der zu diesem Zwecke von Djocja nach Magelang kam, wurde
mir vom Residenten dieser Saal gerne zu diesem Zwecke abgetreten.

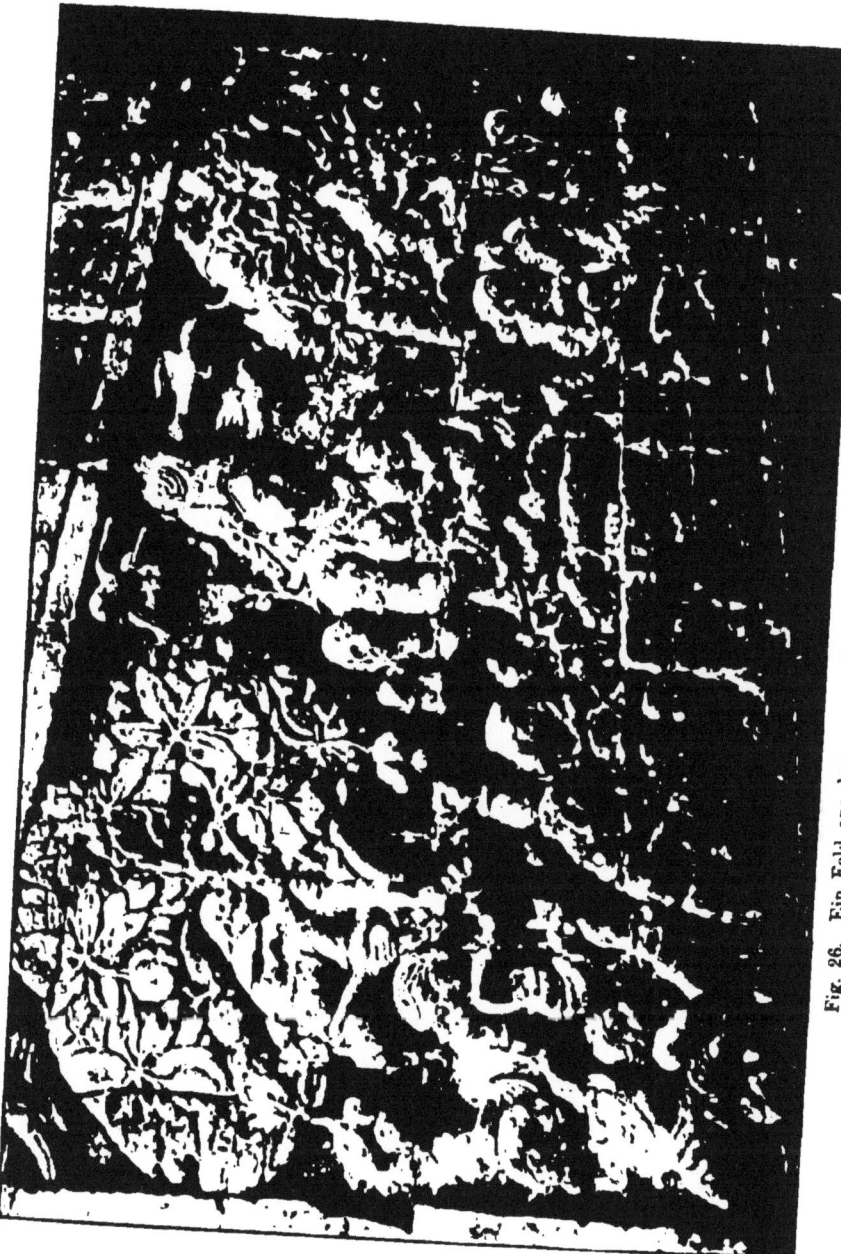

Fig. 26. Ein Feld aus dem grossen Fries in den Mauern des Boro Budur.

Die zweite Frage galt der Beschaffung der Coulissen. Der Verein hatte im Anfang keine hinreichenden Geldmittel, um Coulissen malen zu lassen. Ich miethete also für die erste Vorstellung, welche die Feuerprobe der Existenzfähigkeit dieses Vereins geben sollte, die Coulissen des Theaters aus der Cantine; als ich dessen sicher war, berief ich die erste Versammlung der mitwirkenden Mitglieder, und nach langer Debatte über die Wahl des Stückes wurde für die erste Aufführung das echt holländische Drama »Janus Tulp«, und für die zweite die holländische Uebersetzung des deutschen Lustspieles »Der Störefried« angenommen. Das Lesen und Einstudiren der Rollen brachte der Jugend Magelangs gemüthliche und unterhaltende Abende, zu denen sich natürlich ganz heimlich auch der kleine Schalk Amor hin und wieder einstellte, bis endlich die Opfer seiner Intrigue am Traualtar einander ewige Treue schworen. Zahlreich waren die Detailarbeiten und sehr lästig für mich, weil ich in die Geheimnisse des Coulissenlebens gar nicht eingeweiht war. Endlich kam der grosse Tag der ersten Aufführung. Um 9 Uhr Abends sollte sie stattfinden; ein schwerer Tropenregen schaffte ganz unerwartet Hindernisse. Der Turnsaal stand mitten im Hofraum zwischen den Pavillons für die Zöglinge der Anstalt; zwei Zimmer wurden bereitwilligst von dem Director für diesen Abend der »Thalia« zur Verfügung gestellt. Hier sollten die Herren und Damen sich schminken lassen und den Toilettenwechsel besorgen. Mit einem Regenschirm konnten sie sich gegen den strömenden Regen schützen. Wie sollten sie aber durch die entstandenen Pfützen trockenen Fusses auf die Bühne gelangen? Zwei Stunden vor dem Anfang nahm ich also meine Equipage und überfiel den Residenten in seinen häuslichen Arbeiten. Er sollte und musste als Mäcen den mit Lebensgefahr (??) bedrohten Schauspielerinnen helfen! Der brave Mann schaffte Hülfe. Eine Bretterwand stand unbenutzt vor einem vollendeten Gebäude; eine »Truppe« Sträflinge (25 Mann) erhielt den Befehl, sofort diese Wand abzubrechen und nach dem Turnsaal zu bringen. Der Regen hatte um 9 Uhr aufgehört, die entstandenen Pfützen wurden mit den Brettern bedeckt, und ohne Lebensgefahr (?) konnten die Schauspielerinnen und Schauspieler trockenen Fusses auf die Bühne gelangen. Der Erfolg übertraf alle Erwartungen, und stolz rühme ich mich noch heute dieser That. Janus Tulp[1] ist ein echtes Volksstück mit einem kräftigen Dialog und gesunder Tendenz. Ein Barbier wird durch ein Loos

[1] von dem bekannten Dichter Justus van Maurik.

Besitzer eines grossen Vermögens und Protz in optima forma. Seine
Frau und seine Tochter jedoch bewahren ihre einfachen Sitten und
kommen dadurch in Conflict mit den hochfliegenden Plänen ihres Vaters.
Die Tochter ist die Heldin des Stückes und wurde von der Frau des
oben erwähnten Lieutenants Y. mit solcher Wärme und Natürlichkeit
gespielt, dass kein Auge trocken blieb. Frau Y. hätte auf jeder Bühne
Europas eine Zierde sein können. Um 11½ Uhr war das Drama beendigt; zum Nachhausegehen hatte aber Niemand Lust. Die Schauspieler beeilten sich, die Schminke abzuwaschen, und schon nach einer
Viertelstunde formten alle ausübenden Mitglieder unter dem Präsidium
des Residenten einen Aufzug. Die Militär-Musik, welche in den
Zwischenacten gespielt hatte, stellte sich an die Spitze, und unter den
fröhlichen Klängen eines Tara-ra-bum-Marsches zogen wir Alle in das
Clubgebäude. Die Lampen wurden angezündet, die Musik nahm im
Tanzsaale Platz, und bis zur frühen Morgenstunde wurde nun der Terpsichore gehuldigt.

Wenn ich nun des Croquetclubs erwähne, welcher manchmal
einige Wochen oder Monate lang bestand, dann habe ich alles mitgetheilt, was den Bewohnern Magelangs an Vergnügungen geboten wurde.
Wollte man also in die Monotonie des täglichen Lebens Abwechselung bringen, dann musste man es in der Lectüre, in gesellschaftlichen
Zusammenkünften oder im Genuss der schönen Natur und der zahlreichen Ruinen suchen, an welchen die Provinz Kedu aussergewöhnlich
reich ist.

Die tägliche Lectüre war die »Locomotief«, welche in Samarang
herausgegeben wurde, oder der »Javabode«, welcher in Batavia täglich
erscheint; erstere kostete 40 und die Batavische Zeitung 20 fl. pro Jahr.
Natürlich erscheinen auf Java auch noch andere Zeitungen, z. B. in
Surabaya, in Djocja ein in malayischer Sprache geschriebenes Tage-
blatt u. s. w., welche eine ausgezeichnete Controle der Regierung sind,
ja noch mehr; wenn auch in militärischen und Beamten-Kreisen Jedermann ein trauriges Stigma hat, welcher »in den Zeitungen schreibt«,
so findet dennoch die Fama regelmässig ihren Weg in die Redactions-
stube, und manche Unregelmässigkeit, Nachlässigkeit oder Uebergriff
der Bureaux wird rechtzeitig der Kritik der öffentlichen Meinung
überliefert. Auch ohne diese stete und ununterbrochene Controle der
Würdenträger hat die indische Presse geradezu einen bedeutenden Einfluss und pädagogischen Werth, der nicht hinreichend gewürdigt wird.
Mit mehr oder weniger Unrecht wird das persönliche Verdienst der

Redacteure hierbei geschmälert, nämlich durch die Behauptung, dass
der Scheere der Löwenantheil an diesem Verdienste gebühre; dies
ist wahrscheinlich richtig; aber die Mildthätigkeit hat auch oft andere
Quellen als das Verlangen, den Armen zu helfen; wer wird eine mild-
thätige Stiftung zurückweisen, weil die Eitelkeit an ihrer Wiege sass?
Ob nun der Redacteur aus der Tiefe seines Geisteslebens schöpft oder
mit der Scheere bei seinen europäischen Collegen eine Anleihe macht,
kümmert den Leser gar nicht; Thatsache ist, dass die indischen Zeitungen sehr instructiv und oft unterhaltend sind. Das Verdienst ist
um so grösser, weil Indien keine Gemeindevertretung[1]) hat, wodurch
viele locale Blätter in Europa Stoff zu täglichen, meterlangen Mittheilungen erlangen.

Nebstdem war ich Mitglied zweier Lesegesellschaften; die eine
hatte ihren Sitz in Magelang und bot ihren Mitgliedern eine reiche
Auswahl in europäischen periodischen Zeitschriften; oft erhielt ich
jeden Sonnabend 20 Nummern, wie z. B. Fliegende Blätter, Ueber
Land und Meer, De aarde en haar volken, London News, Journal
pour rire, Wiener Caricaturen u. s. w. Die zweite wurde von einem
Civil-Arzt in Samarang verwaltet und besorgte die Fachlectüre; deutsche,
holländische und französische medicinische Wochenschriften wurden jede
Woche nach Magelang gesendet.

---

[1]) Erst im März des Jahres 1899 wollte die Regierung einen Anfang mit
einer Gemeindevertretung machen; sie holte von den drei Residenten zu Batavia, Samarang und Surabaya Gutachten ein, um für die beabsichtigte Einführung einer Gemeindeverwaltung „sofort Gemeindesteuern auszuschreiben für
die localen Bedürfnisse, z. B. für die Strassenbeleuchtung u. s. w." Vorläufig
sollten die Erträgnisse dieser Steuern in die Staatskasse fliessen, um sie später,
wenn die Gemeindevertretungen zu Stande kommen sollten, diesen zu übergeben. Darauf sagt die „Locomotief" vom 4. April: Es handelt sich also mehr
um eine neue Steuer, als um eine neue Volksvertretung.

10. Capitel.

Der Buru Budur — Magelang während des Krieges mit Lombok — Soldatenfreunde — Die Religionen auf Java — Schulen für die Javanen — Die Dysenterie — Leberabscesse — Eine Expedition in den Tropen — Nochmals von Dienstboten — „Der Garten von Java".

Die gesellschaftlichen Zusammenkünfte in Magelang waren in der Regel sehr amüsant; die erste, welche ich mitmachte, war ein Picknick am Fusse des Buru Budur (= Bârâ Budur = der unzählbare Buddha?). Der Landesgerichtsrath T. hatte keine Kinder, ich hatte keino und Dr. A. war kinderlos; wir sechs und die Familie des Dr. S. beschlossen eines Tages, eine gemeinsame »Reistafel« unter den Palmen zu halten und zwar am Fusse jenes 1000 Jahre alten Tempels, welcher als ehrwürdige Ruine des alten Hindudienstes in seiner Grösse und in seinem Reichthum an Bildarbeiten alle Pyramiden Aegyptens und alle Ruinen des Alterthums hoch überragt.

So schwer es fällt, das religiöse Denken der Javanen in seinen Theilen zu erkennen, d. h. wie viel dem alt-polynesischen Glauben, wie viel dem Bramadienste, wie viel dem Buddha-Glauben und wie wenig dem Mohamedanismus angehört, so leicht haben sich die Gelehrten geeinigt, den Buru Budur als dem Buddhadienste gewidmet anzuerkennen.

Wir nahmen an einem Sonntag zwei Reisewagen, in welchen nicht nur wir zehn Personen Platz hatten, sondern noch zwei Bediente mit dem nöthigen Geschirr auf dem Bock sassen; am Ziele unserer Reise war ja ein Passantenhaus, welches von einem ausgedienten Soldaten bewacht wurde; in diesem Pesanggrâhan befanden sich nicht nur Betten, sondern es bestand auch Gelegenheit, ein Mittagessen einzunehmen; d. h. Reis, Früchte und Hühner konnten in den verschiedensten

Formen den Besuchern geboten werden; die Damen unserer Gesellschaft hatten also nur für einige Speisen zu sorgen; denn auch einige Flaschen Bier, Apollinariswasser und Rothwein hielt er in Vorrath.

Schönes Wetter begleitete uns; wir nahmen den Weg durch die Mörderallee, vorbei an dem Berge Tidar auf die grosse Strasse nach Djocja; sie wird von den sie umgebenden Kampongs in gutem Zustande erhalten; sobald die Regenzeit eintritt, wird der Schotter, welcher in gewissen Abständen zu pyramidenförmigen Haufen längs des Weges in Vorrath sich befindet, über die Strasse geworfen, und die schweren Lastwagen drücken ihn in den Boden, welcher durch den Regen weich geworden ist. Ungefähr ein Kilometer vor Muntilan geht eine schmale Strasse nach Westen und zwar an das Ufer des Elloflusses. Kurz vor der Einmündung dieses Flusses in den Progofluss sahen wir einen schönen Tempel, es war der Tjandi Mendût (Fig. 19) aus Trachitblöcken. Er hat acht Seiten und vier einspringende Ecken, ist pyramidenförmig und hatte vielleicht eine Höhe von 25 Metern.[1] Er ist erst seit 60 Jahren ausgegraben. Auf der Westseite befindet sich eine Treppe und ein Eingang zu einer Halle von ungefähr 40 ☐ Metern; die Mauer desselben bestand aus porösen Trachitsteinen und war anfangs cylinderförmig und ging in einer Höhe von ungefähr vier Metern in die Form einer spitzen Pyramide über; ich wusste nicht, was ich zunächst bewundern sollte, die kunstvolle Weise, in welcher dieser Saal gebaut war, oder die darin befindlichen Statuen. Jeder Stein ruht nämlich in der angegebenen Höhe so auf seiner Unterlage, dass er diese um einige Centimeter überragt; ein weiterer Kitt oder Verbindungsmittel der Steine war nicht zu sehen. Durch die Ausbrüche des Merapis wurde dieser Tempel so erschüttert, dass der Eingang zahlreiche Risse zeigte, d. h. dass über dem Eingange die Würfel-Steine grosse Lücken zeigten, welche den ängstlichen Gemüthern der Damen selbst den Eintritt in die Halle verleideten. Im Hintergrunde derselben sass Buddha mit herabhängenden Beinen und wie zum Beten gefalteten Händen; er ist nackt, 4½ Meter hoch, der Gesichtsausdruck erinnert an eine sanfte, gutmüthige Frau (Fig. 25). Zu beiden Seiten befinden sich zwei weibliche Figuren, 2½ Meter hoch, mit Ringen an den Armen und Knöcheln und Tiaras. Sollte es, wie Veth[2] vermuthet, eine ihrem Gotte dargebrachte Huldigung zweier Halbheiligen sein?

---

[1] Veth giebt die Höhe auf 60—70' an.

[2] Veth, „Java", Band II, Seite 85.

Bald verliessen wir diesen Tempel und bestiegen wieder unsere
Wagen; aber schon nach einigen Minuten erreichten wir den Ello, auf
welchem sich zwischen zwei grossen Rottangstricken eine Fährte befand;
sie war gross genug, um die acht Pferde und die zwei Wagen aufzunehmen. Zunächst wurden diese an das jenseitige Ufer gebracht, und
dann bestiegen wir diese primitive Fahrgelegenheit. Noch ungefähr
zehn Minuten fuhren wir, als wir plötzlich vor einem kleinen Hügel
standen, wo sich nach links der Weg wandte. Keine hundert Meter
weit lag der Tempel vor uns. Der erste Eindruck liess mich kalt.
Als ich im Jahre 1884 mit Urlaub nach Europa ging, verliess ich
bei Ismailia das Schiff und fuhr mit der Eisenbahn nach Kairo, um
die Cheops-Pyramide und die Sphinx zu sehen; auch das Massenhafte
und das hohe Alter dieser Denkmäler einer untergegangenen Kunst-
zeit packten keine Faser meine Nerven. Ich glaubte damals überhaupt
keinen Sinn für architektonische Schönheit zu besitzen; als ich aber
zwei Monate später zum ersten Male das neue Rathhaus in Wien sah,
da fasste mich der Zauber dieses gothischen Baues mit aller Macht.
Ich trat also mehr mit Neugierde als mit Entzücken dem Buru[1])
Budur näher und sah die hunderte Gruppen und die tausende Figuren,
welche sich an den Wänden dieses Tempels befinden. Diese Basreliefs
bringen Buddhas oder Verehrer des Buddha in allen möglichen und
unmöglichen Stellungen, Scenen aus dem Leben von Fürsten, Riesen,
Schlangenkönigen, Eseln, Geistern, Thierfabeln. Leider fehlt uns der
Ariadnefaden, der uns in diesem Labyrinth als Führer dient.

Die Frau des Dr. A. hatte schon wiederholt diesen Tempel besichtigt; sie nahm also die Pflichten einer Hausfrau auf sich, um mit
Hülfe des Tempelwächters und der mitgenommenen Bedienten für die
»Reistafel« zu sorgen. Wir Andern bestiegen zunächst die Haupttreppe,
welche von zwei grossen, steinernen Löwen bewacht wurde und uns zur
Basis des Tempels brachte, welche die Form eines Quadrates von 151 Metern
Seitenlänge hatte. Die äusseren Grundmauern bestanden aus Trachit-
blöcken, deren oberster Rand eine Reihe von Basreliefs einnahm (Fig. 26),
welche den Typus des ganzen Gebäudes charakterisiren. Auf einigen
Treppen stieg man auf die zweite Terrasse, auf welche wieder eine

---

[1]) Veth nennt ihn Bårå und nicht Buru Budur; das javanische å ist ein
Mittellaut zwischen a und o; etymologisch ist dies die richtigere Schreibweise
als mein Buru; in allen malayischen und javanischen Ausdrücken glaubte ich
aber aus naheliegenden Ursachen der phonetischen Schreibweise folgen zu sollen.
Ich hörte immer von Buru und niemals von Bårå sprechen.

Galerie folgte, die auch eine Wand nach aussen hatte. Es sind im Ganzen zwölf Terrassen, und das Gebäude erlangt hierdurch die Höhe von ungefähr 50 Metern über dem Fuss des Berges. Diese Terrassen oder Galerien sind mit hundert Gruppen von Basreliefs verziert, in welchen Buddha meistens der Mittelpunkt der verschiedensten Scenen ist. Zahlreich sind die Nischen, in welchen er sitzt, und ebenso zahlreich sind die kleinen Kuppeln mit diesem Gotte.

Ein feenhafter Anblick war es für mich späterhin, wenn ich Abends dahin ging und der Mond den ganzen Tempel in seine silbernen Strahlen hüllte. Es war ein Zauberschloss, aus welchem von allen Seiten, von allen Ecken und Winkeln das sanfte, ruhige Antlitz des Gottes Buddha auf uns niederblickte.

Auf der Spitze des Tempels stand die grösste Kuppel von 3,₅ Meter Höhe und 9,₄ Meter Breite. Sie hatte eine Spitze von 9 Meter Höhe, darin war ein rundes Zimmer, in welchem früher wahrscheinlich das grösste Buddhabild, das Allerheiligste, gestanden hat.

Ich kann mich unmöglich in eine weitere Beschreibung dieses Riesentempels einlassen; die Photographie desselben (Fig. 27) möge dem freundlichen Leser einen schwachen Ersatz dafür bieten, und möge er mit mir die hohe Kunst der Javanen bewundern, die vor tausend Jahren geblüht und heute unter den fanatischen, kunstfeindlichen Bekennern des Islams beinahe bis auf das Niveau der Naturvölker gesunken ist.

Rhaden Saleh, dessen Mutter ich in Magelang behandelte, ist, wenn auch ein bedeutender Maler, doch der einzige Künstler, welchen Java in der Gegenwart aufweisen kann, natürlich, wenn wir von den dort lebenden Europäern absehen.

Am 2. August des Jahres 1894 war eine andere grosse Gesellschaft bei mir versammelt; es wurde 8¹/₂ Uhr, und Alle waren in so fröhlicher Laune, dass Niemand daran dachte, nach Hause zu gehen, und man das holländische Volkslied anstimmte: »Wir gehen noch lange nicht nach Haus«. Die Stunde des Nachtmahles war herangerückt, und eine Lehrerin stellte den Antrag, ein Picknick zu improvisiren, dass Jeder sein Nachtmahl in mein Haus bringen lasse, um auf diese Weise der Hausfrau ihr Amt zu erleichtern. Mit lautem Hurrah wurde dieser Vorschlag angenommen, und um 9¹/₂ Uhr sollten wir zu Tisch gehen; aber o weh! die zurückgebliebenen Gäste waren 13! Da die eine Lehrerin aufs Bestimmteste behauptete, unter solchen Verhältnissen nicht zu Tisch gehen zu wollen, liess ich meine Equipage anspannen und fuhr in den Officiersclub, der voraussichtlich noch nicht geschlossen sein würde. Ich täuschte mich nicht. Der erste Herr, welcher mir entgegentrat, war Lieutenant d'A . . ., welchem ich die Schwierigkeit meiner Lage auseinandersetzte und die Bitte vortrug, eine so verspätete Einladung anzunehmen; er fuhr mit mir nach Hause und — drei Wochen später war er todt!

Es war nämlich der Krieg mit Lombok[1]) ausgebrochen und die Truppen waren zum grössten Theil aus der Garnison von Magelang genommen. Lieutenant d'A . . . war eines der ersten Opfer, welche der Leichtgläubigkeit des Truppen-Commandanten zum Opfer gefallen waren.

Die Sássak hatten schon zu wiederholten Malen bei dem Residenten von Buleléng (auf der Insel Bali) über den Despotismus ihres Fürsten geklagt. Alle Vorstellungen der holländischen Regierung, seinen mohamedanischen Unterthanen, den Sássakern nämlich, einen erträglichen Zustand zu gönnen, wie sie ihn bei ihren Glaubensgenossen auf Java und Bali kannten, fanden immer ein zustimmendes »Ja-Ja«; aber eine Veränderung brachte der Fürst weder in den politischen noch in den socialen Verhältnissen der Sássak, und am 24. Juli 1893 liess er selbst einen Controlor sechs Tage lang in Ampenan warten, um die Nachricht ihm zukommen zu lassen, dass er weder ihn, noch einen Brief empfangen wolle. Endlich musste Holland sich zur That aufraffen und organisirte 1894 eine Expedition, um unter dem Schutze von zwei Bataillonen Soldaten den Fürsten von Lombok zu einer thatsächlichen und radikalen Reorganisation seines Reiches zu zwingen. Unter dem Commando des Generals Vetter, dem der Resident Dannenborgh als Civil-Commissar und General van Ham als Stellvertreter zugetheilt wurde, zogen zwei Bataillone, also ungefähr 1000 Mann, nach Lombok (6. Juli 1894). Sie wurden aus der Garnison von Magelang genommen. In gehobener Stimmung marschirten sie aus ihren Casernen, am Ende der Stadt erwartete sie eine Commission von Bürgern, mit dem Residenten A. an der Spitze. Die Soldaten erhielten Cigarren,

---

[1]) Lombok ist eine der kleinen Sundainseln, 5435 Quadrat-Meter gross, und hatte ungefähr 500.000 Einwohner, welche zum grössten Theil Mohamedaner waren, während das Fürstenhaus mit seinem ganzen Anhange Anhänger des Hinduglaubens geblieben waren. Sie liegt zwischen 115° 45' und 116° 42' ö. L. und zwischen dem 8. und 9.° s. Br. Der höchste Berg ist der Piek von Lombok, 3800 Meter hoch, und zahlreiche kleine Flüsse durchziehen die Insel.

Bier und Genevre, und den Officieren sprach man bei einem Glase Champagner ein herzliches Lebewohl zu, ein dreimaliges Hurrah auf die Gesundheit der Königin-Wittwe schloss diese ergreifende Scene, und unter den Klängen eines Marsches zogen die Soldaten zu Fuss nach Willem I, wo sie ebenfalls festlich empfangen wurden. Am andern Morgen gingen sie per Eisenbahn nach Samarang, wo sie sofort nach der Rhede marschirten, um sich zur Reise nach Lombok einzuschiffen.

Mehrere Bivouacs wurden errichtet: auf dem Landungsplatz Ampenan, in der Hauptstadt Mataram und in der Fürstenstadt Tjakra negara. Es geschah, was zu erwarten war. Der Fürst erklärte sich zu allem bereit, was die holländische Regierung zu Gunsten der ›armen Sássaker‹ verlangte; er trat in Unterhandlung und verkehrte sehr gemüthlich und freundschaftlich mit den Führern der Expedition, liess sich selbst Arm in Arm mit dem General Vetter photographiren und zog die Verhandlungen so in die Länge — bis alles zur Vernichtung der holländischen Armee vorbereitet war.

Am 26. August, es war ein Sonntag, schickte der Commandant der Marinetruppen ein Telegramm nach Batavia, dass ein bedeutendes Gewehrfeuer auf Lombok gehört werde. Ein zweites Telegramm meldete, dass ein Kahn mit der Nachricht von einem Massacre angekommen war, und dass er sofort die Marine zu Hülfe schicken werde, und am 27. August kam die Trauermär, dass in der Nacht vom 25. auf den 26. August ein Ueberfall der Lomboker stattgefunden habe, bei welchem beinahe die ganze Armee aufgerieben wurde. Das 7. Bataillon lagerte zwischen Mataram und Tjakra und bekam die volle Ladung aus erster Hand. Ahnungslos lagen die holländischen Soldaten zwischen den niedrigen Lehmmauern, als aus Hunderten von Oeffnungen von beiden Seiten ein mörderisches Feuer begann; auf der Flucht durch Mataram war derselbe schaurige Höllenlärm, und erst ausserhalb der Stadt konnten sich die Truppen zur kunstgemässen Vertheidigung vereinigen. Das 6. Bataillon verliess sofort sein Bivouac und besetzte die leerstehende ›Puri‹, in welcher es sich zwei lange Tage und drei Nächte ohne Wasser befand und nur von den wenigen Speisen lebte, welche die Soldaten in ihren Beuteln mitgenommen hatten. Major B. war Bivouacs-Commandant. Am Abend des 25. August ging er allein, wie er mir später erzählte, längs der Schildwachen spaziren und sah plötzlich einen Lomboker vor sich stehen, welcher ihm mit geheimnissvoller Stimme zuflüsterte, ihm zu folgen; er wolle den tuwan Major zu einem reizenden Mäd-

chen bringen, welche alle Bewerbungen bis jetzt verschmäht habe
und nur einem »hohen« Manne ihre jungfräulichen Reize opfern wolle.
Zwei Stunden später begann das Schiessen; Major B. liess sofort die
zurückgebliebenen Truppen in Alarmstellung treten und pries das Geschick, dass er dem Sirenengesang dieses Verräthers nicht Gehör gegeben hatte. Ein Schrei der Entrüstung über die Sorglosigkeit und
Leichtgläubigkeit der Anführer übertönte den Jammer der zurückgebliebenen Frauen und Kinder der Officiere und Soldaten in Magelang.
Als die lange Liste der Verwundeten und Todten an der Mauer des
Clubs angeschlagen wurde, da entlockte der Schmerz um den gefallenen Freund mir und jedem anderen Menschenfreunde vielleicht zu
scharfe, aber doch verdiente Verwünschungen und Flüche über den
Vertrauensdusel von Männern, welche sich, an die Spitze eines Feldzuges
gerufen, wie kleine Kinder mit allen ihren Truppen in die Falle eines
schlauen und verrätherischen Fürsten locken liessen. Zwei Damen
fuhren sofort nach Surabaya, um dem Kriegsschauplatze näher zu
kommen und die Ankunft ihrer Männer abzuwarten; die übrigen blieben
in Magelang und zählten die Stunden, bis sie die Detailberichte von
ihren Männern erhalten konnten. Die Frau des Capitäns K. war die
Unglücklichste, der Name ihres Mannes stand mit dem eines Arztes
und eines Lieutenants auf der Liste der Vermissten. Der Gouverneur-
General van Wyk schickte sofort Ersatztruppen, zu denen von Magelang das 2. Bataillon gehörte. Wiederum geleitete eine Commission
die Truppen bis an das Ende der Stadt, und wiederum leerte der Resident A. ein Glas Champagner auf das Wohl der Truppen, welche
diesmal ihre durch den Verrath eines treulosen Fürsten gefallenen
Kameraden rächen sollten. Ich bedauere, nicht ein Maler gewesen zu
sein, um eine Scene zu zeichnen, welche mich damals mächtig er-
schütterte und so ergriff, dass ich trotz aller Mühe die Thränen nicht
unterdrücken konnte. Der Ausmarsch der Truppen aus den Casernen
war begleitet von lautem Jubel und Trompetenschall, besonders die
Compagnie der Amboinesen gab durch laute Rufe ihrer Freude
Ausdruck, für Vaterland und Königin den Tod ihrer Kameraden
und ihrer Freunde rächen zu dürfen. Eine grosse Menschenmenge
umstand das Exercierfeld vor der Caserne, und in lauter Aufregung
rief die Menschenmasse ein Glückauf den braven Soldaten zu, welche
ihr Leben opfern gingen, um die erlittene Schmach auszulöschen —
und im Hintergrunde sass auf der Treppe ihrer Wohnung die Frau
des Capitäns K., in thränenlosem dumpfen Schmerz versunken, brütend

über die Qualen und Martern, mit welchen ein grausamer, verrätherischer Feind ihren Mann in diesem Augenblicke foltern würde. Sie war eine schöne, stattliche Dame und sass in ihrem Schmerze gebrochen auf der Treppe. Dort zog eine jubelnde Schaar kräftiger, lebenslustiger Männer, begleitet von ihren Freunden, von Frau und Kindern, und hier sass verlassen und einsam mit starrem, angstvollem Blick wie eine Niobe eine unglückliche Frau, welche das Schrecklichste für ihren in den Händen eines Eingeborenen befindlichen Mann fürchtete.

Die braven Soldaten hielten ihr Wort: Mataram und die Fürstenstadt Tjakra negara wurden erobert, ihre Mauern niedergerissen und die Schatzkammer nach Holland gebracht. Der Fürst wurde nach Batavia verbannt, wo er auch nach kurzer Zeit starb.

Die zahlreichen Verwundeten, sowie die durch andere Krankheiten erschöpften und invaliden Soldaten wurden mit einem Dampfer der indischen Dampfschifffahrts-Gesellschaft zunächst nach Surabaya gebracht. Hier hatten sich natürlich ebenfalls Commissionen aus den Bürgern gebildet, um den Opfern des Krieges bei ihrer Ankunft Cigarren, erfrischende Getränke, Briefpapier und Couverts u. s. w. zu geben, und auch das Rothe Kreuz betheiligte sich mit Lust und Eifer an diesem menschenliebenden Werke. Sobald es der Zustand der Patienten erlaubte, wurden sie nach dem Gesundheits-Etablissement im Tengergebirge evacuirt, wo sie sich in der Regel sehr bald von den überstandenen Miseren erholten. So dauerte es einige Wochen, selbst oft zwei bis drei Monate, bis sie sich so weit erholt hatten, dass sie auf ihr Verlangen wieder nach Lombok geschickt werden, oder aber nach Magelang zurückkehren konnten, wo Viele ihre »Frauen« und Kinder wieder fanden. Es wurde nämlich, wie bei jedem Feldzuge, beim Abmarsch der Truppen nach Lombok nur 20 Soldaten pro Compagnie, also ungefähr 12 %, gestattet, ihre Haushälterinnen mitzunehmen. Wie ich schon an anderer Stelle mittheilte,[1]) hat man kein Recht, von einem anderen Standpunkte als von dem der geschlechtlichen Moral diese Frauen zu verurtheilen. Wenn auch die Haushälterinnen der Officiere ihre »Männer« manchmal in allem Thun und Lassen, in ihrem Denken und Fühlen auf das Niveau eines Eingeborenen bringen, so sind, wie die Erfahrung lehrt, die Haushälterinnen der Soldaten geradezu ein nothwendiges Element der Disciplin. Die wenigsten Strafen haben Sol-

[1]) Band I, Seite 215.

daten, welche eine Haushälterin haben, und am wenigsten dem Alcohol
ergeben sind jene europäischen Soldaten, welche die ›Njai‹ (mit oder
ohne Kind) zwingt, von ihrem Solde einige Cents täglich zum gemeinsamen Haushalte abzutreten. Nebstdem giebt es ja viele ›Soldatenfrauen‹, welche mit den eingeborenen Soldaten gesetzlich verheiratet sind.

Die zurückgebliebenen ›Frauen‹ waren gewissermassen versorgt;
sie konnten in der Caserne wohnen bleiben und erhielten pro Tag
$\frac{1}{2}$ Kilo Reis und 3 (?) Decagramm Salz. Ein Lieutenant führte das
Commando über die Frauencompagnie, d. h. er überzeugte sich täglich
von ihrer Anwesenheit, bei welcher Gelegenheit sie militärmässig vor
ihrem Bette standen und die Frau eines Sergeanten über die Vorfälle der
letzten 24 Stunden rapportirte. Nebstdem nahm sich die Frau eines
Hauptmanns der Intendantur, welcher Verwalter des grossen Militärspita-
les war, der verlassenen Frauen und Kinder an; sie sorgte, dass die Kinder regelmässig die Schule besuchten, dass sie von Zeit zu Zeit ihrem
Vater einen Brief schrieben, dass von dem errichteten ›Lombokfonds‹
die verwaisten Kinder mit Kleidern und Wäsche unterstützt wurden,
dass die zurückgekommenen halbinvaliden Soldaten mit Bier, Wein,
Cigarren u. s. w. bewirthet wurden und, last not least, dass die zurückgebliebenen Frauen sich nicht der officiellen Prostitution in die Arme
warfen. Unterstützt wurde sie in ihrem humanen Werke von einem
Missionare der Sabbathisten, welcher kurz vorher, von einigen holländischen Damen reichlich unterstützt, nach Indien gekommen war, um
die Moral der europäischen Soldaten auf ein höheres Niveau zu bringen,
als sie bis jetzt hatten. Die Basis seines Thuns und Lassens war, die
Macht des Alcohols und der eingeborenen Frau zu brechen. Zu diesem Zwecke errichtete er am nördlichen Ende der Stadt ein Clubgebäude für die Soldaten, in welchem zahlreiche illustrirte Blätter auflagen
und Kaffee, Thee, Chocolade, Limonade u. s. w. für einen sehr mässigen
Preis zu bekommen waren. Diese Concurrenz der militären Cantine
hatte Erfolg; es waren genug Soldaten, welche dem Alcohol in jed-
weder Form aus dem Wege gehen wollten; wenn man auch in der
Cantine Limonade, Syrup und Mineralwasser erhielt, so war es doch
sehr schwer, und für willensschwache Individuen geradezu unmöglich,
dem Alcohol fern zu bleiben. (Sagte mir ja selbst ein deutscher Militärarzt, dass er sich dem allgemeinen Gebrauch des Genevre nicht
entziehen konnte, weil er damit den Schein auf sich genommen hätte,
den holländischen Collegen und übrigen Clubgenossen den Gebrauch

des Genevre als Untugend vorzuwerfen.) Es herrschte also in seinem Club ein ruhiger und gelassener Ton, und dieser Theil seines Strebens und Wirkens hatte gewiss die Sympathie jedes unbefangenen Beurtheilers der herrschenden Verhältnisse.

Der zweite Punkt seines Programmes ist jedoch nicht frei von Einwand. Die Ertödtung der fleischlichen Gelüste der ledigen Soldaten hätte er nicht anstreben sollen; wenn der Herr van der St . . . seine Anhänger veranlasst hätte, mit den Töchtern des Landes eine Ehe einzugehen, so hätte er weder gegen die heiligen Gesetze der Natur, noch gegen die christliche Religion gesündigt; er aber verkündigte nur die Schändlichkeit des unehelichen Lebens mit den Eingeborenen.

Von der grossen Truppenzahl, welche in Magelang lag, also von ungefähr 4000 Mann,[1] hatten nur 13 diesen Theil des Programms angenommen, und mein Berichterstatter selbst machte mir den Eindruck, dass diese gewaltsame Unterdrückung des Geschlechtstriebes nur auf Kosten der Gesundheit, d. h. gegen Tausch mit dem ekelhaften Laster der Onanie erfolgt war. Ich muss aber bekennen, dass der Herr van der St . . . praktisch und tolerant genug war, Jedermann die Thore seines Tempels zu öffnen, und die Zahl der Besucher war so gross, dass gewiss sein Clubgebäude im Laufe der Zeit zu klein wurde. Ja noch mehr; er nahm sich jener Kinder an, welche der Vereinigung der Soldaten mit den eingeborenen Frauen ihr Dasein verdankten, und sorgte mit seiner Schwester für ihre Erziehung und für ihren Unterricht, wenn der Vater durch Krankheit oder durch den Tod seinen Pflichten nicht gerecht werden konnte. Leider kam er dabei in Conflict mit den Gesetzen des Unterrichts. Eine gewisse Zahl von Kindern darf nur von einem diplomirten Lehrer Unterricht erhalten; er wurde also gezwungen, alle seine Schutzbefohlenen die öffentliche Schule besuchen zu lassen, da er nicht im Stande war, für sie einen diplomirten Lehrer anstellen zu können. Jetzt machte sich wieder eine andere Schwierigkeit geltend. Er war Sabbathist und hielt als solcher den Sonnabend und nicht den Sonntag für den von Gott festgestellten Ruhetag; demzufolge liess er alle seine Zöglinge Sonnabends die Schule nicht besuchen. Da der Unterricht in Indien confessionslos ist und unmöglicher Weise eine solche Störung des Unterrichtes gestattet werden konnte, musste er den Staatsgesetzen sich fügen und seine Pfleglinge Sonnabends in die Schule gehen

[1] Nebstdem hat diese Stadt 2187 chinesische, 108 arabische, 7 orientalische, 18,934 eingeborene und 496 europäische Bewohner.

lassen. Seine Arbeit war mir auch so sympathisch, dass ich im September des Jahres 1896 keinen Augenblick zögerte, durch meine Unterschrift das segensreiche Unternehmen des Herrn v. d. St . . . zu empfehlen und die Stiftung eines Vereins zu veranlassen, der die verlassenen Soldatenkinder und Soldatenfrauen zu nützlichen Gliedern des Staates erziehen sollte. Dieser Verein sollte allen hülfsbedürftigen Soldatenkindern ohne Unterschied der Religion zur Seite stehen und die Erziehung eine christliche resp. protestantische sein.

Die herrschende Religion in Indien ist — der Indifferentismus.

Zahlreiche Juden befinden sich in der indischen Armee, im Corps der Beamten, im Handel und unter den Pflanzern; es besteht jedoch keine einzige jüdische Gemeinde, kein einziger jüdischer Tempel, und es ist mir nicht bekannt, dass die rituellen Speisegesetze und die schönen Familienfeste der Juden jemals in Indien gehalten wurden.

Die Protestanten sind am zahlreichsten vertreten; aber die orthodoxen, »die feinen« Protestanten, sind eine kleine, sehr kleine Schaar. Die Regierung muss sich ja in religiösen Angelegenheiten nicht nur wegen der Staatsgrundgesetze, sondern auch wegen der Millionen Mohamedaner und Tausende von Heiden, über welche sie herrscht, jeder religiösen Propaganda enthalten. Die Art und Weise, wie sie sich gegen die Missionare der verschiedenen Religionen benimmt, kann geradezu mustergiltig genannt werden; sie hindert nicht im geringsten Grade die Freiheit der Religionen und ihrer Missionäre; sie tritt aber überall jedem Zelotismus entgegen und duldet nicht den geringsten Uebergriff, von welcher Seite er auch kommen möge. Die Zahl der Protestanten ist, wie gesagt, sehr gross; wenn eine Regierung keinen grossen Eifer in religiösen Angelegenheiten zeigt, so ist auch die grosse Masse des Volkes indifferent, und vielleicht ist dieses eine der Ursachen, dass sich trotz der grossen Zahl der Protestanten kein reges, religiöses Leben in Indien offenbart. Nur zu oft geschah es, dass ein sterbender Kranker um die Ankunft eines »Domine« ersuchen liess, was, wie wir sofort sehen werden, bei den »Katholiken« niemals nöthig war, weil der »Pastor« täglich das Spital besuchte. Nur zu oft konnte dem Verlangen eines sterbenden Protestanten nicht entsprochen werden, weil der »Domine« sich in Djocja aufhielt und nur alle 14 Tage einmal nach Magelang kam, um etwaige Taufen u. s. w. vorzunehmen. Uebrigens ist der »moderne Domine« ein unglückseliges Mittelding zwischen Seelsorger und Geistlicher. Wissenschaft und Glauben lassen sich theilweise vereinigen; der »moderne Domine« leugnet dieses. Ich hörte einen solchen Domine an die Soldaten, ich möchte sagen im Angesicht des Feindes, eine akademische Rede halten, dass Jesus ›ein braver Mann und nichts mehr als ein braver Mann gewesen sei‹; ich ärgerte mich über diesen Mann, der zu den Soldaten, welche jeden Augenblick des Ausmarsches gegen den Feind gewärtig sein mussten, nichts anderes zu predigen wusste, als dass Jesus ein braver Mensch gewesen sei. Ihm stand jedoch die Wissenschaft höher als der Glaube, so dass er nicht einmal zu den Soldaten auf dem Kriegsschauplatze etwas anderes als über den Werth der Wissenschaft zu sprechen wusste. Dieser Mann hatte seinen Beruf verfehlt.

Darum ist der Indifferentismus der Protestanten[1]) in Indien gross. An einigen hohen Feiertagen gehen sie in die Kirche, wenn eine solche existirt, im Uebrigen denken sie weder an Gott noch an die Bibel.

Die Katholiken sind an Zahl eine viel kleinere Gemeinde, aber sie sind reger und unternehmender; in Magelang hatte ›der Pastor‹ ein eigenes Haus und eine kleine Kirche; zahlreich sind diese über ganz Java zerstreut. Der Sitz des Bischofs von Mauricastro ist Batavia mit einer schönen Pastorie auf dem Waterlooplatze. Selbst in Atschin ist eine ›Pastorie‹, und der Pastor Verbaak dient dort schon seit mehr als einem Jahrzehnt, geehrt und geachtet von Freund und Feind.

Die Mohamedaner sind in Java in grosser Zahl unter den Soldaten vertreten; von ungefähr 17000 eingeborenen Soldaten sind nur circa 1800 Christen, und zwar 12 Compagnien ambonesischer Soldaten (aus den Molukken). In der civilen Bevölkerung Javas ist der Islam die vorherrschende Religion; ungefähr 50000 Europäer und Halbeuropäer, 220000 Chinesen u. s. w. stehen circa 22 Millionen Mohamedanern gegenüber, wovon circa 11000 Araber und 5000 Armenier und Türken ihre Heimath ausserhalb Javas haben.

Auch unter den mohamedanischen Soldaten ist die Basis ihrer Religion Indifferentismus mit einem starken Beigeschmack von Fatalismus. Tuwan Allah Kassih = Gott hat es gegeben, ist das Um und Auf ihrer Lebensphilosophie. Ich habe niemals einen eingeborenen Soldaten die vorgeschriebenen religiösen Uebungen halten gesehen; bei der Geburt eines Kindes, beim Tode seiner Frau oder bei der Hoch-

---

[1]) In der Provinz Pasuruan ist eine grosse, protestantische Gemeinde von Eingeborenen mit Missionsschule in Swaru und Kendal pajak.

zeit seiner Tochter giebt er ein Salämatan,[1] dem ein »Hadji« präsidiren
und durch das Ableiern einiger arabischer Segenssprüche die nöthige
Weihe geben muss; natürlich unterwerfen sie sich der Beschneidung,
enthalten sich des Genusses des Schweinefleisches und trinken manchmal Schnaps, Bier oder Wein, ohne aber Missbrauch davon zu machen;
d. h. wenn bei gewissen Gelegenheiten ein »Freischnaps« gegeben
wird, finden sich immer einige eingeborene Soldaten, welche davon Gebrauch machen.

Der Javane ist nur ausnahmsweise ein Zelote; mein Kutscher
z. B. war in jeder Hinsicht ein rechtgläubiger Mohamedaner, er ass
kein Schweinefleisch, er trank keinen Alcohol, selbst wenn er ihm als
Medicament von mir gegeben wurde. Aber das Gebot »Du sollst zu
Gott, dem Herrn, fünfmal des Tages beten« befolgte er nicht, denn
es kostet viel freie Zeit, dieser Vorschrift gerecht zu werden; er muss
sich vor dem Gebete reinigen, weil man sich nicht im unreinen Zustande Gott nähern dürfe. Auch dieses Bad ist mit strengen Regeln
verknüpft, so dass man also, wie erwähnt, sehr viel freie Zeit, wie
z. B. ein Hadji, oder ein Hausirer haben muss, welcher durch die
Heuchelei seiner ausserordentlichen Frömmigkeit kauflustige Dorfbewohner locken will. Sein Glaube ist ja nicht echt; er hat noch den
ganzen Aberglauben der alten Hindureligion, gerade wie die Mythologie der alten Indier in allen ihren Heldenliedern und ihren Wä-
jangs Kulit fortlebt. Aber die äusseren Ceremonien befolgt er gern,
so lange sie ihm nicht zu unbequem sind, z. B. er wird kein Huhn
von unbefugter Hand schlachten lassen, wenn ein Mann bei der
Hand ist, der das für diese Operation angewiesene Gebet sagen
kann. Ist ein solcher Dorfpriester aber nicht bei der Hand, wird
er — das Huhn essen, auch wenn es nicht rituell geschlachtet wurde.
Dasselbe gilt von den Salämatans. Diese werden bei allen Phasen
des täglichen, gesellschaftlichen und Familienlebens gegeben, und es
erhält der Dorfpriester (modin) die Einladung, um bei dem Fest-
mahle gegenwärtig zu sein, welches zu Ehren eines neugeborenen
Kindes, des Baues eines neuen Hauses, beim Anlegen eines neuen
Reisfeldes u. s. w. gegeben wird. Dieses Fest wird durch ein Gebet
des Hadjis eingeleitet, und treuherzig sagen die Anwesenden bei jeder
Pause ihr deutliches und lautes Amin, amin, obwohl sie kein einziges
Wort von demselben verstanden haben; es ist ihnen auch gleichgültig,

----

[1] Vide I. Theil, Seite 220.

was der Priester bei dieser Gelegenheit vor sich hinbrummt, wenn
dieser nur in deutlicher und vernehmbarer Sprache den Anlass des
Festes mitgetheilt hat, so dass Allah darüber keinen Augenblick den
geringsten Zweifel hegen kann. Im Allgemeinen kümmert er sich auch
mehr um die bösen Geister als um Tuwan Allah (Gott den Herrn),
weil dieser gut und weise ihm nicht schadet, jene aber durch Geschenke
(Opfer) bestochen werden müssen, um ihn nicht zu verfolgen. Helfen
bei Krankheiten diese Opfer nicht, dann muss List gegen List gebraucht
werden. Ist z. B. ein Kind krank und gelingt es der Dukun nicht, es
zu heilen, so macht sie eine Puppe z. B. aus einem Stück eines Pisang-
stammes, welche mit alten Lappen umgeben wird. Diese Figur wird
eine Zeit lang vor dem Hause des kranken Kindes liegen gelassen und
hierauf begraben, um den bösen Geist glauben zu lassen, dass das
Kind seinen Leiden schon erlegen sei, so dass seine Bemühungen schon
überflüssig seien. Ein anderer, häufig angewendeter Streich ist folgender: Der Vater geht nach dem Brunnen, wo das Kind nach seiner
Ansicht sich erkältet oder im Allgemeinen seine Erkrankung sich zu-
gezogen hat; an dieser Stelle zündet er Weihrauch an, um den »bösen
Geist« auf sich aufmerksam zu machen, öffnet seinen Gürtel und lässt
das eine Ende ins Wasser fallen; ohne das andere Ende des Riemens
loszulassen, entfernt er sich von diesem vom Teufel verhexten Orte
(angkon), und zwar in einer der Wohnung des kranken Kindes entgegen-
gesetzten Richtung; der böse Geist verliert dadurch die Spur des Kranken und — dieser ist gerettet.

Im Allgemeinen wird man nicht fehl gehen, wenn man die Quelle
aller abergläubischen Gebräuche und Sitten in dem Hinduglauben der
Vorväter suchen wird; aber ein kleiner Theil derselben ist auch ein
Importartikel der Araber, und noch mehr der Hadjis. Diese Hadjis
sind ja keine Priester stricte dictu; es sind nur Mekkapilger, welche
auf ihrer Reise nach Mekka mit Mohamedanern der ganzen Welt
verkehrt hatten und durch den Contact mit gleich wenig geschulten
und gebildeten Männern im Austausch der gegenseitigen Anschauungen in erster Reihe das Mystische und Transcendentale angenommen haben und erst in zweiter Reihe das Positive und Rationelle
des mohamedanischen Glaubens nach Hause mitnehmen. Dadurch
sind sie auch gefährliche Elemente der Javanen geworden; ob aber
die indische Regierung keinen Missgriff begangen hat, die Pilgerfahrt
nach Mekka zu erleichtern, ist noch eine offene Frage. Je mehr
Hadjis nach Java kommen, desto kleiner sollte ihr Einfluss wer-

den; denn der Nimbus schwindet in demselben Verhältnisse, als die
Zahl der Würdenträger zunimmt; die Erfahrung scheint jedoch damit nicht übereinzustimmen. Im Jahre 1888 war ein Aufstand in
Bantam, der gerade durch den Einfluss der zahlreichen Hadjis entstanden war, um das »verhasste Joch der Kafirs« abzuschütteln; die Wohlfahrt des Landes, die Sicherheit des Eigenthums und der Personen,
welche der Eingeborene unter der Regierung der Holländer geniesst,
vergisst der Hadji, wenn er den Prang sabib (den heiligen Krieg) pre-
digt; aber die grosse Menge der Javanen ist sich dieser Wohlthaten
bewusst. Darum gelingt es niemals diesen unruhigen Friedensstörern, ein grösseres Feld für ihre Hetzereien zu finden. Seit dem
grossen Javakrieg war niemals eine Provinz (Residentie) oder auch nur
ein grosser Bezirk auf Java in Aufstand gegen die holländische Regierung; immer waren es nur einzelne Kampongs, welchen die Hadjis
einen solchen Hass gegen die Europäer einimpfen konnten, dass sie zu
den Waffen griffen. Leider scheint der türkische Consul das Treiben der
mohamedanischen Priester wenn auch nicht gerade zu ermuthigen, so
doch sicher auch nicht zu tadeln, obzwar die holländische Regierung
den Islamismus in jeder Hinsicht unterstützt und hoch hält. Es sind
ja ungefähr 15000 mohamedanische Religionsschulen auf Java mit
ungefähr 230000 Schülern; also 1 % der Bevölkerung lernt in solchen
Schulen Schreiben (die arabische Schrift), etwas Rechnen, einzelne Capitel aus dem Koran; nebstdem giebt es auch zahlreiche Priesterschulen,
in welchen die Liturgie, Dialektik und Moral des mohamedanischen
Glaubens ausführlich gelehrt werden.

Die Stellung dieser Priester ist in den Dörfern keine lucrative,
weil eben der Javane ausser bei festlichen Gelegenheiten seinem
Seelsorger keine Geschenke giebt. Der Priester muss also theilweise
selbst für seinen Lebensunterhalt sorgen, und zwar durch Handel oder
Landbau. Am meisten wird der Puasa oder der Fastenmonat gehalten,
und am Ende desselben bringt wohl Jedermann seine Pitra dem Geist-
lichen des Dorfes. In Magelang sollte im Jahre 1895 die Moschee
einen Neubau erhalten; der Kirchenrath fand es nicht rathsam, dafür
die eigene Kasse in Anspruch zu nehmen. Bald wurde es jedoch bekannt, dass Jedermann ein gottgefälliges Werk ausüben und sicher
einige Sprossen auf der Leiter zum Himmel erobern könne, wenn er
sich an dem Bau betheiligte. Ich hatte damals eine Köchin, die
vielleicht 60 Jahre alt war. Wenn um 1 Uhr Nachmittags und um
8 Uhr Abends ihre Arbeit beendigt war, ging sie mit einem kleinen

Korbe hinab an die Ufer des Progoflusses, füllte ihn mit Steinen und brachte sie auf den Bauplatz der Moschee und warf jedesmal einen Duit (= ⁵/₈ Cent) in die grosse, hölzerne Kiste, welche zu diesem Zwecke als Opferstock am Eingang der Moschee stand; dasselbe thaten meine übrigen Bedienten.

Das sind natürlich Ausnahmefälle, welche die Regel bestätigen, dass auf Java die Hadjis in den Dörfern von den Liebesgaben ihrer Schutzbefohlenen nicht leben können.

Ich muss noch bemerken, dass über ganz Java Volksschulen verbreitet sind, welche sich wesentlich von jenen oben erwähnten unterscheiden, welche quasi reine Religionsschulen sind. Die Kinder der Häuptlinge besuchen oft die Volksschulen der Europäer (im Jahre 1887 waren nach »Schulze's Führer auf Java« 256 Eingeborene unter 8500 Schülern aller Volksschulen), während für das Gros der Eingeborenen sich zahlreiche Schulen befinden, in welchen Rechnen, Lesen und Schreiben, etwas Naturkunde, Geographie und Geschichte von Ostindien, Zeichnen und Singen gelehrt werden. Ich selbst habe zu wiederholten Malen Bediente gehabt, welche schreiben und lesen konnten. Wie viel Analphabeten Java in seiner Einwohnerzahl von ungefähr 25000000 besitzt, lässt sich nicht einmal annähernd angeben. Diese Zahl kann nicht klein sein, weil erst die gegenwärtige Generation unter dem Einflusse der neuen Schulen steht und bei deren Entstehen nicht sofort alle Kinder daran theilnahmen.

Nebstdem wird ein höherer Unterricht an die Söhne von Häuptlingen ertheilt, welche das Cadre der künftigen Beamten bilden sollen. Leider muss auch von diesen Schulen gesagt werden, dass die indische Regierung im Unterrichtswesen der Eingeborenen des Guten zu viel gethan hat; es wird z. B. in den Schulen für eingeborene Lehrer viel zu viel auf die naturwissenschaftlichen Fächer verwendet — ich sah ja im Seminarium zu Bandjermasing ein vollständig eingerichtetes chemisches Laboratorium —, und in der Schule für die Söhne von Häuptlingen in Magelang wird — Nationalökonomie docirt!! Der dafür angestellte Doctor der Rechte versicherte mir zwar, dass diese Schüler der holländischen Sprache vollkommen mächtig seien; aber auf meinen Einwand, dass solche abstracte Theorien in dem Gehirn eines Javanen noch keinen Platz hätten und von den 16—18jährigen Burschen unmöglich verlaut werden könnten, konnte er mir nur entgegnen, dass in seinen Vorträgen mehr der politischen Organisation gedacht werde, obwohl er für die Nationalökonomie angestellt worden sei.

Der Vollständigkeit halber muss ich auch die im ersten Bande: Borneo erwähnten Doctor-djawa-Schulen für eingeborene Aerzte und die Schule der ambonesischen Christen in Magelang anführen.

Heiden hat die Insel Java nur sehr wenige; im Osten Javas sind die Bewohner des Tenggergebirges, ungefähr 4000, und im Westen auf dem Berge Kentjana ungefähr 2000 Seelen, welche dem Hinduglauben treu geblieben sind. In der Armee ist gegenwärtig die Zahl derselben sehr klein, weil die africanischen Compagnien aufgehoben wurden, und die Mohren, welche kein Verlangen hatten, in ihre Heimath zurückgesendet zu werden, siedelten sich in der Provinz Bageléen an.

Nach der Eroberung von Tjákranegára kehrten die Truppen denselben Weg zurück, den sie bei ihrem Auszuge genommen hatten. Das Schiff brachte sie nach Samarang, dort bestiegen sie die Eisenbahn, und 4 Stunden später kamen sie in Willem I an, wo sie ebenso herzlich als in Samarang begrüsst wurden. Am andern Tage gingen sie zu Fuss bis nach Pringsurat, wo für durchgehende Truppen ein ständiges Gebäude bestand. Da ein Marschtag 27 Kilometer beträgt und dieser Ort von Magelang 25 Kilometer entfernt ist, so konnten sie zwischen 9 und 10 Uhr in ihrer Garnison anlangen. Auf dem grossen Exercierplatz zwischen der Caserne wurden aus Bambus Hallen gebaut, und Jung und Alt, Arm und Reich war schon um 8 Uhr auf diesem Felde versammelt, um die wackeren und braven Soldaten zu begrüssen. Es war schon 10 Uhr, als die ersten Töne der Militär-Musik an unsere Ohren drangen, und lauter und immer lauter wurde der Jubel, als die Truppen zwischen den Häusern der Officierpavillons erschienen. Es war ein trauriger Anblick, und manches Herz erzitterte bei dem Gedanken, wie viel Elend und Entbehrung diese jungen Männer gelitten haben mussten, dass sie so schmutzig, so blass und so verfallen aussahen. Dennoch hatte Niemand mit ihnen Erbarmen; von Allen, die durch ihre Stellung sich berechtigt hielten, eine Ansprache zu halten, wollte kein Einziger seine schönen Worte der Menschheit vorenthalten, und so mussten diese durch Krankheit und den Marsch von 25 Kilometern ermüdeten und erschöpften Soldaten noch eine ganze Stunde lang in »Habt Acht«-Stellung den gewiss gut gemeinten, aber auch recht unzeitgemässen Redestrom über sich ergehen lassen. Endlich hatte der letzte Redner sein Hip-hip Hurrah donnernd ihnen zugerufen; das Commando: Eingerückt, marsch! erscholl, und sie zogen in ihre Caserne, wo eine Tafel für sie hergerichtet stand, und umgeben von ihren Frauen, Kindern und Freunden vergassen sie alles Leid, das sie erlitten, und alle Entbehrungen, die sie erschöpft hatten. Die Reaction blieb natürlich nicht aus. Am nächsten Tage kamen Viele ins Spital, und schon am zweiten Tage war das Spital überfüllt. Hatte die Erwartung, ihre Garnison, ihre Freunde, Frau und Kind wiedersehen zu können, sie während ihrer Reise »auf den Beinen erhalten«, so forderte nach dem Rausche der ersten Freude des Wiedersehens die Erschlaffung der überspannten Nerven ihr Recht. Die grösste Zahl bestand aus Erkrankungen des Darmes und Fieberpatienten, die Zahl der Dysenteriefälle und der Leberabscesse überstieg alle, welche ich seit meinem Aufenthalte in Borneo (1877—80) beobachtet hatte. Im Jahre 1880 herrschte im Südosten dieser Insel eine heftige Dysenterie-Epidemie. Unter dem Drucke der herrschenden Verhältnisse konnte ich nicht mehr thun, als dem Häuptlinge des Districtes und den beiden dort weilenden Missionären einige Rathschläge für die Behandlung der Patienten und betreffs der nothwendigen hygienischen Maassregeln zu geben. Ich konnte mir weder über den Verlauf der Krankheit, noch über ihre Folgen ein Urtheil bilden, ich konnte nichts über die Ursachen und die Entstehungsweise erfahren; ich konnte aber aus den officiellen Mittheilungen einen Ueberblick über die geographische Verbreitung dieser Epidemie gewinnen. Diesmal war ich unter günstigeren Bedingungen. Mir war Zeit, Ort und das Wie des Entstehens bekannt. Die meisten der Dysenteriefälle waren Recidivisten von Lombok; aber ich bekam auch solche Kranke zur Behandlung, welche diesen Feldzug nicht mitgemacht hatten und nicht einmal auf Lombok gewesen waren. Diese Fälle blieben jedoch glücklicher Weise isolirt, und es entstand keine Epidemie, weil in Magelang dazu alle Bedingungen fehlten. Nicht locale oder meteorologische Verhältnisse habe ich dabei im Auge, denn »ohne Einfluss sind Elevation und Figuration des Bodens, sowie geologische Formation und physikalischer Charakter desselben« [1]) auf das Entstehen der Dysenterie-Epidemie. Ich kann mir auch keinen grösseren geologischen und topographischen Unterschied vorstellen, als den der Länder, aus welchen Beobachtungen von Dysenteriefällen stammen. In Island und Grönland, in Africa, in Europa, in America und in China und Japan kommen Dysenteriefälle entweder vereinzelt oder in grossen Epidemien vor. Ich selbst sah den ersten Fall im Jahre 1873 in den Karpathen am Fusse

---

[1]) Scheube, Die Krankheiten der warmen Länder.

des Gletschers Tartara; sieben Jahre später befanden sich die von mir
beobachteten Dysenteriefälle im östlichen Randgebirge Borneos mit vor-
herrschender Kalkformation.   Auf Lombok 1894 war der reinste Typus
des Alluvium, und in Magelang die schönste tertiäre Formation.   Wir
müssen also dem Krankheitserreger der Dysenterie die Ubiquität stricte
dictu zuerkennen.   Auch seine Lebensdauer ist eine fürchterlich grosse.
Schon 2000 Jahre vor Christus wird dieser Krankheit in den indischen
Schriften Erwähnung gethan, und Herodot wie Hippokrates geben
schon eine ausführliche Beschreibung dieser Krankheit.   Dieser fürchterliche Feind der Menschheit hat also einen sehr alten Stammbaum; aber
auch ihn trifft das Schicksal alles Irdischen; »er ist werth, dass er
zu Grunde geht«, und er verschwindet unter dem mächtigen Einfluss
der Hygiene.   Bleeker erzählt in seinem Buche »Dysenteria tropica«,
dass von 31879 Europäern, welche zwischen den Jahren 1816—1832,
also innerhalb 17 Jahren, nach Indien gegangen waren, 24330 (!!) gestorben sind, und dass

	im Jahre 1819	im Allgemeinen	1175	und an der Dysenterie				597	starben,
	1820 „	„	1315	„	„	„	„	472	„
(Cholera)	1821 „	„	2260	„	„	„	„	801	„
	1822 „	„	1363	„	„	„	„	572	„
	1823 „	„	1326	„	„	„	„	505	„
Krieg	1824 „	„	1412	„	„	„	„	423	„
geg. Celes	1825 „	„	1869	„	„	„	„	512	„
	1826 „	„	2409	„	„	„	„	992	„
Krieg	1827 „	„	3213	„	„	„	„	1199	„
in	1828 „	„	4243	„	„	„	„	2126	„
Java	1829 „	„	3492	„	„	„	„	1632	„
	1830 „	„	2265	„	„	„	„	1019	„
	1831 „	„	1548	„	„	„	„	629	„
			27890					11479	

Die Zahlen der behandelten Dysenteriepatienten waren [1])

im Jahre 1819	5585	Soldaten
1820	5050	„
1821	6963	„
1822	5681	„
Uebertrag	23279	„

---

[1]) Vide: „Militaire Summierziekenrapport 1847", herausgegeben auf Befehl
der niederländisch-indischen Regierung. Batavia, Lange et Comp. 1850.

		Soldaten
Uebertrag	23279	Soldaten
im Jahre 1823	6063	„
1824	4393	„.
1825	5719	„
1826	6414	„
1827	10985	„
1828	12980	„
1829	9818	„
1830	8939	„
1831	6490	„
	95080	„

Es wurden also in diesen 13 Jahren 95080 europäische und eingeborene Soldaten an Dysenterie »inclusive Diarrhöen« behandelt, davon starben 11479, während im Ganzen 27890 mit dem Tode abgingen; also 41 % (!!) der Gestorbenen fielen in diesem Zeitraume der Dysenterie und den Diarrhöen zum Opfer. Interessant ist es, dass schon für diese Zeit Bleeker berichtet: »Die dysenterischen Krankheiten haben sowohl an Extensität als an Intensität bedeutend abgenommen, so dass ihr Charakter und Behandlung viel günstiger geworden ist.« Die Abnahme der Dysenterie in der indischen Armee hält gleichen Schritt mit der Entwicklung der Hygiene. Vom Zeitraume 1878—1885 berichtet Dr. van der Burg von 6324 Dysenteriefällen mit 857 Todten, d. h. also 107 im Jahre, und in den Jahren 1891 bis 1895 kamen nur 4, 6, 2, 5 und 8 Todesfälle der tropischen Dysenterie vor, und wenn wir billiger Weise auch die katarrhale Form der Dysenterie nicht vergessen, welche in der Statistik der früheren Jahre zu der tropischen Form gerechnet wurde, so ist dennoch der Unterschied ein grosser. Jm Jahre 1895 wurden in der indischen Armee von der tropischen Dysenterie 8 und von der katarrhalen Dysenterie 41 Soldaten unter 750 Todten im Allgemeinen hingerafft; d. h. 6 $\frac{1}{3}$ % der Todten waren Opfer der Dysenterie, während vor 70 Jahren 41 % daran gestorben waren. So sehr sich alle diese Ziffern bestreiten lassen, steht doch diese Thatsache fest, dass die Dysenterie in Indien bedeutend an In- und Extensität verloren hat, und nach meiner Ansicht spielt die grössere Sorgfalt, welche dem Trinkwasser gewidmet wird, darin die Hauptrolle.

Trotzdem die Bacteriologie bis jetzt eine hohe Entwicklung genommen hat, stehen wir in der Dysenteriefrage noch immer einem unsichtbaren und unbekannten Feinde gegenüber. Ob nun Amöben

(Amoeba coli Lösch) oder Bacterien (Bacterium coli commune) oder
Paromaecium coli oder Streptokokken die Krankheitserreger der Dysenterie seien, ist noch nicht entschieden (denn auch mechanische und
toxische Reizungen des Dickdarmes [z. B. Stuhlverstopfungen, Quecksilber u. s. w.] erzeugen ruhrähnliche Erkrankungen); und dennoch
stehen wir in der Prophylaxis nicht ohnmächtig der Dysenterie gegenüber, wenn wir uns die Verhältnisse vor Augen halten, unter welchen
bis jetzt diese Krankheitsform in ihrer verheerenden Macht Einbusse
erlitten hat.   Die individuelle Prophylaxis kann bei dieser Krankheit
mehr leisten, als der Staat helfen kann.   Niemand fürchte sich vor dem
Genuss der Früchte; denn sie treten der Stuhlverstopfung entgegen und
lassen im Darme eine solche Menge nicht pathogener Bacterien entstehen, dass sie die der Dysenterie überwinden können; man trage den
jeweiligen Temperaturverhältnissen Rechnung.   In den kalten Nächten
oder Morgenstunden trage Jedermann eine Leibbinde.   Das Baden
möge nie mehr als ein Reinigungsmittel sein, d. h. nicht so lange
dauern, bis ein Frösteln den Eintritt der Erkältung verräth.   Jede
Diarrhöe werde sofort sorgfältig behandelt, und lässt sich vermuthen,
dass eine Anhäufung von Koth die Ursache sei, nehme man sofort
ein Liqueurglas voll Ricinusöl.   In der Wahl der Getränke sei Jedermann vorsichtig; so wie für die Soldaten im Kriegsfalle eine bestimmte Menge von Munition und Lebensmitteln mitgenommen wird,
muss auch für das Trinkwasser gesorgt werden; vor dem Ausmarsch
überzeuge sich der Commandant, dass jeder Soldat in seiner Feldflasche
Thee oder schwarzen Kaffee oder vollkommen reines Wasser mitgenommen habe.   Im Bivouac müssen die grossen Kessel nach dem
Kochen der Speisen sorgfältig gereinigt werden, oder es müssen eigene
Kessel mitgenommen werden, in denen eine hinreichend grosse Menge
Wasser $1/_4$—$1/_2$ Stunde lang in der Siedhitze gekocht wird; hat man
keine Gelegenheit, sich in der Nähe Eis zu verschaffen, so werden sich
manche Maassregeln finden lassen, um auch in den Tropen bald die
Temperatur des abgekühlten Wassers so niedrig als möglich werden zu
lassen, z. B. die Gefässe in den kühlen Grund zu senken.   Das Ueber-
schütten in kleinere Gefässe für die einzelnen Unterabtheilungen der
Armee wird immer hinreichen, um dem gekochten Wasser so viel frische
Luft beizumischen als nöthig ist, ihm einen erfrischenden Geschmack zu
geben; ich trinke z. B. noch jetzt nur gekochtes Wasser und habe
durch dieses Verfahren niemals den erfrischenden Geschmack desselben
entbehren müssen.   Ich weiss, dass Hunger weh thut und dass der

Durst quält; aber mir ist auch aus Erfahrung bekannt, dass mit einem geringen Maasse von Selbstbeherrschung der Durst einige Stunden ertragen werden kann. Der Soldat werde also mit dem nöthigen Nachdruck auf die Gefahren des Gebrauchs von ungekochtem Wasser auf dem Kriegsterrain aufmerksam gemacht, und er wird es dann über sich bringen, lieber einige Stunden Durst zu leiden, als sich der Gefahr der Cholera, Ruhr u. s. w. auszusetzen. Uebrigens haben wir ja in den Tropen eine bis jetzt unbekannt gebliebene reichliche Quelle von chemisch reinem Wasser: die Lianen. Bei der Wahl eines Bivouacs wird ja immer dafür gesorgt, dass es in der Nähe eines Flusses oder Teiches angelegt, die Küche oberhalb und die Aborte und Badehäuser unterhalb des strömenden Wassers errichtet werden. Sollte jedoch trotz aller Vorsichtsmaassregeln die Ruhr ausgebrochen sein, dann tritt die Desinfection der Entleerungen mit der grössten Strenge und mit allen möglichen Mitteln in ihre Rechte, und wenn die Aborte nicht über einen grossen, starken Strom gebaut sind, dann ist es besser, Senkgruben zu errichten, in welche täglich eine 10 cm hohe Schicht von Asche, Gyps, Kalk oder Sand geschüttet werden muss. Eine sorgfältige Desinfection der Entleerungen wird in der Regel hinreichend sein, das Fortschreiten der Ruhrepidemie aufzuhalten, und es überflüssig machen, zu dem gewiss nicht unbedenklichen Transferiren des Bivouacs nach einer ruhrfreien Gegend übergehen zu müssen. Die Isolirung der Kranken und die grösste Reinlichkeit dürfen natürlich in einem solchen Falle nicht vergessen werden.

Wie den Fachleuten bekannt ist, giebt die Ruhr häufig Anlass zur Entstehung von Leberabscessen, indem das Gift der Ruhr ins Blut aufgenommen wird und auf dem Wege zur rechten Herzkammer in der Leber deponirt wird. Vom Jahre 1876—1894, also während 18 Jahren, war ich nicht in der Lage, in den Tropen Leberabscesse zu sehen, und in den Jahren 1894 und 1895 bekam ich beinahe jeden Monat einen oder den andern Fall dieser Krankheit zur Beobachtung oder zur Behandlung. Die grosse Zahl derselben hatte natürlich auch zur Folge, dass so mancher interessante Fall vorkam, der auch den Fachmann interessiren dürfte. Bei einem Europäer z. B. stand ich Tage lang im Zweifel, ob eine gewöhnliche Entzündung des Leberüberzuges vorhanden war, oder ob ein Leberabscess die Ursache seiner Schmerzen sei; während des Gespräches mit dem Patienten bekommt er plötz-

lich und unvermittelt einen Hustenreiz, auf welchen die starken Brech-
bewegungen folgten; er hustete den typischen Inhalt eines Leberabscesses
aus, nach 14 Tagen verliess er geheilt das Spital. Der Abscess hatte
das Zwerchfell und die Lunge durchbohrt, mündete in einen grossen
Ast der Luftröhre, brach durch und — heilte. Bei einem zweiten
Patienten glaubte ich alle Symptome des Leberabscesses vor mir zu
haben, und trotz wiederholter Probepunction gelang es mir nicht, den
Sitz des Abscesses zu finden. Erst bei der 7. Probepunction mit einer
langen Hohlnadel stiess ich auf den Eiterherd, ein Strom Eiter floss
aus, ich nahm einen Theil der Rippe weg, um freien Zugang zu dem
Abscesse zu finden, und ungefähr nach sechs Wochen verliess der
Patient geheilt das Spital. Der Jahresausweis von 1895 berichtet nur
von 38 Fällen von Leberabscessen (30 Europäer und 8 Eingeborene),
wovon 9 starben (7 Europäer und 2 Eingeborene). Diese Ziffer entspricht nicht den thatsächlichen Verhältnissen, weil die Diagnosen für
jeden Monat festgestellt werden müssen, und der eine Chef nach drei
Tagen, der andere nach acht Tagen und ein dritter erst am Ende des
Monats die Mittheilung der Diagnosen verlangt.

Brachte der Krieg mit Lombok auch den zurückgebliebenen Officieren viel Abwechselung und viel Arbeit, so sollte das Jahr 1896 diesen
und also auch mir die Miseren des Kriegslebens nicht ersparen. In
Atschin hatte Tuku Umar seine Maske fallen lassen und sich feierlich
der Sultan-Partei angeschlossen. Ein neuer Feldzug musste wieder unternommen werden, und das 6. Bataillon, welches unterdessen auf den com-
pleten Stand eines vollkommen kriegstüchtigen Feldbataillons[1]) gebracht
worden war, sollte daran theilnehmen. Schon Anfangs April hatte sich
das Gerücht in Magelang verbreitet, dass das 6. Bataillon wieder »nach
Atjeh gehen werde«: die Gesuche der jungen Lieutenants, diesem
Bataillon zugetheilt zu werden, kamen von allen Seiten nach Batavia.
Wir bekamen Befehl, die Soldaten strenge auf ihre Kriegstüchtigkeit zu
untersuchen. Endlich wurde den eingetheilten Officieren officiell mitge-

[1]) Die indische Armee zählt 18 Feldbataillone mit je 4 Compagnien,
10 Garnisonsbataillone, 5 Garnisonscompagnien, 4 Depotbataillone, 2 Recruten-
bataillone und 5 Subsistenten-Cadern der Infanterie, 1 Regiment Cavallerie,
4 Batterien Feldartillerie, 4 idem Bergartillerie, 7 Compagnien Festungsartillerie
und 8 Compagnien für die Aussenbesitzungen und 2 Compagnien Genietruppen.

theilt, sich marschbereit zu halten, und erst als am 23. April der Befehl
kam, am 24. um 6 Uhr früh abzumarschiren, wurde ich telegraphisch
angewiesen, das 6. Bataillon nach Atjeh »zu bringen«. Ein gleiches
Schicksal hatten zwei Jahre früher die Aerzte, welche nach Lombok
gehen sollten. Die Infanterieofficiere wussten Wochen lang vorher, dass
sie (mit dem 6. und 7. Bataillon) in den Krieg marschiren mussten;
die Aerzte bekamen erst 2—3 Tage vorher den Marschbefehl.[1]) Im
Mobilisirungsplane sind schon Wochen vorher die Zahl und die Namen
der Aerzte aufgenommen, welche den Feldzug mitmachen müssen; aber
die Landes-Sanitätschefs halten sich strenge an die »geheime Ordre«
und theilen die Namen der angewiesenen Aerzte nicht mit; die anderen Corpschefs fürchten sich nicht, ihren Officieren zur rechten Zeit
einen Wink zu geben. Ich hatte also kaum 24 Stunden Zeit, mich
marschbereit zu machen. Der Inhalt des Telegramms war nicht deutlich
genug, um zu wissen, ob ich das 6. Bataillon nur auf der Reise begleiten, oder ob ich auch weiterhin den Feldzug mitmachen sollte. Ich
musste also für alle Fälle sorgen und mir verschaffen: Gamaschen, Revolver, dünne Matratze mit Mosquitonetz und Polster, eine Commishose,
einen Helmhut,[2]) Militärschuhe, Flanellhemden, Kerzen, Essbesteck, zwei
Meter Lackleinwand, Feldflasche mit Becher? Zwirn und Nadel und
Spennnadel und Scheere, Briefpapier, Bleistift und Taschentintenfass,
Streichhölzer u. s. w. Dies alles nebst der üblichen Wäsche und den
Kleidern packte meine Frau in einen Koffer, während ich die dienstlichen Angelegenheiten besorgte. Mein Gärtner erklärte sich bereit,
gegen eine Erhöhung seines Lohnes um 5 fl. mit mir zu gehen, und
so zogen wir am 24. April von Magelang aus. Wieder begleitete eine
grosse Menschenmasse die Truppen, und am Ende der Stadt, bei dem
Club des Herrn van der Steur nahm eine Commission von Bürgern
von uns Abschied, und bei einem Glas Champagner drückte der Resident die üblichen Glückwünsche für unser Wohl, für den Sieg unserer
Waffen im Kampfe gegen den treulosen und verrätherischen Tuku Umar,
für Vaterland und Königin in herzlichen Worten aus.

Unterdessen hatten die Soldaten Zeit und Gelegenheit, von diesem
ersten »Halt« den möglichst besten Gebrauch zu machen. In der Eile
und Aufregung des Abschiedes von Frau und Kind (auch diesmal

---

[1]) Die Aerzte sind nämlich keinem Regiment oder Bataillon, sondern stets
einer Garnison zugetheilt.

[2]) welcher damals noch nicht officiell zur Uniform gehörte.

durften nicht mehr als 20 Frauen per Compagnie mitgehen) war vieles
vergessen worden, was bei bedächtigem Thun gewiss nicht geschehen
wäre. Hier öffnete der Eine den Schuh, dessen Zugriemen ihn drückte,
dort entfernte sich ein Anderer, um gewissen Bedürfnissen Genüge zu
leisten, ein Dritter lüftete die zu straff gebundene Cravatte, ein Anderer
lief zum Train, um ein Sacktuch aus dem Tornister zu holen, ohne ihn
natürlich aus der grossen Menge herausfinden zu können; ein Unterofficier hat den Herrn van der Steur, seiner Frau und seinen Kindern
hülfreich zur Seite zu stehen u. s. w. Es war eben die sogenannte
»Pishalte«, welche bei dem Ausmarsch von Truppen die erste uner-
lässliche Pause bedingt. Einige Officiere und Damen begleiteten uns
bis zum »Paal« 4. Linksab befand sich · ein schmaler Weg, welcher
nach Kali benéng führte, welches ein sehr belebter Badeplatz für die
Bewohner von Magelang ist. Eine Quelle mit frischem reinen Bergwasser entspringt an dem Fusse eines Hügels; ein Häuschen mit vier
Cabinetten bietet Gelegenheit zum Auskleiden, und da das Wasser auf
der einen Seite nicht tiefer als $1^1/_2$ Meter wird, ist hier eine willkommene Badegelegenheit für Damen und Kinder. An der andern
Seite des Häuschens hat der Bach eine grössere Tiefe und wird von
den Männern gebraucht, welche des Schwimmens kundig sind. Nebstdem befindet sich dort ein europäischer Püchter, welcher auf Verlangen
Getränke und Speisen liefert.

    Es war unterdessen $8^1/_2$ Uhr geworden, die Sonne begann schon
lästig zu werden, und der Commandant der Truppen, Major X., gab
Befehl, die Cravatten und Röcke im oberen Theile zu öffnen.

    Major X. war für mich ein unerwünschter Commandant; im
Jahre 1886 waren wir beide in Atschin und er bekleidete damals
den Rang eines Oberlieutenants, und ich war schon 4 Jahre Regimentsarzt; ich duzte ihn also damals; seit dieser Zeit war er Major geworden, und ich war noch immer Regimentsarzt, stand unter seinen
Befehlen, und als Zeichen seiner Herablassung sprach er jetzt gegen
mich mit jy und jou (= du), ohne dass es mir die Disciplin erlaubt
hätte, ein Gleiches zu thun. So ein goldener Kragen verändert in
hohem Maasse den Mann. Ich hatte einen Collegen, mit dem ich
Jahre lang im brieflichen Verkehre das »Du« gebrauchte; er wurde
Stabsarzt und . . . mit Wohlgefallen liess er sich mit Herr Stabsarzt
und »Sie« tituliren.

    Ich hatte alle Ursache, auf dem Marsche auf dem vom Reglement
vorgeschriebenen Platze zu bleiben, d. h. ich blieb mit der Ambulanz

am Schlusse der Colonne, und hinter mir folgte der Train, welcher aus den Officiersdienern, den Lastwagen, den Kulis und den Soldatenfrauen bestand. Um 10 Uhr kamen wir nach Sedjang, wo uns die letzten Begleiter, einige Officiere zu Pferde nämlich, verliessen. Bis dahin war die Strasse beinahe wie eine Spiegelfläche. Im Hintergrunde erhoben zu unserer Rechten der Telojo und der Merbabu, und zu unserer Linken der Sumbing ihre stolzen Häupter. Hier erwartete uns der Regent von Temunggung, um uns Glück auf! zu unserer Reise zu wünschen. Die Truppen hielten $^1/_4$ Stunde Rast, weil wir einen steilen Weg zu ersteigen hatten, und um 1 Uhr erreichten wir Medono, das Endziel des ersten Tagemarsches. Wir hatten also 18 Paal = 27 Kilometer zurückgelegt, ohne dass mehr als ein einziges Mal meine Hülfe in Anspruch genommen wurde. Ein Officier hatte mich um ein Stückchen Pflaster für eine Blase an der Ferse ersucht. (Die Soldaten erhalten keine Lappen, sondern Strümpfe.) Hier in Medono hatte der »Quartiermacher«, Lieutenant-Kwartiermeester M. für uns gut gesorgt; die Soldaten bezogen das Bivouac in Prins Surat, und die Officiere fanden bei dem Häuptlinge des Bezirkes nicht nur ein gutes Bett, sondern auch ein gutes Essen.

Zunächst war es meine Pflicht, mich den Soldaten zur Verfügung zu stellen, und ich ersuchte den Major X., das Signal »für den Doctor« geben zu lassen; er sah mich an, als ob ich dem Irrenhause entsprungen wäre; er besann sich jedoch nur einen Augenblick, liess »für den Doctor« blasen und sah zu seinem Erstaunen eine stattliche Reihe von Soldaten ankommen, welche meine Hülfe gegen diverse kleine Leiden nöthig hatten. Die meisten unter ihnen klagten über Diarrhöe und ersuchten mich um »einen Bauchtrank«. Ich hatte zu meiner Verfügung zwei Verbandtaschen, eine Feldmedicinkiste und eine Feldverbandkiste, nebstdem hatte ich eine grosse Büchse mit Medicin mitgenommen, welche nicht in der officiellen Liste der Medicamente für den Feldgebrauch aufgenommen war, wie z. B. Antipyrin u. s. w. Der »Bauchtrank« bestand aus 10 Tropfen der auf Seite 196 erwähnten Choleraessenz oder Laudanumtinctur, welche in dem Feldbecher mit Wasser gegeben wurde; aber auch einige Officiere ersuchten mich um »ein beruhigendes Mittel für den Bauch«.

Die Ankunft der Truppen war natürlich vorher bekannt gewesen, und eine grosse Schaar Klontongs (Hausirer) erwartete uns, wodurch das Lagerleben einen romantischen Anstrich bekam. Sehr

Viele eilten natürlich zunächst nach dem Badehause, um durch Siram[1]) den Körper zu erfrischen, Andere belagerten die Klontongs, welche erfrischende Getränke feilboten, und Einige suchten einen passenden Platz, auf welchem sie das Leder für das Würfelspiel ausbreiten konnten. Das Würfelspiel (mâïn dûdu) wird an besonderen Festtagen auch in der Caserne gestattet und ist eine Concession an den Charakter der eingeborenen Soldaten. Auf dem Marsche ist es eine erwünschte und willkommene Zerstreuung in der Ruhepause, und es bleibt in der Hand des Commandanten, sie bis zu jener Zeit zu gestatten, welche der Nachtruhe gewidmet werden muss. Selbstverständlich betheiligte sich auch mancher europäische Soldat an dem Spiel. Die Hausirer mit Früchten, erfrischenden Getränken und Bäckereien machten den ganzen Nachmittag und den ganzen Abend ein glänzendes Geschäft; aber auch die wandernde Garküche fehlte nicht und erfreute sich eines reichlichen Absatzes. Wenn bei Manövern in Europa die Bevölkerung ersucht wird, auf der Heeresstrasse für die durchziehenden Truppen Trinkwasser zur Verfügung zu stellen, so lässt sich wenig dagegen einwenden, ja vielleicht ist dies sehr empfehlenswerth, weil in den meisten (??) Fällen das Wasser rein und gut ist. In Indien wäre ein solches Ersuchen geradezu gefährlich, weil in den seltensten Fällen ein gesundheitsschädliches Wasser ausgeschlossen wäre. Ich muss es jedoch wiederholen, dass für das Trinken der Soldaten ebenso viel Sorge als für das Essen getragen werden sollte, und dass ebenso wenig die Besorgung des Trinkwassers als die des Fleisches der Gunst des Zufalles überlassen werden sollte.

Gross war die Zahl der Getränke, welche den Soldaten von den Hausirern männlichen und weiblichen Geschlechts zum Kauf angeboten wurden. Hier sass eine Frau mit einem Haufen alter Cocosnüsse,[2]) deren harte Schale handbreit abgeschlagen war, so dass man das weisse Fleisch derselben sehen konnte. Die Milch der Nuss, welche Klapperwasser genannt wird, ist ein erfrischendes, kühlendes, süss-säuerliches Getränk, welches jedoch bei Diarrhöe nicht genommen werden darf. Jede Nuss hat ungefähr zwei Gläser dieser bisweilen mit weissen Flocken getrübten Flüssigkeit. Dort stand ein Javane mit

---

[1]) Vide I. Theil, Seite 123.

[2]) Das weisse Fleisch der Cocosnuss giebt in der Küche eine sehr schmackhafte Zuspeise: das santen, aus welchem ein Brei, aber auch eine herrliche Torte bereitet wird. Durch Kochen und Verdampfen des santen wird das Cocosnussöl gewonnen, welches in Indien eine grössere Rolle als die Butter spielt.

einem Pack grosser Bambusstöcke. welche wie eine Schreibfeder zuge-
spitzt waren; die Namen, welche er mit kreischender Stimme den
Passanten zurief. waren mir unbekannt; ich weiss also nicht, was für
ein Getränk er den durstigen Soldaten für einen Cent pro Glas anbot; vielleicht war es nur warmes Zuckerwasser, welches von den Eingeborenen gern getrunken wird. Auch Tjien tjau. Zuckerwasser mit
Agar-agar und den Körnern der Sulassifrucht (Ocimum gratissimum),
und Tjien tjau idju wurde verkauft. das ist eine Flüssigkeit von hell-
grüner Farbe, welche aus den Blättern des Cissampelos hirsuta gewonnen
wird. Hier stand eine wandernde Garküche: Auf einem Dápur stand
ein thönerner Topf mit warmem Zuckerwasser und kleinen Stücken von
Agar-agar und kleingeschnittenen Blättern von Djeruk purut (Papeda
Rumplin). Selbst Oghio wurde verkauft, d. h. Zuckerwasser mit Agar
und Eis, welches die Hausirer aus Magelang mitgebracht hatten; ein
Chinese rief mit lauter Stimme Stéh als Verkürzung für das herrliche
Sasáté, das sind kleine Stücke Schweinefleisch (bei den mohamedanischen
Eingeborenen wird natürlich Rind-. Ziegen- oder Lammfleisch verwen-
det), welche in einer Kerrysauce gekocht und mit einem Stäbchen durch-
bohrt über dem Feuer geröstet werden.

Es würde mich zu weit führen, von allen Speisen und Getränken,
welche hier feilgeboten wurden, eine ausführliche Beschreibung zu
bringen; ich muss mich begnügen, den Totaleindruck dieses romantischen Bildes anzudeuten. Um 6¹/₄ Uhr brach so ziemlich unvermittelt die Finsterniss ein, und ein Meer von kleinen Lämpchen bedeckte das bunte Lager. Um 7 Uhr kamen alle Officiere in die
Veranda des Bezirkshäuptlings zum Souper. Als rangältester Hauptmann sass ich neben dem Major X. und betheiligte mich an dem
lebhaften Gespräche, welches so ziemlich zeitgemäss war. Ein junger
Bramarbas behauptete nämlich, dass derjenige ein schlechter Officier
sei, der nicht mit Freuden in den Krieg ziehe. und wäre es nur, um
eine Gelegenheit zu finden. den militärischen Willemsorden 4. Classe
verdienen zu können. Major X. glaubte diesem in jeder Hinsicht bei-
stimmen zu müssen. und entrollte hierauf ein Bild seines Gemüthslebens
von der Stunde an, in welcher er den Marschbefehl erhielt, bis auf
den jetzigen Augenblick. Ganz rührend war die Schilderung von dem
Momente, in welchem er von seinem in Europa weilenden Sohne brief-
lich Abschied nahm und ihn ermahnte, falls er im Kriege fallen sollte,
eine Stütze seiner Mutter und seiner Schwestern zu werden. Sie gab
mir aber auch Gelegenheit, dem jungen Bramarbas auf Grund meiner

Erfahrungen und Beobachtungen das Unnatürliche seines Ideenganges auseinanderzusetzen. Im Anfange der Debatte hatte dieser junge Lieutenant ein Wörtchen fallen lassen, welches dem unter den jungen Officieren landläufigen Glauben entsprach, dass der Militärarzt »eigentlich kein Officier sei«, weil er »nicht combattant« sei. Bei den älteren Officieren fand er damit keine Zustimmung, weil sie aus dem letzten Kriege in Lombok nur zu gut wussten, dass der Militärarzt alle Miséren und alles Elend des Kriegslebens wie jeder andere Officier mitgemacht habe, und dass von dem Militärarzt oft mehr als von jedem Andern gefordert werde; ich selbst hatte vor einigen Monaten Manöver mitgemacht, und musste neunmal den Truppen nachlaufen, weil neunmal Kranke sich gemeldet hatten, welchen ich Hülfe leisten musste; die Truppen blieben nicht stehen, und ich musste oft 10—15 Minuten lang in Laufschritt nacheilen; dazu kam noch, dass ich nicht wie jeder »Combattant« Monate oder Jahre lang vorher im Marschiren geübt und trainirt war. Last not least frug ich den jungen Marssohn, wozu denn mehr Muth gehöre, im Kampfe mit dem Feinde den Säbel zu schwingen, den Revolver abzuschiessen und im · vollen Eifer und Feuer sein Leben zu vertheidigen, oder wie ich es z. B. in Atjeh gethan hatte, unter dem Feuer der Truppen ruhig und gelassen den Verwundeten die erste Hülfe zu leisten und mit Ueberlegung z. B. die Quelle der Blutung zu suchen, während die feindlichen Kugeln um mich flogen und sausten. Im weiteren Gespräche betonte ich, dass nach meiner Ansicht jeder nachdenkende Officier den Krieg verabscheuen könne und müsse. Der Krieg sei ein nothwendiges Uebel, und die Soldaten seien verpflichtet, in diesem schaurigen Spiele die erste Rolle zu spielen. Der Officier, welcher für dieses traurige Amt richtige Erkenntniss habe, sei ein denkender Mensch, und wenn er den Ausmarsch zu dieser Arbeit mit Wehmuth und Schmerz antrete, so sei er ein fühlender Officier, und nicht, wie der junge Held glaube, ein schlechter Officier. In Betreff der individuellen Seite charakterisirt die momentane Stimmung beim Ausmarsche das Temperament des betreffenden Officiers. Dem Einen winkt Ehre und Ruhm, dem Andern Krankheit, Wunden und Tod; der Eine ist darum weder ein Officier mit Leib und Seele, noch ist der Andere darum ein schlechter Officier. Der Eine denkt an Frau und Kind, und der Andere an — Nichts. Beide thun ihre Pflicht, vielleicht noch mehr als die Pflicht erfordert, und ich möchte auf zwei Thatsachen hinweisen, dass die Sorge um Frau und Kind den Muth nicht lähme, und dass der sorglose Blick in die Zukunft nicht immer

Fig. 28. Ein Javane bei der Hausarbeit, d. h. ohne den Kris (Dolch), welchen
er in der Oeffentlichkeit immer trägt, und zwar am Rücken, wie es Fig. 13 zeigt.

den Muth erhöhe. Der Herr Y. möge nur das Verzeichniss der Officiere nachsehen und nachrechnen, wie viel der Decorirten verheiratet
seien, und wie viel von ihnen das Joch der Ehe noch nicht tragen;
er würde finden, dass die Sorge um Frau und Kind das Pflichtgefühl
gewiss nicht einschränke, und zweitens möge er constatiren, ob mehr
verheiratete oder mehr ledige Officiere — mich heute um ein Medicament zur Beruhigung des Bauches ersucht haben.

Nach der Tafel ersuchte uns Major X., bald zu Bett zu gehen.
weil der Aufbruch der Truppen um fünf Uhr stattfinden werde und
wir uns daher von dem letzten Marsche gut erholt haben müssten.
Als ich darüber einen verwunderten und fragenden Blick auf ihn warf,
fügte der Major hinzu, dass es in den Tropen rathsam sei, die Truppen
wegen der herrschenden kühlen Temperatur in den ersten Morgenstunden marschiren zu lassen; ich war jedoch anderer Ansicht. Während
die anderen Officiere uns verliessen, machte ich ihn aufmerksam, dass
der ganze Weg bis Ambarawa von unzähligen Sawahfeldern umgeben
sei, dass wir uns also in einem künstlichen Sumpf befänden, und dass
gerade in den frühen Stunden des Morgens die bacterientödtenden
Strahlen der Sonne fehlten, dass also gerade durch den Marsch die
Soldaten den schädlichen Miasmen dieser Felder ausgesetzt seien;
hierzu komme noch, dass die meisten Soldaten nicht früher in den
Schlaf fallen würden, als sie seit Jahren gewöhnt seien; wenn um
fünf Uhr abmarschirt würde, müssten sie schon um vier Uhr aufstehen,
und könnten sich dann von den Strapazen des vorigen Tages nicht
erholt haben. Im Ernstfalle kennt man nur ein Ziel: den Sieg.
und die Gesetze der Hygiene müssten schweigen; aber in Friedenszeiten sei es geradezu Pflicht, so weit als möglich die Kräfte der Soldaten zu schonen, um jederzeit für den Ernstfall ungeschwächt die
Mannschaften ihrem Ziele entgegenführen zu können. Major X. gab
darauf keine Antwort — aber erst um 5 Uhr wurde Reveille geblasen,
und um 6 Uhr war Alles zum Abmarsch bereit.

Medóno hat eine absolute Höhe von 598 Metern, und Pingit, die
Grenzstation zwischen den Provinzen Kedú und Samarang, ist 686 Meter
hoch. Diese 91 Meter mussten wir ersteigen, um dann in diesem Djambu-
Gebirge immer bergab bis Djambu (492 Meter) und 4 Kilometer weiter
bis Ambarawa (498 Meter) nur unbedeutende Erhöhungen des Bodens
überwinden zu müssen. Ich nahm also gerne den Vorschlag des
»Kwartiermeesters« an, ein Dos-à-dos zu miethen, um dulce et jucunde
den letzten Theil unseres Marsches zurücklegen zu können. Das vor-

gespannte Pferd war jedoch öfters ganz anderer Ansicht und blieb stehen oder drängte den Wagen nach rückwärts. Sofort kamen aber einige Kulis vom Train und zwangen den Gaul, anständig mit ihnen Schritt zu halten. Auf der Spitze des Berges kam uns ein deutscher Pflanzer entgegen und lud die Officiere ein, bei ihm Halt zu machen und sich durch ein Gläschen Champagner zum weiteren Marsch zu stärken. Major X. glaubte jedoch dieser wohlgemeinten Einladung kein Gehör geben zu sollen, und um circa 12 Uhr kamen wir in Djambu an, wo uns eine Commission von Bürgern aus Ambaráwa begrüsste. Zu dieser gehörte der brave Dr. P., welcher mich sofort in Beschlag nahm und zur »Reistafel« einlud. Er war in seiner Equipage und wollte mich überreden, mit dieser in die Stadt zu fahren. Ich blieb jedoch bei der Truppe, und dieser brave College war nun gezwungen, mit mir 4 Kilometer zu Fuss zurückzulegen. Die Stadt war zu unserem Empfange geschmückt, und Abends war in dem Clubgebäude des Forts Willem I ein Festabend.

Am andern Morgen brachte uns die Eisenbahn nach Semárang, wo wir sofort nach dem Hafen gingen. Hier war der Resident mit zahlreichen Damen und Herren anwesend, um uns bei einem Glase Champagner Glück zu unserer Reise und zu unseren künftigen Heldenthaten zu wünschen. Der Landes-Sanitätschef hatte natürlich (?) für mich kein einziges herzliches Wort und beschäftigte sich nur mit den »gleich hoch stehenden« Stabsofficieren, und das Benehmen dieses Mannes mir gegenüber sollte demonstrativ sein: Weil ich mit »meinem Commandanten« in Ngawie eine Meinungsdifferenz[1] gehabt hatte, musste er, der als mein Chef mein gutes Recht einer selbständigen Ansicht hätte vertheidigen sollen, urbi et orbi zeigen, dass ich auch ihm eine persona ingrata geworden sei. Ob das Prestige des militürärztlichen Dienstes dabei gewonnen hat?? — —

Ich wurde angewiesen, mich auf jenem Schiff einzuschiffen, welches die Cavallerie mit den Mauleseln überführen sollte. Ich konnte also noch einige Stunden auf das Einschiffen der Pferde und Maulesel warten. Endlich war das letzte dieser störrischen und widerspenstigen Thiere an Bord, und ein lauter Pfiff der Dampfpfeife erinnerte mich und die dienstfreien Officiere, das Schiff zu besteigen. In Atjeh angelangt, wurde mir mitgetheilt, dass meine Transferirung eine zeitliche gewesen wäre, und so kehrte ich mit dem nächsten Schiffe nach Java zurück und

[1] Vide 7. Capitel.

kam am 13. Mai, nach einer Abwesenheit von 20 Tagen, in Magelang wieder an.

Zu Hause angekommen, erwartete mich ein kleiner häuslicher Krieg. Mein Diener Ali hatte im Jahre 1894 einen Officier nach Lombok begleitet und war bei dem Ueberfalle von Mataram in die Hände der Feinde gefallen. Wenige Tage danach kam er zurück und wurde auf Befehl des Commandanten sofort nach Java zurückgeschickt, weil der mehr oder weniger begründete Verdacht auf ihm ruhte, dass er von dem Feinde zurückgeschickt worden sei, um Spionendienste zu leisten. Mir wurde dieses von Niemandem erzählt, als ich ihn in meinen Dienst nahm. Mein früherer Bedienter, ein Javane (Fig. 28), mit dem poetischen Namen Djojo, welcher fünf Jahre bei mir gedient hatte, erklärte mir nämlich eines Tages, er müsste mich verlassen, weil ihn sein Dienst bei mir langweile. Gegen dieses Argument wusste oder wollte ich nichts einwenden und gab ihm den Abschied. Es that mir leid, ihn entlassen zu müssen, denn er war eine treue und ehrliche Seele. Im Allgemeinen sind ja die malayischen Bedienten die besten der ganzen Welt. wenn man sie nicht schimpft oder schlägt. Sie sind ruhig und gelassen, betrinken sich niemals und werden nie den Abstand zwischen sich und ihrem Herrn vergessen. Wenn vielfach über die malayischen Bedienten geklagt wird, so geschieht es immer nur von Menschen, welche überhaupt keinen Tact haben. Vielfach wird auch behauptet, man müsste der malayischen oder javanischen Sprache vollkommen mächtig sein, um den Bedienten Respect einzuflössen. Dies ist nicht richtig. Ein solcher Bedienter kennt genau seine Position, und es entspricht dem Charakter, den Sitten und Gebräuchen seiner Nation, den höheren Rang immer und überall zu respectiren; schon die Sprache der Javanen documentirt dies aufs deutlichste. Sie unterscheidet sich je nach dem Range [1]) des Sprechenden in die Ngoko-Sprache und Kromo-Sprache. In dieser spricht der an Rang oder Jahren Höhere gegen den Untergebenen, welcher seinerseits immer nur in der Ngoko [2])-Sprache gegen seinen Vorgesetzten antworten darf; auch die reiche Literatur der Javanen unterscheidet diese zwei

---

[1]) In der malayischen Sprache beschränkt sich dieser Unterschied nur auf den Gebrauch der Fürwörter; so wird z. B. das „ich" des höher Stehenden aku und das „ich" des Untergebenen saja genannt.

[2]) Sie hat sehr viele sanskritische, arabische, persische und holländische Wörter.

Sprachen.[1]) Wenn man der javanischen Sprache mächtig ist, muss man also gegen seine Bedienten nur die Ngoko-Sprache gebrauchen. sonst glaubt er. dass man ihn höhnen will; merkt er jedoch, dass sie nur mangelhaft gesprochen wird, so wird er gewiss die grösste Toleranz zeigen. Ich selbst hatte dieses bei meiner Ankunft in Java erfahren; ich ersuchte meinen Bedienten um ein Streichhölzchen und gebrauchte das malayische Wort ajer = Wasser; ohne mich irgend den lapsus linguae fühlen zu lassen, brachte er mir das gewünschte Streichhölzchen. Zwei Jahre später kam der Sultan von Kutei (Ostküste von Borneo) zu mir; ich fragte ihn, wie es seinem ›Weibe‹ gehe, indem ich das Wort parampuwan gebrauchte; mit keiner Miene deutete er die Betise an, die in diesem Worte lag. Später brachte er das Gespräch auf râtu = Königin, ich musste ihn fragen, was das Wort râtu bedeutete, und in den gelassensten Worten antwortete er: Râtu heisst die Frau des Sultans oder Königs. Ich entschuldigte mich wegen meines lapsus linguae, was er jedoch als überflüssig zurückwies. Ein Pendant zu diesem Falle erfuhr ein junger Beamter, welcher zum ersten Male den Regenten seines Bezirkes beim Empfange des Residenten sprach. Er sprach ihn mit lu = ›du‹ an;[1]) lächelnd wandte sich der Regent, welcher ein sehr gebildeter Mann war, gegen den Residenten und sagte in correcter und feiner holländischer Sprache: ›Die jungen Herren machen in Delft [2]) bedeutende Fortschritte; vor einigen Jahren kam ein junger Beamter zu mir und sprach mich mit Kôwe,[3]) und Herr X. spricht mich jetzt mit lu an.‹

So tief sitzt der Respect gegenüber dem Vorgesetzten in dem Volkscharakter der Javanen, dass es immer dem Herrn zuzuschreiben ist, wenn sein Bedienter sich eines unziemlichen Wortes oder einer unpassenden Bewegung schuldig macht. Natürlich giebt es auch unter den malayischen Dienstboten mauvais sujets — gerade wie in Europa, — aber es lässt sich nicht leugnen, dass gute und brave Dienstboten sich immer bei jenen Herren melden, welche ihre Bedienten gut behandeln, d. h. bei etwaigen Nachlässigkeiten nicht schimpfen oder selbst schlagen.

---

[1]) In der javanischen Sprache beschränkt sich dieser Unterschied nicht auf die Fürwörter, sondern erstreckt sich auch auf zahlreiche Haupt- und Beiwörter. Das Gewehr heisst z. B. in der hochjavanischen Sprache Sendjâtâ und im Ngoko = bedil.

[2]) In Delft ist nämlich das Seminarium für indische Beamte.

[3]) Kôwe = „du" gegen einen Untergebenen; lu = „du" mit verächtlicher Betonung.

Ich will gern noch einmal über die Dienstboten [1]) sprechen, weil
ich es geradezu für ein Unglück halte, wenn in einem Hause aller
14 Tage ein Wechsel der Bedienten stattfindet. Es ist richtig, dass
der malayische Bediente streng auf die Arbeitstheilung hält, und dass
z. B. die Köchin nicht die Arbeit des Gärtners verrichten will. Dort
aber, wo die Verhältnisse es nicht erlauben, mehrere Bediente zu halten,
verrichtet auch der malayische Dienstbote alles, was man von ihm fordert. Es ist wahr, dass der malayische Dienstbote naschhaft ist, aber
dagegen giebt es ja ein gutes Hülfsmittel; entweder sei man nicht zu
sparsam und gebe ihm ebenso gut Kaffee und Thee, als man es in
Europa thun muss, oder man schliesse es ab. Es ist wahr, dass der
malayische Dienstbote mit der Wahrheit auf gespanntem Fusse steht;
mit der grössten Ruhe wird er z. B. auf die Frage, wer dieses oder
jenes zerbrochen habe, zur Antwort geben: Sie, mein Herr! Lässt man
sich durch diese Unverfrorenheit zu einer leidenschaftlichen Antwort
hinreissen, wird er keine Antwort geben, sondern weggehen und, bei seinen
Kameraden angelangt, seiner Freude Ausdruck verleihen, dem Herrn
einen solchen Streich gespielt zu haben. Zu dieser Gewohnheit gehört
auch das »indische Taubsein«; der betreffende Dienstbote sitzt in der
Nähe hockend und starrt in die blaue Luft, er wird gerufen, er giebt
keine Antwort. Nur zu oft lässt sich die europäische Dame hinreissen
und eilt fluchend und schimpfend zu ihm hin und erhält die einfache
Antwort: »Ich habe es nicht gehört.« Dies ist ein Symptom des Un-
willens, und dafür giebt es nur ein Heilmittel: Stante pede den Abschied zu geben. Im Jahre 1883 war ich in einem abgelegenen Fort in
Sumatra in Garnison. Ich war sehr leidend und konnte mich in Folge
meines Rheumatismus manchmal kaum bewegen. Eines Tages rief ich
meinen Bedienten, der mich hören musste; er kam nicht; so schlecht
es ging, erhob ich mich von meinem Lehnstuhl und schleppte mich
nach hinten, wo mein Bedienter hockte und mit einem wesenlosen
Ausdruck seinen Blick in dem unendlichen Weltenraum schweifen liess.
Natürlich behauptete er, meinen Ruf nicht gehört zu haben. Ich liess
ihn zum Fenster treten, schaute in sein Ohr und erklärte einfach: Ja,
dies ist richtig, du bist taub, einen tauben Bedienten kann ich nicht
gebrauchen, du kannst mich sofort verlassen. Das Fort lag an der
Grenze des feindlichen Landes Atjeh, es war daher keine Möglichkeit,
einen andern Dienstboten zu erhalten, und darum gab er mir kurz die

---

[1]) Vide Seite 92 ff.

Antwort: Baik tuwan = gut, mein Herr! Als ich ihn aber kurz darauf
ins Spital schickte, einen »Handlanger« kommen liess und diesen zu
meiner »Ordonnanz« ernannte, da hatte ich das Heft in den Händen;
er setzte sich zu meinen Füssen nieder, faltete die Hände, neigte den
Kopf und sprach sein minta ámpon = ich flehe um Verzeihung; er
war seit dieser Zeit niemals mehr »indisch taub«. Nur die Ruhe imponirt den malayischen Dienstboten. Meine Frau kam mir oft mit
Klagen über die Nachlässigkeit u. s. w. meines Dienstboten, ich rieth
ihr in der Regel, Geduld zu haben und zu controliren und wiederum
zu controliren. Hatte dieses keinen Erfolg, so liess ich ihn zu mir
auf »das Bureau« kommen und theilte ihm mit, dass es mir unbe-
greiflich sei, dass meine Frau so oft Anlass zu Tadel über seine Arbeiten hätte, und machte ihn darauf aufmerksam, dass dies das Thun
und Lassen eines schlechten Bedienten sei. .

(Glaubte ich jedoch Symptome von Unwillen zu sehen, da kannte
ich kein anderes Mittel als den Abschied. War es nöthig, so deutete
ich es an und drohte ihm damit, sobald er sich wieder Aehnliches zu
Schulden kommen liess, und führte meine Drohung im gegebenen Falle
immer aus. Dieses wussten meine Bedienten, und ich hatte nur sehr
selten Ursache, sie zu wechseln, obzwar Alle immer einen gewissen
Betrag des Lohnes in Vorschuss hatten. Sie erhielten nämlich 8 bis
15 fl. pro Monat Gehalt; 8 fl. erhielt der Gärtner und 15 fl. der
Kutscher, der »Hausbediente«, die Köchin und die Babu (Zofe) erhielten 10 fl. monatlichen Gehalt; nebstdem erhielt Jeder 3 fl. für die
Kost; die Ueberreste meiner Mahlzeiten vertheilte die Köchin nach
ihrem Belieben, und wenn zu dem Reste von Thee oder Kaffee auch
manchmal ein bischen Zucker »nach hinten« ging und meine Frau
darüber klagte, gab ich ihr den Rath, durch die Finger zu sehen oder
den Zucker hinter Schloss und Riegel zu setzen. Dieser Gehalt war
in Magelang der landesübliche; ebenso üblich ist es, dass die Dienstboten immer von ihrem Herrn einen Vorschuss haben. Sofort beim
Eintritt ersuchen sie um einen Vorschuss von 1—3 Monaten; in ihrer
dienstfreien Zeit ist ja alles verpfändet worden, was sie besassen. Der
Kris = Dolch der javanischen Bedienten, der Ohrschmuck (= anting-
anting) der Köchin, der schöne Sarong der Babu ruhen in der chinesischen
Pfandleihanstalt und müssen ausgelöst werden, damit sie im Dienst des
Herrn anständig gekleidet gehen können. Späterhin giebt es zahl-
reiche Anlässe, um wieder und wieder einen Vorschuss zu verlangen.
Aber wie ich schon erwähnt habe, dieser Vorschuss war für mich nie-

mals ein Hinderniss, meinen Bedienten den Abschied zu geben, obwohl
es ihnen ganz gut bekannt war, dass damit nur eine civilgerichtliche
Forderung verbunden war, welche wahrscheinlich niemals hätte eingebracht
werden können. Wenn ich mich nicht irre, ist dies erst seit ungefähr
zwölf Jahren der Fall. Vor dieser Zeit wurden diese Forderungen
strafgerichtlich als Missbrauch des Vertrauens verfolgt und bestraft, und
als die Regierung diese Maassregel als unbillig aufhob, erhoben die Handelsleute und alle möglichen Parteien einen lauten Protest dagegen. Die
Regierung liess sich dadurch nicht beirren, auch den Eingeborenen diesen
Rechtsschutz zu gewähren und — es geht ganz gut. Ich selbst habe
z. B. keinen Cent auf diese Weise verloren. Als ich im Jahre 1886
in Batavia vor meiner Reise nach Ngawie eine Babu aufnahm, gab ich
ihr 15 fl. Vorschuss. Sie kam aber nicht den Tag vor meiner Abreise
in den Dienst. Ich ging zu dem Schout = Revierinspector und theilte
ihm den Vorfall mit. Der Hotelbediente, welcher mir diese Babu empfohlen hatte, kannte ihren Namen und Wohnort, und am folgenden
Tage hatte ich mein Geld zurück. Sie selbst erklärte, von ihrem Manne
keine Bewilligung zur Abreise erhalten zu haben. Andere sind vielleicht
weniger glücklich als ich gewesen und haben bei ihren Bedienten einige
Gulden verloren. Ich muss es aber wiederholen, dass eine gute und
tactvolle Behandlung der Bedienten auch in Java das einzige Mittel
sei, um von den kleinen Nadelstichen des Lebens verschont zu bleiben,
welche der ewige Wechsel der Dienstboten unvermeidlicher Weise mit
sich bringt.

Der oben angedeutete häusliche Krieg nahm folgenden Verlauf:
Sofort nach meiner Ankunft von Atjeh liess sich mein Kutscher durch
die Babu bei mir anmelden mit den Worten: »Minta bitjāra sama
tuwan« = er wünsche den Herrn zu sprechen. Ich fürchtete im ersten
Augenblick, etwas von einer Krankheit oder anderem Unglück meiner
Pferde zu hören, aber wie überrascht war ich, als er mir einfach mittheilte, dass sein Sohn ein Hühnerei vor meinem Hause eingegraben
gefunden habe. Mein Hühnerstall stand im hinteren Theile des Gartens. In der Meinung, dass er das Eigenthumsrecht des Eies für sich
resp. für seine Henne reclamiren wolle, sagte ich ganz kurz, um
mich nicht wegen eines Eies, das in Magelang zwei Cent kostete, in
eine Debatte einzulassen, er möge es behalten. Zu meiner Ueberraschung sagte er nicht das übliche »trimah-kassih (= ich danke), sondern warf einen Blick der Verwunderung auf mich, schickte sich zum
Weggehen an und stotterte endlich die Worte heraus: »Vielleicht weiss

der Herr nicht, was dieses bedeutet.« Jetzt war es meine Sache, verwundert zu sein. Ich bekannte diesbezüglich meine Unwissenheit und
erfuhr nun, dass Jemand mich behexen wolle; das Ei sei vor dem
Hause eingegraben worden mit der Zauberformel, dass das Faulen des
Eies auch den Bewohner des Hauses treffen möge; er wisse zwar nicht,
ob ich die Zielscheibe dieses Baumfluches sei; sehr gut könne auch
er einen Feind haben, der ihm dieses grosse Unglück wünsche, aber
er halte es für seine Pflicht, mir dieses mitzutheilen; das Ei sei noch
frisch, das Unheil könne also über mich noch keine Gewalt haben;
aber ich möge auf meiner Hut sein, weil nicht immer wie diesmal ein
günstiger Zufall das Faulen des Eies verhüten könne: sein Sohn habe
es zufällig gesehen, dass Ali, mein Bedienter, dieses Ei eingegraben hätte.
Mir war alles unverständlich, warum sollte Ali mich verhexen wollen,
und warum wollte mich der Kutscher vor dieser Verwünschung und
Bezauberung beschützen. Den Schlüssel zu diesem Räthsel gab mir
meine Frau, indem sie mir mittheilte, dass sie während meiner Abwesenheit wiederholt Streitigkeiten zwischen den Bedienten bemerkt zu
haben glaube. Bei näherer Untersuchung zeigte es sich, dass alle
übrigen Dienstboten Ali hassten, weil er ein »Spion der Feinde« gewesen sei. Getreu meinem Principe, dem Aberglauben meiner Bedienten keinen Werth beizulegen, ohne ihn darum zu verspotten, liess
ich beide Bediente zu mir auf das Bureau kommen und theilte ihnen
mit, dass ich mich nicht in ihren Zwist mischen wolle, dass ich sie
aber erinnere, den Frieden in meinem Hause nicht weiter zu stören,
und dass sie Beide am Ende des Monats meinen Dienst verlassen
müssten. Der Kutscher war der grosse Intriguant; durch die nähere
Untersuchung kam heraus, dass nicht Ali das Ei vor dem Hause eingegraben hatte, sondern dass es der Kutscher gethan hatte, und dass
er hierauf sein Söhnlein das Ei suchen und finden liess, und dass also
Ali nicht den Plan geschmiedet hatte, den bösen Zauber und Fluch
auf mein unschuldiges Haupt zu laden. Der Frieden hielt nicht an.
Ich sah selbst den Gärtner sich mit einem Kris auf den »Spion Ali«
stürzen, und nur durch meine persönliche Intervention wurde ein Mord
verhindert. Noch vor Ende dieses Monats verliess Ali meinen Dienst,
und der Frieden war im Hinterhause hergestellt.

Magelang wird mit Recht der »Garten von Java« genannt, und
alle Reize der Tropenwelt sind dieser von fünf Bergriesen einge-

schlossenen Provinz verschwenderisch zu Theil geworden. Selbst ein
ewig brummender, ewig qualmender und rauchender Vulcan erhebt im
Osten sein stolzes Haupt und ist ein stolzer und erhabener Hintergrund dieses reizenden Panoramas. Der Merapi ist von Wolken um-
hüllt, und stets steigt eine grosse Rauchsäule zur Himmelshöhe, aber
auch oft wälzt er grosse Feuermassen über seinen kahlen Scheitel. Es ist
mir nicht bekannt, wie oft dieses in früheren Jahrhunderten geschehen ist.
Verheerend müssen seine Ausbrüche gewesen sein, wenn wir das Terrain
auf Abhängen und weit hinein in die drei Provinzen betrachten, über
welche sich sein kahles Haupt erhebt. Gewaltige erratische Blöcke bedecken die Provinzen Kedú, Solo und Djocja. Auch der grosse Buru-
Budur soll nur aus Steinen erbaut sein, welche in früheren Jahrtausen-
den in den Tiefen des Merapi geweilt hatten. Im Januar des Jahres
1894 fand die letzte[1] Eruption statt; ein sanfter Zephyr wehte über
Magelang; der Himmel glänzte in seiner Sternenpracht; die majestätische Ruhe der Tropennacht wurde nur durch das Quaken der Frösche
und das Zirpen der Grillen gestört. Ich ging mit einem Obersten über
den Schlossplatz spazieren, als ein unwillkürlicher und zufälliger Blick
nach dem Osten des Horizontes eine ungeheure feurige Schlange traf,
welche sich von dem Gipfel des Merapi in der Richtung nach Muntilan, also halbwegs zwischen Djocja und unserer Stadt, hinabwälzte.
Gleichzeitig fiel ein feiner Aschenregen, der in wenigen Minuten unsere
Kleider mit einer äusserst feinen und dünnen Schicht bedeckte. Die
Zeitungen hatten allerdings schon einige Tage vorher von einer erhöhten Thätigkeit des Merapi gesprochen. Da jedoch bei Tage der
Anblick des Vulcans mit seiner variablen Rauchsäule keine bedeutende
Veränderung zeigte, so wurde dieser Notiz weiter keine Beachtung ge-
schenkt, und erst dieser unerwartete Anblick einer riesigen, feurigen
Schlange, welche sich in zahlreichen Krümmungen über seinen Abhang
mit unermüdlicher Dauer gegen den kleinen Vorberg wälzte, nöthigte
uns, immer und wieder den Blick auf ihn zu richten. Tage und
Wochen lang dauerte dieser Strom der feurigen Masse, und in dunklen
Nächten war die Rauchsäule von einem feurigen Kern erfüllt, welcher
jedoch nicht intensiv genug war, um auch das umliegende Terrain zu
beleuchten.

---

[1] Aus diesem Jahrhundert sind mir zehn Ausbrüche dieses Vulcans bekannt, und zwar von den Jahren 1822, 1823, 1832, 1837, 1846, 1849, 1863,
1869, 1872 und 1894. Seit dem Jahre 1897 fehlt mir jede Nachricht über einen
etwaigen Ausbruch des Merapi.

Die Beschreibungen, welche der deutsche Gelehrte Junghuhn[1])
von diesem Vulcan bringt, haben, so weit sie die Spitze des Berges
betreffen, durch den Ausbruch im Jahre 1872 keinen Werth mehr; der
ganze Eruptionskegel ist verschwunden; er ist theilweise hinabgestürzt
und hat am Fusse des Berges so manches Dorf zerschmettert, oder er
ist in die Tiefen des Vulcans gestürzt, wo, laut Mittheilungen des
Dr. Gronemann, der abgebröckelte Kraterrand auf einem grossen
Felsen schwebend gehalten wird und der Zeit harrt, durch einen hinreichend starken Lavastrom mit hinausgeschleudert zu werden. Einige
Ingenieure wollten sich von Djocja aus der Stätte des Feuerstromes
nähern; sie gelangten nicht weiter als bis zur kleinen Ringmauer, welche
sich einige hundert Meter am Fusse des Berges hinzieht. Aus den
Spalten des Bodens drangen ihnen heisse Dämpfe entgegen, und tiefer
und tiefer sanken die Füsse ihrer Pferde in die aufgelagerte Aschen-
schicht, so dass ein weiteres Vordringen unmöglich wurde.

Sehr oft hatte ich Gelegenheit, dieses ›Arcadien Javas‹ zu sehen
und zu bewundern; ich wurde nämlich einige Male zu dem Vater eines
meiner Patienten, Li Tiow Poo, welcher in Temanggoeng wohnte,
gerufen und ging eines Tages mit einem Agenten der Lebensversiche-
rungs-Anstalt ›New York‹ am 25. December 1894 nach Páraan. Es
fehlt mir an Worten, in würdiger Weise die schönen Landschaftsbilder
zu beschreiben, welche in langer Reihe vor meinen Augen vorbeizogen,
und ich muss es einer fähigeren Feder überlassen; denn ich kann nur
mit dürren und mageren Worten den kürzesten Weg beschreiben, welchen ich nehmen musste, um in einem Tage auf dieser Route hin und zurück zu reisen. Bis Sotjáng war der Weg eben; hier wechselte ich die
vier Pferde und verliess die grosse Heerstrasse, um linksab, d. h. westlich,
einem kleinen Wege zu folgen, der sich am Fusse des Sumbing über
Berg und Thal in zahlreichen Windungen hinschlängelt. Bei Krang-
gan ist eine grosse und schöne Brücke über den Progofluss, und mit
schaudererregender Geschwindigkeit zogen die Pferde unsern schweren
Reisewagen hinab in das Thal des Flusses; und mit genau berechneter
Sicherheit erreichten sie die Brücke. Reich bedeckt ist der Sumbing bis
zu einer Höhe von 900—1000 Metern mit Sawahfeldern, weiter sah ich
europäische Gemüse, Erdbeeren, Kraut, Tabak u. s. w. angepflanzt;
der Gipfel des Berges ist jedoch kahl. Der dichte Urwald des Merapi
fehlt hier; der Raubbau hat diesen Berg, so wie den Sindara, seinen

---

[1]) Dr. Franz Wilhelm Junghuhn wurde am 26. October 1812 in Mans-
feld geboren und starb am 20. April 1864 in Lembang bei Bandong (Java).

Nachbar, entwaldet, ohne rechtzeitig für einen Nachwuchs zu sorgen, und beide Berge sind über der Höhe von 1250 Metern wasserarm; kein Bächlein, kein Bergstrom stürzt sich in die Tiefe; nur das »Himmelwasser« befeuchtet den fruchtbaren Boden dieser beiden ruhenden und vielleicht ganz ausgestorbenen Vulcane. Auffallend waren nebstdem zahlreiche Hügel, welche in den Sawahfeldern zerstreut lagen und mit Gras bedeckt waren; es waren offenbar erratische Blöcke und zwar von stattlicher Höhe (10—30 Meter!), in historischer Zeit vielleicht aus dem Sumbing herausgeschleudert; man sieht sogar in der Kratermauer eine Oeffnung, aus welcher sie herstammen. Wie Junghuhn erzählt, sind es nach der javanischen Sagenwelt Reishaufen, welche von einem erzürnten Gotte in einen Stein verwandelt wurden.

In Temanggoeng bekamen wir neue Pferde; zwei Wege führen von hier aus nach Páraan, dem Ziele unserer Reise; der eine zieht in einem grossen Bogen (11 km lang) durch das Dorf Kedú, nach welchem die ganze Provinz den Namen erhielt, und der andere (7½ km lang) führt direct am Fusse des Berges dahin. Der Kampong ist ein langgestrecktes Dorf und beinahe ausschliesslich von Chinesen bewohnt; sie sollen sehr reich sein und dieses besonders dem Bau des Tabaks verdanken. Wir stiegen bei Lie Tiauw Piek ab, welcher ein mit Reichthum und chinesischer Eleganz ausgestattetes Haus bewohnte. Nachdem wir mit Bami,[1]) Kimlo[1]) und einer reichlichen Reistafel mit Bier, Wein und Apollinariswasser unsern knurrenden Magen befriedigt hatten, kamen die fünf Candidaten für die Lebensversicherung zur Untersuchung, und schon drohte die Sonne unter dem Horizonte zu verschwinden, als wir unsere Rückreise antraten. Freilich hatten unsere Pferde gar keine Lust, Páraan zu verlassen; unter lautem Schreien halfen die Chinesen den Wagen vorausschieben, um die Pferde an ihre Pflicht zu erinnern, sie blieben ruhig stehen. Ein Kuli fasste das eine Pferd bei der Stange und zog es vorwärts; als Antwort darauf schlug das Pferd mit dem rechten Hinterfusse aus und brach die Stange, an welcher die Zugriemen befestigt waren. Sofort wurde ein Stück Bambus an der Axe befestigt, die Pferde gaben ihren Widerstand auf, und in brausendem Galopp verliessen wir das Dorf. Um 10½ Uhr kamen wir in Magelang an, und unvergesslich bleibt mir diese Reise; ein schöneres und lieblicheres Bild, als diese Reise mir bot, habe ich niemals gesehen.

---

[1]) Chinesische Speisen.

Schluss.

Abreise von Magelang — Semárang — „Schuttery" — Die
chinesische Behandlung der Diphtheritis — Das ewige Feuer
— Salatiga — Abschied von Semárang.

In Semárang, der Hauptstadt der gleichnamigen Provinz.[1]) schloss
ich meine indische Carrière.

Nach 10jähriger, ununterbrochener Dienstzeit hat der Officier
und Beamte Anspruch auf einen einjährigen Urlaub nach Europa.
Er bekommt freie Reise bis nach Holland für sich und seine ganze
Familie und einen Urlaubsgehalt, der je nach dem Range des Officiers zwischen 1350 und 8000 fl. pro Jahr variirt. Im Juli 1896 trat
für mich dieser Zeitpunkt ein, ohne dass ich aus verschiedenen Ursachen davon Gebrauch machte. Ich wohnte ja in einer Garnisonstadt,
welche ein italienisches Klima hatte; ich hatte einen kleinen, aber
angenehmen Kreis von Bekannten und wohnte in einem steinernen
Hause, welches mir allen Comfort erlaubte. Zweitens sind die
Sommer- oder Herbstmonate keine erwünschte Zeit für eine Reise
nach Europa; ungeheure Wärme und heftige Stürme sind keine angenehmen Begleiter einer Seereise. Wer es kann, schiebt seine
Reise für die Monate März und April auf; thatsächlich habe ich
auf meiner Reise vom 12. April bis 13. Mai des folgenden Jahres
das schönste Wetter gehabt, welches man sich denken kann, nur
einen einzigen Tag war die See ein wenig unruhig. Wer wie ich
leicht seekrank wird, rechnet gewiss mit diesem Factor. Als ich
nach Semárang (am 17. August 1896) transferirt wurde, beschloss ich,
im Frühjahr 1897 von meinem rechtlichen Anspruch auf einen ein-

---

[1]) Diese Provinz ist 93.₄₆₅ Quadrat-Meilen gross und zählte im Jahre 1893
6187 europäische, 19205 chinesische, 796 arabische, 1077 orientalische und
1407752 eingeborene Bewohner.

jährigen Urlaub nach Europa Gebrauch zu machen. Ich hielt also wiederum Auction und gab dem Commissionär den Auftrag, bis auf meinen Mylord und meine zwei Pferde, welche ich auch in Semá-rang würde gebrauchen können, alles, und zwar à tout prix zu ver-kaufen. Besonders mein Bücherkasten hatte einen bedenklichen Umfang erhalten. Leider hatte ich versäumt, den Platzcommandan-ten um seine Begünstigung zu bitten, und so geschah es, dass ge-rade an diesem Tage grosse Feldübungen abgehalten wurden, die Officiere erst um ein Uhr nach Hause kamen, und meine Auction wegen Mangels an kauflustigen Officieren ein sehr geringes Erträg-niss hatte. 1000 fl. erzielte die ganze Einrichtung meines Hauses, Glas und Essservice, alle Kleider und ein Kasten voll Bücher. Wagen und Pferde verkaufte ich drei Monate später an einen Collegen, der mir 375 fl. dafür bezahlte. In Semárang selbst miethete ich kein Haus, sondern zog in das Pavillonhotel, in wel-chem ich und meine Frau für 250 fl. monatlich ganze Verpflegung und zwei Zimmer erhielten. Leider sollte ich die wenigen Monate bis zu meiner Abreise noch viel Misèren zu erleiden haben. Zu-nächst befiel mich eine heftige Furunculosis, welche in fünf Mo-naten ungefähr 200 Furunkeln, natürlich verschiedener Grösse, und zwar von der einer Erbse bis zu der einer Handfläche brachte, und zweitens war ein solcher Mangel an Aerzten, dass ich trotz meines so schmerzhaften Leidens ausserordentlich intensive Arbeit auf mich nehmen musste, und der Sanitätschef mir selbst den Ur-laub nach Europa verweigern wollte und bei der Regierung den Vorschlag einreichte, wegen herrschenden Mangels an Aerzten ihnen den Anspruch auf einen Urlaub nach Europa zeitlich zu suspen-diren. Der Gouverneur-General wies jedoch diese Zumuthung zu-rück mit der Motivirung, dass der Sanitätschef rechtzeitig für neue Aerzte hätte sorgen sollen, und dass es nicht anginge, in so leicht-fertiger Weise einem Officier ein ihm zukommendes Recht zu ver-kümmern.

Das Hotel, in welchem ich wohnte, lag an der letzten Krüm-mung des »Bodjong'schen Weges«, einer schönen und breiten Strasse von 1¹/₂ Kilometer Länge, und zwar gegenüber einem Garduhäus-chen (Fig. 29): das andere Ende zierte das Haus des Residenten, und daneben das des Landes-Commandirenden, welcher den Rang eines General-Majors bekleidete.

Dieser »Bodjong'sche Weg« ist eine Zierde der Stadt, welche im

Uebrigen vieles zu wünschen lässt. Artesische Brunnen und Dampftramway erinnern uns zwar an ihren Rang als dritte Stadt Javas,
aber sie ist arm an Sehenswürdigkeiten, sie hat nur sehr wenige
Plätze, kein einziges monumentales Gebäude, kein einziges Denkmal, keine Museen und nur ein unbedeutendes Theatergebäude, welches kaum diesen Namen verdient, ein Clubgebäude, eine Freimaurer-
loge und Gotteshäuser für die katholische, protestantische und mohamedanische Religion.

Doch ganz im Verborgenen bildet, den Meisten unbekannt, eine
Perle der modernen Baukunst, die Capelle des katholischen Frauen-
klosters eine Sehenswürdigkeit ersten Ranges. Auf dem grossen
Wege nach dem Stationsgebäude, welches ebenfalls jedes architektonischen Schmuckes baar ist, steht die katholische Kirche zur
rechten Seite und ihr gegenüber das Kloster der Franziskanerinnen,
welche hier eine öffentliche Schule halten. Zur Seite der Schule
steht eine Capelle, im Spitzbogen gebaut, welche im Innern die
ganze Farbenpracht des maurischen Stiles aufgenommen hat. Es
ist ein überwältigender Reichthum der Farben, welcher die Augen
nicht beleidigt, sondern ergötzt.

Das Stadthaus ist ein einstöckiges Gebäude ohne Stil und ohne
Schmuck. Ihm gegenüber liegt das Militär-Spital mit einigen Pavillons, und an seiner Nordseite schliesst sich die Landes-Irrenanstalt an. Das Spital ist zum grössten Theile aus steinernen Gebäuden, und der Officierspavillon besitzt acht schöne, grosse Zimmer für acht Patienten. Ein kleiner Garten grenzt an diesen und
an den mittleren Pavillon, in dessen erstem Stock die Krankensäle für
Gefangene sich befanden. Das Ganze ist mit einem eisernen Gitter
umgeben und sieht nach dem grossen Platz, welcher von dem erwähnten Stadthause, der Moschee und der Wohnung des Regenten
begrenzt ist. Hier werden Sonntags um 5 Uhr Nachmittags von
der Militär-Capelle oder von der der Landwehr Concerte gegeben,
zu welchen sich die beau monde von Semárang einstellt. Auf der
Strasse steht eine doppelte Reihe von Equipagen, und europäische,
chinesische und arabische Sonntagsreiter und zahlreiche Radfahrer
vervollständigen dieses schwache Bild eines Corso. Die alte und
eigentliche Stadt wird von den angesehenen Europäern nicht bewohnt; diese haben ihre »Häuser« auf dem »Bodjong'schen Wege«,
im Pontjol und Pendrian, welche sich auf einer beinahe parallel
mit diesem gelegenen Strasse befinden. »Auf Pontjol« liegt auch

das alte, jetzt verlassene Fort »Prinz von Oranje«, und zwar mitten
im Sumpfe; von der Strasse aus wird es gar nicht gesehen, weil
Frucht- und andere Bäume es umgeben und sein Dach über die
Bäume nicht hervorragt. Die bombensichern Casematten bestehen
aus meterdicken Mauern, welche den Geschützen vergangener Jahrzehnte Widerstand bieten konnten; jetzt befinden sich nur die Bureaux
der Intendantur und der Genie darin.

Von den Strassen der »Stadt«, welche jenseits des rechten Ufers
des Flusses Ngaran oder Semárang liegen, lässt sich leider gar nichts
Rühmenswerthes sagen: sie sind schmal, ohne Bäume, haben selten
ein Trottoir, dafür aber offene, stinkende Canäle; ihre Häuser sind
im altholländischen Stile gebaut, ohne Garten, sie sind noch häss-
licher als die »alte Stadt von Batavia«. Nebstdem sind sie häufig
den Ueberströmungen ausgesetzt, so dass nur der eine Wunsch ausgesprochen werden kann, dass die »Stadt« bald verlassen werden
möge, und dass auf dem grossen Wege von Randosari, welcher sich
an den »Bodjong'schen Weg« anschliesst, eine neue Stadt entstehen
möge.

Der Hafen ist ein primitiver Landungsplatz, ohne den beschei-
densten Ansprüchen der modernen Baukunde zu genügen. Auf
dem Ueberschwemmungscanal (Bandjir-Canal) ruhen Hunderte von
Kähnen, welche den Verkehr mit der Rhede vermitteln, und wenn
wir noch die Tausende und Tausende Mosquitos erwähnen, welche
sich jeden Abend aus den umgebenden Sümpfen, Sawahfeldern und
Fischteichen erheben, um blutdürstig die Bewohner Semárangs zu überfallen, und der grossen Schwärme der niedlichen Reisvögel gedenken, welche den Bodjong'schen Weg beleben, dann ist alles Wissens-
und Sehenswerthe dieser Stadt mitgetheilt.

Im Spitale war mein Wirkungskreis derselbe wie in Magelang.
Ich hatte meinen »Saal« zur Behandlung europäischer Patienten
und war wiederum Mitglied der Superarbitrirungs-Commission. Diese
hatte sich auch mit bürgerlichen Angelegenheiten insofern zu beschäftigen, als jene Bürger, welche von den Stadtärzten ungeeignet
zum Dienst für die Bürger- und Feuerwehr erklärt wurden, von uns
superarbitrirt werden mussten. Diese Bürgerwehr befindet sich nur
in den fünf Städten Batavia, Semárang, Surabaya, Djocja und Solo
und hat die ganz richtige und gesunde Idee zur Basis, in Zeiten
der Gefahr und des Aufruhrs, bei Mangel an Militär bei der Hand-
habung der Ruhe und Ordnung in diesen Städten zu assistiren; sie

besteht also nur aus Europäern und Halb-Europäern, und der jeweilige Resident dieser fünf Provinzen ist der Ober-Commandant der
Bürgerwehr (Schuttery), welcher im gegebenen Falle seine Truppen
unter das Commando des militärischen Platz-Commandanten stellen
kann. Dieses Princip, dass in Zeiten der Gefahr und der Noth die
Bürger das Recht oder die Pflicht oder beides haben sollten, ihre
Stadt zu vertheidigen und zu beschützen, wird aber nicht consequent
durchgeführt, und dadurch wird die »Schuttery« zu einem »Vetera-
nen-Verein« der kleinen Städte Deutschlands degradirt. Wenn es
Pflicht eines jeden Bürgers ist, sein Vaterland oder seine Vater-
stadt zu vertheidigen, warum sind davon »Haus- und andere Bediente und Gemeindearme« ausgeschlossen? Wenn es ein Recht
eines jeden Bürgers ist, sich in den Waffen üben zu dürfen,
wieder mit dem Zwecke, in Zeiten von Aufruhr und Gefahr
helfend und beschützend auftreten zu können, warum wird den
genannten Personen dieses Recht vorenthalten? Warum wird diese
Pflicht »hohen Beamten, Gerichtspersonen, Predigern, Apothekern,
pensionirten Officieren, Eisenbahn- und Tramway-Beamten, Tele-
phon-, Post- und Telegraphen-Beamten u. s. w. u. s. w.« nicht auferlegt? Die Kostenfrage spielt keine Rolle; denn die »Schutters« erhalten vom Staate nur die Waffen und im Bedarfsfalle einen den
Soldaten entsprechenden Sold. Selbst die Uniform, welche nur für
den Officier etwas kostspielig ist, bezahlen sie aus eigenem Vermögen; sie besteht aus weisser Hose und weissem Röckchen ohne
Schösse. Die Officiere haben dunkle Kleider aus Tuch oder Serge
und Epauletten und Fouragères (Schulterquasten mit Schnüren) aus
Gold oder Silber. Die weissen Uniformen, aus russischer Leinwand
oder ähnlichen Stoffen verfertigt, sind ganz hübsch und zweckmässig auf dem Exercierplatz und bei der Parade; sie haben aber
den Nachtheil, dass das scharfe Licht der Tropensonne zu stark
reflectirt wird. (Im abessynischen Kriege litten die Augen der englischen Soldaten dadurch, und sie waren nebstdem eine grosse Zielscheibe für den Feind.) Schon bei Manövern ist diese weisse Uniform
unpraktisch, weil der geringste Schmutzfleck deutlich sichtbar ist.
Im Kriege werden sie natürlich von den Soldaten und Officieren zu
Hause gelassen, und für die »Schuttery« eine Ursache sein, sich an
einer offenen Feldschlacht nicht zu betheiligen.

Wenn dieses Corps nur zu oft die Zielscheibe schlechter Witze
von Seiten der Berufssoldaten und Officiere ist, so dass das Wort

»Schutter« als Prototyp eines indisciplinaren und ungeschulten Soldaten in der Caserne heimisch ist, so ist die Organisation derselben doch eine richtige. Die Disciplin ist in keiner Armee Selbstzweck, sie ist nur Mittel zu dem Zwecke, ein geordnetes Zusammenleben von so viel Hunderten und Tausenden von Männern zu ermöglichen, und den Mann zu einem fügsamen und tauglichen Theil dieses grossen Mechanismus zu erziehen. Die »Schutter« sind aber nicht casernirt; ein grosser Factor, eine strenge Disciplin zu handhaben, entfällt also. Die Abrichtung und Erziehung des Schutters kann also bleiben, wie sie jetzt geübt wird. Aber die Pflicht zum Eintritt in die »Schuttery« werde verallgemeinert und das Ziel derselben möge keine »Soldatenspielerei« sein, sondern alle gesunden Männer zu kräftigen Wehrmännern heranziehen, welche in der Zeit der Noth sich und dem Staate vortreffliche Dienste leisten könnten.

Ich muss noch erwähnen, dass die unvermeidlichen Ausgaben der Verwaltung und der Musik aus dem Schutteryfonds gedeckt werden, zu welchem die »Befreiten« ihre jährliche Contribution und die »Gestraften« ihr Scherflein beitragen. Für die meisten disciplinaren Vergehen werden nämlich Geld- und keine Freiheitsstrafen auferlegt.

Die Superarbitrirungs-Commission hatte gegenüber diesen Herren oft einen sehr schwierigen Standpunkt. Einer derselben hatte z. B. über einen Herzfehler geklagt, und der Stadtarzt glaubte ihn dafür zu dem Dienste der »Schuttery« untauglich erklären zu müssen. Der Dienst dieser Leute ist nicht anstrengend; sie haben nur einmal in der Woche von 5—6 Uhr zu exerciren und sich in einigen Wochen im Jahre an der Scheibe zu üben. Nun, Herzfehler und Herzfehler können noch sehr differente Zustände sein. In unserm Falle hatte der Recrut, ein junger Halbeuropäer von 19 Jahren, ein leichtes Geräusch, wie es bei Anämie (Blutarmuth) vorzukommen pflegt. Mir ist nicht bekannt, was die Superarbitrirungs-Commission beschlossen hatte; dieses geschah im Jahre 1896, als ich noch in Magelang sass. Der junge Mann bekam jedoch eines Tages Lust, Soldat zu werden, er liess sich anwerben, bekam 300 fl. Handgeld, und sofort meldete er sich krank, er könne wegen eines Herzfehlers nicht exerciren! Dabei präsentirte er mir das Zeugniss des Stadtarztes, welcher ihn selbst für den Dienst bei der »Schuttery« untauglich erklärt hatte. Ich untersuchte ihn genau und fand, wie ich schon erwähnt habe, nur ein geringes anämisches Geräusch.

Entrüstet hielt ich ihm vor, dass er auf diese Weise den Staat um so viel hunderte Gulden beschwindelt habe. Dies liess ihn natürlich kalt. Ich theilte ihm nebstdem mit, dass sein Herzfehler von keiner Bedeutung sei, dass er ganz unbesorgt seine dienstlichen Obliegenheiten verrichten könne, und dass ich es für Unwillen auffassen würde, wenn er sich jemals wieder wegen dieser fraglichen Krankheit dem Dienst entziehen würde.

Durch ganze zwanzig Jahre hatte ich keinen Diphtheritisfall gesehen. Wenn auch im Allgemeinen Erwachsene seltener als Kinder von dieser Krankheit ergriffen werden — der vielfach erwähnte Jahresbericht der indischen Armee vom Jahre 1895 weist keinen einzigen Fall dieser Krankheit auf —, so muss ich es dennoch für einen besonderen Zufall halten, dass ich in diesem langen Zeitraume keine einzige diphtheritische Erkrankung der Kehle zu Gesicht bekam. Der Zufall ist um so merkwürdiger, als in Indien diese Krankheit factisch häufig vorkommt und gewissen chinesischen Curpfuschern eine grosse Berühmtheit verschafft hat. Selbst der Chef-Apotheker der indischen Armee hatte vor einigen Jahren das Unglück, zwei seiner Kinder von dieser tückischen Krankheit ergriffen zu sehen. Auch er liess einen berühmten chinesischen Heilkünstler zu sich kommen, und trotzdem verlor er seine Kinder. Es ist eine traurige Erscheinung, welche ich im ersten Theile Seite 165 besprach, dass die Therapie der europäischen Aerzte bis jetzt nicht nur wenig in die tiefen Schichten der indischen Eingeborenen eingedrungen ist, sondern dass im Gegentheil die Behandlung vieler Krankheiten, wie sie von den Malayen geübt wird, die Europäer und selbst europäische Aerzte zu einem Hymnus veranlasst. Auch Dr. van der Burg schreibt über die Behandlung der Diphtheritis im zweiten Theile seines grossen Werkes,[1] Seite 380: . . . Das Publicum setzt grosses Vertrauen in die Behandlung von diphtheritischer Kehlentzündung durch Chinesen, wodurch manchmal gute Resultate erzielt werden. Auch diese chinesischen Heilkünstler huldigen dem Principe aller Curpfuscher: Die günstigen Erfolge mit allen Glocken der Reclame urbi et orbi zu verkündigen; bei den übrigen Fällen ist der Rest — Schweigen.

Worauf sind denn die günstigen Erfolge der Chinesen basirt? 1. Auf die unrichtige Diagnose. Ich selbst habe im Jahre 1889 in

---

[1] De geneesheer in Nederlandsch Indie.

Ngawie eine Dame mit Erfolg behandelt, welche wegen ihrer »Diphtheritis« (??) von Geneng zu mir gekommen war; sie hatte eine
Stomatitis crouposa, d. h. die ganze Mundhöhle war mit einem
weissen Beschlag bedeckt, welchen sie und ihre Familie für einen
diphtheritischen erklärten. Auch in Europa wird gegenwärtig die
Diphtheritis viel häufiger diagnosticirt, als es sein sollte. Die Anwesenheit des Löffler'schen Diphtheritis-Bacillus ist die Basis
dieser Diagnose, und wenn die Serumtherapie so günstige Erfolge aufzuweisen hat, ist zweifellos diese unrichtige Basis der
Diagnose Diphtheritis, wie auch Kassowitz und Andere mit Recht
bemerken, der Urheber dieser Erfolge. Unschuldige Affectionen
der Mundhöhle, des Rachens und des Kehlkopfes werden also von
den chinesischen Curpfuschern als Diphtheritis behandelt, und der
günstige Verlauf dieser Krankheiten wird von ihnen als Heilung der
Diphtheritis durch ihre Therapie ausgeschrieen. 2. Giebt es zahlreiche Diphtheritisfälle, ja selbst Epidemien dieser Krankheit, welche
durch ihre »Gutartigkeit« charakterisirt sind, d. h. bei jeder Therapie oft kaum 20 % Todesfälle aufzuweisen haben. Dies gehört in
Indien zu der Regel; nur selten geht dort der Process vom Rachen
auf den Kehlkopf über und erfordert den Kehlkopfschnitt. Dies war
der Fall mit jenem Patienten, welcher von Dr. W. behandelt und
wegen drohender Erstickungsgefahr in das Spital geschickt wurde,
und welcher der einzige Fall von Diphtheritis war, den ich in Indien
beobachten konnte.

Der Curiosität halber glaube ich die Behandlung der Chinesen hier
mittheilen zu sollen, wie sie Dr. van der Burg beschreibt. Auch
Dr. Vordermann hat s. Z. einige Recepte des chinesischen »Pulvers zum Einblasen« angegeben. Dr. van der Burg schreibt hierüber Folgendes: »Es wird von den Chinesen besonders schwache
Nahrung und schwacher Luftwechsel verlangt; dann blasen sie ein
röthliches oder grünliches Pulver mit einem dünnen, hohlen Bam-
busröhrchen auf die ergriffenen Stellen der Kehle . . .« Die
chemische Untersuchung des am häufigsten gebrauchten Pulvers ergab nach van der Wiel folgendes Recept:

2 Theile Sulphuret arsenici (tsee houang),

3 „ „ hydrargyri (tju séh),

½ „ Sulphas cupri (tau-fan),

3 „ Borax (pang sha),

2 „ Kampfer (ping pien).

24*

1 Theil   Moschus (shie hiang),

3   „   Chloretum natrium (ché jèn),

3   „   Perlen (tjien tju),

3   „   Bezoarstein[1]) (niu hoang),

2   „   Bambussteine (tschou houang),

2   „   Radix salviae multiorhizae (tan seng),

2   „   Galle (?) (hiem tåk),

$^1/_3$ „   der Baumrinde von? (djie tèh),

3   „   Excremente von Kakerlaken[2]) (tay-ka-toi) und

                eingedämpftem Urin von Kindern (jin tchong pe),

dieses alles wird gemischt, pulverisirt und 2—3 mal jede Stunde in
den Mund eingeblasen!!

Auch die Diphtheritis fordert in Indien zur Zeit der Kentering[3])
die meisten Opfer. In der Regenzeit verhindern die grossen Wassermassen mechanisch die Entwickelung schädlicher Bacterien, in der
trockenen Jahreszeit versengen die heissen Strahlen der Tropensonne
die Keime aller zymotischen Krankheiten. In der Uebergangszeit
dieser beiden Jahreszeiten (Kentering) sind die Tropen ein Riesen-
Brutkasten für alle Krankheitserreger, und ebenso sind unausge-
sprochene Monsune, die »trockene« Regenzeit (Westmonsun) und die
»nasse« trockene Zeit (Ostmonsun) für das einzelne dazu disponirte
Individuum die gefährlichste Zeit. Leider ging es auch mir während
des Aufenthaltes in Semárang schlecht. Wir hatten zur Zeit des
Westmonsuns viele, ja selbst zahlreiche Tage, an welchen es nur wenige
Stunden, und noch dazu in kleinen Mengen regnete. Die Feuchtigkeit, organische Stoffe und Wärme waren in hinreichendem Quantum vorhanden, um ein üppiges Wuchern aller möglichen schädlichen
Bacterien zu veranlassen; ich bekam die Furunculosis. So schmerzhaft die ersten Furunkeln waren, so wenig störten sie mich in meinen
täglichen Arbeiten. Das Spital war in der nächsten Nähe; wenn
ich auch unter Beschwerden den kurzen Weg dahin zurücklegte,
und auch die Behandlung von 50—60 Patienten immerhin mit
einiger Bewegung verbunden war, so überwand ich doch die
Schmerzen, weil einerseits damit keine Gefahr verbunden war, weil ich

---

[1]) Ein Gallenstein aus dem Bauche verschiedener Affensorten; er spielte
früher unter dem Namen von Batu galiga auf Borneo als Exportartikel eine
grosse Rolle.

[2]) Periplaneta orientalis (?) = Schabe.

[3]) Vide I. Theil, Seite 53.

andererseits zu Hause die Langeweile fürchtete, und weil ein solcher
Mangel an Aerzten herrschte, dass schon durch den Ausfall Eines
Arztes die Patienten des Spitals hätten leiden müssen. Unterdessen
(Ende Februar) hatte ich mein Gesuch um einen einjährigen Urlaub
nach Europa eingereicht und hoffte, da ein solches Gesuch gewöhnlich
drei Wochen zu seiner Erledigung nöthig hat, Mitte oder Ende März
abreisen zu können; sie erfolgte in dieser Frist nicht. Die Furunkeln
heilten zwar, es kamen aber jedoch immer neue hinzu; ich kam
herunter und endlich entschloss ich mich, den Dienst einzustellen, und
der Garnisonsdoctor gab mir ein ärztliches Zeugniss, dass ich wegen
allgemeiner Furunculosis einen Urlaub ins Gebirge dringend nöthig
hätte. Am 25. März 1897 ging ich mit der Eisenbahn nach Salatiga.
Leider habe ich dadurch das »ewige Feuer« nicht gesehen, von dem
Veth eine ausführliche Beschreibung bringt und 5 km entfernt von
Gubuk gefunden werden soll. Aus Oeffnungen in dem Boden strömt
ein brennbares Gas aus, welches, einmal entzündet, wie Einige behaupten, zwar durch Stampfen in der Umgebung, starkes Blasen
oder durch Wasser ausgelöscht werden kann, sich aber durch die
Berührung mit der Luft immer wieder entzündet. In Kedong
Djatti, welches seinen Namen den dortigen grossen Wäldern von
Djattibäumen (Tectonia grandis) entlehnt, mussten wir umsteigen,
um die Strecke nach Ambarawa zur weiteren Reise zu benutzen.
Nur einige Kilometer hinter dieser Station betraten wir bei Gaga
dalem eine Enclave von Solo,[1] und acht Kilometer weiter erreichten
wir Bringin, von welchem Salatiga auf einer schmalen Strasse zu
Pferde oder mit einem Dos-à-dos in ungefähr einer Stunde zu er-
reichen wäre. So wie die meisten Touristen fuhr ich jedoch weiter bis
Tuntang, von wo aus eine schöne breite Strasse über Salatiga nach
Solo und Djocja und an die Südküste führt. Der grosse Postweg

---

[1] Auf dem Wege nach Salagatija passirten wir das Dorf Praguman mit
den Ruinen jenes Tempels, welcher das Grab des Hundes enthielt, von welchem
die „Kalangs" abstammen sollen. Bis zur Mitte des 17. Jahrhunderts waren
sie ein Nomadenvolk und wurden von dem damaligen Sultan von Mataram gezwungen, sich anzusiedeln. Bei der Theilung des Reiches im Jahre 1755 erhielten beide Fürsten ungefähr 3000 Familien. Ein Theil dieser „Kalangs" von
Solo wohnt gegenwärtig in der Provinz Samarang, welche eine grosse und mehrere
kleine Enclaven von Solo besitzt. Warum diese „Kalangs" noch gegenwärtig von
den übrigen Javanen so verachtet werden, dass die Sagenwelt sie bald von einem
männlichen, bald von einem weiblichen Hunde abstammen lässt, ist mir unbekannt.

Javas, welcher längs der Nordküste dieser Insel von Batavia nach Surabaya zieht, giebt auch in Semárang einen Zweig ab, welcher sich nördlich von Ambarawa (bei Baven) in zwei Aeste theilt. Der eine umkreist die westlichen Abhänge der Grenzgebirge Merbabu, Merapi u. s. w., während der andere im Osten dieser Berge nach dem Süden Javas zieht. In Tuntang stand ein grosser Reisewagen, und gegen 7 Uhr Abends kamen wir in Salatiga an. Im »Hotel Taman« fanden wir eine aufmerksame Wirthin, ein hübsches Zimmer, eine grosse Veranda mit einer schönen Aussicht und freiem Gebrauche des Bades »Kali taman«, und zwar für 8 fl. pro Tag. Die Babu bekam von mir täglich 20 Ct., wofür sie sich das Essen bezahlte, während eine gastfreundliche Collegin des Hotels ihr eine Schlafstätte gratis anbot. Zur Reise hatte sie sich nämlich nebst einem Kistchen aus Zinkblech für ihre Schätze an Sarongs u. s. w. ein Kopfpolster mitgenommen, welches in einer Matte eingerollt war; diese Matte wurde das Schlaflager unserer Babu. Am andern Tag besuchte ich sofort das Bad Kali taman, welches ungefähr einen Kilometer vom Hotel entfernt war; es bestand aus einem grossen Bassin, in welches sich aus einer Höhe von zwei Metern ein mächtiger Strahl von frischem, hellem und kühlem Bergwasser stürzte. Ein Schwarm Goldfische bewohnte das Bassin, und als ich auf der ersten Stufe stand, kamen ein paar Hundert dieser zierlichen Fischchen auf mich zugeschwommen. Es fiel mir auf, dass die kleinen in Gold- und Silberfarbe schimmernden Fische in der ersten Reihe schwammen, und in der Peripherie die grossen mit grauem, mattem Kleide es niemals wagten, sich uns zu nähern. Jetzt wurde es mir deutlich, warum mir beim Eintritt der Wächter des Bades ein grosses Blatt, gefüllt mit gekochtem rothen Reis, um 2½ Cent zum Kauf angeboten hatte. Die Fische waren gewöhnt, von den Badegästen gefüttert zu werden; späterhin verschaffte es mir viel Vergnügen, die klugen Aeuglein von Hunderten von Fischen und Fischchen auf mich gerichtet zu sehen, sie wurden so zutraulich, dass sie sich bis an meine Füsse heranwagten.

Salatiga liegt 574 Meter hoch und erinnert in mancher Hinsicht an die Riviera. Oft hatten wir es in den Morgenstunden nicht wärmer als 12° und um 12 Uhr nur 17—18° C. Wenn ich in der Veranda des Hotels auf meinem »Faulenzerstuhl« sass und meinen Blick über den grossen Schlossplatz warf, sah ich im Nordwesten den Unarang und im Südwesten den Merbabu ihre stolzen

Häupter erheben, zwischen welchen Ambarawa eingeschlossen ist, und aus welchen sich die herabstürzenden Wassermassen durch eine Bergspalte in den Fluss Tuntang ergiessen. Schon seit 250 Jahren ist Salatiga als Luftcurort bekannt, und wenn die Vasallen zu dem grossen Fürsten des Mataramischen Reiches von Semárang zogen, hielten sie ihren ersten Rasttag in Unarang und den zweiten in diesem lieblich reizenden Bergstädtchen, das nach den drei Tempeln (Selá tiga), welche hier gestanden hatten und schon im vorigen Jahrhundert niedergerissen wurden, den Namen Salatiga behielt. Zahlreiche Pensionäre wohnen hier wegen des italienischen Klimas und wegen der Billigkeit seiner Lebensmittel. Der Besitzer des Bades Kali taman und eines grossen Landgutes kam zu meiner grossen Ueberraschung vor zwei Jahren nach Karlsbad, und ihm verdanke ich so manche Aufklärung über das politische Verhältniss der Landherren Javas einerseits zu der indischen Regierung und andererseits zu der ansässigen Bevölkerung. Nebstdem hat die indische Cavallerie ihren Sitz in Salatiga; der Stab dieses Corps liegt mit zwei Escadronen in dieser kleinen Stadt, welche vielleicht 500 europäische Seelen, 3000 (?) Javanen, 500 Chinesen und 50 (?) Araber als Einwohner hat.

Leider war es mir durch meine Furunkeln unmöglich, grössere Ausflüge zu machen, und weder das Gesundheits-Etablissement Ungaran noch Pelántungan zu besichtigen. Das erstere ist wie Salatiga ein Luftcurort (318 Meter hoch), während Pelántungan grosse und reiche jodhaltige Quellen besitzt, wo Lepra- und Syphilis-Patienten Heilung von ihren Gebrechen suchen, und sich seit 1844 eine Militär-Badeanstalt befindet. Noch mehr bedauere ich es, dass mir die Gelegenheit genommen war, das viel gepriesene Dienggebirge mit seinen Naturschönheiten und seinen zahlreichen Ruinen besuchen zu können. Ich sollte Salatiga, die Provinz Samarang und die Insel Java verlassen, ohne dieses Wunderland (das Dienggebirge) auch nur gesehen zu haben.

Schon im September 1896 hatte ich für mich und meine Frau bei der französischen Schifffahrts-Gesellschaft »Passage besprochen«, und Ende März 1897 konnte ich auf die Anfrage dieser Gesellschaft, wann ich doch meine Anweisung der Regierung für die Unkosten einreichen würde, nur ausweichende Antworten geben, weil noch immer keine Erledigung auf mein Urlaubsgesuch erfolgt war. Ja noch mehr; die Zeitungen brachten, wie ich schon erwähnt habe, die Nachricht, dass der Sanitätschef das Ersuchen an die indische Regierung gerichtet hatte, wegen grossen Mangels an Militärärzten diesen keinen Urlaub nach Europa zu gewähren.

Endlich erhielt ich am 8. April die telegraphische Nachricht, dass mir der Urlaub ertheilt wurde, und da die Messagerie maritime mir auf mein Ersuchen eine Cajüte auf »dem Ernest Simon«, welcher am 20. April von Singapore abgehen sollte, reservirt hatte, eilte ich sofort am folgenden Tage nach Semárang, wo es mir durch das Entgegenkommen aller Behörden ermöglicht wurde, am 12. April mit dem Reael nach Batavia abreisen zu können.

Um 3 Uhr fuhr ich mit einem Wagen des Hotels zum Hafen. Für den Preis von 2 fl. pro Kopf brachte mich und die übrigen Passagiere eine Dampfbarcasse auf die Rhede, wo sich der kleine Dampfer Reael auf den Wellen der etwas unruhigen See schaukelte. Um 4 Uhr wurde der Anker gelöst, und geschützt von der Decke des Zeltes richtete ich zum letzten Male meine Blicke hinüber zu dem vielköpfigen Merbabu. »Die Stadt mit ihrer baumreichen Umgebung und den Bergprofilen im Hintergrund formen ein liebliches Panorama. Im Südwesten erheben sich der Prahu, der Sindoro und der Sumbing, und im Süden taucht der Telemaja auf, hinter welchem der breite, vielköpfige Scheitel des Merbabu am Horizonte erscheint. Zwischen dem Sumbing und Sindoro tritt der Unarang deutlich in den Vordergrund. Seine malerische, trachitische und mit Trachitblöcken bedeckten Vorhügel erstrecken sich bis in die Nähe der Stadt, und man kann von der Rhede aus ihre rohen Formen, ihre breiten, abgerundeten Scheitel und ihre arme Vegetation mit unbewaffnetem Auge unterscheiden. Hinter diesen ungefähr 250 Meter hohen Hügeln erhebt sich der Unarang mit sanft aufsteigenden Abhängen, welche nach und nach in das Dunkelgrün seines dicht mit jungfräulichen Wäldern bedeckten Scheitels übergehen.«

Lebe wohl, du schönes, liebliches Java! Lebe wohl! Slamat Tanah Djava!

Anhang.

Die Ansiedelungen der Europäer auf der Insel Java.[1]

Wenn auch Marco Polo (aus Venedig) schon am Ende des 13. Jahrhunderts Sumatras Boden betreten hatte, so hat doch erst im Jahre 1323 (?) ein Europäer, und zwar wiederum ein Italiener, der Mönch Fra Odorica, zum ersten Male Java aus Autopsie kennen gelernt. Was sein Landsmann Nicolo de Conti (1430 ?) von seinen Erlebnissen in Java mittheilte, ist nicht der Mühe werth, geschichtlich beurtheilt zu werden, ebenso wenig haben die Mittheilungen von Ludovico di Varthema aus Bologna (1505) irgend welchen historischen Werth. Im Jahre 1512 schickte der Portugiese d'Albuquerque den Mohamedaner Nakhoda Ismaïl mit einer Jonke nach den Molukken mit dem Auftrage, die östlichen Inseln zu untersuchen. Im folgenden Jahre (1513) kehrte er mit einer Ladung von Gewürzen zurück, landete auf Java, wo bei Tuban sein Schiff strandete, worauf Inam Lopez Aluim mit vier Schiffen die Staaten der Nordküste aufsuchte. Acht Jahre später kam der Portugiese Antomode Brito mit fünf Schiffen nach Java und Madura (wo seine Bemannung eine kurze Zeit gefangen gehalten wurde), und im Januar 1522 Enrique Leme (nach Sunda), Garcia Enriquez und der Portugiese Magalhães. Im Jahre 1523 sah Java wiederholt portugiesische Schiffe, und zwar

---

[1] Die ältesten Berichte über Java-dwipa (= Land, Sanskrit) finden wir bei Ptolomaeus, und der Name Java soll von der in Indien wild wachsenden Kernfrucht Panicum abstammen. Von der ursprünglichen Bevölkerung dieser Insel wird in den javanischen Chroniken (Babads) wenig, und von den alten Hindus auf dem Contingent nicht nur von diesen, sondern überhaupt von der Ansiedelung auf Java keine Erwähnung gemacht; so wie die Babads mittheilen, hat schon im Jahre 78 p. C. Prabu Djaja Baja eine grosse Colonie Hindus nach Java gebracht. Von den Chinesen war Fa Hien der erste, welcher (im Jahre 414) auf seiner Reise von Ceylon nach China Je-pho-thi = Java besucht hat. Die Araber scheinen zum ersten Male im Jahre 851 in Zabedj = Java gewesen zu sein.

in Grisé. Während Simão de Soresa und Martin Correa einem
nächtlichen Anfall der Javanen durch rechtzeitige Warnung des
Manuel Botelho aus Surabaya entkamen, fiel Antonio de Pina, Botelho selbst und Antonio Pessoa (1524) unter den verrätherischen
Anfällen der erbitterten Javanen.   Die Portugiesen unterliessen es
hierauf einige Jahre lang, mit den verrätherischen Javanen des
Ostens der Insel Handel zu treiben, und besuchten allein Panarukan
(1526 unter Antonio de Brito und João de Morene), und im Jahre
1528 (unter Don Garcia Enriquez), nachdem Francisco de Sá (1526)
ebenfalls eine unglückliche Expedition nach »Sunda«[1]) unternommen
hatte.[2])

Im Jahre 1536 kam der Spanier Andres de Urdaneta nach
Panarukan, nachdem 1532 die Portugiesen dort ein Standbild mit
dem Wappen des Königs von Portugal und drei Kreuze errichtet
hatten.   Dreizehn Jahre lang fehlen die Nachrichten über die Fahrten
der Portugiesen nach Java, und erst 1545 kam Fernão Mendez Pinto
nach Bantam, und mit 40 Mann seiner Flotte betheiligte er sich an
dem Zuge des Sultans von Bantam nach Demak (Januar 1546), um
gemeinschaftlich gegen den Sultan von Pasuruan zu ziehen.   Trotz
der colossalen Heeresmacht (Pinto spricht von 800000 Mann und
2700 grösseren und kleineren Schiffen) endigte dieser Krieg mit
einer fürchterlichen Niederlage, und die Portugiesen, welche sich
daran betheiligt hatten, setzten ihre beabsichtigte Reise nach China
fort.   Auf der Rückreise erlitten sie an der Nordküste Javas Schiff-
bruch, Pinto wurde mit einigen seiner Matrosen als Sclave verkauft,
später jedoch freigelassen und nach den portugiesischen Schiffen
gesendet, welche in dem »Hafen von Sunda« lagen.   Sir Francis
Drake kam auf seiner Weltumsegelung (1577—80) ebenfalls nach
Java.   Die Holländer kamen zum ersten Mal am 23. Januar 1596
nach Java (Bantam) und schlossen unter Cornelis de Houtman
(1. Juli 1596) mit Pangéran Mangku bumi, dem Vormund des unmündigen Fürsten, einen Vertrag, demzufolge Prinz Moritz von
Nassau, zum grössten Aerger der anwesenden Portugiesen, in Bantam freien Handel führen konnte, und es gelang diesen auch, die
Bantamer gegen die Holländer aufzuhetzen.   De Houtman wurde

---

[1]) welches damals nicht nur sprachlich, sondern auch geographisch für
eine separate Insel gehalten wurde.

[2]) Einer der Schiffscapitäne gerieth in Gefangenschaft des Sultans von
Pasuruan.

mit seinen Männern, welche am Strande ein Waarenlager errichtet hatten, gefangen genommen, bald aber (2. October) freigelassen und konnte unter denselben Bedingungen wie die Portugiesen und Chinesen Handel treiben. Aber schon 3 Wochen später mussten sie wieder mit Gewalt das Befolgen des Contractes erzwingen; die Flotte zog dann längs der Nordküste bis Grisø; bei Sidaju wurde das Schiff Amsterdam von feindlich gesinnten Javanen überrumpelt, und am 6. December wurden sie bei Arisbaja, auf der Insel Madura, zu einem Angriff auf einige Kähne der Javanen durch falschen Argwohn gezwungen. Nachdem sie in Bavean das unbrauchbare Schiff »Amsterdam« verbrannt hatten, zogen sie nach der Insel Bali (Januar 1597), und einen Monat später (27. Februar 1597) zogen sie längs der Südküste Javas und Africas nach Holland zurück, wozu sie ungefähr 5½ Monate nöthig hatten. Im Jahre 1598 erschien wieder eine portugiesische Flotte, um die Niederländer, von deren Abreise sie nichts wussten, von Java zu vertreiben; die Bantamer fanden es jedoch zweckmässiger, sich diese ihre Freunde vom Halse zu schaffen, überfielen ihre Schiffe, nahmen ihnen das von anderen Schiffen geraubte Gut wieder ab und empfingen wieder mit Freuden die Ankunft einer neuen holländischen Flotte (25. November 1598). Von den acht Schiffen, unter dem Commando von Jacob van Neck, gingen vier voll beladen nach Holland zurück, und die übrigen vier fuhren am 8. Januar 1599 nach Madura, wo es ihnen, wie ihren Vorgängern, sehr schlecht erging. Fünfzig Mann fielen in die Hände der Maduresen und mussten um hohes Lösegeld freigekauft werden. Nach den Molukken setzten sie ihre Reise fort und kamen am 9. August wieder nach Bantam zurück.

Glücklicher waren in demselben Jahre zwei andere holländische Schiffe, welche allerdings acht Monate lang auf die Ernte des Pfeffers warten mussten, aber unter Gerard Leroy am 18. November 1599 voll geladen ihre Reise nach Europa antreten konnten. Das Jahr 1600 sah mehrere holländische Flotten vor Bantam, darunter die von Pieter Both, welcher für die Neue Brabant'sche Compagnie in Amsterdam eine Factory errichtete, während kurz vorher Wilkens für die alte Compagnie dasselbe gethan hatte. Als im Jahre 1601 die Spanier[1]) unter Furtado de Mendoça als Erben

---

[1]) Nach dem Erlöschen der unechten Burgundischen Linie fiel im Jahre 1580 Portugal an Spanien, um 60 Jahre später (1. December 1640) wieder selbständig zu werden.

der Portugiesen deren Colonien in Besitz nehmen wollten, befanden sich in Bantam bereits vier Factoreien, und es gelang Wolphert Harmensz (am 24. December 1601), die starke und weit überlegene Flotte der Spanier zum Rückzug zu zwingen, auf der Rhede von Bantam fünf Schiffe mit Gewürzen und Pfeffer voll zu laden und nach Europa zu senden, während der Admiral van Heemskerck in Demak einen Theil seiner Bemannung verlor und in Djaratan [1]) die erste holländische Factory im Osten der Insel errichtete (1602).

Um diese Zeit errichteten auch die Engländer (December 1602) eine Factory in Bantam (unter Capitän James Lancaster), und zwar in demselben Jahre, als die ostindische Compagnie (20. März 1602) den Grundstein zu der colonialen Besitzung Hollands gelegt hatte. Schon 1603 (29. April) konnte Wybrand van Warwyck in Bantam und Grisé mitten in den Städten Bantam und Grisé steinerne Gebäude zur Errichtung der Factory erhalten, während dieses vor dieser Zeit höchstens am Ufer des Meeres erlaubt gewesen war. En mangeant vient l'appetit. Die Engländer kamen schon im nächsten Jahre (1604) mit zahlreichen Schiffen, und wenn auch anfangs diese zwei Seemächte sich freundschaftlich vertrugen, blieb die Rivalität nicht aus, und im Jahre 1605 kam es zwischen beiden zu einem blutigen Gefecht. Auch mit Spanien machte sich die grösste Rivalität geltend, so dass sich die Compagnie endlich zu einem weitgreifenden Schritte entschloss. Am 30. Januar 1610 verliess Pieter Both mit acht Schiffen Texel, kam $10^1/_2$ Monate später nach Bantam (19. December), besuchte sofort Jakatra, [2]) wo er eine Factory errichtete, welche jedoch nach seiner Abreise ausgeplündert und verbrannt wurde. Als er (October 1613[3]) von seiner Reise nach den Molukken zurückkam und diesen traurigen Zustand erfuhr, ernannte er Jan Pieterszoon Koen zum Director der beiden Factoreien Bantam und Jakatra. Dieser benutzte die Rivalität der beiden Höfe von Bantam und Jakatra, um offensiv gegen Bantam und die Engländer aufzutreten, welche ebenfalls in Jakatra, und zwar am linken Ufer der Tji-Livong eine Factory errichtet hatten. Als

---

[1]) In der Nähe des heutigen Surabaya.

[2]) Das heutige Batavia.

[3]) Im September war er nach Grisé gekommen, wo seit 1602 eine niederländische Factory bestanden hatte und kurz vor seiner Ankunft von Seda Krapjak zugleich mit den Städten Grisé und Djaratan verwüstet wurde, und stiftete hierauf in Djapara eine Loge (Mai 1615).

die Factory von Djapara ausgeplündert und am folgenden Tage
selbst das Gebäude zu Jakatra überfallen wurde, entschloss sich
endlich Koen zu radicalen Schritten und begann am 22. October 1618
ein Fort in Jakatra zu bauen. Schon am 8. December 1618 erschien eine grosse Flotte der Engländer vor Bantam, bemächtigte
sich des reich beladenen Schiffes »De zwarte Leeuw« und zog dann
weiter nach Jakatra, wo sie Batterien aufwarfen. Diese wurden jedoch schon am 23. von Koen angegriffen und zerstört. Zu einem
unentschiedenen Treffen kam es am 2. Januar 1619, worauf Koen
nach den Molukken eilte, um eine hinreichend starke Flotte zu erhalten,
und zugleich van den Broek beauftragte, das neue Fort zu verstärken
und sich auf die Defensive gegen die Engländer und Javanen zu
beschränken. Dieser liess sich aber durch die Javanen in die Falle
locken, und sein Vertreter im Fort, Pieter van Raey, capitulirte vor
den Engländern und Jakatraern. In dieser Noth kam unerwartet
Hülfe von — Bantam, welche den Engländern und Jakatraern das
Recht absprach, sich mit den Holländern zu bemühen. Die darauf
entstandene Verhandlung zog sich in die Länge, bis im Mai (1619)
Koen mit 16 Schiffen vor Jakatra erschien, die Javanen aus ihren
Bollwerken vertrieb und Batavia, welcher Name am 12. März
van Raey dem ganzen Fort, d. h. den vier Bastions Holland, West-
Friesland, Zeeland und Gelderland, gegeben wurde, als den Mittelpunkt des niederländischen Handels in Indien erklärte. Bantam
widersetzte sich noch einige Monate dieser definitiven Ansiedelung
der Holländer in Batavia, ohne nicht einmal die Uebersiedelung
seiner eigenen Unterthanen (Chinesen und Bantamer) verhindern zu
können. Mataram erklärte hierauf die Niederländer zu seinen »Unterthanen« und glaubte ihnen gegenüber dieselben despotischen Gebräuche wie gegen die Eingeborenen üben zu können. Aber schon
1622 änderte der Panembahan seine Politik und bat die Niederländer um Hülfe, Bantam zu unterwerfen. Koen fürchtete, dass nach
Bantam Batavia an die Reihe kommen sollte, und gab seiner Gesandtschaft unter Dr. de Haan den Auftrag, diesbezüglich in Mataram die nöthige Vorsicht zu üben. Durch die Eroberung von
Sukadana auf Borneo und von der Insel Madura war der Fürst von
Mataram Herr von beinahe ganz Java geworden und verlangte auch
von dem Gesandten Vos,[1] die Souveränität Matarams anzuerkennen.

---

[1] des Gouverneur-General de Carpentier, Nachfolger von Koen.

Als im August 1626 eine Gesandtschaft nach Mataram abgiug, wurde
sie in Karta nicht zugelassen, weil »die Geschenke zu unansehnlich
waren und die Regierung in ihrem Briefe den Susuhunan nicht hoch
genug betitelt und sich selbst nicht genug erniedrigt hatte«.[1]

Unterdessen hatten die Engländer mit den Niederländern 1619
einen Contract geschlossen, dem zufolge sie gemeinsam in Bantam
unter einem »Rath von Vertheidigung« die gegenseitigen Handels-
interessen schützen sollten. Dieser Vertrag zwischen Hund und
Katze dauerte nur bis 1628, in welchem Jahre sie den Handel in
Bantam ganz allein in ihre Hände bekamen, um jedoch schon 1684
vor der Energie Hollands weichen zu müssen.

Im Jahre 1627 kam Koen zum zweiten Male als Gouverneur-
General nach Batavia, und hatte bald gegen einzelne Scharen von
Bantamern Batavia und sein Leben zu vertheidigen und auch einen
Ueberfall von Mataram (22. August 1628) zurückzuschlagen: ein
zweiter Ueberfall (September 1629) endigte ebenso glücklich für die
Niederländer, obzwar Koen selbst ein Opfer der Cholera wurde. Jacques
Specx wurde zu seinem Nachfolger ernannt. Da die Regierung in
Holland immer und immer wieder die indische Regierung ermahnte,
mit Bantam und Mataram in Freundschaft zu leben, wurde der Regent
von Djapara als Vermittler zwischen der Compagnie und dem
Sultan Ageng (= der Grosse), welchen Titel er von einem ara-
bischen Scheik aus Mekka erhalten hatte, gewählt, und eine hollän-
dische Gesandtschaft, aus 25 Mann bestehend, brachte zahlreiche
Geschenke nach Djapara. Sie wurden jedoch mit ihren Geschenken
von dem Regenten selbst gefangen genommen. Da nebstdem Sultan
Ageng zahlreiche Räuberbanden nach Batavia saudte, so wollte
G.-G. Brouwer, der Nachfolger von Specx, die Macht des Sultans
auf indirecte Weise schwächen und schickte (1633) nach der Insel
Bali eine Gesandtschaft, um den Fürsten gegen seinen Erbfeind von
Mataram aufzuhetzen. Da dies nicht gelang, so entschlossen sie sich
zu dem erniedrigenden Vorgang (October 1634), eine Gesandtschaft
an den Sultan zu senden und einen jährlichen Tribut zu zahlen,
»weil die Niederländer auf seinem Lande sich angesiedelt hatten«.[2]
Der Sultan stellte jedoch unerreichbare Forderungen und Antonie

---

[1]) Voth. Seite 372.
[2]) Veth, Seite 386.

van Diemen[1]) gab sich Mühe, wieder mit Bantam auf guten Fuss zu gelangen, dessen Fürst ebenfalls aus Mekka eine heilige Fahne und den Titel Abu'l, Mofachir Mohamed Abdu'l Kadir erhielt. Dadurch stieg die Rivalität mit dem Sultan Ageng, und nachdem 1639 die Niederländer ein Schutz- und Trutzbündniss mit dem Sultan von Bantam geschlossen hatten, entfaltete er die heilige Fahne zum Kriege gegen alle Ungläubigen. Obwohl um diese Zeit (1641) die Niederländer ihren alten Rivalen, den Portugiesen, auf welche Sultan Ageng seine ganze Hoffnung gründete, mit ihrer Hülfe die Niederländer von Java zu vertreiben, auf Malacca eine solche Niederlage beibrachten, dass sie gezwungen waren, diese Colonien aufzugeben, so wurde ihre Lage doch nicht verbessert, weil wieder die Engländer auf dem Kriegsschauplatze erschienen (1642), indem die Factory von Bantam eine Gesandtschaft an den Fürsten von Mataram schickte, zu dem Zwecke, die Insel Banka zu erwerben. Einen directen Angriff auf Batavia erlebte Sultan Ageng nicht mehr, und nach 33jähriger Regierung (1645) starb er und wurde zu Imagiri begraben, wo sein Grab noch heute von den Javanen als Heiligthum verehrt wird.

Nach dessen Tode gelang es endlich dem G.-G. Cornelis van der Lijn mit dessen Nachfolger, Amangku-Rat, im Jahre 1647 Frieden zu schliessen.

Auch in Bantam war der alte Sultan 1651 gestorben, und sein Enkel und Nachfolger, Sultan Ageng Tirtajasa, auch Abu'l Fath, Abdu'l fattäh genannt, nahm sofort nach seiner Thronbesteigung die alte feindliche Haltung wieder an; nicht allein, dass er zahlreiche Räuberbanden nach Batavia schickte, er griff selbst zwei Schiffe der Compagnie an, kurz, alle Mittel des Guerillakrieges wendete er an, so dass im Jahre 1656 die Vertreter der Compagnie sich flüchten mussten. Die Engländer und Dänen unterstützten den Sultan in seinem Widerstande gegen die Holländer; sie gingen zum Angriffe über, obwohl eine englische Flotte aus Europa erschien, mit einem Briefe der Nied. O. I. Compagnie, in welchem ein Bündniss und Frieden mit den Engländern gefordert wurde. Die Niederländer schlossen also mit Bantam Frieden (1664), ohne jedoch bedeutende Vortheile damit zu erzielen. Auch in Mataram spielte die

---

[1]) G.-G. Brouwer wurde wegen des Misserfolges dieser Gesandtschaft abberufen.

Compagnie in dieser Zeit keine würdige Rolle. Obwohl Amangku Rat wie ein javanischer Nero seinen Tyrannengelüsten freie Zügel schiessen liess, so huldigte die Compagnie ihm doch in auffallender Weise, indem sie jedes Jahr eine Gesandtschaft an seinen Hof schickte, welche ihm jedesmal die bedeutendste Erfindung Europas als Geschenk brachte.

Unterdessen hatten die Makassaren von den Molukken durch ihre Raubzüge die ganze Nordküste Javas geplündert und 1671 in Bantam günstige Aufnahme gefunden, weil der Sultan hoffte, mit ihrer Hülfe seine beiden Rivalen, den Fürsten von Mataram und die Holländer, demüthigen zu können.

Capitän Holsteyn's unglücklicher Feldzug veranlasste die Compagnie, den Major Poleman (1676) mit 300 Mann nach dem Osten Javas zu schicken,. wohin sich die Makassaren zurückgezogen hatten, nachdem sie Bantam wegen Ermordung des Sohnes ihres Häuptlings Kraëng Montemarano verlassen hatten. Poleman eroberte alle Bollwerke der Makassaren, so dass sie sich ins Innere des Landes flüchten mussten. Das Heer des Sultans von Mataram unter Commando von Pangeran Adipati Anom war jedoch nicht im Stande, trotzdem sie ungefähr 60000 Mann stark waren, die vereinigten Maduresen und Makassaren aufzuhalten, die ganze Küste von Ost-Java fiel wieder in die Hände der Maduresen, der Bundesgenossen der Makassaren (bis auf das niederländische Fort Djapara). Der Rath von Indien, Cornelis Speelman, eilte dieser Factory zu Hülfe, und zwar mit 300 europäischen und 400 eingeborenen Soldaten, und auf seinem Zuge verhandelte er mit dem Sultan von Mataram über die Entschädigung, welche ihm für diese Hülfeleistung geleistet werden sollte. Der Gesandte Couper brachte am 28. März 1677 ein solch trauriges Bild von den Zuständen in der Hauptstadt und besonders über die innere Zerfahrenheit und die Streitigkeiten der vier Söhne des Sultans an Speelman, dass er beschloss, den Kampf mit Truna Djaja, dem Anführer der Maduresen, aufzunehmen. Nach einigen vergeblichen Versuchen, die Javanen für den Susuhunan zu gewinnen, eroberte er das Fort des Truna Djaja und schlug seine Truppen in die Flucht, ging dann selbst nach Madura, wo er nur unter grossen Opfern Arisbaja eroberte, und wandte sich dann wieder nach Java, um dem Sultan von Mataram ausgiebige Hülfe gegen die aufständischen benachbarten Provinzen zu bringen. Mataram erfuhr dadurch nur mehr Schaden als Nutzen. Durch das

Bündniss mit den Holländern gingen Samarang, Kudu, Pati, Demak
zu Truna Djaja, dem Vertheidiger des heiligen Glaubens über, und
von dem Sultan, als dem Freund der Kafirs, fielen selbst seine
nächsten Verwandten ab, so dass er flüchten musste, bis er endlich
bei seinem ältesten Sohne Pangeran Adipat Anom in Bageléen Asyl
und Hülfe fand. Truna Djaja hatte nämlich durch seinen Feldherrn
Mangku Iuda die Hauptstadt Mataram erobert und sich den Harem,
die Pferde, Elephanten, Schatz-Kisten, die Reichsinsignien und
die Kanone Satomi nach Kediri bringen lassen. Der Nachfolger
Amangku Rat II. hatte trotz der grossen Bedrängnisse von Seiten
seiner Vasallen keine anderen Sorgen als die Liebe, während Speelman sich alle Mühe gab, das Reich Mataram nicht untergehen zu
lassen, um in seinem Fürsten einen untergebenen Vasallen in Java zu
besitzen; nebstdem hatte er dem Sultan bereits 310000 Realen
(1 R. = $2^1/_2$ fl.) vorgeschossen. Der Susuhunan verpflichtete sich also
(19. October 1677), alle Häfen der Nordküste, von Krawang angefangen bis an den äussersten Osten, dafür der Compagnie als Pfand
zu geben, und erweiterte den factischen Besitz der Compagnie bis
an den Fluss Pamanukan im Osten und an den grossen indischen
Ocean im Süden. Nebstdem erhielt sie das alleinige Recht von
Einfuhr der persischen Teppiche und Verkauf von allem Zucker in
den Ländern Djapara, Demak, Grobogan, Pati, Djewana und Kudus.
Im Jahre 1678 erhielt Speelman nebstdem das Gebiet der Stadt
Samarang und Umgebung. Leider wurde durch den Tod des Gouverneur-General Maessuyker (4. Januar 1678) Speelman von der
definitiven Ausführung seiner grossen Pläne abgehalten; er wurde
nämlich »zum Directeur-General von dem Handel« ernannt und
musste das Commando an den Hauptmann de St. Martin übergeben.

Antonie Hurdt, welcher auf seiner Rückreise von den Molukken
in Djapara gelandet war, um sich von dem politischen Zustande von
Mittel-Java zu überzeugen, wurde als Civil-Commissar mit de St. Martin als Militär-Commandant nach Ost-Java gesendet, um für das
Reich von Mataram zu kämpfen, weil Bantam erst dessen Untergang und danach den von Batavia beschlossen hatte. Nach zahlreichen kleinen Gefechten und langen Märschen im Innern des Landes, das den Europäern noch ganz unbekannt war, gelang es Hurdt,
wenn auch mit grossen Verlusten, Kediri zu erobern, die alte Königskrone von Madjopahit und die Reichsinsignien in die Hände zu bekommen und sie dem Fürsten auf den Kopf zu setzen. Die anderen

feindlichen Truppen der Makassaren und Maduresen gaben den Holländern noch viel zu thun, bis endlich Truna Djoja (27. December 1679) gefangen genommen und von dem Sultan selbst gekrist [1])
wurde. Die javanische Helena, Ratu Blitar, um deren Besitz der
Sultan von Mataram alle seine Kriegszüge unternommen hatte, wurde
von dem Sultan von Bantam an ihn ausgeliefert, mit dem guten
Rath, ihren Liebhaber auf das Verächtliche seiner Stellung als
Freund der Kafirs immer und immer hinzuweisen. Dennoch fiel
schon 1680 Cheribon in die Macht der Compagnie, und nach
einem Vertrag vom 4. Januar 1681 diese Provinz unter denselben Bedingungen wie Mataram unter die Suzeränität der Compagnie. In Bantam hatte der Kronprinz auf Rath französischer
und englischer Freunde eine Pilgerfahrt nach Mekka (und nach
der Türkei) unternommen und wurde bei seiner Zurückkunft als
Sultan Hadji von seinem Vater zum Mitregenten eingesetzt. Bald
trachtete er, seinen Vater zur Seite zu schieben, und zwar mit
Hülfe des Jacob de Roy, welcher ein desertirter Soldat und Brot-
bäcker der Compagnie gewesen war, und ihm rieth, die Hülfe der
Compagnie anzurufen, als ihn sein Vater Sultan Ageng bei Sura-
sowan belagerte. Bei Tangeran kam es zur entscheidenden Schlacht,
und in der ersten Aufwallung seiner Freude wollte Sultan Hadji alle
Freunde seines Vaters, die Engländer, Dänen, Franzosen und Portugiesen, aus Bantam vertreiben. Der alte Sultan flüchtete sich nach
dem Süden der Provinz (Lebak) und ergab sich freiwillig (1683),
nachdem er sein Lustschloss Tirtajasa in der Nacht vom 28. zum
29. December 1682 in die Luft hatte fliegen lassen. Speelman starb
1684, und sein Nachfolger, der Gouverneur-General Camphuis, schloss
am 17. April 1684 mit Sultan Hadji einen Vertrag, demzufolge er
mit 600000 Ryksdaalers seine Schuld an die Compagnie anerkannte
und dafür das alleinige Recht der Ausfuhr von Pfeffer und Einfuhr
von persischen Teppichen für Bantam und seine sumatranische Besitzung an die Compagnie gab. Alle diese Contracte wurden natürlich so oft als möglich — gebrochen; selbst der Sultan von Mataram
trachtete in dem Aufstande des früheren Sträflings Suropatti das
Joch der Niederländer abzuschütteln. Dabei hatten diese viele
tausend Soldaten und so manche treffliche Führer, wie Tak, van
Vlieth u. s. w. verloren, aber zuletzt musste der Sultan (1689)
sich wieder unterwerfen; dabei wurde Cheribon nach europäischem

---

[1]) = mit dem Kris (= Dolch) erstochen wurde.

Modell organisirt und die Preanger (1698) verpflichtet, gegen fest-
gesetzte Preise inländische Gewebe, Pfeffer, Indigo, Wachs, Vogelnester, Zimmt und Perlen zu liefern. »Alle Preanger-Menschen
seien Unterthanen der Compagnie und dürfen weder untereinander
kämpfen noch das Land sich abnehmen, es sei denn auf Befehl des
Gouverneur-General.«

Suropatti fuhr indessen fort, sowohl seinem westlichen Nachbar,
dem Sultan von Mataram, als seinem östlichen, dem Susuhunan von
Balambangan, lästig zu fallen, und Beide wandten sich um Hülfe an
die Compagnie. Die Bitte des Sultans von Mataram, dessen Residenz seit den Tagen von Truna Djaja Kartasura war, musste unberücksichtigt bleiben, weil er nicht einmal seine alte Schuld bezahlt
hatte, welche auf 1200000 Reals angewachsen war, und als Amangku
Rat starb, entstanden in seiner Familie so viel Streitigkeiten, dass
die Regierung factisch nicht wusste, wer der eigentliche Sultan war.
Pangeran Puger, der Bruder des alten Sultans, blieb mit Hülfe
der Compagnie Sieger, wofür er die ganze Provinz Preanger. Cheribon und die östliche Hälfte von Madura zu einem Vasallenstaate
der N. Regierung erklärte (5. October 1705).

Bei Suropatti befand sich auch Sunan Mas, der frühere Kron-
prätendent von Mataram, und leitete den Widerstand gegen die Holländer am Ende des Jahres 1706. Suropatti wurde in seinem eigenen
Lande angegriffen. Der Feldzug hatte nur den einen Erfolg, dass
Suropatti bei Banggil verwundet wurde und kurz darauf in Pasaruan
starb. Im nächsten Jahre jedoch gelang es dem Commandanten
de Wilde, dem Reiche des Suropatti ein unrühmliches Ende zu bereiten und die Regenten von Madjakerto, Wirasaba, Kediri und Madiun an Paku Buwana zu unterwerfen. Seine Söhne fanden jedoch
ein Asyl in Balambangan, von wo aus sie ihre Raubzüge fortsetzten,
bis im Jahre 1712 die Holländer dagegen energisch auftraten.

Im Jahre 1709 sollte eine Conferenz aller Fürsten von Java
und Madura in Kartasura zusammenkommen, in welcher der Susuhunan mit dem Vertreter der Compagnie, dem Commandanten Knol,
feststellen sollte, welche Landesproducte[1]) und zu welchem Preise
diese von jedem einzelnen Häuptling an die Compagnie jährlich geliefert werden sollten; der Dipati von Surabaya — Djageng Rana —

---

[1]) Im Jahre 1696 wurden von Adriaan van Ommen, Commandeur von Ma-
labar, die ersten Kaffeobäumchen nach Java gesendet, und im Jahre 1712 kam
die erste Ladung Javakaffee, 894 Pfund schwer, in Holland auf den Markt.

wurde bei dieser Conferenz heimtückisch vom Sultan unter Mit-
wissen von dem Commandanten Knol ermordet und sein Reich unter
zwei seiner drei Söhne getheilt, während der dritte Regent von La-
monga wurde. Auch sie verpflichteten sich zu dem verlangten Tribut
an die Compagnie und zur Anerkennung des Sultans von Mataram
als ihres Herrschers, aber — sofort nach ihrer Abreise verbanden
sie sich mit den Söhnen Suropattis. In einem der zahlreichen Kriege
der nächsten Jahre fand die Compagnie Anlass, in Kartasura, der
neuen Hauptstadt des Reiches von Mataram, eine starke Festung
zu bauen, und im Jahre 1723 erfolgte die Uebergabe der angesehensten Häupter des Aufstandes, und der Krieg fand ein befrie-
digendes Ende.

Gleichzeitig wurde eine Revolution in Batavia selbst entdeckt
und deren Rädelsführer, Pieter Erberveld, mit 49 Theilnehmern auf
die grausamste Weise ermordet.

Von Bantam bekam die Compagnie im Jahre 1731 die Insel
Pandjang, welche vor dem Bantambusen lag.

Bald sollten die Sultanate Mataram und Bantam von dem Erdboden
verschwinden. Den Anlass zum Untergang des Reiches Mataram gab
der Aufruhr der Chinesen in Batavia, welcher beinahe mit gänz-
licher Vernichtung der chinesischen Bevölkerung in Batavia endete.
Während der Susuhunan dem Gesandten der Regierung alle
mögliche Hülfe versprach, gab der neuernannte Reichsverweser Nata
Kusumo den chinesischen Häuptlingen seines Reiches die Versicherung, dass ihnen die Städte der Küste abgetreten und alle Handels-
vorrechte zugetheilt werden sollten, welche die Compagnie dem Reiche
Mataram abgerungen hatte — wenn sie die Holländer vertreiben
würden. Die Chinesen hatten an der Nordküste bedeutende Erobe-
rungen gemacht, selbst bis nach Surabaya, sodass der Susuhunan
von Kartasura endlich öffentlich ihre Partei ergriff und zunächst
die europäischen Soldaten seines Forts entweder ermorden liess oder
zum Uebertritt zum Islam zwang und als Sclaven verkaufte (20. Juli
1741). Der Regierung gelang es jedoch schon im November desselben Jahres, die Nordküste zurückzugewinnen, und Paku Buwana
— kroch zu Kreuze. Nebstdem wurde ein Gegensultan ernannt,
und zwar ein Enkel des nach Ceylon verbannten Sunan Mas; Mas
Garendi. mit seinem Königsnamen Sunan Kuning, konnte sich jedoch nicht lange seines Thrones erfreuen; seine Anhänger, Chinesen
und Javanen, wurden geschlagen, der Anführer der Chinesen, Tai-

Wan-Sui, flüchtete sich nach Bali, und Sunan Kuning übergab sich
am 3. October 1743 in Surabaya den Beamten der Compagnie,
wurde nach Ceylon verbannt und Paku Buwana bestieg den Thron
wieder, was er jedoch mit Aufgabe seiner Selbständigkeit bezahlen
musste. Unter anderm musste er in Zukunft die Wahl eines Reichs-
verwesers und aller Regenten von der Zustimmung der Compagnie
abhängig sein lassen, und bei etwaigen strittigen Fragen musste
dem Befehl der Compagnie mehr als dem des Susuhunan gehorcht
werden.

Der damalige Gouverneur-General van Imhoff bereiste die Preanger, gründete das heutige Buitenzorg, sorgte für Colonisation von
Tji Souuas und hinreichende Bebauung des Landes. Nach dem
Ende des Krieges besuchte er die Ostküste Javas, durchzog das
Innere Javas nach allen Richtungen und erstattete einen ausführlichen Bericht nach Holland, der leider niemals in die Oeffentlichkeit gelangte.

Die zahlreichen Prätendenten in Mataram veranlassten den Sultan Paku Buwana, am 11. December 1749 auf seinem Todtenbette
dem anwesenden Hohendorff das Reich feierlich zu übergeben und
der Compagnie die Wahl eines Thronfolgers zu überlassen.

Hohendorff ernannte den Kronprinzen zum Thronfolger, obzwar
sein Vater ihn eines Liebesverhältnisses mit einer seiner Gundiks beschuldigt hatte, und obwohl er augenleidend [1] war. Natürlich blieb ein
Gegensultan nicht aus, und zwar in der Person seines Onkels Mangku
Bumi, welcher sich im Palaste zu Djocja krönen liess. In dem
darauf folgenden Erbfolgekriege kämpften die Holländer mit ab-
wechselndem Glücke, selbst dann noch, als wiederum die Maduresen
ihre gefürchteten Banden der Compagnie zu Hülfe sandten, und als
selbst die Streitmacht des Mangku Bumi durch Zwist mit seinem
Schwiegersohn Mas Saïd von Surabaya geschwächt wurde. Der neue
Gouverneur-General Mossel wählte zwischen Mas Saïd, welcher »ganz
Java«, und Mangku Bumi, welcher »halb Java« als Preis der Ver-
söhnung mit der Compagnie forderte, nicht lange. Er verhandelte
mit den bescheideneren Ansprüchen des Mangku Bumi und veranlasste (1755) den Susuhunan, sein Reich mit seinem Onkel zu theilen.
Beide wurden Lehnsfürsten der Compagnie und zugleich die Ahn-

---

[1] Nach mohamedanischer Anschauung muss der Sultan frei von körperlichen Gebrechen sein.

herren der noch heute bestehenden Kaiserreiche auf Java.   Paku
Buwana III. behielt in Solo seine Residenz, während Mangku Bumi
Djocja oder nach der damaligen Schreibweise Jogjakarta zur Re-
sidenz seines neuen Reiches machte.   Auch sein Schwiegersohn Mas
Saïd wurde in Gnaden aufgenommen und erhielt von dem Susuhunan
von Solo im südlichen Gebirge ein kleines Reich als Lehn.

Da beinahe gleichzeitig auch in Bantam ein Erbfolgekrieg ausgebrochen war, und zwar nach dem Tode des Sultans Zeinu'l-Arifin,
und erst im Jahre 1752 endigte, hatte die Compagnie einen schwierigen Standpunkt.   Aber auch hier siegte ihr Princip: Divide et
impera.   Denn der Kronprinz bestieg zwar als Sultan Abu'n Natsr-
Mohamed Arûf Zeinu'l Asjekin den Thron seiner Vorväter, aber auch
nur als Lehnsfürst der Compagnie.

Der östliche Theil von Java war schon 1743 an die Compagnie
abgetreten und hatte allerdings in den zahlreichen Erbfolgekriegen
der Nachbarn viel zu leiden; auch als die englische ostindische
Compagnie mit Hülfe der Balinesen und Chinesen in Balambangan
Opium einführen wollte, und ein Aufstand in diesem Vasallenstaat
von Bali 1767 ausbrach, gelang es den Holländern, ihn bald zu
unterdrücken und selbst die letzten Nachkommen des gefürchteten
Suropatti zu tödten.   Da diese Theile des Landes durch die zahlreichen Kriege erschöpft waren, veranlasste die Compagnie eine
grosse Colonisation von Madura aus und setzte Mas Alit als Regenten
ein, der als Balinese dem Hinduglauben ergeben war.

Am Ende des vorigen Jahrhunderts machte sich eine bedenk-
liche Schwäche der Compagnie fühl- und bemerkbar, und es kostete
ihr z. B. schon grosse Anstrengung, bei dem Tode des Sultans
von Djocja (1792) die Prinzen des Susuhunan von Solo und
die Verwandten des Sultans selbst von einem neuen Erbfolgekrieg
abzuhalten und den ältesten Sohn der Sultanin am 2. April als
Sultan, und seinen Sohn Mangku Bumi als Thronfolger zu ernennen.
Auch in Solo regelte van Overstraten die Thronfolge.   In Bantam
gelang es ihr auch 1778, die Suzeränität über Sukadana an der
Westküste Borneos abgetreten und von den Lampongs (Südküste
von Sumatra) noch mehr Pfeffer zu erhalten, als von Bantam selbst.
Aber mit jedem Jahre wurde gegen Ende des 18. Jahrhunderts die
eingelieferte Quantität kleiner.   Während im Jahre 1724 die Com-
pagnie 19000 Bahars (= Ballen à 7—8 spanische Dollars) von
Bantam und seinen Vasallenstaaten erhielt, war im Jahre 1796 dieses

Quantum auf 400 gesunken. Leider waren die ganz unrichtigen Anschauungen der Handelspolitik von Seiten der europäischen Beamten mehr als der Unwillen der Bevölkerung daran Schuld. Dieselben schlechten Erfolge mit dem Kaffee und der Cultur des Indigo und des Zuckers waren die Folgen einer kurzsichtigen und egoistischen Handelspolitik, bei welcher natürlich die Beamten der Compagnie auch ihre Privatkasse nicht vergassen. Dies zeigt uns deutlich die Provinz Cheribon, welche anfänglich vier, im Jahre 1773 nur zwei Fürsten hatte und zwar Sultan Sepûh und Sultan Anom. Die Kronstreitigkeiten haben wie alle übrigen Staaten von Indien sehr bald ganz Cheribon zu einem Vasallenstaat der Compagnie gemacht, in welchem der Resident — der Tyrann wurde, dem Cheribon eine Goldgrube wurde. Nach Veth[1] lieferte sie jährlich: 1000 Kojang (= 1 Kojang = 1729 Kilo[2]) Reis, 500000 Pfund Zucker, 20000 Pfd. Wolle, 6—8000 Pfd. Indigo, 14—18000 Pikols Kaffee, Pfeffer, Zimmt, Cocosöl, Fisolen, Bast, 2000 Balken, 80000 grosse und 40000 kleine Dauben; der Hafenzoll betrug 16—20000 Ryksdaalers. Die Einkünfte des Residenten waren: 80 fl. monatlicher Gehalt, 1500 Ryksdaalers (= 2¹/₂ fl.) von dem chinesischen Fabrikanten der bleiernen Scheidemünzen (pitjis), 2000 Ryksdaalers von den Pächtern der Pässe, 10000 Ryksdaalers aus den Holzlieferungen, 12000 von dem Opium, Salz und Metalleinfuhr, 8000 von dem Export des Zuckers, 7000 von dem Reis, 9000 von den übrigen Zöllen des Hafens, von dem an die Compagnie gelieferten Kaffee 64000. Solche Einkünfte eines einzigen Beamten waren ein Symptom des unvermeidlichen Unterganges der Gesellschaft; denn sie waren nicht vereinzelt und zeigten den niederen Beamten den Weg, sich auf Kosten des kleinen Mannes zu bereichern. Die Einkünfte des Gouverneurs der Nordküste, der in Samarang seine Residenz hatte, waren ja beinahe zweimal so gross, als die Einkünfte der Residenz von Cheribon. Er hatte zwar nur einen Gehalt von 200 fl. pro Monat, aber allein aus dem Handel mit Vogelnestern[3] fielen in die Tasche dieses Beamten 100000 fl.!! Die Inseln Madura und Bavean wie-

---

[1] Veth, Seite 226.

[2] Ein Kojang Reis in Batavia = 1667·555 Kilogramm.

    „   „   „   „ Samarang = 1729·316 „

    „   -   -   „ Surabaya = 1852·839 „

[3] Von Hirundo esculenta; als Aphrodisiaca sind sie noch heute bei den Chinesen ein beliebter Handelsartikel.

derum waren für den Gouverneur der Nordostküste eine ausgiebige
Milchkuh, weil bei den vielfachen Thronstreitigkeiten die Gunst
dieses Gouverneurs endgiltig in die Waagschale fiel, und diese
Gunst theuer erkauft werden musste. Die Robotdienste und das Aus-
saugesystem der einheimischen Fürsten, welche noch heutzutage der
indischen Regierung sehr viele Sorge bereiten, wurden schon durch
van Overstraten vor 100 Jahren bekämpft, und Samarang, wo dies
dem Gouverneur besonders gelang, blühte in so hohem Maasse, dass
er selbst aus hygienischer Rücksicht der Uebervölkerung entgegentreten musste, während die östlichsten Provinzen (bis Balambangan)
nicht nur ein Auswandern der Bevölkerung sahen, sondern auch zum
Aufstand gezwungen wurden. Auch »Batavia en Onderhoorigheden«
zeigte einen bedeutenden Niedergang, weil die Regierung den Landbau aller Naturproducte von einem falschen Standpunkte regelte.
Im Jahre 1710 hatten z. B. die »Ommelanden« 131 Zuckermühlen,
jede durfte nicht mehr als 300 Pikols bearbeiten. Als nach dem
Aufstande der Chinesen noch 52 Mühlen anwesend waren, gebot
sie in der Furcht, dass zu viel Zucker fabricirt werde und der Preis
zu tief sinken würde, dass die Zahl von 70, und im Jahre 1750
die Zahl von 80 nicht überschritten werde. Im Jahre 1796[1]) waren
nur noch 40 in Thätigkeit.

Es würde das Ziel dieser kurzen Geschichte der europäischen
Ansiedelungen überschreiten, wenn ich ein Bild der Unterdrückungen
entrollen würde, welche der »kleine Mann« durch seine Fürsten
mit Wissen und Willen der Beamten der Compagnie zu erleiden
hatte. Aber erinnern muss ich daran, weil der Verfall der Compagnie darin seine Begründung hatte. Ja noch mehr; sie zahlte
ihren Beamten so kleine Gehälter, dass sie sich nach anderen Ein-
künften umsehen mussten. Es war also der Geiz der Compagnie
die Ursache ihres Falles.

Das Privilegium endigte 1774, wurde auf zwei Jahre verlängert
und dann wieder auf zwanzig Zahre, also bis zum Jahre 1796 erstreckt. Die französische Revolution mit dem Kriege gegen Eng-
land brachte eine englische Flotte nach Batavia, welche die Stadt
vom 23. August bis 12. November 1800 blockirte und die Waaren
der Compagnie auf der Insel Onrust in Brand steckte. Nebstdem

---

[1]) Im Jahre 1893 wurden um 71 048·605 Gulden und im Quinquennium
1889—1893 315 750·000, 387 785·000, 463 560·000, 425 367·000 und 507 490·000
Kilo Zucker exportirt.

wurden von der holländischen Regierung zahlreiche Commissionen nach Java zur Untersuchung der herrschenden Verhältnisse geschickt, und im Jahre 1800 nahm der Staat alle Colonien, welche sich nicht in den Händen der Engländer befanden, in eigene Verwaltung.

Die Wogen der sturmbewegten Politik, welche im Anfange des 19. Jahrhunderts Europa in seinen Grundmauern zu erschüttern drohten, brachen sich nicht an der Küste Javas. Schon im August desselben Jahres mussten die »Schutters« von Batavia ihre Heimath gegen 5 englische Kriegsschiffe vertheidigen, und im November 1806 wurde die ganze holländische Flotte, welche aus 8 Kriegs- und 20 Handelsschiffen bestand, von den Engländern erobert (nebstdem war im Jahre 1802 ein Aufruhr in Cheribon [Nord-Java] unterdrückt worden). Im Jahre 1808 hat der ebenso energische als autokrate General Daendels, kaum in Indien angekommen, den beiden suzeränen Staaten Djocja und Solo die Ueberlegenheit der holländischen Regierung fühlen lassen und das Reich Bantam (am 22. November 1808) dem holländischen Reiche einverleibt, den alten Sultan nach Surabaya verbannt, seinen Sohn als besoldeten Sultan angestellt, die alte Königsstadt niederreissen lassen und Serang zur Hauptstadt des Landes ernannt.

Als am 17. Februar 1811 die Einverleibung[1]) Hollands in den französischen Staat in Batavia bekannt wurde, trat die französische Republik als Gebieterin über Java und die übrigen Inseln des indischen Archipels auf, ohne sich länger als sieben Monate dieses Besitzes erfreuen zu können. Schon am 4. August 1811 landeten 12000 Engländer unter dem General Auchmuty in Batavia, der französische General Jamsens wurde nach einigen unglücklichen Schlachten zur Capitulation gezwungen und übergab am 17. September 1811 die Regierung in die Hände des Lieutenant-Gouverneurs Sir Stamford Raffles, als des Vertreters der »englischen Compagnie«, unter dem Protectorat der englischen Krone. Während dieses kurzen Interregnums von fünf Jahren wurde auch nominell das Sultanat von Bantam aufgehoben und zu einer gewöhnlichen Provinz (»Residentie«) von Java ernannt, dasselbe geschah mit dem Reiche Cheribon. Auch eine Verschwörung im Reiche Surakarta, um die Engländer von Java zu vertreiben, wurde entdeckt und unterdrückt. Am 19. August 1816 übernahm eine holländische Commission die

---

[1]) Sie hatte bereits am 9. Juli 1810 stattgefunden.

Regierung Javas aus den Händen John Fendall's, des Nachfolgers
Sir St. Raffles, und seit dieser Zeit weht die holländische Flagge
nicht nur auf Java, sondern auch auf den übrigen Inseln des indischen Archipels, bis auf den heutigen Tag.   Noch zahlreiche
Kämpfe musste Holland um den Besitz von Java führen (der grosse
Javakrieg dauerte vom Jahre 1825—1830).   Noch zahlreiche Aufstände, meistens von fanatischen Priestern angezettelt, musste es unterdrücken, bis es sich ungestört des Besitzes dieser herrlichen Insel
erfreuen konnte.   Tausende und abermal Tausende europäischer Soldaten fielen in diesen Kämpfen durch das todbringende Blei oder
unter den Schwertern und Lanzen der Javanen.   Doch eine köst-
liche Saat sprosste aus dem mit dem Blute dieser Europäer ge-
düngten Boden: Ruhe und Frieden unter den zahlreichen Fürsten
und Despoten dieser Insel und Sicherheit des Lebens und Eigenthums der Eingeborenen.   Der Bauer erntet die Frucht seiner Arbeit, der europäische, chinesische und arabische Kaufmann sendet
ungestört die Schätze des Landes nach allen Theilen der Erde,[1])
und durch den Segen der europäischen Civilisation, unter der Leitung der holländischen Regierung, wurde Java, um das Wort des
Dichters Multatulli zu wiederholen, das Land, »welches sich wie
ein Gürtel aus Smaragd um den Gleicher schlingt«.   Slamat tanah
Djawa!

_____

[1]) Im Jahre 1893 betrug z. B. die Ausfuhr nach Amerika 24215·538 Gulden, nach Australien 5968·823 Gulden.   Der Gesammtexport erreichte die Höhe
von 191361·780 Gulden.

_____

Sach- und Namen-Register.

Inhaltsverzeichniss*)

des 1. Bandes »Borneo« von Breitenstein, 21 Jahre in Indien.

*) Zur Orientirung in den bereits besprochenen Fragen der Tropenhygiene dürfte eine Wiederholung dieses Inhaltsverzeichnisses vielen Lesern vielleicht nicht unwillkommen sein.   Der Verleger.